21世纪高等院校物流专业创新型应用人才培养规划教材

物流信息管理（第2版）

王汉新　主编

内 容 简 介

物流信息管理是现代物流管理运作的重要技术基础，本书结合高等院校创新型应用人才培养的特点，以理论为基础，注重实际应用。本书分为7章，其中第1章主要解释物流信息管理的概念和基础知识，第2章介绍信息的组织与管理，第3章与第4章涉及条码、射频识别技术、电子数据交换、地理信息系统、全球卫星定位系统及其他物流信息技术，第5章和第6章简述物流信息系统的建设方法、系统分析与设计过程等相关内容，第7章分析了典型物流管理系统。书中提供了大量不同类型企业的信息管理案例、丰富的知识资料，以及形式多样的习题，以供读者阅读、训练或操作使用。

本书可作为高等院校物流管理、物流工程、电子商务、采购管理及其他相关专业本科生的教材，也可作为企业和社会培训人员的参考书籍。

图书在版编目(CIP)数据

物流信息管理/王汉新主编. —2版. —北京：北京大学出版社，2015.4
（21世纪高等院校物流专业创新型应用人才培养规划教材）
ISBN 978-7-301-25632-9

Ⅰ.①物… Ⅱ.①王… Ⅲ.①物流—信息管理—高等学校—教材 Ⅳ.①F253.9

中国版本图书馆CIP数据核字（2015）第065539号

书　　　名	物流信息管理（第2版）
著作责任者	王汉新　主编
责任编辑	刘　丽
标准书号	ISBN 978-7-301-25632-9
出版发行	北京大学出版社
地　　　址	北京市海淀区成府路205号　100871
网　　　址	http://www.pup.cn　新浪微博：@北京大学出版社
电子信箱	pup_6@163.com
电　　　话	邮购部 010-62752015　发行部 010-62750672　编辑部 010-62750667
印刷者	北京虎彩文化传播有限公司
经销者	新华书店
	787毫米×1092毫米　16开本　24.75印张　576千字
	2010年1月第1版
	2015年4月第2版　2021年1月第8次印刷
定　　　价	59.00元

未经许可，不得以任何方式复制或抄袭本书之部分或全部内容。
版权所有，侵权必究
举报电话：010-62752024　电子信箱：fd@pup.pku.edu.cn
图书如有印装质量问题，请与出版部联系，电话：010-62756370

21世纪高等院校物流专业创新型应用人才培养规划教材
编写指导委员会

(按姓名拼音顺序)

主任委员	齐二石			
副主任委员	白世贞	董千里	黄福华	李向文
	刘元洪	王道平	王海刚	王汉新
	王槐林	魏国辰	肖生苓	徐　琪
委　　员	曹翠珍	柴庆春	陈　虎	丁小龙
	杜彦华	冯爱兰	甘卫华	高举红
	郝　海	阚功俭	孔继利	李传荣
	李学工	李晓龙	李於洪	林丽华
	刘永胜	柳雨霁	马建华	孟祥茹
	乔志强	汪传雷	王　侃	吴　健
	于　英	张　浩	张　潜	张旭辉
	赵丽君	赵　宁	周晓晔	周兴建

第 2 版前言

现代物流的核心理念是用信息来整合对顾客、经销商、运输商、生产商、物流公司和供应商之间的管理，让物流具有最佳目的性和经济性，从而提高整个社会资源的利用水平。本书自 2010 年出版以来，得到很多读者的关注，许多大学均采用本书作为教材，社会反馈良好。由于信息技术和管理信息系统等方面的新技术、新概念、新知识的发展非常迅速，特别是以物联网为代表的一些信息技术在近年来得到广泛的应用，本书作为大学教材应当随时更新以适应这一发展的需要。

第 2 版的编写是在保留第 1 版的特点基础上，对各章节的内容进行了较大幅度修改。全书仍分为 7 章，涉及 3 个层次(或部分)内容。第 1 章作为绪论，全面介绍信息、IT、管理信息系统及物流基础知识，以便使读者对物流信息管理知识有一个全面的认识；第 2 章内容涵盖了信息资源管理的主要知识点，从信息管理的对象到信息管理的全过程，以及信息安全等；第 3、4 章主要介绍现代物流信息技术的理论及应用，包括条码、无线射频技术、电子数据交换、地理信息系统、全球定位系统等；第 5~7 章为管理信息系统的核心内容，阐述了企业为什么建设信息系统、如何开发系统、怎样管理系统及典型物流管理系统功能设计等方面的知识。

1. 新增和调整内容

考虑到信息技术的发展及应用情况，并结合教学过程中部分师生及同行专家的反馈，为了更加突出理论与实践的结合，第 2 版对原来的部分章节进行了删改、合并、补充，重点增加了物流信息技术方面的知识。具体修改包括以下内容。

(1) 在结构方面，删除第 1 版第 4 章的大部分内容，将第 1 版第 6 章内容分拆放入第 2 版的 2.4 节和 5.4 节；将第 1 版第 3 章的物流信息技术部分进行了大幅度的扩充或重写，形成了第 2 版的第 3 章和第 4 章；全面改写了第 5 章，即信息系统建设与管理的内容；新增了第 7 章中订单管理、决策优化等方面的知识。

(2) 更新了许多案例、知识拓展及资料卡知识，包括导入案例、章末案例分析及穿插案例；对各章节内容、图表进行了更新，所有的资料都来自于物流行业和信息技术、管理信息系统研究的最新成果。

(3) 在物流信息技术方面，通过扩充和重写加深了理论知识层次及可操作性。不论是条码、无线射频技术，还是电子数据交换、地理信息系统和全球定位系统，新内容更加注重了学生的知识层次、动手能力、实践应用等方面的培养。希望学生在学习本部分内容后，能够切实将相关知识运用于物流运营的分析过程之中。

(4) 在管理信息系统方面，通过部分章节的调整与新内容的补充，如信息战略、订单与决策、基于组件法、业务持续计划的新增，开发方法与策略、UML 分析与设计的修改等，让学生在理解相关理论、熟悉物流管理软件基础上，能够根据企业实际编写建设方案，并通过小组协作完成简单物流软件的分析、设计与实施任务。

2. 课程的解决方案

物流人才的培养是多层次的，各个层次对人才的培养目标、培养规格是不同的。本书在借鉴和吸收国内外物流管理基本理论和最新研究成果的基础上，密切结合我国企业物流发展状况与物流管理人员的工作实践，将章节内容设计成基础知识、实际操作、能力提高等几个层次，以便于不同侧重点的教学所采用。

在坚实的理论基础上，本书借助了近300幅示意图或模型进行知识的阐述，并通过丰富的案例资料、灵活的逻辑性组织来增强知识的可读性。

每一章均包括以下内容。

(1) 一份教学要点，一套知识架构。

(2) 一个导入案例，通过对企业的描述引出章节的主题和重点。

(3) 一些穿插于内容讲解之中的资料卡、知识拓展、案例，便于学生对知识的掌握及扩展。

(4) 一个本章小结和关键术语，与教学要点相呼应。

(5) 一套习题(判断题、选择题、思考题)，用于测试学生对本章内容的掌握情况。

(6) 一套讨论题，培养学生分析问题能力并发扬团队协作精神。

(7) 一套作业训练，方便学生的实践操作和技能展示。

(8) 一个章末案例分析，帮助学生应用学到的知识。

3. 教学参考

为了便于教师教学，本书提供详细的电子资料，包括电子课件及辅助材料、教学进度及安排。专业必修课与相关专业选修课的课时建议见下表。

章　节	必修课		选修课	
	理论课时	实验课时	理论课时	实验课时
第1章　绪论	4		4	
第2章　信息的组织与管理	4		4	
第3章　信息采集与识别技术	6	2	6	2
第4章　信息交换与定位技术	8	2	6	
第5章　信息系统建设与管理	6		4	
第6章　系统分析与设计	10	6	6	2
第7章　典型物流管理系统	4	2	4	2
合　计	42	12	34	6
	54		40	

本书由王汉新主编，参与编写的人员还有刘力军、段满珍和吴迪等。本书在编写过程中，参阅了大量专家、学者的有关著作，引用了其中的相关概念及国内外相关企业的实例，已尽可能在参考文献中列出，通过互联网学习并借鉴了一些公司网站信息和相关报道资料，在此对相关人士表示衷心的感谢！

由于编者的学识水平和实践知识所限，书中难免会有疏漏之处，敬请广大读者批评指正与赐教。

编　者
2015年1月

第 1 版前言

现代物流的核心理念是用信息来整合对顾客、经销商、运输商、生产商、物流公司和供应商之间的管理,让物流具有最佳目的性和经济性,从而提高整个社会资源的利用水平。作为企业第三利润源的现代物流,是在传统物流的基础上引入高科技手段,如采用条形码技术自动采集数据,通过 EDI 和互联网进行数据交换,在 RFID、GPS、GIS 技术基础上实现产品跟踪,利用物流管理系统处理和控制物流信息,实现运输的合理化、仓储的自动化、包装的标准化、装卸的机械化、加工配送的一体化、信息管理的网络化,使物流速度加快、准确率提高、成本降低,延伸并扩大了传统的物流功能。

物流人才的培养是多层次的,各个层次对人才的培养目标、培养规格是不同的。经济的发展和科学技术的进步,尤其是《物流业调整和振兴规划》的提出,给普通高等院校物流专业的培养目标提出了新的要求,如何在理解与掌握基础理论知识的基础上提高学生的实际操作能力,把学生培养成创新应用型物流人才,正是本书编写的目标。本书在借鉴和吸收国内外物流管理基本理论和最新研究成果的基础上,密切结合我国企业物流发展状况与物流管理人员的工作实践,将章节内容设计成基础知识、实际操作、能力提高等几个层次,以便于不同侧重点的教学所采用。

本书分为 7 章。第 1 章主要介绍现代物流、信息管理基础知识,以及物流信息管理的基本概念,不论采用哪种教学方式,这些内容都应当进行详细讲解;第 2 章内容涵盖了信息管理理论和企业信息系统两方面的内容,对于信息管理基本理论的部分内容可根据情况进行选讲;第 3 章是本书的一个重点,全面介绍现代物流信息技术的理论及应用情况,关于商品条形码、RFID 及 POS 等的知识不仅需要讲授其基础理论,更重要地是培养学生在实践中运用这些技术技能;第 4 章是物流信息系统概念、结构、应用模式的介绍,目的在于让学生对物流信息系统的结构与应用情况做全面的了解;第 5 章着重讲解物流信息建设的方法及步骤,该部分是信息系统传统的教学内容,其内容抽象且涉及管理、计算机等多方面的知识,教师可根据实际情况进行简介或详细讲授;第 6 章包含物流信息系统实施与运行管理、商业价值评估,以及信息道德方面的问题,其中作为第 5 章的后续内容的前两部分内容可选讲;第 7 章讲述仓储管理系统、运输管理系统等典型的功能及设计思想,对于强调应用的教学可通过相关软件操作来增强学生的操作技能,而依据物流运作业务设计物流系统功能则是较高的要求。

在坚实的理论基础上,本书借助了 200 余幅示意图或模型进行知识的阐述,并通过丰富的案例资料、灵活的逻辑性组织来增强知识的可读性。

(1) 为了体现实践性与应用性,本书不仅在各章前后安排了导入案例、分析案例,还在理论讲解过程中穿插了近百篇阅读或分析案例供学生研读;每章后附有判断、选择、简答题,以及结合实际考查学生观察与思考能力的讨论题,第 3、5、7 章还配有操作技能训练,以便学生进行实训或上机操作。

(2) 为了便于学生对知识的掌握及扩展,本书不仅在每章前后附有教学重点、知识架构、关键术语,还通过资料卡、小知识的形式引入了大量背景资料、常用知识,以丰富学生的知识范围；并在讲解过程中，通过知识拓展的方式来加深或扩展知识，以便于学生对所学知识的掌握与应用。

（3）为了便于教师安排教学进度，本书给出了专业必修课与相关专业选修课的课时建议，见下表。

章 节	必修课		选修课	
	理论课时	实验课时	理论课时	实验课时
第1章 绪论	4		4	
第2章 企业信息管理	6		4	
第3章 物流信息技术	8	2	6	2
第4章 物流信息管理系统	4		4	
第5章 物流信息系统开发	10	6	6	
第6章 物流信息管理与控制	4		4	
第7章 典型物流信息系统	6	4	6	4
合 计	42	12	34	6
	54		40	

本书由王汉新担任主编，提出编写大纲并负责统稿。第1、3、4、5章由王汉新编写，第2章由段满珍编写，第6章由朱艳新编写，第7章由吴彦泽编写。

本书在编写过程中，参阅了大量专家、学者的有关著作、教材，引用了其中的相关概念及国内外一些企业的实例，已尽可能在参考文献中列出，通过互联网学习并借鉴了一些公司网站信息和相关报道资料，在此表示衷心的感谢！

由于编者的学识水平和实践知识所限，书中难免会有疏漏之处，敬请广大读者批评赐教。

编 者
2010年1月

目 录

第1章 绪论 ... 1
1.1 商业环境的变化 ... 2
- 1.1.1 信息环境 ... 2
- 1.1.2 物流与供应链 ... 5

1.2 信息与管理 ... 9
- 1.2.1 信息概述 ... 9
- 1.2.2 信息资源 ... 12
- 1.2.3 物流信息 ... 15

1.3 物流信息技术 ... 17
- 1.3.1 数据资源管理 ... 17
- 1.3.2 网络与通信 ... 20
- 1.3.3 物联网技术 ... 22

1.4 管理信息系统 ... 24
- 1.4.1 信息系统的含义 ... 25
- 1.4.2 信息系统的类型 ... 27
- 1.4.3 物流信息系统 ... 30

本章小结 ... 32
习题 ... 33

第2章 信息的组织与管理 ... 36
2.1 信息管理基础 ... 37
- 2.1.1 信息科学与管理 ... 38
- 2.1.2 信息管理基本原理 ... 41

2.2 信息管理过程 ... 43
- 2.2.1 信息获取 ... 44
- 2.2.2 信息交流 ... 48
- 2.2.3 信息组织 ... 53
- 2.2.4 信息检索 ... 57

2.3 信息资源管理 ... 62
- 2.3.1 网络信息资源 ... 63
- 2.3.2 企业信息资源 ... 66
- 2.3.3 企业知识管理 ... 71

2.4 信息安全管理 ... 73
- 2.4.1 信息社会的道德 ... 73
- 2.4.2 信息安全概述 ... 76
- 2.4.3 安全管理机制 ... 79

本章小结 ... 82
习题 ... 83

第3章 信息采集与识别技术 ... 87
3.1 信息的分类与编码 ... 88
- 3.1.1 物品编码方法 ... 89
- 3.1.2 自动识别技术 ... 91

3.2 条形码技术 ... 92
- 3.2.1 条码概述 ... 93
- 3.2.2 条码识读 ... 99
- 3.2.3 条码印制 ... 101
- 3.2.4 条码应用系统 ... 104

3.3 典型条码应用 ... 107
- 3.3.1 商品条码 ... 107
- 3.3.2 储运条码 ... 111
- 3.3.3 QR 码 ... 116

3.4 无线射频技术 ... 119
- 3.4.1 RFID 概述 ... 119
- 3.4.2 RFID 工作原理 ... 123
- 3.4.3 电子产品编码 ... 128
- 3.4.4 智慧物流 ... 132

3.5 其他识别技术 ... 134
- 3.5.1 卡识别技术 ... 134
- 3.5.2 生物特征识别 ... 136

本章小结 ... 140
习题 ... 141

第4章 信息交换与定位技术 ... 145
4.1 物流信息平台 ... 146
- 4.1.1 信息平台的内涵 ... 146
- 4.1.2 物流公共信息平台 ... 149

4.2 电子数据交换技术 ... 151
- 4.2.1 认识 EDI ... 151
- 4.2.2 EDI 系统 ... 157
- 4.2.3 ebXML 标准 ... 160
- 4.2.4 商业流通领域应用 ... 167

4.3	地理信息系统	169
	4.3.1 GIS 概述	169
	4.3.2 地理空间数据	173
	4.3.3 地理数据分析	180
	4.3.4 网络分析及应用	186
4.4	全球定位系统	190
	4.4.1 卫星导航系统	190
	4.4.2 GPS 定位基础	194
	4.4.3 GPS 导航原理	201
	4.4.4 网络辅助与应用	208
本章小结		212
习题		212

第 5 章　信息系统建设与管理 217

5.1	信息系统与企业战略	218
	5.1.1 竞争战略基础	218
	5.1.2 获取竞争优势	221
5.2	企业信息系统	224
	5.2.1 企业商务系统	225
	5.2.2 电子商务系统	230
	5.2.3 物流管理系统	238
5.3	系统开发方法	241
	5.3.1 系统开发生命周期	241
	5.3.2 原型法	245
	5.3.3 面向对象方法	246
	5.3.4 基于组件的开发方法	250
	5.3.5 开发策略	252
5.4	项目管理	256
	5.4.1 项目管理概述	257
	5.4.2 风险管理	263
	5.4.3 软件质量控制	266
	5.4.4 系统评价	269
本章小结		274
习题		275

第 6 章　系统分析与设计 280

6.1	系统分析	282
	6.1.1 系统规划与需求调查	282
	6.1.2 业务流程分析	286
	6.1.3 数据流程分析	290
	6.1.4 数据建模	294
	6.1.5 功能模型	296
6.2	系统设计	300
	6.2.1 总体设计	300
	6.2.2 系统平台设计	302
	6.2.3 数据库设计	305
	6.2.4 详细设计	308
6.3	UML 分析与设计	312
	6.3.1 用例图	313
	6.3.2 静态模型	314
	6.3.3 动态模型	316
	6.3.4 面向对象分析	319
	6.3.5 面向对象设计	324
6.4	系统实施与维护	326
	6.4.1 编程与系统测试	326
	6.4.2 系统转换	329
	6.4.3 系统运行与维护	331
	6.4.4 业务持续计划	334
本章小结		335
习题		336

第 7 章　典型物流管理系统 344

7.1	订单管理系统	345
	7.1.1 订单管理	345
	7.1.2 采购管理系统	349
7.2	仓储管理系统	351
	7.2.1 仓储作业过程	352
	7.2.2 仓储信息系统	354
	7.2.3 自动化仓库	357
7.3	运输管理系统	360
	7.3.1 运输活动分析	361
	7.3.2 运输信息系统	364
	7.3.3 配送管理系统	367
	7.3.4 智能运输系统	370
7.4	决策优化系统	373
	7.4.1 决策支持系统	373
	7.4.2 物流系统仿真	376
本章小结		379
习题		379

参考文献 383

第1章 绪　论

【教学要点】
- 了解现代商务活动中信息环境及信息对现代物流的影响与作用；
- 掌握信息、信息资源、物流信息的概念及特性；
- 理解数据存储、通信网络及物联网技术的基础知识；
- 在了解信息系统发展历程基础上，掌握不同类型信息系统的基本职能与结构。

【知识架构】

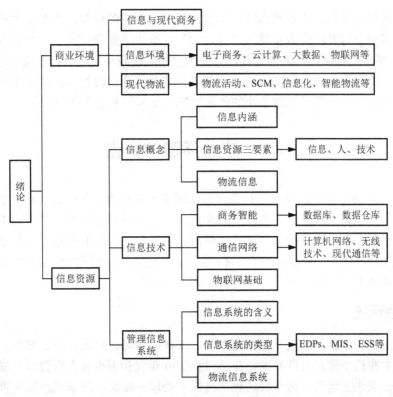

> **导入案例**
>
> **沃尔玛崛起之根基**
>
> 沃尔玛于20世纪60年代创建于美国，在90年代一跃成为美国第一大零售商。在短短几十年的时间里，沃尔玛的连锁店几乎遍布全世界，并以其优质快捷的服务、惊人的销售利润、先进的管理系统而闻名全球。如今，在"天天平价"的氛围中，每天都有数以十万计的人进出那栋装满各种商品的蓝色大房子挑选自己需要的物品，他们大多难以相信这么一家供应日常生活用品的大卖场，就是传说中的世界500强之翘楚。
>
> 沃尔玛的巨大成功，与其卓越的物流管理思想及实践密切相关。然而，是什么支撑了沃尔玛的物流模式，使其配送中心的实践和其卓越的物流理念转化为无与伦比的竞争力？
>
> 20世纪70年代，沃尔玛建立了物流管理信息系统，负责处理系统报表，加快了运作速度；1983年，沃尔玛采用了POS(Point of Sales)机，销售实点数据系统的建立实现了各部门物流信息的同步共享；1985年建立了EDI(Electronic Data Interchange，电子数据交换)系统，进行无纸化作业，所有信息全部在计算机上运作；1986年它又建立了QR(Quick Response，快速反应)机制，快速拉动市场需求。凭借包括物流条形码、射频技术和便携式数据终端设备在内的信息技术，沃尔玛如虎添翼，得到了长足的发展。
>
> 沃尔玛在全球第一个实现了集团内部24小时计算机物流网络化监控，建立了全球第一个物流数据处理中心，使采购、库存、订货、配送和销售一体化。例如，顾客到沃尔玛购物，通过POS机打印发票的同时，负责生产计划、采购计划的人及供应商的计算机上就会同时显示信息，各环节通过信息能够高效完成本职工作，从而减少了很多不必要的时间浪费，加快了物流的循环。在物流信息实时反应的网络条件下，物流各环节成员能够相互支持、相互配合，以适应激烈竞争的市场环境，正是信息技术成为现代物流企业核心竞争力的典范。
>
> （资料来源：http://www.ccidnet.com.）

借助信息化技术的物流管理系统，不仅降低了供应方的成本，为企业生产提供了理性预期，也使得销货方及配送方实现了"零库存"，减少了库存积压，使企业收益最大化。"无缝链接"贯穿于物流循环的全过程，如此优化的系统减小了"牛鞭效应"对市场波动的恶性影响。在追逐利润最大化的征途中，沃尔玛选择了企业自给物流，更多企业选择了外包的第三方物流，最终都是通过物流的信息化来实现丰厚的业务收益回报。

1.1 商业环境的变化

20世纪下半叶以来，信息技术日益显示出强大的生命力，在过去的六十多年，给人们的生活方式带来了巨大变革。信息经济逐渐成为国民经济的主导力量，成为推动整个社会前进发展的主要动力。人类社会经过几次信息技术革命，信息的传播能力快速增强。计算机的发明和互联网的应用，正以空前的影响力和渗透力，不可阻挡地改变着社会的经济结构、生产方式和生活方式。

1.1.1 信息环境

我们生活在一个信息时代。无论是生活、工作、学习、娱乐，还是驾车、上网、吃饭和购物都发生在这个信息化世界里。在20世纪90年代初很少有人听说过互联网，冲浪仅仅被认为是一项水上运动，微软公司也不是文字处理、报表、展示或数据库管理应用系统应用的主导软件出版商。数字信息技术的触及面是广阔的，每天都与你的个人生活息息相关。伴随着智能手机用户的普及，"世界上最远的距离不是生与死，而是我们坐在一起，你却低头玩手机"，正是现今很多人的真实生活写照。同样，数字信息技术也深刻改变着商业竞争的平面。诺基亚轰然倒下，联想鲸吞摩托罗拉，海尔自我革命，全新谋变。小米4年创100亿市值，天猫、京东联手蚕食传统卖场，仅阿里在2014年双十一全天的交易额就达到了571亿元。

1. 日新月异的信息技术

信息技术基础设施是运营整个企业所必需的硬件设施和应用软件的组合，但信息技术基础设施也是整个企业范围内由管理层所决定的包括人和技术能力的服务组合。经过半个多世纪的发展，我们可以将信息技术基础设施发展史分为5个阶段，即通用主机和微机、个人计算机、客户/服务器、企业互联网计算、云计算(Cloud Computing)。

 资料卡

摩尔定律与 Metcalfe 定律

1965年，戈登·摩尔(Gordon Moore)在《电子学》杂志上发表文章，指出从1959年微处理器芯片诞生以来，每个芯片中集成的元器件数量在最小批量生产成本上每年翻一番，该论断随后成为著名的摩尔定律(Moore's Law)。在2002年，摩尔把摩尔定律修订为每两年翻一番。摩尔定律提出来后，被人们从不同的角度加以解读：①微处理器的处理能力每18个月翻一番；②计算机的计算能力每18个月翻一番；③计算成本每18个月下降一半。

以太网技术的发明者罗伯特·梅特卡夫(Robert Metcalfe)在1970年指出，网络的价值或网络的能力随着网络中成员的增加而按指数形式增长。梅特卡夫等人指出，当越来越多的人加入到网络中来，会出现规模报酬递增。如果网络成员线性增加，整个网络的价值将按指数形式增长，并且在理论上可以随着网络成员数的增加而持续增长。数字网络使得网络成员之间的实际链接数与潜在链接数成倍增加，其社会价值与商业价值驱动了人们对信息技术的需求不断增加。

今天的信息技术基础设施主要由计算机硬件平台、操作系统平台、企业软件应用、数据管理和存储、网络通信平台、互联网平台、咨询与系统集成服务等部分组成。尽管运算成本大幅度减少，但是IT基础设施占企业预算的比例却在上升。其原因在于运算服务和软件价格的上升，在其他成本下降的同时运算和通信成本却不断增加，如员工所使用的应用程序、更高性能和更昂贵的硬件。

技术每天都在革新，但与单纯保持技术革新相比，更重要的是我们需要认真思考这些革新将会如何影响现实的生活。在已知的众多新技术中，正在对我们产生着巨大影响的有互联网的变化、生理交互技术、无线领域和纯粹技术等。

(1) 互联网的变化。几乎没有一项技术能被人们普遍使用并且像互联网一样快速更新。在未来几十年里，你将会见到许多基于互联网的新趋势和技术，其中包括软件即服务、推式(而不是拉式)技术和个性化、工厂和消费者之间的电子商务、互联网电话，以及Web 3.0。所有这些新趋势和技术产生了一个新的概念——电子化社会。

(2) 生理交互技术。目前，人与计算机之间的交互主要通过物理界面，包括键盘、鼠标、显示器和打印机等。生理界面能够捕获和应用人的真实身体特征，如呼吸、声音、身高和体重,甚至眼内的视网膜。生理交互方式的变革包括自动语音识别、虚拟现实、CAVE(Cave Automatic Virtual Environment,虚拟现实环境)、生物测定和许多其他技术。

(3) 无线领域。无线通信使企业与顾客、供应商及员工间保持更紧密的联系,为组织工作提供了更灵活的安排方法。GSM(Global System of Mobile Communication,全球移动通信系统)、GPS(Global Positioning System,全球定位系统)和 RTLS(Real-time Locating Systems,实时定位系统)作为典型应用已经得到普及,还包括蓝牙技术、无线保真技术、新一代移动电话技术、射频识别技术(Radio Frequency Indentification,RFID)等。

(4) 纯粹技术。包括纳米技术、多状态 CPUs 和全息存储设备等。

知识拓展

云计算与效用计算

云计算的出现引爆了 IT 行业"概念与范畴"的炒作浪潮,NIST 的彼得·梅尔(Peter Mell)和蒂姆·格兰切(Tim Grance)在 2009 年 4 月给出的定义,可能是目前得到最广泛支持和认同的定义:云计算是一种能够通过网络以便利的、按需付费的方式获取计算资源(包括网络、服务器、存储、应用和服务等)并提高其可用性的模式,这些资源来自一个共享的、可配置的资源池,并能够以最省力和无人干预的方式获取和释放。

云计算的"理想"之一是把计算能力作为一种像水和电一样的公用事业提供给用户,让计算机的服务像开水龙头一样打开就用,用完关上,然后按使用量收费,用户需要多少计算能力,就给多少,不必考虑计算机在哪个国家、哪个城市。就好像面对大海,你不需要了解这些海水从哪里流进来,也不需要担心海水会干。这也就是约翰·麦卡锡(John McCarthy)提出的效用计算(Utility Computing)期望实现的愿景。

2. 电子商务的崛起

在过去的十多年中,万维网带来了新经济,这自然极大地吸引着人们的兴致,出现了前所未有的创业狂潮。财富的获得和丧失瞬息万变,一夜间创造出 Dot-com 百万富翁和亿万富翁,而他们中的许多人在一夜间也会变成 Dot-com 乞丐。

是什么导致了这种情况并使其延续至今呢?答案就是信息技术所促生的电子商务。电子商务(E-commerce)是商务,是由信息技术特别是因特网推动和提升的商务。电子商务使客户、消费者和企业之间形成一种强有力的新型关系,而这种关系必须是建立在信息技术的基础之上的。电子商务打破了商务的时间、地理、语言、货币和文化的界限。在很短的时间内,你可以在因特网上开设商店并立刻吸引全世界成千上万的消费者。

经营电子商务与经营传统商务是一样的,你需要识别你的顾客,并且设法说服他们购买你的产品,其商务模式主要有 9 种(如图 1.1 所示)。任何企业要想取得竞争优势并获得成功,都必须清楚地界定自己的产品和服务类型,明确自己的目标客户,并了解客户在它们的商业活动或者个人生活中是如何认识到产品和服务用途的。

3. 物联网生活畅想

自从人类进入信息时代以来,"智能机器"的数量出现了突飞猛进的增长,标志着 IT 革命从 PC 的发明和互联网的发明后,出现了 IT 革命的第三次浪潮,也就是 M2M(Machine to Machine)和物联网(Internet of Things)时代。

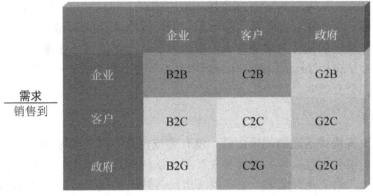

图1.1 电子商务的9种商务模式

当你在办公楼里忙碌工作时,是否担心在学校上学的孩子的安全?你可以给孩子佩戴"智能定位"手表,然后在办公计算机中的电子地图上画一个"电子围栏",一旦孩子的活动范围超出设定的区域,你的手机就会收到一个报警短信。当辛苦工作了一整天的你准备下班回家的时候,是否想过此时可以用手机简单地发出一条指令,提前指挥冬天里停在室外的汽车化雪解冻,让家中的空调启动、电饭煲开始煮饭、解除不在家时的防盗设置呢?或者,当你下班回家时在路上通过手机上网支付买了一瓶好酒,准备招待朋友,当酒送到餐桌前时,你是否想用手机扫描酒瓶上的RFID标签,查询这瓶酒的真伪呢?这些都是物联网技术已经可以实现的应用。

案例 1-1

比尔·盖茨的智能之家

比尔·盖茨(Bill Gates)的Smart Home位于美国西雅图的华盛顿湖畔,建于20世纪90年代,耗资1.13亿美元,整座建筑物埋了约84km的电缆和光纤,几乎所有设施都通过网络连接在一起:大门外装有天气感知器,可以根据各项气象指标通知空调系统控制室内温度和通风情况;主人在回家途中只要打个电话发布指令,家里的浴缸便开始放水调温,做好为主人洗去风尘的准备。尤其特别的是,每个来这里的客人会领到一个含有电子标签的胸针,其中存有每个人对温度、湿度、灯光等的喜好。当客人走进一个房间,电子标签都会通过传感系统与周围设备交流,房间内的温度会调整到他感觉舒适的程度。

(资料来源:http://www.indaa.com.cn)

物联网可以帮助人们更好地实现对一切"智能物件"的远程管理,真正做到"运筹帷幄之中,决胜千里之外"。这也是"感知中国"为我们描绘的生活蓝图,"智慧地球"将使我们生活的世界更加智能化、智慧化,成为一个"高效、节能、安全、环保"的和谐社会。

1.1.2 物流与供应链

如果从物体的流动来理解,物流是一种既古老又平常的现象,自从人类社会有了商品交换就有了物流活动,然而作为一门学问的物流,在20世纪初才引起人们的关注。1915年,阿奇·W.萧(Arch W. Shaw)在《市场流通中的若干问题》一书中提出了"物资经过时间和空间的转移,会产生附加价值"这一最早的物流(Physical Distribution, PD)概念。然而,伴随着现代物流功能的延伸与发展,人们更倾向于认为物流源于军事领域,也就是美国少校琼西·B.贝克(Major Chauncey B. Baker)于1905年提出的"那个与军备的移动与供应相关的战争的艺术的分支就叫'物流(Logistics)'"。

1. 物流活动

物流自始至终构成流通的物质内容,没有物流也就不存在实际的物资流通过程,物资的价值和使用价值就不能实现,社会再生产就无法进行。物流在经济中的显著作用表现在两个方面:第一,物流是商业的一个主要支出,与其他经济活动相互影响。例如,2010年美国物流对国内生产总值(Gross Domestic Product, GDP)的贡献率为10.5%,而我国2013年物流支出约占GDP的17.9%,若按2010年美国物流占比,我国则需在物流上多花掉41 893.6亿元[①],这将直接影响到商品价格及企业的利润。第二,物流服务于许多经济交易活动,它实质上是所有商品和服务交易中的一个重要活动。如果商品没有及时到达,客户就买不到它们;如果商品没有在恰当的条件下到达恰当的地点,交易也不会成功。物流创造价值的基本之一就是创造效用,而从经济学上讲有4种类型的效用,即形式、拥有、时间和地点,其中后两者是通过物流提供的。

物流的定义

美国供应链管理专业协会(Council of Supply Chain Management Professionals, CSCMP)指出,物流是供应链管理的一部分,它以满足顾客需求为目标,对产品、服务和相关信息在起始点和消费点之间的有效率、有效果的正向和逆向流动和储存进行计划、实施和控制。

中华人民共和国国家标准《物流术语》(GB/T 18354—2006),指出,物流是物品从供应地向接收地的实体流动过程。根据实际需要,将运输、储存、装卸、搬运、包装、流通加工、配送和信息处理等基本功能实施有机的结合。

物流系统是指在一定的时间和空间里,由所需位移的物资与包装设备、装卸搬运机械、运输工具、仓储设施、人员和通信联系等若干相互制约、互相依赖的动态要素所构成的具有特定功能的有机整体。物流系统的要素很多,根据不同的研究目的可以将其分成不同的要素,图1.2描述了常见的物流系统基础要素、功能要素和结构要素。何明珂教授从物"流"的流动角度,定义了物流的流体、流向、流量、流程、流速、流效要素,并按物流系统的要素分成流动要素、资源要素和网络要素3个方面。

物流系统可以被认为是"有效达成物流目的的一种机制",而物流的目的是"追求以低物流成本为顾客提供优质物流服务",即在恰当的时间,将恰当数量、恰当质量的恰当商品送到恰当的地点。密歇根大学的斯麦基教授认为物流系统的目标是优良的质量、合适的数量、适当的时间、恰当的场所、良好的印象、适宜的价格、适宜的商品。

---

① 注:2013年我国GDP总量为566 130.18亿元人民币。

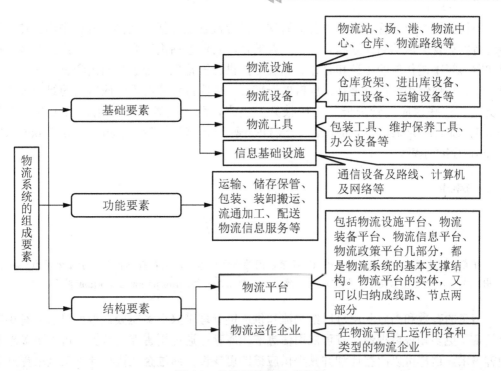

图 1.2　物流系统的组成要素

2. 供应链管理

供应链管理(Supply Chain Management，SCM)可以追溯到 20 世纪 80 年代。确切地讲，直到 20 世纪 90 年代，供应链管理这一术语才引起许多企业高级管理层的注意，人们看到不仅在组织内部而且在组织间协调不同的企业职能可以产生价值。

供应链(Supply Chain)包括产品从原材料阶段到最终用户之间的流动和转化相关的所有活动以及相关的信息流动，如图 1.3 所示。值得注意的是，供应链并不是一个新概念，因为传统上组织一直依靠供应商，而且传统上组织也一直服务于顾客。例如，当著名的生产消费品的宝洁(P&G)于 1837 年成立时，它需要原材料来生产肥皂，并且有顾客来消费肥皂。

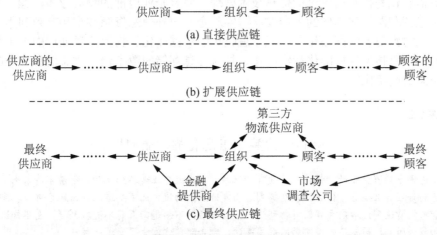

图 1.3　不同的供应链构造

根据美国供应链管理专业协会的看法：供应链管理包括涉及供应源和采购、转化活动和所有物流管理活动的计划和管理。重要的是，它还包括供应商、中介、第三方服务提供商和顾客等渠道伙伴的协调和合作。本质上，供应链管理整合了公司内和公司间的供需管理。尽管任何组织都可以是某供应链的一部分，供应链管理要求供应链内的组织公开的管理支持。一些供应链管理框架已经被开发出来，两个较著名的分别是供应链运作参考(Supply Chain Operation Reference，SCOR)模型和全球供应链论坛(Global Supply Chain Forum，GSCF)模型。

牛鞭效应

牛鞭效应由英文"Bullwhip Effect"而来，因为这种现象与人们在挥动鞭子时手轻微用力，鞭梢就会出现大幅摆动的现象类似，即需求放大效应，也叫信息曲解(Information Distortion)现象。

信息的有效和高效利用可以给物流和供应链管理带来很多益处，最为显著的有供应链上具备了更多知识可视性，有可能用信息取代库存；通过销售点的数据，可以更多地了解顾客需求，这样可以改善计划并减少供应链的可变性；通过企业资源计划工具来更好地协调制造、营销和配送活动；协调的物流信息系统可以改进订单处理流程并缩短提前期。

3. 物流信息化

物流的两个基本概念——网络与流程支撑了两个市场，即基础服务市场与专业物流市场。前者以网络为基础支撑，如运输、仓储、货代等，提供标准服务，主要靠资产的规模和效应来提升服务的水平和获得赢利；而流程则支撑了另外一种服务——专业物流，或者说是产业物流，在这类服务中，实际上每个服务都是一个流程，而且这些流程各不相同。物流信息化的建设就是围绕着这两个方面进行：一个是围绕着网络的发展；另一个是围绕着流程的发展。与此同时，还要加上一个信息交换共享，即平台。也就是说，网络信息化、流程信息化和信息平台构成了物流信息化的基本框架。

物流信息化是指利用先进的信息技术处理、整合企业内部的物流业务流程，使企业物流向规模经营和网络化运作的方向发展，实现企业内外信息资源共享和有效利用。物流信息化表现为物流信息的商品化、物流信息收集的数据库化、物流信息处理的电子化和计算机化、物流信息传递的标准化和实时化、物流信息存储的数字化、物流信息生成的自动化及物流信息的网络化等。

案例 1-2

给物流业装上信息化的"眼睛"

信息化更是物流企业的"眼睛"，没有"眼睛"，物流企业看不到光明，也看不清未来。货主不知道自己的货在什么位置、什么时候能够到达指定地点；物流企业不知道在什么地方可以拉到货、什么时候能够把货运到；车船主满载货物到达一个地方后，不知道回来能不能拉到货，也不知道为了拉到货要等多长时间；司机不知道哪条路会更畅通，哪条路前方发生了交通事故……

正是由于一个个"信息孤岛"无法连通，一个个物流企业都没有"眼睛"，他们不得不像盲人一样要么摸着石头过河，要么不停地"问路"或者请别人"带路"，物流效率因此而大大降低，物流成本也因此上升。信息化建设对于物流企业，犹如眼睛对于盲人一样异常的迫切。

但是对于每个环节上的每个企业，都无法承担信息化开发和维护所需的巨大成本。实践告诉我们，物流信息化的提升，不是一个企业、一个区域、一个行业的物流信息化的提升，而是覆盖所有经济行业、涉及所有经济过程、服务整个国民经济社会的交通物流行业信息化的整体提升，这是一项浩大的系统工程。

(资料来源：薛志伟. 给物流业装上信息化的"眼睛"[N]. 经济日报, 2011-12-31(13).)

物流信息化是目前企业相互融合的重要手段。物流信息化建设在微观层面上是建立智能运输系统、自动化仓库系统等信息系统；在宏观层面上重点在于物流信息平台的建设。其中微观层面上的物流信息化主要包括物流信息网络化、物流过程信息化、物流管理信息化、物流经营信息化、物流设施自动化等方面的内容。

1.2 信息与管理

如今，在企业管理者队伍里，没有人不知道信息管理这个词。如果问"在企业里，信息管理是否重要？"他们都会毫不犹豫地回答"信息就是资源，信息就是金钱，信息管理对于企业当然重要。"但是，若再问说说什么是信息管理？怎样进行信息管理？便得不到令人满意的答案，最多也只是说买计算机、管理信息系统之类的词语。实际上，信息一词早在陈寿(公元 233—297 年)的《三国志》中就已出现："诸葛恪围合肥新城，城中遣士刘整出围传消息。王子俭期曰'正数欲来，信息甚大'"。国内有不少信息管理学著述中称，信息一词最早见于南唐诗人李中《碧云集·暮春怀故人》的诗句"梦断美人沉信息，目穿长路倚楼台"[①]。

1.2.1 信息概述

信息是普遍存在于人类社会的现象，在现代社会信息已经成为人所共知的流行词，人们每时每刻都在信息的海洋里工作和生活。人们在日常生活中，都在不假思索地使用着信息这个词语，例如在新闻和报纸提要中获取政治、经济、军事、文化信息，从天气预报中获得未来的天气信息等。

1. 信息的定义

尽管自从克劳德·E.香农(Claude E. Shannon)创立了狭义信息论至今，信息的应用已经非常广泛，而关于信息的定义还没有统一的认识，往往都带有研究领域的特定意义。例如，在管理学家眼中，信息是与物质、能量相提并论的客观世界三大要素之一，是为管理和决策提供依据的有效数据；对于心理学家而言，信息是存在于意识之外的东西，它存在于自然界、印刷品、硬盘及空气之中；在社会科学中，日常生活中所讲的"信息"大多是指消息、情报；哲学家从产生信息的客体来定义信息，认为事物的特征通过一定媒介或传递形式使其他事物感知等。

---

① 司有和. 企业信息管理学[M]. 北京：科学出版社，2007.

数据、信息、知识与商务智能

数据：信息和知识的符号表示。
信息：数据中的内涵意义，特定背景下具有特定含义的数据。
知识：一套具有前后因果关系的信息，人们在长期的实践中总结出来的正确的东西。
商务智能：一种知识聚合，使人有能力作出有效的、重大的，通常也是战略上的商业决策。

1948 年，美国数学家香农发表了《通信的数学理论》的论文。论文中以概率论为工具，深刻阐述了通信工程的一系列基本理论问题，给出了计算信源信息量和信道容量的方法和一般公式，得到了一组表征信息传递重要关系的编码定理。香农在进行信息的定量计算时，明确地把信息量定义为随机不定性程度的减少，也就是说他对信息的理解"信息是用来减少不定性的东西"。随机不定性系统指由于随机因素所造成的不能肯定的情形，在数值上可以用概率"熵"计量。

美国科学家诺伯特·维纳(Norbert Wiener)提出，信息是在人们适应外部世界，并且使这种适应为外部世界感觉到的过程中，同外部世界进行交换的内容的名称。信息概念是从信息发送、传输、接收的过程中，客体和接收(认识)主体之间的相互作用来定义的。在 1948 年发表的《控制论——动物和机器中的通信与控制问题》一书中指出，"信息既不是物质，又不是能量，信息就是信息"。根据维纳的说法，物质、能量和信息之间是有区别的，是人类社会赖以生存、发展的三大基础，世界由物质组成，能量是一切物质运动的动力，信息是人类了解自然及人类社会的凭据。

根据近年来人们对信息的研究成果，在企业信息管理和信息系统领域可理解为，信息是对客观事物特征和变化的反映，信息是可以传递的，信息是经过加工的有用的资料。信息是关于客观事实的可通信的知识[①]。

鞋 的 市 场

> 在市场营销专业里流传着一个故事：某制鞋厂厂长派了两个营销人员去某地考察鞋市场行情。两天后，第一个营销人员回来说："厂长，那里没有鞋市场，因为那里的人没有穿鞋的习惯。"第二个营销人员回来说："厂长，那里的鞋市场潜力可大了！"厂长问："不是说那里的人没有穿鞋的习惯吗？"第二个营销人员回答说："那里的人是没有穿鞋的习惯，但是如果我们工作做得好，让那里的人都愿意穿鞋，那么鞋的市场潜力就大得不得了。"
>
> （资料来源：http://www.doc.mbalib.com.）

2. 信息的分类与基本特征

1) 信息的分类

信息可以从不同角度分类，按照管理的层次可分为战略信息、战术信息和作业信息；

---

① 黄梯云. 管理信息系统[M]. 北京：高等教育出版社，1999.

按照应用领域可分为管理信息、社会信息、科技信息等；按照加工顺序可分为一次信息、二次信息等；按照反映形式可分为数字信息、图像信息、声音信息等。

2) 信息的基本特征

信息具有以下基本特征。

(1) 普遍性。信息是事物运动的一种状态和状态改变的方式，只要物质存在，有事物运动，就会有相应运动的状态和方式，就存在着信息。

(2) 真伪性。信息有真信息和伪信息，即真实信息和虚假信息之分。伪信息的产生一般有3种形式，片面的理解和没有与环境联系起来的错误理解，信息在传递过程中造成信息损失或受到"噪声"干扰，信息发出者发出了片面或错误的信息。

(3) 时效性。由于所有事物都在不断变化，信息总是反映特定时刻、特定地点事物的信息，即信息是动态的，一切"活"的信息都会随时间的流逝而老化，也就是说信息是有时效的、有寿命的。

(4) 相对性。客观上信息是无限的，但相对于认知主体来说，人们实际获得的信息总是有限的。由于不同主体有着不同的感受能力、不同的理解能力和不同的目的性，从同一事物中获得的信息也是因人而异的。

(5) 依存性。信息本身是看不见、摸不着的，它必须依附于一定的物质形式(如声波、电磁波、纸张、化学材料、磁性材料等)之上，不可能脱离物质单独存在。人们把这些以承载信息为主要任务的物质形式称为信息的载体。

(6) 传递性。信息可以通过多种渠道、采用多种方式进行传递。信息可以从时间、空间上的某一点向其他点移动，信息传递需要借助于信息媒介。一个完整的信息传递过程必须具备信源、信宿、信道和信息4个基本要素。

(7) 转化性。信息可以被分析或综合、扩充或浓缩，也就是说人们可以对信息进行加工处理。信息的转化性是指通过使用信息可以节省物质材料，从而实现转化功能，有效地利用信息可以节省时间和能量等。

(8) 共享性。信息区别于物质的一个重要特征是它可以被共同占有、共同享用，也就是说信息在传递过程中不仅可能被信息源和信宿共同拥有，而且还可以被众多的信宿同时接收利用。

 案例1-4

鸭 鹅 大 战

2001年春天，北极绒公司召开信息发布会，宣布了两件事：一是北极绒公司要进军羽绒服市场；二是北极绒公司在东北某地购买了一个大型的现代化养鸭场。同年9月1日，北极绒公司在电视上打出广告，亮出生产鹅绒服的底牌，给全国鸭绒服厂家一个措手不及。9月3日，鸭绒服厂家为挽救危局，联合起来召开现场直播的专家论证会，企图借用专家之口来说明鸭绒服并不比鹅绒服差，结果论证会上专家与专家吵了起来。9月5日，羽绒服界的最大厂家波司登公司宣布，鹅绒服的确比鸭绒服好，本公司也要生产鹅绒服。"鸭鹅大战"这才结束。结果，2001年冬天，全国的鹅绒服销售一空，而鸭绒服竟然积压了8 000万套。

(资料来源：刘福兴，张辉. 明修栈道，暗度陈仓[N]. 中国经营报，2002-03-24(10).)

1.2.2 信息资源

何谓资源？《辞海》对资源的解释是"资财的来源，一般指天然的财源"；联合国环境规划署对资源的定义是"所谓资源，特别是自然资源是指在一定时期、地点条件下能够产生经济价值，以提高人类当前和将来福利的自然因素和条件"；马克思在《资本论》中说"劳动和土地，是财富两个原始的形成要素"；维纳则将信息看作与物质、能量并列的三大资源。可见，资源指的是一切可被人类开发和利用的物质、能量和信息的总称，它广泛地存在于自然界和人类社会中，是一种自然存在或能够给人类带来财富的财富[①]。

知识拓展

有效利用信息

企业使用计算机进行管理已经有几十年的历程了，它们在日常工作中积累了万亿兆字节的信息，包括销售的产品、拥有的客户、管理的员工及拥有的资产等。这些信息通常被存储在庞大的企业数据库里，但是在大多数情况下，这些数据并未被利用，像库房里的旧箱子一样落满了灰尘。虽然这些数据具有相当大的潜在价值，却难以发现，需要这些信息的企业领导和部门经理不知道该如何得到这些信息，甚至不知道它们的存在，结果是很简单的问题却无人知道答案。

如何有效地利用这些数据，使它们不再是企业的"负担"，而成为有用的信息资源，则是信息管理的一项核心内容。

(资料来源：Bernard Liautaud, Mark Hammond. *E-Business Intelligence*[M]. 北京：电子工业出版社，2003.)

信息资源是信息与资源两个概念整合衍生出来的新概念。信息是普遍存在的，但信息并非全都是资源，只有满足一定条件的信息才能称为信息资源。作为资源的信息，也就是所谓"有用的信息"或"可以利用的信息"。简单讲，信息资源就是可以利用的信息集合。信息资源与自然资源不同，这是人工生成的资源。没有信息的生产者就没有信息，信息的开发与利用要依赖信息技术，信息只是信息资源的一个要素。所以准确地说，信息生产者、信息、信息技术是信息资源的3个基本组成部分，一般也称其为信息资源的三要素。

1. 信息资源要素——信息

在信息资源的三要素中，人们只有通过开发利用信息，才能表明信息资源的价值。培养和提高信息生产者的能力与水平是为了让其生产更多更有用的信息，发明和应用信息技术也是为了使信息发挥更大的作用。所以，信息是信息资源的核心。

信息只有对人具有相关性和有用性的价值时，才具较高的质量。除了时效性、空间性、形式性、有效性等个人维度方面的信息特征外，还更应从组织角度去思考信息。作为组织资源或资产的信息必须是可组织的、可管理的、可有效传播的。

组织内部，信息一般沿着4个方向流动，如图1.4所示。信息向上流动描述了基于日常事务处理的组织的当前状态，源自较高管理层的战略、目标和指令等信息向较低层次的流动，信息平行流动介于各职能部门和工作小组之间，向外/向内流动的信息包括与顾客、供应商和其他商业伙伴交流的信息。

---

① 杜栋，蒋亚东. 企业信息资源管理[M]. 北京：清华大学出版社，北京交通大学出版社，2006.

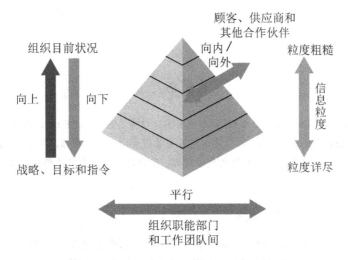

图1-4 组织的信息流动和流动信息的粒度

信息的另一个组织维度是信息描述的内容。信息描述是内部的或外部的，客观的或主观的，也可兼而有之。内部信息主要描述组织内特定业务的内容，外部信息描述了组织所处的环境，客观信息定量描述那些已知的事物，而主观信息则是试图描述还不为人所知的事件。

2. 信息资源要素——人

信息生产者指对他人生产信息的工作者。根据信息生产的程序和加工深度分为一次信息、二次信息、三次信息等。信息生产者是信息资源的关键，因为信息是人创造的，信息技术是人发明和利用的。在企业中，最有价值的财产不是技术，而是人的头脑；IT是一种能帮助人们加工处理信息的工具，但它只能在人脑的支配下工作。

一个精通技术的知识工作者懂得如何运用技术及何时运用技术。"如何"包括懂得应该购买什么技术，如何开发利用应用软件的优点，以及把各个企业连接起来需要怎样的技术基础等。不幸的是，在许多案例中都有一些个人和组织在解决企业问题时因盲目运用技术而导致失败。不能只简单地将技术运用于生产过程，然后期待它立即变得更加快速有效；如果将技术运用于一个运作错误的生产过程，得到的将是几倍恶化的后果。

一个精通信息的知识工作者应当做到以下几点：确定信息需求；知道如何获得信息，以及在哪里获得信息；理解信息的含义；能够在信息的基础上采取适当的行动，以帮助组织获取最大利益。比较典型的事例是零售商店周五尿布销量、啤酒销量之间的关联分析。一个较好的经验法则是，当你收到信息并要利用这些信息做决策时，首先问自己以下的问题，即谁、什么、何时、为什么、哪里、怎样，以帮助获得商务智能并作出更好的决策。

作为一名精通技术与信息的知识工作者，不仅要学会如何运用技术和信息来为组织获取利益，同时还必须认识到自己的社会责任。伦理道德是一系列帮助指导人的行为、行动和选择的原则或标准。道德同法律的影响一样，但道德又不同于法律，伦理道德更加主观，更具有个人或文化特征。在信息时代，不仅要约束好自己的行为，还会涉及其他人的行为，如在面对计算机获罪时如何保护自己。

资料卡

首席信息官

类似于首席执行官(Chief Executive Officer,CEO)、财务总监(Chief Financial Officer,CFO)和首席运营官(Chief Operating Officer,COO),人们为信息服务管理者创造出首席信息官(Chief Information Officer,CIO)这一术语。首席信息官是信息服务机构的管理者,他利用管理技能解决那些不仅与信息资源有关,也和公司其他经营领域有关的问题。

3. 信息资源要素——信息技术

信息技术是指各种以计算机为基础的工具,人们用它来加工信息,并支持组织的信息需求和信息处理任务。信息的收集、处理、存储、传递和使用等都必须采用信息技术。信息技术的应用,大大提高了开发和利用信息的效率和效益,能更有效地实现和创造信息的价值。

以一种简单而有效的方式可将信息技术分类为硬件和软件。硬件指的是组成计算机的物理设备;软件就是计算机硬件执行的一系列指令,用来完成某项特定的任务。例如,苹果手机是硬件设备,它包含一些软件,可以用来安排日程、更新地址簿、查收邮件、看视频、查看股票信息等。

信息资源三要素是相辅相成的,任何一个要素不可能单独存在和发挥作用,只有形成整体才能显示其价值,按照系统论的观点是 1+1>2。信息资源管理的宗旨是将恰当的技术、准确的信息在恰当的时间送入人员手中。为了满足组织的信息和技术需求,务必先要了解自己所在的行业,并制定适当的经营战略,然后识别对实现战略有帮助的重要商业进程,最终根据掌握的信息作出正确的技术选择。

 案例 1-5

FedEx 的信息技术

很难找出一个像 FedEx 那样将信息技术运用得如此成功的公司。它认识到 IT 可以给公司经营带来利益,因而把应用技术提升到主导地位,从而在一夜之间从一个刚起步的邮件递送公司成长为一个拥有数十亿美元资产的公司。跨国邮车和邮差是 FedEx 实体系统最显而易见的要素,人们一天中至少看到一辆 FedEx 邮车。不太为人们注意的是每晚在孟菲斯(Memphis)国际机场进行的邮件分发操作。FedEx 专用飞机运送邮件到这个邮件中心分发地,然后又以最快的速度飞离该中心,平均每 24 小时运送 250 万个邮件。

使 FedEx 实体系统得以高效运行的是一个叫作 Super Tracker 的概念系统,该概念系统追踪每个 FedEx 邮件在从发件人到收件人的递送路线上的每一步。Super Tracker 只是 FedEx 的几个基于计算机的信息系统之一。另外还有一个叫 DAD 的系统,该系统通过车载计算机直接联系邮车上的邮差。DAD 能使邮差对任务作出迅速反应,有效分配他们的时间。

(资料来源:Raymond Mcleod, George Schell.管理信息系统[M]. 8 版. 张成洪,等译. 北京:电子工业出版社,2002.)

1.2.3 物流信息

物流活动中必要的信息称为物流信息。我国国家标准《物流术语》(GB/T 18354—2006)对物流信息的定义是"反映物流各种活动内容的知识、资料、图像、文件的总称"。在物流活动中,物流信息流动于各环节之间,对整个物流活动起支撑保障作用,并起着决定效益的作用,也正是由于物流信息的这些功能,使得物流信息化在现代企业经营战略中占有越来越重要的地位。

物流信息包含的内容可以从狭义和广义两个方面来考察。从狭义范围来看,物流信息是指与物流活动有关的信息。在物流活动的管理与决策中,如运输工具的选择、运输路线的确定、每次运送批量的确定、在途货物的跟踪、仓库库存的有效利用、最佳库存数量的确定、订单管理、如何提高顾客服务水平等,都需要详细和准确的物流信息,因为物流信息对运输管理、库存管理、订单管理、仓库作业管理等活动具有支持保证的功能。

从广义范围来看,物流信息不仅包含与物流活动相关的信息,而且还包含与流通活动相关的信息,如商品交易信息和市场信息等。商品交易信息是指与买卖双方的交易过程有关的信息,如销售和购买信息、订货和接受订货信息、发出货款和收到货款信息等;市场信息是指与市场活动相关的信息,如消费者的需求信息、竞争者或竞争性商品的信息、促销活动信息、交通通信等基础设施信息等。所以,广义物流信息不仅能起到整合从供应商到最终消费者的整个供应链的作用,而且在应用现代信息技术基础上还能实现整个供应链活动的效率化,也就是说利用物流信息对供应链中各企业的计划、协调、顾客服务和控制活动进行有效管理。

1. 物流信息的特征

物流信息在具有一般信息特性的基础上,还具有以下一些特殊特征。

(1) 信息量大。物流信息随着物流活动及商品交易活动展开而大量发生,多品种少批量生产和多频度小数量配送使库存、运输等物流活动的信息大大增加。零售商应用 POS 系统读取销售点的商品品种、价格、数量等即时销售信息,并对这些销售信息加工整理,通过计算机网络向相关企业传送。另外,为了使库存补充作业合理化,许多企业采用电子订购系统。随着企业间合作倾向的增强和信息技术的发展,物流信息量在今后将会越来越大。

资料卡

国际物流对信息的要求

国际物流对信息的质量有很高的要求,主要表现在:①信息充足,有效的国际物流系统需要充足的信息,提供的信息能否满足物流管理需要至关重要;②信息准确,只有准确的信息才能为物流系统提供帮助;③通信顺畅,管理需要及时准确的信息,这就要求企业通信顺畅。

(2) 更新快。多频度、小数量的配送、利用 POS 系统的即时销售使得各种作业活动频繁发生,从而要求物流信息不断更新且更新速度越来越快。

(3) 来源多样化。物流信息不仅包括企业内部的物流信息,而且包括企业间的物流信息和与物流活动有关的基础设施信息。企业竞争优势的获得需要供应链各参与企业之间相互协调合作,协调合作的手段之一便是信息的即时交换和共享。物流活动还往往利用道路、港口、机场等基础设施,为了高效地完成物流活动,必须掌握与基础设施有关的信息。

2. 物流信息的分类

物流信息是随企业的物流活动而同时发生的,它是使运输、保管、装卸、配送等物流功能顺利完成的必不可缺的条件。物流的分类标准是非常多的,按物流信息的来源不同可分为内部信息和外部信息;按管理层次不同可分为业务操作、管理控制、决策支持和战略支持信息;还可按物流活动功能不同分为采购信息、进货信息、库存信息、订货信息、流通加工信息、分拣配货信息、发货信息、搬运信息、运输信息、物流控制和决策信息、逆向物流信息等,如图1.5所示。

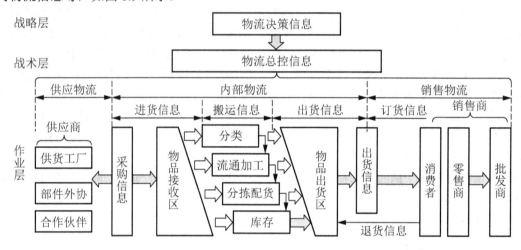

图1.5 物流信息的类别及联系

3. 物流信息的作用

物流管理是为了以最低的物流成本达到顾客所满意的服务水平而对物流活动进行的计划、组织、协调与控制[1];是为了满足客户的需求,对商品、服务和相关信息从产出点到消费点的合理、有效的流动和储存,进行规划、实施与控制的过程[2]。可见,物流管理很大程度上是对信息的处理,而组织中许多人员也是发挥着信息的收集、挑选、重组和转发的"中转站"作用,如果这些工作由信息系统来承担,反而会更快、更准、更全面。

(1) 物流信息有助于物流行动各环节之间的相互衔接。物流是一个包含运输、仓储、配送等多个作业环节的系统,各个环节要求有计划地精确衔接,物流信息是衔接各个作业环节的"链条",是物流系统高效率的保证。

(2) 物流信息有助于物流各环节之间的协调与控制。要合理组织物流活动必须依赖物流信息的沟通,只有通过高效的信息传递和反馈才能实现整个系统的合理有效运行。例如,一个第三方物流企业若想有效地给生产制造企业提供物流服务,其配送作业计划就必须与企业生产计划进行对接,这在敏捷生产、准时生产环境中显得更为突出。

(3) 物流信息有助于物流管理和决策水平的提高。物流信息,特别是客户需求信息等对库存量的决策具有关键性作用。采购部门要根据物流信息确定采购批次、间隔、批量等,

---

[1] 中华人民共和国国家标准《物流术语》(GB/T 18354—2006)对物流管理的定义。
[2] 美国物流管理协会(Council of Logistics Management,CLM)对物流管理的描述。

以确保在不间断供给情况下使成本最小化；生产计划部门要根据物流的流动路径，合理安排生产车间的物流分配，使各个车间的负荷均衡，物品流通协调合理；专业物流公司在选择物流仓库的位置时要根据商品的种类、流向、流量等物流信息来决定。

案例 1-6

我国运输中的空载现象

目前全国范围内的运输协调、调度及综合控制能力大大滞后于公路与车辆的发展速度，与现有公路承载能力及实际拥有的运输能力形成了极大的反差。全国运营车辆的平均实载率只有56%，在公路上跑的车辆中，有44%处于空驶状态，由此造成的无效消耗每年高达108亿元。与此同时，一批拥有大量货物的货主，却因为找不到价格合理的车辆而焦急万分。改收养路费为征收燃油费，则更使商品供应感到危机。来自两方面的弊端形成了一个怪圈，一方是急急火火的"货找车"，想多快好省地把货运出去；另一方又是真心实意地"车找货"，却常常在无奈中空车而回。

（资料来源：王恒. 提高公路物流运输中空车利用率的研究[J]. 交通标准化，2007, 2/3: 131-135.）

1.3　物流信息技术

信息技术是指能拓展人的信息处理能力的技术，现代信息技术一般是指基础元器件、计算机技术及通信网络技术，以及信息的应用技术等。通过信息技术的运用，可以替代或辅助人们完成对信息的检测、识别、交换、存储、传递、计算、提取、控制和利用。物流信息技术就是运用于物流各环节中的信息技术。根据物流的功能及特点，物流信息技术包括计算机技术、网络技术、信息分类编码技术、条形码(Bar Code)技术、RFID、EDI、GPS、地理信息系统(Geographic Information System，GIS)等。

知识拓展

物流信息技术的分类

根据对物流系统的作用，物流信息技术可分为以下几类。
(1) 物流信息标志与采集技术，如电子标签、条形码、RFID、语音识别、视觉识别等。
(2) 物流信息传输技术，如 EDI、Web 技术、电子订货系统、电子资金转账、GPS、GIS 等。
(3) 物流信息存储技术，如数据库技术等。
(4) 物流信息处理技术，如数据仓库(Data Warehouse，DW)、数据挖掘(Data Mining，DM)等。

1.3.1　数据资源管理

管理者和组织者所需要的不仅仅是数据和信息，他们还需要利用商务智能制定有效的、重要的商业战略决策。商务智能能够帮助企业判断信息的准确内涵，以便构建并完善业务流程，确保企业的竞争优势。创建商务智能需要数据和信息，这就要求人们首先必须收集并合理地组织信息，然后使用合理的 IT 工具来定义和分析信息内部的各种关系。

1. 数据库技术

20 世纪 80 年代初，美国学者詹姆斯·马丁(James Martin)提出企业信息系统以数据为中心的信息工程原理，在他的《信息工程与总体数据规划》中明确提出数据环境的概念。他认为，只要企业的性质和目标不变，尽管企业的数据加工处理过程是多变的，但企业的数据将是稳定的，企业的任何业务活动都离不开对数据的存取。

当今的企业为了更好地组织、存储基本的面向事务的信息，都在运用数据库技术。在实际中，有 4 种用于建立数据库的主要模型，其中面向对象的数据模型是最新且最具发展前景的一种。一般而言，人们所说的数据库是信息的集合，它能按照信息的逻辑结构对其进行组织与存取。关系数据库是用一系列存在着逻辑关系的二维表或文件来存储数据，一个关系模型的数据库实际上由两个独立的部分组成，即信息的具体内容和信息逻辑结构。

数据库管理系统(Database Management System，DBMS)是位于用户与操作系统之间的一层数据管理软件，它使用户能方便地定义数据和操纵数据，并能够保证数据的安全性、完整性、多用户对数据的并发使用及发生故障后的系统恢复。一般来说，数据库系统由数据库、硬件、软件(DBMS 及其开发工具和应用系统)、数据库管理员和用户组成。

大数据的典型特征

虽然现在企业可能并没有意识到数据爆炸性增长带来的问题隐患，但是随着时间的推移，人们将越来越多地意识到数据对企业的重要性。大数据时代对人类的数据驾驭能力提出了新的挑战，也为人们获得更为深刻、全面的洞察能力提供了前所未有的空间与潜力。

(1) 海量。企业面临着数据量的大规模增长。据预测，到 2020 年全球数据量将扩大 50 倍。目前大数据的规模尚是一个不断变化的指标，单一数据集的规模范围从几十 TB 到数 PB 不等。各种意想不到的来源都能产生数据。

(2) 高速。高速描述的是数据被创建和移动的速度。企业不仅需要了解如何快速创建数据，还必须知道如何快速处理、分析并返回给用户，以满足他们的实时需求。IMS Research 预测，到 2020 年全球将拥有 220 亿部互联网连接设备。

(3) 多样性。一个普遍观点认为，人们使用互联网搜索是形成数据多样性的主要原因，这一看法部分正确。然而，数据多样性的增加主要是由于新型多结构数据，以及包括网络日志、社交媒体、互联网搜索、手机通话记录及传感器网络等数据类型造成。

(4) 易变性。大数据具有多层结构，这意味着大数据会呈现出多变的形式和类型。相较传统的业务数据，大数据存在不规则和模糊不清的特性，造成很难甚至无法使用传统的应用软件进行分析。企业面临的挑战是处理并从各种形式呈现的复杂数据中挖掘价值。

2. 数据仓库

在数据仓库出现以前，企业主要使用事务处理系统(1965—1990 年)，它主要实现了数据的收集、存储、在线存取。随着时间的推移，企业数据库中存储了大量数据，但由于缺乏从海量数据中提取有价值知识的工具，管理者的重要决策往往无法及时获得信息，数据库变得"数据丰富,信息贫乏"。

数据仓库为商务运作提供结构和工具,以便系统地组织、理解和使用数据进行战略决策。1993 年"数据仓库之父"比尔·恩门(Bill Inmon)在其著作《建立数据仓库》(*Building the Data Warehouse*)中提出数据仓库的定义为:"数据仓库是一个面向主题的、集成的、随着时间变化的、相对稳定的数据集合,用于支持管理决策。"

对于数据仓库的概念可以从两个层次理解:首先,数据仓库用于支持决策,面向分析型数据处理,这不同于企业现有的操作型数据库;其次,数据仓库是对多个异构数据源的有效集成,集成后按照主题进行重组,并包含历史数据,而且存放在数据仓库中的数据一般不再修改。

数据仓库的建立可看作是构造和使用数据仓库的过程。构造数据仓库需要数据集成、数据清理和数据统一。数据仓库不是静态的,它的任务是以现有企业业务和大量业务数据的积累为基础,将这些业务数据和信息加以整理、归纳和重组,并及时提供给相应的管理决策人员。数据仓库系统是一个四层次的体系结构,如图 1.6 所示。

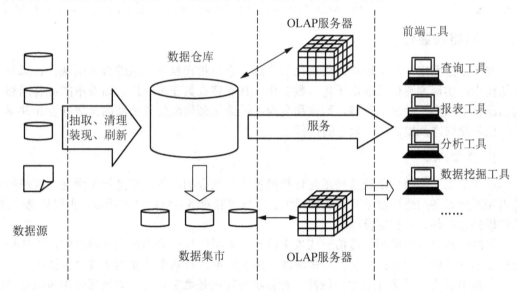

图 1.6 数据仓库系统体系结构

(1) 数据源。它为数据仓库提供原始数据,包括内部信息和外部信息,其中内部信息可以来源于操作型数据库、管理数据库、生产系统数据库等;外部信息是各种市场信息、统计数据、法律法规等。

(2) 数据的存储与管理。这是整个数据仓库系统的核心。各业务数据仓库中的数据按照元数据库中的定义规则,对数据进行抽取、清理,并有效集成,并按照主题重新组织,依照相应的物理结构进行存储。按照数据的覆盖范围,数据仓库存储可分为企业级数据仓库和部门级数据仓库。部门级数据仓库是面向应用的,只为某个局部范围内的管理人员服务,包含的主题域较少,历史时间较短,数据量相对较少,也称为数据集市。

(3) OLAP(On-Line Analytical Processing,联机分析处理)服务器。对需要分析的数据按照多维数据模型进行组织重组,以便用户进行多角度、多层次分析,发现数据趋势。

(4) 前端工具与应用。主要包括各种数据分析工具、查询工具、报表工具、数据挖掘工具,以及各种基于数据仓库或数据集市开发的应用。

知识拓展

OLAP 和数据挖掘

OLAP 是一个广泛使用的数据仓库应用技术，它是由埃德加·F.科德(Edgar F. Codd)于 1993 年提出的。OLAP 就是专门用于支持复杂决策分析的一种决策工具，它根据分析人员的要求，迅速、灵活地对大量数据进行复杂的查询处理，并且以直观的、容易理解的形式呈现查询结果，提供给决策人员，使他们迅速、准确地掌握企业的运营情况和市场的需求。

数据挖掘就是从大量的、不完全的、有噪声的、模糊的、随机的实际应用数据中，提取隐含在其中的、人们事先不知道的但又是潜在有用的信息和知识的过程。企业进行数据挖掘，就是按照企业既定目标，对大量的企业数据进行探索和分析，揭示隐藏的、未知的或验证已知的规划性，并进一步将其模型化的过程。数据挖掘能够实现的基本任务是分类、回归、聚类、总结概括、关联建模、变化与偏差检测。

1.3.2 网络与通信

物流信息网络化是实现物流信息化的基础，它是指在物流领域综合应用现代计算机和通信技术，实现物流信息的电子化、数字化，并能完成其在多媒体、高效率的综合网络上的信息自动采集、处理、存储、运输和交换，最终达到物流信息资源的充分开发和共享，以降低物流成本，提高物流效率的过程。

1. 通信网络

现代信息网络技术是通信技术与计算机技术相结合的产物，它是把不同地理区域的计算机和通信设备用通信线路互联成规模大、功能强的网络系统的技术手段，实现信息传递，共享硬件、软件、数据等资源。

网络中数据传输使用模拟信号或数字信号。模拟信号已应用在语音通信中，以连续波形式在通信介质中传输；数字信号是离散二进制波形，以两个独立的字符串传播信息，如用 1 位或 0 位分别代表正负电压脉冲。计算机使用的是数字信号，如果想使用模拟信号的电话系统传输数字数据，必须利用调制解调器将数字信号转换为模拟信号。

从物理构成来看，计算机网络由计算机系统、通信线路和设备、网络协议和网络软件组成；而从逻辑上，计算机网络可分为资源子网和通信子网。计算机网络体系结构包括 OSI/RM、TCP/IP、IEEE 802 等。尽管计算机网络的分类标准有多种，但常见的有以下几种：①按覆盖范围不同分为局域网、城域网、广域网；②按传输介质不同分为有线网、无线网；③按通信方式不同分为点对点传输网络、广播式传输网络；④按拓扑结构不同分为星型、环型、总线型、树型、全互联型。

随着社会网络化进程的加快，企业组建自己的网络，实现企业资源共享、网上业务运作，已成为企业在竞争中占得先机的重要条件。支持着企业网络体系结构的普及与发展的 Internet/Intranet 网络体系已经成为当今企业网络的基本构架与趋势。

Internet 创建于 1969 年，是美国国防部高级计划署将各种不同的网络连接起来建立的一个覆盖全国的网络，用来进行各种科学研究活动。到 20 世纪 80 年代，该网的规模迅速扩大，很快发展成为全世界最大的互联网，其性质也从原来的科研网变为商业网。Intranet

则是采用 Internet 技术和标准建立起来的企业网，是在企业现有的网络硬件、软件和服务器的基础上，采用 TCP/IP 协议的企业内部网络。

Web 3.0：未来网络

> Web 1.0 解决了获取信息的问题；Web 2.0 解决了与他人分享信息，享受新鲜的网络体验的问题；Web 3.0 旨在为未来用户创立所有数字信息，所有网络接触融为一体的有意义的体验。有时将 Web 3.0 称为"语义网"(Semantic Web)。语义网这一概念首次在 2001 年《科学美国人》杂志的一篇文章中被提到，由万维网联盟提倡，在现有的网络上添加语义层以减少在信息搜索与处理中的人的作用。
>
> 未来网络到底是怎样的，人们有多种看法，但都关注如何让网络更加"智能"，即计算机理解信息内容，为用户提供更直接、有效的体验。例如，你想在星期五下班后，在本地一家餐厅与网球伙伴聚会，但问题是你之前与另外一位朋友约好去看电影。在语义 Web 3.0 时代，只需要以文本或语音形式发布命令，就可以调节与朋友看电影与聚会安排中的冲突，并预订餐厅。

2. 无线通信技术

无线通信技术依靠无线电波、微波、红外线可见光脉冲来进行数字通信，而不需要用线将通信设备连接起来。无线通信技术包括地面微波、通信卫星、蜂窝和 PCS(Personal Communications Service, 美国数字移动通信系统服务)电话、寻呼系统、移动数据无线电和无线局域网等各种类型的无线互联网技术。

数字移动电话服务使用不同的网络协议。在欧洲及除美国之外的大部分地区，采用 GSM，美国则主要采用 CDMA(Code Division Multiple Access，码分多址)。每一代手机网络系统最初都是用来传输语音及短信形式的有限数据，无线网络下慢慢发展到第三代(3G)，移动用户传输速度为 144Kb/s，而静态传输速度可达 2Mb/s，这样的速度足以传送视频、图表及其他媒体资料。无线通信已迎来 4G 时代，提供高品质、高保密的数据传输，传输速度将达 1Mb/s～1Gb/s，用户可随时随地下载语音、资料及高质量影像流。

无线宽带 WiFi 是无线局域网协议的别称，它为个人电脑和其他无线掌上设备、智能手机提供了接入高速无线网络的机会。无线局域网协议包括 3 种，即 802.11a、802.11b 和 802.11g。例如，802.11b 在 2.4GHz ISM 频段上数据传输速率高达 11Mb/s，有效距离为 30～50m，在户外使用塔顶天线还能扩大使用距离。随着无线网络速度与容量的不断扩大，出现了 802.11n，其数据传输速率可超过 100Mb/s。此外，蓝牙(blue tooth)是 802.15 无线网络技术的另一种说法，用于创立个人区域网络。

频谱的划分

> 频谱的分配是指将频率根据不同的业务加以分配，以避免频率使用方面的混乱。有专门的国际会议来讨论频率的划分和规定，同时由于科学的不断发展，这些划分也在不断改变。现在进行频率分配的世界组织有国际电信联盟(International Telecommunication Union, ITU)和国际无线电咨询委员会(International Radio Consultative Committee, CCIR)等，我国进行频率分配的组织是工业和信息化部无线电管理局。
>
> 由于应用领域的众多，对频谱的划分有多种方式，而今较为通用的频谱分段法是电气和电子工程

师协会(Institute of Electrical and Electronics Engineers，IEEE)建立的，如表1-1所示。微波也是经常使用的波段，微波是指频率300MHz～3 000GHz的电磁波，对应的波长为1m～0.1mm，分为分米波、厘米波、毫米波和亚毫米波4个波段。

表1-1 IEEE频谱

频段	频率	波长	频段	频率	波长
ELF(极低频)	30Hz～300Hz	10000km～1 000km	亚毫米波	300GHz～3 000GHz	1mm～0.1mm
VF(音频)	300Hz～3 000Hz	1 000km～100km	P波段	0.23GHz～1GHz	130cm～30cm
VLF(甚低频)	3kHz～30kHz	100km～10km	L波段	1GHz～2GHz	30cm～15cm
LF(低频)	30kHz～300kHz	10km～1km	S波段	2GHz～4GHz	15cm～7.5cm
MF(中频)	300kHz～3 000kHz	1km～0.1km	C波段	4GHz～8GHz	7.5cm～3.75cm
HF(高频)	3MHz～30MHz	100m～10m	X波段	8GHz～12.5GHz	3.75cm～2.4cm
VHF(甚高频)	30MHz～300MHz	10m～1m	Ku波段	12.5GHz～18GHz	2.4cm～1.67cm
UHF(超高频)	300MHz～3 000MHz	100cm～10cm	K波段	18GHz～26.5GHz	1.67cm～1.13cm
SHF(特高频)	3GHz～30GHz	10cm～1cm	Ka波段	26.5GHz～40GHz	1.13cm～0.75cm
EHF(极高频)	30GHz～300GHz	1cm～0.1cm			

1.3.3 物联网技术

物联网的概念最早于1999年由美国麻省理工学院提出，后来不同国家和行业的专业人员都从不同的角度重新进行了诠释，目前研究界及产业界仍没有形成明确统一的定义。即使是国际电信联盟在以物联网为主题的2005年互联网年终报告，也没有确切的定义物联网。综合来看，其定义可分为狭义和广义两种。

狭义的物联网是指依托RFID的物流网络。随着技术和应用的发展，特别是随着传感器网络的出现，很多学者认为物联网就是无线传感器网络，或者是传感器网络和RFID的合称。但是，随着物联网在国内外被更多行业所关注，其内涵也获得了更大范围的扩展。

广义的物联网是指在物理世界的客观实体中部署具有一定感知能力、计算能力和执行能力的各种信息传感设备，通过网络设施实现信息传输、协同和处理，实现广域或大范围的人与物、物与物之间信息交换需求的互联、互通、互操作。物联网依托多种信息获取技术，包括传感器、传感器网络、RFID、条形码、多媒体采集技术等。

工业和信息化部电信研究院2011年公布的《物联网白皮书》认为：物联网是通信网和互联网的拓展应用和网络延伸，它利用感知技术与智能装置对物理世界进行感知识别，通过网络传输互连，进行计算、处理和知识挖掘，实现人与物、物与物的信息交互和无缝连接，达到对物理世界实时控制、精确管理和科学决策的目的。

1. 物联网基本架构

虽然物联网的定义还存在很多争议，但其3个重要层次——"感知(交互)、网络(传输)、应用(处理)"已经获得了广泛共识，如图1.7所示。各层次通过相互协同与配合，协同完成真正意义上的"物物相连"，并提供泛在的物联网服务。

感知层也称感知交互层，主要实现智能感知和交互功能，包括信息采集、捕获、物体识别和控制等。感知层通过多种传感器(网络)、RFID、条形码、定位、地理识别系统、多媒体信息等数据采集和识别技术，实现外部世界信息的感知和识别，其关键技术是传感技术、识别技术、交互技术、局部自治组网技术等。

网络层也称网络传输层，主要实现信息的接入、传输和通信，包括接入层和核心层。网络层通过泛在的接入和互连功能，实现感知信息高可靠性、高安全性进行传送。网络层关键技术包括接入与组网技术、网络及服务发现技术等,以及在此基础上的节点及网关相关的支撑技术。

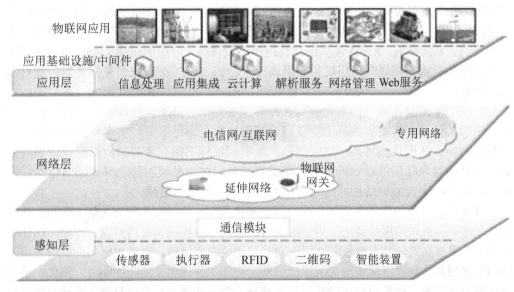

图 1.7 物联网网络架构

应用层也称应用处理层,主要实现信息的处理与决策,通过中间件实现网络层与物联网应用服务间的接口和功能调用。物联网应用层既包括局部区域的独立应用,如楼宇内的控制系统、特定区域的环境监测系统,又包括广域范围的统一应用,如手机支付、全球性的 RFID 物流和供应链系统等。网络层关键技术包括面向服务体系架构的云计算、海量感知数据存储与检索技术、物联网中间件技术、具有各种行业特色的交互技术和控制技术等。

 案例 1-7

北京奥运会上的 RFID

> 历届奥运会都是新技术的发展引擎,北京奥运会也不例外。为了服务本次奥运会,RFID 业界祭出两项法宝——门票防伪和食品安全追踪。经过十多天的检验,这两项应用都得到了全世界的赞誉,既保障了北京奥运会的安全进行,又使得中国在 RFID 领域积累了大量宝贵的实践经验。
>
> 北京奥运会是第一届全面使用 RFID 来进行门票防伪的奥运会。北京奥运会的门票都加载了中国自行研发的、国内最小的 RFID 芯片。该芯片包含了购票人的关联信息,只要在验票机上一刷,就可以激活后台数据库,从而调出观众的个人信息,既方便了观众验票,又有效地防止了门票伪造。
>
> 食品安全追踪是 RFID 在北京奥运会的另一个主要应用。该技术重点防范了 4 类食品突发事件:食源性疾患,动物源性食品中违禁物质的滥用,高毒高残留农药和食品添加剂的违规使用,以及生物性、化学性、放射性等人为恶意污染食品事件。北京奥运会做到了全部食品配置 RFID 标签,全程监控了种植、运输、分类、验收和存储过程,防范了前述 4 类食品突发事件。十多天来,各国运动员和工作人员对中国在食品方面的赞叹不绝于耳,充分肯定了我国 RFID 食品追踪应用的成功。
>
> (资料来源:http://www.chinawuliu.com.cn/cflp/newss.)

2. 物联网标识技术

物联网中所有物理资源和逻辑资源都需要唯一的标识来识别,以便网络或应用基于该标识来控制和管理相关资源,从而实现信息的获取、处理、传送与交换。基于感知层、网络层和应用层的识别目标和应用场景,物联网标识可对应地分为 3 类,即对象标识、通信标识和应用标识。对象标识用于唯一识别物联网中的实体对象(如传感器节点、RFID 标签、网卡等)或逻辑对象(如文档、温度等);通信标识用于唯一识别具备通信能力的网络节点,如智能网关、手机终端、RFID 读写器及其他网络设备等;应用标识用于唯一识别物联网应用层中各项业务或各领域的应用服务的组成元素,如 RFID 标签在信息服务器中所对应的数据信息等。

为了在一定范围内唯一识别物联网各种异构资源,并基于其控制和管理目标对象,获取和传送相关信息,需要提供基于物联网标识的解析与寻址服务,实现不同层次的标识映射。物联网标识解析是指将某一物联网标识映射到该标识拥有者的其他物联网标识,如通过对某物品的对象标识进行解析,可以获得存储其相关信息或服务的节点通信标识;物联网标识寻址是指确定通信路径并传递信息到指定通信地址的过程。

物联网中被标识的物品在全球生产、流通和使用,被标识物品的相关信息随机、分散地存储在全球不同机构的服务器上。为了实现对物联网中被标识物品的定位、跟踪、认证和管理等功能,需要高效、准确地获取被标识物品的相关完整信息。物联网标识发现服务用于在物联网中实现某个物联网标识与记录该标识的所有相关标识集合之间的映射。例如,通过物联网标识发现服务,授权用户可以获得记录被标识物品的所有相关信息服务器地址的集合。

LBS 与车联网

位置服务(Location Based Services, LBS)作为物联网系统最重要的功能之一,其含义有两重:首先是确定(移动或非移动)设备或用户所在的地理位置,其次是提供与位置相关的各类信息服务。1994年,美国学者比尔·N.施利特(Bill N. Schilit)在提出 Context-Aware 计算的理念时指出了位置服务的三大目标,即你在哪里(空间信息)、你和谁在一起(社会信息)、附近有什么资源(信息查询),这也成为 LBS 最基础的内容,但这属于广义的 LBS 定义;而一般的 LBS 往往指的是 MLS(Mobile Location Service),即移动位置服务,这属于狭义的 LBS。

汽车物联网(简称车联网)作为我国物联网的重点示范应用,是指通过无线通信、GPS/GIS 及传感技术的相互配合,实现在信息平台上对车辆自身属性,以及车辆外在如道路、人、环境等属性的提取和有效利用,并在此基础上提供包括交通、安全及娱乐等综合性服务,实现"人—车—路—环境"和谐统一的物联网。目前较典型的应用是中国移动"e 物流"运营平台和智能交通系统(Intelligent Transport System,ITS)。

(资料来源:周洪波. 物联网:技术、应用、标准和商业模式[M]. 2 版. 北京:电子工业出版社,2012.)

1.4 管理信息系统

今天的管理者对于是否使用计算机这一问题已经没有选择了,问题也已经不是要不要使用计算机,而是在多大程度上使用计算机。大多数企业已经完全依赖于以计算机为基础的会计信息系统,而且没有它们就不能办理全天的事务。一些企业成功地建立了提供问题求解信息的系统,加速了通信流,并获得了各种各样的专家意见。管理信息系统涉及系的规划、开发、管理和信息技术工具的运用,其目的是帮助人们完成与信息处理和信息管理相关的一切任务。

1.4.1 信息系统的含义

系统是由一群相互作用、为了达到某个目标的要素集合,信息系统也就是一群相互作用、产出信息的要素集合。信息系统是一个人造系统,它由人、硬件、软件和数据资源组成,目的是及时、正确地收集、加工、存储、传递和提供信息,实现组织中各项活动的管理、调节和控制①。信息系统的基本要素包括计算机硬件、软件、数据、程序和人,任何一个信息系统,不管是简单的还是复杂的,都由这 5 个基本要素组成。例如,当你用计算机写课程报告时,你要使用硬件(计算机、硬盘、键盘和显示器)、软件(Word 及其他文字处理程序)、数据(单词、句子和报告中的段落)、程序(运行程序、打开报告、打印报告、储存并备份文件的方法)及人(你)。

信息系统包括信息处理和信息传输系统两个方面。信息处理系统对数据进行各种处理,使它获得新的结构与形态或者产生新数据,例如计算机系统就是一种信息处理系统,通过它对输入数据进行处理可获得不同形态的新数据。信息传输系统不改变信息本身的内容,作用是把信息从一处传到另一处,在经济全球化的今天,信息传输系统变得越来越重要,尤其是互联网的普及,使得信息传输变得更为容易和廉价。信息系统的基本功能可归纳为信息采集、信息传输、信息处理、信息存储、信息输出 5 个方面,如图 1.8 所示。

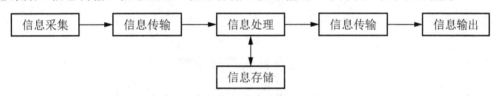

图 1.8 信息系统的基本功能

1. 信息系统的维度

为了全面了解信息系统,必须先了解系统更广泛的组织、管理和信息技术维度,以及它们解决企业环境中的挑战和问题的能力。

1) 组织维

组织是由不同层次和专业任务组成的结构,它们的结构展示了清楚的劳动分工部门。在一个企业中权利和责任组成是有层次的,或者金字塔式的,上层由经理、专家和技术人员组成,下层由操作人员组成。

高层管理进行企业的产品、服务及财务绩效的长期战略决策。中层管理对于高层管理的决策制订计划和实施过程。运行管理负责监控企业的日常工作。知识工作者(如工程师、科学家或建筑师)为企业设计产品和服务,以及创造新知识;资料工作者(如秘书或文员)帮助企业完成所有层次的纸面工作。基层的生产和服务工人实际生产产品和提供服务。

2) 管理维

管理工作在于对企业所面临的许多情况进行感知,作出决策,列出解决企业问题的正

---

① 黄梯云. 管理信息系统[M]. 3 版. 北京:高等教育出版社,2005.

式计划。经理关注环境的挑战，设立应对这些挑战的组织战略，以及分配人力和财力资源，以协调工作和达到企业目标。

管理者必须比管理当前事务做得更多。他们也必须创造新产品和新服务，甚至还要不断地再创造他们的组织。管理的责任很大一部分是创造由新技术和信息驱动的工作。信息技术在再指挥和再设计组织上起到强有力的作用。

3）技术维

信息技术是管理者应对变化的众多工具中的一个。计算机硬件和软件、数据管理技术、网络和通信技术，以及要求运行和管理它们的人员，代表了遍及组织共享的资源，组成了公司的信息技术基础设施。IT基础设施提供了一个基础或者平台，公司可以在这个基础或平台上建立自己特殊的信息系统。每个公司必须精心设计和管理其信息技术基础设施，从而使自己有一组技术服务于其信息系统需要完成的工作。

2. 信息系统的目的

开发与使用信息系统的目的在于帮助企业达到预期目标。如果没有信息系统的大量投资，整个经济将不可想象，亚马逊、淘宝、京东商城等电子商务公司将不存在，金融、保险、旅游等服务行业就无法运作，沃尔玛、通用汽车等公司也无法得以保证长期繁荣。企业投资于信息系统的目的在于企业达到6个目标：运行良好；新产品、新服务和新的企业模式；顾客和供应商关系亲密；改进决策；竞争优势；长期存在。

开发与使用信息系统

一般都认为管理信息系统是开发的，因为信息系统不会像雨后春笋般的出现，必须构建它们。你可能会说：等等，我是做财务(或会计、管理)的，不是做信息系统的，我无须知道如何构建信息系统。

然而，遍及你的生涯，无论你选择哪个领域，都会用到信息系统。为了让信息系统满足你的需要，你应该在系统发展中起到积极的作用。即使你不是一个程序设计员或数据库设计者，也不是其他信息系统专业人员，你也必须在具体化系统需求以及帮助管理发展项目方面起到积极的作用；若未积极地投入其中，新的系统是否能满足你的需求就只能依靠运气了。

1）运行良好

企业持续寻求改进其效率以求达到高获得。信息系统和技术是几种重要的技术之一，使管理者能用以达到企业运行的高效率和高生产率，配合企业过程和管理行为的改变，效果更佳。2007年，沃尔玛达到近3 790亿美元的销售量，这主要归功于它的Retail Link系统，该系统连接了供应商和沃尔玛的每个门店。当顾客购买一项商品，供应商马上就能监控到，从而正确地安排货架商品的补充。

2）新产品、新服务和新的企业模式

信息系统和技术是公司创造新产品和新服务甚至整个新企业模式的重要驱动器。企业模式描述公司如何生产、运送和销售产品或服务以创造财富。苹果公司把旧的基于乙烯基的唱片、磁带和CD的企业模式转化为基于iPod技术平台的在线、合法的分销模式。苹果从iPod的创新流中获得繁荣，包括iPod、iTunes音乐服务及iPhone。

3) 顾客和供应商关系亲密

当一个企业真正了解顾客并服务好顾客时，顾客就会成为回头客，采购更多产品，这就产生了收入和利润。同样，对供应商来说，多一个企业加入供应商行列，供应商就可以更好地向企业提供必不可少的输入，这些也促使成本降低。如何真正了解自己的顾客或供应商，对于拥有几百万个离线和在线顾客的企业来说是个关键问题。

4) 改进决策

许多企业经理并未完全明确当今的信息环境，从来没有在正确的时间掌握正确的信息，从而作出一个正确的决策；相反，他们依靠预测、猜测和运气。其结果就是产品和服务的超产或欠产、资源的错置，以及响应时间拖延，并进一步导致成本上升和顾客流失。信息系统和技术使经理在决策时可以应用来自市场的实时数据。

5) 竞争优势

当企业达到上述目标，他们也就拥有了竞争优势。经营更好、产品更价廉质优、实时响应顾客和供应商，这些合在一起就会得到较高的销量和利润，这使竞争对手很难追上企业。可能没有企业在所有这些方面的领导竞争优势比丰田汽车公司更强，其传奇的丰田生产系统关注于节约、避免浪费、持续改进和优化顾客价值等工作。

6) 长期存在

企业也投资于运营企业所必需的信息系统和技术，有时这种"必需"来自行业水平的变化。当花旗银行1977年在纽约引入第一台自动取款机(Automatic Teller Machine，ATM)，通过高水平服务吸引顾客时，它的竞争对手也赶紧提供 ATM 给客户。今天，实际上全世界所有银行均设置 ATM，并联网至本地区、国家甚至全球，提供 ATM 服务给顾客是银行业长期存在的基本要求。

1.4.2 信息系统的类型

一个典型的企业，每一个主要的企业职能均有一个系统支持，如销售和市场系统、制造和生产系统、财务和会计系统及人力资源系统等。职能系统由于不能共享信息而彼此孤立运行的情况已成过去，现在被大规模的、跨功能的系统替代，该系统集成了相关的企业过程和组织单位活动。典型的企业也有不同的系统支持每一个主要管理群体决策需要。运营管理、中层管理和高层管理需要不同类型的系统以支持其决策。

1. 业务处理系统

基层的运营经理需要系统保持组织的业务和原始活动记录，如一个工作的销售、现金存量、工资、信用决策和原材料等。业务处理系统(Transaction Processing Systems，TPS)提供这类信息。业务处理系统是执行和记录企业日常业务的计算机化系统，如输入销售订单、酒店预约、工资、保存雇员档案和运输等。

该系统的主要用途是回答常规问题和跟踪通过组织的业务流，如仓库还有多少零件？李四的工资发放有什么问题？为回答这些问题，信息必须容易获得、即时和准确。在运行层，任务、资源、目标是预先设置的、高度结构化的。例如，对顾客优惠信誉的决策是由基层主管根据预设的准则作出的，所有决策的作出均取决于顾客是否满足这些准则。

图 1.9 显示了处理工资的 TPS。工资系统保存付给雇员工资的记录，具有雇员姓名、社保号码和每周工作小时数的雇员卡表示一笔业务。一旦这笔业务输入到系统，它就更新

现有的文件或数据库,这样经久不衰地维护着组织的雇员信息。系统中的这些数据以不同的方式组合创建出管理部门报告和政府感兴趣的报告,并给雇员开出支票。经理需要用 TPS 监控企业内部运行状态及企业和外部环境的关系,TPS 也是其他系统信息的主要提供者。例如,工资系统与其他会计业务处理系统给公司的总账系统提供数据,后者负责维护公司收入和开支记录,并产生利润表和资产负债表等。

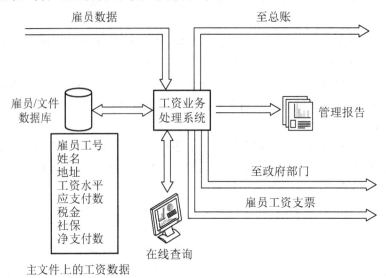

图 1.9　工资业务处理系统

2. 管理信息系统与决策支持系统

中层管理需要系统帮助他们进行监视、控制、决策和管理活动。管理信息系统(Management Information Systems,MIS)利用 TPS 供应的数据汇总并生成公司基本运行情况报告[①]。来自 TPS 的基本业务数据被压缩,并常常以定期产生的报告形式呈现。今天,这些报告多以在线的形式提交。

图 1.10 显示了一个典型的 MIS,来自库存、生产、会计等业务层的数据进入 MIS 文件,然后用于给经理提供报告。尽管如果需要,MIS 可以让经理跟踪每日或每小时的数据,但是 MIS 最初服务于经理感兴趣的周、月和年度汇总数据。MIS 通常提供的常规问题或程序性问题的回答,这些问题已预先指定好了,并有一个寻求它们回答的预定手续。例如,MIS 报告本季度在一个快餐店中使用的香料数量,或者比较某一产品其年销售指数。大多数 MIS 用于简单、常规而不是复杂的数据模型或统计技术。

决策支持系统(Decision Support Systems,DSS)支持中层管理的非程序性决策。它们关注于那些快速变化的特殊问题,这些问题不可能完全事先定义好其解答步骤。它们试图回答的问题如:如果我们在 12 月份销售加倍,对我们的生产调度有什么影响?如果工厂的调度延迟 6 个月,我们的投资回收将发生什么情况?

虽然 DSS 常使用 TPS 和 MIS 的内部信息,但它也经常从外部获取信息,如现在股票价格或竞争者的产品价格等。这些系统用了各种模型来分析数据,或者它们压缩大量数据成为决策者易于分析的形式。DSS 被设计成用户可直接工作的形式,这些系统中纳入了用户友好软件。航运报价系统是一个小型的、功能完整的 DSS,其用于计算财务和技术的航

---

① 这里所讲的管理信息系统为狭义的定义,而不是企业信息系统统称的广义管理信息系统。

运细目，如图 1.11 所示。财务计算包括船的时间成本，各种货物的运费和口岸开销等；技术细目包括大量因素，如船载货能力、速度、口岸距离、燃料和水的消耗及装载模式等。

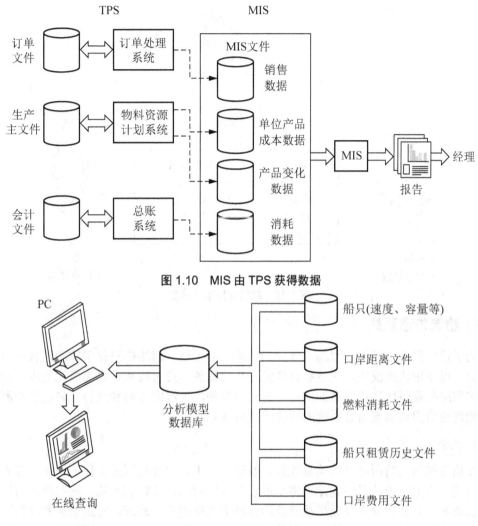

图 1.10 MIS 由 TPS 获得数据

图 1.11 航运报价系统

3. 高管支持系统

高层管理需要系统支持他们强调的战略问题和长期趋势，包括公司内部环境和外部环境。他们关心的问题是：5 年内就业水平如何？长期行业成本趋势是什么？我们公司要进入哪个行业？5 年内我们应生产什么产品？什么能保护我们避开周期性的商业波动？高管支持系统(Executive Support Systems，ESS)帮助高层管理作出这些决策。

ESS 强调非程序性决策，要求判断、评价和深视，因为这里没有达到解决方案一致的程序。ESS 常通过一个高层管理容易使用的接口多源表达图形和数据。通常信息是通过一个门站送给高管，它是一个网络接口来表达集成化的、个性化的企业内容。

ESS 被设计成合成外部事件数据，如新的税收法律或者竞争者，但它们也从 MIS 和 DSS 上抽取汇总信息。它们压缩和跟踪关键数据，给高管显示最重要的数据。譬如，某 CEO 计算机桌面屏幕上的 ESS 提供每分钟的公司财务情况，它们由工资、会计应收、会计应付、现金流和库存等系统组成。图1.12给出了一个ESS模型，它由带有菜单、互动图形和通信能力的工作站组成，可用于内部和外部数据库，存取历史、竞争数据。

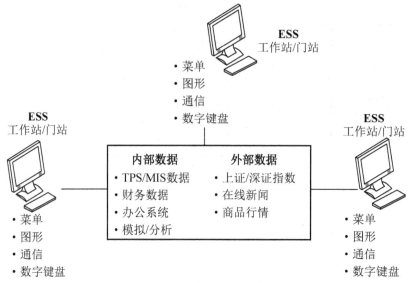

图1.12　高管支持系统模型

1.4.3　物流信息系统

为了适应经济全球化与市场一体化的要求，必须充分运用信息化手段和现代化方式，对物流市场作出快速反应，快速整合资源，并使物流、资金流和信息流最优集成。物流信息化和网络化是现代物流发展的核心，也是当今物流发展的方向和趋势，它包含物流本身的基础理论研究和物流信息系统的构建体系两部分。

1. 内涵

在物流领域范畴内建立的信息收集、整理、加工、储存与服务工作的系统，称为物流信息系统。它是一个从采购到配送整个过程进行控制的信息管理系统，同时也是为物流管理人员及其他企业管理人员提供战略及运作决策支持的人机系统，它是信息系统在物流管理领域应用的系统。建立物流信息系统，提供迅速、准确、及时、全面的物流信息是现代企业获得竞争优势的必要条件。

资料卡

3S1L 原则

物流信息系统的最终目标是提高对客户的服务水平和降低物流的总成本。即在于以 Speed(速度)、Safety(安全)、Surely(可靠)和Low(低费用)的3S1L原则，即以最少的费用提供最好的物流服务。

信息系统是现代物流企业生存的必要条件，许多国外的生产厂家选择物流服务企业首要的条件就是物流企业必须具有物流业务管理信息系统。因为在激烈的市场竞争中，作为一个物流企业，它的功能主要有3项：一是储存功能，调剂货物供求；二是流转功能，将货物及时分拣和配送至用户；三是信息功能和交易功能，及时传递供需信息，协助完成交易。为了达到这3个目的，需要一系列相关的信息技术来配套，诸如连续补货系统、计算机辅助订货系统、商品分类管理、配送需求计划管理系统、以销售资料建立的预测与计划系统等。

物流信息系统是为物流系统服务的，是由计算机软硬件技术、物流信息技术、物流信息资源及其管理人员所组成的人机系统。根据物流信息系统面向对象的不同，可分为面向制造商的物流信息系统，面向零售商、批发商、供应商的物流信息系统，面向第三方物流企业的物流信息系统；按照系统的业务功能不同可分为订单处理系统、运输管理系统、仓储管理系统、配送管理系统、货物代理系统、港口作业及堆场管理系统、零售管理系统、电子商务系统等。这些具体功能管理系统及自动化设施系统、办公自动化系统等是属于物流作业层面的信息系统，相对应的综合物流管理信息系统、物流管理决策支持系统等则属于物流管理层面的信息系统。

2. 体系结构

物流是信息驱动的业务过程，信息系统也就成了企业现代物流体系的灵魂。信息系统在物流中的重要性不仅仅体现在信息技术可以解决企业当前物流体系中的问题，更重要的是运用信息系统，企业可以设计并实施新的物流解决方案，从而在同等的市场营销地位下大幅度地改善企业的财务业绩。物流管理信息系统的体系结构，包括供应链模型设计规划(物流体系的设计和评估)、预测与计划(物流体系的控制和调度)、物流运作(管理具体的物流运作过程)3个层次的"金字塔模型"，如图1.13所示。

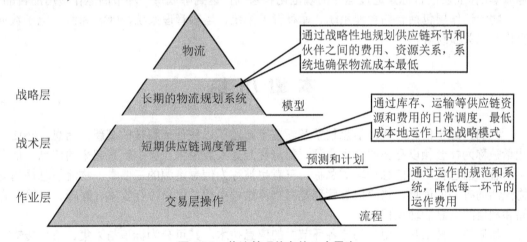

图1.13 物流管理信息的3个层次

1) 供应链模型设计规划

战略层对物流系统的结构和功能进行统一规划、设计和评估，工作的主要内容有物流系统战略规划、供应链物流设计和物流系统评价等。战略层的作用是对从总体上长期影响物流系统服务水平和总成本的因素进行计划和控制，包括物流网络拓扑、库存策略、补货模式、计划周期等，并评估和改进物流系统，以形成有效的反馈约束和激励机制。

面向大型企业的复杂物流系统中，供应链模型仿真及设计软件是设计、优化企业物流体系的专业工具。这样的专业工具一方面需要企业各方面的运作基础数据的支撑；另一方面建立模型、仿真和优化都需要专业人员的经验和知识，并非普通用户可以自己操作的。

2) 预测与计划

战术层对物流流程进行计划、调度和控制，主要包括订货处理和顾客服务、用料管理、采购计划、仓储和库存计划、补货计划和运输计划的生成，以及与完成这些计划相联系的流程的管理等。战术层的目标是通过物流资源和费用的日常调度，使物流系统低成本、高效率地运作，实现物流系统的目标。企业的计划系统包括以下几项。

（1）协作平台。物流计划和执行的过程是一个企业内部各部门之间，乃至与供应链上下游伙伴的流程协作过程。因而，需要建立起一个供应链环节和伙伴之间各方信息共享的流程平台，使补货、运输、采购、订单处理等流程的各个阶段的角色能够同步工作。

（2）预测系统。根据多种因素对不确定的市场进行预测。

（3）优化系统。根据多种约束条件产生优化的资源调度，如生产调度计划、库存计划和补货计划等。

（4）事件管理。意外事件的管理、报警及监控。

（5）计划系统。主要应用在两个方面：一是面向销售、实现需求及供给之间的最优化平衡，在确保恰当的服务水平的基础上实现库存水平、物流费用最低；二是面向复杂的生产环境、通过优化的生产及采购安排和调度，实现生产线、外包、原材料采购等多因素的综合成本最低并缩短前置时间。

3）物流运作

作业层是完成物品的时间转移和空间转移，主要内容有订单处理、采购、发货和储存、运输、装卸、包装、流通加工、配送中的作业操作、质量控制及相应的信息采集、传输和存储等。作业层的目标是通过运作的规范化和系统化达到降低每一环节的运作费用的目的。

物流运作层包括仓储管理系统、库存管理系统、运输管理系统、POS系统、电子数据交换和报关系统等。

本章小结

我们正处于信息时代，信息技术革新速率超过了以往任何科技的革新。信息、物质、能量被称为社会赖以存在的三大资源，信息资源是人类经济社会中积累起来的信息、信息生产者、信息技术等信息活动的总称，三者也被称为信息资源的三要素。物流信息是指与物流活动有关的信息，物流信息管理是对物流过程中相关信息进行收集、整理、传输、存储和利用的信息活动过程。

物流信息技术是运用于物流各环节中的信息技术，其可分为标识与采集、信息传输、信息存储和信息处理等。数据库、数据仓库技术提供了信息存储与分析工具，网络通信尤其是Internet及无线技术的发展使物联网的应用日渐成熟，而物流信息技术的核心则在于条形码、RFID、EDI、GIS、GPS等具体应用。

信息系统是一个人造系统，它由人、硬件、软件和数据资源组成，目的在于帮助企业实现商业价值，具体包括运行良好、新产品新服务和新模式、顾客和供应商关系亲密、改进决策、竞争优势及长期存在。依据信息系统处理信息维度的不同，可将其分为业务处理系统、管理信息系统、决策支持系统和高管支持系统。

物流 Logistics　　　　　　　　　　　　　信息资源 Information Resource

信息 Information	信息管理 Information Management
信息技术 Information Technology	供应链管理 Supply Chain Management
物联网 Internet of Things (Machine to Machine)	射频识别 Radio Frequency Identification
	数据库管理系统 Database Management System
数据仓库 Data Warehouse	
联机分析处理 On-line Analytical Processing	数据挖掘 Data Mining
管理信息系统 Management Information System	GSM (Global System for Mobile Communication)
高管支持系统 Executive Support Systems	业务处理系统 Transaction Processing Systems
决策支持系统 Decision Support Systems	物流信息系统 Logistics Information Systems

习　题

一、判断题

1. 物流占 GDP 的比重越高，代表物流行业越不发达，社会资源浪费越严重。（　）
2. 信息就是资源，信息管理就是对信息资源的管理。（　）
3. 信息活动分为两个阶段：一是信息资源形成阶段；二是信息资源开发利用阶段。（　）
4. 物流信息系统的目标就是提高对客户服务的水平和降低物流的总成本。（　）
5. 业务处理系统是管理信息系统发展的初级阶段，其主要功能是处理结构化数据。（　）

二、选择题

1. 信息资源的三要素是指(　　)。
   A．信息技术　　B．信息系统　　C．信息生产者
   D．信息使用者　E．信息
2. (　　)不是物流信息所特有的特性。
   A．时效性　　　B．信息量大　　C．更新快
   D．传递性　　　E．来源多样化
3. 信息系统的基本功能包括(　　)。
   A．信息采集　　B．信息输出　　C．信息处理
   D．信息存储　　E．信息传输
4. 物流信息系统的基本组成部分包括(　　)。
   A．计算机　　　B．计算机网络　C．信息资源
   D．物流设备　　E．人
5. 信息的高度精确、处理的规律性等特点，是企业(　　)管理中的需求。
   A．作业层　　　B．管理层　　　C．战略层
   D．战术层　　　E．数据层

三、思考题

1. 什么是云计算？试举例说明云计算的主要应用。
2. 物联网的发展给物流业带来了什么？可举例说明。
3. 举例说明信息、数据和知识的区别与联系。
4. 如何解释信息的真伪性？说明在什么情况下可能出现伪信息。
5. 为什么信息系统今天对企业的运营和管理如此重要？
6. 物流信息的作用有哪些？
7. 如何理解系统的整体性？试举例说明。
8. 以超市为例，列举物流信息的应用情况。
9. 什么是物流信息化？对一个企业来说其物流信息化应包括哪些内容？
10. 举例说明企业信息管理系统的发展历程，并说明每个阶段的代表性系统。
11. 准确地说信息系统是什么？它们怎样工作？它们的组织、管理和技术成分是什么？
12. 信息资源的三要素是什么？三个之中哪一个最重要、哪一个最不重要？为什么？

四、讨论题

1. 登录中国物流与采购网(www.chinawuliu.com.cn)，了解现代物流发展情况，进入"物流信息化"界面，熟悉一些常用的物流信息技术及企业应用状况。

2. 到当地某一物流园区或车站货厂，观察我国物流运作过程，了解信息技术在物流业务中的应用现状。

3. 走访几个中小企业，看看他们用的是什么信息系统。注意该企业是否有自己的网站，若有，其信息更新情况如何？

4. 你是否常在网上购物？网购给物流带来了什么的机遇与挑战？从物流角度分析一个网购的全过程，并指出现存的主要问题。

五、作业训练

1. 规划自己的职业发展和信息技术。尽可能定位自己如何在这个商业环境中成功，现在需要研究自己的职业发展。此处，需要分析自己的职业所需的IT技能。首先，考虑自己想要什么样的职业；其次，登录百度(www.baidu.com)并搜索与职业相关的工作。阅读几条工作要求并判断自己需要掌握的IT技术。

2. 分析一个企业系统。3~4个学生为一组，在商业或计算机杂志上找一篇计算机在组织中应用的文章。从网站上找到该公司的信息，收集更多有关公司的详细信息，对该公司进行简单的描述。从输入、处理、输出和组织、管理、技术特点，以及系统对公司的重要性等方面描述自己所选的系统。如果可能，用电子演示软件在教室中演示你的分析。

美国物流业信息化发展状况

从20世纪80年代开始，美国政府制定一系列法规，逐步放宽对公路、铁路、航空、航海等运输市场的管制，通过激烈的市场竞争使运输费率下降、服务水平提高。近年来，面对企业经营全球化、市场多变及客户需求个性化，物流成为企业的"第三利润源泉"的趋势，企业一方面打破部门界限，实现内部一体化物流管理，设立物流总监进入企业高层；另一方面，冲破与供应商和客户的企业壁垒，结成一体化供应链伙伴，使企业之间的竞争变成供应链之间的竞争；涌现出戴尔、思科、沃尔玛、麦当劳等成功的企业物流与供应链管理模式。美国企业物流合理化的一个重要途径，是将物流服务外包给第三方物流公司。根据最近的抽样调查，在过去两年里，第三方物流企业的客户物流成本平均下降11.8%，物流资产下降24.6%，订货周期从7.1天下降到3.9天，库存总量下降8.2%。

1. 企业物流信息化

由于物流管理的基础是物流信息，是用信息流来控制实物流，因而企业纷纷将物流信息化作为物流合理化的一个重要途径，主要包括以下做法。

(1) 普遍采用条形码技术和射频识别技术，提高信息采集效率和准确性；采用基于互联网的电子数据交换技术(Web EDI)进行企业内外的信息传输，实现订单录入、处理、跟踪、结算等业务处理的无纸化。

(2) 广泛应用仓库管理系统和运输管理系统来提供运输与仓储效率。

(3) 通过与供应商和客户的信息共享，实现供应链的透明化，运用 JIT、CPFR、VMI、SMI 等供应链管理技术，实现供应链伙伴之间的协同商务，以便"用信息替代库存"，降低供应链中物流的总成本，提高供应链的竞争力。

(4) 通过网上采购辅助材料、网上销售多余库存及通过电子物流服务商进行仓储与运输交易等手段，借助电子商务来降低物流成本。

2. 物流企业信息化

由于在仓储、运输管理和基于互联网的通信方面的技术与实施能力，已成为进入第三方物流行业的门槛，物流企业高度重视信息化建设，并呈现以下特点。

(1) 物流信息服务包括预先发货通知、送达签收反馈、订单跟踪查询、库存状态查询、货物在途跟踪、运行绩效(KPI)监测、管理报告等，已成为第三方物流服务的基本内容。

(2) 物流企业在客户的财务、库存、技术和数据管理方面承担越来越大的责任，从而在客户供应链管理中发挥战略性作用。物流外包影响供应链管理的最大因素是数据管理，因为用企业及其供应链伙伴广泛接受的格式维护与提取数据以实现供应链的可视化是一个巨大的挑战，物流企业不仅需要在技术方面进行较大投入，而且还需要具备持续改进、例外管理和流程再造能力。

(3) 随着客户一体化物流服务需求的提高和物流企业信息服务能力的增强，出现了基于物流信息平台通过整合和管理自身的以及其他服务提供商补充的资源、能力和技术，提供全面供应链的解决方案的第四方物流服务(4PL)。

(4) 物流企业大都采用面向客户自主开发物流信息系统的方式来实现物流信息化。

3. 物流信息服务业

物流信息化需要物流信息技术的支撑；同时，物流信息化的发展也带动了物流信息服务业的发展。目前，美国物流信息服务业大致可分为以下几个方面。

(1) 供应链软件提供商。美国的供应链软件提供商大致可分为3类：一是提供仓库管理系统、运输管理系统等物流功能管理的软件商，如 EXE、Provia；二是提供供应链管理计划与执行系统(SCP、SCE)的软件商，如 i2、Manugistics；三是在提供 ERP 的基础上向上下游扩展到企业资源管理(ERM)的软件商，如 SAP、Oracle、PeopleSoft。

(2) 信息中间商(Inform Diary)。主要是提高专门的信息基础设施。如 Capstan 公司，通过建立一个公共信息平台，把采购商、供应商、物流服务商、承运人、海关、金融服务等机构都放到上面。通过该平台，大家来交换数据，完成国际物流服务。

(3) 网上市场(E-Marketplace)。运输网上交易形式多样，包括合并第三方提供商，如 Transplace.com 由 J.B.Hunt Transport 等6个伙伴合并而成；也包括行业中立交易商如 Logistics.com，提供运输能力与需求的自动匹配与优化，管理现场交易等各种运输交易形式。

(资料来源：http://www.chinawuliu.com.cn/cflp/newss/contentl.)

思考：

(1) 美国物流信息化发展对我国的物流信息化过程有什么启示？

(2) 物流企业如何才能提高其对企业的物流服务水平？

第 2 章 信息的组织与管理

【教学要点】
- 了解信息管理的对象与内容，理解信息管理的 3 个基本原理；
- 熟悉信息获取、交流、组织和检索方法、工具，能够依据具体情况进行相应信息的处理；
- 理解信息资源内涵及应用，掌握网络获取知识的途径，了解企业知识管理的意义；
- 了解信息安全隐患及防范措施，以及控制安全过程中的信息道德。

【知识架构】

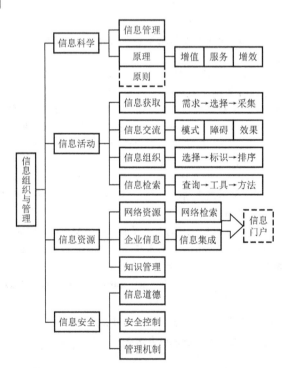

戴尔：用信息代替库存

一个值得关注的数字是戴尔每年的研发投入不到 5 亿美元，这只是业界领先水平的 1/10，但是戴尔却拥有 500 多项管理和流程方面的专利。对于生产和流程的精益追求，是戴尔决胜千里的唯一秘诀，而非秘密，因为这个秘诀早已经外化到整个供应链的各个环节。

事实上，戴尔的运作模式并不神秘。通常情况下，客户通过 800 电话，也可以通过戴尔的网站下单，"这有点儿像给病人看病，开处方"。戴尔(中国)有限公司副总裁兼中国客户中心总经理李元钧这样解释，"销售人员依据客户的个性需求提供的配置就是配方，这些信息会被存储到戴尔的数据中心。"戴尔在厦门的客户中心永远是一片繁忙的景象，除了 1 000 多台 24 小时运转的服务器外，看起来和其他工厂并无太大的区别。每隔 1.5 个小时生产区的进货门会打开一次，物料进入后被分配到生产笔记本、PC 和服务器的生产线上，流水线前端的工人根据配方抓药——通过系统自动生成的配置清单选料，放进一个长方形的塑料盒子里，每一件物料经过条形码的扫描确认后，传送到装配工人那里。"戴尔并不是流水线生产，而是单元制生产"，戴尔中国的公关总监张飒英介绍说。而在生产区的楼上，就是销售中心，销售人员通过 800 电话不停地接电话，并不断地输入新的信息，这就是戴尔的销售生产流程。数据中心每隔 1.5 个小时会运行一次，统计这段时间内的清单，并列出所需零部件的清单，采购部门会根据这张清单进行采购，同时，这张清单会直接转到一个由第三方物流公司管理的公共仓库，该公司会在 1 小时之内把货配好，20 分钟后，所需的全部零配件将运抵戴尔的工厂。从理论上来说，在客户没有下单之前，戴尔工厂的车间里是没有工料的，而每个能被拉进来的零部件早就已经确定了买主，一旦整机组装完成后，马上可以发货运走。这就解释了戴尔为什么能做到成品零库存之外，零部件几乎也达到了零库存的水平。对于戴尔来说，如果非要找出库存，那只能是在公路上高速行驶的大型货车。

(资料来源：http://www.chinawuliu.com.cn/cflp/newss/contentl.)

对于一个企业而言，伴随着其规模的不断扩大，对消费者需求的信息越来越难以掌握，适当的库存能够避免由于缺货而导致需求链断裂，过少库存造成的供不应求会引起市场的丧失，但如果库存过多则会面临资金占用、库存管理费用和库存产品价格降低的压力和风险。可见，库存的根本原因在于厂商和消费者之间的信息不对称。如果能够准确地预测、判断市场的需求，库存自然可以控制在可接受的范围内。解决库存问题最有效的工具是能够对市场作出准确预测的实时信息系统，戴尔的实践证明取代库存价值的是信息价值。

2.1 信息管理基础

信息对于每个人而言，并不陌生。在实际生活中，每个人每时每刻都在不断地接收信息、加工信息和利用信息，都在与信息打交道。现代管理者在管理方式上的一个重要特征就是：他们很少同"具体的事情"打交道，而更多地是同"事情的信息"打交道。管理系统规模越大，结构越复杂，对信息的渴求就越强烈。实际上，任何一个组织要形成统一的意志，统一的步调，各要素之间必须能够准确快速地相互传递信息。管理者对组织的有效控制，必须依靠来自组织内外的各种信息。信息，如同人才、原料和能源一样，被视为组织生存发展的重要资源，是管理活动赖以展开的前提，一切管理活动都离不开信息，一切有效的管理都离不开信息的管理。

2.1.1 信息科学与管理

传统科学的基本概念是物质与能量,信息科学的基本概念是信息。信息科学的研究内容是信息的运动规律,其研究内容的抽象模型如图 2.1 所示。当主体与对象(即系统)打交道的时候,主体通过获取信息和处理信息来认识系统的初始运动状态和方式;然后在处理的基础上"再生"主体思维运动的状态和方式,并规定系统由初始状态转变到目的状态的方式;而控制的作用则是理解和执行这个新的信息,引导系统达到规定的目的状态,完成主体对对象施行的变革。

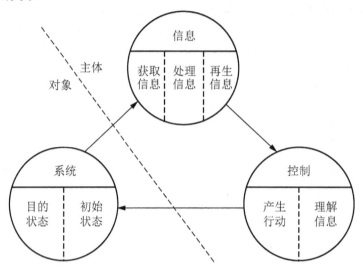

图 2.1 信息科学研究内容的模型

1. 信息管理的对象

人们很容易看到管理者如何管理物质资源,同样信息资源也需要管理者认真地管理。管理者要确保搜集必要的原始数据并将其处理成为有用的信息,保证适当的个体在适当的时间收到正确的信息,并利用信息。最后,管理者摒弃无用的过时信息,代之以适时和正确的信息。所有这些活动——获取信息、以最有效的方式使用信息、在适当的时候摒弃信息——统称为信息管理(Information Management)。

同样,关于信息管理的理解也分为狭义信息管理与广义信息管理。狭义信息管理是指对信息本身的管理,即采用各种技术方法和手段对信息进行组织、控制、存储、检索和规划等,并将其引向预定的目标;广义信息管理则是对信息资源及其相关资源(如信息设备、信息设施、信息技术和信息人员等)进行规划、组织、领导和控制的过程。因此,可以简单地说,信息管理就是人对信息资源和信息活动的管理。

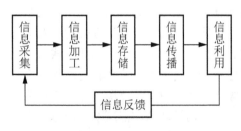

图 2.2 信息资源的管理

1) 对信息资源的管理

信息管理的根本目的是控制信息的流向,实现信息的效用和价值。对信息资源的管理应该按照"采集—加工—存储—传播—利用—反馈"的内容和程序进行,如图 2.2 所示。

2) 对信息活动的管理

信息的生命表现在丰富多彩的信息运动过程

中，信息从产生、传播到收集、加工，再到吸收、利用的过程，就是一个完整的"信息生命周期"。从过程上看，信息活动可以分为两个阶段：一是信息资源形成阶段，即以信息产生、记录、传播、收集、加工、处理、存储为过程，目的在于形成可利用的信息资源；二是信息资源的开发利用阶段，即以对信息资源的检索、传递、吸收、分析、选择、评价、利用等为特征，目的是实现信息资源的价值，达到信息管理的目标。

案例 2-1

信息活动需要精心策划

2000 年的一天，北京某建筑涂料厂召开的新闻发布会如期举行，到会的有 200 来人，把大会议室挤得水泄不通。会议主持人宣布："为了表明我厂生产的涂料没有毒性，我们可以当场让小猫小狗喝涂料。"话刚落音，门外突然有人大喊："且慢！" 3 个彪形大汉闯了进来，为首的一个说："我们是海淀区动物保护协会的，决不允许拿小动物做实验。"会场上一下子鸦雀无声，会议主持人和全部在场人员都把目光投向了厂长。

厂长略为难，马上就果断地端起盛有涂料的杯子，说："保护动物，我赞成，小猫小狗不能喝。但是，涂料确实是我设计的，我知道没有毒，你们不信，我来喝！"说完就"咕嘟、咕嘟"地把一杯涂料喝完了。顿时，全场爆发出热烈的掌声。

3 个彪形大汉并不是动物保护协会的，而是涂料厂自己安排的，厂长喝涂料也是事先策划好了的。如果不是这样，而在信息发布会一开始，厂长就说，这涂料是他设计的、没毒，他可以当场喝下去，那就绝对没有那样的效果。

(资料来源：司有和. 企业信息管理学[M]. 北京：科学出版社，2007.)

信息管理是管理活动的一种，计划、组织、领导和控制仍然是信息管理活动的基本职能。美国学者唐纳德·A.马钱德(Donald. A. Marchand)和福霍斯特·W.霍顿(Forest W. Horton)把信息管理的发展划分为 5 个阶段：物的控制、自动化技术的管理、信息资源的管理、商业竞争分析、智能及知识的管理[①]。

 资料卡

管理者的信息文化

文化(Literacy)这一术语用以表示计算机使用的两种关键知识：一种是计算机文化；另一种是信息文化。管理者为行使职能所需掌握的计算机基本知识被称为计算机文化，它包括理解计算机语言、认识计算机的长处和短处、使用计算机的能力等。除了计算机之外，现代管理者应当具有信息文化，它包括在问题求解过程的每个步骤中懂得如何使用所获得的信息，并知道如何与他人共享信息。

信息文化并不依赖于计算机文化，一位管理者可以是信息学家而却不是计算机学家。事实上，如果必须进行选择，信息文化更重要一些。当然，理想的状态是管理者既是信息学家同时也是计算机学家。

2. 企业信息管理

企业信息管理是企业管理者为了实现企业目标，把信息作为待开发的资源，把信息和信息活动作为企业的财富和核心，充分使用信息技术，对信息的采集、加工、传播、存储、共享和利用进行管理，对企业活动中的人、技术、设备和时间进行协调和运行，以谋求企

---

① 金海卫. 信息管理的理论与实践[M]. 北京：高等教育出版社，2006.

业可能的最大效益的实践活动的全过程。也就是说，企业信息管理是企业管理者为了实现企业目标，对企业信息和企业活动进行管理的过程。

企业信息管理是个崭新的命题，无论是在理论上，还是在实践上，其内容都在不断地发展变化着。从已有的研究成果来看，企业信息管理工作应该包括以下几个方面的内容。

1) 企业信息基础设施的建立

企业信息基础设施，指的是能够维持企业信息管理需要的最起码的信息系统及其相关设施。企业在成立的那一天，信息系统伴随着企业行政管理系统和生产管理系统就自然生成了，只不过这种自然生成的信息系统并不一定完全符合企业信息管理的需要。所以，企业信息管理的第一项任务就是建立企业的信息基础设施。

这主要包括企业计算机信息系统和信息网络的开发；信息技术装备的配置；企业非计算机信息系统(包括企业信息机构、企业信息资源设施，以及企业信息管理工作规章制度等)的建立；企业信息管理工作人员的配备等。

2) 企业信息系统与信息网络的运行和应用管理

在将企业信息系统建立起来后，接下来的工作就是系统的日常运行管理和应用管理，如果系统并不尽如人意，还需要进行再开发，不断地加以改善，甚至重建。

这主要包括企业计算机信息系统的日常运行与维护；企业计算机信息系统的应用管理；企业非计算机信息系统的运行管理；企业信息系统的开发、改善与重建等。

3) 企业信息化建设项目的实施

企业信息化建设是企业信息管理的必要条件。企业必须从思想观念、管理模式、技术设备、组织机构等许多方面，对自身进行一次全新的信息化改造。只有这样，才有可能全面实现信息管理，提升企业竞争力。

这主要包括技术信息化，是企业信息化的前提和基础；管理信息化，是实现企业信息化的手段；人员信息化，是企业信息化的核心。

4) 企业信息和信息活动的管理

关于企业信息的管理，主要是指对企业信息的采集、加工、传播、存储、利用和反馈，包括管理的程序、要求和方法。关于企业信息活动的管理，内容十分广泛，包括计算机信息系统的运行和维护管理；竞争情报、知识管理等非计算机信息系统；企业信息化项目管理等。

5) 企业信息管理的定量分析

这主要是指企业对企业信息化水平、对企业实施信息管理之后所获得的经济效益和社会效益进行的测评。

6) 企业信息管理者的配置和提高

企业配备高素质的信息工作人员，建立一支能够及时为管理者进行决策服务的信息管理队伍，是搞好企业信息管理工作的根本保证。这里所说的信息工作人员，不只是指计算机管理信息系统中的系统主管人员、程序员、录入员和其他操作人员，而且包括各级管理者和各级管理部门的工作人员。

企业信息管理的原则

企业信息管理的原则指的是企业管理者在实施企业信息管理时观察问题和处理问题的准绳。实践表明，在不同企业的信息管理中，每一位企业管理者只有按照相同的观察问题和处理问题的准绳行事，才可能获得相似的管理效果。

(1) 系统原则。企业信息管理的系统原则，是指以系统的观念和方法，立足整体，统筹全局地认识管理客体，以求获得满意结果的管理思想。系统原则的内容包括整体性、历时性和满意化3个理念。

(2) 整序原则。企业信息管理的整序原则，是指对所获得的企业信息按照某种特征进行排序的管理思想。整序原则包括分类整序、主题整序、著者整序、号码整序、时间整序、地区整序、部门整序、计算机整序等。

(3) 激活原则。激活原则是指对所获得的企业信息进行分析和转换，使信息活化，是为我所用的管理思想。信息激活的具体方法有综合激活法、推导激活法和联想激活法。

(4) 共享原则。共享原则是指在企业信息管理活动中，为充分发挥企业信息的潜在价值，力求最大限度利用企业信息的管理思想。共享原则的实现是有条件的，它必须在有限的范围内，既要求范围内的成员贡献自己的信息(贡献原则)，又要防范围之外的人占有本范围的信息(防范原则)。

(5) 搜索原则。搜索原则是指企业管理者在管理中千方百计地寻求有用信息的管理思想。搜索原则的内容，具体地说，包括强烈的搜索意识、明确的搜索范围和有效的搜索方法。

2.1.2 信息管理基本原理

信息管理是一种复杂的社会活动，涉及信息技术、信息资源、参与活动的人员等要素，是多学科、多要素、多手段的管理活动。作为一种社会性的管理活动，它具有一般管理活动的特点；作为一种技术性很强的管理活动，它要运用许多技术手段和管理手段。同时，信息管理活动总是指向一定目标，达到一定效果并完成预定的任务。信息管理是为了提高社会活动参与者的系统功能、最终提高社会活动参与者的系统效率或系统输出而进行的活动。它的最高目标是要维持系统的生存并促进系统的发展。而要达到这个目标，基本手段就是利用系统(包括个人、组织和社会)内外的信息资源。

信息资源的价值在于它的集约程度(量)、序化程度与开发程度(质)。对于信息服务机构来说，它的目标在于把信息资源输送给用户，以增加用户信息资源的量和质，满足用户的信息需求。对于个人和组织来说，信息管理的目标就是在采集、序化、开发信息资源的基础上，提高个人与组织的活动效率，从而提高整个社会的效率。而要如此，只有充分利用社会拥有的信息资源，实现社会信息资源的有效管理。

1. 信息增值原理

信息增值主要是指信息内容的增值和活动效率的提高，它是通过对信息采集、存储、加工、传递和利用实现的。信息的增值体现为信息内容能够帮助人们提高他们的行为和决策效率，其主要表现在信息的筛选与过滤、无序信息的有序化和结构化、建立信息资源和用户间的联系、对信息资源进行开发和知识挖掘等。

资料卡

信 息 孤 岛

信息孤岛是指在一个组织的各个部门之间由于种种原因而造成部门之间完全孤立，各种信息无法顺畅地在部门间流动。信息孤岛使得各部门之间的各种系统难以兼容，信息资源难以共享，相互封闭、互不相通，不仅浪费了大量的财力和时间，而且大量信息资源不能充分发挥应有的作用。缺乏统一标准，是产生这些信息孤岛的主要原因。

信息增值要解决两个方面的问题：一是信息资源的建设问题；二是信息资源的存取和开发问题。信息的增值可通过集成、序化、开发来实现。

1) 信息集成增值

信息集成是把孤立、零散信息或信息系统，整合成不同层次的信息资源体系，包括以下3个层次的信息增值。

(1) 把零散的个别信息收集起来形成的信息集合。它不但增加了集合中个别信息的价值，而且增加了信息集合的整体价值。零散的信息很少或没有价值，因为从个别信息中很难推导出有用的新信息或用于决策的知识。

(2) 孤立的信息系统的集成。把相互隔绝的信息系统联系起来，实现信息资源的有限网络分布和在联网范围内的资源分享，不但增加了联网范围内信息资源的数量，更重要的是增加了一定范围内的信息服务质量，大大提高了信息的存取效率与利用效率。

(3) 社会整体的信息资源的集成。把各个学科、各个地区、各个信息系统组成一个统一、协调的信息资源体系，实现社会水平的信息资源管理。协调和优化社会的信息收集、组织、传播和利用体系。

2) 信息序化增值

在信息管理活动中，为了控制信息的流速和流向、数量和质量等，把传递过程中的杂乱无序的信息整理为系统有序状态的活动就是信息整序。信息序化增值是通过个别信息系统组织和社会信息资源整体组织化来实现的。

(1) 在信息价值链上，大多数的零散信息形态是事实、数据、消息等，它们是互不关联，甚至在内容上相互矛盾的信息孤岛。信息增值首先体现在收集的信息集合是有序的，信息的有序性是信息活动的结果，是信息组织的价值体现，目的是为了实现快速存取。信息有序化增值是信息机构劳动价值的衡量。

(2) 信息有序化克服了混乱的信息流带来的信息查询和利用困难，提高了查找效率，节约了查询成本。

(3) 有序化的信息集合是信息资源建设的基本条件。信息资源的有序化体现在两个方面：一是个别信息系统的有序组织；二是社会水平上的信息资源的有序组织，即一个社会中所有信息系统实现宏观的协调、信息资源的共享协作和宏观配置。

3) 信息开发增值

有序的信息资源不仅能够保证信息的可查询性，而且能够根据信息内容的关联开发新的信息与知识资源。例如，通过传播和内化一个组织中的信息资源，产生新的知识和信息，提高组织中的人力资源的质量，还可以从已有的信息资源和知识集合中寻找新的信息、知识和智慧资源；利用发达的交流网络捕捉周边环境的信息，并及时从中开发出解决问题的知识；开发人力资源，从潜在的信息资源中寻求知识与智慧等。

2. 信息服务原理

信息服务是信息管理的主要环节，也是信息管理的重要组成部分，是微观信息管理的最终目的与归宿。其基本宗旨是为了更好、更高效地发挥信息资源的价值，充分利用好信息资源，实现信息的价值。由于用户的信息需求千差万别，并且随时间的变化而动态变化，因而要向用户提供满意的信息服务是一件很不容易的事。为此，在信息服务活动中需要遵循以下原则(信息服务的基本特点)。

(1) 针对性。针对性包含两重含义：一是为特定用户找到确定的信息；二是为特定的信息找到确定的用户。满足特定用户在特定时间的特定需求是信息服务的基本出发点。信息服务要认真研究用户的信息需求和需求的变化，掌握用户利用信息的习惯和特征，选择符合用户需要的信息内容、信息载体、信息渠道，向用户提供针对性很强的信息服务。

(2) 及时性。在用户需要的时候及时提供信息。信息具有时效性，即在特定的时间范围内才能发挥其效用。该时间一般是在用户作出决策和选择需求信息之前。信息提供过早，用户没有需求，信息效用不能实现；提供过晚，信息会毫无价值。

(3) 易用性。即为用户的信息获取和信息使用提供最大的便利。实践表明，用户利用信息受可获得性和易用性的影响。在决定是否选择和利用信息时，可获得性和易用性往往超过信息本身的价值。因此，开展信息服务时，应为用户提供最大的便利条件。

(4) 成本/效益。信息服务既要讲求社会效益，又要讲求经济效益。虽然，信息服务的效益具有潜在性和延迟性，很难作出确定的评价，但不论信息服务机构还是用户都需要花费一定的成本(时间成本和资金成本)，应当确保以最小的花费来获得信息服务的最大效益。

3. 信息增效原理

信息管理是一种服务性管理，它本身并不直接创造价值，也不会直接提高社会活动效率。信息管理是通过信息的提供和开发来提高人的智力水平和社会活动的效率与效益的。信息管理通过对系统中信息流的控制实现对物质和能量的节约。信息管理在本质上是为了提高个人、组织和社会活动的效率。这是由信息和信息管理的特殊性决定的。首先，信息管理的服务原理表明：信息管理是为了节约个人、组织和整个社会查询与使用信息的费用而工作的，信息管理通过节约用户的时间、金钱而提高了他们的信息活动效率。其次，信息资源和信息产品都是一种智力产品，它们都是为了减少使用者行为的不确定性，或提高活动的效率而开发出来的。信息资源及其信息产品的价值就体现在它能够使人们的行为更有目的性、更有效率。从信息管理、资源开发到知识管理，都体现了信息管理的增效原理。信息管理是现代社会节约成本、提高效率、实现可持续发展的有效手段。

案例 2-2

赖氨酸强化面包

合肥某个体户的食品厂生产鸡蛋面包没有销路，在风雨飘摇中惨淡经营，准备关门另谋生路。一个偶然的机会，中国科技大学的一位教授告诉他：你设备差，工艺落后，无法竞争，现在许多国家都在生产新兴的营养品——赖氨酸，有的国家还规定不添加赖氨酸的食品不准出售。这位教授建议他改变面包配方，生产赖氨酸营养强化面包。该个体户采用了这条信息，结果产品很受顾客欢迎，并获得高于过去3倍的利润，两个月就收回建厂的全部投资；而同样是这条信息，该教授也向几家国营食品厂介绍过，但一个个石沉大海，音信全无，当然就不会转化为经济效益了。

(资料来源：林自葵. 物流信息管理[M]. 北京：清华大学出版社，2005.)

2.2 信息管理过程

信息管理过程就是对信息资源和信息活动的管理流程。信息管理的一般过程包括信息收集、信息传输、信息加工和信息储存。信息收集就是对原始信息的获取；信息传输是信息在时间和空间上的转移,因为信息只有及时准确地送到需要者的手中才能发挥作用;信息加工包括信息形式的变换和信息内容的处理;信息送到使用者手中,有的并非使用完后就无用了,有的还需留做事后的参考和保留,这就是信息储存。

2.2.1 信息获取

信息获取过程一般分为 4 个步骤,即确定信息需求、选择信息来源、采集信息和保存信息,如图 2.3 所示。获取信息,首先要从分析问题出发,确定需要哪些方向的信息;然后才能确定哪里有这些信息,哪里方便寻找所需信息;接着就可以对信息进行采集了;为了方便地使用这些信息,还需要对其进行分类、整理和保存,整理成调查报告、资料汇编、统计报表等。

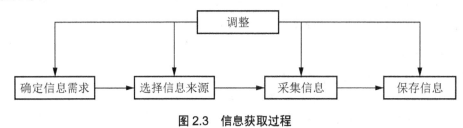

图 2.3 信息获取过程

1. 信息需要

人是信息活动的主体,信息管理中最主要的问题不是信息问题,而是要研究人类信息行为的共同特征,了解一个人为什么要发生这样的信息行为、有什么样的信息需要等。只有了解了人的信息行为,才能科学地预测进而有效地控制其信息行为,做好信息管理工作。

信息行为,主要是指人类运用自己的智慧,以信息为劳动对象展开的各种信息活动。需要是行为的原动力,它是指有机体由于缺乏某种生理或心理的因素而产生的与周围环境的某种不平衡状态,也就是有机体对延续和发展其生命所必需的客观条件的需求反应。能否引起需要,取决于两个因素,即有不足之感与有求足之感。需要实际上就是在这两种状态下所形成的一种心理现象。

美国心理学家亚伯拉罕·H.马斯洛(Abraham. H. Maslow)在 1943 年的著作《人类动机理论》中首次提出了需要层次论,将人的基本需要划分为 5 个层次,即生理需要、安全需要、社交需要、尊重需要和自我实现需要。1954 年,马斯洛又在《动机与人格》中进一步阐述了该理论,并把人的基本需要扩充为 7 个层次,即生理需要、安全需要、社交需要、尊重需要、求知需要、求美需要和自我实现需要。一般而言,需要层次是逐级上升的,当下级需要获得相对满足后,追求上一级需要的满足便会成为驱动行为的原动力。

当一个人在工作或生活中遇到问题,需要获得信息来支持该问题的解决时,就说其有信息需要。这是一种完全由客观条件决定,而不以个人主观意志为转移的客观信息需要。这时,人们不一定认识到自己的信息需要,一旦认识到,其信息需要层次会上升一级。信息需要由低到高分为 4 级:①信息需要,客观上具有信息需要,但未认识到;②信息需求,认识到而未能表达出来的信息需要;③现实需求,认识到并且表达出来的信息需要;④信息提问,向信息服务机构提出具体要求的信息需要。信息提供与用户信息需要满足之间的关系如图 2.4 所示。

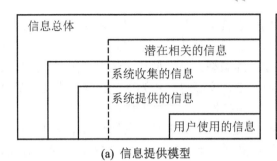
(a) 信息提供模型

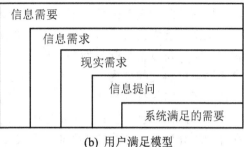
(b) 用户满足模型

图 2.4　信息提供与用户满足模型

信息需要的内容分为两类，即对信息内容的需要和对信息服务的需要。
1) 对信息内容的需要

对信息本身(即信息客体)的需要是用户信息需要的最终目标。人们在从事各种社会活动的过程中，为了解决所遇到的问题，就需要了解情况，增长知识，及时作出有效的决策。信息需要从本质上说表现为人类对于信息、知识的追求。由于信息本身的诸多属性，用户对信息的需要也涉及许多方面，具体包括以下内容。

(1) 信息内容，获得有助于解决问题的特定信息。

(2) 信息类型，不同的用户需要不同类型的信息，有的需要知识、消息、数据，有的需要文字信息、口头信息、图形、图像，有的需要图书、期刊等。

(3) 信息质量，信息应是准确、可靠、完整、全面的。

(4) 信息数量，信息的数量要适度、能够有效消化吸收。

2) 对信息服务的需要

当代社会信息数量急剧上涨、质量不断下降、内容交叉重复的情况下，用户个人满足自己信息需要的能力是十分有限的。所以，用户需要信息服务机构的帮助。信息机构通过开展各种各样的信息服务，把用户同特定信息源联系起来，从而极为有效地满足了用户对信息服务的需要。其中包括：①服务方式，如检索、咨询、报道、借阅、复印、翻译等；②服务设施，如检索设备、打印设备、阅读场所等；③服务质量，要求适时性、针对性、连续性、可近性、方便性等。

2. 信息源

信息源，顾名思义，就是信息的来源。信息源可看作产生、持有和传递信息的一切物体、人员和机构，通常分为个人信息源、实物信息源、文献信息源、电子信息源和组织机构信息源。

(1) 个人信息源。个人信息源指由人的口头交流传播的信息，可通过谈话、讨论、演讲、集会等人际交谈方式进行传播使之得到利用。口头信息无时不在，无处不有，这一极为丰富的信息源可以为一切人所享用，个人交流是收集口头信息最古老也最常用的方法。个人信息源的特点包括及时性、新颖性、强化感知性、主观随意性、瞬时性等。

(2) 实物信息源。实物包括自然实物和人工实物，这类信息中的物质成分较多，可传递性一般较差。常见的实物信息源有产品样本、标本、模型等，一般可通过参观和实地调查等方式获取相关信息。实物信息源的主要特点有直观性、真实性、隐蔽性、零散性等。

(3) 文献信息源。记录在文献上的信息资源的最主要特征是拥有不依赖于人的物质载体，只要这些载体没有损坏或消失，所记录的信息就可以跨时空无限往复地为人类利用。现代文献由四要素构成，即文献信息、文献载体、符号系统和记录方式。按记录方式和载体材料不同，可以将文献分为书写型、印刷型、缩微型、声像型和机读型；按文献的加工程度不同可以将文献分为一次文献、二次文献和三次文献等。作为现代社会最常用、最重要的信息源，它具有系统性、稳定性、易用性、可控性、时滞性等特点。

(4) 电子信息源。电子信息是指电子数据形式的信息，典型代表是数据库信息。它存放在非印刷介质中，并通过网络通信手段在计算机等终端上再现。电子技术在信息的存储、传播和应用方面已经从根本上打破了长期以来由纸载体存储和传播信息的天下，代表了信息事业发展的方向。电子信息作为一种新型信息源，其具有的特点是多用性、动态管理性和技术依赖性等。

(5) 组织机构信息源。各级各类组织机构主要是通过内外信息交换来发挥其控制功能，并实现组织目标的，可见组织机构既是社会信息的大规模集散地，也是发布各种专业信息的主要源泉。该类信息源的主要特点是权威性和垄断性。

3. 信息收集

信息收集是指根据特定目的和要求将分散蕴涵在不同时空的有关信息采掘和积聚起来的过程。信息收集是信息得以利用的第一步，也是关键的一步。信息收集工作的好坏，直接关系到整个信息管理工作的质量。为了保证信息收集的质量，应坚持遵循目的性原则、准确性原则、系统性原则、时效性原则、全面性原则。

信息收集是信息资源能够得以充分开发和有效利用的基础。信息收集的渠道是指经由哪些信息源去收集信息，信息收集的方法是指到信息源那里收集信息的行动手段，两者密切相关。一般来说，有什么样的信息收集渠道就有什么样的信息收集方法，信息收集的渠道预先规定了与之相适应的信息收集方法。

信息收集的渠道主要有大众传媒、出版发行、信息系统、人际关系、文献情报机构、专业性学会、行业协会、社会中介机构、信息发布机构、互联网、各类会议和邮政部门等，而信息收集的方法主要有以下几种。

1) 观察咨询法

收集信息时，观察咨询法是最基本、最常用、最简便，也是最实用的一种方法。观察是指通过现场的观察来获取有关的信息，咨询则是通过直接或间接的询问来获取有关信息。

观察的方式多种多样，内容也很丰富。观察者可以是观察对象的"旁观者"，也可以是"参与者"；可以带着目的去观察，也可以无目的地去观察；观察对象可以是设定的，也可以是自然的。但无论是哪种形式，都要具备观察者、观察对象和观察目的这3个基本要素。观察对象是一个很大的范围，可能是人，可能是物，也有可能是某件事；可以是静态的，可以是动态的，也可以是动静交替的。

咨询的形式更为多样。既可以采取面谈，也可以通过电话访谈，还可以利用书面咨询。无论是哪种形式，同样具备咨询者、咨询对象和咨询内容3个要素。咨询者当然是要获取信息的人，无论是单位、机构，还是个人；咨询对象最终肯定是人；咨询的内容则更为广泛，从目标上讲，可以是"开门见山"地直接切入主题，也可以"旁敲侧击"地逐步深入，从方式上讲，可以是"恭恭敬敬"地请教，也可以是"避实就虚"地试探。此外，问卷调查法其实也是咨询法的一种形式。

观察和咨询各有利弊。观察获取信息时，基本上是在被观察对象没有觉察的情况下进行的，结果较为可靠，但观察只是对被观察对象表征的一个了解，缺乏对信息实质(动机、态度等内心活动)的反映。咨询获取信息时，由于有语言交流则可以较为深入地掌握其内心活动，但由于咨询是在被咨询人的"戒心"下进行的，其结果也有一定的局限性。

2) 回顾检索法

回顾是指通过对已经发生的历史进行复习获取信息；检索是通过对文献资料的查询来获取自己需要的信息。我国有句老话叫"温故而知新"。这里的"温故"其实就是对历史的回顾和检索，"知新"就是确定目标的起点。检索的目的是为了确定发展的起点，回顾的目的是为了总结经验、吸取教训。

回顾检索法主要是利用信息资料的检索工具，获取有关的信息资料。检索工具可以是手工的，也可以是机器的；检索对象可以是图书、杂志、计算机、多媒体资料等，也可以是以往的统计资料和总结材料；检索内容可以是公开发表的有关文字、图像，也可以是尚未公开的内部动态、信息；检索范围可以是本单位的、国内的，也可以是外单位的、国际的。

3) 相互交换法

在现实工作中，以相互交换形式获取信息的现象很多，人与人的来往、单位和单位的交往无不体现着信息的相互交换和获取。交换的形式多种多样，可以是面对面的语言交换，如学术会议、座谈交流、参观访问等，也可以采用现代通信工具进行交换，如电话、传真、计算机网络等，还可以以书面的形式交换，如书信、报纸、杂志、内部通信等。交换的范围也很广，可以是学科之间、专业之间，也可以是科室之间、单位之间，可以在国内范围进行，也可以在国际范围开展。

4) 有偿购买法

有偿购买信息是指利用正常的渠道，通过购买有关信息载体而获取信息。其实，人们平常所获取的信息绝大多数都是通过有偿的方式购买的。例如，图书、报纸、杂志、视听或机读媒体，均需要到相关机构花钱购买。即使是利用参观学习、学术会议获取的信息，也需要缴纳会务费并花费差旅费。在这一方面，可以说随着社会的发展、人们观念的改变，有偿的信息只会越来越多。

4. 信息选择

现代社会信息量极为丰富，有"知识爆炸""信息海洋"之说。到达人们手中的信息，多得无法进行及时、有效地处理，从而妨碍了决策的效率和效果。因此，现在人们不再想从更多的信息源中获得更多的信息，而是强调信息的针对性和适用性，即要求加强信息服务和信息活动的选择性。

人们有选择信息的自由。当然，这种"自由"也是有条件的，是在一定范围之内的。人们选择信息时，受选择性定律的支配，往往还按照最小努力最大成效原则、寻求适度满足信息行为和心理进行，故其还具有个性化特征。

1) 选择性接收

选择性接收也称选择性接触、选择性注意，是指人们对外界信息刺激有选择地注意和接收，只选择自己感兴趣或希望了解的信息，而排斥不喜欢的媒体和内容。任何人都有一种倾向，即让自己接触与原有态度和价值观念相吻合的信息，而避开那些与自己不合的信息。影响人们注意的因素主要有两个方面：客观方面的因素有信息刺激的强度、对比度、重复率、变化率、新颖性等；主观方面的因素有接收者的个性、兴趣、爱好、价值观、需要与动机、经验与知识背景、情绪与精神状态等。

人们选择信息渠道受到的影响因素有：①渠道的方便程度；②提供的信息的文本价值及吸引程度；③传播信息的速度及准确度；④获取信息的习惯；⑤经济条件及成本效益等。而且，人的先验信息决定着对外来信息的取舍。如果欲获取科技信息，则多是出于研究、开发和应用的需要，必然会对某些方面的信息给予特别注意或专门收集和接收。

2) 选择性理解

选择性理解指不同人对于同一信息可以有不同的加工处理方式，产生不同的反应，得出不同的结论。人们对外界信息的理解，要受特定的环境因素，例如社会政治、经济、文化条件，以及自身经历、素质、态度、知识结构和心理特征等因素的影响。受众依据自己的价值观念、思维方式和生活经验对所接收的信息作出独特的个人解释，对信息进行比较、过滤、整合，剔除不符合要求的信息。受众对引起自己注意的信息，往往按照自己的知识结构、心理习惯等作出自己的理解或解释。

3) 选择性记忆

人们注意并感知信息后，不可能在短期内完全吸收信息，而必须对信息内容有选择地进行记忆。人脑的记忆过程总伴随着遗忘过程，遗忘也体现了记忆的选择性。对人影响大、人们最需要的信息一般比较容易被识记、保持、再现或重认，而意义不大或与记忆者价值意识不相符的信息较易被遗忘。遗忘并非都对人不利，它能排除一些无用信息的干扰。

人们从大量信息中选择记忆对象，有时是无意识的，如对某次特别精彩的科学实验留下深刻印象；有时是有意识的，如对某种实用性很强的科技成果有意"存储"。但是，无论有意识还是无意识，所记忆的信息都与人的心理结构相吻合。

4) 选择性实践

把记忆付诸实践，取决于以下几个方面：①可能获益，即选择可以实践的信息，其必定是实用性信息，目的在于希望受益，这也是信息增值的体现；②具体可行性或可操作性，即欲要把某些信息投入实践，就必须考虑现实的可行性，并且操作性强；③风险程度小，实践可能会有风险，因而要选择风险小的信息内容进行实践，或者对可获益性与可能的风险作出权衡和比较后再选择。

收集到的信息只是提供人们研究的一堆资料，如果不加以鉴别和整理，资料再多也无助于认识和说明要考察或研究的问题。鉴别信息，就是判断信息真伪，其目的是将第二手材料变为第一手材料。鉴别可采用的方法有溯源法、比较法、佐证法、逻辑法等。

2.2.2　信息交流

信息与交流如同商品与流通一样是相互依存的，正如威廉·马丁所说，"信息与交流，从实用的方面来看是不可分割的，而从严格的技术意义上讲，可以说，没有信息就不可能有交流"①。信息交流是人与人之间信息传递的复向过程。所谓信息传递，是指通过一定媒介使信息从时间或空间的一点向另一点移动的行为，它反映了信息发出者和接收者之间的相互关系。信息交流就是指各个个体借助于共同符号系统进行的信息传递、交换与共享，信息是信息交流的内容，交流的目的是传递信息，是人与人、人与社会之间通过有意义的符号进行信息传递、信息接收或信息反馈活动的总称。

要考察信息交流，就必须把信息交流作为一个各要素密切交织、相互关联的整体过程

---

① 金海卫. 信息管理的理论与实践[M]. 北京：高等教育出版社，2006.

来考察。信息交流过程的基本要素包括信息源、信息、通道、目标靶(或称信宿)、反馈、障碍和背景，如图 2.5 所示。

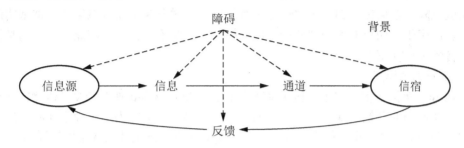

图 2.5　信息交流的过程

1. 信息传递规律

在信息交流活动的过程中要保证信息传递效果的实现，不仅存在信息流动的速度问题，也存在着信息流向的问题，即信息向哪些地理区域、哪种类型的接收者传送问题和信息量变化问题。信息流动有其自身的规律性，即表现出一种从不平衡状态到平衡状态再到新不平衡状态的螺旋式上升规律。

1) 信息流加速运动规律

随着社会的发展，信息流动的速度越来越快，时间越来越短，而信息量也越来越大。尤其是社会信息，其从生产到传递、利用和普及等环节之间的加速运行，导致某种程度的信息泛滥。信息流运动在时间上越来越浓缩，在空间上越来越膨胀的发展态势，就是信息流加速运动规律。具体表现在信息生产的加速化、信息传递迅速化、信息利用的加速普及化。

2) 信息扩散原理

信息扩散原理是描述社会信息流传递过程中，信息发送者传播信息的规律性，它包括信息扩散的多向对称性和信息传递的密度递减法则。多向对称存在着几种形式，即传递速度对称、传递内容对称、传递空间(或距离)对称、传递的信息强度对称，多向对称性法则的条件是信息在同质介质中传递。信息传递的密度递减法则是指任何在信息流传递过程中，信息都要发生衰减，信息流过程越长，信息衰减越严重。由于信息传递涉及时间和空间两个方面，因此衰减也就发生在时间和空间两个方面。

3) 信息梯度分布规律

信息梯度表现为落差、不均衡和涨落。信息梯度分布规律，是指信息量、信息密度在地域分布上的不平衡、不均匀的特征。虽然世界各国、各地区信息运动都呈加速发展的态势，但由于发展程度的不同，信息在生产量、存储量、使用方式、流动速度等方面都不是均衡的。信息梯度分布必然导致信息的梯度转移和扩散，在实际过程中应当采取一定的控制措施，来约束某些信息转移的随意性和盲目性。

2. 信息交流模式

所谓模式，是对现实事物的内在机制及事物之间相互关系的直观和简洁的一种描述。这是再现现实的一种理论性的简化形式，可以向人们提供某一事物的整体形象和简明信息。模式具有结构型(试图描述某事物的结构)和功能型(试图从能量、力量及其运动方向的角度来描述事物整体及各部分之间的关系和相互影响)两种类型。大多数信息交流模式都属于功能型模式。

人们试图用信息交流模式来揭示社会信息交流过程、结构或功能的主要因素，以及这些因素之间的相互关系。但是必须注意，在使用模式研究复杂的社会信息交流现象时也存在着某些风险。任何模式都不可避免地带有不完整、过分简单及含有某些未被阐明的假设等缺陷。适用于一切目的和一切分析层次的模式无疑是不存在的。因此，重要的是要针对自己的目的去选择正确的模式。

1) 拉斯韦尔模式

1948 年，美国政治学家哈罗德•拉斯韦尔(Harold Lasswell)在其论文《传播在社会中的结构与功能》中的开篇就提出一种著名的命题："描述传播行为的一种方便的方法，是回答下列 5 个问题：谁？说了什么？通过什么渠道？对谁？产生什么效果？"①此后，这句话被称为拉斯韦尔模式，并被人们所广为引用，其图解模式如图 2.6 所示。

因为拉斯韦尔模式的 5 个要素都具有同样的首字母"W"，该模式通常称为 5W 模式。这 5 个要素又构成了后来研究的 5 项基本内容，即控制研究、内容分析、媒介研究、受众研究和效果研究。5W 模式建立了传播学研究的基本框架，但该模式只是单向流动的线性模式，没能注意到反馈这个要素，忽视了交流的双向性。

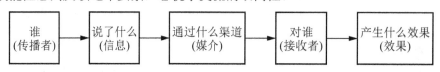

图 2.6　拉斯韦尔模式

2) 香农-韦弗模式

1949 年，信息论创始人香农与瓦伦•韦弗(Warren Weaver)提出了一个通信系统的模型，如图 2.7 所示，后来被人们视作信息论的基本模式而得以广泛引用。噪声概念的引入是该模式的一大优点，它指的是一切交流者意图以外的、对正常信息传递的干扰。克服噪声的办法是重复某些重要的信息，这样交流的信息中就不仅仅包括"有效信息"，还包括重复的那部分信息即"冗余"。冗余信息的出现会使一定时间内所能传递的有效信息有所减少。

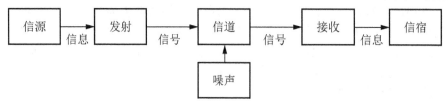

图 2.7　香农-韦弗模式

3) 施拉姆模式

1955 年，威尔伯•L.施拉姆(Wilbur L.Schramm)在《传播如何得以有效进行》中提出了信息交流的新模式，如图 2.8 所示。该模式突出了信息交流的循环性，其内含了这样一种观点：信息会产生反馈，并为交流双向所共享。另外，它对

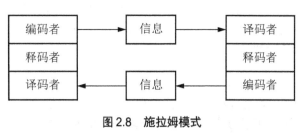

图 2.8　施拉姆模式

---

① 林自葵. 物流信息管理[M]. 北京：清华大学出版社，2006.

以前单向直线模式的另一个突破是,更强调交流双方的相互转化。在人际交流传播中,施拉姆模式尤其具有概括性和适应性。

4) 维克利模式

英国的贝特拉姆·C.布鲁克斯(Bertram C. Brookes)认为,信息是使人原有知识结构发生变化的那一小部分。布赖恩·C.维克利(Brian. C. Vickery)接受了这一观点,把简单的"信息源—通道—接收者"基本交流模式纳入更广泛的社会信息环境来考察,使人们有可能由此出发去深入了解人类的信息交流行为机制和知识创新原理。在维克利提出的广

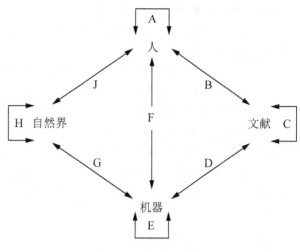

图 2.9 维克利模式

义的信息交流模式中,人、文献、机器和自然界是相互作用着的 4 个信宿,这种相互作用着的信息交流关系表现为 9 条路径,如图 2.9 所示。

3. 信息交流中的障碍

信息交流的基本要求是信息在交流过程中的不失真实性。信息在传递出去以后,由于接收者的加工和转换,信息在交流前后不可能完全一样。如果这种不一样表现在表达形式上,则不影响交流功能,不叫信息失真;如果交流后的信息的含义和交流前的信息不同,则交流功能就会受到影响,造成信息失真,信息失真表现为信息附加(附加信息与原始信息一起被传递)、信息省略和信息改变 3 个方面。

案例 2-3

> 据说,在 1910 年,某部队一次命令传递的过程是这样的。
>
> 少校对值班军官:明晚 9 点钟左右,在这个地区将可能看到哈雷彗星,这种彗星每隔 76 年才能看见一次。命令所有士兵穿野战服在操场上集合,我将向他们解释这一罕见的现象。如果下雨,就在礼堂集合,我为他们放一部有关彗星的影片。
>
> 值班军官对上尉:根据少校的命令,明晚 8 点,76 年出现一次的哈雷彗星将在操场上空出现。如果下雨,就让士兵穿着野战服列队前往礼堂,这一罕见的现象将在那里出现。
>
> 上尉对中尉:根据少校命令,明晚 8 点,非凡的哈雷彗星将身穿野战服在礼堂中出现。如果操场下雨,少校将下达另一个命令,这种命令每隔 76 年才出现一次。
>
> 中尉对上士:明晚 8 点,少校将带着哈雷彗星在礼堂中出现,这是每隔 76 年才有的事。如果下雨,少校将命令彗星穿上野战服到操场上去。
>
> 上士对士兵:在明晚 8 点下雨的时候,著名的 76 岁的哈雷将军将在少校的陪同下,身着野战服,开着他那"彗星"牌汽车,经过操场前往礼堂。

信息交流障碍是指在社会信息交流过程中,由于社会、人为、经济、自然等多种原因而产生的阻碍信息合理流动、导致信息交流效果偏差的一切现象和行为。造成信息交流障碍的因素主要表现在以下几个方面。

(1) 主观方面。人的主观因素包括对信息过滤、发送者态度、信息接收者的情绪、信

息含糊或混乱、对主题不了解、过去的经验、缺乏兴趣或过分关切等。

(2) 自然环境方面。主要有技术因素、信息表达模糊、时间因素、时间限制、语言因素、距离的阻隔等。

(3) 社会因素。如职位差距，以及政治制度价值观念、宗教信仰、民族习俗影响。

(4) 经济状况。经济发展状况越好，信息交流手段越先进，交流渠道越多样化，人们获取的信息量越大，所需成本越低，获得方式越简便多样。

(5) 法制建设。关于信息交流的法律法规是否健全，对有关交流机构、交流渠道的管理是否合理，都会对信息交流起促进或阻碍的作用。

要实现有效交流，必须消除上述交流障碍。在实际工作中，可以通过多种方式的努力消除障碍，如提高交流的心理水平、正确使用语言文字、学会有效地倾听、拓宽交流渠道、控制信息传递的数量、加强信息反馈等。

4. 信息交流效果

交流效果研究在交流学研究中占有极为重要的地位，迄今为止，交流理论的大部分研究都是效果问题。所谓交流效果，指的是交流出去的信息受到了关注、留下了记忆、改变了态度、导致了个人或社会的某种行为的变化，这就意味着产生了交流效果。

这一概念可以从两个方面加以理解。从微观角度来解释，是指信息交流行为在受传者身上引起了(包括认知、情感、态度和行为等方面的)变化，通常以交流者的目的是否达到为判断是否产生效果的标准。从宏观角度来分析，是指信息交流活动对受众和整个社会产生的所有效果的总和，这种交流效果可能表现为一种长期、潜在的综合效果。

交流效果的产生过程主要是从 3 个方面进行考察的：①认知层面——关注、记忆、知识；②态度层面——认识、观念、爱憎、立场；③行为层面——支持、反对、行动。这 3 个层面是一个逐步深化、层层累积的社会过程，它既适用于具体的微观层面，又适用于宏观的社会层面。交流效果的类型可以按短期的、长期的和预期的、非预期的划分为若干种类。例如，有学者的研究认为预期的短期效果可能被认为是"偏见"，非预期的短期效果会被认为是"无心的偏见"；预期的长期效果表示"政策"，而非预期的长期效果是"意识形态"。

交流效果发生的类型有以下几种。

(1) 个人效果。个人对媒介刺激的反应。个人的变化或抵抗变化的过程，受到交流而影响态度、知识或行为，包括强烈的情感反应、对其他活动的取代、样式或时尚的模仿、对明星或英雄的认同、恐惧或焦急的产生等。

(2) 新闻认知效果。在大众媒介新闻影响下的短期认知效果，可通过对受众的回忆、认识和理解的测试进行检验。

(3) 集体效果。这是指某些个人反应效果被许多处于同一情况或环境的人所体验，导致共同的行动，而且通常是意料之外或非组织的类型。恐惧、焦急或愤怒是最有代表性的表现形式，能导致民众的恐慌和动乱。

(4) 媒介运动效果。大众媒介中使用一种有组织的方式对选择的对象进行说服或宣传。最普遍的例子是在政治、广告、筹集资金和关于安全的公共宣传中。这些运动的特征是有明确和公开的目标、有一个有限的时间跨度、有关有效性的公司评价、有官方的赞助，其目的的倾向与舆论价值相一致、与政府机构的目标相一致，其目标人群通常是广阔和分散的。

(5) 发展中的创新扩散效果。为了长期发展的创新有计划地扩散，使用一系列的运动和其他有影响的方式,特别是社区、社会和个人之间的网络和权威的结构。最普遍的是在一个特定的人口中技术革新的过程,这通常是建立在广告或宣传的基础上的。该扩散过程通常伴随着独特的 S 曲线型的模式,这个模式拥有可预测性,早期和晚期革新者也显示出不同的特征。

(6) 社会控制效果。指的是促进遵守已经建立的秩序或行为模式的效果,一般通过意识形态和宣传的方式支持现存权威的合法性。

(7) 现实的解释和意义的建构。该过程与社会控制相似,所不同的是与认知结构和解释框架有联系,而不是与行为有更多联系。

(8) 文化变化效果。导致价值观、行为和象征形式的变化,如社会的一个部分或一套社会模式的转换。这种效果与社会的"离心力"或"向心力"有关。文化认同的加强或削弱也是这种效果的一个例子。该效果产生的过程可以通过某些标准、时间跨度、外观和其他一些条件加以分辨。

2.2.3 信息组织

信息组织,也称信息的序化或信息整序,即指按照一定的科学规则和方法,通过对信息的外部特征和内容特征进行分析、选择、标识、处理,使其有序化,实现无序信息流向有序信息流的转化,从而保证用户对信息的有效获取和利用,以及信息的有效流通和组合。信息组织包含了两层含义,即信息的序化和信息的重组。

信息组织内容包括 3 个层次:信息描述、信息揭示和信息分析。信息描述是信息的初级组织,是指对信息的表面现象进行全面地阐述,把信息各方面的数据了解清楚;信息揭示是对信息的中级组织,是指从信息的现象中找到其固有的本质,即规律性的东西;信息分析是对信息的高级组织,是指对已经本质化的信息进行分析,去掉由各种关系交织而成的错综复杂的表面现象,把握其内容材质,从而获取对客观事物运动规律的认识,为利用信息奠定基础。

1. 信息整序

由于社会信息现象的复杂性和用户需求的多样性,信息组织方法也非常丰富多样。信息组织过程一般包括信息的选择、标识、排序和存储 4 个过程,如图 2.10 所示。

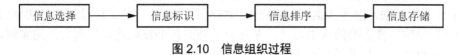

图 2.10 信息组织过程

1) 信息选择

信息选择是对初选信息的鉴别、筛选和剔除,是对信息流的进一步过滤和深层次控制,其主要任务是去粗取精、去伪存真,使信息流具有更强的针对性和时效性。信息选择的主要方法有以下几种。

(1) 比较法。比较就是对照事物,以揭示它们的共同点和差异点。通过比较,判定信息的真伪,鉴别信息的优劣,从而排除虚假信息,去掉无用信息。运用比较法,首先应找出事物可比的共同基础,即比较对象的可比事项。信息的可比事项包括时间、空间、来源、形式等。

(2) 分析法。通过对信息内容的分析而判断其正确与否、质量高低、价值大小等。例如，对某事件的产生背景、发展因果、逻辑关系或构成因素、基础水平和效益功能等进行深入分析，说明其先进性和适用性，从而辨清优劣，达到选择目的。

(3) 核查法。通过对有关信息所涉及的问题进行审查核对来优化信息的质量。可以从 3 个方面入手：一是核对有关原始材料或主要论据，检查有无断章取义或曲解原意等情况；二是按该信息所述方法、程序进行可重复性检验；三是深入实际对有关问题进行调查核实。

(4) 引用摘录法。引用表明了各信息单元之间的相互关系，一般来说，被引次数较多或被本学科专业权威出版物引用过的信息质量较高。

(5) 专家评估法。对于某些内容专深且又易找到佐证材料的信息，可以请有关专家学者运用指标评分法、德尔菲(Delphi)法、技术经济评估法等进行评价，以估测其水平价值，判断其可靠性、先进性和适用性。

2) 信息标识

经过优化选择的信息要进行加工整理，确定每个信息流在这一时空隧道中的"坐标"，以便人们在需要时能够通过各种方便的形式查询、识别并获取该信息。要达到容易提取的目的，关键是要确定该信息所具有的、区别于其他信息的基本特征，并以适当形式描述之，使其成为该信息的标识。为了能够进行信息的标识，必须定义信息的属性，通过这些属性来区分信息的外部和内容的特征。信息的标识过程，就是对照所定义的各种属性进行识别选配的过程。

编码是把一定意义的信息转换为代码的过程。所谓"码"，就是按照一定规则排列起来的符号或信号序列。编码的功能主要有 3 个方面：一是可以简化信息传递的形式，以提高信息传递的效率和准确度；二是可以对信息单元的识别提供一个简单、清晰的代号，以便于信息的存储与检索；三是可以显示信息单元的重要意义，以协助信息的选择和操作。

编码最初指把文字变换成由点、划和间隔组成的电码，著名的莫尔斯电码就是其中的一种，后来人们把编码的概念推广到整个信息表示与传达过程中，人们几乎可以运用声、光、电等世间一切物质运动形式对信息进行编码，以形成信息系统。第 3 章将要介绍的条形码是商业和物流中经常使用的一种编码，第 5 章还将介绍关于码的编辑与设计问题。

3) 信息排序

对每个信息的各种内外特征进行描述并确定其标识之后，必须按一定规则和方法把所有信息记录、组织、排列为一个有序整体，这样才能为人们获取所需信息提供方便。根据用户的信息需要和信息查询习惯划分，常用的信息组织与排序方法有以下几类。

(1) 分类组织法，是指依据类别特征组织排列信息概念、信息记录和信息实体的方法。按类别分析事物符合人类的认知习惯，在社会活动的各个领域均可找到大量的实例，如分类目录、分类广告、分类展品陈列、分类统计报表等。

(2) 主题组织法，是指依据信息概念、信息记录和信息实体的主题特征组织排列信息的方法。该方法给人们提供了一种直接面向具体对象、事实或概念的信息查询途径，学术论文及书刊内容的组织中采用的标题、章节次序等可视为较简单的主题组织法。

(3) 字顺组织法，是指依据信息概念、信息记录和信息实体有关特征所使用的语词符号的音序、形序来组织排列信息的方法。该种方法操作简单，各种字典、词典、名录、题名目录等大多采用此法。

(4) 号码组织法，是指按照每个信息被赋予的号码次序或大小顺序排列的方法，如各种检索统计基本是按照信息的这一特征进行排序的。

(5) 时空组织法，是指依据信息概念、信息记录和信息实体产生、存在时间、空间特征或其内容所涉及的时间、空间特征来组织排列信息的方法。其结果或者是按时间顺序把有关信息排列成一定的次序，如年鉴、历史年表等；或者是按空间位置把相关信息组织在一起，如国家和地区等；或者是交替运用时空特征以形成多层次的信息集合，如地方志等。

(6) 超文本组织法，超文本是一种非线性的信息组织方法，它的基本结构由节点和链组成。节点用于存储各种信息，链用于表示各节点之间的关联。通过建立各节点间的超文本链接，构成相关信息的语义网络，可以实现超文本的信息组织方式。随着多媒体技术的发展，人们还可将文字、图像、声音和影像等多种媒体形式的信息集成在一起，由计算机实现交互控制和综合利用。

4) 信息存储

信息存储是将经过加工、整理、序化后的信息按照一定的格式与顺序存储在特定的载体中的各种信息活动。信息存储的目的是便于信息管理者和信息用户快速、准确地识别、定位和检索信息。

2. 信息描述

为了能进行信息的组织，首先要对信息进行正确地描述和标识，即正确判断、表达信息的特征和内容，不遗漏有价值的内容，又不将无价值的内容或信息对象中根本不存在的东西作为分析的结果。为此，人们创造了各种各样的方法。

 小知识

元　数　据

元数据(Metadata)一词最早主要指网络资料的描述数据，用于网络信息资源的组织，以后逐步扩大到各种以电子形式存在的信息资源的描述数据。元数据是指关于数据的数据或关于信息的信息，是用于提供某种资源的相关信息的结构化数据，是对数据进行组织和处理的基础。元数据有3种类型，即描述型、管理型和结构型。

1) 文献的著录

按照一定的标准，对文献内容和形式特征进行分析、选择和记录的过程称为著录。著录的结果是款目，将一批款目按照一定次序编排而成的文献报导和检索工具就是目录。款目是一种文献的缩影，目录是一批文献的缩影。

国际上统一的著录标准是国际标准书目著录(International Standard Bibliographic Description，ISBD)。中国依据 ISBD 制定了适合中国国情的《文献著录总则》，并于 1983 年发布实施。作为指导性文件，总则对分则主要作出 3 个方面的规定：一是规定了著录项目及其排列顺序；二是规定了主要项目的标识符号；三是规定了著录格式中段落的基本划分方法。

《文后参考文献著录规则》中的著作与期刊标注示例：

专著规则：[序号] 著者. 书名. 版本. 出版地：出版者，出版年：起止页码(选择项).

示例：[1] 薛华成. 管理信息系统[M]. 北京：清华大学出版社，1993.

期刊规则：[序号] 作者. 题名. 刊名，年，卷(期)：在原文献中的位置.

示例：[1] 朱德武，陈培根. 品牌延伸需要彻底的观念更新[J]. 管理世界，2004，(2)：36-41.

2) 文献的分类标引

信息资源分类是一种从主题内容角度组织和揭示信息资源的一种方法，是分类方法在信息资源组织中的应用。分类表，也称信息资源分类表，是根据类目之间关系组织起来的，并配有一定标记符号的分类信息资源的工具。分类表是分类法的具体体现，它与分类规则一起构成分类语言，是进行分类工作的依据和规范。由于分类表具有重要作用，因此人们习惯上也直接将它称为分类法。分类法普遍用于图书馆的图书分类。

分类标引又称为归类，是指依据一定的分类语言，对信息资源的内容特征进行分析、判断，并赋予分类标识的过程。

3) 文献的主题标引

主题法是分类以外另一种从内容角度标引信息资源的方法。主题一词在不同的使用环境中可以有多种不同的解释。这里主要指信息资源论述的主题对象，包括事物、问题、现象等。经过选择，用来表达信息资源主题的语词，称为主题词。所谓主题法，一般是指以直接表达主题内容的语词作标识，以字顺为主要途径，并通过参照系统等方法揭示词间关系的标引方法。

目前国内外采用主题法的类型很多，常见的有标题法、单元词法、叙述词法和关键词法。它们一般都具有下述特征：①直接以词语作为检索标识；②以字顺作为主要检索途径；③以特定的事物、问题、现象，即主题为中心，集中信息资源；④通过详尽的参照系统等方式揭示主题词之间的关系。

主题标引是依据一定的主题词表或主题标引规则，赋予信息资源语词标识的过程。具体而言，主题标引是在主题分析的基础上，以一定的词表或标引规则作为依据，将信息资源中具有检索意义的特征转换成相应的主题词，并将其组织成表达信息资源内容特征的标识的过程。

4) 置标语言

人们日常书写的语言被称为书面自然语言。如果在书面自然语言中为了标识某些信息而加入一些标记，这种书面自然语言就被称为置标语言(Markup Language)，例如在一段书面语言中为了说明某一句话的重要而在其下面画下划线。但是，人们在这里解释的置标语言实际上是一种为计算机处理而设计的置标语言，其中所用到的标记往往用代表一定含义的文字或数字表示。

(1) SGML (Standard Generalized Markup Language，标准通信置标语言)，是国际标准化组织(International Organization for Standardization，ISO)于1996年发布的国际标准。它实际上是一种通用的文档结构描述置标语言，其中的 Markup 的含义是指插入到文档中的标记。标记分为两种，一种称为程序标记，用于描述文档显示的样式(如字体大小、字体样式等)，现在市场上出售的大多文字处理软件都内嵌有标记；另一种称为描述标记，也称为普通标记，用来描述文档中文句的用途(如章、节、表等)，而不是描述文句所显示的样式。一个 SGML 语言程序主要由 3 部分组成，即语法定义、文件类型定义(Definition Type Document，DTD)和文件实例。

(2) HTML(Hypertext Markup Language，超文本置标语言)，是一种用来制作超文本文档的简单标记语言，为 SGML 的一个实例，是万维网联盟(World Wide Web Word Consortium)发布的标准，是专门为在互联网上发布信息而设计的置标语言。HTML 的简单意思是，一种普通文件中某些字句加上标识的语言，其目的在于用标记来标记文件以达到预期的效果。

(3) XML (Extensible Markup Language，可扩展的置标语言)，是万维网联盟于1998年2月发布的标准。制定 XML 标准的初衷是定义一种在因特网上交换数据的标准。万维网联盟采用了简化 SGML 的策略，在 SGML 基础上，去掉定义部分，适当简化 DTD 部分，并增加了部分因特网的特殊成分。XML 的主要优点是实现了不同数据源之间的数据交换、一种数据多种显示、实现数据的分布式处理,以及简单易学且功能强大。

3. 信息分析

信息分析就是根据特定问题的需要,对大量相关信息进行深层次的思维加工和分析研究,形成有助于问题解决的新信息的信息劳动过程。信息分析是对信息产品内涵的开发,它使原有信息在更深入、更全面、更综合、更适用的层次上凝结为全新的信息内涵,是建立在科学的分析研究方法基础上,并融入信息分析人员大量智慧的高级信息劳动。

信息分析是针对某一特定问题的需要对有关信息进行定向选择和科学抽象的一种研究活动,它通常由选题、设计研究框架、信息搜集与整序、信息分析与综合、编写分析报告等几个阶段组成。

(1) 选题。选题就是选择信息分析课题,明确研究对象、研究目的和研究内容。选题恰当与否,往往关系到信息分析工作的成败。这是因为,选题不仅决定了信息分析工作的起点、目标和方向,而且也决定了研究成果的固有价值和效益。人们常常说,提出问题比解决问题更为重要,但事实上,提出问题也比解决问题更为困难。

(2) 设计研究框架。课题一经确定,就要设计出一整套科学、合理的研究方案和工作框架。为获得支持或认可,通常的做法是先形成开题报告,阐明选题意义、预期目标、研究内容、实施方案、进度计划、经费概算、人员组织及论证意见等。当开题报告获得批准后,还要制订出更为详细的研究框架和工作计划。这就要求信息分析工作的组织者应当运用系统分析的方法来组织和管理整个信息分析过程,构建信息分析全过程的结构框架。

(3) 信息搜集与整序。信息分析工作的前提是充分掌握与课题有关的信息资料。信息整序强调优化选择和改编重组,注重信息的可靠性、先进性和适用性。

(4) 信息分析与综合。信息资料经过鉴别、筛选与整理后,便进入全面的分析与综合研究阶段。这是信息分析的核心环节,根据课题的特点和要求,需要运用各种各样的研究方法。分析与综合的结果要与选题的针对性相适应,应能回答进行该项研究所要解决的主要问题。

(5) 编写分析报告。专题分析报告是信息分析成果的一种主要表现形式。一般说来,研究报告是由题目、文摘、引言、结论、参考文献或附注等几部分构成的。

信息分析是专业性、智能性和竞争性都很强的一个信息管理专门领域,其能够在第二次世界大战后迅速兴起并得以持续深入地发展,在很大程度上依赖于信息分析方法的进步。信息分析方法大致可分为信息联想法、信息综合法、信息预测法和信息评估法几大类。

2.2.4 信息检索

信息检索作为一门现代技术,与计算机几乎同时问世,两者的发展相辅相成,关系十分密切。信息检索一词最早出现于加尔文·摩尔斯(Calvin Mooers)在 1950 年国际数学会议上发表的题为《把信息检索看作是时间性的通信》的论文中。摩尔斯提出了信息检索是一种时间性的通信形式的观点。此后,随着信息环境的变化、用户需求的发展、信息技术的进步,信息检索的内涵也几经发展变化,目前为公众所普遍接受的概念可从广义和狭义两个方面来看。

从广义上来看,信息检索包括两个过程,即信息的存储和信息的检索。信息的存储,即信息的标引、加工和存储过程,就是将大量分散的文献收集起来,根据其外部特征和内容特征进行标引,形成文献特征标识并存储在一定的载体上,为用户检索提供有章可循的途径的过程;信息的检索,即信息用户的查找过程。

从狭义上来看,信息检索仅指后一部分,即从信息集合中找出所需要的信息的过程,相当于人们通常所说的信息查询。对于信息用户来说，在信息检索过程中，用户只需要知道如何快捷、方便、高效地获取所需的信息，而不必掌握信息的组织管理模式及信息存储地点。一般情况下，将信息检索理解为信息的查询过程。

无论是手工检索还是计算机检索，制定检索策略的过程是一样的，即都是一个经过仔细思考并通过实践逐步完善查找方法的过程。整个检索过程通常要考虑以下4个主要步骤，即分析研究课题、选择检索工具、制定策略方法和获取原始文献，如图2.11所示。

图 2.11　信息检索的一般步骤

1. 信息查询

信息查询行为就是用户查找、采集、寻求所需信息的活动。信息查询行为既取决于个人的信息意识、信息能力和个性心理特征，也受用户所处社会环境，特别是信息环境的制约。英国学者托马斯·D.威尔逊(Thomas D. Wilson)用图表示了用户的信息查询路线，如图2.12所示。

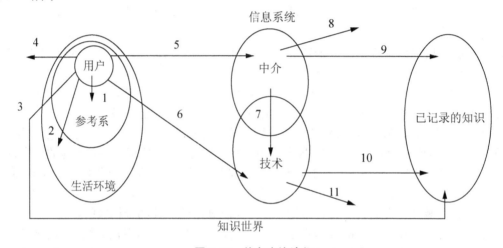

图 2.12　信息查询途径

知识世界包括有关世间所有物体、事件和现象的全部知识，是与物质世界相对应的一个抽象的概念；用户生活环境是指在一个信息用户身上所集中的那些经验的总和。在这个生存空间内，一个重要的组成部分是工作空间，其中会存在各种参考系，用户能借以识别他人，如同行同事、组织内同等地位的人员等；用户将与各种信息系统接触，在信息系统中表示出两个子系统，中介(指信息人员)和技术(即信息查询所需的方法和设备)；为了满足用户的信息需要，信息系统必须检索各种知识实体。各种已记录下来的知识(文献)及其他信息源可以作为这样的实体。

图中带编号的箭头表示一些可以被用户直接使用或通过信息系统及其子系统代表他们使用的查询路径。用户可能使用的全部查询路径也许并不只是这些，但它们标志着4个相关的群：①A路线——路径1～路径4表示用户不依赖于任何信息系统，而是利用个人途径查询信息；②B路线——路径5和路径6表示通过信息系统来获取信息；③C路线——路径7～路径9表示借助信息人员来满足信息需要；④D路线——路径10和路径11表示用户或中介使用信息系统提供的技术设备来查询信息。

显然，可供用户查询信息的路线是多种多样的。一个人常常面对许多可以满足其信息需要的信息源，这些信息源的存在使用户面临着选择的压力，用户不得不从中作出抉择，寻找合适的信息查询渠道，以便高效快捷地获取所需的信息。一般来说，每个用户经过多次信息查询实践活动后，就会逐渐形成适合自己的相对稳定的信息查询路线，表现出一定的信息查询行为规律。这些规律可总结如下。

(1) 可近性。按照艾伦(T. J. Allen)的信息查询行为模型，用户对信息源(渠道)的选择几乎是唯一建立在可近性基础之上的。最便于接近的信息源(渠道)在信息查询行为中将首先被选用，而对信息源(渠道)的质量与可靠性的考虑则处次要地位。

(2) 易用性。它是可近性指标的延伸结果，是由信息系统本身是否方便存取决定的。摩尔斯在1960年指出，一个信息检索系统，如果使用者在获取信息时比不获取信息时更费心更麻烦，该系统将不会得到使用。

(3) 先内后外。信息查询的一般过程是，人们总是首先从自己已有的资料查找，然后转向非正式渠道，取得同行和同事的帮助。

(4) 经验第一。人们在查询信息时倾向于根据以往的经验，遵循习惯的方式，采集最容易获得的信息。但任何人都是既通过非正式渠道，也通过正式渠道来查询所需信息的，只不过是各类用户，甚至每个人的侧重点不一样罢了。

2. 检索工具

随着社会的飞速发展，文献数量不断增加，给信息管理和利用带来了越来越大的困难。为了便于文献的传递、管理和使用，在长期的实践和探索中，人们创造了很多行之有效的方法，检索工具法就是其中最重要的一种。所谓检索工具，是指将大量分散无序的文献资料经过加工整理，按照一定的规则和方法编制起来，用来报道、存储和查找文献的工具。因为它提供的不是有关数据、事实或资料性的信息，而是文献信息的线索和指引，故又被称为线索型检索工具。

案例 2-4

> 对于世界性的记录信息的组织系统来说，检索工具如同建筑的地基一样非常之必要。1892年，保尔·奥特勒(Paul Autler)和亨利·拉封丹(Henri La Fontaine)组织了一次会议，创立了"世界书目控制计划"(UBC)。从那以来，人们就梦想有朝一日能实现对所有记录信息的检索。奥特勒和拉封丹原本是创建一个中央文档，将世界上所有科学杂志中的学术论文的替代记录包括在内。这一项目的艰巨性意味着必须开发不同于传统图书馆实践的新技术。随着20世纪UBC的发展，它也逐渐演变成了世界上每一个国家都要负责其信息体替代记录的创建，并和其他所有的国家共享这些记录。这一理念同样也扩展到了用作检索点的名称标目的规范控制上。国际图书馆协会联合会(International Federation of Library Associations and Institutions, IFLA)制订了一项计划，将UBC的理想和制作机读记录的构想结合了起来。奥特勒和拉封丹的设想导致了众多检索工具的产生，而这又使人们离实现UBC的目标更近了。
>
> (资料来源: Arlene G. Taylor. 信息组织[M]. 北京: 机械工业出版社, 2006.)

按照不同的分类标准和使用角度，对文献工具的种类有各种不同的划分方法，人们对文献检索角度、深度和广度要求的不一致，也导致产生了各种不同的检索工具。同时，同一种检索工具也可因分类角度不同分入不同类型的检索工具，下面主要从对文献揭示的程度和出版形式等方面介绍几种常见的分类方法和相应的检索工具。

1) 文献收录范围

按照对文献收录的范围不同,可以将检索工具划分为以下4种类型。

(1) 综合性检索工具。收录范围和涉及学科较广,文献类型和语种多,因而适应面非常广,是科技人员最常用的检索工具。比较著名的检索有美国的《科学引文索引》(Science Citation Index,SCI)、《社会科学引文索引》(Social Sciences Citation Index,SSCI)、《工程索引》(The Engineering Index,EI),以及英国的《科学文摘》(Science Abstracts,SA)、日本的《科学技术文献速报》、俄罗斯的《文摘杂志》、法国的《文摘》等。

(2) 专业性检索工具。收录范围局限于某一学科领域,适应于检索专业信息,如《中国石油文摘》《中国地质文摘》等。

(3) 专题性检索工具。收录的文献只限于某一特定对象或专题,这种检索工具所收录的文献内容集中,专题性很强,适合于进行专题检索。各文献收藏单位大都结合本单位实际或特定的服务对象编制各种专题性检索工具。

(4) 单一性检索工具。只限于收录某一种特定类型文献。学科范围可宽可窄,通过检索特定类型文献,检索效果往往比综合性、专业性检索工具好。常用的单一性检索工具有:①专利,如英国的《世界专利索引》;②科技报告,如美国的四大报告,即 AD(Armed Service Technical Information Agency,美国武装部分技术信息局)报告、PB(U. S. Department of Office of Publication Board,美国商务出版局)报告、DOE(Department of Energy,美国能源部)报告及 NASA(National Aeronautics and Space Administration,美国国家航空航天局)报告;③学位论文,如《国际学位论文文摘》;④会议文摘,如美国的《会议论文索引》(Conference Paper Index,CPI)、《科技会议录》(Index to Scientific & Technical Proceedings,ISTP);⑤技术标准,如《IEC 出版物目录》。

2) 文献揭示程度

按对文献揭示的程度不同,可划分为以下几种。

(1) 目录。目录亦称书目,是著录的一批相关的图书,以一定顺序编排而成的一种指导阅读、检索图书的工具。目录多用于图书,但又不限于图书。使用最多的目录有分类目录、主题目录、著者目录、书名目录、专题文献目录、馆藏文献目录、联合目录和国家书目。

(2) 索引。将图书、报刊资料的各种事物名称分别摘录或加注释,记明出处页数,按字母顺序或分类排列,附在一书之后,或单独编辑成册,称为索引。人们经常使用的索引有主题索引、分类索引、著者索引等。

(3) 文摘。文摘是系统著录、报道、积累、检索文献外表特征和内容特征的检索工具,是二次文献的核心。文摘以简明扼要的叙述形式,把文献资料的内容压缩成几百字的摘要,其作用是使读者能以较少的时间和精力掌握有关文献的现状及其基本内容。根据文献内容的详略程度,可以将其分为标示性文摘和报道性文摘两种。

(4) 综述。综述又称述评,是针对某一时间中某一学科或某一专题的研究水平和动态,在参阅大量文献资料的基础上,加以分析整理,并加以评论的文献。综述一般能反映出某学科或某专业的新水平、新成就、新技术和新发现。

3. 信息检索途径与方法

各种检索工具的编制方法不同,检索途径和检索方法也不一样。但无论哪种检索工具,都主要是根据文献的两个特征来编排的,一是根据文献的外部特征进行编排,包括文献题名、著者等;二是根据文献的内容特征进行编排,主要包括文献主题、分类、关键词等。

检索文献时，也可以这些特征为途径查找文献。文献检索的主要途径有主题途径、关键词途径、题名途径、著者途径、分类途径、序号途径等。

信息检索方法就是利用检索工具，按照一定的方法从不同的检索途径查找信息的技巧。如何查找，并没有一定之规可遵循，同一个问题，3个检索者，可能有3种不同的查找方法。这是因为他们在主观上受到实际经验、知识结构、对检索工具了解的广度和深度、认识问题的方法、心理品质等因素的影响；在客观上，又受检索工具的完善与否、检索时间充足与否，以及物理环境等因素的影响。因此，在进行检索时，要根据各人的具体情况，灵活应用各种检索方法，以达到信息检索的良好效果。

(1) 引文法。文献之间的引证和被引证关系揭示了文献之间存在的某种内在联系，引文法(也称跟踪法)就是利用文献后所附的参考文献、相关书目、推荐文章和引文注释等查找相关文献的方法。这些材料指明了与用户需求最密切相关的文献线索，往往包含了相似的观点、思路、方法，具有启发意义。

(2) 常规法。所谓常规法，就是利用常规检索工具查找有关文献的方法，是应掌握的最基本的信息查找方法。现在对文献的书目控制手段已日趋完善，各种印刷版、缩微版、光盘版和网络版的检索工具层出不穷，有很大的挑选余地。用户应根据自己的检索知识和条件选用一种或几种检索工具。常规法可分为顺查法、倒查法和抽查法。

(3) 交替法。交替法就是把引文法和常规法结合起来查找文献的方法，即先利用常规检索工具找出一批有用的文献，然后利用这些文献所附的引文进行追溯查找，由此获取更多文献。

(4) 排除法、限定法和合取法。如果要查中国网络资源建设的文章，确定1994年以前互联网未进入中国，则可排除1994年以前的报刊资料，这采用的就是排除法。限定法是相对排除法而言的，指对查找对象在时间和空间上加以内在的肯定。排除的结果必然是限定，反之亦然。由于令人满意的答案往往不是完整地记录在某一篇文献中的，如果把不同资料中涉及的所需信息的记载都截取下来，汇聚在一起，再经过去粗取精、去伪存真地加工，构成一个完整的答案，便是合取法。

(5) 浏览法。浏览法也称为直接查找法，是指检索者从本专业最新核心期刊或其他文献中直接阅读原文或浏览最新目次而获取文献的方法。因为从检索工具中查得的文献一般比原始资料时间要慢，为及时获得最新文献，直接阅读可弥补检索工具查找文献的不足。

知识拓展

信息检索新趋势

目前，信息检索已经发展到网络化和智能化的阶段，信息检索的对象从相对封闭、稳定一致、由独立数据库集中管理的信息内容扩展到开放、动态、更新快、分布广泛、管理松散的Web内容。适应网络化、智能化，以及个性化的需要是目前信息检索技术发展的新趋势。

(1) 智能检索与知识检索。智能检索利用分词词典、同义词典、同音词典来改善检索效果，并进一步在知识层面或概念层面上辅助查询，通过主题词典、上下位词典、相关同级词典，形成一个知识体系或概念网络，给予用户智能知识提示，最终帮助用户获得最佳的检索效果。知识检索能够帮助用户更好地发现、组织、表示信息，提取知识，包括自动摘要、相似性检索和自动分类(聚类)等方面。

(2) 异构信息整合检索和全息检索。能够检索和整合不同来源和结构的信息，是异构信息检索技术发展的基点，包括各种格式文件的处理与检索，多种语言信息的检索，不同结构化程度数据的统一处理，与关系数据库检索集成及开放检索接口集成等。全息检索就是支持一切格式和方式的检索，从目前实践来讲，主要发展到异构信息整合检索层面，而基于自然语言理解的人机交互及多媒体信息检索整合等方面尚处于初始阶段。

2.3 信息资源管理

20世纪80年代，信息技术迅猛发展，已渗透到组织的每个角落，成为组织发展的后劲所在。正如比尔·盖茨所言："信息技术和现代企业正在变得相互交织、难解难分。我认为，没有谁能够有意义地谈论一个而忽视另一个。"[①]包含信息技术在内的广义信息资源，从原来依附的载体中凸现出来，信息资源是所有资源管理的前提和基础，组织所有资源管理(包括物质资源、资金资源、人力资源等)都离不开信息资源。

信息资源管理(Information Resources Management, IRM)一词出现于20世纪70年代末80年代初的美国政府部门，随后迅速扩展到工商企业、科研机构。对于IRM的理解存在着是"信息+资源管理"(方法说)还是"信息资源+管理"(对象说)的争议。美国著名学者霍顿强调前者，认为IRM应体现资源管理的方式来管理一个机构的信息内容及其支持工具；查尔斯·C.伍德(Charles C. Wood)认为，IRM是信息管理几种有效方法的综合，即意味着将一般管理、资源控制、计算机系统管理、图书馆管理以及政策制定和规划方法结合起来，并加以运用。有的学者，如凯伦·B.莱维坦(Karen B. Levitan)则赞同后一种观点，主张从管理对象来探讨IRM，即认为信息资源是组织机构管理活动的要素，将其视为管理对象。

IRM 模型

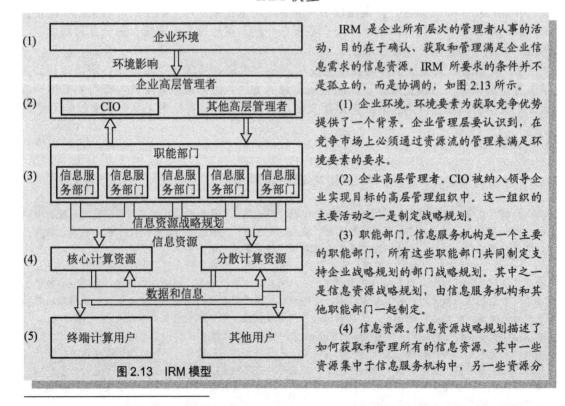

图 2.13　IRM 模型

IRM是企业所有层次的管理者从事的活动，目的在于确认、获取和管理满足企业信息需求的信息资源。IRM所要求的条件并不是孤立的，而是协调的，如图2.13所示。

(1) 企业环境。环境要素为获取竞争优势提供了一个背景。企业管理层要认识到，在竞争市场上必须通过资源流的管理来满足环境要素的要求。

(2) 企业高层管理者。CIO被纳入领导企业实现目标的高层管理组织中。这一组织的主要活动之一是制定战略规划。

(3) 职能部门。信息服务机构是一个主要的职能部门，所有这些职能部门共同制定支持企业战略规划的部门战略规划。其中之一是信息资源战略规划，由信息服务机构和其他职能部门一起制定。

(4) 信息资源。信息资源战略规划描述了如何获取和管理所有的信息资源。其中一些资源集中于信息服务机构中，另一些资源分

---

① [美]比尔·盖茨. 未来时速：数字神经系统与商务新思维[M]. 蒋显璟，等译. 北京：北京大学出版社，1999.

布在企业各个应用领域当中。

(5) 用户。数据和信息在信息服务机构的各层次和用户之间流动，一些用户从事终端用户计算。

2.3.1 网络信息资源

网络信息资源(Network Information Resource)是指以电子数据的形式将文字、图像、声音、动画等多种形式的信息存放在光磁等非印刷质的载体中，并通过网络通信、计算机或终端等方式再现出来的信息资源。随着互联网的迅速发展和普及，网络信息资源主要指通过计算机网络可以利用的各种信息资源的总和，但并非包含所有互联网信息，而只是指其中能满足人们信息需求的那一部分。

网络信息资源极其丰富，包罗万象，其类型的划分也是多样的。按照信息资源传播范围不同可大致分为光盘局域网信息、传统的联机网络信息、互联网络信息资源；按照信息加工层次不同可分为网络资源指南搜索引擎、联机馆藏目录、网络数据库、电子期刊、电子图书、电子报纸、参考工具书和其他动态信息；按照提供信息的机构不同可分为图书馆提供的信息资源、专业信息服务机构提供的资源、企业公司团体甚至个人提供的信息资源；按照信息内容的表现形式和用途不同可分为全文数据、事实型数据、数值型数据、文献书目信息、实时交互活动型信息及图像音乐等。

知识拓展

企业人际网络信息资源

人际网络最初是被英国的社会学家以一个隐喻(Metaphor)概念的形式提出来的，用于表示人或团体在社会活动中形成的错综复杂的关系。今天的人际网络已经扩展到了社会经济学、传播学、市场营销学、人力资源管理、信息管理等多个领域。

经过半个世纪的发展后，人际网络分化成两大研究流派。一个流派遵循社会计量学的传统，研究整体网络，即一个社会体系中角色关系的综合结构，这个流派研究的是小群体内部的关系，他们在分析人际互动和交换模式时，建立了一系列网络分析概念，如紧密性、中距性和中心性等，其代表人物是林顿·C.弗里曼(Linton C. Freeman)。另一个流派信奉网络结构观，他们秉承英国人类学家的传统，把人与人、组织与组织之间的纽带关系看成一种客观存在的社会结构，分析这些纽带关系对人或组织的影响，其代表人物有哈里森·C.怀特(Harrison C. White)、马克·格兰诺维特(Mark Granovetter)、林南(Lin Nan)和罗纳德·博特(Ronald Burt)。

1. 网络信息检索方法

随着互联网的广泛应用和发展，互联网上的信息量与日俱增，使得网络上的信息量越来越丰富。网络上数据信息不同于传统数据库信息，数据库有规范的结构、具有统一的格式，是一种结构化的文件，而网络上的信息则主要是文档，其结构性差。因而，网络信息检索的方法不同于传统的信息检索方法。

(1) 漫游法。"偶然发现"是在互联网上发现、检索信息的原始方法，即日常在网络阅读、漫游过程中，意外发现一些有用信息。"顺链而行"是指用户在阅读超文本文档时，利用文档中的链接从一个网页转向另一相关网页，该种方法类似于传统的追溯检索。这种方法可能在较短的时间内检索出大量相关信息，也可能偏离检索目标而一无所获。

(2) 直接查找法。直接查找法是已经知道要查找的信息可能存在的地址，而直接在浏览器的地址栏中输入其网址进行浏览查找的方法。使用该种方法应注意收集相关站点的网址，包括在各种图书、报刊等相关文献上收集；在网上漫游的收集；利用搜索引擎集中收集。

(3) 搜索引擎检索法。该种方法是较为常规、普遍的网络信息检索方法。搜索引擎是提供用户进行关键词、词组或自然语言检索的工具。用户提出检索要求，搜索引擎代替用户在数据库中进行检索，并将检索结果提供给用户。它一般支持布尔检索、词组检索、截词检索、字段检索等功能。

(4) 网络资源指南检索法。该种方法是利用网络资源指南进行查找相关信息的方法。网络资源指南类似于传统的检索工具——书目之书目或专题书目，国外有学者称之为 Web of Webs、Webliographies，其目的是可实现对网络信息资源的智能性查找。这通常由专业人员在对网络信息资源进行鉴别、选择、评价、组织的基础上编制而成，对于有目的的网络信息检索具有很重要的指导作用。

2. 网络信息检索工具

网络信息检索工具是指在互联网上提供信息检索服务的计算机系统，其检索的对象是存在于互联网信息空间中各种类型的网络信息资源。如查询 Usenet 新闻组的 WAIS；搜寻 FTP 资源的 Archie；检索网站资源的 Yahoo、Google、百度等。

网络信息检索工具的核心是其检索功能。从现有的检索工具来看，它们都已具备诸如布尔检索、截词检索、邻近检索这些基本功能的检索，有些还具有加权检索、自然语言检索、相关信息反馈检索、模糊检索、概念检索等高级功能。

(1) 布尔检索，指通过标准的布尔逻辑关系词来表达检索词与检索词间逻辑关系的检索方法。主要的布尔逻辑关系词有 AND(逻辑与、逻辑乘)、OR(逻辑或、逻辑加)、NOT(逻辑非、逻辑减)关系。例如，检索 computer AND law 就要求检索得结果中必须同时包含 computer 和 law。

(2) 词组检索，是将一个词组(通常用双引号括起)当作一个独立运算单元，进行严格匹配，以提高检索的精度和准确度，它也是一般数据库检索中常用的方法。词组检索实际上体现了邻近位置运算的功能，即这不仅规定了检索式中各个具体的检索词及其相互间的逻辑关系，而且规定了检索词之间的邻近位置关系。

(3) 截词检索，指在检索式中用专门符号(截词符号)表示检索的某一部分允许有一定的词形变化，因此检索词的不变部分加上由截词符号所代表的任何变化形式所构成的词汇都是合法检索词，结果中只要包含其中任意一个就满足检索要求。例如，检索式"comput*"将检索包含 computer、computing、computerized、computerization 等词汇的结果。

(4) 字段检索，和限制检索常常结合使用，字段检索就是限制检索的一种，因为限制检索往往是对字段的限制。在搜索引擎中，字段检索多表现为限制前缀符的形式。如属于主题字段限制的有 Title、Subject、Keywords、Summary 等；属于非主题字段限制的有 Image、Text 等。作为一种网络检索工具，搜索引擎提供了许多带有典型网络检索特征的字段限制类型，这些字段限制功能限定了检索词在数据库记录中出现的区域。

(5) 邻近检索与短语检索。目前应用广泛的主要是"(nW)"和"(nN)"两个关系。(nW) 关系要求它所连接的两个检索词在结果中相互距离不超过 n 个词(中文 n 个字)，而且前后顺序不能颠倒，如检索式"second (W) world (W) war"就只检索出那些包含词组 second world war 的结果，而不会检索出包含 the second war in the world 的结果。(nN)关系也要求它所连接的两个检索词在结果中相互距离不超过 n 个词(中文 n 个字)，但前后顺序可以变换，如检索式 "environment (2N) protection" 就可检索出包含 environment protection、protection of the environment、protection of water environment 等内容的结果。

(6) 区分大小写的检索。它主要是针对检索词中含有人名、地名等专有名词的检索。在区分大小写的情况下，大写检索词能被当作专有名词看待(如 Internet 专指因特网)，小写检索词则被当作普通词看待(如 internet 代表互联网络)。

案例 2-5

中国期刊网 CNKI 数字图书馆

中国期刊网 CNKI 数字图书馆是一个综合性网络数据库，包括期刊、报纸、专利文献和学位论文、会议文献等信息，是目前最大的中文学术期刊全文数据库。

中国期刊全文数据库是目前世界上最大的连续动态更新的中国期刊全文数据库，积累全文文献 800 万篇，题录 1 500 万条，分九大专辑、126 个专题文献数据库。它为用户提供了初级、高级和分类检索 3 种检索方式。其中初级检索步骤依次为：登录全文检索系统→选取检索范围→选取检索字段→输入检索词→进行检索。

中国期刊全文数据库除了可用于信息检索、信息咨询、原文传递常规服务外，还可以用于以下一些专项服务：①引文服务，生成引文检索报告；②查新服务，生成查新检索报告；③期刊评价，生成期刊评价检索报告；④科研能力评价，生成科研能力评价检索报告；⑤项目背景分析，生成项目背景分析检索报告；⑥定题服务，生成 CNKI 快讯。

中国期刊题录数据库、中国专利数据库等的检索页面与全文检索相似，检索方法也基本相同。

(资料来源：http://www.cnki.net/index.htm.)

3. 信息提供技术

信息服务是信息管理活动的出发点和归宿，是用不同的方式向用户提供所需信息的一项活动。信息服务活动通过研究用户、组织用户、组织服务，将有价值的信息传递给用户，最终帮助用户解决问题。每个用户对信息的精确性、及时性、范围、来源、加工程度等要求都有所不同，其工作习惯也存在较大差异，提供信息服务的方式与样式就成了信息发挥价值一个关键因素。

案例 2-6

据《北京晚报》报道：一个在北京早市卖菜的农民，因在同一时间、同一个路口交通违章五十余次，被罚款 1 万多元，这位农民辛苦一年的收入还不足交交通违章罚款。消息一出，很多民众质疑交通管理部门：为什么不及时把违章信息告知机动车司机，是否存在恶意敛取违章罚款的意图？交通管理部门的回答是：所有的交通违章信息都及时地发布在交通管理局的官方网站上了，司机可以随时上网查询，他们已经做到了信息的及时提供。那问题出在什么地方呢？

(资料来源：赵守香等. 企业信息管理[M]. 北京：人民邮电出版社，2012.)

(1) 信息拉技术。1994年第一代真正基于WWW的搜索引擎诞生，标志着基于网络的信息拉取技术的出现。信息拉技术是指"用户"主动从"信源"处拉取个人所需信息的技术，这是多数用户获取信息的方式，即用户利用浏览器向网站发出请求，然后把感兴趣的信息"拉"到屏幕上浏览。网络信息的无序性、分散性给用户的检索带来了诸多不便，因此用户一般都习惯借助一定的辅助工具，如搜索引擎和智能导航进行信息拉取工作。

(2) 信息推技术。信息推技术是指"信源"根据一定的时间间隔或根据发生的事件主动将信息推送给"用户"的技术。这一技术最初是由Point Cast Network公司在1996年首先提出的。推技术采用的是广播的模式，它的特点是不同的用户得到的是相同的信息。通常是网络服务器上装有专门的推送软件，负责制作和推送的信息；而客户端也需要安装相应的软件负责信息的接收和显示。

(3) 智能信息推拉技术。智能推拉技术是将信息推技术和拉技术有机结合起来的产物，它能将推技术当中由信息生产者控制信息流向的优点和拉技术中用户决定和控制信息的查询、获取的优势充分利用起来。例如，买方可以主动预订某种或某类产品信息，不必费心费力地拉取就可以定期或不定期地收到所需产品的最新动态信息；商家也可以跟踪、启示不同用户的兴趣、爱好，分析不同用户的消费能力、购买货币等，并以此为据向潜在用户主动推送某种或某类商品信息。

目前，常见的信息提供方式有报表、屏幕查询、网站发布、电子邮件、手机短信、网络传输、自助终端等。

2.3.2 企业信息资源

忽视了对信息资源的管理，就不能提高效率，难以保持企业的竞争力。很多成功企业的共同经验表明，在信息社会里，信息资源的充分获取和有效利用是生存的法宝。企业信息资源管理的任务是有效地获取、处理和应用企业内部和外部信息，最大限度地提高企业信息资源的质量、可用性和价值，并使企业内各个部门都能够有选择地共享利用这些信息资源，从而从整体上提高企业的竞争力和现代化水平。实现企业的整体发展战略和目标，以服务企业各个部门、各项工作为中心，以完善现代企业信息资源管理机制和固化企业信息资源管理作用为基本点，形成科学、高效、适用的现代企业信息资源管理系统，是企业信息资源管理的基本目标。

1. 企业信息构成

企业信息是按照企业组织活动规律的方式排列起来的信号序列所揭示的内容，它是企业管理工作中企业管理人员之间、企业管理人员与企业内部员工之间、企业内部员工和企业外人员之间传递的，能够反映企业管理活动、管理对象的状态、特征和企业目标、需求、行为的消息、数据、语言、符号等信号序列的总称。企业信息是由各种类型的信息构成的。按照不同的划分标准，可以把企业信息划分为不同的类型。

1) 根据信息的内容不同来划分

企业信息根据内容不同可以将企业信息划分为企业技术信息、企业管理信息和企业文化信息。

(1) 企业技术信息。企业技术信息是企业所需要的技术进步或技术开发方面的信息。如生产技术、产品技术及其标准、设计图纸、实验数据、技术动向和产品研发等。

(2) 企业管理信息。企业管理信息又分为企业生产管理信息、企业经营管理信息和企业行政管理信息。企业生产管理信息是关于企业生产过程组织、质量管理、人力资源开发与管理、物资及设备管理等方面的信息。企业经营管理信息是关于企业经营思想与战略、市场营销和企业财务等方面的信息，如原材料的价格、产品销售状况、市场动态及企业的资产、负债、利润、利税等。企业行政管理信息是企业行政管理过程中产生的各种信息，如上级的指示、命令、政策文件，下级向上级的请示、报告及企业制定的管理制度等。

(3) 企业文化信息。企业文化信息是指在一定的社会历史条件下，企业生产经营和管理活动中所创造的具有本企业特色的精神财富和物质形态。它包括文化观念、价值观念、企业精神、道道规范、行为准则、历史传统、企业制度、文化环境和企业产品等，其中价值观念是企业文化的核心。

2) 根据信息的来源不同来划分

企业信息根据其来源不同可分为内部信息和外部信息。

(1) 企业内部信息。内部信息是指来自于企业内部的信息，它反映企业当前的基本现状和企业经济活动的信息。企业现状信息包括企业基本情况，如人、财、物的构成，企业规模、企业绩效等；企业经济活动信息包括产、供、销等生产经营信息，财务核算信息以及生产工艺、生产设备、产品质量等信息。企业内部信息包括生产信息、会计信息、营销信息、技术信息和人才信息。

(2) 企业外部信息。外部信息指企业以外产生的与本企业运行环境相关的各种信息。企业外部信息是企业经营决策的依据，尤其在确定企业中长期战略目标和计划时起着重要作用。企业外部信息主要包括社会环境信息、科技发展信息、生产资源信息和市场信息。

3) 根据信息的传递范围不同来划分

企业信息根据传递范围不同可分为公开信息、内部信息和保密信息。

(1) 公开信息，是指不限制使用范围和使用对象的企业信息，可在全社会传播，全体社会成员都可以共享，如企业的产品、企业形象、销售额、利润率、固定资产、赢利水平等。

(2) 内部信息，是指在企业或组织内部传播的，不向社会公开的企业信息，如内部文件、会议纪要、生产指挥信息等。

(3) 保密信息，是指严格限制传播范围的企业信息，如企业的专有技术、秘制方法、战略决策等信息不仅不能向社会公开，在企业或组织内部也严格控制传播范围。

2. 信息资源整合

在信息应用的初期，企业只是简单地将数据作为一种资源进行收集和存储，做些简单的统计分析处理，而大多数信息被忽视掉了。随着数据存储和分析技术的进步，越来越多的企业对数据进行更复杂的挖掘和处理，也逐渐认识到掌握数据的重要性，数据开始成为企业的一种资产，价值可以被衡量和计算。而到今日，数据更成为一种能力，是形成企业核心竞争力的关键一环。

根据《数字宇宙膨胀》中统计的数据，2006年全球每年制造、复制出的数字信息共计16.1万PB，当年的信息产生量大约是历史上图书信息总量的3 000倍；而2010年的这个数字猛增了6倍，达到了98.8万PB。另一方面，面对这个潜在的数据"金矿"的越来越大，企业所处理数据的比例却在快速减少，IBM调查显示，超过一半的商界领袖现在意识到他们无法获取工作中所需的洞察力。甚至出现了传统数据处理中的3个80%，即80%的企业产生数据未被收集、存储和处理；80%的时间都用在数据清洗、充实、匹配上；80%分析的数据没有价值。

数据存储单位

Bit(比特)是 binary digit 的英文缩写,量度信息的单位,也是表示信息量的最小单位,只有0、1两种二进制状态。计算机常用以下存储单位。

8 bit = 1 Byte 一字节
1 024 B = 1 KB (KiloByte) 千字节
1 024 KB = 1 MB (MegaByte) 兆字节
1 024 MB = 1 GB (GigaByte) 吉字节
1 024 GB = 1 TB (TeraByte) 太字节
1 024 TB = 1 PB (PetaByte) 拍字节
1 024 PB = 1 EB (ExaByte) 艾字节
1 024 EB = 1 ZB (ZetaByte) 皆字节
1 024 ZB = 1 YB (YottaByte) 佑字节
1 024 YB = 1 NB (NonaByte) 诺字节
1 024 NB = 1 DB (DoggaByte) 刀字节
……

1) 大数据分析

大数据或称巨量资料,在合理时间内达到撷取、管理、处理并整理成为帮助企业经营决策更积极目的的资讯。对于企业来说,大数据已经不简单是数据大的事实了,而是如何实现对大数据进行分析,只有通过分析才能获取智能的、深入的、有价值的信息。大数据分析基本上涵盖5个方面。

(1) 可视化分析。数据可视化无论对于普通用户或是数据分析专家,都是最基本的功能。数据图像化可以让数据自己说话,让用户直观地感受到结果。

(2) 数据挖掘算法。图像化是将机器语言翻译给人看,而数据挖掘就是机器的母语。分割、集群、孤立点分析还有各种各样五花八门的算法让我们精炼数据,挖掘价值。这些算法一定要能够应付大数据的量,同时还具有很高的处理速度。

(3) 预测性分析能力。数据挖掘可以让数据分析人员对数据承载信息更快更好地消化理解,进而提升判断的准确性,而预测性分析可以让用户根据图像化分析和数据挖掘的结果作出一些前瞻性判断。

(4) 语义引擎。结构化数据的多元化给数据分析带来了挑战,需要有一套工具系统地去分析、提炼数据。语义引擎需要设计到有足够的人工智能从而足以从数据中主动地提取信息。

(5) 数据质量与管理。数据质量与管理是管理的最佳实践,透过标准化流程和机器对数据进行处理可以确保获得一个预设质量的分析结果。

2) 信息集成

企业决策所面临的信息孤岛问题已成为现代信息管理的瓶颈,从而引出信息集成技术理念。信息集成就是指利用信息技术、数据库技术、产品数据管理技术等,在共享信息模型支持下,实现不同应用系统之间的无缝连接、交换和共享,使整个系统各个部分有机地结合,使其总体达到最佳,最终实现信息流的集成。这是实现数据在不同数据格式和存储方式之间的转换,来源不同、形成不一、内容不等的信息资源进行系统分析、辨清正误、消除冗余、合并同类,进而产生具有统一数据形式的有价值信息的过程。

企业应用集成(Enterprise Application Integration,EAI)是将进程、软件、标准和硬件联合起来,在一个企业内或更多的企业系统之间实现无缝集成,使它们就像一个整体的系统。EAI常常表现为对一个商业实体的信息系统进行业务应用集成,其包括的内容结构、硬件、软件及流程等企业系统的各个层面。

知识拓展

企业集成趋势

较之传统的企业应用系统，企业现在均在追求更大程度的跨职能过程的集成。他们希望顾客关系管理、供应链管理和企业系统能紧密地协同运行，让这些系统和顾客、供应商，以及商业合作伙伴能紧密联系起来。企业也希望企业应用系统、网络服务和其他集成技术能用作新企业范围服务的平台，为企业创造更多的价值。

企业软件已变得更加灵活和具有与其他系统集成的能力。主要的企业软件供应商已开发了基于网络的软件，用于顾客关系管理、供应链管理、决策和其他企业职能，并与企业软件集成在一起创造了被称为"企业解决方案""商业套装""企业套装"或"电子商务套装"的集成软件。SAP公司的mySAP和Oracle电子商务套装就是例子。企业软件供应商也提供中间件和工具，用XML和Web服务以集成企业系统与其他供应商提供的较老的合法的应用软件及系统软件。

企业对这些技术投资的较好回报集中在新的或改进的企业过程创造的整个服务方式上，它有多个职能领域的集成信息。这些服务建立在企业范围的平台上，比传统的企业应用系统能提供更高程度的跨功能的集成。一个服务平台由多个企业职能、企业单位或者企业伙伴集成多个应用系统，给顾客、雇员、经理或者企业伙伴提供一个无缝的体验。

例如，订单到现金要求来自企业应用系统和财务系统的数据进一步集成为一个企业范围的合成过程。为了完成这个集成，公司需要一个企业过程管理计划和连接片断到一起的应用集成软件。企业过程管理(Business Process Management, BPM)是一种方法，根据组织的需求去连续地变革企业过程以保持其竞争性。改进过程模型的工具，使模型可直接转入软件系统。由于大多数公司不喜欢抛弃现有的顾客关系管理、供应链管理、企业系统和起家的遗产系统，可能要求软件工具要用现有系统的软件作为建造新的跨企业过程的约束，如图2.14所示。

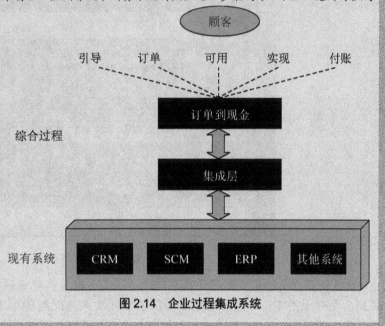

图 2.14 企业过程集成系统

3. 商业智能

商业智能(Business Intelligence, BI)，又称商业智慧或商务智能。最早由Gartner公司的分析师霍华德·德莱斯纳(Howard Dresner)提出，他将商务智能描述了一系列的概念和方法，应用基于数据的分析系统辅助商业决策的制定。当时将商业智能定义为一类由数据仓库(或数据集市)、查询报表、数据分析、数据挖掘、数据备份和恢复等部分组成的、以帮助企业决策为目的技术及其应用。它把先进的信息技术应用到整个企业，不仅为企业提供信息获取能力，而且通过对信息的开发，将其转变为企业的竞争优势，也有人称之为混沌世界中的智能。

目前，商业智能通常被理解为将企业中现有的数据转化为知识，帮助企业作出明智的业务经营决策的工具。这里所谈的数据包括来自企业业务系统的订单、库存、交易账目、客户和供应商资料及来自企业所处行业和竞争对手的数据，以及来自企业所处的其他外部环境中的各种数据。而商业智能能够辅助的业务经营决策既可以是作业层的，也可以是管理层和策略层的决策。为了将数据转化为知识，需要利用数据仓库、线上分析处理(OLAP)工具和数据挖掘等技术。

商业智能标准框架是一个基于标准化和开放式的技术和流程架构，其贯穿数据采集、数据存储和数据展现三个层面，如图 2.15 所示。在数据采集层，标准商业智能设计要求可以广泛的访问 ERP(Enterprise Resource Planning，企业资源计划)、SCM、CRM(Customer Relationship Management，客户关系管理)等企业数据，并可以通过运用 ETL(Extraction, Transformation, Loading)工具对业务系统的数据进行抽取、转换和装载。在数据存储层，通过元数据的建立完善企业级数据仓库和多维立方体。在数据展现层，商业智能设计中必须涵盖众多角色、展现工具集和用户的需求，商业智能为用户提供包括定期报表、即席查询、记分卡和仪表板等展现方式，便于用户使用并提供值得信任的信息。

图 2.15 商务智能标准框架

传统的商务智能主要是基于信息技术架构的一套智能化管理工具，如 ERP、CRM 和 SCM；而今天的 BI 则更多地呈现为仪表盘或决策驾驶舱的形态，并增加了企业绩效管理(Energy Efficiency and Productive Maintenance，EPM)、企业风险控制等功能或诉求点。

案例 2-7

BI：物流信息化管理下一站

> 现代物流管理的发展大致经历了 3 个阶段，即传统储运物流阶段、系统优化物流阶段和物流信息化阶段。商业智能在物流企业管理和决策支持中具有快速查询信息，突破认知极限，多角度、全面分析，信息增值的作用。商业智能通过获得高质量、有意义的信息，帮助企业分析问题，及时、准确地作出决策，提高内部运作效率，提升了物流服务水平。在实际应用中，商业智能主要依靠数据仓库、在线分析处理和数据挖掘这三大技术，为企业及时了解货物信息、实时跟踪订单、制定经济决策提供

信息保障和信息支持。

(1) 智能仓储管理系统。系统集成了入库、出库、货位和保管的实时和历史数据，构成数据仓库，为在线分析处理和数据挖掘创造应用环境，从而有助于从业务数据中发现深层次的信息和知识，将非直观的、隐含的信息和知识以直观的形式描述，辅助领导层决策。使得物流企业对客户需求更快速反应，实现对商品进库量和出库量的动态管理，加快存货周转率，减少库存，提高财务效益。

(2) 智能运输系统。这是应用信息技术、通信技术、定位技术，来改善交通运输效率，增加安全，保证及时到货的一场物流技术革命。它依靠地理信息系统和无线射频技术，对运输整个过程跟踪管理，为管理中心采集车辆、货物在途基础数据，提供沿途交通、道路状况信息，提供最佳路线和实时导航信息，为供应商和收货方提供有关货物预计到达信息、货物状态信息。从而保证了货物全面、准确、及时运送到客户手中。

(3) 个性化分析。商业智能系统根据企业需要解决的问题，帮助企业建立相应的分析主题和分析指标，从业务系统的基础数据库中抽取需要的数据，按预先建立的业务模型进行分析决策，分析结果显示直观、形象。决策者只需要简单地点取操作，便可从商业智能强大的分析工具中获得所需的决策信息。物流企业中，可以通过商业智能对库存、采购、财务等进行个性化分析。

(资料来源：http://www.chinabi.net.)

2.3.3 企业知识管理

1986 年，卡尔·魏格(Karl Wiig)向国际劳工组织(International Labour Organization，ILO)提出"知识管理"(Knowledge Management，KM)这一新概念，随后知识管理的研究与应用成了学术和企业的热门话题。对于知识管理的理解可分广义和狭义两个方面，广义的知识管理是知识时代的管理，是知识经济环境下管理思想与管理方法的总称；而狭义的知识管理是对知识资产的管理，是对知识的管理。

目前，人们习惯于从目的和组织战略来看待知识管理。有人把知识管理看作是一个过程，通过这一过程学习新知识并获得新经验，然后将这些新知识和新经验反映出来，进行共享，以此促进个人的知识和组织机构价值的增长，也有人认为知识管理是组织有意识采取的一种战略，它保证能够在最需要的时间将最需要的知识传达给最需要的人，这样可以帮助人们共享知识，进而将其通过不同方式付诸实践，并达到提高组织业绩的目的。

1. 知识管理的内容

知识管理可以协助企业组织和个人，借助信息技术，实现知识的创造、存储、分享、应用、更新，并在企业个人、组织、战略及经济诸方面形成知识优势和产生价值。这种论述强调了 3 个方面：首先，知识管理的机制，它不仅是技术性问题，而是对"人、过程、技术"的有机集成；其次，强调知识管理的"管理"主要是对知识核心过程——"知识的创造、存储、分享、应用、更新"的管理；最后，说明知识管理需要实现特定价值，主要表现为它能够有利于提高个人和组织的智商、实现企业的整体战略，以及取得直接的经济绩效等方面。

从企业知识管理的实际情况来看，可以把知识管理的内容分为 4 种。

(1) 内部知识的交流和共享。这是知识管理最普遍的应用，包括建立内部信息网以便于员工进行知识交流；利用各种知识数据库、专利数据库存放和积累信息，在企业内部营造有利于员工生成、交流和验证知识的宽松环境；制定政策鼓励员工进行知识交流，通过放松对员工在知识应用方面的控制，鼓励员工在企业内部进行个人创业来促进知识的生成。

(2) 企业的外部知识管理。这主要包括供应商、用户和竞争对手等利益相关者的动向报告；专家、顾问意见的采集；员工情报报告系统；行业领先者的最佳实践调查等。衡量公司信息资产的价值不仅在于存储、提取信息的能力，更重要的在于将信息与特定过程、未知单元进行动态匹配。

(3) 个人与企业的知识生产。员工的创新能力是企业的一种特殊资源，企业应该针对其在知识开发中的独特性，实行有效的、有针对性的人力资源管理。克莱德·W.霍尔萨普尔(Clyde W. Holsapple)等还将从事知识工作的人的活动划分为获取、存储、组织、维持、创造、分析、表达、分配和应用知识，并将它们与3种知识工作者从逻辑上联系起来：知识的建筑者获取、分析和创造知识；知识的服务者存储、组织、维持、表达和分配知识；知识的应用者使用知识库来完成任务。

(4) 管理企业知识资产。这主要包括市场资产(来自客户关系的知识资产)、知识产权资产(纳入法律保护的知识资产)、人力资产(知识资产的主要载体)、基础结构资产(组织的潜在价值)4个方面。

2. SECI 模型

知识是信息构成的复杂有机体，是人类活动、决策和计划能力的体现。迈克尔·波兰尼(Michael Polanyi)在20世纪60年代初把知识分为可表达的知识(Articulated Knowledge)和隐性知识(Tacit Knowledge)，这种分类在后来的组织学习及知识管理中被广泛采用，但人们常常用显性知识(Explicit Knowledge)代替可表达的知识。显性知识经过人整理后，可以以文字、公式和计算机程序等形式表示出来，并可以通过正式的、系统化的方式加以传播，便于他人演习；隐性知识是与人结合在一起的经验性知识，很难将其文字化或公式化，也难于通过常规的信息工具进行传播。

日本学者野中郁次郎在其论文《知识创新型企业》中提出的 SECI 模型是被人们广泛认可的比较成熟的知识创新模型，随后他在《创造知识的公司》一书中将其进行了具体的定义。SECI 模型包含了4种转化模式，即潜移默化(Socialization)、外部明示(Externalization)、汇总组合(Combination)和内部升华(Internalization)。

(1) 潜移默化，指隐性知识向隐性知识的转化。潜移默化是个体之间分享经验的过程，它主要是通过观察、模仿和实践，而不是正规化的语言。个体之间若不共享经验，隐性知识就无法传播。获取隐性知识的关键是经历，特别是那些共享经历。学徒和师傅一起工作，并从中学习手工技艺，基本上应用的就是这种原理。

(2) 外部明示，指隐性知识向显性知识的转化，它是一个将隐性知识用显性化的概念和语言清晰的过程，该种模式对整个知识创造过程来讲是至关重要的。在这个过程中，隐性知识常常通过隐喻、类比、假设和模型等方式转化为显性知识。

(3) 汇总组合，是知识系统化的过程，它通过各种手段，将外部明示的各种显性概念分类、重组并重新提炼成新的知识。

(4) 内部升华，指显性知识到隐性知识的转化，这是一个学习和吸收的过程，它与常说的"干中学"的学习模式密切相关。通过前一阶段的汇总组合所产生的新显性知识，在这一阶段被组织内部员工吸收、消化以后，升华为他们自己的隐性知识。

SECI 模型描述了为促进知识创造而发生在组织内部自我超越的各个过程，如图2.16所示。通过潜移默化，组织内部的个体能超越他自身的知识体系，而外部明示

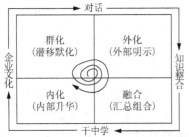

图 2.16　SECI 模型

能帮助组织内部的各个团队超越他们现有的知识，汇总组合则进一步使这些团队的知识成为组织的知识，最后的内部升华意味着通过超越知识原先的高度个人化，组织内部又产生了新的个人化的隐性知识。这4种转化是不断进行的，它们构成了知识转化模式的有机体。

知识管理既包括将组织中现有的显性知识编码化，也包括发掘员工头脑中的隐性知识，使其转化为可编码化的显性知识，或者实现隐性知识的共享。由于显性知识容易沟通和共享，因此也极易被竞争对象学到。对于组织来说，显性知识显然不可能形成持续的竞争优势，构成组织核心竞争力的知识是建立在隐性知识基础上的，所以知识管理的核心是发掘员工头脑中的隐性知识。哈佛大学莫腾·T.汉森(Morten T. Hansen)、尼丁·罗利亚(Nitin Nohria)和贝恩(Bain)咨询公司对美国、日本、欧洲企业的知识管理实践研究后，发现了两种行之有效、运作良好的策略，即编码化(Codification)和人格化(Personalization)策略，分别对应着显性知识的管理和隐性知识的管理。

 案例2-8

宝贵的隐性知识

> A公司是一家专业从事水下或海下工程作业的企业，20世纪80年代末从北方某海港城市迁到深圳蛇口。当年来到深圳的主要人员是那些年龄在40岁以上的专家和师傅，都有相当的经验，做了不少的工程。现在，那些专家和师傅都老了，不能也不愿意再下到水下作业，有的甚至已经退休了。
>
> 但是，比起刚来深圳，现在工程项目有增无减，可是没有几个人敢下海，因为没有新人补上来。招来的年轻人大都呆不了几个月，因为他们感到水下作业要有很长的经验知识积累，要下海作业，如果没经验，生命都会有危险。公司几十年的水下工作经验主要积累在老专家或老师傅的头脑中，如果老专家们去世，这些宝贵的财富就会被"带"走、被"遗忘"了。
>
> 可见，积累在人头脑中的隐性知识是知识管理的重要内容。事实上，根据专家的估计，人类全部知识的90%是这种隐性知识，而表现为文本、报告等外显形式的显性知识只占不到10%，只是知识宝藏的冰山一角。
>
> (资料来源：秦铁辉.企业信息资源管理[M].北京：北京大学出版社，2006.)

2.4 信息安全管理

正如我们所知，信息资源的三要素是人、信息和信息技术。以前，人们之间的交往方式是很重要的，但在当今的信息数字时代，我们可以通过操纵巨大的计算机力量从更多方面影响更多的人。我们的伦理道德观念决定了如何对待和影响别人，也决定了如何看待和使用信息。

信息技术在商业中的应用对社会产生了重大影响，也引发了犯罪、隐私、个性、雇佣、健康、工作环境等方面的道德问题。作为企业管理者或从业人员，应该通过管理自己和他人的工作，使信息技术应用的不利影响最小化、有利影响最大化。这就要求我们遵守道德，负责任地应用信息技术。

2.4.1 信息社会的道德

道德是关于正确和错误行为的传统信仰。信息系统和信息技术在为社会的快速发展创造了机会的同时给现有的权力、利益和义务的分配带来了威胁,引起了新的个人和社会道德问题,像蒸汽机、电话、半导体等技术一样,它既可以成为许多利益的源泉,可用来促进社会进步,同时信息技术强大的通信和信息处理能力也为违法或从别人处谋取利益提供了机会,给社会价值带来了很大的威胁。

安然公司:丧失商业道德导致失败

关于安然公司,大多数的说法是,人们对该组织顶礼膜拜使得它成为"世界领先企业"。事实上,由于安然公司滥用互联网技术,它所做的许多事情都并非偶然。例如,经常以股票期权的形式疯狂地向行政部门派发红利(这种做法不仅隐藏了真实的薪酬,而且会鼓动管理者肆意抬高股票价格);年复一年地承诺不寻常的业绩增长,对它所进入的每个市场作出可笑的、自负的预言,而这些市场通常都是未经检验的;从不对外承认自己的弱点;当其业务和财务实践遭到同行的质疑,被认为不道德甚至违法时,它对此不屑一顾。

然而商业信用来之不易,只有通过多年的诚信口碑,或者在特殊的情况下(如2001年的"9·11事件")表现出非凡的领导才能,才能得到获得这种信用;而失去信用却很容易,不是谎言被戳穿,就是说得多做得少。至少,这两点是 Clack, Martire & Bartolomeo, Inc. 为 Business 2.0 杂志所做的针对管理层的专门调查得出的结论。

(资料来源:[美]奥布赖恩. 管理信息系统[M]. 15版. 叶强,等译. 北京:中国人民大学出版社,2012.)

1. 伦理与信息服务

伦理一词来源于希腊文 etho,它是个人或组织的指导性的信仰、标准或者理想。所有个人负有向他们的组织解释行为的责任。伦理因社会团体的不同而不同,例如在计算机领域中的软件盗版的调查中,1994年在美国约35%的在用软件是盗版的,然而令人惊愕的是在日本达到92%,在泰国达到99%。

商业上的计算机使用受管理者、信息专家和用户的道德和伦理价值观的影响,同时使用者也要遵守适当的法律。法律是最容易解释的,因为它们以书面形式存在;伦理则很难定义而且成员的观点也不一致。

美国达特茅斯学院的詹姆斯·H.摩尔(James H. Moor)把计算机伦理定义为对计算机技术应用的自然和社会影响分析,以及涉及计算机技术伦理化使用的政策的完善和合理化表达。人们关注计算机伦理的因素主要来自3个因素,即逻辑柔性、转变因素和不可见因素。

(1) 逻辑柔性。指利用计算机编程做任何想做的事务的能力。在程序员的操作下,计算机能够正确地执行它的任务。

(2) 转变因素。计算机能够彻底地改变人的做事方式,如电子邮件不仅提供了另一种打电话的方式,还提供了一种全新的交流方式。

(3) 不可见因素。所有计算机内部操作都是不可见的,这种内部操作的不可见表现为:①不可见的程序设计价值,是指由程序员编写的程序代码可能会,也可能不会产生用户期望的执行结果;②不可见的复杂计算,程序如此复杂以至于用户根本不能理解它们,使用这种程序的管理者根本无法知道它是如何进行计算的;③不可见的滥用,是超出法律和伦理边界的有意行为。

案例 2-10

> 考虑以下两种情形。
>
> 情形 A：假设你正准备买一套房子，并知道至少有一家买主正在与你竞价。当你正在痛苦地抉择时，你来到当地的一家咖啡厅。当你喝咖啡的时候，无意中听到旁边有人大声谈论，你立即意识到他们是房地产代理商以及与你竞价的那对夫妻。你应该听下去吗？如果你听到了，你会利用你听到的信息从而在竞价时获得竞争优势吗？
>
> 情形 B：从不同的角度考虑同样的情形。假设你并非偶然听到别人谈话，而是通过 E-mail 接收到同样的信息。假设房地产代理办公室的一个行政助理将你和其他客户搞混了，而错误地将其他客户的出价信息发送给你，你读那封邮件吗？如果你读了，你会利用你读的信息从而在竞价时获得竞争优势吗？
>
> 两种情况的答案会有所不同吗？信息获取的媒介有什么不同吗？避免听到别人谈话比避免读一封邮件更容易吗？

2. 信息的权利

计算机是一个功能强大的工具，对于社会而言它是不可或缺的。一般认为社会拥有计算机访问、计算机技能、计算机专家、计算机决策的权利。目前公认的计算机领域人权分类是由美国南正理公会大学的理查德·O.梅森(Richard O. Mason)提出的 PAPA，即隐私权(Privacy)、精确性权(Accuracy)、所有权(Property)、信息访问权(Accessibility)。

(1) 隐私权。隐私权正受到来自两个方面的威胁：一是逐渐增多的计算机监督；二是信息在决策方面日益增加的价值。市场研究者可以从垃圾中了解人们喜欢购买什么，政府官员可以通过休息室中的监视器了解交通方面的统计数据，获得设施扩充的证据。公众已经认识到计算机可以用于这些目的，但是可能还没有认识到利用计算机可以很轻易地获取个人数据。如果了解搜索流程，便可以得到有关私人的任何个人和财务信息。

(2) 精确性权。相对于非计算机系统来说，计算机被确信能够达到一种可能的精确性程度。计算机有这种潜力，但并不是总能做到。一些计算机系统会比手工系统含有更多的错误，多数情况下这仅限于令人有点恼火，如必须打电话告诉相关人员自己已经付过账单了；但在其他一些情况下，代价可能是巨大的。

(3) 所有权。软件供应商可以通过版权、专利权及使用许可证来保护知识产权。1980年以前，版权和专利权还没有涉及软件方面，现在这两种法案都能提供一定程度的保护，专利权往往可以比版权提供更有力的保护。

(4) 信息访问权。在数据库普遍使用前，大多数信息都以打印文档、缩微图片的形式保存在图书馆中，供公众使用。今天，大多数信息都被转换成商业数据库，为了获取信息，人们还必须拥有所需的硬件、软件，还要支付访问费用。

信息服务机构必须信守约定，以确保计算机为社会谋福利。信息服务机构与使用信息或受信息影响的个人及组织达成的约定包括计算机不能被用于不正当地侵犯个人隐私；必须采取所有措施确保计算机数据处理的精确性；知识产权神圣不可侵犯；为了避免社会成员缺乏信息文化和被剥夺权利，计算机必须能够被访问。

知识拓展

信息时代的 5 个道德维度

道德、社会和政治问题紧密相连。想象社会是夏日一个平静的池塘，是一个个人、社会和政治机构局部平衡的、微妙的生态系统。个人知道如何在此池塘中行动，因为社会群体(家庭、教育、组织)已经开发了饱经磨炼的行为规则，这些规则得到政治机构制定的法律的支持，这些法律规定了合法的行为和对违法行为的惩罚。由信息系统产生的道德、社会、政治问题包括以下 5 个维度。

(1) 信息权利和义务。个人和组织拥有哪些信息权利和义务？他们能保护什么？个人和组织有哪些信息义务？

(2) 产权和义务。如何保护传统的知识产权？在数字化社会跟踪和追究权利所有人是很难的，而忽略这些产权却很容易。

(3) 问责与控制。对个人、收集的信息和产权造成伤害，谁应对此负有责任和义务？

(4) 系统质量。为保护个人的权利和社会的安全，我们需要什么样的数据标准和系统质量？

(5) 生活质量。在以信息和知识为基础的社会中，应该维护什么价值？我们应当保护哪个机构免受伤害？新的信息技术支持什么文化价值和实践？

2.4.2 信息安全概述

在实现计算机化之前，个人或组织的数据都以书面记录的形式散布在各处保存。信息系统把各种数据集中到计算机文件中，使多个用户可以方便地访问。然而，当数据以电子化的形式存储时，就比书面记录的数据更容易受到破坏、伪造或滥用。物流信息系统提高了物流活动的生产效率，但是其作用是建立在系统持续稳定地提供有效数据和操作的前提条件下的。物流信息系统受到的主要威胁包括对信息的威胁和对设备的威胁，威胁可能来自技术、组织和环境因素及不良的管理决策。图 2.17 显示了系统受到的最常见的威胁。

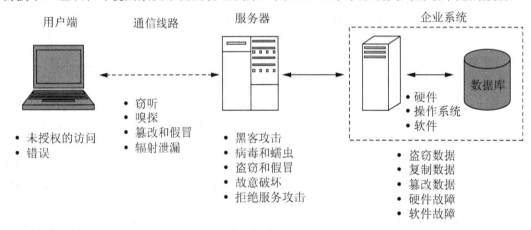

图 2.17 系统面对的安全挑战

1. 信息的安全性

信息安全问题所受到的关心，是信息技术发展到一定水平、信息化深入到一定程度后的一种必然趋势和结果。信息对于业务的重要性，或者业务对于信息的依赖性，使得信息安全问题尤为突出。此外，信息媒介的多样性、信息传播的广泛性等因素造就了保护信息安全的复杂度。关于信息安全的理解可以从以下各个不同侧面来看。

(1) 信息安全的发展历史角度。20世纪40年代，人们认为信息安全就是通信保密，采用的保障措施就是加密和基于计算机规则的访问控制，该段时期被称为"通信保密"时代，其时代标志是1949年香农的《保密通信的信息理论》发表。20世纪70年代，人们关心的是计算机系统不被他人非授权使用，该段时期学术界称之为"计算机安全"时代，其时代特色是美国20世纪80年代初发布的橘皮书——可信计算机评估标准。20世纪90年代，人们关心的是如何防止通过网络对联网计算机进行攻击，该段时期称为"网络安全"时代，其时代特征是1988年出现的"莫里斯"蠕虫事件。进入21世纪，人们关心的是信息及信息系统的保障、如何建立完善的保障体系以便保障信息及信息系统的正常运行，该段时期称为"信息保障"时代。

第一个 bug

20世纪40年代，数学家使用被称作Harvard Mark Ⅱ的计算机为美国海军编制弹道发射的计算表格。在1945年一个炎热的夏天，计算机因故障而被迫关闭。数学家和程序员的先驱格蕾斯·M.赫柏(Grace M. Hopper)记录这次故障的原因。原来，在Mark Ⅱ的一个电子机械继电器中的一条蛀虫造成了这起故障。这样，就产生了"bug"这个术语，它用来表示引起计算机程序故障的原因。

(2) 信息安全的作用层面。人们首先关心的是计算机与网络硬件设备的安全，即信息系统硬件的稳定性运行状态，这就是"物理安全"。其次，人们关心的是计算机与网络设备运行过程中的系统安全，即信息系统软件的稳定性运行状态，可称为"运行安全"。当讨论信息自身的安全问题时，涉及的就是狭义的信息安全，包括对信息系统中所加工存储、网络中所传递数据的泄漏、仿冒、篡改，以及抵赖过程所涉及的安全问题，称为"数据安全"。

(3) 信息安全的基本属性。对信息安全构成威胁的因素：①保密性(Confidentiality)，确保信息在存储、使用、传输过程中不会被泄漏给非授权用户或实体；②完整性(Integrity)，防止数据被修改、破坏和丢失；③可用性(Availability)，能否及时存取用户所需的信息。另外，有些组织在CIA基础上增加了可追溯性(Accountability)、不可抵赖性(Non-repudiation)、真实性(Authenticity)等作为信息安全特性的补充或细化。

2. 信息安全保护

保障信息安全有3个支柱，即技术、管理和法律法规。人们在提及信息安全时，多是指在技术相关的领域，如入侵检测、防火墙、数据加密、防病毒、CA认证技术等。这是因为信息安全技术和产品的采纳能够快速见到直接效益，同时技术和产品的发展水平也相对较高，以及技术厂商对市场的培育不断提升了人们对信息安全技术和产品的认知度。虽然大家在面对信息安全事件时总是在叹息"道高一尺，魔高一丈"，在反思自身技术的不足，实质上此时却往往忽视了另外两个层面的保障作用。

信息安全的保护机制包括电磁辐射、环境保护、计算机技术等因素，也包括系统安全管理、安全服务管理和安全机制管理及其法律和心理因素等。按照国际信息系统安全认证联盟(International Information System Security Certification)的划分，信息安全由层层相叠的 5 层屏障组成。每层都有不同的保护手段和所针对的对象，完成不同的防卫任务。

(1) 物理屏障层。主要是保证场地、设备、线路的物理实体安全，建立系统容灾和恢复技术。包括自然灾害防范、设施灾害防范、设备灾害防范、人员灾害防范。

(2) 技术屏障层。主要研究网络系统、系统与内容等方面的安全技术。网络安全研究加密与认证、防火墙、入侵检测与预防、虚拟专用网(VPN)、系统隔离等技术，系统与内容安全则研究访问控制、审计、计算机病毒防范及其他基于内容的安全防护技术。

(3) 管理屏障层。主要涉及操作安全和安全管理实践两大领域，包括安全政策、法规、大纲、步骤；人事管理，如人员聘用、分权控制、轮岗及其监察、监督、审计管理等；安全教育、训练、安全演练等。

(4) 法律屏障层。主要从法律、取证和道德领域，讨论计算机犯罪和适用法律、条例以及计算机犯罪的调查、取证、证据保管等。

(5) 心理屏障层。研究如何培养心理上是否重视安全保护，是否具备安全保护意识等。

在各层的保护机制中，政策法规及安全心理屏障层的建立不能单靠一个企业的努力，应该是整个社会共同努力的结果。

密码与加密：一部数据与信息安全的奋斗史

信息时代，注重信息安全的人都会从各个方面去了解如何保护自己的数据和信息安全。而在信息安全技术的发展过程中，要说什么与信息和数据安全关系最密切，最能反映这部安全史的全部，那当然要属密码与加密了。了解密码与加密的发展史或许能让我们找到更本源、更纯粹的数据安全防护之法。

美国国家安全局科学家罗伯特·L.莫里斯(Robert L. Morris)开发出了一种单项加密函数的 UNIX 操作系统，被命名为"Hashing"。他的儿子(著名的黑客)罗伯特·T.莫里斯(Robert T. Morris)，发明了第一个能通过网络传播臭名昭著的蠕虫病毒。而老莫里斯编写的"Hashing"系统并不会将实际密码储存在计算机系统中，这样信息就不容易被黑客攻击，其加密策略似乎已经实现了剑桥大学在 20 世纪 60 年代提出的发展构想。

仅仅在十年前，包括 Hotmail 账户和 AIM 证券账户在内，用户的密码安全都没有受到很好的保护。即使是现在，仍然并不是所有网站都对密码数据进行加密，一些程序仍然用"明文标示"的方式储存秘密，这就意味着他们现在的系统与几十年前相比并没有任何进步。如果一旦被某个黑客入侵了网站的服务器，那么成千上万的密码和所有需要保护的个人数据，都在瞬间就会暴露在黑客面前。

黑客通常根据人类的通性和习惯去猜测密码。根据针对 2013 年几次大规模的密码泄露事件的调查报告显示，有 76%的网络入侵是通过用户账户的途径。大多数的网站都要求用户使用更复杂的组合，并且在密码之后还要求身份验证，然而许多互联网用户平均每天要访问多个涉及密码登录的网站，分别记住这些不同密码对于普通用户来说是一个巨大的脑力负担。最近，谷歌员工都开始启用了双重认证机制，增加了额外的一层密码安全，并且要求验证两个独立的方式。理论上来说，一次普通的登录需要尝试的内容越多，黑客获取所有登录成功所需要的信息的可能性就越小。

密码的安全如果是数据安全的门把手，那加密技术就是这包客门把手和守卫门后本源数据的基础。多模加密技术采用对称算法和非对称算法相结合的技术，在确保了数据本源得到高质量加密防护的同时，其多模的特性能让用户自主地选择加密模式，从而能更灵活地应对更多安全威胁。

2.4.3 安全管理机制

尽管信息系统的安全威胁是大量存在的，但物流信息化已是现在及未来企业发展的必然趋势，是企业实现第三利润源泉功能的必要条件。事实上，任何安全措施都是相对的，只要保证管理信息系统在现有技术条件下是相对安全的，在管理信息系统的风险与所带来的竞争优势之间做一个权衡就可以。而目前的信息安全技术、管理能力是可以保证信息的相对安全性的。因此，在物流信息系统的开发与运行过程中，一定要加强技术控制和管理控制。技术控制是通过与系统直接相关的技术手段防止安全事故的发生；管理控制主要是从企业组织管理上采取措施，它不受系统本身的控制，是施加于信息管理系统之上的。一般来讲，在信息系统的保护措施中，技术性措施所占比例较小，而管理控制、法律控制等非技术控制会起到很大作用。

1. 技术控制

为了达到系统安全的防护目标，应在管理信息系统的各个环节设计必要的安全机制，构成一个完整的安全体系，以实现系统的安全运行。

1) 实体安全技术

实体安全也称物流安全，是管理信息系统安全的基础，主要目的是保证计算机及网络信息系统的安全可靠运行，确保其在对信息进行采集、存储、处理、传输和使用过程中，不致受到人为和自然因素的危害，或者是信息丢失、泄漏和破坏。

实体安全可采用的措施包括：①环境安全措施，即从机房的选址、通信线路的建设、建筑的抗御自然灾害能力等来考虑；②设备安全措施，包括设备保护、静电保护、防电磁技术等；③介质安全措施，包括介质类型、介质结构、介质保护等。

2) 运行安全技术

运行安全指为保障计算机网络信息系统安全运行而采取的各种检测、监控、分析、审计、备份、容错等方法和措施，以及采取的软件和硬件机制、装置或设备的形式，确保管理信息系统不因人为的或偶然的攻击或破坏而无法正常运行。

常用的运行安全技术包括：①风险分析技术；②系统的检测、监控与审计跟踪；③容错和网络冗余；④应急措施、备份与故障恢复等。

3) 信息安全保护

信息的形式不同，采取的保护技术和机制也不同。其中，存储和处理的信息由安全操作系统和安全数据库系统加以保护；传输中的信息由加密和安全传输协议加以保护，此外还要防止入侵等。

常用的信息保护技术包括：①身份认证技术；②访问控制技术；③数据加密技术，可分为对称加密和非对称加密；④防火墙技术等。

案例 2-11

2003 年 10 月，一家小型系统安全公司 eEye Digital Security 发现了 Windows 操作系统有一个缺陷，并通知了微软公司。微软公司要求 eEye 公司在微软充分评估风险和发布补丁程序之前，不对外公布此事。在等待了 6 个月之后，微软公司才发布了针对性的补丁程序，而在这 6 个月中，eEye 公司只能冒着被攻击的风险却无计可施。

微软公司在 2004 年 4 月发布了补丁程序后的几个小时内，在有些论坛上就出现了一些"可用代码"片断。蠕虫 Sasser 的设计者迅速开始行动，仅仅 17 天后，Sasser 蠕虫病毒就开始传播。

2. 管理控制

在信息系统的安全和控制方面，技术并不是最为关键的问题。技术只是提供了安全和控制的基础，而如果缺乏好的管理政策，即便是最好的技术，也无法带来可靠的安全性。安全管理指的是确保计算机安全工作的非技术因素，是通过组织、有关的规章制度、规则或流程的贯彻落实来到保证信息安全的目的的。据悉，70%的安全事件是由安全的漏洞引起的，因此做好安全管理工作对组织信息系统的安全非常重要。

信息安全工作只有得到管理层的重视，控制活动才能得以顺利开展。信息安全三分靠技术，七分靠管理，建立有效的信息安全管理组织机构是信息安全管理的基础。安全组织管理涉及人员包括领导、专业技术人员、安全管理员、审计员、系统管理员和其他保安人员等。一般安全组织管理形式有建立信息安全管理的决策机构；建立组织内部协调的控制实施的机构；明确保护信息资产和安全过程的职责；建立信息处理设施授权程序；建立渠道，获取信息安全的建议；加强与其他组织间的协作；对组织安全进行独立评审等。

安全管理是一个动态的、持续性的控制活动，须遵循管理的一般循环模式，即计划(Plan)、实施(Do)、检查(Check)、改进(Action)。计划指根据法律、法规的要求和组织内部的安全需要，制定数据安全方针、策略，进行风险评估，确定风险控制目标和控制方式；实施是指按照既定方案实施组织所选择的风险控制手段；检查是指在实践中检查制定的上述安全目标是否合适、控制手段是否能够保证安全目标的实现，以及系统是否还有漏洞；改进是指采取相应的措施对系统进行改进，进入下一循环。通过这样的过程周期(PDCA)，组织就能将确切的信息安全需求和期望转换为可管理的信息安全体系(Information Security Management System，ISMS)，如图 2.18 所示。

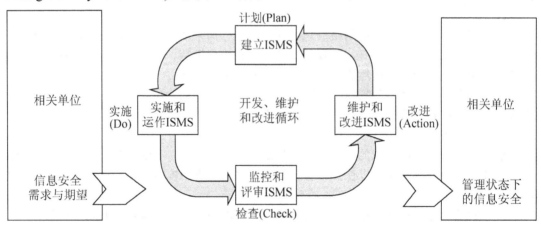

图 2.18 基于 PDCA 模型的过程管理方法

PDCA 是英国标准协会(British Standards Institute，BSI)制定的信息安全管理体系标准，后被 ISO 采纳成为国际通用的信息安全管理体系标准(ISO 17799)。该标准由两部分组成，第一部分是信息安全管理实施细则，它综合了信息安全管理方面优秀的控制措施，为组织在信息安全方面提供建议性指南；第二部分是建立信息安全管理体系的一套规范，其中详细说明了建立、实施和维护信息安全管理系统的要求，指出实施机构应该遵循的风险评估标准。

风险评估也称风险分析，是确认安全风险及其大小的过程，即利用适当的风险评估工具(定性和定量的方法)，确定资产风险等级和优先控制顺序。风险管理则是一个识别、控制、降低或消除安全风险的活动，通过风险评估来识别风险大小，通过制定信息安全方针，采取适当的控制目标与控制方式对风险进行控制，使风险被避免、转移或降至一个可以接受的水平。

ISMS 是对一个组织进行全面信息安全评估的基本，可以作为组织实施信息安全管理的一项体制。它规定了建立、实施信息安全管理体系的文档，以及如何根据组织的需求进行安全控制，可以作为一个非正式认证方案的基础。但是，如何将这些原则性的建议与各个组织自身的实际情况相结合，构架起符合组织自身状况的 ISMS，这才是真正具有挑战性的工作。

知识拓展

建立安全和控制的管理框架

ISO 17799 是一套系统安全与控制的国际标准，它提供了信息系统安全与控制的最佳实践，包括安全政策、企业连续计划、物理安全、访问控制、合规性(Compliance)、建立安全职能部门等。

1. 信息系统的控制类型

有效保护信息资源需要一套严密规划的控制措施。可以通过通用控制和应用控制对系统进行控制。

(1) 通用控制是针对系统的设计、安全、使用程序，以及整个公司数据安全的控制。一般而言通用控制可应用于所有的计算机应用程序，由硬件、软件和手工程序组成，创造一个整体的控制环境。通用控制包括软件控制、硬件控制、计算机操作控制、数据安全控制、系统应用过程控制和管理控制等。

软件控制监控系统软件用于防止对系统程序、系统软件和应用程序的未经授权的访问；硬件控制用来确保计算机硬件安全及检查设备是否有故障；计算机操作控制规范部门的工作，确保对数据存储和处理的一致性与正确性；数据安全控制保证所存储的重要商业数据文件不会被未经授权存取、破坏和改变；系统应用过程控制是指针对系统开发过程的不同阶段进行审计，确保开发过程得到适当的控制和管理系统管理控制是指用来确保组织的通用控制和应用控制，可以正确执行的一些正式标准、规则、程序和控制原则。

(2) 应用控制则针对特定的计算机程序，如工资程序、订单处理程序等，进行特别的控制。应用控制包括自动程序和手工程序，确保只有经过授权的数据才能被应用程序完整和正确处理。应用控制分为输入控制、处理控制和输出控制。

输入控制检查数据输入系统时的正确性和完整性，可以分为数据输入的授权、数据转换、数据编辑和错误控制；处理控制用以确保数据在更新过程中的完整性和正确性；输出控制用以确保计算机处理的正确性和完整性，并恰当地传输处理结果。

2. 风险评估

企业在投入资源进行实施控制之前，应该了解哪些资产需要保护，需要什么程度的保护。风险评估可以帮助回答这些问题，协助企业找到安全控制的最具有成本效益、最合算的方法。

管理者和信息系统专家一起确定信息资产的价值、易受攻击点、可能出现故障的频率及潜在的损失。风险评估遇到的一个问题是，系统发生故障或威胁的概率很难准确确定，而有些影响很难量化。但是，对于直接安全成本和间接安全成本的预估、拨款和控制还是应该要做的。风险评估的最终成果是一份使成本最小化和保护最大化的安全控制计划。

3. 安全政策

企业必须制定一个一致的安全政策，在政策中考虑风险的性质、需要保护的信息资产、解决风险所需的程序与技术、应用和审核机制。越来越多的企业设立一个正式的安全职能部门，负责对员工进行安全培训，让管理层了解风险安全威胁，并维护所选择的安全工具。

安全政策由信息风险排序表、可接受的安全目标和实现安全目标的机制组成。企业最重要的信息资产是什么？企业中由谁生成和控制这些信息？对信息资产要采取什么风险管理水平？发生安全故障的频率如何？需要花巨资对偶发安全故障采取非常严格的安全控制措施吗？企业必须评估达到可

物流信息管理（第2版）

接受的风险水平所需的成本。

一个安全的组织通常有可接受使用政策和授权政策。可接受使用政策确定了对企业信息资源和计算设备(包括计算机、无线设备、电话和互联网等)的可接受的使用方法。可接受使用政策需要明确企业在隐私保护、用户责任、个人对计算机和网络使用等方面的政策。一个好的可接受使用政策明确规定了每个用户的可接受和不可接受的使用行为，并明确了一旦违反规定的后果。授权政策规定了不同层次用户对信息资产的不同应用水平。授权管理系统规定，用户在何时何地访问网站或企业数据库的某个部分。根据事先设定的访问规则，用户只能访问得到授权进入的系统部分。

4. 确保企业的连续性

既然企业运作越来越依赖于信息系统，就需要采取措施保证系统的连续可靠运行。容错计算机系统包括了冗余的软、硬件设备和电源系统，可以提供连续不间断的服务。容错计算机包含了额外的内存、处理器和存储空间，对系统进行备份，防止出现系统故障。容错系统通过专用软件程序或集成在电路中的自检逻辑，侦测硬件故障。一旦发生故障，将自动切换到备份设备上。

容错系统与高可用性计算机不同。它们虽然都是用来提高系统的可用性和可靠性的，都需要备份硬件资源，但是高可用性计算机是帮助企业迅速从系统崩溃中恢复，而容错系统则是保证系统的不间断运行(不需要系统恢复时间)的。高可用性计算环境是高度依赖网络和信息系统的企业最低要求。

高可用性计算环境需要冗余服务器、镜像、负载均衡、集群、大容量存储、灾难恢复和企业连续计划等工具与技术。企业的计算平台要十分强健，处理能力、存储容量和带宽具有很好的可扩展性。

5. 审核在安全控制中的角色

企业管理者怎样才能知道信息系统的安全控制是有效的？回答这个问题，企业需要进行全面和系统的安全审核。管理信息系统审核评估管制信息系统的所有控制措施和它们的有效性。审核人员通常与信息系统的关键用户进行访谈，了解他们的活动和工作程序，检查安全性、应用控制、整体性控制和控制原则。必要时，审核人员可以跟踪某项任务在系统中的操作流程，还可以使用自动审核软件进行测试。安全审核还应该考察技术、程序、文件、员工培训和人员配置，最终出具审核报告，列出安全控制的缺陷和可能带来的后果。

本 章 小 结

信息从产生、传播到收集、加工，再到吸收、利用的过程，就是一个完整的"信息生命周期"。信息管理的目标就是信息的增值、服务及增效，这也是信息管理的3个基本原理。信息管理活动包括信息获取、信息交流、信息组织和信息检索。信息获取过程一般分为4个步骤，即确定信息需求、选择信息来源、采集信息和保存信息。信息交流是人与人之间信息传递的复向过程，信息交流的基本要求是信息在交流过程中不失真实性，信息组织则主要包括信息描述、信息揭示和信息分析。信息的检索，即信息用户的查找过程，检索过程通常分为分析研究课题、选择检索工具、制定策略方法和获取原始文献等步骤。

信息资源管理是企业所有层次的管理者从事的活动，目的在于确认、获取和管理满足企业信息需求的信息资源。随着网络信息资源越来越丰富，应合理选择合适的检索方法和检索工具。知识分为显性知识与隐性知识，企业知识的创新一般遵循 SECI 模式。信息增加了用户方便快速性的同时，也加大了来自各个方面的威胁。系统安全防范既有技术方面的措施、方法，更应涵盖管理策略。另外，还应注意到伦理、道德和法律的约束与控制。

 关键术语

企业信息管理 Enterprise Information Management
信源 Information Source
信宿 Information Destination
信息交流 Information Communication
信息检索 Information Retrieval
企业应用集成 Enterprise Application Integration
大数据 Big Data
信息安全管理体系 Information Security Management System
伦理道德 Ethics

信息资源管理 Information Resource Management
超文本置标语言 Hypertext Markup Language
可扩展置标语言 Extensible Markup Language
网络信息资源 Network Information Resource
知识管理 Knowledge Management
信息获取 Information
信息组织 Information
商业智能 Business Intelligence
首席安全官 Chief Security Officer
访问控制 Access Control

习 题

一、判断题

1. 企业外部信息指企业以外产生的与本企业相关的各种环境信息。　　　　（　　）
2. 企业信息管理就是管好企业内的信息部门。　　　　（　　）
3. 信息增值就是将信息序化增值。　　　　（　　）
4. 信息源可看作产生、持有和传递信息的一切物体、人员和机构。　　　　（　　）
5. 信息交流的过程，就是信源通过一定介质与信宿进行传递信息的过程。　　　　（　　）
6. 使用香农-韦弗模式进行交流的最大缺点是无法得到反馈信息。　　　　（　　）
7. 信息组织实质上就是信息的整序。　　　　（　　）
8. 信息查询行为就是用户查找、采集、寻求所需信息的活动。　　　　（　　）
9. 保障信息安全的3个支柱中，技术是第一位的，管理和法规是保障技术实施的条件和基础。　　　　（　　）
10. 隐私权正受到来自两个方面的威胁：一是逐渐增多的计算机监督；二是信息在决策方面日益增加的价值。　　　　（　　）

二、选择题

1. 保密信息是按(　　)来划分的企业信息种类的一种。
   A．内容　　　　B．来源　　　　C．传递范围　　　　D．加工程度
2. 把分散的个别信息收集起来形成信息的集合是为了(　　)。
   A．信息增值　　　　B．信息增效　　　　C．信息服务　　　　D．信息利用
3. (　　)是信息获取过程所必需的。
   A．选择信息　　　　B．采集信息　　　　C．传递信息　　　　D．保存信息

4. 观察咨询法是信息收集的最基本的方法，一般观察咨询可采用(　　)等方式。
   A．面谈　　　　B．书面调查　　　C．电话咨询　　　D．隐蔽监视
5. 信息标识的一个内容就是编码化，它是信息活动中(　　)的内容。
   A．信息交流　　B．信息获取　　　C．信息组织　　　D．信息检索
6. 用户查询信息的路线是多种多样的，一般遵循的规律有(　　)。
   A．可近性　　　B．易用性　　　　C．经济性　　　　D．经验性
7. 知识创新模型中的"E"代表(　　)。
   A．显性知识　　B．外部明示　　　C．企业知识　　　D．企业资源
8. (　　)属于信息安全的基本属性。
   A．保密性　　　B．完整性　　　　C．可用性　　　　D．真实性

三、思考题

1. 通过观察一个企业，说明与其相关的信息。
2. 什么是信息增值原理？举例说明。
3. 根据马斯洛的人类需求理论，阐述人对信息的需要。
4. 简述人信息处理的特点。
5. 结合实际谈谈企业信息采集的途径和方法。
6. 信息获取有哪几种方法？各有什么特点？
7. 为什么要对所获取信息的信源进行鉴别？
8. 选择一个主题，查找不同类型的信息资源，并给出结果。
9. 用现实生活中的实例，说明信息传递的规律。
10. 信息交流的模式有哪几种？说明每种模式的特点。
11. 简要说明信息编码的原则。
12. 举例说明图书检索的方式，并比较其各自的优劣势。
13. 试述网络资源的选择与鉴别。
14. 试述信息交流的一般过程。
15. 指出狭义和广义信息资源的区别和联系。
16. 利用校园网的优势，在CNKI中查找关于"仓储管理"的几篇典型论文。
17. 以Google搜索引擎为例，阐述检索策略的优化方法。
18. 什么是信息分析？举例说明信息分析中内容分析法的步骤。
19. 什么是伦理道德？伦理道德如何应用于企业？
20. 为什么说企业应该树立"三分技术，七分管理"的观念来确保系统的安全性？

四、讨论题

1. 详细说明在图书馆中借阅一本书的过程，并分析可能的最快方式。
2. 你自己或者他人是否经历过计算机病毒造成的问题？该病毒造成了什么后果？你是从什么地方感染的？你如何解决这个问题？这浪费了你多长时间，给你制造了多少麻烦？带来了多大的压力？
3. 假如手头上有一批图书或文章，如何对它们进行组织，才能使他人能够查询到它们。试列出组织的过程和所使用的方法。

4. 试对下面所获信息的价值进行鉴别和评价。

李明平时喜欢上网。一天他无意进入一个国外网站，该网站介绍说，如果接收它发过程的带有广告内容的电子邮件，上网就可以免费。

李明在网站登记时留下了自己的姓名、地址、电子邮箱等个人资料。没过几天，他收到一封来自国外的航空信件，说他中了23万元现金大奖，只要他立即电汇150元的手续费，两天内就可将现金送到他手上。

5. 以一个具体实例(如我国运输空载现象)为题，利用信息分析步骤，说明每一步骤的主要内容，以及应采取的方式。

五、作业训练

1. 试分析下面交流过程变化的原因。

有一次，你与同学讨论A问题，讨论讨论发生了争吵。你可能非常气愤，想搜索最"恶毒"的词语反击他，并且理直气壮。吵着吵着，你突然发现，本来你为了A问题与他发生争吵，最终却变成了"输赢"概念，为了维护面子了。你更进一步发现，越是维护面子，双方争吵越激烈，谁都不肯服输。最初导致争吵的原始问题A，根本没有得到解决。

你突然灵机一动：停止争吵，暂时让步，以便解决最初的问题A。你的让步，令对方也感觉到了惭愧：人的本性之一，就是"遇弱越弱"——你看两头狮子打架，一旦有一方肚皮朝天(暴露最弱的地方)，另一方就停止了疯狂的进攻。

接下来，你们开始谈论A问题，言归正传——双方恢复理智了。这时，无论A问题能否得到解决，起码，你们的关系得到了维护。当关系越来越和谐时，你突然发现A问题迎刃而解了。

2. 帮助一个朋友。假设你打算用晚上的时间来完成你的Excel作业，第二天需要交上去。这时一个朋友打电话给你，他离家很远，束手无策，需要你的帮助。如果你开车去接他，把他送回家再回来完成作业，这需要一晚上时间。不仅如此，当你回到家里的时候肯定是精疲力竭，只能上床睡觉了。第二天，你的朋友在你之前完成了作业，建议你把他的作业抄一遍，写上自己的名字当作自己完成的交上去。你会这样做吗？如果你慷慨地帮助了自己的朋友，他帮助你完成作业以便不丢学分，这公平吗？如果你朋友答应他自己不交作业以防止你被发现抄袭，你认为怎么样？你的朋友写了作业并交给你，所以这不涉及侵犯版本的问题。

3. 调查与分析。学生3～5人一组，结合学校或居住区域，对某繁华交通路口或超市场周边道路进行调查，搜集行驶车辆或停靠车辆特征，以及人员及交通情况。若发生拥堵问题，探讨形成拥堵的原因并提出相应解决的方案。

案例分析

大数据时代的智慧物流

2013年10月15日，第八届中国国际物流与交通运输博览会智慧物流论坛暨第七届物流运输过程透明管理峰会在深圳隆重召开。本次论坛以"大数据时代的智慧物流"为主题，探讨物流业在大数据时代所面临的挑战与发展的机遇。

1. 推动智慧物流发展

"数据作为一种新的资源，数据的拥有者将来会获得越来越大的话语权，整个社会的治理结构与规则将会发生非常深刻的变化，这是每个人都会面临的社会变迁。"中国物流学会常务副会长、中国物流与采购联合会专家委员会副主任戴定一认为，智慧物流是物流的发展目标，而大数据能够支撑智慧物流的发展，物流行业和企业要利用好大数据，才能真正从变革中受益。

首先，要做好整合，这是大数据的关键。目前比较成功的案例都有一个规律，那就是采用了利益交换的模式——用服务去换取管理。也就是说，各个利益主体通过交换的方式，你将信息的管理权交给我，我将信息整合起来后形成服务给你，你再将更多信息给我，我给你更多的服务……循环起来就会产生价值。

其次，如何让获得的数据得到充分的利用，是大数据的另一大关键问题。对此，戴定一提出要关注两个方面。一个是数据的数量优于质量。"在大数据时代，数据的质量不再是第一位的，因为现在数据量非常大，能够解决所有质量上的缺陷。所以在大数据时代，数据量越大，价值越大"。二是数据相关性优于数据逻辑性或因果性。在大数据的时代，数据的很多因果性事先无法获知，但是通过数据处理获得的相关性结果，能够告诉你里面可能有什么样的因果关系。也就是说，在大数据时代，因果关系不是主要的。

最后，要抓住物流的基本问题。"大数据时代的智慧物流有许多新的发展，但是始终还是会围绕网络和流程这两个物流的基本问题发展的。"智慧网络将提升资源管控和利用率水平，而智慧流程将提升管理精细化与协同水平。一个是对资源的管控，一个是对作业流程(服务流程)的优化，这两件事是物流的基本问题与核心。

2. 驱动电商物流变革

作为当今物流业的发展热点，电商物流得到了很多关注。中国综合开发研究院副院长曲建认为，与大数据的结合是电商物流发展的必然趋势。大数据时代的来临，不是技术的变革，首当其冲是思维的变革，随之而来的将是商业模式的改变。

通过互联网技术和商业模式的改变，可以实现从生产者直接到顾客的供应渠道的改变。这样的改变，从时间和空间两个维度都为物流业创造新价值奠定了很好的基础。"从过去生产者全国配送中心，逐步演化成为个性化订单，从顾客的需求向上推移，促使整个配送模式的改变。过去是供给决定需求，今后越来越多地从需求开始倒推，按照需求的模式重新设计相应的供给点的安排"。

另一个是物流信息平台建设。物流信息平台会根据以往的快递公司的表现、各个分段的报价、即时运力资源情况、该流向的即时件量等信息，进行相关的"大数据"分析。得到优化线路选项，并对第三方物流公司进行优化组合配置，系统会将订单数据发送到各个环节，由相应的物流公司完成。

通过运用大数据，电商物流中心将得到大幅优化。仓储运输的空间将被系统化布置。将在物流节点公司上进行整合，对过去单一物流企业，搭建起桥梁。物流车辆行车路径也将被最短化、最畅化定制。此外，企业信息系统将全面整合与优化。

3. 加速公路运输整合

对于公路运输市场来说，大数据又意味着什么？香港物流运输过程透明管理研究院院长南兴军表示，大数据时代要求传统物流产业发生变革，在运力整合方面未来也将会发生诸多变化。物流运输企业的运力基本上都是由3个部分组成：自有车辆、签约承运商、业务量大时临时租车。在大数据时代，将走向平台，走向社会，面向社会整合运力，而整合的内容主要包括时间、空间、管理和服务。

"大数据时代的运力生态圈将是一个平台，但又不只是一个平台，而是由很多个平台组成的一个系统、一个生态体系，而处于生态圈中心的是社会运力池。"比如现在车辆都要装 GPS，GPS 运营商自然会有几万甚至几十万的运力客户，这么多的车辆在一起就会形成一个社会运力池。这个运力池存在大量的、功能型号用途各异的车辆，车辆的数据也在这里面，通过大数据进行拆分整合、分析，就可以知道这些车的优点缺点、线路时效等。

在运力池周围的是"货主圈"，有很多类似中外运这样的大中型物流企业私有平台，企业利用自己所掌握的货源控制了大量的运力，并利用私有平台对这些运力进行整合。如果把这些私有平台与运力池进行对接，就会产生一种新的平台——运力整合平台。

私有平台与公共平台对接之后，当企业私有平台运力资源饱和时，就会有一部分的运力要流向社会的运力池中去。这样既解决了车源的真实性问题，又解决了货源的可靠性问题。此外，有很多企业是无车承运人，也不想成立运输公司，就可以到公共平台上用业务去控制车辆来为其服务。

(资料来源：http://www.e6gps.com/Special/S2013.)

思考：

(1) 大数据究竟能够给物流行业带来什么？如何抓住机遇？又会面临哪些挑战？

(2) 大数据时代下的中小物流企业如何获取信息？怎样才能满足客户日渐提升的服务要求？

(3) 随着电子商务的快速发展，众多的快递企业也日渐进入大众视野，那么快递企业对大数据资源的需求有哪些？又如何利用大数据来促进快递企业转型升级呢？

第 3 章　信息采集与识别技术

【教学要点】
- 掌握物品编码方法，了解自动识别技术的内涵；
- 理解条码符号的表示、识读原理，熟悉条码的类型与应用系统；
- 掌握典型条码，如商品条码、储运条码、QR 条码的编码规则，并能够根据实际需求对相应物品进行编码与识读；
- 理解 RFID 的原理及特性，熟悉 EPC 编码体系，并能结合物联网技术设计具体典型物品的识别应用；
- 了解卡式与生物特征识别技术在物流中的应用情况。

【知识架构】

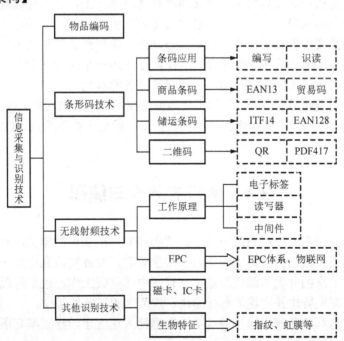

麦德龙 Real 未来超市

位于德国的托尼斯沃特的 Real 未来商店是麦德龙集团推出的第二代大卖场，于 2008 年 5 月开业，门店最大的特色是与 SAP、Intel、IBM、TSystems 及 Cisco 合作将最新的科技应用到实际零售业务中。按照麦德龙的说法，除了增加购物的趣味性，顾客在购物中还会借助未来商店所采用的电子价签(ESL)、自助结账系统和 RFID 等革新技术而体验到一个独特的购物环境。例如，智能秤可以自动识别称重产品，同时打印出条形码标签。配备有便携式"队列胸卡"结账设备的店员可以随时结账，还有移动销售点系统可以随时查询存货信息，并在缺货时推荐替代品。高科技购物就这样从实验室走入了现实世界。

(1) 手机购物。所有的购物流程都可以在手机上实现，这取代了原来大大的安装在购物车上的"个人购物助理"这样的电子设备。只要用手机的照相功能对准商品条码，就可以获知该商品的位置和价格等信息，而且还可以通过手机实现结账。

(2) 音乐体验。试音区的妙处在于上面的那块发音板，你不用戴耳机，只要站在发音板的下面，就能听到你选择播放的音乐，不在这个发音板下面的人，却听不到音乐的声音。

(3) 电子导购机器人。这家超市里还有一个导购机器人，能够在超市里自由走动。如果需要它的帮助，可以在其背后的触摸屏上进行操作。这个机器人有个好听的名字"Eilly"。

(4) 猪肉与 RFID。超市里的每一个包装好的肉盒上都有一个 RFID 芯片，可以知道具体的日期，保证肉的新鲜程度。

(5) 未来商店里提供了人工、自助、手机等不同的结账方式。自助结账机可以接受现金、支票、借记卡、信用卡、手机等结算方式，机器右上方的那个东西就是用来手机结算的。

(资料来源：http://news.rfidworld.com.cn.)

20 世纪 80 年代中期，沃尔玛购买了当时美国最大的私人卫星通信系统，所有负责运送货物的卡车都被装上了 GPS。这样，沃尔玛使用条形码信息通过配货中心就可以安排发货和跟踪货物，商店同时收到信息。什么商品在哪辆卡车上，什么时候到达，中间过程完全透明。在麦德龙的未来超市中，一种被称为 RFID 的技术被广泛地运用，它可以在缺货时向后端的管理系统发送补货消息，也可以自动跟踪每种商品的销售速度和销售数量，并同时具有安全防盗功能。另外，在超市里还有 4 万个 RealPrice 电子价签，不仅代替了手工更换纸价签，而且还可以确保每件商品与档案价目表的匹配。

技术从来都不是花哨的摆设，沃尔玛依靠信息技术迅速挫败对手，成为世界零售巨头。尽管山姆·沃尔顿(Sam Walton)本人并不喜欢技术，但他不得不承认，IT 技术可以改变游戏规则。

3.1 信息的分类与编码

信息要被不同用户或应用系统所共享，就必须有一致认可的定义，包括内涵、外延及表示法。对各类信息概念的正确理解依赖于信息分类，对各类信息作出一致认可的表示依赖于信息编码。信息的分类与编码既是信息管理中的基础工作，也是将现实生活的数据信息转化成基于计算机管理并实现信息标准化、规范化的基础性工作。

另一方面，为解决计算机通过键盘手工数据输入速度慢、错误率高所造成的"瓶颈"

难题,信息采集与自动识别技术为计算机提供了快速、准确地进行数据采集输入的有效手段。所谓自动识别技术是将信息数据自动识读、自动输入计算机的重要方法和手段,它是以计算机技术和通信技术为基础的综合性科学技术。而自动识别技术作为一种先导性的高新技术,正迅速为人们所接受。

3.1.1 物品编码方法

在识别与利用信息的过程中,人与人之间、人与机器之间及机器与机器之间需要交换信息,共享信息资源,因此对具有相同内容的信息要有统一的识别标准。信息编码便是将事物或概念(编码对象)赋予具有一定规律、易于计算机和人识别处理的符号,形成代码元素集合。代码元素集合中的代码元素就是赋予编码对象的符号,即编码对象的代码值。

经编码后的信息代码实际上是人们为了方便利用各类信息设定的一种标识符。各类信息在产生时其标识符号由其产生的环境、条件所决定,难以形成统一的标识符。对信息进行编码,就是使信息的标识规范化的过程,代码就是信息规范的标识符。信息编码的基本原则有唯一性、合理性、可扩展性、简洁性、可识别性、规范性和稳定性等。

1. 代码及其种类

代码是供述事物或其属性语义的一组有序的易于人与计算机识别和处理的字符串。代码通常用数字、字母和某些特殊符号的组合表示,如会计科目代码和职工代码等,其主要作用是识别和分类。

代码的种类很多,常用的代码类别有顺序码、块码、层次码、十进位码和特征码等。

(1) 顺序码。顺序码是一种以连续数字代表编码对象的代码。例如,用 4 位十进制数表示的职工号可以从 0001 开始,顺序地、连续地编上后续编号。顺序码优点是编码简短,易于管理,但它除了唯一地标识信息的对象以外,不能说明任何其他附加的信息。新增的码只能列于已使用的编码之后,若要删除编码则该码就成为空号。

(2) 块码。块码是一种特殊的顺序码,它将顺序码分成若干段(块),每段代表一定类型的编码对象,这种代码允许扩充。例如,01~09 为部室码、10~19 为仓库码、20~29 为车队码等。

(3) 层次码。在码的结构中,为事物的各个属性规定一个位置(一位或几位),并使其排列符合一定的层次关系。例如,某金属材料分类代码采用层次码的五层九位,结构如图 3.1 所示。

(4) 十进位码。十进位码是一种特定的层次码,码中每一位数字代表一类,常用于图书分类等。例如,140 表示物理学,140.15 表示理论物理学,140.1510 表示物理数学等。

图 3.1 金属材料编码示例

(5) 特征码。在码的结构中,为多个属性各规定一个位置,从而表示某一编码对象的不同方面的特征。特征码的优点是类目组合比较灵活,缺点是码的利用率较低。例如,4 位代码中的每一位来表示产品的材料、直径、形状、表面处理等,则 1223 表示材料为不锈钢、直径 1.0、形状为平头、表面处理为镀锌的产品。

2. 代码的设计

代码的设计一般包括以下几个步骤。

(1) 确定编码对象，明确编码要求。以一般关系模型为基础，参考系统分析报告，从业务管理与提高计算机处理效率两个方面考虑，确定编码对象，并明确编码具体要求。

(2) 编写代码设计书。主要说明编码目的、使用范围、编码对象特性分析及编码方法等。确定编码方法的具体内容包括：①决定代码种类，由编码目的、使用范围、编码描述的编码对象属性等，选择合适的代码种类；②决定代码的位数，根据代码种类、编码对象的数量、使用期限，确定代码的合理位数；③决定是否采用校验码，如果需要则设计校验码；④制定编码原则。

(3) 编写代码。按确定编码方法编写代码并形成编码对象的值与代码对照表，发给使用者。

(4) 校验码设计。对于重要的代码，为了防止书写或输入错误造成代码差错，必须使用校验码并用程序进行校验。校验码是通过事先规定的数学方法计算出来的，附加在原代码的确定位置作为代码的一部分；当代码录入时，计算机按同样的方法对实际输入的原代码部分计算出校验位，并将它与实际输入的校验位进行比较，如果一致就认为输入的代码正确，否则就认为输入的代码有错误。

知识拓展

代码及校验位的设计

校验位可以发现抄写、易位、随机错误等。确定校验位的方法在算法上大体相似，存在的差别主要在于对代码的数据加权时，加权因子的选择不同。校验位的计算方法：先将各位编码乘以权因子，求出各位之积，再将各位积相加求和；然后各位之和取模 M 的余，即 $S/M=$ 商……余数 R，R 即可作为校验位的值。模一般可用质数 11，也可用 13 等质数；加权因子可用算术级数、几何级数和质数等。

(1) 算术级数：…、6、5、4、3、2
(2) 几何级数：…、32、16、8、4、2
(3) 质数：…、13、11、7、5、3

如果源代码为 12345，取"11"为模，则
算术级数的计算过程为：
乘积之和：　　　(1×6)+(2×5)+(3×4)+(4×3)+(5×2)=50
求余数：　　　　50÷11 = 4 余 6
代码可写为：　　123456
同样，若以几何级数计算，得代码 123454；以质数级数计算，得代码 123450。

在具体设计代码时应注意：①唯一性，一个代码只能代表唯一的实体或属性；②合理性，所设计的代码必须能满足实际业务信息处理的需要；③标准化，必须尽量采用国家标准，如果没有国标则尽量采用系统统一的代码；④稳定性，一旦批准通过后，必须严格执行，不轻易修改；⑤可扩充性，必须留有足够的备用编码位，以适应不断扩充的信息处理需要。

3. 物流编码

储位编码和货品编码，是非常典型的物流编码。规范储位编号、品名、序号、标签记号等信息，在确保信息采集与处理方面尤为重要。

1) 储位编码

储位编码就是根据一定的规律，对所有储位进行编码。储位编码的功能有确定储位信

息的正确性;为物流信息系统提供储位记录,以供识别;节省重复寻找货品的时间,提高工作效率;提高调仓、移仓工作效率;可以利用计算机系统处理分析储位;可迅速依序储拣,达到内部作业的最优化;方便盘点作业;便于及时掌握储存空间利用情况;避免乱放货品而导致过期报废。

典型储位编码的方法有区段方式、品项群别方式、地址式和坐标式等。

2) 货品编码

货品编码就是指将货品按其分类内容,按一定的规律排列。货品编码的功能有提高货品资料的正确性;提高货品活动的工作效率;可以利用计算机信息系统整理分析货品信息;可以节省人力、减少开支、降低成本;便于拣货及送货;便于储存或拣取货品核对;利于降低库存量;可选择作业的优先性,并达到货品先进先出的目的。

货品编码的方法包括按数字顺序编码法、数字分段法、分组编号法、混合编号法。货品编码的形式有延展式和非延展式两种。

 资料卡

物品编码与组织机构

国际物品编码协会(International Article Numbering Association,IAN):1981 年成立,是一个不以营利为目的的国际组织。

美国统一代码委员会(Uniform Code Council,UCC):1972 年创建,负责开发和维护北美地区包括产品标识标准在内的国际组织。

欧洲物品编码协会(European Article Numbering Association,EAN):1977 年成立,2002 年与 UCC 合并为一个全球统一的标识系统——EAN/UCC。

中国物品编码中心(Article Numbering Center of China,ANCC):1988 年成立,1991 年加入国际物品编码协会,是我国商品条形码的组织、协调、管理机构。

3.1.2 自动识别技术

对于人类而言,识别就是辨别、辨认的过程,将观察样本与记忆影像相对比,评价是否一致。人脑是个具有海量存储的数据库、信息库、知识库,人类通过感官把看到的、听到的、嗅到的、尝到的与触摸到的事物都储存在大脑里。当再次遇到以前接触过的事物时,就会将此事物与大脑中的记忆影像比对,判断两者是否相同,有什么差异。对于机器而言,识别即指自动识别,首先传感器获取信号,然后计算机对某些物理对象进行认定或分类,在错误概率最小的条件下,使识别的结果尽量与客观事物相符。也就是说,用机器来实现人对各种事物或现象的检测、分析、描述、辨识和判断的过程。

1. 自动识别技术的定义

自动识别技术(Auto Indentification and Data Capture,AIDC)是一种高度自动化的信息或数据采集技术,对字符、影像、条码、声音、信号等记录数据的载体进行机器自动识别,自动地获取被识别物品的相关信息,并提供给后台的计算机处理系统以完成相关后续处理。

自动识别技术是用机器识别对象的众多过程总称。具体地讲,就是应用识别装置,通过被识别物品与识别装置之间的接近活动,自动地获取被识别物体的相关信息。自动识别技术可以在制造、物流、防伪和安全等领域中应用，可以采用光识别、磁识别、电识别或射频识别等多种识别方式，是集计算机、光、电、通信和网络技术于一体的高技术学科。

信息识别和管理过去多以单据、凭证、传票为载体，使用手工记录、电话沟通、人工计算、邮寄或传真等方法，对物流信息进行采集、记录、处理、传递和反馈，这种方式不仅极易出现差错、信息滞后，也使得管理者对物品在流动过程中的各个环节难以统筹协调，不能系统控制，更无法实现系统优化和实时监控，从而造成效率低下和人力、运力、资金、场地的大量浪费。近几十年来，自动识别技术在全球范围内得到了迅猛发展，极大地提高了数据采集和信息处理的速度，改善了人们的工作和生活环境，提高了工作效率，并为管理的科学化和现代化作出了重要贡献。

完整的自动识别计算机管理系统包括自动识别系统、应用程序接口(中间件)和应用系统。自动识别系统获取的信息通过中间件提供给应用系统，该信息经过应用系统的处理，就可以提取出有用的信息。

2. 自动识别技术的分类

自动识别技术的分类方法很多，可以按照国际自动识别技术的分类标准进行分类，也可以按照应用领域和具体特征的分类标准进行分类。

按照国际自动识别技术的分类标准，自动识别技术可以分为数据采集技术和特征提取技术两大类。数据采集技术分为光识别技术、磁识别技术、电识别技术和无线识别技术等；特征提取技术分为静态特征识别技术、动态特征识别技术和属性特征识别技术等。

按照应用领域和具体特征的分类标准，自动识别技术可以分为条码识别技术、生物识别技术、图像识别技术、磁卡识别技术、IC卡识别技术、光学字符识别技术和射频识别技术等。

渠道之攻　赢在未来

15年前，RFID的先驱凯文·阿什顿(Kevin Ashton)提出这样一个愿景：人们能够随时掌握产品和服务的详细流动情况。今天，这个愿景成为现实：随着物联网技术的日益普及，企业已经能够在高度互联的环境中经营业务。通过实现信息化解决方案，企业获得竞争对手所不具备的优势，进而以更快的速度和更高的效率应对瞬息万变的市场因素。

斑马技术(Zebra Technologies)作为一家在AIDC(自动标识数据采集)领域的品牌企业宣布进一步增强和细化其"合作伙伴至上"计划，加大渠道投入和建设力度，并为代理商提供更多支持。斑马技术合作伙伴至上计划现已全面覆盖国内一二级城市，目前在全国已经注册的代理商超过500家，分布在包括香港、澳门、台湾在内的全国各个地区；并计划在2013年年底实现一二三线城市的全面覆盖。

(资料来源：http://www.aimchina.org.cn.)

3.2　条形码技术

条形码(简称"条码")技术诞生于20世纪40年代，但得到实际应用和迅速发展还是在近二十年间。在20世纪40年代后期，乔·伍德兰德(Joe Woodland)和贝尼·西尔佛(Beny

Silver)两位工程师就开始研究用条码表示食品项目以及相应的自动识别设备,并于1949年获得了美国专利。由于这种条码图案很像微型射箭靶,因而被称作"公牛眼"条码。20年后,伍德兰德作为IBM公司的工程师成为北美地区的统一代码——UPC码的奠基人。

1970年,美国超级市场 AdHoc 委员会制定了通用商品代码——UPC码(Universal Product Code),此后许多团体也提出了各种条码符号方案。次年,布莱西公司研制出"布莱西码"及相应的自动识别系统,用于库存验算,这是条码技术第一次在仓库管理系统中的应用。1972年,蒙那奇·马金(Monarch Markimg)等人研制出库德巴码(Code Bar),主要应用于血库,是利用计算机校验每一个代码准确性的码制。1972年,交叉25码由Intemec公司的戴维·阿利尔(Davide Allair)博士发明,此码可在较小的空间内容纳更多的信息。至此,条码技术进入了新的发展阶段。

3.2.1 条码概述

条码是由一组规则排列的条、空及字符组成的,用以表示一定的信息,并能够用特定的设备识读,转化成与计算机兼容的二进制和十进制数字信息。"条"指对光线反射率较低的部分,"空"指对光线反射率较高的部分。

条码通常用来对物品进行标识,这个物品可以是用来进行交易的一个商品(如一瓶啤酒),也可以是一个物流单元(如一个托盘)。所谓对物品的标识,就是首先给某一物品分配一个代码,然后以条码的形式将这个代码表示出来,并且标识在物品上,以便识读设备通过扫描识读条码符号而对该物品进行识别。如图3.2所示,为某品牌洗衣粉上的条码符号。条码不仅可以用来标识物品,还可以用来标识资产、位置和服务关系等。

图 3.2　某品牌洗衣粉条码

1. 条码符号表示

一个完整的条码符号是由两侧空白区、起始字符、数据字符、校验字符和终止字符组成,如图3.3所示。空白区位于条码两侧,通常为白色,条码一般可以双向阅读,其作用是提示扫描器准备或完成扫描条码符号。条码符号的第一个字符为起始字符,最后一个字符为终止字符,特殊的"条""空"结构可以识别条码的开始和结束。数据字符位于条码中间的"条""空"结构,是条码的核心,是条码包含的主要信息。校验字符是用于对数据字符进行规定的算术运算而设定的,当译码器对条码进行译码时,对读入的各字符进行运算,以判定所读入信息是否正确。供人识别的字符位于条码字符的下方,与相应的条码字符相对应的数字或符号。

1) 编码方法

条码是利用条纹和间隔或宽窄条纹(间隔)构成二进制的"0"和"1",并以它们的组合来表示某个数字或字符,反映某种信息。不同的码制的条码在编码方式上有所不同,主要有宽度调节法和模块组织法两种。

宽度调节法是以窄元素(条纹或间隔)表示逻辑值"0",宽元素(条纹或间隔)表示逻辑值"1",宽元素通常是窄元素的2~3倍。对于两个相邻的二进制数位,由条纹到间隔或由间隔到条纹,均存在着明显的印刷界限,如图3.4(a)所示。39码、库德巴码、25码及交叉25码属于宽度调节型条码。

图 3.3 条码的结构

模块组合法是指条码符号中，条与空是由标准宽度的模块组合而成。一个标准宽度的条模块表示二进制的"1"，而一个标准宽度的空模块表示二进制的"0"，如图 3.4(b)所示。EAN 条码和 UPC 条码属于模块组合型条码。

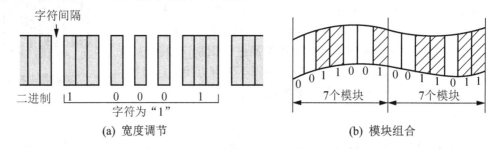

(a) 宽度调节　　　　　　　　　　　(b) 模块组合

图 3.4 两种编码方法对比

2) 编码容量

每个码制都有一定的编码容量，这是由其编码方法决定的。编码容量限制了条码字符集中所能包含的字符个数的最大值。

对于用宽度调节法编码的，仅有两种宽度单元的条码符号，即编码容量为 $C(n, k)$，这里，$C(n, k) = n(n-1)\cdots(n-k+1)/k!$。其中 n 是每一条码字符中所包含的单元总数，k 是宽单元或窄单元的数据。

对于模块组配的条码符号，若每个条码字符包含的模块是恒定的，其编码容量为 $C(n-1, 2k-1)$，其中 n 为每一条码字符中包含模块的总数，k 是每一条码字符中条或空的数量，k 应满足 $1 \leq k \leq n/2$。

3) 纠错方式

一维条码的编码方法通常采用二进制算法，在纠错上主要采用校验码的方法，校验的目的是保证条空比的正确性。二维条码在保障识读正确方面采用了更为复杂、技术含量更高的方法，如 PDF417 条码在纠错上采用索罗门算法，纠错是为了当二维条码存在一定局部破损情况下还能采用替代运算还原出正确的码信息。

4) 条码符号集与符号密度

在各种条码码制中,主要有两种符号集,一种是数字符号集,它包含 0~9 及一些特殊字符;另一种是字母数字符号集,它包含数字 0~9、大写英文字母 A~Z 及一些特殊字符。不同符号集的条码,能够编制的信息容量是不同的。

条码符号密度是指单位长度上所表示的条码字符的个数。显然,对于任何一种码制来说,各单元的宽度越小,条码符号的密度就越高,也越节约印刷面积,但由于印刷条件及扫描条件的限制,很难把条码符号的密度做得太高。

2. 条码的分类

条码按照不同的分类方法,不同的编码规则可以分成许多种,现在已知的世界是正在使用的条码就有 250 种之多。条码的分类方法有许多种,主要依据条码的编码结构和条码的性质来决定。例如,按条码的长度不同可分为定长条码和非定长条码;按排列方式不同可分为连续型不同和非连续型条码;按校验方式不同可分为自校验型条码和非自校验型条码等。

条码可分为一维条码和二维条码。一维条码按应用不同可分为商品条码和物流条码,商品条码包括 EAN 码和 UPC 码,物流条码包括 128 码、ITF 码、39 码、库德巴码等。二维条码除了左右条(条宽)的精细及黑白线条有意义外,上下的条高也有意义。与一维条码相比,由于左右上下的线条皆有意义,故可存放的信息量就比较大。二维条码的识读设备依识读原理的不同可分为线性图像式识读器、带光栅的激光识读器、图像式识读器,二维条码识读设备对于二维条码的识读会有一些限制,但均能识别一维条码。

二维条码通常分为两种类型,即行排式二维条码和矩阵式二维条码,如图 3.5 所示。行排式二维条码又称堆积式二维条码或层排式二维条码,其编码原理是建立在一维条码基础之上的,按需要堆积成两行或多行。它在编码设计、校验原理、识读方式等方面继承了一维条码的特点,识读设备与条码印刷与一维条码兼容。但是由于行数的增加,需要对行进行判定,其译码算法与软件也不完全相同于一维条码。有代表性的行排式二维条码有 PDF417 码、Code 49 码、Code 16K 码等。

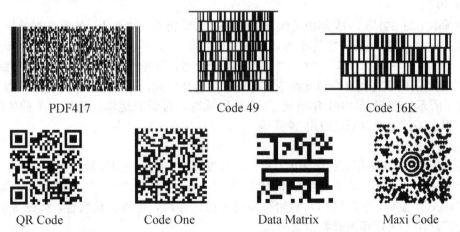

PDF417　　　　Code 49　　　　Code 16K

QR Code　　Code One　　Data Matrix　　Maxi Code

图 3.5　二维条码

矩阵式二维条码也称棋盘式二维条码,它是在一个矩形空间通过黑、白像素在矩阵中的不同分布进行编码。在矩阵相应元素位置上,用点(方点、圆点或其他形式)的出现表示二进制的"1",点的不出现表示二进制的"0",点的排列组合确定了矩阵式二维条码所代表的意义。矩阵式二维条码是建立在计算机图像处理技术、组合编码原理等基础上的一种新型图形符号自动识读处理码制。具有代表性的矩阵式二维条码有 QR Code 码、Code one 码、Data Matrix 码、Maxi Code 码等。

鉴于商品条码、ITF 码、EAN-128 码、QR 码的广泛应用,将在 3.3 节进行更深入地分析。因此,下面仅对其他一些常用条码进行介绍。

1) 交叉 25 码

25 码是一种只由条表示信息的非连续型条码,每一个条码字符由规则排列的 5 个条组成,其中有两个条为宽单元,其余的条和空及字符是窄单元,故称为 25 码。25 码是最简单的条码,它研制于 20 世纪 60 年代后期,当时主要用于各种类型文件处理及仓库的分类管理、标识胶卷包装及机票的连续号等。由于 25 码不能有效地利用空间,美国 Intermec 公司于 1972 年在 25 码的基础上发明了交叉 25 码(Interleaved 2 of 5 Bar Code)。

交叉 25 码是一种条、空均表示信息的连续型、非定长、具有自动校验功能的双向条码,如图 3.6 所示。交叉 25 码起初广泛应用于仓储及重工业领域,1987 年开始用于运输包装领域。1997 年我国制定了交叉 25 码的标准,主要应用于运输、仓储、工业生产线、图书情报等领域的自动识别管理。

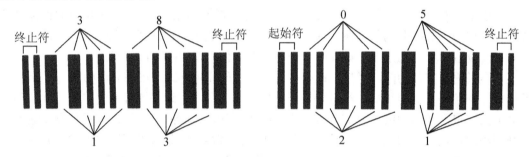

图 3.6　交叉 25 码

2) 39 码

39 码(Code 39)是 1975 年由美国 Intermec 公司研制的一种条码,它能够对数字、英文字母及其他字符进行编码。字符集为 0~9 的 10 个数字,大写 A~Z 的 26 个英文字母,"-""·""/""+""%""$""*"" "共 44 个符号,其中"*"只代表起始符和终止符。39 码的每个条码字符由 9 个单元组成,其中 3 个是宽单元,其余是窄单元,故称为 39 码,如图 3.7 所示。我国于 1991 年研制了 39 条码标准,推荐在运输、仓储、工业生产线、图书情报、医疗卫生等领域应用 39 条码。

3) 库德巴码

库德巴码是 1972 年研制出来的,是一种长度可变,连续型自校验数字式码制。字符集为数字 0~9,"abcd"共 4 个字符和"$""-"":""/""+""."共 6 个特殊字符。其中"abcd"这 4 个字符仅作为起始符和终止符的作用,可以任意组合,如图 3.8 所示,现在被广泛用于医疗和图书等领域。

图 3.7　39 码

图 3.8　库德巴码

案例 3-1

交通条形码

> 法国汽车俱乐部和驾车人联系会 2003 年 6 月 25 日推出一种道路交通条码机制，能提醒司机注意交通信号，防止行车过线或偏离公路，有利于加强道路安全，并可能由此加强公路的信号标识系统。这套新型公路交通机制是法国标致雪铁龙汽车集团发明的，具体做法为：在路面画上一套巨型条码式的特殊标记，在汽车减震器上安装一种红外线探测仪，当汽车行驶过这些条码时，红外线探测仪能自动对其进行识别和辨认，并将所获得的信息立即通知司机。如果这项发明能获得应用，今后人们将可利用这套系统加强交通监管，在禁止通行的路口、学校门口、停车线及限速牌前或并行线下画上白条，组成条码。这些条码分别标识出不同的警告级别，当汽车驶过时，车里会出现以下反应：在汽车仪表板上出现象形符号、发出声音警告、紧急停车灯开始闪亮、刹车踏板在司机脚下会振动几秒钟，以提醒司机作出相应反应。
>
> （资料来源：http://it.sohu.com/51/39/article210623951.shtml）

4) PDF417 码

美国 Symbol 公司于 1991 年正式推出 PDF417(Portable Date File，便携数据文件)二维条码，因为组成条码的每一符号都是由 4 个条和 4 个空共 17 个模块构成，所以称为 PDF417 码。PDF417 码发明人是我国台湾赴美学者王寅君博士，这是一个多层、可变长度、具有高容量和纠错能力的二维条码。一个 PDF417 码符号可以表示 1 108 个字节，或 1 850 个 ASCII 字符，或 2 710 个数字信息。

PDF417 码符号由多层堆积而成，其层数为 3～90 层，每一层条码符号由起始/终止符、每层的左右指示符及 1～30 个符号字符组成。字符集由 3 个相互独立子集，即 0、3、6 簇构成，每个簇包括以不同的条、空形式表示的所有 929 个码字，序号对应为 0～928。PDF417 码符号结构如图 3.9 所示。

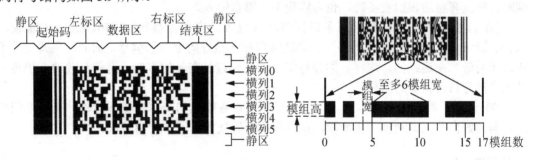

图 3.9　PDF417 码符号结构

资料卡

汉　信　码

汉信码是由中国物品编码中心于 2005 年 12 月自主研发成功的，具有完全自主知识产权的一种新型二维条码。汉信码在汉字表示方面具有明显的优势，支持 GB 18030 大字符集，最大数据容量可达 7 829 个数字字符、4 350 个字母字条、2 174 个汉字字符。此外，汉信码还具有抗畸变、抗污损能力很强的特点，如图 3.10 所示。

图 3.10　汉信码的抗污损能力

3. 条码的特点

条码技术是电子与信息科学领域的高新技术，所涉及的技术领域较广，是多项技术相结合的产物，经过多年的研究和应用实践，现已发展成为较成熟的实用技术。条码技术研究的是如何将需要向计算机输入的信息用条码这种特殊的符号加以表示，以及如何将条码所表示的信息转变为计算机可自动识读的数据。条码技术的研究对象主要包括编码规则、符号表示技术、识读技术、印刷技术和应用系统设计几部分。

在信息输入技术中，采用的自动识别技术种类很多，条码作为一种图形识别技术与其他识别技术相比，具有以下特点。

(1) 简单。条码符号制作容易，扫描操作简单易行。

(2) 信息采集速度快。普通计算机的键盘录入速度是 200 字符/分钟，而利用条码扫描录入信息的速度是键盘录入的 20 倍。

(3) 采集信息量大。利用条码扫描，一次可以采集几十位字符的信息，而且可以通过选择不同码制的条码增加字符密度，使录入的信息量成倍增加。

(4) 可靠性高。键盘录入数据，误码率为 1/300，利用光学字符识别技术，误码率约为万分之一。而采用条码扫描录入方式，误码率仅有百万分之一，首读率可达 98%以上。

(5) 灵活、实用。条码符号作为一种识别手段可以单独使用，也可以和有关设备组成识别系统实现自动化识别，还可以和其他控制设备联系起来实现整个系统的自动化管理。同时，在没有自动识别设备时，也可实现手工键盘输入。

(6) 自由度大。识别装置与条码标签相对位置的自由度要比 OCR(Optical Character Recognition，光学符识别)大得多。条码通常只在一维方向上表示信息，而同一条码符号上所表示的信息是连续的。这样，即使标签上的条码符号在条的方向上有部分残缺，仍可以从正常部分只读正确的信息。

(7) 设备结构简单、成本低。条码符号识别设备的结构简单，操作容易，无须专门训练。与其他自动化识别技术相比较，推广应用条码技术，所需费用较低。

 案例 3-2

沃尔玛的条码技术

1981 年，沃尔玛开始试验利用商品条形码和电子扫描器实现存货自动控制，公司先选定几家商店，在收款台安装读取商品条形码的设备。两年后，试验范围扩大到 25 家店；1984 年，试验范围扩大到 70 家店；1985 年，沃尔玛宣布将在所有的商店安装条形码识别系统，当年又扩大了 200 多家。到 20 世纪 80 年代末，沃尔玛所有商店和配送中心都安装了电子条形码扫描系统。通过应用条形码技术，沃尔玛在对商品的整个处理过程中，总共节省了 60%左右的人工成本。沃尔玛的计算机系统配置在 1977 年完成，可处理工资发放、客户信息和订货、发货、送货，并达成了公司总部与各分店及配送中心之间的计算机网络化和 24 小时快速直接通信。遍布全球的 4 000 多家门店，通过它的网络系统可以在1小时内对每种商品的库存、上架、销售量全部盘点一遍。

1983年，沃尔玛和休斯公司合作将价值2 400万美元的人造卫星发射升空。到20世纪80年代末，沃尔玛的配送中心运行实现了自动化。每种商品都有条形码，由十几公里长的传送带传送商品，由激光扫描器和计算机跟踪每件商品的存储位置和运送情况。到90年代，沃尔玛整个公司销售8万种商品，85%的商品由配送中心集中配送，通常可为每家分店的送货频率是每天一次。而竞争对手凯玛特只有50%~65%的商品集中配送，平均5天一次。

条码的应用改进了沃尔玛的运作方式，使其在零售业的地位不断提升，逐渐摆脱了传统零售业分散和弱小的形象，开创了零售业工业化经营的新时代。

(资料来源：刘浩，吴祖强. 物流信息技术[M]. 北京：中国商业出版社，2007.)

3.2.2 条码识读

条码识读的基本原理是：由阅读器的光源发出的光线经过光学系统照射到条码符号上面；被反射回来的光经过光学系统成像在光电转换器上，使之转换成电信号，电信号经过电路放大后产生模拟电压，它与照射到条码符号上被反射回来的光成正比，再经过滤波、整形，形成与模拟信号对应的方波信号。方波信号是一个二进制脉冲信号，经译码器将信号解释成计算机可以直接采集的数字信号，其工作过程如图3.11所示。条码识读系统一般由数据源、条码识读器、计算机和应用软件等组成。

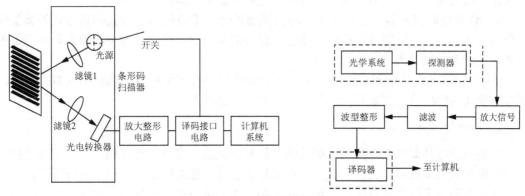

图 3.11　条码识读原理

1. 条码识读器

条码识读设备由条码扫描和译码两部分组成，现在大部分条码识读器都将扫描识读和译码功能集成于一体。人们根据不同的用途和需要设计了各种类型的识读器，在扫描方式上可分接触式和非接触式；从操作方式上分为手持式和固定式；按扫描原理分为光笔、CCD(Charge-coupled Device)、激光和图像识读器；依扫描方向分为单向和全向，其中全向识读器又分为平台式和悬挂式。

条码阅读器种类很多，选择使用哪种条码阅读器要综合考虑，其主要指标有分辨率、误码率、一次识别率、扫描速度、扫描宽度和扫描景深等。常见的条形码阅读器主要有光笔条码扫描器、手持式条码扫描器、激光式扫描器、卡式条码扫描器、台式条码扫描器和便携式条码扫描器等，如图3.12所示。

(1) 光笔条码扫描器。光笔条码扫描器在读取条码信息时，要求扫描器和待识读的条码接触或离开一个极短的距离，一般仅0.2~1mm。它的优点是成本低、耗电低、耐用，可读取较长的条码符号。

图 3.12 条码识读设备

(2) 手持式扫描器。手持式扫描器读取条码时可以不与条码符号接触，一般为 0～20mm，长的距离可达 500mm 左右。它具有体积小、方便等特点，且效果比光笔条码扫描器好，读取速度快，30～100 次/s。手持式条码扫描器使用的光源有激光和可见光 LED，其中 LED 型的扫描器又称为 CCD 条码扫描器；激光型扫描器最大的优点是扫描光照强、距离远、速度快，可达 1 200 次/s。

(3) 卡式条码扫描器。卡式条码扫描器常用于医院病例管理、身份验证、考勤和生产管理等领域，其内部的机械结构能保证标有条码的卡式证件或文件在插入滑槽后自动沿轨道做直线运动，在卡片前进过程中，扫描光点将条码信息读入。卡式条码扫描器一般都具有与计算机传送数据的能力，同时具有声光提示以证明识别正确与否。

(4) 台式条码扫描器。台式条码自动扫描器适合于不便使用手持式扫描方式阅读条码信息的场合，也可以安装在生产流水线传送带旁的某一固定位置，等待标附有条码标签的待测物体进入扫描范围，自动扫描。

(5) 便携式条码阅读器。便携式条码阅读器也称为数据采集器，或便携式数据终端，配有光笔式或轻便的枪型条码扫描器，对条码符号进行扫描。

2. 条码数据采集器

条码识读器是即时读取条码数据传输到计算机上的，自身没有存储功能，通过连接线扫描得出的数据即时显示在计算机文档中光标定位处。把条码识读器和具有数据存储、处理、通信功能的手持数据终端设备结合在一起，成为条码数据采集器，简称数据采集器。数据采集器是一种条码只读设备，扫描条码后先将数据存储起来，根据需要再经过接口电路分批处理数据，也可以通过无线局域网、GPRS 或广域网相联，实时传送和处理数据。

数据采集器实际上是移动式数据处理终端和某一类型的条码识读器的集合体，主要技术指标包括 CPU、手持终端内存、功耗、输入设备、显示输出、与计算机系统通信能力、外围设备驱动能力等。数据采集器按处理方式不同可分为在线式和批处理式；按产品性能不同可分为手持终端、无线型手持终端、无线掌上电脑和无线网络设备。

便携式数据采集器作为计算机网络系统的功能延伸，是为适应一些现场数据采集和扫描笨重物体的条码符号而设计的。从完成内容上来看，其又分为数据采集型和数据管理型两种。数据采集型的产品可应用于供应链管理的各个环节，快速采集物流的条码数据，在采集器上作简单的数据存储、计算等处理，而后将数据传输给计算机系统；数据管理型产品主要考虑采集条码数据后能够全面地分析数据，并得出各种分析、统计的结果，通常采用 WinCE/Palm 环境的操作系统、内置小型数据库来实现功能要求。

无线数据采集器除了具有一般便携式数据采集器的优点外，还有在线式数据采集器的优点，它与计算机的通信是通过无线电波来实现的，可以把现场采集到的数据实时传输给计算机。相比普通便携式数据采集器又更进一步地提高了操作员的工作效率，使数据从原来的本机校验、保存转变为远程控制、实时传输。

 案例 3-3

速递数据采集系统

> 邮政、速递行业每天的业务量是非常大的，这样造成差错的机会也随之增大，采用数据采集器管理所有速递信、物品可以高效、可靠地完成工作。无论是收入或是发出的信件、物品，操作员都可以在客户现场使用无线数据采集器通过无线 WAN 网将扫描登记的信息在第一时间传输到总部服务器中，这样整个物品运转的速度就大大提高了。邮件速递条码采集系统总体框架如图 3.13 所示。
>
>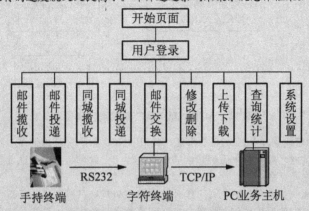
>
> 图 3.13 数据采集器在邮政、速递行业的应用
>
> 邮件速递数据采集系统是一个稳定的、可扩展的、易于维护的便携式条码数据采集系统，它全面提升了传统邮件速递和邮件揽收的处理模式。
>
> (资料来源：张铎. 自动识别技术产品与应用[M]. 武汉：武汉大学出版社，2009.)

3.2.3 条码印制

企业要使用条码标识自己的产品，必须按照国家规定向国家物品编码中心申请，并依据代码的特性，为每一个产品编制一个唯一的代码。代码确定后，就可以根据具体情况确定采用哪种印制方式生成条码。条码是一种特殊的图形，生成技术要靠印制来实现，印制时必须严格按照其编码规则达到印制质量标准及技术指标的要求。此外，由于条码是通过条码识读设备来识别的，这就要求条码符合光电扫描器的某些光学特性。

 知识拓展

我国商品条码的注册与管理

> 中国物品编码中心于 1988 年经国务院同意成立，隶属于国家质量监督检验检疫总局，是统一组织、协调、管理我国物品编码与自动识别技术的专门机构；1991 年 4 月代表我国加入国际物品编码协会。
>
> （1）注册。依法取得企业法人营业执照的生产者、销售者可根据自己的经营需要，申请注册厂商识别代码。申请行为完全是自愿的。申请人可到所在地的编码分支机构办理申请注册手续，办理流程如图 3.14 所示。

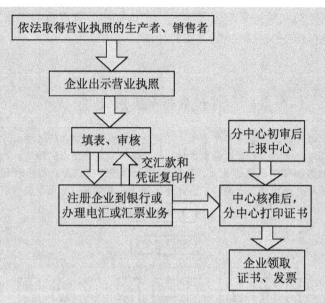

图 3.14 企业申请注册厂商识别代码流程

(2) 商品条码的管理质量。加入 ANCC 系统，使用 ANCC 系统资源的企业，即为"ANCC 系统成员"。获准注册厂商识别代码并由中国物品编码中心发给《中国商品条码系统成员证书》的企业，取得中国商品条码系统成员资格。

中国商品条码系统成员享有以下权利：①对合法拥有的厂商识别代码、商品代码及其相应的商品条码享有专用权；②享有使用厂商识别代码自行分配商品代码的权利；③享有获得编码中心及其分支机构提供的咨询、培训、检测等技术服务的权利；④对编码中心及其分支机构的工作提出建议的权利。

中国商品条码系统成员应履行以下义务：①按国家标准、技术规范及相关规定，正确使用商品条码相关技术；②不得转让或与他人共享厂商识别代码、商品代码及其相应的商品条码；③按期续展，及时交纳系统维护费；④企业信息变更时，须及时办理变更手续；⑤按规定进行产品信息备案。

1. 条码的印刷

条码是商品的身份证。条码的精确印刷很重要，整个条码系统的成功依赖于条码的印刷质量。选择合适的技术和设备，使条码符合标准是建立条码系统必须考虑的问题。

条码的印刷可以是由用户控制的现场印刷，也可以是由标签供应商控制的非现场印刷(预印制)。现场印刷常采用的技术有热敏式、热转式、点阵式、喷墨式和激光式等；非现场印刷一般采用凸版印制、平板印制、凹版印制、热冲印制、激光照排或数字化处理等手段，印刷的条码质量比现场印刷的质量好。胶版印刷是条码印制到包装上最实用的方法，印刷精度高、速度快，适合大批量包装的条码印刷，制版必须经过专业印刷厂和标准管理部门的认可。

打印条码使用的打印机分为普通打印机和专用条码打印机。普通打印机又分为 3 种：一种是击打式机械打印机，通过打印针击打色带将条码字符打印在标签上，这种打印机的打印精度低，速度慢，一般不采用；一种是喷墨打印机，打印速度快，可打印彩色条码，打印精度可达 0.11 mm，但是易产生污点和脱墨现象，对打印介质要求较高；一种是激光打印机，打印精度可达 0.08～0.13 mm，可打印彩色标签，但是打印速度慢，对打印介质要求也较高。

知识拓展

条码的编辑打印

依照国家标准编制条码,使之成为图形化可通过自己编制软件完成,也可使用商业化的编码软件以便更加迅速、准确地完成条码的图形化编辑。目前市场上有许多商业化编码软件,较为先进的条码生成软件有 CodeSoft、Barcode 等。

条码编辑打印软件的主要作用就是编辑条码标签,并在相应的打印机上将标签打印出来。如图 3.15 所示,为互联网上一种比较不错的软件编辑界面,其既可编辑一维条码也可生成二维条码,并可以与数据库进行连接进行批量打印。

图 3.15 条码编辑打印软件界面

2. 条码的检测

条码检测是一个技术过程,通过该过程,可以确定条码符号是否符合该符号规范。如果条码出现问题,物品信息的通信将被中断,所能带来的后果比起符号本身要大得多。条码检测的目的就是要核查条码是否能起到其应有的作用。

条码印刷品的质量是确保条码正确识读、使条码技术产生社会效益和经济效益的关键因素之一。中华人民共和国国家标准《商品条码 条码符号印制质量》(GB/T 18348—2008)规定的检测项目共 12 项,包括译码正确性、最低反射率、符号反差、边缘反差、调制比、缺陷度、可译码度、条码符号一致性、空白区宽度、放大系数、条高和印刷位置。

常见的质量问题有码制、条码的唯一性、外观、反射率与 PCS(Print Contrast Signal)值、条高、放大系数、空白区尺寸、译码、尺寸误差和条码位置等。

案例 3-4

小条码引来大官司

湛江信威工艺品有限公司与美国沃尔玛的供货商签订了一批出口美国的酒柜供货合同。随后，公司将酒柜外包装上的 12 400 张印刷有条码的彩色图片委托湛江某社印刷厂印制。2001 年 1 月，该批酒柜分批出口到美国，到岸后被运往沃尔玛在美国的 450 家连锁超市销售。然而在超市销售时却发现，外包装图片上的条码扫描出来的价格与公司规定的价格不相符，印制在条码上的字符经扫描读出的数字互不对应。沃尔玛当即决定停止销售所有的酒柜，并且拒绝已到岸的酒柜进入超市仓库，同时要求中方的出口商立即采取补救措施。中方只得派人在当地用更换包装上的条码来解决，同时委托美方印刷正确的条码并帮助更换，此外对陆续到岸的酒柜另寻仓库存放。该公司先后用现金和以货抵押方式向美方支付制作费、更换费、运输费和仓储费等多项支出计 21.337 5 万美元。

事后，该公司一纸诉状将湛江某印刷厂告上法院，请求判令被告支付因其印刷条码错误而造成的所有损失共 1 764 611 元，并退还印刷费 17 589 元。至此，双方开始争执不下。2002 年 5 月 29 日，广东省条码质量监督检验站对湛江市赤坎区法院送检的彩图样品检验表明，被检样品的所检项目中，条空尺寸偏差、条高尺寸、检验码、译码不确定性 4 项不符合国家标准的技术要求，综合判定为不合格。针对此事，广东省条码质量监督检验站负责人认为，近年来在广东等地因条码制作或印刷问题引发的纠纷已经发生多起。虽然条码看似简单，但对制作和印刷要求的精度却是很高的，条码的尺寸、颜色和位置超过一定的标准，容易造成条码与识别的数字不符。国家对条码的制作和印刷都有着相应的资质要求，不是任何单位和个人可随意制作和印刷的。

(资料来源：http://www.ancc.org.cn/news.)

3. 防伪条码

具有防伪功能的条码目前应用的主要有两种：一种是红外隐形条码，它包括覆盖式隐式条码、光化学处理的隐形条码、隐形油墨印刷的隐形条码；另一种是荧光条码。

多功能覆隐条码是利用红外油墨的光学特性，肉眼看上去是黑色油墨，在 900 纳米红外光照射下呈反射状态，它是隐形条码自动识别防伪系统的简称。隐形条码是在保持原有几何结构不变的情况下，运用专用设备，对条码进行光化学处理，使条码的 PCS 值——条、空对比度降到 0，但仍然能够被专用的阅读设备识读，而不能被复制，保留了所有黑白条码固有的性质与功能，使之同样能够参与管理，同时为使用者提供防伪、证伪功能。

荧光条码利用特殊的荧光墨汁将条码印刷成隐形条码，在紫外光(200～400 纳米)照射下，能发出可见光(400～800 纳米)的特种油墨。按激发光源的波长不同，可分为短波紫外线激光荧光防伪印刷油墨和长波紫外线激光荧光防伪印刷油墨；根据油墨有无颜色分为有色荧光油墨和无色荧光油墨两种。

3.2.4 条码应用系统

条码应用系统就是将条码技术应用于某一系统中，充分发挥条码技术的优点，使应用系统更加完善。条码应用系统一般由条码(数据源)、识读设备、计算机及通信系统、应用软件等组成，其运作流程如图 3.16 所示。

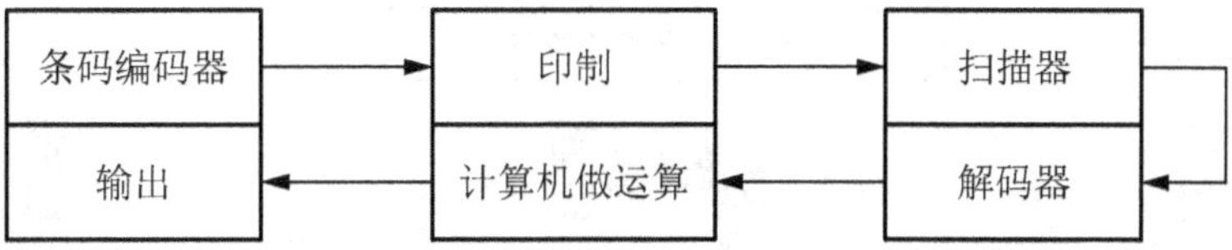

```
条码编码器 → 印制 → 扫描器
    ↓              ↓
   输出 ← 计算机做运算 ← 解码器
```

图 3.16　条码应用系统处理流程

条码应用系统主要由条码编码方式、条码打印机、条码识读器、编码器与解码器等元素构成。条码编码方式的选择一般以最容易与交易伙伴流程的编码方式为最佳，以黑色作为条码、底色以白色为主最好。编码器及解码器是介于资料与条码间的转换工具，编码器可将资料编成条码；而解码器原理是由传入的类比信号分析出黑、白线条的宽长，然后根据编码规则将条码资料解读出来，再经过电子元件的转换后，转成计算机所能接受的数位信号。

1. 条码与数据库系统集成

一维条码只能用来标识某个对象，但不能描述该对象，当人们通过条码扫描设备将条码信息输入到计算机中时，该条码代表什么、它的特征信息(名称、规格、颜色、单价等)是无法直接从条码中得到的，这些信息只能借助与终端相连的后台数据库得到。

在关系数据库的表中，条码所代表的编码作为描述对象的主属性(关键字)存储在表中。例如，超市中的商品信息表结构如表 3-1 所示。

表 3-1　超市中商品信息表结构

商品条形码	商品名称	规格型号	生产日期	单价/元	……
6932340105166	康师傅绿茶	瓶	2012/11/25	2.50	……
6901234567892	×××商品	……	……	……	……
……	……				

在收款台，当条码扫描设备扫描该商品时，经过光电转换，读入到计算机中的是康师傅绿茶的编码值"6932340105166"，以该值作为查询关键字，可以从数据库的商品表中查询得该商品的详细信息。

2. 条码的应用

条码是商品在世界的通用身份证，在它短短的四十多年，在世界各地迅速推广，其应用领域不断扩大，包括交通运输业、商业贸易业、生产制造业、工业、医疗卫生业、邮电系统、银行、国防和政府管理等领域。图 3.17 显示了不同类型的条码在物流的应用。

1) 建立商店自动销售管理系统

通过商品条码的应用，保证了商品标识的唯一性。POS 系统利用现金收款机作为终端机与计算机系统相连，并借助光电识读设备为计算机采集商店的销售信息。当带有条码符号的商品通过结算台扫描时，该商品的销售信息立刻输入商店的计算机管理系统，计算机自动查询到该商品的名称和价格等，并进行自动结算，提高了结算速度和结算的准确性。该管理系统可以根据这些信息实现结算、商品货架补充、订货和盘点等自动化管理。

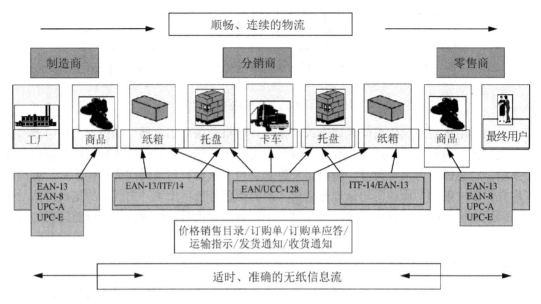

图 3.17 条码在物流中的应用

知识拓展

POS 系统

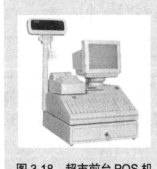

图 3.18 超市前台 POS 机

当在超市中体验着购物的愉快与交易的便利时，你一定注意到了面前的 POS 系统。作为零售业信息化建设的一个基础环节，它已成为零售企业发展、扩张不可或缺的工具。典型的收款机即 POS 机，如图 3.18 所示。

一般而言，商业 POS 系统由前台 POS 系统和后台 MIS 两部分组成。前台 POS 系统通过自动读取设备，在销售商品时直接读取商品销售信息，以实现前台销售业务的自动化，对商品交易进行实时服务和管理，并通过通信网络和计算机系统传送至后台，通过 MIS 的计算、分析与汇总等掌握商品销售的各项信息。后台 MIS 主要负责整个商场进、销、调、存系统的管理及财务管理、库存管理、考勤管理等。

2) 实现商品信息的电子数据交换

采集商品信息的最终目的是为了使用信息，并通过信息交换实现资源共享，从而提高信息的利用率，为科学决策服务。推广商品条码不仅可以通过建立 POS 系统提高管理水平，还在于商业信息的 EDI，实现无纸贸易。这样，人们可以通过电子信息交换系统及时、准确地获得所需要的商业信息，提高生产和经营效率。

条码技术为人们提供了一种对物流中的物品进行标识和描述的方法，借助自动识别技术、POS 系统、EDI 等现代技术手段，企业可以随时了解有关产品在供应链上的位置，并及时作出反应。当今在欧美等发达国家兴起的 ECR(Efficient Consumer Response，有效客户反应)、QR(Quick Response，快速反应)、自动连续补货等供应链管理策略，都离不开条码技术的应用。条码是实现 POS 系统、EDI、电子商务、供应链管理的技术基础,是物流管理现代化、提高企业管理水平和竞争能力的重要技术手段。

案例 3-5

条码在仓储中的应用

仓储作业是以货物的存储、保管为活动中心,从仓库接收货物入库开始到按需要把货物全部完好地发送出去的全过程。仓储作业过程中,各个作业环节之间存在着内在联系,并且需要耗费大量的人力、物力及财力,使用条码和手持终端管理后,可快速、准确地将这些数据传到计算机系统中,通过计算机处理完成仓储管理工作。下面以某配送中心为例说明条码的应用过程。

(1) 商品入库验收。根据订货合同将订货数量传输给手持终端,要为原包装没有通用商品条码的商品事先准备好内部条码,货到后先内部条码标贴到没有原条码的相应商品包装上,用手持终端扫描每种商品的条码后,手持终端的屏上就会自动显示出每种应到货的规格数量,经核对无误后便可以直接确认,否则用键盘输入实际到货数量。货物入库后按照其分类和属性将其安排到相应的货位上,用手持终端扫描要放置商品的条码后再扫描一下货架上的位置条码。当该批次的所有到货商品处理完后,利用手持终端的通信功能,就可以把商品的到货和库存位置等数据信息传送到计算机系统中。

(2) 商品出库发货。根据商业网点和各连锁分店的补货申请,由计算机系统对照库存相应商品数量,制定出各店铺的补货指示书,将需要补货的商品集中后,使用已存储了该批出库数据的手持终端,扫描商品的条形码确认出库的品种和数量,完成后将手持终端数据传送至计算机系统。

(3) 库存盘点。使用手持终端依次扫描仓库货架上的商品条码,并输入实际库存数量,操作完成后将实际库存数传送到计算机系统中,由计算机系统自动进行处理,作出各种分析报告。

3.3 典型条码应用

GS1 全球统一标识系统(也称 EAN·UCC 全球统一标识系统,在我国称为 ANCC 系统)是国际物品编码协会开发、管理和维护,在全球推广应用的一个编码及数据自动识别的标准体系。它包含 3 个部分的内容,即编码体系、可自动识别的数据载体和电子数据交换标准协议。其核心内容是采用标准的编码为商品、服务、资产和位置等提供准确的标识,并且这些编码能够以条码符号或 RFID 标签来表示,以便进行数据的自动识别。该系统能确保标识代码在全球范围内的通用性和唯一性,克服了各行业的机构使用自身的编码体系只能在闭环系统中应用的局限性,有效地提高了供应链的效率,推动了电子商务的发展。

GS1 系统以条码符号、RFID 标签等可自动识别的载体承载编码信息,从而实现流通过程中的自动数据采集。条码是 GS1 系统中的主要数据载体,GS1 的条码符号主要有 EAN/UPC 条码、ITF-14 条码和 UCC/EAN-128 条码 3 种。

3.3.1 商品条码

商品条码是在流通领域中用于标识商品的全球通用的条形码,生产商、分销商及零售商都可能按照商品条码来识别产品。为了能够在整个供应链中共享信息,GS1 系统提供了零售商品的编码体系、条码符号等。通常情况下,商品的基本特征包括商品名称、商标、种类、规格、数量、包装类型等产品特性。企业可根据所在行业的产品特征及自身的产品管理需求为产品分配唯一的商品代码。

1. 零售商品条码

商品条码是由国际物品编码协会(EAN)和统一代码委员会(UCC)规定的,用于表示商品标识代码的条码,包括 EAN 码和 UPC 码。

1) EAN 码

EAN 码是由国际物品编码协会制定,在 UPC 基础上发展起来的商品条码,两者有相同的字符编号结构,是无含义、长度固定、连续型的数字式码制,字符集为数字 0~9。EAN 码有 EAN-13 和 EAN-8 两种,其中 EAN-13 用于一般商品识别,EAN-8 用于包装面积较小的商品上,如图 3.19 所示。

(a) EAN-13 码

(b) EAN-8 码

图 3.19 EAN-13 码和 EAN-8 码

EAN-13 码由 13 位数字组成,有 4 种结构,如表 3-2 所示。

表 3-2 EAN-13 代码的结构

结构种类	厂商识别代码	商品项目代码	校验码
结构一	$X_{13}X_{12}X_{11}X_{10}X_9X_8X_7$	$X_6X_5X_4X_3X_2$	X_1
结构二	$X_{13}X_{12}X_{11}X_{10}X_9X_8X_7X_6$	$X_5X_4X_3X_2$	X_1
结构三	$X_{13}X_{12}X_{11}X_{10}X_9X_8X_7X_6X_5$	$X_4X_3X_2$	X_1
结构四	$X_{13}X_{12}X_{11}X_{10}X_9X_8X_7X_6X_5X_4$	X_3X_2	X_1

(1) 前缀码:代表国家代码,由 GS1 系统统一管理和分配。不同国家和地区,代码不同,我国目前有 6 个,即 690~695。值得注意的是,随着世界经济一体化发展,前缀码一般并不一定代表产品的原产地,而只能说明分配和管理有关厂商识别代码的国家或地区编码组织。

(2) 厂商识别代码:由 7~9 位数字组成。由中国物品编码中心统一向申请厂商分配,是在全球范围内对厂商的唯一标识。任何厂商不可以使用其他厂商的厂商代码,也不可以共享和转让,更不可以伪造代码。

(3) 商品项目代码:由 5~3 位数字组成。由各申请厂商根据有关规定自行分配。必须做到一个商品项目只有一个代码,一个代码只标识一个商品项目。

(4) 校验码:按算法求得,用于防止扫描阅读错误。校验码是根据 X_1~X_2 的数值按一定的数学算法计算而得,具体计算方法是先将代码自左向右编号,求出所有偶数位上数字之和的 3 倍,再加上奇数位上数字之和的结果,取个位数的补数,即为校验码的值。

EAN-13 的每一条码数字符由 2 个条和 2 个空构成,每一条或空由 1~4 个模块组成,每一条码字符的总模块数为 7。用二进制"1"表示条的模块、"0"表示空的模块,一个标准模块的宽度为 0.33 毫米。EAN-13 码的各组成部分的模块数如图 3.20 所示。

左侧空白区 (11个模块)	起始符 (3个模块)	左侧数据符 (表示6位数字) (6×7个模块)	中间分隔符 (5个模块)	右侧数据符 (表示5位数字) (5×7个模块)	校验符 (表示1位数字) (7个模块)	终止符 (3个模块)	右侧空白区 (7个模块)

（表格上方标注：113模块；其中除左右空白区外为95模块）

图 3.20　EAN-13 码符号构成示意

EAN-8 码是 EAN-13 码的一种补充，用于标识小型商品。在 EAN-8 码的结构中没有制造厂商代码，商品项目识别代码由 7 位数字组成。在中国内地，$X_8X_7X_6$ 为前缀码，前缀码与校验码的含义与 EAN-13 码相同。计算校验码时只需在 ENA-8 码前添加 5 个 "0"，然后按照 EAN-13 码中的校验码计算即可。

2) UPC 码

UPC 码是用来表示 UCC-12 商品标识代码的条码符号，是由美国统一代码委员会(UCC)制定的一种条码制。UPC 条码也有两种，即 UPC-A 码和 UPC-E 码，如图 3.21 所示。

(a) UPC-A 码　　　　　　(b) UPC-E 码

图 3.21　UPC-A 码与 UPC-E 码

UPC-A 码的结构与 EAN-13 码基本相同，都是由左侧空白区、起始符、左侧数据符、中间分隔符、右侧数据符、校验符、终止符、右侧空白区及供人识别字符组成。UPC-A 码左、右侧空白区最小宽度均为 9 个模块宽，其他各组成部分的模块数也与 EAN-13 码相同。

图书系列条码

ISBN(International Standard Book Number)是"国际标准书号"之意。1966 年 11 月，西柏林第三届国际图书市场研究和图书贸易合理化会议上，当时联邦德国的克莱特出版公司提出了标准号码的倡议；1971 年，国际标准化组织批准了 ISBN 在世界范围内实施。我国 1982 年参加 ISBN，并于 1987 年 1 月 1 日起实施中国标准书号。

国际标准书号由 ISBN 冠头，后接四段 10 位数字：①组号，是国家、地区、语言或其他组织集团的代号，中国组号为 "7"；②出版社号，由国家标准书号中心分配的出版社代号；③书序号，由出版社分配的图书出版的序号，通常这部分作为出版社管理图书的标识；④校验码，用作书号编码的计算机校验。10 位数字各段之间用一个连字符相连接。

国际物品编码协会把图书作为特殊的商品，将 EAN 前置码 978 作为国际标准书号系列的前置码。EAN 图书代码可以用两种不同的代码结构来表示，一种是利用图书本身的 ISBN 编号，按 EAN 和 ISBN 协议规定，将 978 作为图书商品的前置码进行编码；另一种是把图书视为一般商品，然后按 EAN 商品编码方法进行编码。作为 ISBN 组织成员，中国采用了第一种编码方式。

2. 变量贸易项目代码

变量零售商品的代码用于商店内部或封闭系统中的商品消费单元。前缀码为 20～24 的商品条码，用于标识商店自行加工店内销售的商品和变量零售商品；8 位店内条码的前缀码为 2。

不包含价格信息的 13 位代码由前缀码、商品项目代码和校验码组成。前缀码占 2 位，其值为 20～24；商品项目代码由 10 位数字组成，由商店自行编制；检验码为 1 位数字，其计算方法同 EAN-13 码。

包含价格等信息的 13 位代码由前缀码、商品种类代码、价格或度量值的校验码、价格或度量值代码、检验码组织，其中价格或度量值的检验码可以默认。包含价格等信息的 13 位代码共分 4 种结构，如表 3-3 所示。

表 3-3 EAN-13 码的结构

结构种类	前缀码	商品种类代码	价格或度量值的校验码	价格或度量值代码	校验码
结构一	$X_{13}X_{12}$	$X_{11}X_{10}X_9X_8X_7X_6$	无	$X_5X_4X_3X_2$	X_1
结构二	$X_{13}X_{12}$	$X_{11}X_{10}X_9X_8X_7$	无	$X_6X_5X_4X_3X_2$	X_1
结构三	$X_{13}X_{12}$	$X_{11}X_{10}X_9X_8X_7$	X_6	$X_5X_4X_3X_2$	X_1
结构四	$X_{13}X_{12}$	$X_{11}X_{10}X_9X_8$	X_7	$X_6X_5X_4X_3X_2$	X_1

前缀码为 20～24；商品种类代码由 4～6 位组成，用于标识不同种类的零售商品，由商店自行编制；在价格或度量值的校验码的计算过程中，要对价格或度量值代码中每个代码位置分配一个特定加权因子(包括 2-、3、5+、5-)，根据相应的加权因子对价格或度量值代码中的数值进行数学运算得出结果，即加权积；价格或度量值由 4～5 位数字组成，用于表示某一具体零售商品的价格或度量值信息。

案例 3-6

价格或度量值代码的检验码的计算

数值 0～9 依照加权因子 2-、3、5+、5- 运算得出的加权积如表 3-4 所示。

表 3-4 加权因子对应的加权积

代码数值		0	1	2	3	4	5	6	7	8	9
加权积	2-	0	2	4	6	8	9	1	3	5	7
	3	0	3	6	9	2	5	8	1	4	7
	5+	0	5	1	6	2	7	3	8	4	9
	5-	0	5	9	4	8	3	7	2	6	1

(1) 价格为 28.75 元(4 位数字)的价格或度量值代码的校验位的计算:

代码位置序号	1	2	3	4
加权因子	2-	2-	3	5-
价格代码	2	8	7	5

第一步：查表得加权积		4		5		1		3	
第二步：求和		4	+	5	+	1	+	3	= 13
第三步：用 3 乘以第二步结果									= 39

取乘积的个位数字 9 为所求价格校验码。

(2) 价格为 146.85 元(5 位数字)的价格或度量值代码的校验位的计算：

代码位置序号	1	2	3	4	5
加权因子	5+	2−	5−	5+	2−
价格代码	1	4	6	8	5
第一步：查表得加权积	5	8	7	4	9
第二步：求和	5 +	8 +	7 +	4 +	9 = 33
第三步：用大于或等于第二步所得结果且为 10 的最小整数倍的数减去第二步所得结果				40 −	33 = 7

查表得加权积 7 在 5− 中所对应的代码数值为 6，即 6 为所求校验码。

8 位代码由前缀码、商品项目代码和校验码组成。前缀码由 1 位数字组成，其值为 2；商品代码由 6 位数字组成，由商店自行编制；校验码为 1 位，根据前 7 位计算而成。

3. 特殊情况下的编码

(1) 产品变体的编码：如果制造商决定产品的变化(如含不同的有效成分)与标准产品同时存在，那么就必须另外分配一个单独且唯一的商品标识代码。

(2) 组合包装的编码：如果商品是一个稳定的组合单元，其中每一部分都有其相应的商品标识代码。一旦任意一个组合单元的商品标识代码发生变化，或者组合单元的组合有所变化，都必须分配一个新的商品标识代码。

(3) 促销品的编码：商品的促销变体如果影响产品的尺寸或重量，必须另行分配一个不同的、唯一的商品标识代码。例如，加量不加价的商品、附赠品的包装形态。

(4) 商品标识代码的重新启用：根据 EAN·UCC 规范，按照国际惯例，一般来讲，不再生产的产品自厂商将最后一批商品发送之日起，至少 4 年内不能重新分配给其他商品项目。对于服装类商品，最低期限可为两年半。

3.3.2 储运条码

储运条码是专门标识储运单元编码的条码，因在商品外包装箱上使用，也称箱码或非零售商品条码。储运条码有 3 种形式，如图 3.22 所示。

储运包装商品的编码采用 13 位或 14 位数字代码结构，13 位储运包装商品的代码结构与 13 位零售商品的代码结构相同。当储运包装商品不是零售商品时，应在 13 位代码前补"0"变成 14 位代码，采用 ITF-14 或 UCC/EAN-128 条码表示。

1. ITF-14

储运条码分为定量储运单元和变量储运单元编码。定量储运单元一般采用 13 位或 14 位数字编码，当定量储运单元又是定量消费单元时，应按定量消费单元进行编码。当含相同种类定量消费单元组成定量储运单元时，可给每一定量储运单元分配一个区别于它所包含的消费单元代码的 13 位数字代码,也可用 14 位数字进行编码,其编码结构如表 3-5 所示。其中字符 V 用于指示定量储运单元的不同包装,取值范围为 1~8。

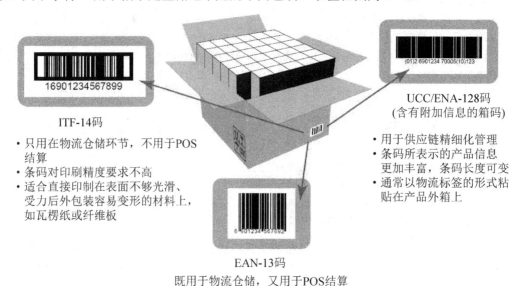

图 3.22 储运条码的形式

表 3-5 定量储运单元编码结构

定量储运单元包装指示符	定量消费单元代码(不含校验字符)	校验字符
V	$X_1X_2X_3X_4X_5X_6X_7X_8X_9X_{10}X_{11}X_{12}$	C

ITF-14 码是连续型、定长、具有自校验功能、条空都表示信息的双向条码,条码字符的组成与交叉 25 码相同,如图 3.23 所示。ITF-14 码只用于标识非零售的商品,其对印刷精度要求不高,比较适合直接印刷于表面不够光滑、受力后尺寸易变形的包装材料,如瓦楞纸箱或纤维板上。

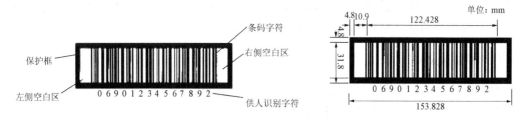

图 3.23 ITF-14 码符号

EAN/UCC-14 代码贸易项目的 EAN/UCC-13 前再加上指示符。一个厂商可混合采取两种编码方案,如用 EAN/UCC-13 将产品代码标识为 6901234567892,同时使用 EAN/UCC-14 表示产品代码标识为 16901234567892。可以用 ITF-14 表示代码 16901234567892,也可以用 UCC/EAN-128 码。

变量储运单元编码由 14 位数字的主代码和 6 位数字的附加代码组成,代码结构如表 3-6 所示。其中 LI 指示在主代码后面有附加代码,取值为 9;附加代码是指包含变量储运单元内,按确定的基本计量单位计量取得的商品数量。变量储运单元的主代码用 ITF-14

码标识,附加代码用 ITF-6(6 位交叉 25 码)标识。

表3-6 变量储运单元结构

主代码			附加代码	
变量储运单元包装指示符	厂商识别代码与商品项目代码	校验符	商品数量	校验符
LI	$X_1X_2X_3X_4X_5X_6X_7X_8X_9X_{10}X_{11}X_{12}$	C_1	$Q_1Q_2Q_3Q_4Q_5$	C_2

每个完整的非零售商品包装上至少应有一个条码符号。包装项目上最好使用两个条码符号,放置在相邻的两个面上——短的面和长的面右侧各放一个。在仓库的应用中,这样可以保证包装转动时,人们总能看到其中的一个条码符号。

知识拓展

储运条码的编写

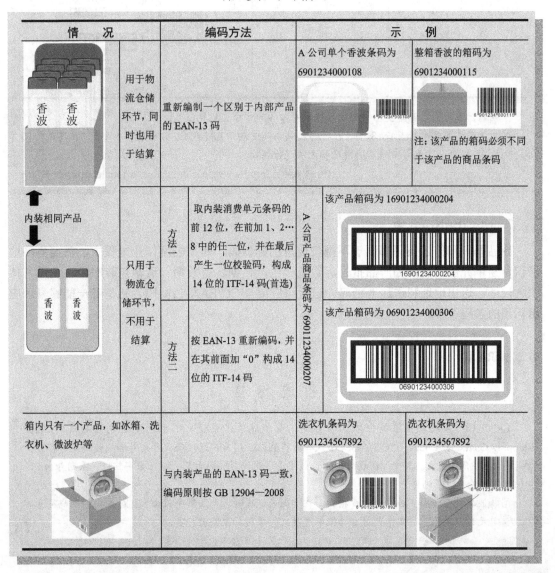

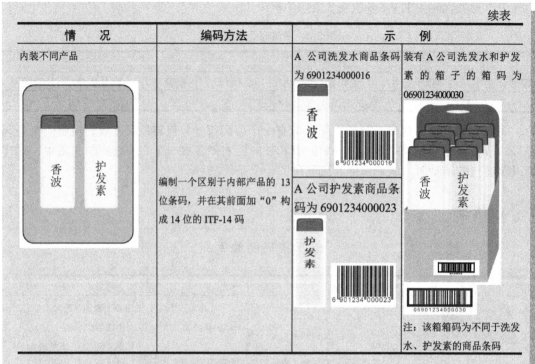

* 箱内产品不固定时需要与中国物品编码中心各地方分支机构联系；

* 内装零售商品采用 EAN-8 码时，对其箱码编码应先在 EAN/UCC-8 码前补 5 个 0，使其先转化成 13 位，再根据上述表格中的不同情况和方法进行编码。

（资料来源：http://www.ancc.org.cn/News/article.aspx?id=5980.)

2. UCC/EAN-128 码

商品条码和储运条码都属于不携带信息的标识码，而在物流作业过程中，需要更多地标识贸易单元的信息，如产品批号、数量、生产日期、有效期、运输包装序号、重量、体积、尺寸、送出地址和送达地址等。这时可应用 UCC/EAN-128 码，它是唯一能够表示应用标识的条码符号。

物 流 标 签

EAN/UCC 系统在供应链中跟踪和自动记录物流单元中使用了系列货运包装箱代码(Serial Shipping Container Code，SSCC)，SSCC 代码由扩展位、厂商识别代码、系列号和校验码 4 个部分，共 18 位数字代码组成。其中，扩展位占 1 位数字，厂商识别代码由 7~10 位数字组成，系列号由 6~9 位数字组成，校验码为 1 位数字。

当物流单元可能由多种贸易项目构成，在其尚未形成时，无法事先将含 SSCC 在内的条码符号印在物流单元的包装上，通常情况是在物流单元确定时再附加上物流标签。

物流标签上表示的信息有两种基本的形式：一是由文本和图形组成的供人识读的信息；二是为自动数据采集设计的机读信息。物流标签的版面划分为 3 个区段，即供应商区段、客户区段和承运商区段，如图 3.24 所示。供应商区段所包含的信息一般是供应商在包装时获得的，SSCC 在此作为物流单元的标识；客户区段所包含的信息，有到货地、购买订单代码、客户特定运输路线和装卸信息等，通常是在订购时和供应商处理订单时获得的；承运商区段所包含的信息有到货地邮政编码、托运代码、承运商特定运输路线、装卸信息等，通常是在装货时获得的。

图 3.24　物流标签

UCC/EAN-128 码是一种连续型、非定长、有含义的高密度代码。它用一组平行的条、空及相应的字符表示，如图 3.25 所示。每个条码字符由 3 组条、3 组空共 11 个模块组成，每组条、空由 1～4 个模块构成。贸易单元 128 条码有 A、B、C 共 3 套字符集，其中 C 字符集能以双倍的密度来表示全数字的数据。这 3 套字符覆盖了 128 个 ASCII 字符。

图 3.25　UCC/EAN-128 码

条码标识由标识符和数据两部分组成。标识符是标识编码应用含义和格式的字符，其作用是指明跟随在标识符后面的数字所表示的含义，一般由 2～4 个数字组成。表 3-7 是摘录的条码应用表示的含义，其中 n 表示数字，a 表示字母。例如，在标识符的"11"的格式"n2 + n6"中，n2 表示该标识符是 2 位数字格式，n6 表示标识符后跟定长(6 位)的全数字型代码；在标识符的"400"的格式"n3 + an…30"中，n3 表示标识符是 3 位数字格式，an…30 表示标识符后跟不定长的字母或数字型代码，代码最长不超过 30 位。

表 3-7 条码标识符的含义

标识符	含 义	格 式
11	生产日期	n2 + n6
15	保质期	n2 + n6
30	数量	n2 + n…8
400	客户购货订单代码	n3 + an…30
410	以 EAN-13 码表示的交货地点的(运抵)位置码	n3 + n13

UCC/EAN-128 码符号是非定长条码符号,但编码的数据字符的数量不能超过 48 个,且整个符号的物理长度不能超过 165 毫米。UCC/EAN-128 条码符号的最大长度允许在一个条码符号中对多个字符串进行编码,这种编码方式称为链接。链接的编码方式比分别对每个字符串进行编码节省空间,因为只使用一次符号控制字符。同时,一次扫描也比多次扫描的准确性更高,不同的元素串可用一个完整的字符串从条码扫描器中传送。

3.3.3 QR 码

1994 年 9 月日本电装(DENSO)株式会社研制成 QR 码(Quick Response Code),它除具有一维条码及其他二维条码所具有的信息容量大、可靠性高、可表示汉字及图像多种文字信息、保密性强等优点外,还具有能高速全方位识读、占用空间小等主要特点。其最大规格的符号版本可以容纳 7 089 个数字字符、4 296 个字母字符或 1 817 个汉字字符。

1. QR 码的构成

QR 码为矩阵式二维码,其编码字符集包括数字型数据、字母数字型数据(数字 0~9;大写字母 A~Z;9 个其他字符:space,$,%,*,+,-,.,/,:)、8 位字节型数据、日本汉字字条、中国汉字字符。深色模块表示二进制 1,浅色模块表示二进制 0。具有 4 个等级的纠错功能,纠错能力为 L 级 7%、M 级 15%、Q 级 25%、H 级 30%。

QR 码符号共有 40 种规格,即版本 1~40。版本 1 的规格为 21 模块×21 模块,版本 2 为 25 模块×25 模块,以此类推,每一版本符号比前一版本每边增加 4 个模块,直到版本 40,规格为 177 模块×177 模块。图 3.26 描述了版本 1 和版本 40 的符号结构。

每个 QR 码符号由名义上的正方形模块构成,组成一个正方形阵列,它由编码区域和包括寻象图形、分隔符、定位图形和校正图形在内的功能图形组成,如图 3.27 所示。功能图形不能用于数据编码,符号的四周由空白区包围。

寻象图形包括 3 个相同的位置探测图形,分别位于符号的左上角、右上角和左下角,每个位置探测图形可以看作是由 3 个重叠的同心的正方形组成,它们分别为 7×7 个深色模块、5×5 个浅色模块和 3×3 个深色模块。在每个位置探测图形和编码区域之间有宽度为 1 个模块的分隔符,它全部由浅色模块组成。水平和垂直定位图形分别为一个模块宽的一行和一列,由深色和浅色模块交替组成,开始和结尾都是深色模块,其作用是确定符号的密度和版本,提供决定模块坐标的基准位置。每个校正图形可看作是 3 个重叠的同心正方形,由 5×5 个的深色模块,3×3 个的浅色模块,以及位于中心的一个深色模块组成。

QR 码的编码包括以下几个步骤。

(1) 数据分析。分析所输入的数据流,确定要进行编码的字符的类型。QR 码支持扩充解释(Extended Channel Interpretation,ECI),可以对与默认的字符集不同的数据进行编码。QR 码包括几种不同的模式,以便高效地将不同的字符子集转换为符号字符。

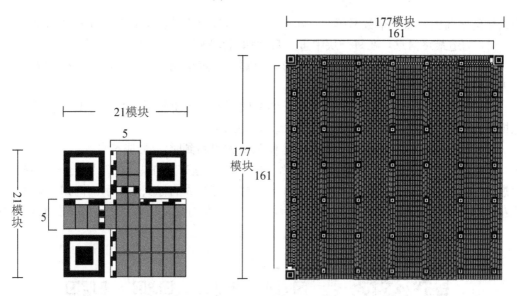

图 3.26　版本 1 和版本 40 的符号

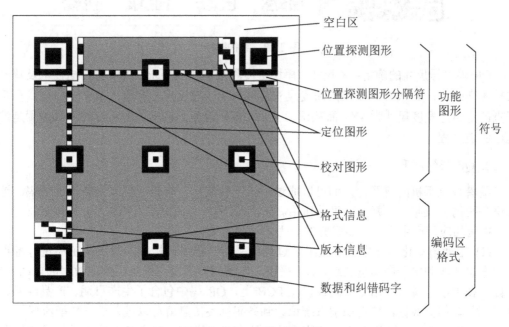

图 3.27　QR 码符号的结构

(2) 数据编码。将数据字符转换为位流。在需要进行模式转换时，在新的模式段开始前加入模式指示符进行模式转换。在数据序列后面加入终止符，将产生的位流分为每 8 位一个码字，必要时加入填充字符以填满按照版本要求的数据码字数。

(3) 纠错编码。按需要将码字序列分块，以便按块生成相应的纠错码字，并将其加入到相应的数据码字序列的后面。纠错码字可以纠正两种类型的错误，即拒读错误(错误码字的位置已知)和替代错误(错误码字位置未知)。QR 码的多项式算法用位的模 2 算法和字节的模 100011101 算法，即伽罗瓦域 2^8 以 100011101 表示主模块多项式 $X_8+X_4+X_3+X_2+1$。数据码字为多项式各项的系数，第一个数据码字为最高次项的系数，最低次项的系数是第一个纠错字前的最后一个数据码字。纠错码字是数据码字被纠错码多项式除得的余数。

(4) 构造最终信息。在每一块中置入数据和纠错码字，必要时加剩余位。

(5) 在矩阵中布置模块。将寻象图形、分隔符、定位图形、校正图形与码字模块一起放入矩阵。

(6) 掩模。依次将掩模图形用于符号的编码区域。评价结果，并选择其中使深色和浅色模块比率最优且使不希望出现的图形最少化的结果。

(7) 格式和版本信息。生成格式和版本信息(如果用到时)，形成符号。

可将多达 16 个 QR 码符号以一定的结构方式链接起来，如果一个符号是一个结构链接信息的一部分，那么它用位于最前边的 3 个符号字符组成的标头来指示。例如，图 3.28 中的左半部分给出一个结构链接符号的示例，它与右半部分的 QR 符号表示相同的数据信息。

图 3.28　结构链接

QR 码符号尺寸的确定：X 尺寸，模块宽度将根据应用要求、采用的扫描技术及符号生成技术来确定；Y 尺寸，模块的高度尺寸必须与模块宽度尺寸相等；最小空白区，在符号周围的空白区宽度尺寸为 4X。而从识读一个 QR 码符号到输出数据字符的译码步骤是编码程序的逆过程。

2. QR 码的应用

随着智能手机的普及，人们可以通过手机下载软件，轻松实现二维条码的解码，这对二维条码的普及起到了极大的推动作用。在我国，QR 码在民用上的普及，使许多研究人员对 QR 码的应用产生了进一步研究的动力。

(1) 工业自动化。在电子产品组装过程中采用二维条码标签，对不同工序进行标识。在汽车总装线和电子产品总装线，都可采用二维条码并通过二维条码实现数据的自动转换。例如，在电子设备厂，用 QR 码标识在 PCB 上，QR 码中包含了生产日期、产品编号、系列号和其他相关数据，自动识别系统识读到条码标签信息就可以进入下一装配流程了。

(2) 电子票务。电子票务一般是通过短信方式发送一张包含相关信息的二维条码图片到用户手机，使用时用户只需在指定地点的二维条码识别终端上照一下，相关信息被读取出来。2009 年 12 月 10 日，铁道部也开始采用改版铁路车票，新版车票采用 QR 码作为防伪措施，融入了个人身份信息，取代以前的一维条码。

(3) 企业营销。QR 码的出现，给企业营销带来了一个新的宣传媒介，企业可以通过 QR 码，存储企业链接、广告、优惠券等信息向大众进行传播，以一种新的媒介形式引起公众的兴趣，从而提升企业知名度。许多企业或店主将企业网址或者广告链接放入 QR 码中，在符号中间加入企业的 Logo，生成一个全新的宣传手段，用户通过扫码便可直接访问企业或者产品。

(4) 证照管理。QR 码被广泛应用于护照、签证、驾驶证、军人证、保险卡等各类证件上。例如，加拿大政府将 QR 码加到了在线护照申请表的 PDF 文件首页，表格填写完成后系统就自动生成 QR 码，在处理打印版表格时，通过扫描 QR 码便进行信息的自动录入，不仅提高处理效率，还大大降低信息处理出错的可能性。

此外，QR 码还常用于创意产业的引入、产品溯源管理和旅游解说等。

 案例 3-7

公 交 快 信

> 自 2011 年 12 月 20 日起，四川成都市公交集团"公交快信"正式上线。据营运调度中心主任汪玨介绍，公交快信是集手机客户端和网站查询于一体的查询系统，通过扫描站牌上的二维码，公交乘客可以得到所有的乘车信息，"如等待的公交车还有多久到站，下车以后又该如何换乘，甚至连公交车站周边的吃喝玩乐信息都可查得到"。
> (1) 查询公交车的位置、公交车换乘、站点线路，公交卡余额，自行车租用，公交充值点信息，公交车站附近的吃喝玩乐信息等。
> (2) 查看近段时间公交线路调整信息。
> (3) 招领丢失或捡到东西后可通过此平台发布信息。
>
> (资料来源：http://labs.chinamobile.com/news.)

3.4 无线射频技术

射频识别技术(Radio Frequency Identification，RFID)是一种非接触式的自动识别技术，兴起于 20 世纪 90 年代，其基本原理是电磁理论，利用无线电波对记录媒体进行读写。射频系统的优点是不局限于视线，识别距离比光学系统远，RFID 标签具有读写能力，可携带大量信息，难以伪造，有智能等。RFID 技术可以在各种恶劣环境下工作，免接触，抗干扰能力强，识别工作无须人工介入操作，可穿透非金属物体，应用领域广，如物料跟踪、运载工具和货架识别等要求非接触数据采集和交换的场合。

3.4.1 RFID 概述

RFID 的诞生源于战争的需要，第二次世界大战期间英国空军首先在飞机上使用 RFID 技术，其功能是用于分辨敌方飞机和己方飞机，这是有记录的第一个敌我射频识别系统，也是 RFID 的第一次实际应用。该技术在 20 世纪 50 年代末成为世界空中交通管制系统的基础。

1948 年，哈里·斯托克曼(Harry Stockman)发表的论文《用能量反射的方法进行通信》，是 RFID 理论发展的里程碑。20 世纪 60 年代欧洲出现了商品电子监视器，将不带电池的 1 位电子标签附在物品上，一旦靠近放在门口的识别装置(读写器)就会报警，这是第一个 RFID 技术商业应用系统。伴随着无线理论及电子技术的发展，20 世纪 70 年代出现了基于集成电路芯片的 RFID 系统，80 年代开始用于车辆识别、野生动物跟踪等领域，许多发达国家于 90 年代大量配置 RFID 电子收费系统。

2004 年年初，沃尔玛宣布将要求其供应商在货箱和托盘上应用 RFID 标签。2005 年物联网概念的出现，特别是 2009 年 IBM 提出的"智慧地球"在世界范围内引起了轰动，其关键技术——RFID 技术得到了广泛关注，也使 RFID 技术快速地进入了普及期。

案例 3-8

商品流通中的 RFID

比起可口可乐来，全球最大的零售商沃尔玛更加积极地推进 RFID 技术的应用。从 2004 年年初沃尔玛就开始积极地运用 RFID 技术，并要求它的前 100 名供应商在 2005 年 1 月前在所有货盘、容器、纸箱及高利润产品上贴上 RFID 标签，甚至包括牙签这样的小东西，以提高物流效率。

消费者选购商品的过程中，主机通过 RFID 标签靠远程感应器扫描，能迅速读取消费者选购信息并传回供应商公司的总部供市场人员研究。当消费者选购好产品步出超市大门的时候，在经过门口的收银系统时，购物车上的会员卡会报告其身份，RFID 读取器在瞬间识别出所有商品的数据和价格，银行转账系统依据此从账户上划出了相应的金额，而不必取出挑选好的货品逐项结账，从而大幅缩短了结账流程。同时，RFID 标签贴在商品上，也可以作库存管理和供应链管理。

1. RFID 系统的基本组成

RFID 系统以电子标签来标志某个物体，电子标签包含电子芯片和天线，电子芯片用来存储物体的数据，天线用来收发无线电波。电子标签的天线通过无线电波将物体的数据发射到附近的 RFID 读写器，RFID 读写器就会对接收到的数据进行收集和处理。

RFID 系统因应用不同其组成会有所不同，但基本都是由电子标签、读写器和系统高层三大部分组成，如图 3.29 所示。

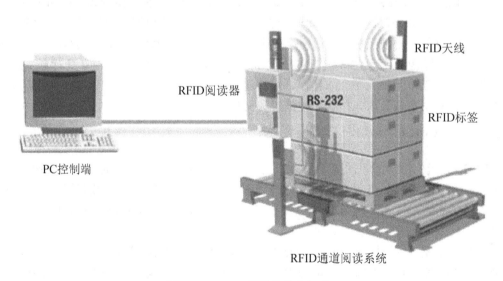

图 3.29 RFID 系统的基本组成

1) 电子标签

标签(tag)也叫射频卡、射频标签、电子标签等，由芯片及天线组成，附着在物体上标识目标对象，每个电子标签具有唯一的电子编码，存储被识别物体的相关信息。电子标签相当于条码技术中的条码符号，用来存储需要识别传输的信息，与条码不同的是标签必须能够自动或者在外力的作用下，把存储的信息主动发射出去。

从技术角度来说，射频识别的核心是电子标签，读写器是根据电子标签的性能而设计的。在射频识别系统中，电子标签的价格远比读写器低，但电子标签的数量很大，应用场合多样，组成、外形和特点各不相同。常见的电子标签有卡片形、条形、环形、纽扣形、盘形、钥匙扣形、手表形等，其可能会是独立的标签形式，也可能会和诸如汽车点火钥匙集成在一起进行制造。

2) 读写器

读写器又称阅读器、询问器，是读取和写入电子标签内存信息的设备。RFID 工作时，一般先由读写器发射一个特定的询问信号，当电子标签感应到这个信号后，就会给出应答信号，应答信号中含有电子标签携带的数据信息。读写器接收到这个应答信号，并对其进行处理，然后将处理后的应答信号返回给外部主机，进行相应操作。

读写器没有一个确定的模式，根据数据管理系统的功能和设备制造商的生产习惯，读写器具有各种各样的结构和外观形式。常见的读写器有固定式读写器、OEM 模块式器、手持式器、工业读写器和读卡器等。

3) 系统高层

最简单的 RFID 系统只有一个读写器，它一次只对一个电子标签进行操作，如公交车上的票务系统；而复杂的 RFID 系统会有多个读写器，每个读写器要同时对多个电子标签进行操作，并要实时处理数据信息，这需要系统高层处理问题。系统高层是计算机网络系统，数据交换与管理由计算机网络完成，读写器可以通过标准接口与计算机网络连接，计算机网络完成数据处理、传输和通信的功能。

 知识拓展

RFID 系统工作流程

RFID 利用无线射频方式，在读写器和电子标签之间进行非接触双向数据传输，以达到目标识别和数据交换的目的。RFID 系统基本包括以下工作流程。

(1) 读写器通过发射天线将无线电载波信号向外发射。

(2) 当标签在发射天线的工作范围内时，标签被载波信号激活，并将自身的代码通过天线向外发射。

(3) RFID 系统的接收天线接收标签发出的信号并传递给读写器，读写器再对信号进行解调解码，传输给计算机主机。

(4) 计算机主要根据读写器传来的信号作出相应的处理和控制，发出信号给执行系统，执行系统根据信号执行指定动作。

(5) 各个监控点通过计算机网络连接起来，构成了一个总控制信息平台。

2. RFID 系统的分类

RFID 系统的分类有多种形式。

1) 根据工作频率不同分类

RFID 系统工作频率的选择，要顾及其他无线电服务，不能对其他服务造成干扰和影响。通常情况下，读写器发送的频率称为系统的工作频率或载波频率。根据工作频率的不同，射频识别系统可分为低频、高频和微波系统。

低频系统的工作频率为 30kHz～300kHz，常见的 RFID 低频工作频率有 125kHz 和

134.2kHz。低频系统的电子标签内保存的数据量较少，阅读距离较短，电子标签外形多样，阅读天线方向性不强。高频系统的工作频率为 3MHz～30MHz，常见的高频工作频率是 6.75MHz、13.56MHz 和 27.125MHz。高频系统的特点是可以传送较大的数据，是目前应用比较成熟、使用范围较广的系统。微波系统的工作频率大于 300MHz，常见的微波工作频率是 433MHz、860/960MHz、2.45MHz 和 5.8GHz 等，其中 433MHz、860/960MHz 也常称为超高频(UHF)频段。微波系统主要应用于同时对多个电子标签进行操作、需要较长读写距离和高读写速度的场合，其天线波束方向较窄，系统价格较高。

读写器与电子标签采用非接触通信方式，电子标签通过无线电波与读写器进行数据交换，无线信号传输分电感耦合方式和电磁反向散射方式两种。在电感耦合方式中，读写器与电子标签之间的射频信号传递为变压器模型，电磁能量通过空间高频交变磁场实现耦合，主要工作于低频和高频系统。电感耦合系统又分为密耦合系统和遥耦合系统，密耦合系统中读写器与电子标签的作用距离较近，典型的范围为 0～1 cm；遥耦合系统与电子标签的作用距离为 0.15～1 m，一般只使用只读电子标签。电磁反向散射方式一般适用于微波系统，读写器与电子标签之间的射频信息传递为雷达模型，读写器发射出去的电磁波碰到电子标签后，电磁波被反射，同时携带回电子标签的信息，其典型的作用距离为 1～10 m，甚至更远。

2) 根据供电方式不同分类

电子标签根据供电方式不同分为无源标签和有源标签，对应的 RFID 系统称为无源供电系统和有源供电系统。

无源标签内没有电池，有源标签内有电池。一般标签的电能消耗很低，为百万分之一毫瓦级别；在无源供电系统中，电子标签利用读写器发出的波束供电，标签将接收到的部分射频能量转化成直流电，为标签内电路供电。无源标签作用距离相对较短，但寿命长且对工作环境要求不高，可以满足大部分实际应用系统的需要。有源供电系统中，电池为电子标签提供全部能量。有源标签电能充足、工作可靠性高，信号传输距离远，但标签寿命有限，一般为 3～10 年，且成本高。

有源标签也称为主动式标签，电子标签主动向外发射信息，读写器相当于只收不发的接收机；无源标签也称为被动式标签，标签靠外界提供能量才能正常工作，读写器发射查询信号，电子标签被动接收。若有源标签未进行工作状态前处于休眠，相当于无源标签，在进入工作区后受读写器发出的射频信号激活，标签能量主要来源于读写器的射频能量，其内部电池用于弥补标签所处位置射频场强的不足，该种标签也称为半有源标签。

3) 根据信息存储方式不同分类

根据标签内部使用存储器类型不同，标签可分为只读标签和读写标签。只读标签内部只有只读存储器 ROM 和随机存储器 RAM，ROM 用于存储发射器操作系统说明和安全性要求较高的数据，RAM 用于存储标签反应和数据传输过程中的临时产生的数据。读写标签内部还有非活动可编程记忆存储器，这种存储器除了具有存储数据的功能外，还有在适当的条件下允许多次写入数据的功能。非活动可编程记忆存储器有很多种，电可擦除可编程只读存储器是较常见的一种，它可以在加电时，实现对原有数据的擦除及数据的重新写入。

3. RFID 系统类型

不同的射频识别系统所实现的功能不同。射频识别系统大致可分为 4 种类型：EAS 系统、便携式数据采集系统、物流控制系统和定位系统。

1) EAS 系统

EAS(Electronic Article Surveillance)系统是一种设置在需要控制物品出入的门口的

RFID 技术，在商店、图书馆、数据中心等地方被广泛使用，当未被授权的人从这些地方非法取走物品时，EAS 系统就会发生警告。在应用 EAS 技术时，首先须在物品上粘贴 EAS 标签，当物品被正常取走或合法移除时，在结算处通过一定的装置使 EAS 标签失活，物品就可以取走。物品经过装有 EAS 系统的门口时，EAS 装置能自动检测标签的活动性，发现活动性标签，EAS 系统就会发出警告。

2) 便携式数据采集系统

便携式数据采集系统是使用带有 RFID 阅读器的手持式数据采集器采集 RFID 标签上的数据。这种系统灵活性强，适用于不宜安装固定式 RFID 系统的环境。手持式阅读器可以在读入数据时，通过无线电波数据传输方式实时地向主计算机系统传输数据，也可以暂时将数据存储在阅读器中，再批量向主计算机系统传输数据。

3) 物流控制系统

在物流控制系统中，固定布置的 RFID 阅读器分散布置在给定的区域，阅读器直接与数据管理信息系统相连，信号发射机是移动的，一般安装在移动物体或人上面。当物体、人流经过阅读器时，阅读器会自动扫描标签上的信息，并把数据输入数据管理信息系统存储、分析、处理，达到控制物流的目的。

4) 定位系统

定位系统用于自动化加工系统的定位及对车辆、轮船等进行运行定位支持。阅读器放置在移动的车辆、轮船上或者自动化流水线中移动的物料、半成品、成品上，信号发射机嵌入到操作环境的地表下面。信号发射机上存储有位置识别信息，阅读器一般通过无线的方式或者有线的方式连接到主信息管理系统。

 案例 3-9

RIFD 对集装箱的自动识别

集装箱运输具有运输私密性好、包装不破损、运输成本低、环境适应性强、装载密度高、码垛规范等优点，所以，是大宗货物运输的理想方式。一般在集装箱上安装标签，当集装箱从汽车、火车、货船上到达或离开货场时，通过 RFID 识别设备，可以自动识别，并将识别信息通过包括 EDI 在内的各种通信设备传递给各种信息系统。集装箱 RFID 识别系统可以同时识别 40 个托盘和 80 个塑料集装箱。

在集装箱的运输和使用过程中，还要对集装箱进行跟踪管理，以防止集装箱的丢失、被盗和损坏，从而有效利用资源，提高企业的效益。集装箱的 RFID 自动识别系统可完成整箱的数据输入、集装箱信息实时采集和自动识别；通信系统可完成数据的无线传输；集装箱管理信息系统可完成对集装箱信息的实时处理和管理，以及数据的统计分析，从而向用户提供集装箱信息查询服务。

(资料来源：李苏剑. 物流管理信息系统理论与案例[M]. 北京：电子工业出版社，2005.)

3.4.2 RFID 工作原理

RFID 标准体系主要由 4 部分组成，分别为技术标准、数据内容标准、一致性标准和应用标准(如船运标签和产品包装标签等)。其中，编码标准和通信协议(通信接口)是争夺得比较激烈的部分，它们也构成了 RFID 标准的核心。

RFID 技术标准主要定义了不同频段的空中接口及相关参数，包括基本术语、物理参数、通信协议和相关设备等；数据内容标准涉及数据协议、数据编码规则及语法，主要包括编码格式、语法标准、数据对象、数据结构和数据安全等；一致性标准也称性能标准，主要涉及设备性能标准和一致性测试标准，主要包括设计工艺、测试规范和试验流程等；应用标准用于设计特定应用环境 RFID 的构架规则，包括其在工业制造、物流配送、仓储管理、交通运输、信息管理和动物识别等领域的应用标准和应用规范。

1. 电子标签

电子标签芯片是电子标签的核心部分，它的作用包括标签信息存储、标签接收信号的处理和标签发射信号的处理；天线是电子标签发射和接收无线信号的装置。电子标签芯片电路的复杂度与标签所具有的功能相关，不同电子标签的基本结构类似，一般由调制器、控制器、编码发生器、时钟、存储器及天线等组成，如图 3.30 所示。

时钟把所有电路功能时序化，以使存储器中的数据在精确的时间内传输至读写器，存储器中的数据是应用系统规定的唯一性编码，在标签安装在识别对象(如集装箱、车辆、动物等)前就已写入。数据读出时，编码发生器把存储器中存储的数据进行编码，调制器接收由编码发生器编码后的信息，并通过天线电路将此信息发射或反射至读写器。数据写入时，由控制器控制，将天线接收到的信号解码后写入存储器。

根据工作原理的不同，电子标签利用物理效应进行工作的数据载体、以电子电路为理论基础的数据载体两类。当电子标签利用物理效应进行工作时，属于无芯片的电子标签系统，主要有"一位电子标签"和"声表面波器件"两种工作方式；当电子标签以电子电路为理论基础进行工作时，属于有芯片的电子标签系统，分为具有存储功能的电子标签和含有微处理器的电子标签两种结构。

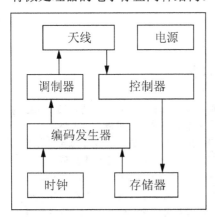
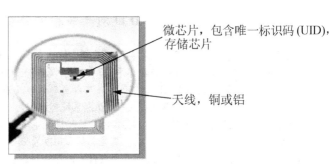

图 3.30 RFID 标签

电子标签的技术参数主要有标签的能量要求、标签信息的读写速度、标签信息的传输速率、标签信息的容量、标签的封装尺寸、标签的读写距离、标签的可靠性、标签的工作频率和标签的价格等。

RFID 制印技术

电子标签制作与传统标签的印刷有着很大的区别。首先从电子标签的定义上来看，电子标签是由芯片、天线等组成的射频电路；而标签是标签印刷工艺使射频电路具有商业化的外衣。从印刷的角度来看,电子标签的推出会给传统标签印刷带来更高的含金量。电子标签的芯片层可以用纸、PE、PET甚至纺织品等材料封装并进行印刷,制成不干胶纸、纸卡、吊标或其他类型的标签。由于芯片是电子标签的关键,由其特殊的结构决定,不能承受印刷机的压力,所以除喷墨印刷外,一般是采用先印刷面层,再与芯片层复合、模切的工艺。

印刷主要是以丝网印刷为首选,这主要是因为丝网印刷在集成电路板、薄膜开关等方面的印刷质量是其他印刷方法所无法企及的。在智能标签印刷中,要使用导电油墨,而印刷导电油墨较好的丝网是镍箔穿孔网,它不是由一般的金属或尼龙等丝线编织成的丝网,而是由镍箔钻孔而成箔网,网孔呈六角形,也可用电解成形法制成圆孔形。导电油墨是一种特种油墨,它可在UV油墨、柔版水性油墨或特殊胶印油墨中加入可导电的载体,使油墨具有导电性。在RFID制印中,对制作工艺有其独特的要求,主要应注意高成品率、厚纸印刷和复合加工。

(资料来源:http://www.chinabidding.com/zxzx-detail-433052.html。)

2. 读写器

读写器通过天线和标签进行无线通信,可以实现对标签识别和内存数据的读入或写入操作。读写器根据支持的标签类型与完成的功能不同,具有不同的复杂性,但一般都由天线、射频模块、读写模块组成,如图3.31所示。有时读写器的天线是一个独立的部分,不包含在读写器中。

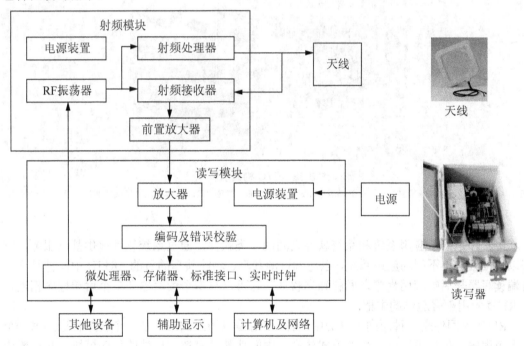

图 3.31 读写器的构成

(1) 射频模块:由射频振荡器、射频处理器、射频接收器及前置放大器组成。射频模块可发射与接收射频载波。射频载波信号由射频振荡器产生并被射频处理器放大,经过射频天线发射。射频模块将天线接收的从标签发射或反射回来的载波解调后传给读写模块。

(2) 读写模块:一般由放大器、解码及纠错电路、微处理器、存储器、时钟电路、标准接口及电源组成,可以接收射频模块传输的信号,解码后获得标签内容和信息,或将要写入标签的信息编码后传给射频模块,完成标签操作,还可以通过标准接口将标签内容和其他信息传给计算机。

(3) 天线：标签与阅读器之间传输数据的发射和接收装置。读写器天线发射的电磁场强度和方向性，决定了电子标签的作用距离和感应强度，读写器天线的阻抗和带宽等电参数，会影响读写器与天线的匹配程度。

读写器的所有行为均由软件来控制完成。软件向读写器发出读写命令，作为响应，读写器与电子标签之间就会建立起特定的通信。读写器的软件已经由生产厂家在产品出厂时固化在读写器中。

案例 3-10

电子不停车收费系统

电子不停车收费系统(Electronic Toll Collection, ETC)是为了减少道路收费口处的交通拥挤，加快车辆通过收费口的速度而建设的。系统采用车载装置记录代付款协议等信息，插入 IC 卡后，当通过电子收费口时，利用收费口通信天线与车载设备之间的通信，在计算机收费系统和 IC 卡双方均完成对通行费的记录，从而实现电子结算收费。ETC 由 IC 卡、车载设备及路侧天线所构成，如图 3.32 所示。

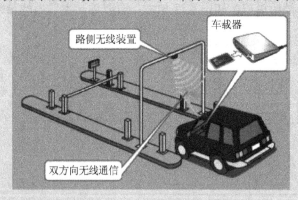

图 3.32　ETC 构成示意

3. 中间件

中间件是介于应用系统和系统软件之间的一类软件，通过系统软件提供基础服务，它可以连接网络上不同的应用系统，以达到资源共享、功能共享的目的。RFID 中间件是介于前端读写器与后端应用程序之间的独立软件，它可以与多个读写器和多个后端程序相连，是 RFID 应用部署运作的中枢。

RFID 中间件是一种面向消息的中间件，信息是以消息的形式从一个程序传送到另一个或多个程序，信息可以以异步的方式传送。中间件是具有特定属性的程序模块，其一般由程序模块集成器、读写器接口、应用程序接口和网络访问接口构成，如图 3.33 所示。

程序模块集成器具有数据的搜集、过滤、整合与传递等功能，其由多个程序模块构成，分为标准程序模块和用户定义程序模块两部分。读写器接口采用相应的通信协议，提供与读写器连接的方法。应用程序接口提供程序模块集成器与应用程序之间的接口，如提供仓库管理系统(WMS)、订单管理系统(OMS)、运输管理系统(TMS)间的连接。网络访问接口提供与互联网的连接，用来构建物联网名称解析服务(IOT-NS)和物联网信息发布服务(IOT-IS)的通道。

中间件带给应用系统的不只是为程序和 RFID 读写器提供统一的接口，使得当应用程序的需求发生改变或更换 RFID 读写器时，使开发简便、周期缩短，同时也减少了系统的维护、运行和管理的工作量。目前市场上出现的 RFID 中间件产品可分为非独立中间件和独立的通用中间件两大类。

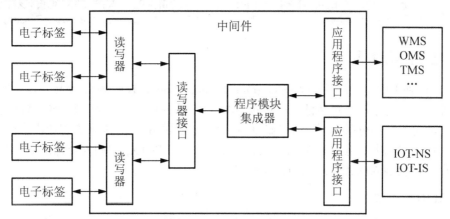

图 3.33 中间件的结构

BizTalk RFID

Biz 为 Buisness 的简称，Talk 为对话之意，所以微软公司的 RFID 中间件 BizTalk RFID，能作为各个企业级商务应用程序间的消息交流之用，BizTalk RFID 为 RFID 的应用提供了一个功能强大的平台。借助于 BizTalk RFID，可以实现不同的应用程序连接，然后利用图形用户界面来创建和修改业务流程，以便使用这些应用程序提供服务，如图 3.34 所示。

图 3.34 BizTalk RFID 与各种应用程序集成框架

> BizTalk RFID 不仅可以连接贸易合作伙伴和集成企业系统，还可以实现各公司业务流程管理的高度自动化，并可以在整个工作流程的适当阶段灵活地结合人性化的色彩。此外，各公司还能够利用 BizTalk RFID 规则引擎来实施灵活的业务规划，并使信息工作者可以看到这些规则。
>
> (资料来源：黄玉兰. 射频识别(RFID)核心技术详解[M]. 北京：人民邮电出版社，2010.)

3.4.3 电子产品编码

RFID 识别采用电子产品编码(Electronic Product Code，EPC)标识物品，电子产品编码的容量非常大，全球每件商品都可以通过 EPC 序列号进行识别，全球每个制造商也可以用任何方式给每个商品分类编号。EPC 被认为将取代条码编码，对未来零售业产生深远影响，并将广泛应用于商业、仓储、邮电、交通、工业生产、物流控制和安全保卫等多个领域，用以实现全球范围内的物品跟踪与信息共享。

1. RFID 标准组织

目前全球有五大射频识别标准组织，分别代表了国际上不同团体或国家的利益，这五大组织分别为 EPC Global、UID、ISO/IEC、AIM Global 和 IP-X，其中 EPC Global 和 UID 是实力最大的两大射频标准组织。

1) EPC Global

1999 年美国麻省理工学提出了电子产品编码的概念，并成立了 Auto-ID 中心。2000 年物品编码协会 EAN 和美国统一编码委员会 UCC 联合收购了 EPC，共同成立了全球电子产品编码中心 EPC Global。

EPC Global 在全球得到了沃尔玛、强生、宝洁等公司的支持，同时有 IBM、微软、飞利浦和 Auto-ID Lab 等提供技术支持，是实力最强的一个标准化组织。EPC Global 除发布标准外，还负责号码注册管理。EPC Global 已经发布了一系列的技术标准，包括电子产品代码 EPC、电子标签规范和互操作性、读写器-电子标签通信协议、中间件软件系统接口、PML 数据库服务器接口、对象名称服务和 PML 产品数据规范等。

2) UID

泛在识别中心(Ubiquitous ID Center，UID)是日本的射频识别标准组织，主要由日系厂商组成。主导日本 RFID 研究与应用的是 T-Engine 论坛，2002 年 12 月在 T-Engine 论坛下的泛在识别中心 UID 成立。UID 负责研究射频识别技术，并推广这项技术的使用，在物品上附着电子标签，组建网络进行通信。

日本和欧美的 RFID 标准在使用的无线频段、信息位数和应用领域等方面有许多不同点。UID 主要采用的频段为 2.45GHz 和 13.56MHz，EPC 标准主要采用 UHF 频段；UID 标签的信息位数为 128 位，EPC 标准的位数为 96 位；UID 标准可用于库存管理、信息发送、信息接收，以及产品和零部件的跟踪管理等，EPC 标准侧重于物流管理和库存管理等；UID 强调电子标签与读写器的功能，信息传输网络多种多样，EPC 标准强调组网，在美国要建立一个全球网络中心。

3) 其他标准组织

ISO 与 IEC 作为一个整体，担负制定全球国际标准的任务，是世界上历史最长、涉及领域最多的国际标准制定组织。ISO/IEC 组织下面有多个技术委员会从事 RFID 标准研究，大部分 RFID 标准都是由 ISO/IEC 制订的，在射频识别的每个频段 ISO/IEC 都发布了标准，其涵盖了 EPC 和 UID 两种编码体系。

全球自动识别和移动技术行业协会(AIM Global)也是一个射频识别的标准化组织,但该组织相对较小。AIM Global 是可移动环境中自动识别、数据搜集及网络建设方面的专业协会。AIM Global 是条码、射频识别 RFID 及磁条技术认证机构,其成员主要是射频识别技术、系统和服务的提供商。

IP-X 是一个较小的射频识别标准化组织,主要在非洲、大洋洲和亚洲推广,目前南非、澳大利亚和瑞士等国家采用 IP-X 标准。

2. EPC 系统

EPC 编码是 EPC 系统的重要组成部分,它是对实体及实体的要关信息进行代码化,通过统一的、规范的编码来建立全球通信的信息交换语言。EPC 的目标是为物理世界的对象提供唯一的标识,达到通过计算机网络来标识和访问单个物体的目标,就如在互联网中使用 IP 地址来标识和通信一样。EPC 系统是对单个产品的全球唯一标识,是对 EAN/UCC 系统全球产品和服务的唯一标识的补充。EPC 系统旨在提高全球供应链的管理效率,其用户群体和 EAN/UCC 系统一样,核心技术仍是编码体系。

EPC 系统是一个非常先进的、综合性的复杂系统,其最终目标是为每一个产品建立全球的、开放的标识标准。它由全球产品电子代码的编码体系、射频识别系统及信息网络系统组成,主要包括 6 个方面,具体如表 3-8 所示。

表 3-8 EPC 系统的构成

系统构成	名 称	注 释
EPC 编码体系	EPC 代码	用来标识目标的特定代码
射频识别系统	EPC 标签	贴在物品之上或内嵌在物品之中
	读写器	识读 EPC 标签
信息网络系统	EPC 中间件	EPC 系统的软件支持系统
	对象名称解析服务(Object Naming Service, ONS)	
	EPC 信息服务	

其中,EPC 编码的分配由国际机构 EPC global 和各国的 EPC 管理机构分段管理,共同维护,EPC 中码段的分配是由 EAN/UCC 来管理的。EPC 代码是由一个版本号加上另外 3 段数据(依次为域名管理者、对象分类、序列号)组成的一组数字,如表 3-9 所示。EPC 标签是指装载了产品电子代码的电子标签,其中存储的唯一信息是 96 位、64 位或者 256 位产品电子代码,如图 3.35 所示。为了降低成本,EPC 标签通常是被动式射频标签。

表 3-9 EPC 编码体系

编码方案		标 头	厂商识别代码	对象分类代码	序列号
EPC-64	Ⅰ型	2	21	17	24
	Ⅱ型	2	15	13	34
	Ⅲ型	2	26	13	23
EPC-96		8	28	24	36
EPC-256	Ⅰ型	8	32	56	160
	Ⅱ型	8	64	56	128
	Ⅲ型	8	128	56	64

```
           01.0203D2A.916E8B.071BAE03C
         ×     .    ×××     .   ×××   .×××××
        标头      EPC管理者(公司)    物品(产品)    序列号
        8bit         28bit         24bit      36bit
```

图 3.35　EPC-96 方式的编码体系

EPC 主要工作流程为：在由 EPC 标签、读写器、EPC 中间件、互联网、ONS 服务器、EPC 信息服务，以及众多数据库组成的实物互联网中，读写器读出的 EPC 只是一个信息参考，由该信息参考从 Internet 中找到 IP 地址，并获取该地址中存放的相关物品信息，并采用分布式的 EPC 中间件处理由读写器读取的一连串 EPC 信息。由于在标签上只有一个 EPC 代码，计算机需要知道与该 EPC 匹配的其他信息，这就需要 ONS 来提供一种自动化的网络数据库服务，EPC 中间件把 EPC 代码传给 ONS，ONS 指示 EPC 中间件到一个保存着产品文件的服务器查找，该文件可由 EPC 中间件复制，因而文件中的产品信息就能传到供应链上。

知识拓展

UID 识别码

UID 采用 Ucode 识别码，Ucode 识别码是泛在泛在计算模式中识别对象的唯一手段。Ucode 标签只存储识别物品的 ID 代码，并在其容量范围内存储附加的属性信息，Ucode 标签的物品信息则存储在网络的数据库中。

Ucode 编码采用 128 位记录信息，并能够以 128 为单元进一步扩展到 256 位、384 位或 512 位。Ucode 编码能包容现有编码体系，通过使用 Ucode128 字节这样一个庞大的号码空间，可以兼容多种国外编码，包括 ISO/IED 和 EPC，甚至电话号码。Ucode 的结构如图 3.36 所示。

| 编码类别标识 | 编码的内容(长度可变) | 物品的唯一标识 |

图 3.36　Ucode 的结构

泛在通信是一个识别系统，由 RFID 标签、读写器和无线通信设备等构成，主要用于读取物品 RFID 标签的 Ucode 码信息，并将获取的 Ucode 码的信息传送到 Ucode 解析服务器。

3. 名称解析服务和信息发布服务

物联网应用过程包括 5 个基本组成部分，分别为电子产品编码、识别系统 ID(包含读写器和电子标签)、中间件、物联网名称解析服务(Internet of Things Name Service，IOT-NS)和物联网信息发布服务(Internet of Things Information Service，IOT-IS)。IOT-NS 负责将电子标签 ID 解析成其对应的网络资源地址，IOT-IS 负责对物联网中的信息进行处理和发布。目前，物联网比较成熟的名称解析服务和信息发布服务是 EPC 系统。

1) 网络服务

电子标签的 EPC 码的容量虽然很大，能够给全球每个物品进行编码，但 EPC 码主要是给全球物品提供识别 ID 号，EPC 码本身存储的物品信息十分有限，物品原材料、生产、加工、仓储和运输等大量信息不能用 EPC 码反映出来，有关物品的大量信息需要存储在物联网的网络中，这就需要物联网网络服务。

网上存放物品信息的计算机称为物联网信息服务器，物联网信息服务器一般放在生产厂家或生产厂家委托的机房里，通过互联网可以访问物联网信息服务器，物联网信息服务器提供的服务称为物联网信息发布服务(IOT-IS)。解析物联网信息服务器 IP 地址的是物联网名称解析服务器，物联网名称解析服务器能够将电子标签识别 ID 号转换成对应的统一资源标识符(Uniform Resource Identifiers，URI)，在服务器上利用 URI 可以找到一个文件夹或网页的绝对地址，URI 最常见的形式就是见面地址。

物联网比较成熟的服务是 EPC 系统，EPC 系统表述和传递相关信息的语言是实体标记语言(Physical Markup Language，PML)。EPC 系统有关物品的所有信息都是由 PML 语言书写的，它是读写器、中间件、应用程序、名称解析 ONS 和信息发布服务 EPCIS(EPC Information Service)之间相互通信的共同语言。

2) 名称解析服务

物联网名称解析服务的作用类似于互联网的域名解析服务(Domain Name Server，DNS)。DNS 是网络设备，响应客户端发出的请求，将域名解析为相应的 IP 地址，完成将一台计算机定位到网络中某一具体地点的服务。

目前比较成熟的物联网名称解析服务是 EPC 系统的对象名称解析服务 ONS。ONS 是网络服务器，是前台软件与后台软件服务器的网络枢纽，ONS 以互联网中的 DNS 为基础，将 RFID 网络架构起来。ONS 运用互联网的域名解析服务来查找关于电子产品编码 EPC 的信息，ONS 查询的格式与 DNS 一致，RFID 的 EPC 码对应一个互联网域名。

电子标签的 EPC 码被读写器阅读后，读写器将 EPC 码上传到本地服务器，本地服务器通过本地 ONS 服务器或根 ONS 服务器，查找 EPC 码对应的 EPCIS 服务器地址，EPCIS 服务器中存储着 EPC 码对应的商品信息，当 EPCIS 服务器地址查找到后，本地服务器就可以与 EPCIS 服务器通信了。ONS 服务是电子标签信息读取的一个中间环节，ONS 服务涉及整个物联网系统，其工作过程如图 3.37 所示。

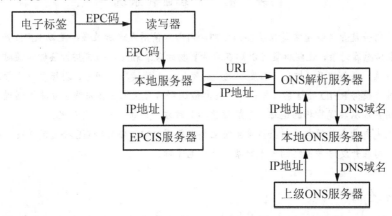

图 3.37 ONS 的工作原理

3) 信息发布服务

物联网信息发布服务(IOT-IS)是用网络数据库来实现的，IOT-IS 提供了一个数据和服务的接口，使得物品的信息可以在企业之间共享。目前比较成熟的物联网发布服务是 EPC 系统的 EPCIS，在该系统中，EPC 被用作数据库的查询指针，EPCIS 提供信息查询接口，与已有的数据库、应用程序及信息系统相连。

EPCIS 主要包括客户端模块、数据存储模块和数据查询模块，客户端模块主要用来将电子标签的信息向指定 EPCIS 服务器传输，数据存储模块将通用数据存储于数据库 PML 文档中，数据查询模块根据客户查询访问相应的 PML 文档，然后生成 HTML 文档返回给客户端。EPCIS 数据存储和数据查询模块在结构上分为 5 部分，即简单对象访问协议(Simple Object Access Protocol，SOAP)、服务管理应用程序、数据库、PML 文档和 HTML 文档。

3.4.4 智慧物流

物流是在空间、时间变化中的商品等物质资料的动态状态。因此，很大程度上物流管理是对商品、资料的空间信息和属性信息的管理。智慧物流是将 RFID、传感器、GPS 等物联网技术通过信息处理和网络通信技术平台广泛应用于物流业运输、仓储、配送等各个环节，实现自动化运作和高效优化管理，更好地降低成本，提高服务水平。

1. RFID 物流箱

将 RFID 标签嵌入物流箱，其目的在于希望通过每个物流单元从单品到包装及托盘的跟踪，实现供应链全程追踪、追溯与及时响应。例如，烟草行业基于 RFID 技术的整托盘出入库与 RFID 周转箱管理、快速消费品企业在供应链上采用 RFID 物流容器与智慧物流箱运输与配送货物、国外的托盘共用管理系统等都是基于 RFID 技术而开发的。

智慧物流箱的应用，在实现数字化仓储方面可起到积极的推动作用，真正实现货物的追踪及管理，大大提高发货效率，解决货物出入库效率低、错误率高的问题，在很大程度上减少人工成本、降低物流费用。

集装箱电子封条监管系统

集装箱电子封条监管系统通常是在设备的外部和内部均使用或者加装多个主动 RFID 产品，包括一张电子封条、一张传感器封条，这些标签可以贴在运输货物的集装箱上，而这些标签能够随时将集装箱的一些关键信息如位置、安全状况、灯光、温度和湿度的变化传送给读取器网络，现场负责人管理当地读取器网络，收集、过滤获得 RFID 的信息，并将有效信息输送到后台技术支持系统。发货人通过后台技术支持系统，不用开箱就可以实现货物的追踪、了解货物的及时方位、状态和安全状况。

世界上比较先进的集装箱电子封条监管系统主要有美国 SAVI 公司和 GE 公司的系统。国内的上海、深圳都有一些公司在开发这种新型的电子封条，也称电子锁。

2. 数字化仓储

传统的仓储管理是以提高储存效率为中心的储存型仓储管理方式，属于被动的。现代物流中，仓储系统不仅仅起到对货物进行简单的存放、保管等作用，还要对货物的种类、数量、属性、货位等信息进行详细的记录，以便在供应链的各个环节得到准确的货物信息。

通过每件货物的固定位置上粘贴电子标签,或在料箱、托盘等单元化产品上安装电子标签,然后采用 RFID 手持终端或固定读写器对标签信息进行采集,能够对物品进行有效管理。在货物进行出库、入库操作时,通过固定读写器射频覆盖到货物移动的区域,自动读取到标签内的货物信息,固定读写器通过串口将数据上传到与其相连的终端 PC 上,再通过网络与服务器进行数据交互,完成管理货物的相应操作。

采用 RFID 技术对仓库物品进行管理,可达到的目标有:①实现对货物出库、入库、存储、盘点等业务流程规范化管理,提高仓储运作效率;②批量对货物属性信息进行自动采集;③对库内的货物进行准确的定位与跟踪;④根据需要生成统计报表;⑤对库存进行有效管理;⑥对仓库的空间进行有效管理;⑦通过手持终端对仓库进行盘点,提高盘点的效率。

案例 3-12

柏亚仓·智慧仓

> 柏亚仓·智慧仓就是依托物联网的智慧物流,提供仓储、物流、金融、商贸创新服务。其主要通过物联网技术,实现智慧仓储、智慧安全监管、智慧物流,最终实现货物流、信息流、资金流、运输流为一体的物流金融业务与服务。
>
> 柏亚仓与普通仓库的最大区别,就是柏亚仓是智慧仓、融通仓,通过输出仓库、资金、信用额度 3 种资源,为上下游的合作伙伴和客户提供智慧物流服务。通过信息指挥中心可实现物流金融信息指挥、物流监控、参观交流、综合办公、业务接待,以及信息采集、研究、发布等。而融通仓是融、通、仓三者的集成、统一管理和综合协调,其物流服务可代理银行监管流动资产,金融服务可为企业提供融资及其他配套服务,业务范围包括仓单质押、保兑仓等多种运作模式。
>
> (资料来源:刘妮."柏亚仓"打造海西智慧物流 引领物流金融新蓝海[J]. 潮商,2012(2).)

3. 设备资产管理

物流生产设备作为生产资料,在整个生产过程中有着举足轻重的作用,设备管理系统是企业信息化的重要组成部分。基于 RFID 技术的设备资产管理指的是将 RFID 标签粘贴于资产设备上,作为系统管理的识别依据,并将设备核心信息及相关参数保存在 RFID 标签中。

采用 RFID 技术进行资产设备的管理可达到:①实现资产管理信息化;②实现关键资产使用率最大化;③降低设备运行与维护成本;④降低备件库存及备件成本;⑤提高企业信息化水平和企业管理水平。

4. 智慧物流园区

智慧物流园区是个整体性的概念,它管理的是整个园区的人、车、物。从物流单品到仓储,从车辆出入园区到库内货物调整,从人员考勤到工作作业等,都是智慧物流园区的构成元素。智慧物流园区基于 RFID 技术的应用,可以根据客户现场实际需求,并结合相关信息系统的管理,以实现物流园区在仓库、人员、车辆管理上的现代化。

车辆管理可以分为自有车辆、外来车辆和作业车辆的管理。对于自有运输车辆,可以通过发放永久 RFID 标签,利用电子标签的数据读写,完成车辆调度、任务分配、任务执行的全过程信息管理。对于外来车辆给予临时标签,通过 RFID 上的数据读写,实现对其进行不同区域引导、进出物流园区门禁的信息管理。对于作业车辆,借助 RFID 技术,根据需要对库内作业车辆在每个库区内的作业状态进行管理。

人员管理主要有两方面内容,即人员门禁的考勤管理、工作人员参与的相关作业痕迹管理。通过这两方面的管理达到对作业人员的精准化管理与人、车作业的统一管理。

案例 3-13

南京城市智能交通项目

作为南京智能交通的重要一环,南京市从 2011 年 3 月启用 RFID 机动车环保标志电子卡,全市 16 个环保检测站和 10 个新车上牌窗口均可免费办理电子卡领取和安装业务。据统计,全市平均每天的发卡量为 3 000 张。环保电子卡由智能交通公司设计生产,卡内有一个超高频 RFID 芯片,可储存车辆牌号、车辆型号等车辆相关信息,同时配以唯一的标识码,并能够对车辆信息加密保护。电子卡如不损毁、不破坏,可长久使用,免去了车主一年一换的麻烦。该环保电子卡为无源电子卡,灵敏度高,与专用读写器配合读取距离可达 30 米。

截至 2013 年 11 月,联合环保局发放车辆电子卡(即环保电子卡)118 余万张,已覆盖南京市 90% 以上的车辆;建成双基识别(射频+视频)基站 518 座;搭建完成南京市智能交通采集与共享平台。同时,自开展智能交通项目建设以来,平台在治安、交通管理、环境管理上发挥了显著成效,也在为政府管理和公众服务上发挥了重要作用,更为南京市 2014 年青奥会提供全面的交通智能化服务。

(资料来源:南京城市智能交通有限公司(http://www.njits.com.cn).)

3.5 其他识别技术

近几十年,自动识别技术得到了迅猛发展,已初步形成了一个包括条码识别、磁条磁卡识别、智能卡识别、光学字符识别、射频识别、声音识别及视觉识别等为主要代表的自动识别技术,在与计算机技术、通信技术、光电技术、互联网技术等高新技术集成的基础上,已经发展成为改变人们生活品质,提高人们工作效率,获得便利服务的有力工具和手段。

前面已经详细描述了条码和 RFID,本节将介绍其他几种常用的识别技术,如磁条磁卡识别、智能卡识别、指纹识别、虹膜识别、语音识别等。

3.5.1 卡识别技术

卡识别技术在我国虽然引进较晚,但发展势头迅猛,应用广泛,是用户使用最多但最为普及的一项识别技术,其中普及面最大的是银行卡。应该说我国目前拥有全世界最大的卡生产能力,随着磁卡的普及,IC 卡的更新换代,用户使用卡的方便性和安全性也在不断地提高。

1. 磁卡

磁卡是一种磁记录介质卡片。它由高强度、耐高温的塑料或纸质涂覆塑料制成,能防潮、耐磨且有一定的柔韧性,携带方便,使用较为稳定可靠。其物质基础是一层薄薄的由排列定向的铁性氧化粒子组成的磁性材料,用树脂黏合剂将这些磁性粒子严密地黏合在一起,使之黏合在纸、塑料等非磁性材料基片上,就构成磁卡或磁条卡。磁卡的一面通常印刷有提示性信息,如使用说明和插卡方向;另一面涂压有磁层或磁条,其间包含有 2～3 个磁道以记录有关信息数据。

从卡的尺寸、物理特性、凸印字符等到磁条的尺寸、位置、读写性能及各磁道的数据格式等,ISO 都有明确的规范。通常磁卡上的磁条内可分为 3 个独立的磁道(Track),每个磁道都记录着不同的信息,在应用设计时应根据具体情况,可以使用全部的 3 个 Track 或是两个或一个 Track,如图 3.38 所示。磁卡读写器(简称读卡器)由磁卡传送机构、入口机构、传感器、读写磁头等组成,当卡插入读卡器中,挡门传感器检测到有卡插入,此时挡门打开,在主板的控制下将磁卡移入读卡器中。读写磁头读出信息后,将需要输入密码。操作完成后弹出磁卡给客户或将磁卡移至收卡盒中。

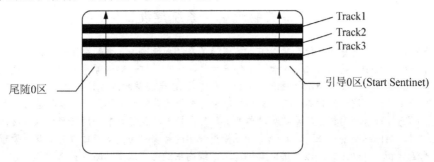

图 3.38 磁卡结构示意图

2. IC 卡

智能 IC 卡的概念最初由法国的新闻工作者罗兰·莫雷诺(Roland Moreno)于 1972 年首先提出,此后法国布尔公司率先投入了对这一潜力无穷的高新技术产品的研究与开发当中。1976 年,布尔公司高级研究员米歇尔·于贡(Michel Ugon)领导的研究小组首先研制了世界上第一张由双晶片组成的智能卡,接着又于 1978 年制成了单晶片智能卡,取得了技术专利。在此后的十几年间,除法国的布尔公司之外,摩托罗拉、汤普生、日立、东芝、夏普、飞利浦等十几家公司相继投入智能卡芯片和卡片成品的开发与生产,形成了一个世界性的新兴技术产业。

 案例 3-14

SIM 卡

> 在购买手机时,会发现手机里需要有一张卡片,这张卡片称为客户识别卡,简称 SIM(Subscriber Identity Module)卡,它是移动通信公司按照国际 GSMMOU 组织提供的 A 级加密算法制定的客户资料卡。GSM 数字移动电话需要装上 SIM 卡才能使用,但这张卡可放于任何一部符合 GSM 规范的手机上,通话费用自动计入该卡的客户账户上。SIM 卡有两种: 大卡(54 毫米×85 毫米)和小卡(15 毫米×25 毫米),其中小卡就是大卡里带有芯片的那一块。

IC 卡是集成电路卡(Integrated Circuit Card)的简称,有些国家和地区称之为微芯片卡或微电路卡,也有称为灵巧卡或智能卡的。它把集成电路镶在塑料卡片上,IC 卡的大小和磁条卡相同,在其左上方嵌有一片或若干片集成电路芯片。芯片一般包括不易挥发性存储器,保护电路，甚至有 CPU。常见的 IC 卡有接触型、非接触型、串行传输型、并行传输型、存储型、非加密型、智能型、无线电波型 IC 卡等。

IC 卡具有突出的 3S 特点，即 Standard(国际标准化)、Smart(灵巧智能化)和 Security(安全性)，因而发展迅速，使用广泛。在非金融领域应用中，IC 卡系统工程项目绝大多数处于单一功能应用模式，如食堂销售系统、考勤系统、门禁系统、电表系统和车库管理系统等；而在金融领域的应用中，IC 卡有作为储值卡加电子钱包的双功能应用，也有储值加社会保险再加电子钱包的三合一功能。

IC 卡海关物流监控系统建设目标

近几年来，在海关总署的支持和要求下，各级海关在"加速通关"方面做了一系列卓有成效的实验，如电子车牌、电子地磅、司机 IC 卡、不停车收费等。为了推动实施贸易便利战略、适应电子商务及无纸贸易的新环境，在新世纪初始海关开始着手建设 IC 卡海关物流监控系统，其建设目标包括：①利用 IC 卡技术，存储相关业务数据，自动核对承运车辆及其货物清单，加强货物监管，加速货物转关通关；②通过后台联网数据库系统和网络业务软件，控制转关货运车辆的行径路线和时间，监视整个货运过程，确保货物安全抵达，杜绝货物运输过程中的舞弊行为；③通过 IC 卡业务管理系统，辅助监管承运货物，自动比对，核销进口车辆记录，提高系统运行效率，减少失误；④依靠 IC 卡系统完善的安全加密技术，提高海关业务系统的安全性和保密性；⑤依托海关现有电子报关系统，共享报关单数据，留出监管系统接口，便于海关系统的整体集成；⑥规范监管流程，提高海关监管系统的管理水平和工作效率。

(资料来源：http://www.szwl.cn/wuliu22/wl5703.)

3.5.2 生物特征识别

生物特征识别技术是为了进行身份验证而采用自动技术测量人的身体特征或其行为特点，并将这些特征或特点与数据库的模板数据进行比较，完成认证的一种解决方案。生物特征识别过程大多包括 4 个步骤，即图像获取、抽取特征、比较和匹配。

生物特征分为物理特征和行为特点两类。物理特征包括指纹、掌形、眼睛(视网膜和虹膜)、人体气味、脸形、皮肤毛孔、手腕/手的血管纹理和 DNA 等；行为特点包括签名、语音、行走的步态、击打键盘的力度等。

迎接生物识别时代

美国一年有上亿美元福利款被人以假冒身份领取。据 MasterCard 公司估计，每年约有 4.5 亿美元的信用卡诈骗案发生，其中就包括利用丢失和被盗的信用卡犯罪，如果销售场所可以准确地鉴别持卡人的身份就会大大减少这类诈骗案的发生。另外，由于使用盗窃来的身份识别码(PIN)，而造成的移动电话通信的损失高达 10 亿美元。据估计，利用可靠的方法鉴别 ATM 持卡人的身份，可以使全美国每年由于 ATM 诈骗案造成的损失减少 3 亿美元，可靠地鉴别支票领款人可以减少上亿美元的冒领金额。随着网络的发展，非法登录计算机的案件正呈上升趋势，有效的身份鉴别技术可以防止这类案件的发生。另据美国移民局统计，如果在美国-墨西哥边境采用身份鉴别系统，每天可以查出 3 000 件非法入境案件。

1. 指纹识别技术

指纹识别技术起源于 19 世纪对指纹学的研究，其研究最重要的结论有两个：一是没有任何两个手指的纹线形态完全一致；二是任何人的指纹线形态终生不变。该结论足以使政府有关部门利用指纹学进行罪犯鉴定，而阿根廷和美国便是最早使用指纹技术进行犯罪鉴定的国家。20 世纪 80 年代后，个人计算机逐渐广泛使用，光学指纹采集器发明，指纹识别技术开始进入司法以外领域。尤其是 20 世纪 90 年代后，廉价的指纹采集器和计算机设备的产生，解决了快速准确的匹配问题，指纹识别技术从此进入了基于个人应用的时代。

指纹是由指末端正面皮肤上凸凹不平而产生的纹路，这些皮肤的纹路包含了大量的信息，它们构成的图案、断点、交叉点因人而异，各不相同。指纹的总体特征是指人眼直接可以观察到特征，如纹形(环、弓、螺旋)、模式区、核心区、三角点、纹数等，如图 3.39 所示。两枚指纹经常会有相同的总体特征，但它们的局部特征——节点(Minutia Points)，却不可能完全相同。节点指纹纹路并不是连续的、平滑笔直的，而是经常出现中断、分叉或打折(见图 3.40)，这些断点、分叉点和转折点就称为节点。正是这些节点的特性及方向、曲率和位置提供了指纹唯一性的确认信息。

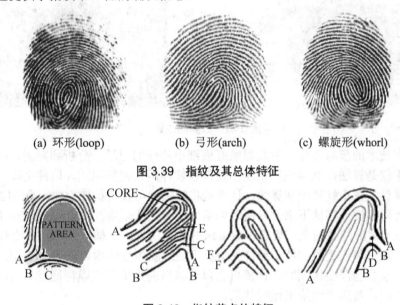

(a) 环形(loop)　　(b) 弓形(arch)　　(c) 螺旋形(whorl)

图 3.39　指纹及其总体特征

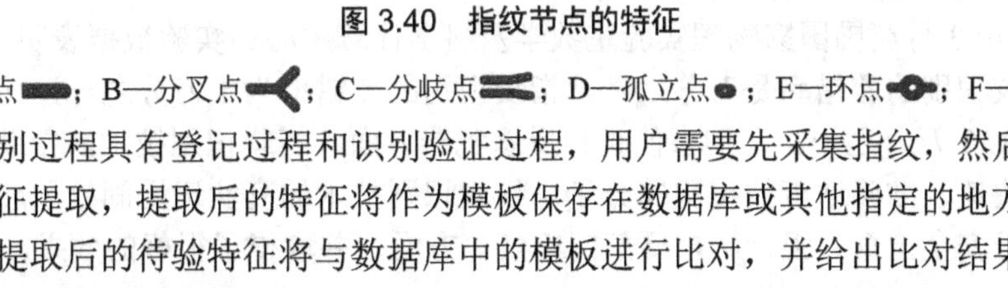

图 3.40　指纹节点的特征

注：A—终节点；B—分叉点；C—分岐点；D—孤立点；E—环点；F—短纹。

指纹识别过程具有登记过程和识别验证过程，用户需要先采集指纹，然后计算机系统自动进行特征提取，提取后的特征将作为模板保存在数据库或其他指定的地方。在识别或验证阶段，提取后的待验特征将与数据库中的模板进行比对，并给出比对结果。在很多场合，用户可能要输入其他的一些辅助信息，以帮助系统进行匹配，如账号和用户名等。这是一个通用过程，对所有的生物特征识别技术都适用。

指纹识别系统的重要衡量标志是识别率，其主要由拒判率和误判率两部分组成。指纹识别技术主要用于个人身份鉴定，可广泛用于考勤、门禁控制、PC 登录认证、私人数据安全、电子商务安全、网络数据安全、身份证件、信用卡、机场安全检查、刑事侦破与罪犯缉捕等。

2. 虹膜识别技术

早在 1936 年，眼科专家弗兰克·柏奇(Frank Burch)就指出虹膜具有独特的信息，可用于身份识别。直到 1991 年，美国洛斯阿拉莫斯国家实验室的约翰逊(Johnson)实现了第一个自动虹膜识别系统；1993 年，约翰·道格曼(John Daugman)构建了一个高性能的虹膜识别原型系统，这也是目前普遍使用的核心算法；1996 年年底，理查德·怀克兹(Richard Wilds)成功地研究出基于虹膜的身份认证系统。

人眼睛的外观图由巩膜、虹膜、瞳孔三部分构成。巩膜即眼球外围的白色部分，约占总面积的 30%；眼睛中心为瞳孔部分，约占 5%；虹膜位于巩膜与瞳孔之间，包含了最丰富的纹理信息，占据 65%，如图 3.41 所示。外观上看，虹膜由许多腺窝、皱褶、色素斑等构成，人体基因表达决定了虹膜的形态、生理、颜色和总的外观。人发育到 8 个月左右，虹膜就基本上发育到足够尺寸，进入相对稳定的时期。除非极少见的反常状况、身体或精神上大的创伤才可能造成虹膜外观上的改变外，虹膜形貌可以保持数十年没有多少变化。

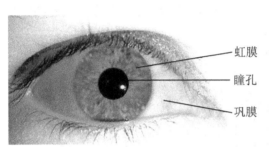
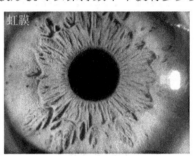

图 3.41 虹膜的位置

虹膜识别技术的核心原理，就是对眼虹膜细小特征的记录、分析和判断，而分析和判断的关键技术就是算法。虹膜识别系统由硬件和软件两大模块组成，硬件主要指虹膜图像获取装置，软件主要指虹膜识别算法。计算机将虹膜的可视特征转换成一个 512 字节的虹膜代码，该代码模板被存储下来，以便后期识别所有。从采集到的直径 11 毫米的虹膜上，计算系统用 3.4 字节的数据来代表每平方毫米的虹膜信息。这样，一个虹膜约有 266 个量化特征点，在算法和人类眼部特征允许的情况下，虹膜识别技术可获得 173 个二进制自由度的独立特征点。当需要识别时，计算机会自动将当前采集的虹膜特征点与数据库中存储的特征点相匹配，然后自动给出比对结果。

据 2001 年 3 月英国国家物理实验室数学及科学计算中心的实验数据表明，在生物识别技术中，掌纹识别的差错率是万分之一，指纹识别的差错率为十万分之一，而虹膜识别的差错率仅是 120 万分之一。在刑事侦查、反恐犯罪方面，虹膜识别技术能帮助调查人员从特定人群中快速、准确地查找出犯罪分子。虹膜识别技术的商业运用尚处于起步阶段，但已被广泛用于安全检查、银行、重要部门门禁等方面，并取得了很好的效果。

案例 3-16

虹膜在门禁系统的应用

门禁系统，又称为出入口控制系统，是现代化安全防范系统的重要组成部分。随着国内对门禁系统的安全性、先进性、稳定性、网络化等方面要求的不断提高，用户迫切需要一种更高安全性能的产品，能对门禁出入进行全面有效的实时监控和管理。继原有钥匙、密码、Smart Card 等传统技术之后，近年来，以指纹、虹膜为代表的基于人体生物识别技术的门禁系统，越来越受到市场青睐。

虹膜识别门禁系统由虹膜图像采集器、虹膜处理器等部件组成；后台还有进行虹膜和人员权限管理的数据库服务器(也可放在虹膜处理器上)，以及前端使用的人员出入管理终端、电控锁、联动控制器、备用电源(UPS)、门禁考勤管理软件和网络组成整套门禁系统。该虹膜识别门禁系统又可根据实际应用需要，分为单门单向识别虹膜门禁系统和单门双向识别虹膜门禁系统两种类型，如图 3.42 所示。

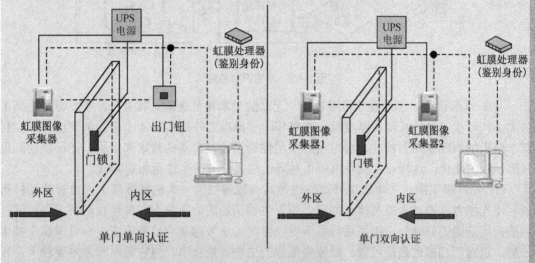

图 3.42　虹膜门禁系统

(资料来源：北京凯平艾森信息技术有限公司.虹膜在门禁系统的应用[J].中国自动识别技术，2007(11).)

3. 识别系统及其他

生物识别系统包括生物特征采集子系统、数据预处理子系统、生物特征匹配子系统、生物特征数据库子系统，以及系统识别的对象——人，如图 3.43 所示。采集子系统对识别对象的生物体进行采样，并把采样信号转化为数字代码。数据预处理一般包括滤波去噪、去伪存真、信号平滑处理等。数字代码通过数据预处理后，再利用特定数学方法，从处理过程的数据信号中提取和分离出一系列具有代表性的生物特征值，形成特征值模板，存入生物特征数据库子系统中。匹配子系统的任务是通过模式识别算法，把待识别的生物特征与数据库子系统中的生物特征进行对比，并按照事先确定的筛选条件(阈值)决定是否匹配成功。如果匹配成功，输出库中的人员身份信息。

常见的生物识别系统有自动指纹识别系统、自动脸形识别系统、掌形识别系统和虹膜识别系统等。作为生物识别系统，最为人们关注的两点是准确性和易用性。另外，考虑到生物特征识别技术随着科技水平发展的普遍应用，下面列出了其他几种常用的识别方法。

(1) 面像识别。面像识别技术通过对面部特征和它们之间的关系(眼睛、鼻子和嘴的位置以及它们之间的相对位置)来进行识别。用于捕捉面部图像的两项技术为标准视频和热成像技术，标准视频技术通过视频摄像头摄取面部的图像，热成像技术通过分析由面部的毛细血管的血液产生的热线来产生面部图像。与视频摄像头不同，热成像技术并不需要较好的光源，即使在黑暗情况下也可以使用。

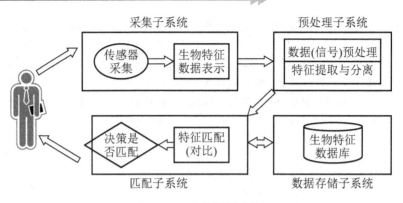

图 3.43　生物识别系统

(2) 掌形识别。它是通过使用者独一无二的手掌特征来确认其身份。手掌特征是指手的大小和形状，包括长度、厚度以及手掌和除大拇指之外的其余 4 个手指的表面特征。目前掌形识别系统产品的精度、稳定度和实用性均已获得市场的肯定和采用。指形识别则是掌形识别的简化，这样设备就可以缩小并降低成本，但安全性也相对降低。

(3) 视网膜识别。人体的血管纹路也是具有独特性的，人的视网膜上面血管的图样可以利用光学方法透过人眼晶体来测定。用于生物识别的血管分布在神经视网膜周围，即视网膜四层细胞的最远处。如果视网膜不受损伤，从 3 岁起就会终身不变。与虹膜识别技术一样，视网膜扫描也是最可靠、最值得信赖的生物识别技术，但它运用起来难度较大。视网膜识别技术要求激光照射眼球的背面以获得视网膜特征的唯一性。

(4) 签名识别。签名作为身份认证已经用了几百年了，而且也是我们比较熟悉的。计算机笔迹识别主要分为在线和离线两类。离线笔迹识别的对象是写在纸上的字符，通过扫描仪和摄像机转化为计算机能处理的信号；而在线笔迹识别则通过专用的数字板或数字仪实时地采集书写信号，它不仅可以采集到笔迹序列并转化成图像，而且可以记录书写的压力、速度等信息，可为笔迹鉴别提供更丰富的信息。

(5) 语音识别。语音识别本质上是一个模式识别问题。识别时需要被识别人讲一句或几句试验短句，对它们进行某些测量，然后计算量度矢量与存储的参考矢量之间的一个(或几个)距离函数。语音信号获取方便，并且可以通过电话进行鉴别；但语音有时会随人的身体状态(如感冒)而发生变化，甚至通过模仿来欺骗语音识别系统。

本 章 小 结

自动识别技术是将信息数据自动识读、自动输入计算机的重要方法和手段。最为典型的物流信息自动识别技术包括条码技术和 RFID 技术，识别的基础则是物品的分类与编码。条码作为物流应用中最为广泛的技术，其可分为一维条码、二维条码。一维条码中商品条码(EAN-13)普遍存在于日常商品的识读，EAN/UPC-128 在贸易中被广泛采用，ITF-14 则是物流包装上的常用条码。二维条码以其容量大、保密性强的特点已逐渐被采用，其中的 QR 码已是近年来应用的一个亮点。条码识读设备包括条码扫描器和译码器。

RFID 是一种非接触式的自动识别技术。RFID 系统通常由标签、读写器、中间件等组成。标签的识读距离与应用范围主要与频率有关，按频率不同主要分为低频、高频和超高频。伴随着物联网的兴起,其核心的 RFID 技术也越来越受到关注,全球有五大标准组织分别制定了相应的标准,其中应用最为普遍的是 EPC 体系,其被广泛应用于物流箱和仓储设备等。此外,在信息采集识别中还有磁卡、IC 卡及生物特征识别技术,特别是伴随着信息安全要求的提高,指纹、语音、虹膜等技术正在逐步被人们熟知。

 关键术语

自动识别 Auto Indentification and
    Data Capture
条码 Bar Code
QR 条码 Quick Response Code
ITF (Interleaved Two and Five)
无线射频识别 Radio Frequency Identification
标签 Tag
ETC (Electronic Toll Collection)

EAN (European Article Numbering
   Association)
销售时点 Point of Sail
GS1 (Globe Standard 1)
电子产品编码 Electronic Product Code
泛在识别中心 Ubiquitous ID Center
IC 卡 Integrated Circuit Card
生物特征识别 Biometric Recognition

习　题

一、判断题

1. 条码是由一组规则排列的条、空及其对应字符组成的标记,用以表示一定的信息。
 (　　)
2. 邮政编码是典型的定长层次码,而学科代码则为不定长层次码。　(　　)
3. 条码作为一种识别手段只可以单独使用。　(　　)
4. ENA-13 码由 13 码位字符组成,ENA-128 码由 128 位字符组成。　(　　)
5. EAN-128 码由 128 位字符组成,且字符包括数字、字母、控制符等。　(　　)
6. 射频卡不怕油渍、灰尘污染等恶劣的环境,不容易损坏。　(　　)
7. 条码系统是由条码、条码符号的生成及其扫描识读等部分组成的自动识别系统。
 (　　)
8. 无源射频标签内部不带电池,需靠外界提供能量才能正常工作。　(　　)
9. 低频 RFID 系统的工作频率为 3MHz～30MHz,主要用于会议室、门禁系统等。
 (　　)
10. POS 系统设备由前台的卖场管理设备和后台支援卖场管理设备两部分组成。(　　)
11. 为了降低成本,EPC 标签通常是被动式射频标签。　(　　)
12. 相比来说,虹膜识别的精度要远大于指纹识别。　(　　)
13. 物联网的核心技术是 RFID,射频标签标识码则能唯一确认物品的身份。　(　　)

二、选择题

1. (　　)属于典型的自动识别技术。
 A. 条形码　　　　B. RFID　　　　C. 蓝牙　　　　D. 虹膜

2．手持激光扫描器的主要特点是识读距离（　　）。
　　A．长　　　　　B．短　　　　　C．一般
3．负责中国商务条码的组织、协调和管理的机构是（　　）。
　　A．IAN　　　　B．UCC　　　　C．EAN　　　　D．ANCC
4．在日常生活中，最常见的条码是（　　）。
　　A．EAN-13　　B．EAN-8　　　C．UPC-A　　　D．UPC-E
5．条码识读系统的一般由数据源、（　　）、计算机、应用软件等组成。
　　A．条码　　　　B．条码阅读器　C．POS机　　　D．天线
6．POS系统的差错率在300万分之一，其主要任务是对（　　）实时管理。
　　A．设备　　　　B．人员　　　　C．商品　　　　D．制度
7．（　　）不是射频识别系统的三大组成部分。
　　A．射频标签　　B．读写器　　　C．天线　　　　D．系统高层
8．目前系统最为广泛的射频识别系统的标准是（　　）。
　　A．UID　　　　B．EPC　　　　C．ISO/IEC　　D．AIM Global
9．经常使用的生物特征识别与采集技术有（　　）。
　　A．智能卡识别　B．指纹识别　　C．虹膜识别　　D．语音识别

三、思考题

1．常见的物品编码有几类？试举例分别说明其特点及应用范围。
2．代码的校验位指什么？举例说明。
3．什么是商品条码？它由哪几部分构成？
4．如何给某一指定商品进行编码？并说明几类物流条码的编码规则。
5．条码应用系统主要由哪几部分组成？超市中商品又是如何通过条码进行识别的？
6．RFID技术与其他自动识别技术有哪些异同？
7．简述RFID系统的工作原理，并举例说明其应用。
8．商品条码692900012345C的校验码C值是多少？
9．物流条码标签3个区段各自的作用是什么？
10．简述有源标签与无源标签的区别与联系。
11．举例说明IC卡识别技术在物流行业中的应用。
12．简述指纹识别技术、语音识别技术、虹膜识别技术的应用现状和发展前景。

四、讨论题

1．如果分配给A厂的厂商识别代码为6901234。A厂生产M牌蘑菇罐头，对于规格分别为200克和500克的罐头，其商品项目代码不同，分别为6901234567892和6901234567885；对于规格同为200克，但大包装为4罐、小包装为1罐的不同包装形式应以不同的商品项目代码标识，分别为6901234567878和6901234567892；对于规格同为200克，但包装类型为纸质方形包装的，也应以不同的商品项目代码标识，为6901234567861。
　　(1) 中国EAN编码中心给该厂商的商品识别代码是什么？
　　(2) 规格同为200克的罐头，其商品识别代码是否相同？为什么？
2．在超市中常常看见自制商品，它们编码是否为EAN-13？若是，为什么？若不是，其编码采用的又是什么标准？并试着按变量贸易代码的规则为超市自制商品进行编码。

3. 电子标签标准工作组的网站为 www.rfidgroup.org.cn，通过查阅我国电子标签标准的发展状况，与国际标准发展状况比较，讨论电子标签的应用情况。

五、作业训练

1. 条码的申请使用。某企业准备投产新产品，试根据所学知识为该企业申请商品条码。

步骤：按照国际物品编码协会制定的国际通用规范和 1998 年国家质量技术监督局第 1 号令《商品条码管理办法》规定，任何单位和个人使用商品条码必须经中国物品编码中心核准注册。未经中国物品编码中心核准注册的厂商识别代码，任何单位和个人不得使用。

(1) 收集申请注册的条件，了解哪类企业能够申请注册。
(2) 收集申请注册的具体程序，并准备相关资料。
(3) 收集申请续展的程序。
(4) 收集条码变更的程序。

注意：①使用信息的准确性和时效性；②有条件的学生可以到企业参观调查，了解条码申请注册、续展和变更的全过程。

2. 物品分类及条码编制。每名学生的宿舍中都有大量的物品，能否依据本章所学条码知识对其进行分类与编码。宿舍物品完全可以当作一个小型的仓库，其编码是用于本仓库内部应用系统，并不适用于社会对商品的识别。考虑到训练的有效性，要求所编条码满足以下几点。

(1) 严格按照 EAN-13 编码规则进行编码。即物品首先应进行分类，类别仿照超市物品分类；条码个数不应低于 100 种。
(2) 登录华军软件园网站，下载一款条码编制与打印软件(如 Lable Mx)，将所编宿舍物品条码按标签形式进行设计，如有可能可进行打印或预览。

3. 巴枪(即条码扫描器)的使用。参观并实习某超市，学习 POS 系统的使用；并结合仓储需求，探讨巴枪的使用特性及注意事项。

(1) 结合条码技术的有关内容，在网上查找几款适用于超市的条码识读设备。
(2) 基本功能的练习，包括登录、注销、修改密码、培训模式、锁机等。
(3) 进行交易操作。例如，开钱箱、重打印小票、重打上一单、挂单、取消交易、设置数据、删除单品、商品查价等。
(4) 收款及其他操作。现金与银行卡的结算、储值卡查询与结算，以及退货、退货改价、会员卡等。

4. 二维码名片的制作。QR 码已经被广泛应用于生活，通过个人名片的设计来熟悉二维码的编码规则及应用。名片设计既要美观、内容详细，还应体现自己的特性。

5. 射频识别应用研究。在 Web 上搜索没有在本章中讨论过的射频识别应用。为每个应用都准备一个简短的 PPT 演示。此外，还要在 Web 上搜索射频识别技术最主要的提供商。你找到了哪些公司？是否有公司看上去比剩下的其他公司更出色？如果有，是哪一个？

 案例分析

安得物流"技"高一筹

很多企业希望引入现代物流管理理念，借助于现代物流技术与装备，重建自己的物流系统，以降低成

本，提高效益，增强市场竞争力。事实证明，通过实现企业物流的现代化来提升管理水平，获得最大的利润空间，已成为有远见的企业家成功的捷径。而真正具备现代物流技术并运用于实际运作的第三方物流企业似乎仍屈指可数。

1. 成熟的物流信息系统

在同行眼里，安得物流在信息化方面捷足先登，高效的信息处理手段，始终保持在行业前列。目前公司拥有安得物流供应链管理信息系统(ALIS)，其中包括"远程视频监控系统""GPS车辆管理系统""安得网络办公平台""安得物流知识平台""人力资源管理平台"等多个模块。

安得的信息化始终以框架为基础，坚持整体设计、分布开发、分步实施的原则，采用模块设计方式，开发完成一个模块实施一个模块，避免求大求全。软件开发坚持以实用为本，避免片面追求功能或技术先进，以免导致投资浪费、项目周期加长、应用性降低等问题。2004年7月，由安得自主研发、具有自主知识产权的安得物流供应链管理信息系统(ALIS 2.0)正式上线启用。ALIS不但很好地解决了自身内部的信息互联互通的需要，还能与客户、供应商、GPS等外部信息系统进行电子数据交换。

但这只是安得信息化展现的一角，随后，"远程视频监控系统""GPS车辆管理系统""安得物流资源管理系统"等相继推出，为提升管理效力与提高客户服务价值的方方面面保驾护航。而"网络办公平台"作为公司内部管理的有效手段，通过集成短信、文件审批等功能，为公司信息的快捷传递起到了十分重要的作用，如今已是公司文化传播的重要载体，是网络化管理的重要屏障。

在信息化中起个大早的安得并未停止向前的脚步，一直以"向前看"的眼光来看待物流企业的信息化，这源于物流市场的瞬息万变。客户需求在不停地变化，开发的系统往往需要不停地修改。目前，公司正在实施开发ALIS 3.0，使系统更加智能化、对各项系统流程进行优化。建立适合自身业务向前发展需求的信息化，这正是安得信息化"量体裁衣"追求完美的动力所在，这足以诠释多年来安得物流在信息化建设上的大手笔。

2. GPS定位与温控

随着物流业逐渐发展，物流量的日益增多，对物流过程中车辆和货物的监控管理和合理调度就成为物流业货物运输管理系统中的重要问题。为有效解决货物运输过程中出现的监控不到位的问题，安得物流引进了GPS车辆定位系统。GPS车辆定位系统，解决了物流过程中的以下问题。

(1) 车辆跟踪——利用GPS和电子地图可实时显示出车辆的实际位置，对物流车辆和货物进行有效的跟踪。

(2) 路线的规划导航——驾驶员根据自己的目的地设计起点和终点等，系统在电子地图上设计路线，根据车辆运行途径和方向，大大提高了运输效率。

(3) 信息查询——根据公司信息中心所监控显示，对所有的车辆的位置、行程进行实时监控查询，确保货物在途安全。

(4) 紧急救援——通过定位和监控管理系统可以对遇有险情或发生事故的车辆进行紧急援助，并及时规划出最优援助方案，将事故损失降至最低。

有了GPS定位加上信息中心的实时监控，安得物流真正实现了"物流畅其流，掌控自如"。

3. RFID的应用

RFID应用系统包括前端的RFID数据采集系统、中间件，以及根据一定的业务规则进行数据传输、后台的和RFID数据系统相关的业务系统，如WMS等。安得物流立体仓库采用RFID结合条码的解决方案，货品上没有条码的，可在入库时贴上仓库内部管理码，托盘粘贴PVC封闭RFID标签，库位分别粘贴金属RFID标签。将货品条码或内部管理码与托盘的RFID标签进行关联，用RFID读写确认出入库、盘点、移库作业等操作。减少人工干预，提高作业效率和降低出差率。

RFID技术显著的优点在于非接触性，因此完成识别工作时无须人工干预，能够实现识别自动化且不易损坏，可识别高速运动物体并可同时识别多个射频标签，操作快捷方便，射频标签不怕油渍、灰尘污染等恶劣的环境。与传统条码的相比，RFID更具优势。

(资料来源：http://www.rfidworld.com.cn.)

思考：

(1) RFID在应用过程中有什么特点？如何才能使这些特长充分发挥？

(2) 安得是如何实现车辆的实时跟踪的？GPS解决了实际运输过程中的哪些问题？

(3) 如何才能使各种信息技术发挥最大的效用？安得实现了哪些信息管理系统？这些信息系统分别解决了实际运营中的哪些问题？

第 4 章 信息交换与定位技术

【教学要点】
> 理解物流信息平台的内涵与分类,了解典型的公共物流信息平台的服务应用;
> 了解 EDI 的发展历程,理解 EDI 的工作原理,熟悉传统 EDI 与 ebXML EDI 规则标准及应用情况;
> 理解 GIS 的基本概念,了解其组成与功能,熟悉地理空间数据的表示、编辑及管理方法,掌握地理数据分析的典型工具及网络分析的典型应用;
> 了解典型卫星导航系统,理解卫星定位原理,掌握 GPS 导航原理,并能够结合 GIS 及网络辅助进行实际的导航应用。

【知识架构】

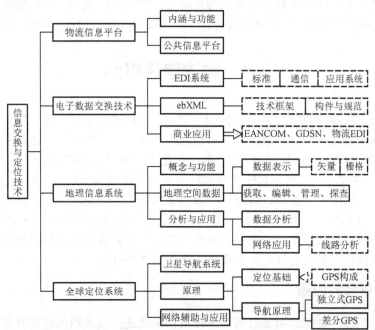

> ### 导入案例
>
> **八挂来网**
>
> 　　2006年8月8日，由河南省交通厅和安阳市政府牵头组织，安阳市交通系统成立了安阳市现代物流信息发展有限责任公司，同时建立"八挂来网"物流信息系统，它是我国一家面向全国提供免费货运物流信息的专业网站，树立了"货找车、车找货，'八挂来网'当媒婆"的理念。2007年年底，该网站被河南省交通厅确定为全省的交通物流信息系统。
>
> 　　李达是郑州的一个普通个体车主，跑运输已经8年了。这8年来，配货是让他最头疼的事情。每次他接到一单生意，都要四处打听回程有没有货可拉。由于信息不灵通，返程经常空车返回，白白浪费了燃油费和通行费，特别是近年来随着油价的不断上涨，他承受的压力越来越大。一个偶然的机会，李达知道了八挂来网。他登录网站发现，这个网站上有货物找车的，也有车找货物的。他抱着试试看的心思注册了信息，没想到，每天都有货主电话打来要运货，"生意做不完"，而且网上还能轻松找到返程货物，这样空载的问题也解决了，每月的收益比原来多了万元左右。八挂来网提供的信息不仅仅是河南的，还包括全国各地的，目前每天的有效信息就达600万条，网站的长期使用用户也达10万多户，而且还开启了手机版，使用3G手机，就能轻松登录查阅信息。
>
> 　　八挂来网运营8年来，自主研制开发了以网站数据库为基础，包含门户网站、物流信息客户端、物流手机WAP、物流手机短信、集成型GPS卫星定位系统和网络通话6个功能模块，以及集手机物流通、空中快车、手机客户端于一体的综合性物流信息化服务体系。"八挂来网"在全省全面推广以来，与全省18个地市签订了物流信息化推广合作协议，明确了双方的责任和义务以及下一步的推广工作程序和细节，基本上建成了全省的物流信息服务网络，为"八挂来网"系统软件在全省的铺开夯实了基础。
>
> (资料来源：http://www.8glw.com.)

　　通过集聚效应扩大企业的商圈，增加交易机会。将零散的资源进行优化整合，充分发挥其经济集聚作用，整合流通产业链，提高经营效率，降低流通成本，提升产业竞争力，促进产业快速发展。如果车辆都能通过物流信息平台减少空载率，不仅能够有效降低物流成本，而且还相当于多建了一条高速公路，在节省燃油的同时减少了尾气的排放。

4.1　物流信息平台

　　自20世纪70年代以来，人类的实践活动框架开始由工业平台进入到信息平台。信息平台有两个基本含义：一是信息本身成为信息的载体，即"0—1"二进制系统所表达的数字化存在方式，这是信息平台的理论形态；二是基于数字化网络运行的信息系统(如互联网)，在数字化时代的今天对信息的理解通常就是建立在信息平台这个意义上的。

　　一般认为，凡是能够支持或者进行物流服务供需信息的交互或交换的网站，均可视为物流信息平台。例如一个物流公司为方便公司与其用户的联系而设计了一个信息交换系统，使得用户和公司可以保持便捷的联系，那么这个系统就具备了物流信息平台的性质，而一个专业的物流信息服务网站就是一个典型的物流信息平台。

4.1.1　信息平台的内涵

　　物流信息平台，是指运用先进的信息技术和现代通信技术所构建的具有虚拟开放性的物流网络平台,是物流信息储存、流动、交换的基础,通过对共用数据的采集,为物流企业的信息系统提供基础支撑信息,满足企业信息系统对公用信息的需求,支撑企业信息系统各种功能的实现;同时,通过共享信息,支撑政府部门间行业管理与市场规范化管理方面协同工作机制的建立。它能够整合企业物流信息资源,优化行业物流运作,从而实现社会物流系统整体效益的最大化。

不同物流信息平台间的区别首先在于,"公用"物流信息平台,使用者以公益权益的获得而无偿使用,是实现整体利益最大化;而"共用"物流信息平台是有偿使用,实现的是部分利益的最大化。不同的物流信息平台之间有着必然的内在联系,例如根据物流企业不同的内在特点,为自身所用而构建的信息系统,属于专用平台;部分企业为了实现相互之间服务、需求信息有效范围内共享而投资建设的信息平台,称为共用信息平台;具有跨行业、跨地域、多学科交叉、技术密集、多方参与、系统扩展性强、开放性好等特点,实现全社会资源共享构建的平台是公用信息平台。

知识拓展

企业信息门户

1998年11月,美国美林公司发布了一份名为《超越Yahoo!企业信息门户已经上路》的研究报告,企业信息门户(Enterprise Information Portal,EIP)一词首次出现。美林公司的克里斯托弗·谢雷克斯(Christopher Shilakes)和朱莉·蒂尔曼(Julie Tylman)给它下的定义为:企业信息门户是为用户提供单一入口,使用户能够按照个性化需求,提取存储在企业内部和外部的信息,从而进行商业决策的应用程序。

目前,企业信息门户的发展已超出了传统的管理信息系统概念,也越过了普通意义的网站,这是企业管理信息系统与电子商务两大应用的结合点。企业对知识信息、对增长和扩散速度的需求是产生企业门户概念的主要动力。通过门户服务器,将企业原有的信息系统整合到一个信息门户中,各种信息经过整合、排列、个性化定制等处理后,可以用用户需要的方式集中显示在企业门户中。

1. 信息平台的分类

物流信息平台的分类按照不同的分类标准,可以对物流信息平台进行以下分类。

按照物流信息平台的服务区域不同划分,可以分为全国性的物流信息平台和地方(区域)性的物流信息平台。例如,发啦网、中国物通网是当前知名的全国性物流信息平台,长江物流网、宁波物流信息网则属于地方性的物流信息平台。

按照物流信息平台运营方的性质不同划分,可以将物流信息平台分为自营式和第三方经营式两个类别,其中前者是经营主体为了提高工作效率,提高客户满意度,整合现有资源而建立的信息平台;后者是由第三方创建并独立经营,主要是为了满足供需双方对于物流信息服务的需求,但一般不涉及具体的运作环节。

物流信息化平台建设的首要意义是有助于提高物流参与方的工作效率,进而促进整个社会工作效率的提高。高质量的物流信息平台还意味着物流服务需求方可以享受到更快速、更便宜的物流服务,提高其工作效率或者生活品质。

案例 4-1

LOGINK 平台

国家交通运输物流公共信息平台(LOGINK，又称物流电子枢纽)是交通运输部和浙江省人民政府牵头，管理部门、行业协会、软件开发商、物流供应商多方共建的一个开放、共享的物流单据和服务电子交换基础网络；浙江省交通运输厅牵头成立运行中心，负责 LOGINK 建设和运维。LOGINK 平台名字采用了 logistics 和 link 两个单词组成，LOGINK 平台的标志由 3 个 L(Logistics)组成，意为推进物流信息化的链接，致力建设围绕物流信息服务的物流电子枢纽。

(1) 平台基本特征：①公益性，不以盈利为目的，主要为各物流信息服务需求方提供基础性公共服务；②开放性，向全社会提供服务，不局限于特定行业、特定作业环节和特定服务对象；③共享性，实现不同部门、不同行业、不同地区、不同物流信息系统间信息交换与共享，减少信息孤岛和重复建设。

(2) 平台总体建设目标：构建覆盖全国、辐射国际的物流信息基础交换网络和国家平台门户，实现"公共平台"与相关物流信息系统和平台之间可靠、安全、高效、顺畅的信息交换，实现行业内相关信息平台交换标准统一，提供公正、权威的物流相关公共信息服务，有效促进物流产业链各环节信息互通与资源共享。

(3) 平台总体功能：包括基础交换功能和公共信息服务功能两部分。

(资料来源：http://www.logink.org.)

2. 信息平台功能定位

物流信息平台应具备的功能包括信息交换功能、搜索引擎、门户网站、提供代理人系统和货栈管理系统的租用服务、连接政府部门或其他物流相关行业等。作为一个物流信息平台，不一定要包括所有这些功能，可以随着业务的扩展而逐步实现，也可能根据需求进行功能的延伸。一般来说，物流信息平台的主要功能定位包括信息服务、资源整合、在线交易、物流作业管理及辅助决策等。

(1) 信息服务功能。信息服务是物流信息平台最基本的功能，同时也是物流信息平台在建设起步阶段中的主要功能，它包含对物流运作过程中信息的搜集、整理、发布、查询与交流等服务，企业可以在信息平台上对货物、车辆进行实时跟踪，企业之间可以通过信息平台进行数据交换和信息传递，从而实现了物流信息更快更好的传递。

(2) 资源整合功能。传统的物流信息传递存在很大的局限性，主要是企业之间的信息系统彼此独立，信息的公开性一般局限于企业的部门之间，企业间很难实现数据传递和交换，这就降低了物流信息的传递效率，而物流信息平台的创建将打破这一信息沟通障碍，物流信息平台是从供应链的角度出发，对供应链管理系统的总体成本进行优化，通过企业间数据传递和交换标准化规则的建立，进一步实现供应链系统资源整合和整体效益最优。

(3) 在线交易功能。随着电子商务的发展，电子商务和物流的关系越来越密切，已经逐渐形成了电子商务物流学科，物流信息平台正是适应了电子商务物流的发展需要，通过物流信息平台，物流主体可以进行在线咨询、商谈、交易等流程，甚至可以进行报价、下单及项目的招标等活动，不仅为交易的双方提供了便利，同时大大提高了交易的效率和成功率。

(4) 物流作业管理功能。物流信息平台可以直接对企业内部和供应链中的资源进行规划管理，对物流过程中的各项作业作出合理安排。对企业内部资源管理的范围包括库存控制、车辆调度、财务管理、库区规划等；对供应链中的资源管理包括物资采购、货物配送等业务。物流信息平台还必须在面对客户需求变动时作出快速反应，并能快速构建和集成端对端的物流管理功能，如总成本计算模式和承运商的自动选择。

(5) 辅助决策功能。物流信息平台还有一个极其重要的功能就是辅助决策,物流信息平台经过长期和全面的数据积累,可以为企业提供大量科学、可靠的决策支持资料。例如,可以通过数据的分析、挖掘,为客户的目标预测、方案制定和评估提供数据支持。

4.1.2 物流公共信息平台

构建公共物流信息平台,为现代物流发展提供了重要的技术环境保障,它不仅对完善现代物流功能具有重要且现实的意义,而且是发展跨行业、跨地区、跨国界现代化物流的迫切需要。公共物流信息平台解决了行业间信息互通、企业间信息沟通及企业与客户之间的交流问题,使物流信息增值服务成为可能。平台有效整合物流资源,避免重复投资,提高社会物流资源的利用率,实现最简单、准确、快捷的物流流动过程,实现供应链的优化,从根本上提升整体物流服务水平。

1. 信息平台层次定位

一般来说,公共物流信息平台分为国家级公共物流信息平台、省市级公共物流信息平台、区域级公共物流信息平台。

1) 国家级公共物流信息平台

国家级公共物流信息平台立足于全国的物流行业及物流相关的政府部门的协调,为物流行业的发展提供支持。

2) 省市级公共物流信息平台

公共物流信息平台的本质是为政府职能部门提供支持,为企业提供服务。为使公共物流信息平台有效集成,就要为政府相关部门、物流服务提供商、制造商提供一个高效、统一规范的沟通平台,为客户提供可以参考的供应链综合解决方案。因此,公共物流信息平台的功能定位应该为物流行业监管服务、综合信息服务、作业应用托管服务、异构数据交换和物流业务交易支持。

省级公共物流信息平台与市级相比,除了服务的地区行政范围大之外,还增加一些功能。省级要综合考虑全省资源,集中调配,为本省下各市及外省提供服务。市级考虑的是同城配送,为本市服务。公共物流信息平台必须对前面提到的主要功能相应的子系统进行高效的集成、整合,建立相应的功能链接,建立相互间的信息传递与交换,实现对物流业务的科学管理与运作统筹。

3) 区域级物流信息平台

物流区域信息平台功能定位满足区域物流企业、物流区域管理委员会、物流相关政府职能部门、公共服务机构、物流需求企业等物流信息功能服务的需求。区域公共物流信息平台的服务范围可以横跨几个省份或几个城市。这就要求区域公共物流信息平台在满足本区域的所有需求外,还应为本区域外的物流行业提供服务,集中本区域的优势资源为其他地区提供支持。

区域平台通过对信息的存储、采集、融合、发布及共享,满足用户对物流信息化服务的需要;促进战略合作关系和企业群体间协同经营机制的建立;为规范管理市场,物流区域管理委员会管理区域物流企业等科学决策及建立交互的协同工作机制提供依据;提供信息增值服务。

2. 信息平台的构建

由于每级公共物流信息平台服务范围及需求不同,从而都必须有自己的框架结构。例如，省级物流信息平台不同于一个城市或一个地方性的物流信息平台，它要协调全省各大枢纽城市、物流园区、物流企业及各综合物流中心的信息，要和全国及各兄弟省的物流信息进行交流。

由于区域分割及各区域的经济发展形态和格局往往差异较大，现阶段通常意义上的信息平台基本上都属于省(市)、区域或行业性质的系统。区域公共物流信息平台的建设和设计思路必须以服务于区域内的物流行业和经济发展的定位为前提条件，并遵循现代区域物流规划策略的思路。

(1) 区域物流及信息化状况。首先，对经济区域的地理位置和经济格局进行分析，包括政策环境、经济环境、地理环境、社会环境进行全方位的分析，以准确把握该区域的经济发展趋势、格局和特征。其次，分析区域物流信息化现状，以确定该区域内进行信息化工程所涉及的内容和重点，并分析区域内物流空间的布局和规划。

(2) 分析各主体的需求。区域内政府部门、工商企业、第三方物流等有关主体的需求主要体现在，通过在线电子物流平台的操作提高货物运送的时效性；通过在线发布供需信息和企业信用管理提高交货的可靠性；通过信息发布系统模块的设置提高对用户需求的响应性；通过电子政务系统模块的建立提高政府行业管理部门工作的协同性；通过行业物流动态和基础数据的对比和查询提高资源配置的合理化。

(3) 确定建设目标和任务。区域物流信息平台的根本任务是作为区域物流信息的综合发布平台、交易平台、作业平台、沟通内外和宣传窗口。以便让各企业在通过此商务平台达到信息的互相沟通，降低物流成本的同时提升物流服务质量。

(4) 设计信息平台的总体框架结构。由于区域内主体需求、建设目标存在差异，其总体框架也不会完全相同，但大体上来说还是有些相似之处。如图 4.1 所示，描述了山东交通公共信息平台的总体框架结构，该系统分为信息资源层、业务服务层、展现服务层、应用访问层、安全保障体系和建设与运营保障体系。

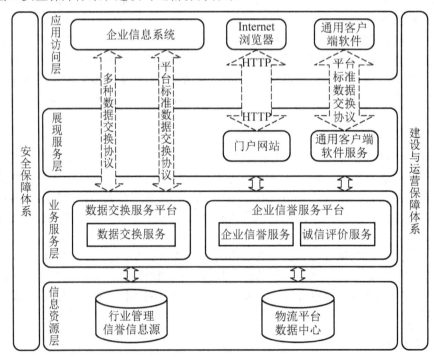

图 4.1　信息平台框架

(5) 平台的集成与开发。信息平台作为一个典型的信息系统,其开发方法及过程管理都有一套成熟的体系,相关内容将在后面章节论述。考虑到平台的建设是为了满足各参与主体(政府、企业、大众)在不同系统、不同层次的信息需求和功能需求,这里还必须明确系统的功能结构,以及关键技术的实现。

(6) 构建网络及运行安全系统。为了保证各方对平台的正常使用,必须保证系统的安全稳定运行,并制定相应的运行和管理制度、数据维护以及安全保护措施等。

公共物流信息平台的另一个关键问题是运营商业模式,只有一定规模的客户群使用平台才能实现客户与平台的双赢。对于公共物流信息系统平台的商业模式有两种观点:一是将公共物流信息系统平台看作一个标准和协议的集合,没有实体;另一种是将公共物流信息系统平台看作一个提供信息服务的有形的网站或网络,可以进行信息交换和其他信息服务。

案例 4-2

中国电子口岸

中国电子口岸(www.chinaport.gov.cn)是海关总署、原对外经济贸易合作部、国家税务总局、中国人民银行、国家外汇管理局、原国家出入境检验检疫局、原国家工商行政管理局、公安部、原交通部、原铁道部、原民航总局、原信息产业部共 12 个部委,利用现代信息技术,借助国家电信公网,将各行政管理机关分别管理的进出口业务信息流、资金流、货物流电子底账数据集中存放到公共数据中心,在统一、安全、高效的计算机物理平台上实现数据共享和数据交换。该中心将为企业提供全天候、全方位网上服务,联网办理各种进出口业务,使口岸业务更方便、更快捷,从而提高贸易效率,降低贸易成本,方便合法企业进出,并有效防范和打击走私违法活动。

中国电子口岸所要实现以下目标。

(1) 建立现代化的管理部门联网综合管理模式,增加管理综合效能。在公共数据中心支持下,进出口环节的所有管理操作,都有电子底账可查,都可以按照职能分工进行联网核查、核注、核销。

(2) 利用高科技手段增强管理部门执法透明度。使管理部门各项进出口管理作业更规范、统一、透明,各部门、各操作环节相互制约,相互监督,从机制上加强了管理部门廉政建设。

(3) 便利企业,提高贸易效率,降低贸易成本。很多进出口手续在办公室通过网络就可以完成,通关效率提高,出口退税迅速,结售汇核销等手续更为便捷。

(资料来源:周跃进,陈国华. 物流网络规划[M]. 北京:清华大学出版社,2008.)

4.2 电子数据交换技术

电子数据交换(Electronic Data Interchange,EDI)的应用始于 20 世纪 60 年代的运输行业,是贸易双方使用相互约定的协议、非结构化的数据在计算机上进行简单的数据传输,即业务文件的传递。早期 EDI 是点对点的,靠计算机与计算机直接通信完成。20 世纪 70 年代,数字通信技术的出现加快了 EDI 技术的成熟及应用范围的扩大,也带动了行业性数据传输标准的建立,同时跨行业的 EDI 系统开始出现。20 世纪 80 年代,EDI 标准的国际化又使 EDI 的应用进入一个新阶段,应用迅速发展。

4.2.1 认识 EDI

EDI 是将贸易、运输、保险、银行和海关等行业的信息,用一种国际公认的标准格式,形成结构化的事务处理的报文数据格式,通过计算机通信网络,使各有关部门、公司与企业之间进行数据交换与处理,并完成以贸易为中心的全部业务过程。ISO 将 EDI 定义为一种电子传输方法,用这种方法,首先将商业或行政事务处理中的报文数据按照一个公认的标准,形成结构化的事务处理的报文数据格式,进而将这些结构化的报文数据经由网络,从计算机传输到计算机。

1. EDI 发展历程

随着国际贸易的发展,人们一直在不断探索利用电子数据交换技术的手段来共享信息资源、简化贸易程序、促进商务活动、降低交易成本、提高整个供应链的效益和效率。从电报、传真、EDI 数据交换到始于 20 世纪 90 年代的基于互联网的电子数据交换,以及目前集 RFID 技术、无线通信技术、网络技术于一体的流通领域物联网的 EDI 研究,清晰地显示出人们利用 EDI 技术的活动轨迹。

1) 早期的业务信息交换

19 世纪末到 20 世纪初出现的大企业催生正式记录企业交换的需要。20 世纪 50 年代,企业开始用计算机存储和处理内部的交易记录,但企业间的信息流还是记录在纸面上;订购单、发票、发货单、支票、汇款通知等均用来记录交易。

通过手工或计算机填写表单后邮寄,再让另一个人将数据输入到交易伙伴的计算机里,整个过程耗时、低效、成本高、冗余也不可靠。到 20 世纪 60 年代,交易量很大的企业开始交换在穿孔卡或磁带上记录的交易信息。直到 20 世纪 70 年代,随着数据通信技术的发展,交易伙伴开始利用电话线替代穿孔卡或磁带来传输数据。虽然交易伙伴之间的这些信息传递协定提高了交易的效率,降低了误差,但由于一个交易伙伴的翻译程序并不适用另一个交易伙伴,因此参与信息交换的各个公司都需要在计算机基础设施上进行大量投资。

1968 年成立的美国运输数据协调委员会(Transportation Data Coordinating Committee, TDCC),其任务就是寻找减轻发货人和承运人书面作业负担的方法。TDCC 建立了一套标准信息集,涵盖了发货人在发货单、提单、报关单和其他单证里涉及的所有数据元。发货人可用符合 TDCC 标准的计算机文件的方式而不是纸面形式来传递货运信息。发货人可将此计算机文件以电子方式传递给采纳 TDCC 的货运公司。货运公司将 TDCC 格式转换成自己的信息系统所用的数据。对大多数发货人和承运人来说,省去各种表单的打印和处理、数据重复输入和校对工序,可节约大量成本。

2) 广泛 EDI 标准的出现

经过 10 年建立 EDI 广泛标准的努力,若干行业组织和几家大公司决定集中力量建立一套用于电子元件、机械设备和其他常用产品的跨行业标准。1979 年美国国家标准协会(American National Standards Institute,ANSI)指定一个新的委员会去制定统一的 EDI 标准,该委员即公认标准委员会 X12(ASC X12),它每年集会 3 次讨论 EDI 标准。ANSI(ASC) X12 标准制定得益于各行业成员的广泛参与,并很快得到了美国各大公司的采用。

同一时期,一些国家或地区也制定了适用本区域的 EDI 标准。为了统一多种 EDI 标准,20 世纪 80 年代中期,联合国邀请北美和欧洲的 EDI 专家根据美国公司使用 ANSI X12 标准的经验制定了通用的 EDI 标准。1987 年联合国以管理、商务和运输的 EDI(EDI for Administration,Commerce and Transport,EDIFACT)名义公布了第一个标准,即 UN/EDIFACT。它是一套用于 EDI 的数据标准、格式标准和实施指南。

美国海关宣布从 1992 年始开始全部采用 EDI 方式处理业务,1997 年美国政府采购采用 EDI 方式进行。我国 EDI 的应用始于 20 世纪 90 年代,主要在我国海关、出入境检验检疫、国际贸易、交通运输和商业流通等领域应用，主要应用是电子报关、电子报检、电子订货系统、运输电子单证、商业信息系统。

全球商业流通领域国际标准化组织 GS1 开发了商业流通领域 EDI 规范——EANCOM，此规范可以说是 EDI 国际标准(UN/EDIFACT)在商业流通领域的实施指南。EANCOM 广泛地应用于全球商业流通领域，其典型应用包括电子产品目录，ECR，协作计划、预测和补货(Collaborative Planning，Forecasting and Replenishment，CPFR)、供应商管理库存(Vendor Managed Inventory，VMI)等。GS1 系统 EDI 的特点是自动识别技术与电子数据交换技术相结合，从标签信息的自动识别采集，到辅助订货、订单管理、库存管理、销售管理、自动补货等，实现商业的自动化处理。

3) 互联网上的 EDI

20 世纪 90 年代后期，随着全球化、互联网和计算机网络技术突破性的发展，互联网逐渐成为商务活动的主流工具，充分利用 XML 标记语言灵活性的依托互联网的电子数据交换技术应运而生。联合国电子商务促进中心(United Nations/Center for Trade Facilitation and Electronic Business，UN/CEFACT)及推进结构化信息标准组织(Organization for the Advancement of Structural Information Standards，OASIS)共同制定了一套国际上一致认可的、由通用 XML 语法和结构化文件组成的技术规范(ebXML)。ebXML 技术规范为电子商务定义了一个架构，通过架构可以建立协调一致的、有极强互操作能力的服务和组件，在全球电子商务集市中实现无缝集成。

随后，GS1 开始对基于 ebXML 的标准和技术规范进行了研究，充分利用其自身全球通用商业语言的特点，形成了 GS1 系统完整的 ebXML 方法学和 GS1 ebXML B2B 电子商务实施方案。GS1 ebXML 电子数据交换典型的应用包括基于 ebXML 的商业报文标准(Business Message Standards，BMS)、ECR、CPFR、全球数据同步网络(Global Data Synchronization Network，GDSN)等。

2. EDI 工作原理

虽然 EDI 的基本概念很简单，但即使是在很简单的业务环境里 EDI 的实施也很复杂。例如，一家公司需要更换金属切割机床，首先看纸面形式的采购步骤，然后再看采用 EDI 后采购过程的变化(假定卖主用自己的运输工具而不是运输公司来交货)。

1) 纸面形式的采购过程

假定采购者和卖主在其内部业务流程中没有使用任何集成软件，这样每个信息处理环节都会产生要传递到下一环节的纸面单证。买方和卖方之间的信息传输也是纸面形式，可以通过邮寄、快递或传真传送。当车间的生产经理决定更换金属切割机床时，采购过程就开始了，其纸面形式的信息流如图 4.2 所示。

(1) 生产经理填好采购申请表并交给采购部。申请表描述切割金属所要求的机床。

(2) 采购部与卖方接洽，磋商价格和发货条款。采购部选定卖方后，填写订单并交给收发室。

(3) 采购部给收货部一份订购单的复印件，以便收货部能按时安排好货物接收工作；采购部还要给财务部一份订购复印件，以便准备相应的款项。

(4) 收发室把采购部交来的订购单邮寄或快递给卖方。

(5) 卖方的收发室收到订购单后交给销售部。

(6) 卖方的销售部填写交给财务部的销售单和交给生产部的生产订单。生产订单要写清机床的规格并正式通知生产部开始生产。

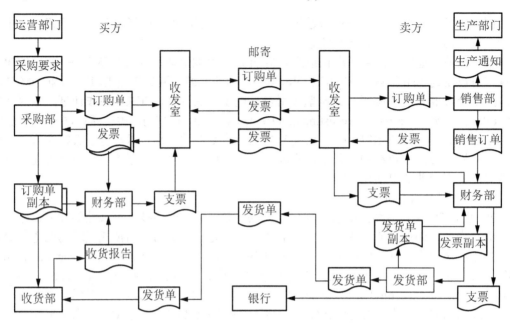

图 4.2 纸面形式的采购信息流

(7) 机床生产好后，生产部通知财务部并把机床交给发货部。
(8) 财务部把发票原件交给收发室，发票复印件交给发货部。
(9) 收发室把发票邮寄或快递给买方。
(10) 卖方发货部根据发票复印件填写发货单，和机床一起运给买方。
(11) 买方收发室收到发票，同时收货部也收到附发货单的机床。
(12) 买方收发室把发票复印件交给采购部，通知机床已运到；发票原件交给财务部。
(13) 买方收货部核对机床、发货订购单。如果机床状态正常，并同发货单和订购单指定规格相符，收货部就填写收货报表，并把机床交给生产车间。
(14) 收货部把填好的收货报表交给财务部。
(15) 财务部核对订购单、收货报表和原始发票的所有细节，如果一切相符，就开一张支票交给收发室。
(16) 买方收发室把支票邮寄或快递给卖方。
(17) 卖方收发室收到支票后交给财务部。
(18) 卖方财务部按发票、发货单、销售订单来核对支票。如果所有细节都相符，财务部就把支票交给卖方银行，将收到的款项入账。

2) EDI 的采购过程

EDI 采购过程中的信息流如图 4.3 所示。其中 EDI 网络的数据交换过程替代了纸面单据的邮递过程，运行 EDI 软件的计算机替代了买方和卖方之间的纸面形式的信息交换。

(1) 生产经理向采购部发一条电子信息，指出切割金属所要求的机床。
(2) 采购部通过电话、电子邮件或网站同卖方接洽，磋商价格和发货条款。采购部选定卖方后，就向卖方的销售部发出一条信息。
(3) 买方的 EDI 翻译程序将这条信息转换成标准格式的订购单报文，然后通过 EDI 发给卖方。
(4) 采购部要向收货部发一条电子信息，以便收货部安排收货事宜。采购部还要向财务部发一条电子信息，告知价格等细节信息。

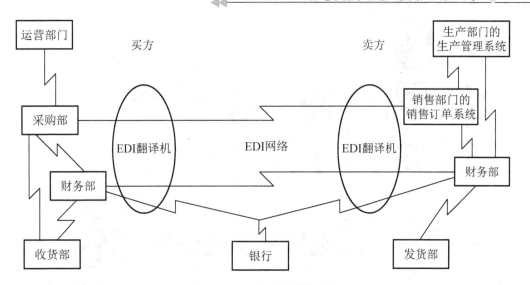

图 4.3　EDI 采购过程信息流

(5) 买方的 EDI 翻译程序将收到的订购单报文转换成自己信息系统的格式。

(6) 翻译后的订购单细节数据进到销售部的销售订单系统里，并自动发到生产部的生产管理系统和财务部的系统里。

(7) 发给生产部的信息详细描述了机床的规格，并正式通知生产部开始生产。

(8) 机床生产好后，生产部通知财务部并把机床交给发货部。

(9) 发货部向财务部发一条电子信息，告知机床已准备发货。

(10) 财务部发出信息，由 EDI 翻译程序转换成标准的发票报文，并通过 EDI 网络发送给买方。

(11) 买方的收货部在收到机床前已收到了发票报文，由 EDI 翻译程序转换成自己的信息系统可用的格式。于是买方的财务部和收货部就立刻得到了发票数据。

(12) 机床到货时，收货部按照计算机系统中的发票信息来验收机床。如果机床状态良好，符合计算机系统里的规格要求，收货部就向财务部发一条信息，确认机床已经收到且状态良好，然后把机床交给生产车间。

(13) 买方财务部的系统比较订购单数据、收货数据和卖方发来的发票数据，如果所有细节都相符，财务系统就通知银行把发票所示的金额划拨给卖方。EDI 网络可提供此服务。

3) EDI 的基本组成

构成 EDI 系统的 3 个基本要素是格式化的数据与报文标准、通信网络、计算机应用系统(软硬件)。这三方面内容相互依存构成了 EDI 的基本框架，如图 4.4 所示。作为一种全球性的商业价值的电子化贸易手段或工具的 EDI，具有单证格式化、报文标准化、处理自动化、软件结构化、运作规范化等显著特点。

EDI 软件由转换软件、翻译软件和通信软件组成，其中转换软件又称为"映射"，它的作用是将计算机系统文件转换成平面文件，使之符合翻译软件的输入格式，或是将平面文件转换成计算机系统文件；翻译软件的作用是将平面文件转换成 EDI 标准格式文件，或是将接收的 EDI 的标准格式文件转换成平面文件。通信软件是将经过翻译软件翻译后的 EDI 标准格式的文件外层加上通信信封，再传到 EDI 系统交换中心的邮箱中，或由 EDI 交换中心接收到的 EDI 格式文件从信箱中取出。

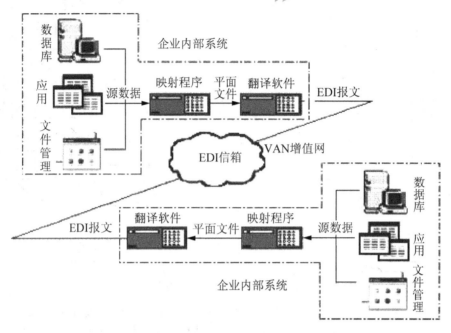

图 4.4 EDI 系统工作流程

知识拓展

EDI 与电子信箱

EDI 和电子信箱之间既有联系又有区别。从通信的角度来说，EDI 和电子信箱是相似的，但是它们也有比较明显的区别。例如，电子信箱是通过交换网络将人与人联系起来，使人和人之间可以通过交换网络快速准确地交换信息，而 EDI 则是通过交换网络将两个计算机系统联系起来，如将服装进出口公司的计算机系统与海关的计算机系统联系起来，以此简化报关手续。所以说，EDI 是计算机之间通过交换网络传递商务信息。

此外，电子信箱与 EDI 的另一大不同是，电子信箱存储和传递的信息是用户（人）之间的信息，这种信息只要人能读懂即可，不要求有一定格式；而 EDI 通信的双方是计算机，说本质一点，是计算机上的软件。软件可没人那么聪明，什么格式都能看懂，软件之间的通信需要格式化信息内容。EDI 用户需要按照国际通用的消息格式发送消息，接收方也需要按国际统一规定的语法规则，对消息进行处理，并引起其他相关系统的 EDI 综合处理，整个过程都是自动完成，不需要人工的干预。

3. 应用及特点

EDI 是一种利用计算机进行商务处理的新方法，将贸易、运输、保险、银行和海关等行业的信息，用一种国际公认的标准格式，通过计算机通信网络，使各有关部门、公司与企业之间进行数据交换与处理，并完成以贸易为中心的全部业务过程。由于使用 EDI 能有效减少直到最终消除贸易过程中的纸面单证，因而 EDI 也被俗称为"无纸交易"。

（1）应用于金融、保险和商检。可以实现对外经贸的快速循环和可靠的支付，降低银行间转账所需的时间，增加可用资金的比例，加快资金的流动，简化手续，降低作业成本。

（2）应用于外贸、通关和报关。EDI 用于外贸业，可提高用户的竞争能力。EDI 用于通关和报关，可加速货物通关，提高对外服务能力，减轻海关业务的压力，防止人为弊端，实现货物通关自动化和国际贸易的无纸化。

(3) 应用于税务。税务部门可利用 EDI 开发电子报税系统,实现纳税申报的自动化,即方便快捷、又节省人力物力。

(4) 应用于制造业、运输业和仓储业。制造业利用 EDI 能充分理解并满足客户的需要,制定供应计划,达到降低库存,加快资金流动的目的。运输业采用 EDI 能实现货运单证的电子数据传输,充分利用运输设备、仓位,为客户提供高层次和快捷的服务。对仓储业,可加速货物的提取及周转,减缓仓储空间紧张的矛盾,从而提高利用率。

案例 4-3

宁波港口 EDI 中心

> 宁波港口 EDI 中心始建于 1995 年,是国家"九五"重点科技攻关项目《国际集装箱运输电子信息传输和运作系统及示范工程》的示范单位之一,EDI 中心的建成为宁波口岸的港口码头、船公司船代、集疏运场站、理货、货主及代理和监管职能部门提供了高效、便利、快捷、准确、经济的 EDI 服务。经过多年的推广应用,EDI 应用覆盖了宁波口岸多个物流节点,网站查询、一站式服务和报文传输这三大主要服务内容也得到充分的实践。宁波港口 EDI 中心是宁波港口物流信息化建设的重要组成部分,有效地改善了宁波口岸集装箱运作环境。
>
> EDI 数码港(www.npedi.com)网站不仅提供了码头集装箱、码头散杂货、船舶、船期及报文业务服务信息,还提供了各种报文的流转图示、报文代码规则、相关报文文档资料,以及用户端软件、用户手册等下载资料。另外,网站也提供了一站式的服务及相关企业信息等。用户可到该网站查看或下载,以便深入了解具体报文格式及相关工作流程。
>
> (资料来源:http://www.npedi.com/edi/ediweb/index.jsp.)

4.2.2 EDI 系统

EDI 系统的实施包括 4 个方面——标准、计算机软硬件、网络设施和数据交换的参与方。EDI 系统作为数据处理和数据通信相结合的产物,其目的是实现企业内部信息处理和企业之间交换和处理的自动化。把孤立的信息系统在 EDI 系统的连接下,形成新的、开放性的集成系统和跨组织的信息系统。作为桥接 EDI 系统,其主要作用是数据处理和网络通信。数据处理是对已有的管理信息系统或其他应用系统的数据进行处理,形成可供交换的数据即 EDI 报文的过程;网络通信则是指通过网络把 EDI 数据传递到目的地。

一般情况下,将标准、通信、软硬件称为构成 EDI 技术的 3 个基本要素。

1. 基础标准

EDI 在世界范围内得到如此广泛地应用并继续得以发展,在很大程度上得益于卓有成效的全球 EDI 标准化的发展。EDI 标准是由各企业、各地区代表共同讨论并制定的,可以使企业之间不同文件的格式通过共同的标准,实现相互文件交换的目的。目前,存在的 EDI 标准主要有 UN/EDIFACT 和 ANSI X12 两大标准,以及一些小范围内使用标准。UN/EDIFACT 与 ANSI X12 标准流行于欧、美两大区域。ANSI X12 于 1992 年决定在第 4 版的标准制定后,不再继续发展维护,全力与 UN/EDIFACT 结合,使 EDI 标准逐渐走向统一。

UN/EDIFACT 标准的三要素为数据元、数据段和标准报文格式。该标准主要涉及 6 个方面的标准化工作，包括 EDI 语法规则、数据元目录和复合数据元目录、段目录、代码表、报文目录、指南和规则。

UN/EDIFACT 技术体系

UN/EDIFACT 是联合国用于行政、商业、运输业务电子数据交换标准的统称，其技术体系主要包括以下几个方面。

(1) 基础数据：代码表、数据元目录、复合数据元目录、段目录。

(2) 描述语法：应用级讲法规则、语法实施指南。

(3) 电子单证格式：报文设计指南与规则、报文目录。

(4) 业务交易"剧本"：如针对集装箱联运的"EDIFACT 集装箱报文剧本"和"EDIFACT 集装箱报文剧本应用指南"等。

(5) 注册与维护：技术评审指南、数据维护请求评审程序。

其中的基础数据、描述语法和电子单证格式是 UN/EDIFACT 最基本的组成部分，它们共同构成了描述在 EDI 各参与方之间交换的业务信息的通用叙述环境的核心。

2．通信网络

通信网络是实现 EDI 的基础，其通信方式分为直接连接和间接连接两种。

直接方式也称点到点方式，它是 EDI 的双方直接通过电话线路或数据专线连接，只有在贸易伙伴数量较少的情况下使用。随着贸易伙伴数目的增多，当多家企业直接进行计算机通信时，会出现由于计算机厂家不同、通信协议相异以及工作时间不易配合等问题，造成相当大的困难。

除了与贸易伙伴直接连接外，企业还可以通过增值网(Value-added network，VAN)与贸易伙伴间接连接。VAN 是独立的企业，它为用 EDI 进行交易的买主和卖主提供连接服务，帮助他们传递交易信息。VAN 在进行 EDI 的贸易伙伴间建立连接，并保证交易数据传递的安全性。公司要使用 VAN 服务，需要安装同 VAN 兼容的 EDI 翻译软件。

要向贸易伙伴发送一个报文，VAN 的用户可用专线或电话线连入 VAN，然后把 EDI 格式的信息发给 VAN。VAN 记录此信息并把信息发送到贸易伙伴在 VAN 上的邮箱里，贸易伙伴可拨号进入 VAN 拨号进入 VAN 并从邮箱中找到这些 EDI 格式的信息。然而 VAN 的成本一般都比较高，大部分 VAN 要收注册费、月租费和交易费，交易费按交易量、交易期或两者综合来收取。如果一家企业在 VAN 上的交易量较小，固定的注册费和月租费对它就太高了。因此，VAN 运营商正逐步将 EDI 业务搬上互联网，其他公司也在寻求在互联网上实现 EDI 交换的新方式。

互联网模式的 EDI 是指利用互联网、服务器体系结构和软件系统进行电子数据交换，互联网为 EDI 提供了公共信息平台，将供应链上的各参与方连接在一起，彼此共享信息资源，信息可以实时交换。尤其是对于中小型企业，不用购买和维护 EDI 软件，不用开发 EDI 应用程序接口，只需利用浏览软件即可应用和访问。

3．应用系统

EDI 系统可分为服务系统和应用系统两类。若用户业务数据量大，可以建立自己的 EDI 业务处理中心，通过电话线直接和用户端的计算机相连接，或通过增值网络和用户的 PC 或 EDI 服务器相连。EDI 的应用系统，完成 EDI 报文的收发、翻译、面向最终的具体应用业务。EDI 系统的功能模块由报文生成和处理模块、模式转换模块、通信模块、联系模块等组成，如图 4.5 所示。

1) 报文生成和处理模块

报文生成和处理模块的作用有两个：第一个作用是接受来自用户联系接口与其他信息系统及数据库内部联系接口模块的命令和信息，按照 EDI 标准生成订单、发

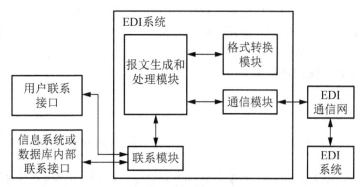

图 4.5 EDI 系统的组成

票、合同，以及其他各种 EDI 报文和单证，经格式转换模块处理之后，提交给通信模块，经 EDI 通信网络转发给 EDI 系统用户；第二个作用是经通信模块将接收到的来自其他 EDI 系统的 EDI 报义进行自动处理，按照不同的 EDI 报文类型、不同的应用过程进行处理，订单处理、发票处理等。在处理过程中要与本部门信息系统或数据库相联系，获取必要的信息传给发送方 EDI 系统，并将有关信息发给本部门的信息系统和数据库。在报文处理过程中可能产生一些意外情况，例如由于各种原因不能满足用户在交货时间和样式等方面的要求而需要管理人员决策时，应该把这一类事件提交用户联系接口，作为紧急例外由人工干预。

2) 格式转换模块

格式转换模块是将 EDI 报文按照 EDI 结构化的要求，用结构化的处理，按照 EDI 的语法规则进行压缩、重复、嵌套和代码转换，并加上相应的语法控制字符后，提交给通信模块发给其他 EDI 系统的用户。或者将其他 EDI 系统经通信模块所接收到的结构化 EDI 报文，进行非结构化处理，以使用信息系统或数据库系统进一步处理。对在格式转换过程中语法出错的 EDI 报文，应拒收并通知对方重发。

由于 EDI 要在不同国家和地区不同的行业使用。不同行业的 EDI 其标准也有所不同，格式转换模块必须适应不同的 EDI 标准，并能将一种标准的 EDI 报文转换成另一种标准格式，使其具有相容性。

3) 通信模块

通信模块是 EDI 系统与 EDI 通信网的接口，执行呼叫、应答、自动转发、地址转换、差错效验、出错报警、审计和确认、命名和寻址、合法性和完整性检查及报文传送等任务。EDI 通信网络的结构不同，对该模块功能的要求也有所不同。

4) 联系模块

联系模块包括用户联系模块和内容联系模块两大部分。用户联系模块是 EDI 系统和 EDI 用户的联系接口，为用户提供友好的接口和良好的人机界面。EDI 的用户联系模块一般采用"菜单驱动"方式，让用户能在较短的时间内实现 EDI 的主要功能。用户联系模块的另一项主要内容是查询和统计，即使是全自动的 EDI 系统，管理人员也需要了解本部门情况，打印或显示各种统计报表，了解市场变化情况，及时调查经营方针策略。

内部联系模块是 EDI 系统与本部门的其他信息和数据库的接口。它将一份来自外部的 EDI 报文，经过 EDI 系统处理之后，相关内容经内部联系模块送往其他信息系统，或查询其他信息系统给对方 EDI 报文以确认响应。一个单位的信息系统应用程度越高，内部联系模块也就越复杂。EDI 系统几乎要和内部所有的信息系统交换信息，如生产管理系统和财务管理系统等。

EDI 系统除以上基本模块外，还必须具有安全保密功能、命名和寻址功能、数据管理功能等。建立 EDI 系统，用户应制订一个现实可行的规划，在 EDI 应用软件中挑选适合自己情况的翻译软件，选择一个 VAN 供应商提供增值服务，通过系统集成的方法，行之有效地开展 EDI 服务。

案例 4-4

美的集团 EDI 应用案例

随着自身业务在全球范围内的不断扩大，美的已经形成了一个覆盖全球，从生产制造、供应商、物流、渠道到客户的庞大企业供应链群。为了满足美的与供应链合作伙伴之间的实时、安全、高效和准确的业务单据交互，实现敏捷供应链的规划目标，选择业界领先的供应链管理解决方案提供商锐特信息(SinoServices)为其提供 EDI 解决方案和技术支持。并于 2009 年 11 月 4 日，宣布 EDI 项目正式启动；2010 年 2 月 3 日，伊莱克斯作为美的第一家 EDI 对接合作伙伴，成功上线运行，实现了双方出货通知、发票等的自动化 EDI 流程。

SinoServices 提供了 SinoEDI 企业级数据整合解决方案，主要的功能模块包括集成服务器，业务流程引擎；网关；映射转换；数据流管理，数据的路由、数据监控管理等；EDI 组件，支持 ANSI X12 及 EDIFACT EDI 标准之组件；适配器。其方案框架如图 4.6 所示。

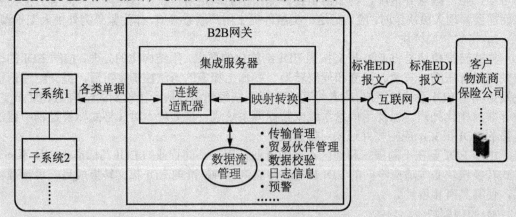

图 4.6 SinoEDI 方案框架

SinoEDI 企业级数据整合解决方案支持各类传输协议、加密算法，同时也是一款性能非常优异的数据处理平台，支持任意数据格式之间的转换，数据流程可灵活定制，路由功能强大，且具备各类适配器与后台系统、数据源的集成。开发、部署由图形化的统一开发平台来完成，简单易用。

（资料来源：http://www.chinawuliu.com.cn/zhuanti.）

4.2.3 ebXML 标准

随着互联网和计算机网络技术突破性的发展，网络化和全球化形成了价格便宜和连通全世界的电子信息传输通道，建立在 EDI 的经验之上，依托互联网的 EDI 技术应运而生。互联网的体系结构是开放的，所以互联网 EDI 也被称为开放式 EDI。这种新型的 EDI 提供了很多超出传统 EDI 的服务，能够帮助贸易伙伴实现更多的信息交换，而这些信息交换往往是 EDI 标准报文无法满足的。

ebXML 是 UN/CEFACT 和 OASIS 共同组成的，是全球电子商务标准化组织制定的基于 XML 的全球电子商务系列标准。它是商务语义学、XML 语法和商务经验的融合，其特点是构建一个以开放的 XML 标准为基础的电子商务基础架构，为全球统一的电子交易市场提供全球透明的、安全的、一致的 EDI 环境，为所有企业特别是中小企业进入电子商务扫清障碍，简化贸易程序，降低交易成本。

 资料卡

不可否认与 EDI 安全

不可否认(Nonrepudiation)就是证明一笔交易确定已经发生，它防止交易各方反悔或否定交易的有效性。在间接连接 EDI 中，不可否认的功能由 VAN 的运行记录来提供；在直接连接 EDI 中，可通过比较贸易双方的信息来实现。对于 EDI 这种属于商业合同的交易，不可否认显得尤为重要。

在互联网进行 EDI 的主要障碍包括安全性差、不能为信息传输提供运行记录和第三方验证。随着互联网 TCP/IP 基础结构用 SHTTP 等安全协议和多种加密技术增强后，企业对互联网安全问题的担心虽然没有完全消除，但已开始减少。

1. ebXML 技术框架

ebXML 是一组支持模块化电子商务框架的规范。ebXML 支持一个全球化的电子市场，它使得任意规模的企业通过交换基于 XML 的信息，不受地域限制地接洽和处理生意。ebXML 是跨行业的电子商务，使用 UML (Unified Modeling Language)的建模方法，直接整合业务过程，提供了各行业建立电子商务交易的方法和数据模型。

ebXML 技术体系架构为基于互联网和 ebXML 的 EDI 定义了一个基础架构，通过这个架构，可以建立协调一致的、有极强操作能力的服务和组件，为全球统一的电子交易市场提供电子数据交换环境。标准技术规范提供了实现这一框架的 7 项机制。

(1) 业务过程信息模型标准机制。
(2) 注册与存储业务过程信息模型机制，用来实现共享和重用。
(3) 发现交易伙伴相关信息机制，包括业务过程、业务服务接口、业务信息、消息交换传输与安全。
(4) 注册和存储上述相关信息，供交易伙伴彼此发现、检索相关信息的机制。
(5) 合作协议协定配置(Collaboration Protocol Agreement，CPA)机制。
(6) 消息服务协定机制。
(7) 把业务过程与描述用于消息服务的机制。

ebXML 推荐使用的 UML 的建模方法论(UN/CEFACT Modeling Methodology，UMM)，相关原理将在第 6 章进行介绍。UMM 主要使用业务运作视图和功能服务视图来分析电子业务交易，ebXML 业务运作视图侧重贸易伙伴的业务需求，包括交易中业务数据和相关数据交换的语义、业务交易的架构等；功能服务视图用于满足 ebXML 技术需要的支持性服务，侧重于功能性能力、用户接口、协议和消息服务等信息技术。

 案例 4-5

两公司使用 ebXML 进行电子业务的流程

图 4.7 描述了两个贸易伙伴使用 ebXML 进行电子业务的高层级应用。A 公司在网上进行 ebXML 注册(步骤①)。在查询了 ebXML 注册的内容之后，A 公司决定建立并实施自己的 ebXML 应用系统(步骤②)。客户软件开发并不是参与 ebXML 的先决条件，ebXML 一致性应用程序和组件，可以作为压缩

打包的解决方案在商业运作的情况下获得。

A 公司把自己的商业配置信息(包括实施细节和相关链接)提交到 ebXML 注册(步骤③)。提交到 ebXML 注册的商业配置文件描述了该公司具有的 ebXML 能力、约束,以及它支持的业务剧本。这些业务剧本是业务过程和公司可以使用的相关信息的 XML 版本。在验证了业务剧本的格式和用法正确性之后,给 A 公司发送一个确认(步骤③)。

B 公司在 ebXML 注册中发现了 A 公司的业务运作能力(步骤④)。B 公司向 A 公司发送一个请求,表明它愿意运用 ebXML 进行业务交换(步骤⑤)。B 公司得到与 ebXML 符合的压缩打包应用程序。

在进行业务合作之前,B 公司直接给 A 公司的 ebXML 一致性软件接口提交一个撰写的业务协定。该协定概括了双方约定的业务剧本和具体的协定,还包括有关传输需求的信息,如交易、紧急计划和有关安全问题的需求(步骤⑤)。A 公司接受了该业务协定。现在,这两个公司就可以利用 ebXML 进行电子业务了(步骤⑥)。

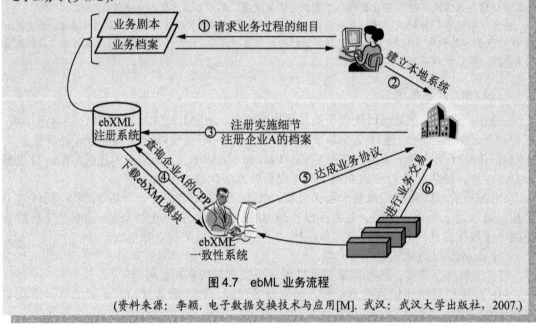

图 4.7 ebML 业务流程

(资料来源:李颖. 电子数据交换技术与应用[M]. 武汉:武汉大学出版社,2007.)

2. ebXML 基本构件

ebXML 为业务交互提供一个完整的框架,全部是作为供应商中立规范集而交付的,该完整的框架设计用于答复大量的全盘业务问题。这些问题的观点针对指定的贸易合作伙伴来进行表述,例如如何描述自己的业务流程和特定接口、如何与其他合作伙伴共享自己的业务流程、如何得知自己的合作伙伴支持哪些业务流程、如何描述特殊交易的业务消息、如何描述要使用的安全策略和技术配置等。

从理论上讲,如果贸易合作伙伴可以用这些术语描述其自身,则便可以进一步融入于临时的、电子的自由市场之中。这些问题中的许多可以通过实现共享的信息注册来解决,其中业务协议和流程可以集中。该中心点存储库称为 ebXML 注册,同时还有实际线级消息传递层及业务流程规范和协作信息的规范。

1) 注册

ebXML 注册提供了一套服务能够使 ebXML 电子商务参与者信息共享,其目的是各参与者之间基于 ebXML 规范进行商务流程整合。共享信息保留在数据库中,由 ebXML 注册中心管理。ebXML 注册包括注册中心服务和注册中心客机户,服务机提供管理数据库的方法,客户机是进入注册中心的应用软件。

ebXML 使得贸易伙伴之间可以共享信息，其整体结构如图 4.8 所示。在注册这个组件中，保留了一个连接已注册项目的原数据的接口，注册接口相当于注册应用程序的进入机制。一个注册项目的构成应适于标识、命名、描述它的信息的关联，给出其管理和访问状态，定义其持续性和不定性，按照预定义的分类进行分类，确定其文件表示类型，并标识提交和负责组织。

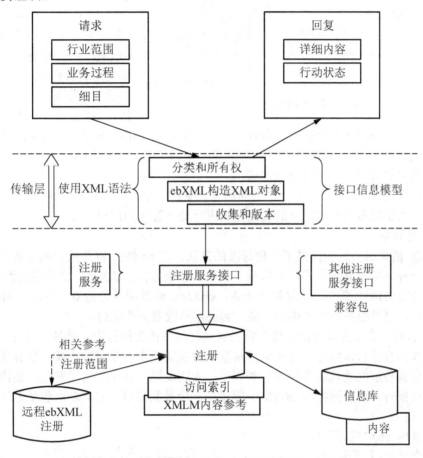

图 4.8　注册的整体架构

ebXML 注册系统中所有项目都应被分配一个统一的标识符(Unique Identifier，UID)。可以使用全球统一标识符确保注册项目在全球范围内唯一。为了便于业务过程和信息元模型的语义识别，注册服务系统还提供一种人可阅读的注册项目描述机制。

2) 业务流程和协作

为了简化电子业务的运作，潜在的贸易伙伴需要一种机制对外发布他们所支持的业务过程及其交换业务信息能力的技术实施细则，这些可以通过合作协议配置(Collaboration Protocol Profile，CPP)来实现。CPP 描述了贸易伙伴支持的具体技术能力，以及为交换商业文件所需的服务接口，它包含了贸易伙伴的基本信息，如合同信息、行业分类、支持的业务过程、接口需求和消息服务需求，以及安全和其他具体的实施细则。

每个 ebXML 贸易伙伴应在 ebXML 符合注册服务中注册他们的 CPP，这样就提供了一种发现机制，使得贸易伙伴之间可以互相发现，并且发现其他贸易伙伴支持的业务过程，如图 4.9 所示。参与方 A 将信息列表，然后构建一个包括上述信息的 CPP，并将其放入注

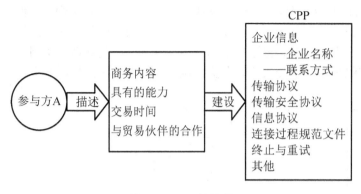

图 4.9 CPP 的形成

册中心的数据库中，以便查询。一旦参与方 A 将其信息放入数据库，其他参与方就可以通过注册中心数据库的查询服务，发现参与方 A。

一个具体的业务协定是 CPA，它意味着两个或多个使用 ebXML 进行业务交易的贸易伙伴的正式合作。CPA 描述的内容包括消息服务、两个或多个贸易伙伴协定的业务过程需求。CPA 定义了交易双方在履行已经选择的商务流程过程中相互作用的方式，如图 4.10 所示。参与方 A 和参与方 B 运用各自的 CPP 共同建立了一个独立的 CPA，此 CPA 汇集双方 CPP 中共同点，并确定双方商务合作的履行方法。

业务合作是 ebXML 贸易伙伴声明的第一个支持命令。在 ebXML 注册或其他服务的目录服务上，用于发布的专门定义的文档便于进行业务合作的声明。

3) 消息服务

ebXML 消息服务机制提供了一种标准的方法，在 ebXML 贸易伙伴间交换业务消息。它提供了一种非常可靠的方式，不依赖于技术和解决方案。ebXML 消息包含消息标头(路由与传输必需的)和负载部分。从概念上讲，ebXML 消息服务分为 3 个部分，即一个抽象的服务接口、消息服务层所提供的功能、到底层传输服务的映射。

在 CPA 中，合作协议规定了每个贸易伙伴都愿意接受的行为，这些规则由一些表格定义，如正式的合作协议协定、在业务交易发生时创建的相互作用的协议，或者其他标定的表格。消息服务层的功能就是执行这些规则，而违反规则会导致错误发生，出错信息将以适当的方式报告。消息服务为 ebXML 提供了一个抽象接口，它的功能包括发送、接收、通知和查询。

从外到内 ebXML 消息可分为 5 个层次：传输信封、信息信封、信封标题和信封内容、文件标题和文件内容、清单和标题，其逻辑结构如图 4.11 所示。在通信协议封装和 ebXML 消息封装的外部，ebXML 消息由一个可选的传输协议组成。在电子业务环境中，由于伙伴之间交换信息的多样性，可使用 MIME (Multipurpose Internet Mail Extensions, 多用途互联网邮件扩展类型)作为打包方案，如双方或多方贸易伙

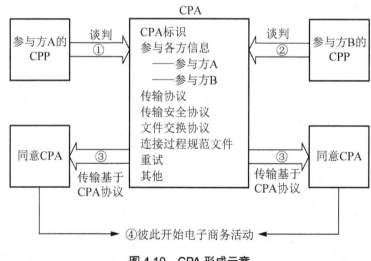

图 4.10 CPA 形成示意

伴复杂的业务交易需要包含一系列业务文件、二进制图像或其他相关的业务消息的负载。

ebXML 消息服务执行的安全功能包括识别、鉴别、授权(存取控制)、保密性(加密)、完整性(消息签名)、抗抵赖性、日志记录等。

3. ebXML 业务过程规范

业务过程规范描述了商务伙伴进行合作可互操作的业务过程。目标是在电子业务过程的建模和电子商务软件规范之间提供桥梁，同时提供商务伙伴间合作所必需的规范元素命名集，为贸易伙伴间的运行系统提供配置参数来实现一套电子商务软件组件的合作。ebXML 业务过程规范模式分别表示为 UML 和 XML，UML 是生成 ebXML 一致的业务过程规范所需要的所有规范元素及相关关系之间的表示；XML 版本提供了基于 XML 的 ebXML 业务过程规范实例的定义，生成的规则等。

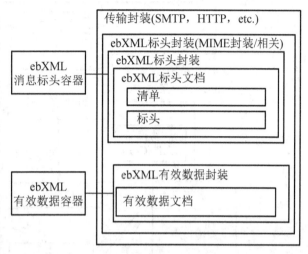

图 4.11 消息的逻辑结构

采用业务过程建模，用户可以生成一个完整的业务过程和信息模型。以业务过程和信息模型为基础，采用 ebXML 业务过程规范模式，用户可以提取和格式化设置 ebXML 运行时间系统所需元素的命名集，从而执行一系列的 ebXML 业务交易，并形成 ebXML 业务过程规范。ebXML 业务过程规范可以直接生成，而无须预先再对业务过程建模。根据 ebXML 业务过程规范生成 ebXML 贸易伙伴 CPP 和 CPA。这些 ebXML 贸易伙伴的 CPP 和 CPA 反过来又可作为 ebXML 业务服务接口软件的设置文件。

知识拓展

ebXML 功能服务

如图 4.12 所示，ebXML 注册服务储存业务过程的信息元模型、基于 XML 模型的表示、核心组件与合作协议配置文件。业务过程和信息元模型可以保存在建模语法中，也可以作为 XML 语法保存在注册中。这种基于 XML 的业务信息通过一种协调一致的方法学适用于数据的发现。

实施阶段生成基于 ebXML 框架的应用程序。希望进行 ebXML 业务交易的贸易伙伴首先必须获得 ebXML 规范的副本，然后进行研究，下载主数据库和业务库的数据，还应请求其他贸易伙伴业务过程信息进行分析和评价。或者使用第三方开发的应用程序进行 ebXML。贸易伙伴也可以向 ebXML 注册服务，提交他自己的业务过程信息。图 4.13(a)说明了 ebXML 注册服务与一个贸易伙伴的基本相互作用。

发现和检索阶段包括发现 ebXML 相关资源的各个方面。一个已经实现 ebXML 业务服务接口的贸易伙伴现在开始进入发现和检索阶段，如图 4.13(b)所示。一种可行的发现方法是请求其他贸易伙伴的 CPP。ebXML 业务服务接口应支持更新主数据库、业务库和更新或创建业务过程及信息元素模型的请求。在这个阶段，贸易伙伴的任务是发现其他贸易伙伴请求的业务信息。

运行时间阶段如图 4.13(c)所示，包括 ebXML 剧本实际交易实际操作的全过程。在这一阶段里，通过 ebXML 的消息服务，贸易伙伴之间交换 ebXML 消息。

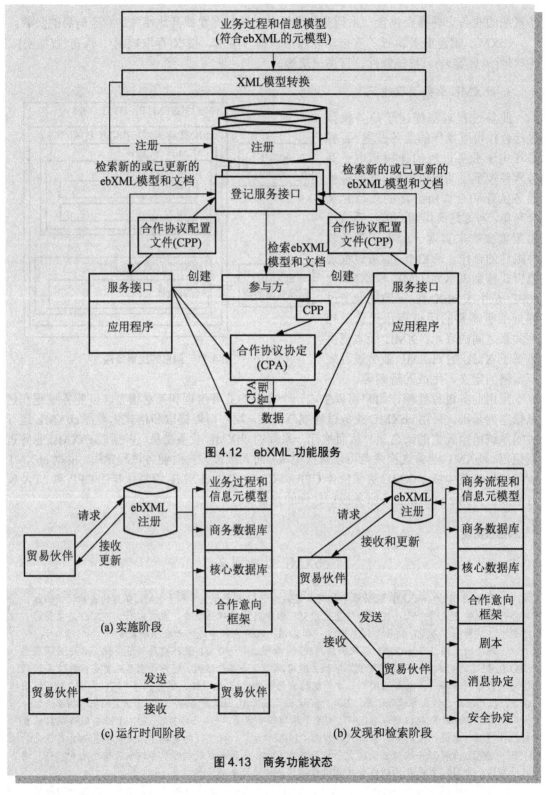

图 4.12 ebXML 功能服务

图 4.13 商务功能状态

4.2.4 商业流通领域应用

GS1 开发的 EANCOM 与 UN/EDIFACT 是相兼容的,EANCOM 报文是 UN/EDIFACT 报文(UNSM)的子集。EANCOM 科学地裁剪了 UNSM,使用户可以清晰地、简化地、准确地编制业务报文。ECR 是 EDI 在全球商业流通领域的典型应用。ECR 从使用条码对商品扫描开始,通过使用 EDI 的手段,在行业中为贸易伙伴节约成本、疏通贸易渠道、准确把握消费者需求、为消费者提供更多的价值。零售商和供应商共享 POS 扫描数据,通过基于 EDI 的计算机辅助订货系统、订单管理系统、自动收发货处理系统、销售管理系统、库存管理系统、自动补货系统,快速反应,减少缺货、库存,提高订货的准确性。

GS1 ebXML 实施方案根据 W3C XML 规范和 UN/CEFACT ebXML 的 UMM 方法学把业务过程和 ebXML 语法完美地结合在一起。2001 年 GS1 发布了第一套基于 ebXML 的 BMS,标准以商业流通领域实际业务过程为基础,目的是简化贸易程序,向用户提供在 XML 环境下电子数据交换所需要的信息,是使用 ebXML 进行 EDI 的全球自愿性标准。

知识拓展

金融 EDI

尽管快速增长的互联网 EDI 为贸易伙伴提供了全新的、灵活的信息交换解决方案,但还是有些 EDI 内容很难通过互联网传输。向贸易伙伴的银行发出指令的 EDI 报文标准称为金融 EDI(Financial EDI,FEDI)。所有银行都可以进行电子资金转账(Electronic Funds Transfer,EFT),即把资金从一个银行账户转移到另一账户,这些银行账户既可能是顾客的账户,也可能是银行代表买卖双方并设的账户。如果电子资金转账涉及两家银行,就要通过自动清算所(Automated Clearing House,ACH)完成,这是银行用来管理彼此账户的服务。支持 EDI 业务的银行指的是通过 VAN 传输结算和汇兑数据的银行;有些银行也为非金融交易提供 VAN 服务,这些银行称为增值服务银行。金融增值网就是一些非银行的 VAN,它们可以把金融报文标准翻译成 ACH 格式并发送到不能支持 EDI 业务的银行。

EDI 是电子商务的另一种形式(最初形式),现在看来,将继续发展,成为高速发展的电子商务的一部分近些年来,许多商业和信息技术文章都宣称 EDI 即将灭亡,但大企业在 EDI 系统上有高额投入而且还培训了专门的人员,不愿意改变业务流程,转向互联网 EDI 或其他基于 XML 的企业间交易处理技术。随着这些系统的老化,以及互联网安全水平的提高,EDI 或许终究被互联网所替代。

1. 全球数据同步网络

随着信息技术和 XML 标准化,特别是 ebXML 标准化体系的完善和发展,在 GS1 系统多年 EDI 应用的基础上充分利用新技术的优势,GS1 提出了全球数据同步网络(Global Data Synchronization Network,GDSN)的概念。通过 GDSN 贸易伙伴之间能够保持信息的高度一致,保证了制造商和购买者能够分享最新、最准确的数据,并且传达双方合作的意愿,最终促使贸易伙伴以微小投入完成合作。

GDSN 帮助贸易双方经过 GDSN 认证数据池连接到 GS1 全球注册中心(GS1 Global Registry)。在这个网络之中,通过唯一的商品条码(Global Trade Item Number,GTIN) + 全球位置码(Global Location Number,GLN)标识每一个贸易项目。GDSN 的基本架构如图 4.14 所示,主要由 GS1 的全球注册(Global Registry,GR)、源数据池(认证)、接收数据池(认证)、用户数据池组成。

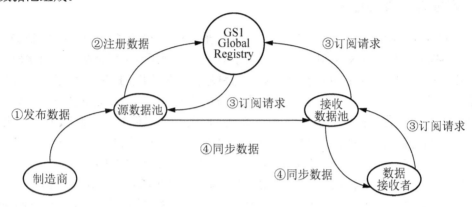

图 4.14 GDSN 的基本架构

全球注册是贸易项目和参与方的全球注册目录，包含了经过认证的数据。全球注册与数据池联合工作，并作为所有数据池的指示器，指示主数据的物理存储。全球注册的功能在逻辑上是单一的，物理上是分布的。数据池与全球注册相互连接，以标准而透明的方式构建出了供用户使用的数据池，并且能提供全部用户需要的主数据。

GSDN 的主要功能包括：通过 GS1 的全球注册和对数据池的认证，保证 GDSN 的互操作性；核心基本贸易的注册和贸易伙伴信息的注册；数据池和贸易伙伴间核心贸易项目数据的数据同步；数据池与 GR 的连接；GS1 商业报文标准集的应用；数据通过单点进行 GDSN；使用 GS1 GPC(产品分类编码)方法对产品进行分类等。

2. 物流 EDI

物流 EDI 是指货主、承运业主、实际运送货物的交通企业、协助单位和其他物流相关单位之间使用 EDI 技术进行物流数据的交换，并以此为基础实施物流作业活动的方法。图 4.15 给出了某物流企业的 EDI 系统整体结构示意图。企业内部通过 MIS 来对具体业务活动进行管理；而 EDI 系统通过各种通信网络与企业外部有关的制造商、批发商、零售商及其咨询、金融等业务进行信息的交互和共享。

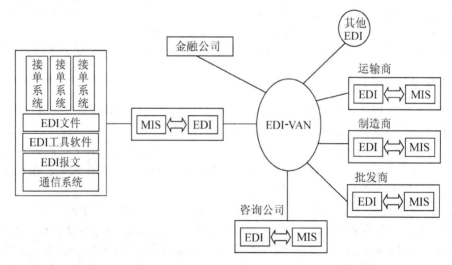

图 4.15 物流 EDI 系统结构示意

物流 EDI 系统的主要功能就是提供报文转换，不同类型的企业，有不同的作业流程，而且对报文的要求也各不相同。一个由发送货物业主、物流运输业主和接收货物业主组成的物流模型，其运作具体包括以下几个步骤。

(1) 发送货物业主在接到订货后制订货物运输计划，并把运送货物的清单及运送时间安排等信息通过 EDI 发送给物流运输业主和接收货物业主，以便物流运输业主预先制订车辆调配计划和接收货物业主制订货物接收计划。

(2) 发送货物业主依据顾客订货的要求和货物运送计划下达发货指令、分拣配货、打印物流条码的货物标签并贴在货物包装箱上，同时把运送货物品种、数量、包装等信息通过 EDI 发送给物流运输业主和接收货物业主，并依据指示下达车辆调配指令。

(3) 物流运输业主在向发送货物业主取运货物时，利用车载扫描读数仪读取货物标签的物流条码，并与先前收到的货物运输数据进行核对，确认运送货物。

(4) 物流运输业主在物流中心对货物进行整理、集装、做成送货清单，并通过 EDI 向收货物业主发送发货信息。在货物运送的同时进行货物跟踪管理，并在货物交纳给收货业主之后，通过 EDI 向发送货物业主发送完成运送业务信息和运费请示信息。

(5) 收货业主在货物到达时，利用扫描读数仪读取货物标签的条码，并与先前收到的货物运输数据进行核对确认，开出收货发票，货物入库。同时，通过 EDI 向物流运输业主和发送货物业主发送收货确认信息。

物流 EDI 的优点在于供应链组成各方基于标准化的信息格式和处理方法通过 EDI 共同分享信息、提高流通效率、降低物流成本。例如，对于零售商来说，应用 EDI 系统可以大大降低进货作业的出错率，节省进货商品检验的时间和成本，能迅速核对订货与到货的数据，易于发现差错。

4.3 地理信息系统

大多数经常上网的人可能都有使用电子地图的经验，通过单击浏览电子地图，可以查询到希望查找的地点、公交线路、驾车线路，以及旅游景点、商场、办公楼等信息，大大方便了人们的出行。电子地图提供这些信息功能是通过一个地理信息系统(Geographic Information System，GIS)来实现的，它首先需要将用到的信息存储在后台数据库中，然后再通过构造操作界面满足用户的使用。

4.3.1 GIS 概述

GIS 产生于 20 世纪 60 年代，它反映人们赖以生存的现实世界(资源与环境)的现状和变迁，包括各类空间数据及描述这些空间数据特征的属性。GIS 通过计算机软件和硬件联合工作，是以一定的格式进行输入、存储、检索、显示和综合分析应用的系统。它是集计算机科学、信息科学、测绘科学、地理科学、空间科学、环境科学和管理科学等于一体的新兴边缘学科，对国民经济的发展起着重要的作用。

电 子 地 图

电子地图是利用网络技术、通信技术、GIS 技术，实现的一种新的地图服务方式。它是以地图数据库为基础，采用数字形式存储于计算机外储存器上，依托 GIS 工具，对地图实现输入、输出、查询分析和在屏幕上可以实时显示的可视地图，又被称为"瞬时地图""屏幕地图"。

1. GIS 的发展

地理信息系统起源于北美。世界上第一个运行性地理信息系统是 1963 年加拿大土地调查局为了处理大量的土地调查资料，由测量学家罗杰·汤姆林森(Roger Tomlinson)提出并建立的。同一时期美国哈佛大学的计算机图形与空间分析实验室，建立了 SYMAP 系统软件，竭力发展空间分析模型和制图软件。

20 世纪 70 年代，由于计算机软硬件迅速发展，特别是大容量磁盘的使用，为地理空间数据的录入、存储、检索、输出提供了强有力的手段。美国、加拿大、英国、联邦德国、日本等先后建立了许多不同专题、不同类型的各具特色的地理信息系统。如美国纽约州立大学创建了 GIS 实验室，后来发展成为包括加州大学和缅因州大学在内的由美国国家科学基金支持的国家地理信息分析中心。

20 世纪 80 年代以后是 GIS 普及和推广应用的大发展阶段，由于新一代高性能的计算机普及和迅速发展，GIS 也逐步走向成熟。GIS 的软硬件和投资大大降低而功能明显提高，已进入多学科领域，由功能单一、比较简单的分散系统发展成为多功能的用户共享的综合性信息系统，并向智能化发展。随着 GIS 与卫星遥感技术的结合，GIS 已用于全球变化的研究与监测，如全球沙漠化、厄尔尼诺现象等研究。到 20 世纪 90 年代，GIS 已渗透到各行各业，成为人们规划管理中不可缺少的应用工具。

2. GIS 的构成

一个实用的 GIS 主要由以下 5 个部分组成：硬件系统、软件系统、地理空间数据、系统使用与管理人员(即用户)、应用模型，如图 4.16 所示。其中硬件系统和软件系统提供了工作环境，地理空间数据是 GIS 应用优劣的核心，系统使用与管理人员决定了系统的工作方式，应用模型提供了解决专门问题的理论和方法。

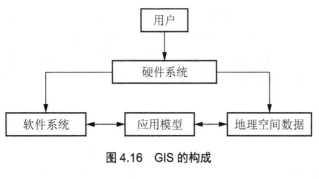

图 4.16 GIS 的构成

(1) 硬件系统。包括计算机及其一些外围设备，其中特殊的是数据输入设备。因为 GIS 中的数据是数字式的，系统外的信息大多数为模拟式的(如影像、地图和表格等)，因此必须通过模拟形式向数字形式的转换输入到系统内部。根据各种模拟形式，其输入设备也多种多样，现有使用较多的有矢量数字化仪、图形扫描仪、遥感全球定位系统等。同样，输出设备也主要是一些能够显示或输出图形的设备，如图形终端显示器、绘图机、打印机、磁介质硬拷贝机、可擦写光盘及多媒体输出装置等。

(2) 软件系统。指支持数据采集、存储、加工、回答用户问题的计算机程序系统。主要软件部件有输入和处理地理信息的工具，数据库管理系统，支持地理查询、分析和视觉化的工具，容易使用这些工具的图形化界面等。

(3) 地理空间数据。它是 GIS 的操作对象与管理内容。数据来源包括室内数字化、野外采集,以及对其他数据的转换。数据包括空间数据和非空间的属性数据。空间数据表现了地理空间实体的位置、大小、形状、方向及几何拓扑关系;而非空间的属性数据主要是与几何位置无关的属性,如名称、类型、特性,以及土地面积和人口数量等。

(4) 用户。GIS 是一个动态地理模型,是一个复杂的人机系统,仅有系统硬件和数据还不能构成完整的地理信息系统,需要人进行系统地组织、管理、维护和数据更新、系统扩充完善及应用程序开发,并采用空间分析模型提取多种信息。

(5) 应用模型。它是在对专业领域的具体对象与过程大量研究基础上总结出的规律,GIS 应用就是利用这些模型对大量的空间数据进行分析综合来解决实际问题的。

3. 地理参照数据

地理参照数据又称地理空间数据,是用于描述位置和空间要素属性的数据。为了描述一条道路,会提及它的位置(如在哪里?)和它的特征(如长度、名称、限速和方向)。位置又称几何形状,代表空间数据;而特征是属性数据。

空间数据描述空间要素的空间位置,可以是离散的或连续的。离散要素是指观测值不连续的要素,形成分离的实体,并可单个地识别。离散要素包括点要素(如井)、线(如道路)和面要素(如土地利用类型)。连续要素指观测值连续的要素,降水量和高程即是连续要素的例子。GIS 将这些地球表面的空间要素以地图要素展现在平面上。这个转换涉及两个要点:空间参照系统和数据模型。

地球表面的空间要素的位置基于以经纬度表示的地理坐标系统,而地图要素的位置是基于以 x、y 坐标表示的平面坐标系统。投影过程将地球的球面转换成平面,在两个空间参照系统之间架起桥梁。但是由于这种转换总是涉及一些变形,数百种的平面坐标系统被采用来保持某些空间性质。在 GIS 操作中,为了使各个空间数据相互协调匹配,它们的地图图层必须基于相同的坐标系统。地理坐标系统是地球表面空间要素的定位参照系统,它是由经度和纬度定义的,经度是从本初子午线开始向东或向西量度角度,纬度是从赤道平面向北或向南量度角度的,如图 4.17 所示。

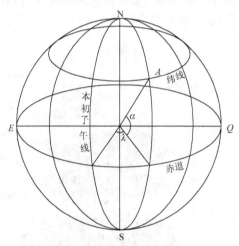

图 4.17 地理坐标

数据模型定义了在 GIS 中空间数据如何表示,如图 4.18 所示。矢量数据模型使用点及其 x、y 坐标来构建点、线、面空间要素。栅格数据模型使用格网和格网像元来表示要素的空间变异。这两种数据模型的差别在于,矢量数据适用于表示离散要素,而栅格数据适用于表示连续要素。栅格数据模型使用行、列式单一数据结构和固定像元位置,矢量数据模型可以是地理相关的或是基于对象的,是否拓扑均可,且可包括单一或复合要素。

属性数据描述空间要素的特征。对于栅格数据,每个像元有一个数值对应于该位置的空间要素属性,像元与像元值紧密捆绑在一起。对于矢量数据,与空间要素相关联的属性数据数量可能明显不同,一个路段可以只有长度和限速的属性,而一个土壤多边形可以有数十个理化性质、解释和性能数据。因此,在矢量数据情况下,如何将空间数据和属性数据结合就显得很重要。

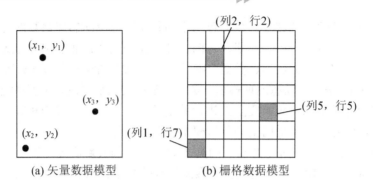

图 4.18 空间数据模型

使用不同的数据系统分别存储空间数据和属性数据，通常称为地理相关模型；而基于对象数据模型则将空间数据和属性数据存储在统一的数据系统中。地理相关数据模型的两个数据成分通过要素 ID 连接起来，基于对象数据模型将空间数据存储于单一的系统中，并视其为属性中的一种。无论空间数据和属性数据是存储于分离的或是单一的系统，关系数据库模型还是 GIS 数据管理的标准模型。

地理空间数据管理是指把空间数据和属性数据作为一种资源，利用计算机文件或数据库管理系统软件来合理利用，实现数据的最大限度共享和使用。GIS 的数据通常可以抽象为不同层次或专题，即按图形对象的属性、类型将它们划分为不同的集合或层(也可简称为图层)，显示时叠置在一个界面上，就像一张图，这就是图形分层的思想，如图 4.19 所示。

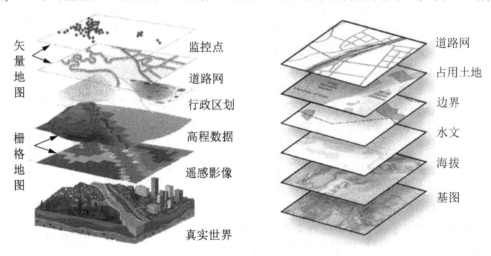

图 4.19 地图的叠加

4. GIS 的功能

GIS 的基本功能是将表格型数据(无论它来自数据库、电子表格文件或直接在程序中输入)转换为地理图形显示，然后对显示结果浏览、操作和分析。其显示范围可以从洲际地图到非常详细的街区地图，显示对象包括人口、销售情况、物流运输线路及其他内容。

GIS 作为一个空间信息系统具有 5 项基本功能，即数据采集与输入、数据编辑与更新、数据存储与管理、空间数据查询与分析、数据输出与表达。

(1) 数据采集与输入。主要用于获取数据，在地理数据用于 GIS 之前，数据必须转换成适当的数字格式。因此，数据输入是建立地理数据库必需的过程，其功能是指将地图数据、物化数据、统计数据和文字报告等输入转换成计算机可处理的数字形式。

(2) 数据编辑与更新。其目的在于消除数据输入过程中引入的错误和误差，将数据转换或处理成某种形式以适应系统的要求。这种处理可以是为了显示的目的而做的临时变换，也可以是为了分析所做的永久变换。数据编辑主要包括属性编辑和图形编辑。

(3) 数据存储与管理。空间与非空间数据的存储、查询、检索、修改和更新的能力是GIS 及许多其他自动化数据处理系统应具备的最基本的分析功能。

(4) 空间数据查询与分析。GIS 系统的空间分析可分为 3 个层次的内容：①空间检索，包括从空间位置检索空间物体及其属性，从属性条件检索空间物体；②空间拓扑叠加分析，实现空间特征(点、线、面或图像)的相交、相减和合并等，以及特征属性在空间上的连接；③空间模型分析，是指在 GIS 支持下分析和解决问题的方法体现，如数字地形高程分析、网络分析、图像分析、三维模型分析、多要素综合分析及面向专业应用的各种特殊模型分析等。

(5) 数据输出与表达。中间处理过程和最终结果的可视化表达是 GIS 的重要功能之一。GIS 为用户提供了许多用于显示地理数据的工具，其表达形式既可以是人机交互方式的计算机屏幕显示，也可以是诸如报告、表格、图表和地图等。

案例 4-6

大众燃气应用 GIS 管理管道

> 2007 年 7 月 1 日凌晨，上海轨道交通 4 号线——浦东南路到南浦大桥区间隧道突然出现渗水。大量流沙涌入隧道，内外压力失衡导致隧道部分塌陷，地面也随之出现"漏斗"形沉降。突发的险情开始使周围出现连锁反应，而大众燃气集团的第一动作就是迅速把该地区燃气管的有关阀门全部关掉，避免了极可能引发的管道爆炸。
>
> 为什么能这么快？原来公司投资开发并应用了 GIS 电子地图系统，使得大众燃气服务的苏州河以南、黄浦江以西区域所有地下燃气管理的开关阀门、接口、调压器等位置全部实现了电子化，可以在最短时间内准确找到位置，而不是找图纸或凭经验回忆。据估计，随着西气东输工程的推进，天然气应用的逐步推广，上海管网的改造工程将越来越大，依靠 GIS 就能实现不停气改造，减少给市民生活带来的不便。
>
> (资料来源：张谦. 现代物流与自动识别技术[M]. 北京：中国铁道出版社，2008.)

一般来说，一个 GIS 应能解决 5 类问题：①位置，即在某个地方有什么，位置可以是地名、邮政编码或地理坐标等；②条件，即符合某些条件的实体在哪里，如在某地区寻找面积不小于 $1\,000\text{m}^2$ 的、未被植被覆盖的且地质条件适合建大型建筑物的区域；③趋势，即在某个地方发生的某个事件及其随时间的变化过程；④模式，即在某个地方的空间实体的分布模式，模式分析揭示了地理实体之间的空间关系；⑤模拟，即某个地方如果具备某种条件会发生什么。

4.3.2 地理空间数据

大地基准是地球的一个数学模型，可作为计算某个位置地理坐标的参照或基础。大地基准的定义包括大地原点、用于计算的椭球参数、椭球与地球在原点的分离。很多国家和地区通过本地调查逐渐建成自己的大地基准,如美国的 NAD27(1927 年北美基准面,建立在克拉克椭球体 1866 的基础上,其原点位于堪萨斯州的米德斯牧场)、NAD83(1983 年北美基准)、WGS84(全球大地测量系统 1984,用于 GPS 读数的基准)。目前我国常用的是 1954 年的北京坐标系(苏联 1942 年坐标系的延伸)和 1980 年西安坐标系(采用 1975 年国际大地测量与地球物理联合会推荐椭球参数,其原点位于陕西省泾阳县永乐镇)。

投影的过程就是从球形的地球表面到平面的转换,这个转换过程的结果就是地图投影,即以经纬度线在平面上系统排列来代表地理坐标系统。每种地图投影都保留了某些空间性质,而牺牲了另一些性质,没有一种地图投影是完美的。制图者通常根据地图投影所保留的性质将其分成正形、等面积或等积、等距、等方向或等方位 4 类。常见的地图投影有横轴墨卡托投影(也称高斯-克里格投影)、兰勃特正形圆锥投影、阿伯斯等积圆锥投影、等距圆锥投影等。

地图比例尺

比例尺是指图上距离与相应的实地距离的比值。地图比例尺为 1:24 000 表示图上距离 1cm 代表实地距离是 24 000cm(240m)。与 1:100 000 比例尺相比,1:24 000 比例尺能显示小区域更多的详细资料。

空间尺度是自然资源管理领域的常用术语,涉及区域的大小或范围。不同于地图比例尺,空间比例尺没有严格的定义。大空间尺度仅表示所覆盖区域比小空间尺度大,可见生态学家所说的大空间尺度,对制图者来说只是小地图比例尺。

1. 数据表示(模型)

对地理信息进行数字化描述,就是要使计算机能够识别地理事物的形状,为此,必须精确地指出空间模式如何处理、如何显示等。在计算机内描述空间实体有两种形式:显式描述和隐式描述。例如一条河流,显式表示就是栅格中的一系列像元,为使计算机认识这些像元描述的是河流而不是其他物体,这些像元都给予相同的编码值或用相同的颜色、符号、数字、灰度值;隐式表示是由一系列定义了始点和终点的线及某种连接关系来描述,线的始点和终点坐标定义为一条表示河流及其河心洲形状的矢量。计算机对地理实体的显式描述也称栅格数据结构,计算机对地理实体的隐式描述也称矢量数据结构。

1) 矢量数据模型

为使计算机能够处理数据,矢量数据模型的数据准备一般包括以下两个基本步骤。

首先,用点及其 x、y 坐标来表示空间要素。矢量数据用点、线和面等几何对象来表示简单的空间要素,这 3 种几何对象及其所表示的要素间的区别在于维度和性质。另外,矢量数据还取决于地图比例尺。

其次,将几何对象及其空间关系组织成数字化数据文件,使得计算机可以访问、编译和处理。拓扑学明晰表达要素之间的空间关系,诸如两线在一点完全交汇和一条矢线具有明确的左右侧。拓扑常被解释为通过图论中的图表或图形来研究几何对象排列及其相互关系。对矢量数据模型重要的是有向图,包括点和有向线,有向线又称弧段,弧段会聚或相交处的点称为节点。在有向图中可以建立节点和弧段之间的邻接和关联关系,如果一条弧段连接两个节点,则称这两个节点与弧段呈邻接和关联。

案例4-7

ESRI 的 Coverage 模型

20世纪80年代，ESRI 公司为了把 GIS 从当时的 CAD 中分离出来而引入 Coverage 模型。Coverage 支持3种基本拓扑关系：连接性(弧段间通过节点彼此连接)、面定义(同一系列相连的弧段定义面)、邻接性(弧段有方向性，且有左多边形和右多边形)。

点的 Coverage 很简单，包含要素标识码(IDs)和成对的 x 和 y 坐标，如图4.20所示。

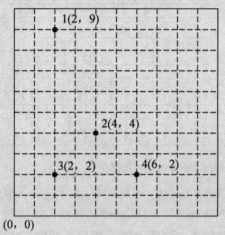

图 4.20　点的 Coverage 数据结构

图 4.21 显示线的 Coverage 的数据结构。开始点称为起始节点，结束点称为到节点。弧段-节点清单列出了弧段-节点关系；弧段-坐标清单显示组织每条弧段的起始节点、到节点和其他点(端点)的 x、y 坐标。

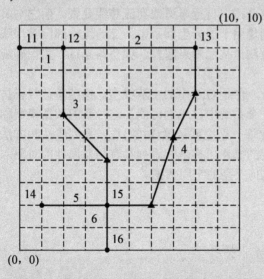

图 4.21　线的 Coverage 数据结构

图 4.22 显示面的 Coverage 的数据结构。多边形-弧段清单显示多边形和弧段之间的关系；左/右表

显示弧段及其左多边形和右多边形之间的关系。弧段清单中多边形 102 含有一个 0 以区分其外边界和内边界,以显示多边形 104 是多边形 102 内的一个岛。每个多边形都赋予标识点把多边形与其属性数据相链接。

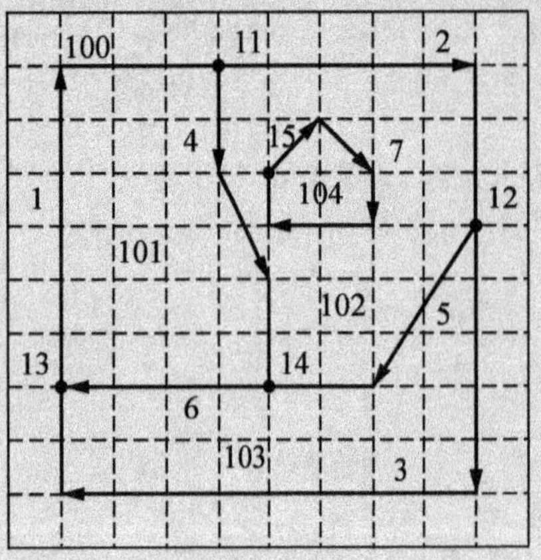

左/右多边形清单

弧段号	左多边形	右多边形
1	100	101
2	100	102
3	100	103
4	102	101
5	103	102
6	103	101
7	102	104

多边形-弧段清单

多边形号	弧段号
101	1, 4, 6
102	4, 2, 5, 0, 7
103	6, 5, 3
104	7

弧段-坐标清单

弧段号	坐标
1	(1, 3) (1, 9) (4, 9)
2	(4, 9) (9, 9) (9, 6)
3	(9, 6) (9, 1) (1, 1) (1, 3)
4	(4, 9) (4, 7) (5, 5) (5, 3)
5	(9, 6) (7, 3) (5, 3)
6	(5, 3) (1, 3)
7	(5, 7) (6, 8) (7, 7) (7, 6) (5, 6) (5, 7)

图 4.22 多边形 Coverage 的数据结构

(资料来源:[美]Kang-tsung Chang. 地理信息系统导论. 3 版. 陈健飞,译. 北京:清华大学出版社,2012.)

　　复合要素是建立在点、线和多边形的单一要素上的,包括不规则三角网(Triangulated Irregular Network,TIN)、分区和路径等。TIN 把地表近似描绘成一组互不重叠的三角面。每个三角面在 TIN 中都有一个恒定的倾斜度,平坦地区可用少量样点和大三角形来描绘,而高度变化大的地区则需要更密而较小的三角面来描绘。分区的概念在地理学等学科中应用较广,这里指具有相似特征的地域范围。分区采用等级结构来将地表逐级细分,随着分区变小其内部相似性递增。路径是诸如高速公路、自行车道或河流等线要素,但它与其他线要素不同在于它有度量系统,可使线性测量用于投影坐标系中。交通运输部门常用线性测量来定位事故、桥梁和沿路的路况,线性测量从已知点起算,如公路起点、里程碑或道路交叉点。

　　地理关系数据模型为矢量数据模型之一,也是 GIS 中的主流模型。但随着计算机技术的发展,将空间数据和属性数据存储在同一个系统中已成为可能,这种新的数据模型称为基于对象的数据模型。基于对象数据模型允许一个空间要素(对象)与一系列属性和方法相联系,属性描述对象的特征,方法执行特定的操作。类是一系列具有相似属性的对象,类之间存在各种联系,要素类存储具有相同几何类型的空间数据。

拓扑与非拓扑

　　拓扑能确保数据质量、强化 GIS 分析。例如,GIS 数据生产者会发现在查找错误、确保线的正确会合和多边形的正确闭合方面使用拓扑是绝对必要的;同样,GIS 在交通和网络设施分析过程中,也需要用到拓扑对数据进行分析。然而,对某些项目拓扑功能并非必要。非拓扑矢量数据能比拓扑数据更快速地在计算机屏幕显示出来,对于仅仅使用而不是生产 GIS 数据的用户而言这特别重要;非拓扑数据具有非专有性和互操作性,这意味着非拓扑数据可以在不同软件包之间通用。

从 20 世纪 90 年代起,一些商业 GIS 软件包,如 ArcView、ArcGIS、MapInfo 和 GeoMedia 等都采用了非拓扑数据格式。在 ESRI 产品中采用的标准非拓扑数据格式称为 Shapefile,Shapefile 与 Coverage 之间可互相转换。在 1999 年 ESRI 推出的基于对象的 Geodatabase 数据模型中拓扑以新面貌出现,它并没有强化地理参照数据拓扑,而是将拓扑定义为关系规则,并让用户选择规则,在要素数据集中执行。

2) 栅格数据模型

栅格数据模型在 GIS 中也被称为格网。栅格由行、列、像元组成,像元又称为影像的像素,行、列由格网左上角起始。在二维坐标系中,行作为 y 坐标,列作为 x 坐标。栅格数据用单个像元代表点,用一系列相邻像元代表线,用连续像元的集合代表面。在算法上,栅格可视为具有行与列的矩阵,其像元值可以储存为二维数组。

栅格中的每个像元携有一个值,它代表由该行该列所决定的该位置上空间现象的特征,根据像元值的编码格式,栅格数据可以是整型或浮点型栅格数据。像元大小决定了栅格数据模型的分辨率,例如一个 10m 的像元意味着每个像元为 $100m^2$,而 30m 的像元意味着每个像元为 $900m^2$,显然前者比后者具有更好的分辨率。栅格数据有单波段或多波段之分,多波段栅格数据中的每个像元与一个以上的像元值关联,比较典型的实例是卫星影像,它在每个像元位置有 5 个、7 个或更多波段;单波段栅格数据中的每个像元只有一个数值,如高程栅格的每个像元位置只有一个高程值。

知识拓展

栅格数据结构

栅格数据结构是指栅格数据的存储方式,常用的有逐个像元编码、游程编码、四叉树等。逐个像元编码法提供了最简单的数据结构。栅格模型被存为矩阵,其像元值写成一个行列式文件,如图 4.23 所示。数字高程模型采用逐个像元数据结构,因为很少有相邻海拔值是相同的。多波段影像通常用波段序列、波段依行交替、波段依像元交替的格式存储。

```
行1: 00001100        行1: 5 6
行2: 00011100        行2: 4 6
行3: 00111110        行3: 3 7
行4: 00111110        行4: 3 7
行5: 00111110        行5: 3 7
行6: 01111110        行6: 2 7
行7: 01111110        行7: 2 7
行8: 00000000
逐个像元编码          游程编码
```

图 4.23 栅格数据结构

像元值扫描文件这样的栅格数据模型具有许多重复的像元值,可用游程编码更有效地存储。它是以行和组来记录像元值的,每一个组代表拥有相同像元值的相邻像元。四叉树不再每次按行进行处理,而是用递归分解法将栅格分成具有层次的象限,如图 4.24 所示。

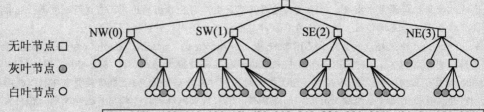

图 4.24 四叉树法

四叉树包含了节点和分支(续分)。一个节点代表一个象限,节点依赖于象限中的像元值,它可以是非叶节点或叶节点。非叶节点是一个分支点,意味着该象限还要被续分。当象限内像元值都相同(灰色或白色)时,停止续分,无法再被续分的象限称为叶节点。叶节点是个末梢节点,它可以用同一像元值进行编码。

GIS 软件包使用从数字高程模型(Digital Elevation Model,DEM)、卫星影像、扫描图像、图形文件和 ASCII 文件导入的栅格数据,或从矢量数据转换而来的数据。矢量数据转换为栅格数据称为栅格化,而栅格数据转换成矢量数据则称为矢量化,数据转换是 GIS 软件包中的一个标准功能。在 GIS 应用的许多方面,栅格数据和矢量数据相互补充,将两种数据相结合是 GIS 项目中的一个普遍和必要的特征。

2. 数据获取与编辑

GSI 项目中费用最大的部分是数据库建设。将纸质地图转化为数字地图通常是数据库建设的第一步,但随着数字化交换中心在互联网上的开放,这种状况已经发生变化。互联网上的大部分 GIS 数据,都被许多组织定期用于 GIS 活动的数据,这些数据称为框架数据。它通常包括 7 个基本图层,即地理控制点(调查和制图所用的精确定位框架)、正射图像(矫正的图像,如正射相片)、海拔高度、交通运输、水文、行政单元和地籍信息等。

 知识拓展

FGDC 的元数据

元数据提供关于空间数据的信息,它对于任何需要把公共数据用于自己项目中的 GIS 用户都很重要。首先,它让 GIS 用户了解公共数据在覆盖范围、数据性质和数据时效方面是否满足用户的特殊要求;其次,它向 GIS 用户说明了如何传递、处理和解释空间数据;最后,它还包括了获取更多信息的联络方式。美国联邦地理数据委员会(Federal Geographic Data Committee,FGDC)的元数据标准描述了以下各方面为基础的数据集。

(1) 标识信息:关于数据集的基本信息,包括标题、涉及的地理数据及数据时效。
(2) 数据质量信息:关于数据集质量的信息,包括数据的位置与属性的精度、完整性、一致性、信息来源及生成数据的方法。
(3) 空间数据组织信息:关于数据集中数据如何表示的信息,例如数据表示方式(栅格或矢量)和空间对象的数量。
(4) 空间参照信息:数据集的坐标编码方式和参考坐标的描述,例如地图投影参数或坐标系统、水平和垂直基准和坐标系统分辨率。
(5) 实体和属性信息:关于数据集的内容信息,例如实体类型及其属性,以及属性的赋值域。
(6) 发行信息:关于获取数据集的信息。
(7) 元数据参考信息:关于元数据信息的时效和负责机构的信息。

1) 数据输入

空间数据的获取是指将各种数据源，如地图、文本资料等中的信息转换成 GIS 可以处理和接收的数字形式，通常要经过验证、修改、编辑等处理过程。GIS 数据可以从多种数据源，包括卫星影像、野外数据、街道地址、x、y 坐标的文本文件和纸质地图中创建，也可通过手扶跟踪数字化、扫描、屏幕数字化来创建。公共数据的传递格式多种多样，除非数据格式与使用的 GIS 软件包兼容，否则就必须进行数据转换。

通过数字化卫星影像，可以生成 GIS 项目的一系列专题数据，如植被类型、植物健康、土壤侵蚀、地质特征、水体成分和深度，甚至积雪场。卫星影像提供实时数据，并且如果能够进行有规律的间隔采集，卫星影像还能够提供动态数据，用于记录和监测陆地生态环境的变化。测量数据和 GPS 数据是两种重要的野外数据，测量数据主要由距离、方向及高度组成；GPS 数据包括基地理格网或坐标系统的水平位置，并可选择点位的海拔高度。GPS 沿着一条路线采集点位置数据，据此可以确定线状物的特征；由 GPS 测定的一系列线段就可用来确定多边形。

数字空间数据可以从带有 x、y 坐标的文本文件中产生，如从一个记录气象站、震中或者台风轨迹位置的文件来创建空间数据。很多 GIS 软件包都包括内置的用于手扶跟踪数字化的数字化模块，手扶跟踪数字化使用数字化工作仪。数字化工作仪有一个内置的电子网，用来感知游标的位置，当游标的十字对准测量点后，操作者只要单击游标的按钮，就可将点的 x、y 坐标传送到与之相连的计算机。扫描是将模拟地图转化为扫描文件的数字化方法，然后再对扫描文件跟踪描绘把它转回到矢量格式。屏幕数字化是利用诸如数字正射影像(Digital Orthophoto Quarters，DOQ)数据源作为背景，在计算机屏幕进行的手扶跟踪数字化。

2) 几何变换

在 GIS 项目中，一幅刚数字化完毕的地图很难用于输出或分析，为使数字化地图可用就必须对其进行投影转换(即几何变换)。几何变换就是利用一系列控制点和转换议程式在投影坐标上配准数字化地图、卫星图像或航空照片的过程。例如，遥感数据是以行和列来记录的，几何变换可以将行和列转换到投影坐标系统，而且还可以纠正遥感数据的几何误差。

坐标系统之间进行几何变换有不同的方法，如等积变换、相似变换、仿射变换、投影变换等。各种方法的区别在于它所能保留的几何特征，以及允许的变化，例如仿射变换在保留线条平行条件下，允许对矩形目标作旋转、平移、倾斜和不均匀缩放等操作。卫星影像几何变换的结果是一幅基于投影坐标系的新图像，但新图中的像元值必须通过重新采样，即利用原始图像的像元值或导出值填充新图像的每个像元。

3) 空间数据编辑

空间数据编辑包括在数字地图上增加、删除和修改要素的过程。空间数据编辑主要是消除空间数字化的错误，包括定位错误和拓扑错误。定位错误是指数字化要素的几何错误，可以通过用数字化数据源来检查此类错误。值得注意的是，作为空间数据的用户通常并不是首先进行定位错误的检查，而是依赖于公布的标准估计数据准确性。

空间数据准确度标准

为采用 ASPRS 标准(美国摄影测量和遥感学会)或者 NSSDA 统计量(空间数据准确度国家标准)，首先

必须计算均方差，其计算式为

$$均方差 = \sqrt{\sum[(x_{data,i} - x_{check,i})^2 + (y_{data,i} - y_{check,i})^2]/n}$$

式中，$x_{data,i}$，$y_{data,i}$ 是数据集中的第 i 个检查点的坐标；$x_{check,i}$，$y_{check,i}$ 是高准确度参照数据集中第 i 个检查点的坐标；n 是被测检点的数据；i 是 $0\sim n$ 的整数。

NSSDA 建议检查点的数目不能少于 20 个。计算均方差后，再用均方差乘以 1.730 8，表示 95%置信水平下的平均误差，即 NSSDA 统计量。

多边形要素的拓扑错误包括未闭合多边形、两个多边形之间有缝隙、多边形重叠等。线要素拓扑错误主要是指在一个点(节点)处没有完全接合，如通过线之间缝隙或一条弧段的过长产生悬挂节点。另外，线段方向也可能是一种拓扑错误，而点要素则很少有拓扑错误。在两个或多个图层之间发现空间要素的拓扑错误，如两个多边形的外部边界线没有重合、一个图层的线要素和另一个图层的线要素在结束点没有完全接合等。拓扑编辑确保数字化的空间要素遵循数据模型固有的或用户指定的拓扑关系，多数 GIS 软件包，如 ArcGIS、AutoCAD Map 等，能够发现和显示拓扑错误，并具有消除拓扑错误的工具。

许多基本操作将接合容差用于接合点和线、线和多边形轮廓来编辑要素。非拓扑编辑指可以修正简单要素、基于现有要素创建新要素等基本编辑。图幅拼接是沿着一个图层的边缘，对相邻图层的线条作匹配，以使线条连续的穿过两个图层的边界。线的简化是通过消除线条上的某些点，简化或概化线条的过程；线的平滑是对线添加新的点，新点的位置由数学函数计算产生，以达到数据显示的目的。

3. 属性数据管理

GIS 既涉及空间数据也涉及属性数据，空间数据与空间要素的几何学有关，而属性数据描述空间要素的特征。属性数据存储在表格中，属性表由行和列组成。每一行代表着一个空间要素，每一列代表空间要素的一个特征，列与行相交显示特定要素的特征值。

属性数据表有两种类型。第一种称为要素属性表，用来存储空间数据，每个矢量数据必须有一个要素属性表。对于地理关系数据模型，要素属性表通过要素 ID 码把要素与其几何特征相链接；对于面向对象数据模型，要素属性表用一个字段存储要素的几何特征。第二种属性数据表为非空间数据表，非空间数据表不是直接存储要素的几何特征，但是在必要的时候，可用一个字段把非空间数据表与要素属性表链接起来。非空间数据表可能为文本文件的形式，或 Excel、SQL Server 文件。

属性数据分类的一种方法是通过数据类型，数据类型决定了一个属性在 GIS 中是如何存储的，通用的数据类型包括数字型、文本型(或字符型)、日期型、二进制块对象型等。属性数据分类的另一种方法是量测标尺，量测标尺的概念根据复杂程度将属性数据分成标称的、有序的、区间的和比率的等。

要素属性表的非空间数据表的存在意味着 GIS 需要一个 DBMS 来管理这些表格。数据库管理包括表格的管理，以及表格中字段及其数据的管理。属性数据的输入就像是数字化一幅纸制地图，它的处理过程要求建立输入字段，选择数字化方式，还包括属性数据校核。字段管理包括字段的添加和删除，以及通过现有属性数据的分类和计算生成新的属性数据。

4.3.3 地理数据分析

地图是 GIS 的界面，普通地图元素包括图名、地图主体、图例、指北针、比例尺、文字说明和图廓；也有些地图包括一些格子线或栅格、地图投影名称、插图或位置图，以及数据质量信息等要素。地图学的一个基本元素是符号化，即用不同的地图符号去代表不同的空间要素。空间要素以其位置和属性为特征，用地图符号来指示某一空间要素的位置，并用该符号与一个或一组视觉变量的组合来显示该要素的属性数据，如用绿色粗线代表高速公路、黑色粗线表示国道、黑色细线表示省道等。

栅格数据的地图符号选择很简单，无论空间要素是否被描述成一个点、线或区域，地图符号都会应用为像元。矢量数据的地图符号的选择取决于要素的类型，一般规则是用点符号代表点要素、线符号代表线要素、面符号代表区域要素。但一般规则并不适用于立体数据和集聚数据，如没有立体符号来表示高程、气温和降水量等立体数据，取而代之的是三维表面和等值线。数据显示的可视化变量包括色调、明度、彩度、大小、纹理、形状和图案等，视觉变量的选择取决于将要显示的数据类型。

1. 数据探查

数据探查是 GIS 面向对象的直接接口，其实质是利用查询要求，在用户和系统间进行交互操作，得到满足属性约束条件或空间约束条件的地理对象。数据探查的一个重要组成部分为交互式、动态链接的可视化工具，以使地图、图形和表格在多视窗中显示并动态链接。数据可视化包含渲染和操作两个方面，渲染用于决定在图表上显示什么及创建哪种类型的图表；操作涉及如何在单一图表上操作及如何组织多个图表。

数据探查可以从不同角度观察数据，其目的是更好地理解数据，为系统地阐明研究问题和设想提供一个起点。GIS 中的数据探查不仅包括对空间数据的探查，而且也包括对属性数据的探查，以及有关地图和地图要素的探查。

1) 属性数据查询

属性数据查询通过处理属性数据而获取数据子集。所选中的数据子集能同时在表格中进行查验、在统计图中显示及链接到地图中高亮显示的要素；所选中的数据子集还可以被保存，用于后期处理。属性数据查询需要使用表达式，例如 ArcGIS 使用 SQL(结构化查询语言)作为查询表达式。

2) 空间数据查询

最简单的空间数据查询是指向要素本身来选地图要素，或者在屏幕上用鼠标拖画出方形区域选择地图要素。空间数据查询是直接对地图要素操作获取数据子集的过程，可以用指针、图形或地图要素之间的空间关系来选择地图要素。作为数据库的地理界面，空间数据查询在数据探查中可以作为属性数据查询的辅助。

多数情况下需要同时运用属性数据查询和空间数据查询，例如，需要找到一个满足下列条件的城市：在某个铁路的东部，且距离该铁路不超过 30km，城市人口大于 80 万，城市选择区域是特定的多边形。这个查询过程涉及空间顺序关系——铁路东部，空间距离关系——距离该铁路不超过 30km，空间拓扑关系——被选城市在特定的选择区域内，属性信息——人口超过 80 万。

3) 栅格数据查询

在栅格数据中，像元数据通常代表该像元位置特定的属性值，因此栅格数据查询中的操作针对栅格本身，而非矢量数据查询中的字段。例如，语句([slope]=2) AND ([aspect]=1)，表示在坡度栅格中选择数据值为 2 的像元(如坡度为 10%~20%)，在坡向栅格中选择数据为 1(北向)的像元，如图 4.25 所示。在生成的输出栅格中，满足条件的像元被赋值为 1，其他的像元则赋值为 0。

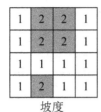  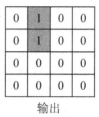

图 4.25　包括两个栅格的栅格数据查询

使用点、圆形、方形或多边形等要素特征,可以进行栅格数据查询。查询结果是生成一个输出栅格,其像元数据都在所处定位点或者落入用于选择的要素范围之内,而其他像元则赋值为 no data。同样的,这种类型的栅格数据查询与数据分析共享相同的用户界面。

4) 地理可视化

地理可视化也称地图可视化,是指利用地图将视觉信息的处理与研究问题或设想进行关联,其常用的方法有数据分类、空间集聚、地图比较等。分类地图与属性表、地图和统计量等链接后,可用于进行更多的数据探查活动。除了按空间关系对数据进行分组外,空间集聚在功能上类似于数据分析。地图比较可帮助 GIS 用户对不同专题数据之间的关系进行分析,例如在植被图层上显示野生生物位置可揭示野生物种与植被分布的联系。

谷 歌 地 球

谷歌地球(Google Earth,GE)是一款 Google 公司开发的虚拟地球仪软件,它把卫星照片、航空照相和 GIS 布置在一个地球的三维模型上。Google Earth 于 2005 年向全球推出,被"PC 世界杂志"评为 2005 年全球 100 种最佳新产品之一。用户可以通过一个下载到自己计算机上的客户端软件,免费浏览全球各地的高清晰度卫星图片。

2. 矢量数据分析

矢量数据分析是基于点、线和多边形的几何对象,分析结果的准确性取决于这些对象的位置和形状的准确性。矢量数据可以是有拓扑关系的,也可以是非拓扑关系的,而拓扑关系也是某些矢量数据分析(如建立缓冲区和地图叠置)中的一个因素。

1) 建立缓冲区

建立缓冲区可把地图分为两个区域:一个区域位于所选地图要素的指定距离之内;另一个区域在指定距离之外。在指定距离之内的区域称为缓冲区。围绕点建立缓冲区分别产生圆形缓冲区,围绕线建立缓冲区形成一系列长条缓冲区,围绕多边形建立缓冲区则生成由该多边形边界向外延伸的缓冲区,如图 4.26 所示。

缓冲大小(缓冲距离)并非常数,而是根据给定字段取值的变化,例如河滨缓冲区的宽度范围取决于它所期望的功能和相邻地区的土地利用强度。一个地图要素还可以有一个以上的缓冲区,如一座核电站可以用 5、10、15 和 20 公里缓冲距离来建立缓冲区,形成环绕该电站的多环缓冲区。对线要素建立缓冲区未必在线两侧都有缓冲区,可以只在线的左侧或右侧建立缓冲区;多边形缓冲区可以从多边形边界向内或向外扩展;缓冲区边界可以保留完整,也可以被融合掉。

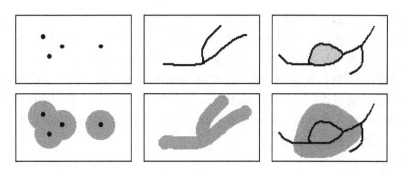

图 4.26　建立缓冲区

缓冲区通常作为保护区并被应用于规划或管理目的，如禁止在距中小学校 1km 范围内开设酒类商店、河流两岸 2km 内禁止伐木等。缓冲区还可以作为中立地带，以及解决矛盾冲突的一种工具。另外，缓冲区本身也可以成为分析对象，或作为一种采样方法。

2) 地图叠置

地图叠置操作(也称叠加)是将两个或两个以上要素图层的几何形状和属性组合在一起，生成新的输出图层。叠加分析不仅包括空间关系的比较，也包括属性关系的比较。要用于叠加分析的层必须经过空间配准，亦即具有相同的坐标系统。叠加分析可以分为点与多边形的叠加、线与多边形的叠加、多边形与多边形的叠加等。

地图叠加方法基本都是基于布尔连接符的运算，如 AND、OR 和 XOR，如图 4.27 所示。叠加过程常常会形成碎屑多边形，即沿着两个输入图层的相关或共同边界生成碎屑多边形。碎屑多边形的出现往往来自数字化的误差，这可以通过 GIS 软件包中的某种容差来消除。值得说明的是，随着输入图层的数目增加，叠加操作输出结果的精度减小。

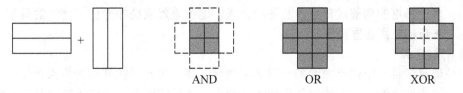

图 4.27　地图叠置

地图叠加的输出结果在查询和建模方面很有用，例如某投资公司正在寻找一块位于商业区的地块，需要满足的条件是没有洪涝方面的问题，而且要在主干道路 1 公里以内。那么就应该先创建 1 公里的道路缓冲区，然后将此缓冲区图层与功能分区图层和泛滥平原图层一起作地图叠加分析；接下来，查询地图叠加输出图层，就能选出符合公司选址标准的地块。

3) 距离量测

距离量测是指要素之间直线(欧氏)距离的测量。量测可在一个图层中的点到另一图层的点之间进行，或在一个图层的各个点到另一图层中最邻近点或线之间进行。距离量测可以直接用于数据分析，如利用距离量测来测试鹿的重新定居点是否更接近原始森林与皆伐区的边缘，而不是在鹿的重新定居区内随机分布。距离量测还可以用作数据分析的输入数据，例如常用于移民研究和商业应用的一种空间互动重力模型，就将点与点之间的距离量测值作为输入数据。

4) 模式分析

模式分析是指描述和分析空间要素分布模式的定量方法。在整体水平上，模式分析可以揭示某分布模式是随机、离散还是聚集的；在局部水平上，模式分析可以检测出分布模式中是否含有高值或低值的局部聚集。例如，最近邻分析就是使用图层中各个点与其最邻近点的距离，判断该点是呈随机的、规则的还是聚集的分布模式。

另外，许多 GIS 软件包提供了操作和管理数据库中地图的工具。如同缓冲区建立和地图叠置，这些工具被看作是数据预处理和分析的基本 GIS 工具。在不同的 GIS 软件包中，尽管这些工具的名称不尽相同，但地图操作按图标容易执行，包括消除边界、剪取、拼接、选择、排除、更新、擦除、分割等。

3. 栅格数据分析

栅格数据分析环境包括分析的区域范围和输出像元大小。其中，用于分析的区域范围指特定栅格，或者是由最小和最大的 x、y 坐标定义的区域，还可能是多个栅格叠加生成的区域。栅格叠加分析的命令是联合或求交，分析掩模则用于仅对不具有“无数据”(no data)像元值的像元作分析。输出像元的大小可以根据需要来定义，一般都被设为等于或大于输出栅格中最大像元。确定了输出栅格像元大小之后，GIS 软件包用重采样技术将所有输入栅格转换成所确定的像元大小，再进行数据分析。

1) 局部运算

局部运算是一个像元接一个像元运算，它是建立栅格数据分析的核心。局部运算由单个或多个输入栅格生成一个新的栅格，新栅格的像元值可以由输入与输出栅格的关系函数计算得到，或通过分类表对其赋值。用于局部运算的有算术函数、对数函数、三角函数和幂函数。例如，浮点型栅格转换为整型栅格的过程就是一个简单局部运算，它用取整函数逐个像元地进行取整运算。

通过分类生成一个新的栅格数据的局部运算方法(重新分类)，也称再编码或通过查找表转换。多个栅格的局部运算也涉及图层合成、地图叠置或叠加操作，此时的局部运算相当于基于矢量的地图叠置操作。

2) 邻域运算

邻域运算涉及一个焦点像元和一组环绕像元，环绕像元是按其相对焦点像元的距离或方向性关系来选定的，常用的类型有矩形、圆形、环形和楔形。邻域运算通常用邻域内的像元值(包括或不包括焦点像元值)进行计算，然后将计算值赋予焦点像元值。要完成一个栅格的邻域运算，需要将焦点像元从一个像元移到另一个像元，直到所有像元都被访问过。尽管邻域运算在单一栅格上进行，但其处理过程类似于多个栅格数据的局部运算。

邻域运算的一个重要应用是简化数据，例如用滑动平均减少输入栅格像元值的波动水平，如图 4.28 所示。其中，(b)中像元值是(a)中的阴影像元的以 3×3 为邻域的邻域平均值，如(b)中的 1.56 是由(1+2+2+1+2+2+1+2+1)/9 计算得来。另外，图像处理、地形分析中也经常用到邻域运算。

1	2	2	2	2
1	2	2	2	2
1	2	1	3	3
2	2	2	2	3
2	2	2	2	3

(a)

1.56	2.00	2.22
1.67	2.11	2.44
1.67	2.11	2.44

(b)

图 4.28　邻域运算

3) 分区运算

分区运算用于处理相同值或相似要素的像元分组。分区可以是连续的或不连续的，连续分区包含的像元是空间上相连的；而非连续分区包含像元的分隔区。分区运算可对一个或两个栅格进行处理，若为单个输入栅格，分区运算量测每个分区的几何特征，如面积、周长、厚度和重心等。

两个栅格的分区运算可得出用于比较目的的描述性统计值。例如，为比较不同地壤质地的地形特征，可以用包含沙土、壤土和黏土等类型的地壤栅格作为分区栅格，用坡度、坡向和高程的栅格为输入栅格；通过一系列分区运算，便可归纳出 3 种土壤质地类型的坡度、坡向和高度特征。

4) 自然距离量测

在 GIS 项目中，距离可以表达为自然距离和耗费距离。自然距离是量测直线距离或欧氏距离，而耗费距离量测的是穿越自然距离的耗费。例如，卡车司机对穿越一条路径的时间和燃料耗费比它的自然距离更感兴趣，这时的耗费距离不仅与自然距离有关，还与限速和路况有关。

自然距离量测运算是计算与源像元直线距离。从本质上来讲，自然距离量测运算是通过在整个栅格上对源像元以波状连续的距离建立缓冲区，因此自然距离量测又被称为扩展的邻域运算或整体运算。

4. 地形分析

绵延起伏的地形是 GIS 用户所熟悉的现象。地图制作者设计了各种地形制图技术，如等高线、晕渲、分层设色和三维透视等。地貌学家发展了包括坡度、坡向和地面曲率等对陆地表面的量测。地形制图与分析的两种常用输入数据是基于栅格的 DEM(数字高程模型)和基于矢量的 TIN(不规则三角网)。

1) 视域分析

视域指的是从一个或多个观察点可以看见的地表范围，如图 4.29 所示，提取视域的过程称为视域或可视性分析。视域分析要求有两个输入数据集，第一个是用含有一个或多个观察点的点图层，第二个输入数据是 DEM 或 TIN 用于表示地表面。如果观察范围内任意一点地表或目标高于视线，则该目标对于该观察点为不可视；如果没有地形或目标阻挡视线，则从观察点可以看到目标，即为可视的。

视域分析在设施的选址上十分有用，例如森林瞭望哨、无线电话基站等，这些设施位置的选择要求视域范围最大，且无过多重叠。视域分析也可用于住宅和度假区开发，视觉景观分析等方面。

图 4.29　视域示例

2) 流域分析

自然资源的管理和规划中，经常用流域作为水文单元。流域是指具有共同出水口的地表面水所流经的集水区域。可以在不同的空间尺度来勾绘流域边界，流域的勾绘可基于区域也可基于点。一般情况下自动生成流域的方法都始于填洼 DEM，并按一系列步骤进行，其概念及方法包括已填洼 DEM、流向、流量累积、河网、河流链路、全流域等。

3) 空间插值

空间插值是用已知点的数据来估算其他点的数值过程。例如，在一个没有数据记录的地点，其降水量可通过对附近气象站已知降水量插值来估算出来。空间插值是将点数据转换成面数据的一种方法，目的在于使点数据也能用于空间分析和建模。

进行空间插值要有两个基本条件，即已知点和插值方法。控制点是已知数值的点，也称为已知点、样本点或观测点，控制点的数目和分布对空间插值精度的影响极大。常用的插值方法有趋势面模型、回归模型、泰森多边形、密度估算、反距离权重插值、薄板样条函数、克里金法等。

4.3.4 网络分析及应用

地理空间技术覆盖许多领域，其中包括遥感、地图制图、测绘和摄影测量等，但要在地理空间技术中将这些不同领域的数据结合起来，则需要依靠 GIS。尽管多年来 GIS 被看作是一种难学、昂贵和只有少数人拥有的软件，然而在 20 世纪 90 年代，随着图形用户界面、功能强大、较便宜的软硬件和公共数字化数据的出现，已经拓宽了 GIS 应用的范围并使 GIS 进入主流应用。

知识拓展

ArcGIS 产品

ArcGIS 是 Esri 公司集 40 余年地理信息系统咨询和研发经验，奉献给用户的一套完整的 GIS 平台产品，具有强大的地图制作、空间数据管理、空间分析、空间信息整合、发布与共享的能力。2013 年全新推出的 ArcGIS 10.2，能够全方位服务于不同用户群体的 GIS 平台，组织机构、GIS 专业人士、开发者、行业用户甚至大众都能使用 ArcGIS 打造属于自己的应用解决方案。

ArcGIS 10.2 系列包含众多产品，其中最重要的产品包括 ArcGIS 云平台、ArcGIS 服务器平台、ArcGIS 移动平台、ArcGIS 桌面平台、ArcGIS 开发平台、CityEngine 三维建模产品。其中，Esri CityEngine 城市建模软件应用于数字城市、城市规划、轨道交通、电力、建筑、国防、仿真、游戏开发和电影制作等领域，其提供的主要功能——程序规则建模，使用户可以使用二维数据快速、批量、自动的创建三维模型，并实现了"所见即所得"的规划设计。

(资料来源：http://www.esrichina.com.cn/)

1. 线路分析

如何才能快速查找到一个街道地址的位置？这需要用到地理编码，即把街道地址或交叉路口作为点要素显示在地图上的过程。而动态分段可用缺少 x、y 坐标的数据源对空间要素进行定位，许多交通部门用动态分段来管理诸如道路和限速、停靠点、桥梁、路况等。

1) 地理编码

地理编码最常见的形式是地址地理编码(也称地址匹配)，它将街道地址用点要素表示在地图上。地址编码需要两个数据集，一个数集就是街道地址表格数据，一条记录对应一个地址；另一个数据集是参照数据集，由街道地图及每个街道的属性组成，如街道名称、地址范围和邮政编码等。地址编码通过比较地址与参照数据库中的数据来确定街道地址的位置，如果地址表或参照数据库出错，地理编码引擎必须能够处理这些错误。通常地理编码引擎能够放宽匹配条件，同时用评分的方法来量化匹配程度。

交叉点匹配将地址数据与图上的街道交叉点进行匹配，从而也称街角匹配，它是用于城市中几乎所有机动车辆意外事故的一种地理编码方法。交叉点匹配的地址条目包括两个街道，地理编码引擎通过匹配两条街道特征来进行交叉点定位。另外，邮政编码地理码是用含有它的几何中心位置相匹配的定位，而不是用街道网络。

2) 动态分段

动态分段是计算沿路径发生的事件位置的过程。路径是一个线性特征，并有与其几何特征存储在一起的线性量测系统，如街道、公路和河流；事件是沿路径发生的线性参照数据，线性参照数据的位置是用偏离距离或与已知点的距离来表示。动态分段可以存储路径沿线的属性值，属性值一旦与路径联系起来，便可用于显示、查询和分析。

知识拓展

线性位置参照系统

交通部门一般用线性位置参照系统来确定沿道路和交通线发生的事件(如事故和壶穴)和设施(如桥梁和涵洞)。线性参照系统从已知点(如路径的起点、里程标志或道路交叉口)用距离量测来确定事件的位置，例如事故位置的地址包括路名和离开里程标志的距离。另一方面，线性事件的地址使用离开两个参照标志的距离。基于矢量的 GIS 用投影坐标系统的 x、y 坐标来定位点、线和多边形。动态分段模型用路径、量度和事件把投影坐标系统与线性参照系统组合在一起，投影坐标系统与线性参照系统是有着基本区别的两个测量系统。

3) 路径分析

路径分析常作为一种分析工具，用于确定建设耗费最低和环境影响最小的新道路或管线。路径分析是基于栅格的，所需的要素包括源栅格、耗费栅格、耗费距离量测和生成最小累积耗费路径的算法。路径分析常用于道、管线、运河以及交通的规划。

源栅格定义了源像元，源像元可以被看成路径的终点，也可以是起点或目标点。耗费栅格定义了穿过每个像元的耗费或阻抗，每个像元的耗费通常是不同耗费的总和，它可以是实际耗费也可以是相对耗费。路径分析中耗费距离量测是基于节点-链接像元的表示法，它将运动限制在相邻像元间，运动方向为 8 个方向，如图 4.30 所示。对于一个给定耗费栅格而言，通过计算连接两个像元的每条连接的总耗费，可以计算这两个像元间的累积耗费。

图 4.30(a)中，横向链接的耗费距离是连接像元的平均费用，如(1+2)/2＝1.5；对角线链接的耗费距离是平均费用的 1.414 倍，如 1.414×[(1+5)/2]＝4.2。图 4.30(b)中，从像元 A 到像元 B 的累积耗费是两个横向链接耗费之和，即 1.0 与 3.5 的和；从像元 A 到像元 C 的累积耗费是对角线链接和横向链接的耗费之和，即 4.2 与 2.5 之和。由于在非紧邻的两个像元之间，存在许多不同的路径，从而只有计算出所有的累积耗费路径，才能得到最小累积耗费路径，也就是说找出最小累积耗费路径是一个迭代过程。

4) 网络应用

网络是一个具有目标运动的合适属性的线要素系统，如道路系统。网络应用要求矢量格式并已建立拓扑关系的网络，最常见的网络应用可能是最短路径分析，以及查找最近设施、评估配置，解决定位-配置问题等。网络应用是运筹学中的一个基本模型，根本目的是研究、筹划一项网络工程如何安排，并取得最好的效果，如资源的最佳分配，运输费用最低等。网络分析最经常应用的领域包括路径分析、资源分配、流分析、地址匹配、连通分析等。

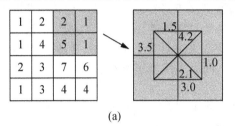 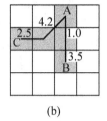

图4.30　耗费距离量测

案例 4-8

百 度 地 图

  百度地图是百度提供的一项网络地图搜索服务，覆盖了国内近400个城市、数千个区县。在百度地图里，用户可以查询街道、商场、楼盘的地理位置，也可以找到离用户最近的所有餐馆、学校、银行、公园等等。百度地图提供了丰富的公交换乘、驾车导航的查询功能，为用户提供最适合的路线规划。不仅知道要找的地点在哪，还可以知道如何前往。如图4.31所示，给出了西单商场到中关村的公交线路，以便让用户选择乘车路线及换乘站点。

图4.31　百度地图查询

  百度地图还为用户提供了完备的地图功能(如搜索提示、视野内检索、全屏、测距等)，便于更好地使用地图，便捷地找到所求。自2010年8月26日始，在使用百度地图服务时，除普通的电子地图功能之外，还新增加了"三维地图"按钮。

(资料来源：http://map.baidu.com.)

2. 物流领域应用

GIS 在物流领域的应用，主要就是利用其强大的地理数据处理功能来完善物流分析技术。国外一些公司已开发出利用 GIS 为物流分析提供专门分析的工具软件，完整的 GIS 物流分析软件集成车辆路线模型、设施定位模型、网络物流模型、分配集合模型和空间查询模型等。

1) 车辆路线模型

车辆路线模型用于解决在一个起点、多个终点的货物运输问题中，如何降低操作费用并保证服务质量，包括决定使用多少车辆、每个车辆经过什么路线的问题。物流分析中，在一对多收发货点之间存在多种可供选择的运输路线的情况下，应该以物料运输的安全性、及时性和低费用为目标，综合考虑，权衡利弊，选择合理的运输方式并确定费用最低的运输路线。如一个公司只有 1 个仓库，而零售店却有 30 个，并分布在各个不同的位置上，每天用卡车把货物从仓库运到零售店，每辆卡车的载重量或者货物尺寸是固定的，同时每个商店所需的货物重量或体积也是固定的。因此，需要多少车辆以及各个车辆要经过的路线是一个最简单的车辆路线模型。

实际问题中，车辆路线问题还应考虑很多影响因素，问题也变得很复杂。如仓库的数量不止一个，而仓库和商店之间不是一一对应的；部分商店对货物送达时间有一定的限制，如某商店上午 8 点开始营业，要求货物在早晨 5~7 点运到；仓库的发货时间有一定的限制，如当地交通规则要求卡车上午 7 点之前不能上路，而司机要求每天下午 6 点之前完成一天的工作等。

2) 设施定位模型

设施定位模型用来确定仓库、医院、零售商店、配送中心等设施的最佳位置，其目的同样是为了提供服务质量、降低操作费用，以及使利润最大化等。在物流系统中，仓库和运输线路共同组成了物流网络，仓库处在网络的节点上，运输线路就是连接各个节点的线路，从这个意义上看，节点决定着线路。具体地说，在一个具有若干资源点及若干需求点的经济区域内，物流资源要通过某一个仓库的汇集中转和分发才能供应各个需求点，因此，根据供求的实际需要并结合经济效益等原则，在既定区域内设立多少仓库、每个仓库的地理位置在什么地方、每个仓库应有多大规模、这些仓库间的物流关系如何等问题，就显得十分重要。而这些问题运用设施定位模型均能很容易地得到解决。

3) 网络物流模型

网络物流模型用于解决寻求最有效的分配货物路径问题，也就是物流网点布局问题。例如需要把货物从 N 个仓库运输到 M 个商店，每个商店有固定的需求量，这就需要确定哪个仓库供应哪个商店，从而使运输的费用最低。或者是在考虑线路上的车流密度的前提下，怎样把空的货车从所在位置调到货物所在的位置。

4) 分配集合模型

分配集合模型可以根据各个要素的相似点把同一层上的所有或部分要素分成几组，用于解决确定服务范围、销售市场范围等问题。例如某公司要设立 N 个分销点，要求这些分销点覆盖整个地区，且每个分销点的顾客数目大致相当。在某既定经济区域内，可以是一个国家，也可是一个地区或城市，考虑各个仓储网点的规模及地理位置等因素，合理划分配送中心的服务范围，确定其供应半径，实现宏观供需平衡。这就是分配集合模型要解决的问题。

5) 空间查询模型

可以查询以某一商业网点为圆心的某半径内配送点的数目,以此判断哪一个配送点距离最近,为安排配送做好准备。

 案例 4-9

白沙烟草物流 GIS 配送优化系统

白沙烟草物流配送 GIS 及线路优化系统是基于集成了国际上发展成熟的网络数据库、Web/GIS 中间件、GPS、GPRS 通信技术,采用某公司的地图引擎中间件产品为核心开发技术平台,结合白沙物流的实际,开发设计的集烟草配送线路优化、烟草配送和烟草稽查车辆安全监控、烟草业务(访销、CRM 等)可视化分析、烟草电子地图查询于一体的物流 Web/GIS 综合管理信息系统。该系统利用 Web/GIS 强大的地理数据功能来完善物流分析,及时获取直观可视化的第一手综合管理信息,既可直接合理调配人力、运力资源,求得最佳路线,又能有效地为综合管理决定提供依据。系统中使用的 GPS 技术可以实时监控车辆的位置,根据交通状况向车辆发出实时调度指令,实现对车辆进行远程管理。

白沙烟草物流开发使用 GIS 线路优化系统后,将实现六大应用功能:①烟草配送线路优化系统;②烟草综合地图查询;③烟草业务地图数据远程维护;④烟草业务分析;⑤烟草物流 GPS 车辆监控管理;⑥烟草配送车辆信息维护。

(资料来源:http://gtx.chzu.edu.cn/s/7/t/940/4e/12/info19986.htm.)

4.4 全球定位系统

全球定位系统(Global Positioning System,GPS)是利用卫星星座、地面控制部分和信号接收机对对象进行动态定位的系统。由于 GPS 能对静态、动态对象进行动态空间消息的获取,快速、精度均匀、不受天气和时间的限制反馈空间消息,因此 GPS 广泛用于船舶和飞机导航、对地面固定目标和移动目标的精确定时和精确定位、地面及空中交通管制、空间与地面灾害监测、地质测绘等。在物流领域,GPS 技术可以应用于汽车自动定位、跟踪调度,用于船队的最佳航程和安全航线的测定、铁路运输管理、空中和机场交通管理,以及军事物资调度等。

4.4.1 卫星导航系统

导航的定义是"使运载体或人员从一个地方到另一个地方的科学"。在日常生活中,我们每一个人都会进行某种形式的导航,驱车上班或步行去商店需要使用基本的导航技能,即利用眼睛、常识和地标。然而在一些情况下,需要更精确地知道我们的位置、预期的航向或到达期望目的地所需的时间,此时便要借用时钟、汽车里程表,以及复杂的无线导航装置,如 GIS 地图、移动通信、GPS 等。

1. GPS 的发展

20 世纪 60 年代初期,包括国防部、国家航空航天局和交通部在内的美国政府机构都对发展用于三维定位的卫星系统产生了兴趣,他们认为最佳的系统应具有全球覆盖、连续/全天候工作、能为高动态平台提供服务及高精度等特性。1973年,融合当时多个卫星导航系统的优点成功提出GPS理念,并经过二十多年的努力,于1993年12月GPS达到初始运行能力,那时的原型和产品卫星加起来已有24颗可用,定位/授时服务符合相关规定预测精度;于1995年初达到全运行能力,24颗卫星星座已全部就位,对地面控制区段及其星座交互作用的大量测试也已完成。

标称的GPS卫星星座由6个轨道面上的24颗卫星组成,每个平面上4颗,如图4.32所示。卫星以高精度的星载原子频率标准做基准发射,其采用CDMA技术在两个频率上广播测距码和导航数据,即L1(1 575.42MHz)和L2(1 227.6MHz),每颗卫星产生一个称为粗码(Clear and Acquisition,C/A)的短码和一个称为精码(Precision,P码)的长码。GPS是一种双重用途的系统,即提供民用和军用两种不同的服务,称为标准定位服务(SPS)和精密定位服务(PPS)。PPS为美国授权的军方用户行选定的政府机构用户使用;SPS是指定为民用社团使用的,定位精度的获得是受控的,其控制通过反欺骗(Anti-Spoofing,AS)和选择可用性(Selective Availability,SA)加密特性来实现。SA通过

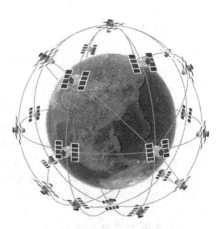

图4.32 GPS示意图

使卫星时钟发生"颤动",而使单向到达时间(TOA)测量精度变差,以有意降低用户精度[①]。标准SPS规定提供的预测精度为在水平面内优于13m(95%)、在垂直平面内22m(95%),但典型的SPS测量性能要比规定精度好得多。

1999年1月,美国政府宣布了一项新的GPS现代化提案,要求在新的GPS卫星中增加两个民用信号,即L2C和L5。这些新增信号将为SPS用户提供校正电离层延迟的能力,通过使用所有的3个信号(L1 C/A、L2C和L5)的载波相位及差分处理技术,可以很快获得很高的用户精度(毫米量级)。同时,一种新的称为M码的军用信号被开发出来用于PPS,此信号将在L1和L2两个频率上发射,其频谱与这些波段上的GPS用户信号相分离。频谱的分离允许使用无干扰的更高功能率的M码模式,M码与传统P码相比将提供可靠的捕获、提高的精度和安全性。

2008年7月美国海军研究室与波音公司团队签订了"高度完善全网定位系统"的合同,已经于2009年7月完成了铱星星载计算机的增强窄带软件升级工作,使第二代GPS辅助信号能够通过铱星星座进行传输。而GPS III计划已于2000年提出构想,原定于2014年升空的首颗GPS III卫星因载荷问题而推迟到2016年。GPS III具备更高的定位、导航和报时精度,以及更强的抗干扰能力,可增强现有GPS技术。

全球定位系统主要具有以下特点。

(1) 定位精度高。GPS卫星定位测量属于三维定速定时高精度,单机定位精度优于10米,采用差分定位,精度可达厘米或毫米级,测速精度大于0.1米/秒。它是目前世界上精度最高的一种卫星导航系统。

[①] SA已于2000年5月1起停用,当前美国政府的政策是保持其关闭状态;当其被激活时,PPS用户通过密码机制去除SA的影响。

(2) 功能多，应用范围广。GPS 被广泛应用于海空导航、车辆定位、工程测量、测速、测时等方面，其领域还在不断地扩大。

(3) 覆盖全球。GPS 可以在任何时间、任何地点连续地覆盖全球范围。

(4) 全天候工作，抗干扰性，保密性强。GPS 全天 24 小时工作，不受天气的影响，可以连续、实时地提供三维位置、三维速度和精密时间。

案例 4-10

> 星期一早晨交通时间，公司白领莫莉女士坐上一辆装有 GPS 的高级轿车缓缓驶出自己的庭院进城上班，按动车内引导系统的开关，一声悦耳的语音指令告诉她："4 号公路正在施工，请走 0 号高速公路。"随即，在引导系统显示屏幕上魔术般地冒出一张电子图，一闪一闪的箭头正在为她指路前进。汽车驶到一个交叉路口，GPS 突然发现这条道上没有其他车辆，交通灯立刻全部变绿，放行通行。当莫莉驾车经过公路收费站时，已习惯不停车一穿而过，因为汽车上的引航装置会自动将车牌号输入收费站的电子记账系统，并通过 GPS 进入银行账户将费用扣除。这不是科学幻想小说里的情节，而是美国亚特兰大市的城市交通疏导系统显示的风采。
>
> （资料来源：王淑荣. 物流信息化培训考试教程（实战训练篇）[M]. 北京：机械工业出版社，2008.）

2. 其他卫星定位系统

美国的 GPS、俄罗斯的 GLONASS、欧盟的 Galileo(伽利略)系统、中国的北斗导航定位系统(BeiDou Navigation Satellite System，BDS)为联合国卫星导航委员会认定的全球卫星导航系统四大核心供应商。四套全球定位卫星与国际太空站(International Space Station，ISS)、哈伯(Hubble)太空望远镜、铱(Iridium)通信卫星的轨道比较，如图 4.33 所示。另外一些国家，包括法国、日本和印度都在发展区域导航系统。

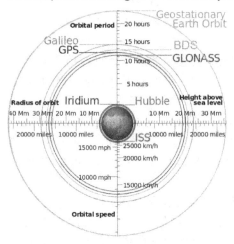

图 4.33 定位卫星轨道

1) 俄罗斯 GLONASS 系统

俄罗斯的全球卫星定位系统全名为"全球导航卫星系统"(Global Navigation Satellite System，GLONASS)。该系统由苏联政府投资，现由俄罗斯接管，从 1978 年开始部署，到 1995 年年底全部卫星星座已经部署完毕。但随着许多老卫星的失效，整个星座迅速退化，直到 2010 年俄罗斯政府才又补齐了该系统需要的 24 颗卫星。

目前的 GLONASS 由 21 颗工作星和 3 颗备份星组成，分布于 3 个轨道平面上，每个轨道面有 8 颗卫星，轨道高度 19 000 公里，运行周期 11 小时 15 分。与 GPS 采用码分多址技术不同，GLONASS 采用频分多址(Frequency Division Multiple Access，FDMA)体制，卫星靠频率不同来区分，每组频率的伪随机码相同，这样可以防止整个卫星导航系统同时被敌方干扰。近年来，俄罗斯也在不断完善与升级 GLONASS，计划卫星的数量将增加到 30 颗，届时其卫星导航范围可覆盖整个地球表面和近地空间，定位精度将达到 1m 左右。与美国 GPS 类似且作为 GPS 的竞争对手，GLONASS 系统为俄罗斯军方所拥有和控制，优先满足苏联的军事利益，同时也提供民用服务。

2) Galileo 系统

考虑到卫星导航、定位与授时应用的战略意义,在 20 世纪 90 年代初期欧洲发起了一个提案。该提案始于欧洲对第一代全球导航卫星系统(GNSS-1)的贡献,即欧洲静止轨道导航重叠系统(EGNOS)计划,并继之以下一代全球导航卫星系统(GNSS-2),即 Galileo 计划。

Galileo 系统是一个独立于 GPS 的、专门为全球民用用户设计的卫星导航系统,该系统定义了 5 种基准服务,即开放式服务(OS)、生命安全服务(SOL)、商业服务(CS)、公共特许服务(PRS)及对搜索与救援(SAR)服务的支持。Galileo 系统由 30 颗轨道卫星组成,卫星的轨道高度为 2.4 万 km,倾角为 56°,分布在 3 个轨道面上,每个轨道面部署 9 颗工作卫星和 1 颗在轨备份卫星定位系统卫星,为用户提供误差不超过 1m、时间精确的定位服务。

2004 年美欧达成关于两个星基导航系统的促进和使用以及相关应用的协议。该协议规定,允许每一系统在不干扰对方信号的条件下工作,这样就提供了 Galileo 系统与 GPS 的互操作性。2005 年 12 月伽利略系统的首颗卫星 GIOVE-A 发射升空,整个系统计划于 2014 年开始运作,但由于欧盟内部分歧与资金问题,完工时间尚不能确定。

3) 中国北斗卫星导航系统

北斗卫星导航系统是中国正在实施的自主发展、独立运行的全球卫星导航系统,致力于向全球用户提供高质量的定位、导航、授时服务,并能向有更高要求的授权用户提供进一步服务,军用与民用目的兼具。北斗卫星导航试验系统又称为北斗一号,是中国第一代卫星导航系统,即有源区域卫星定位系统,已于 2003 年完成组建。

北斗卫星导航系统一般用来特指第二代系统,即北斗二号,与 GPS 相似对全球提供无源定位。根据计划,整个系统将由 35 颗卫星组成,包括 5 颗静止轨道卫星、27 颗中地球轨道卫星、3 颗倾斜同步轨道卫星,其中的中地球轨道卫星运行在 3 个轨道面上,轨道面之间为相隔 120°均匀分布,北斗卫星导航系统将在 2020 年完成,届时将实现全球的卫星导航功能。至 2012 年年底,已正式系统发射了 16 颗卫星,其中 14 颗组网并向亚太大部分地区正式提供服务。北斗卫星导航系统提供的服务分开放服务和授权服务两种,其中开放服务的定位精度平面 10m、高程 10m,测速精度 0.2m/s。

案例 4-11

北斗进入寻常百姓家

2013 年 8 月 26 日,北斗车载导航应用体验周活动在北京五方天雅汽配城拉开帷幕。活动中,我国自主研发的面向 150 多种车型的 200 多款北斗车载导航产品被推出,并在北京、广东、安徽、山东等多地 1 000 余家终端渠道市场和汽车 4S 店同步销售。"这是第一批进入市场的北斗车载导航产品,是北斗走近大众的第一步",李祖洪介绍说,而随着中国不断加强北斗地基增强系统网络,北斗车载导航的定位精度将进一步提升,可从如今的 2~6m,提高到 1m,从而实现车道级的导航水平。

(资料来源: http://www.beidou.gov.cn/2013/08/31.)

3. 卫星导航应用

在物流及其他应用领域,卫星导航系统主要用于为船舶、汽车、飞机等运动物体进行定位导航,应用范围包括船舶远洋导航和进港引水、飞机航路引导和进场降落、汽车自主导航、地面车辆跟踪和城市智能交通管理、紧急救生、个人旅游及野外探险、个人通信终端(与手机、PDA、电子地图等集成一体)等。全球导航卫星系统(Global Navigation Satellite System，GNSS)在货物运输中主要发挥以下作用。

(1) 用于汽车自定位、跟踪调度。目前，GNSS 广泛用于车载导航系统，中远、中外运等大型国际物流企业均建立了装载 GNSS 的车队。例如，"车载手持 GPS 定位系统"是一套基于 Microsoft Windows CE 操作系统的应用软件，能够与现代的 Pocket PC 结合，具有独特的 GPS 定位、电子导航、语音通信、自动报警等功能。

(2) 用于内河及远洋船队最佳航程和安全路线测定、航向的实时调度、监测和水上救援。在我国，GNSS 最先使用于远洋运输船舶导航，船主可通过 GNSS 收到天气预报和航行信息还可以监测船舶行驶达到"4 个精确"：船舶位置(精确到 15m 以内)、运行速度(精确到 1km/h)、运行方向(精确到 1°)、及时的时间信息(精确到 1s)。

(3) 用于铁路运输管理。我国铁路开发的基于 GNSS 的计算机管理系统，可以通过 GNSS 和计算机网络实时收集全路列车、机车、车辆、集装箱及所运货物的动态信息，可实现货物的跟踪管理。只要知道货车的车种、车型、车号，就可以立即从近 10 万公里铁路网上流动着的几十万辆货车中找到该货车，还能得知货车的即时信息。

(4) 用于军事物流。GNSS 最先应用于军事领域，在军事物流中，如后勤装备的保障等方面，应用相当普遍。尤其美国在世界各地驻扎着大量的军队，无论战时还是平时都对后勤补给提出很高的要求，在战争中如果不依赖 GPS，美军的后勤补给就会乱成一团。我国也已经开始在军事部门应用 BDS 技术。

GNSS

GNSS 的全称是全球导航卫星系统，它是泛指所有的卫星导航系统，包括全球的、区域的和增强的，如美国的 GPS、俄罗斯的 GLONASS、欧洲的 Galileo、中国的 BDS，以及相关的增强系统，如美国的 WAAS(广域增强系统)、欧洲的 EGNOS(欧洲静地导航重叠系统)和日本的 MSAS(多功能运输卫星增强系统)等，还涵盖在建和以后要建设的其他卫星导航系统。

4.4.2　GPS 定位基础

GPS 导航定位是在陆基导航、空间技术、大地测量、通信和计算机等技术的基础上发展起来的现代星基导航技术。它的基本任务是确定客体在空间的位置(即定位)，随之可求得瞬时速度、加速度、时间等参量，进而实现导航。为了建立卫星导航的数学公式，必须选定参考坐标系，以便于表示卫星和接收机的状态。

一般情况下是用在笛卡儿坐标系中测度的位置与速度矢量去描述卫星的接收机的状态，两种常用的笛卡儿坐标系是惯性系和旋转系。为了测量和确定 GPS 卫星的轨道，利用地心惯性(Earth-Centered Inertial，ECI)坐标系是方便的，其原点位于地球的质心，坐标轴指向相对于的恒性而言是固定的；但为了计算 GPS 接收机位置，使用随地球而旋转的地心地固(Earth-Centered，Earth-Fixed，ECEF)坐标系更为方便。在 GPS 中所使用的标准地球物理模型是世界大地系 1984(WGS84)。WGS84 提供了地球形状的椭球模型，平行于赤道面的地球横截面为圆形，而地球的赤道横截面半径为 6 378.137km；垂直于赤道的地球横截面是椭圆，长轴与地球赤道直径重合，半短轴为 6 356.752 314 2km。

1. 卫星定位原理

GPS 利用到达时间(Time of Arrival，TOA)测距原理来确定用户的位置，这种原理需要测量信号从位置已知的发射源(如雾号角、无线电信标或卫星)发出至到达用户接收机所经历的时间。将这个称为信号传播时间的时间段乘以信号的速度(音速或光速)，便得到从发射源到接收机的距离，接收机通过测量从多个位置已知的发射源(即导航台)所广播的信号的传播时间，便能确定自己的位置。

下面以海上船员由雾号角来确定其船只位置的情况为例说明二维位置的确定。假定船只装备有精确的时钟，并且船员知道船只的大致位置；雾号角准确地在分钟标记时发声，且船只的时钟与雾号角的时间是同步的。船员记下从分钟标记听到雾号角的声音之间所经历的时间，雾号角音的传播时间便是雾角号音离开雾号角并传到船员的耳朵所经历的时间，这个传播时间乘以音速(约 335m/s)便是从雾号角到船员的距离。

如果雾号角信号经过 5s 到达船员的耳朵，那么距雾号角的距离为 1 675m，将这个距离记为 R_1。这样，仅借助于一个测量值，船员便知道船只处于以雾号角为圆心，半径为 R_1 的圆上的某个地方，如图 4.34(a)所示。如果船员用同样的方法同时测量了距第 2 个雾号角的距离，其距 2 号雾号角的距离记为 R_2，见图 4.34(b)。假设各个雾号角音的发送均同步于公共的时间基准，而且船员知道两个雾号角音的发送时刻，因此相对于这些雾号角来说，船只位于测距圆的交点之一上。由于假设了船员知道大致的船位，这样就可以去掉那个不大可能的定位点。还可以对第 3 个雾号角进行距离测量，以消除这种多值性，见图 4.34(c)。

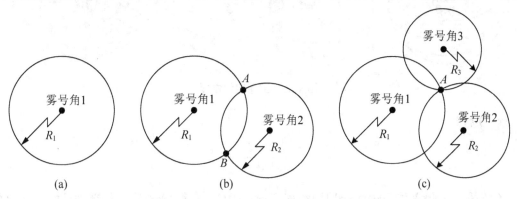

图 4.34 二维距离测量

上面推演假设了船只的时钟与雾号角的时间基准是精确同步的。然而情况并非完全如此，若船只的时钟比雾号角的时间基准早 1s，由于这种偏差，由船员测量出的传播时间间隔将多出 1s。因为每次测量都使用了相同的、不正确的时间基准，对于测量来说时间偏差是相同的，这个时间偏差等效于 335 米的距离误差(记为 ε)，如图 4.35(a)所示。如果这种偏差能被消除或补偿掉，那么这些测距圆便会交于点 A。而在实际应用中，由于大气效应、雾号角时钟相对于雾号角时间基准的偏移及号音遭干扰等造成的误差，将以不同的方式影响每一次测量，从而导致距离计算不精确。图 4.35(b)显示了独立误差对位置确定的影响(仍假定雾号角时间基准与船员时钟是同步的)，此时 3 个测距圆不相交于一个点，船位在三角误差区中的某一个地方。

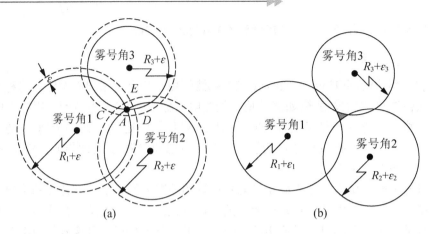

图 4.35 测量误差对定位影响

GPS 利用 TOA 测距来确定用户位置。借助于对多颗卫星的 TOA 测量便可确定出三维位置，它与雾号角的例子是类似的，只是卫星测距信号是以光速传播(约 3×10^8m/s)。利用一颗卫星可以把用户定位于以卫星为球心的地面上的某一地方；两颗卫星将用户定位在两个球面上的某个地方，两个球的相交一般为一平面；利用第三颗卫星便可将用户定位在第三个球面和上面圆周的交点上(两个点)，两个点只有一个是用户的正确位置，如图 4.36 所示。

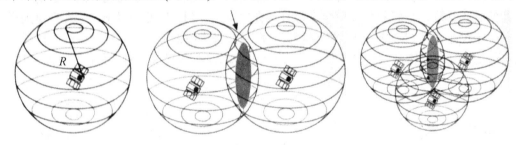

图 4.36 卫星定位位置

UTC

GPS 播发协调世界时(Coordinated Universal Time，UTC)，为全世界的用户提供时间同步能力，它的应用包括了从将数据"打下时间标记"直到通信系统分组交换的同步。UTC 是一个复合的时间标度，它由来自原子钟驱动的时间标度和以地球旋转速率为基准的时间标度输入组成。

以原子标准为基础的时间标度称为国际原子时(International Atomic Time，TAI)，TAI 是基于原子秒的均匀时间标度，国际单位系统中将其定义为基本的时间单位，原子秒的定义为是"铯133原子基态的两个超精细能级之间的迁跃所对应辐射的 9 192 631 770 个周期的持续时间"，国际计量局(Bureau International des Poids et Measures，BIPM)是负责计算 TAI 的机构。用以形成 UTC 的另一种时间标度称为世界时1(UTC 1)，它是以地球绕太阳的旋转为基础测得的，国际地球自转服务组织(International Earth Rotation Service，IERS)负责最后确定 UTC 1。

在求解用户的三维位置时，有一系列影响距离测量精度的误差源(如测量噪声、传播延时等)，然而当与时钟不同步而造成的误差相比时，这些误差源均可以忽略不计。在图 4.37

中，矢量 u 代表用户接收机相对于 ECEF 坐标系原点的位置，其位置坐标 x_u、y_u、z_u 是未知的；矢量 r 表示用户到卫星的偏移矢量，在 ECEF 笛卡儿坐标系中卫星位于坐标 x_s、y_s、z_s；矢量 s 代表卫星相对于坐标原点的位置，矢量 s 由卫星广播的星历数据计算。

卫星中用户的矢量 $r = s - u$，矢量 r 的幅值为 $\|r\| = \|s - u\|$。令 r 为 r 的幅值，则有 $r = \|s - u\|$。距离 r 通过测量由卫星产生的测距码从卫星传送到用户接收机天线时所需的传播时间来计算，假定传播时间为 Δt。接收机一般与系统时之间有一个偏移误差，这样由相送过程所确定的距离被记为伪距 p。将这一观测量值称为"伪距"是因为它是通过将信号传播速度乘以两个非同步时钟

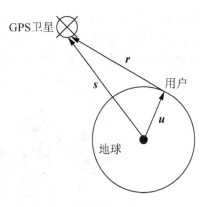

图 4.37 用户位置的矢量表示

(卫星钟和接收机钟)之间的半音差而确定的距离，此时的测量包括从卫星到用户的几何距离、由系统时与用户时钟之间的差异而造成的偏移、系统时和卫星时钟之间的偏移。

令 T_s 表示信号离开卫星时的系统时；T_u 表示信号到达用户接收机时的系统时；δt 代表卫星时钟与系统时之间的偏移，超前为正、滞后(延迟)为负；t_u 代表接收机时钟与系统时之间的偏移；c 为光速。则 $T_s + \delta t$ 表示在信号离开卫星时卫星时钟的读数，$T_u + t_u$ 表示信号到达用户接收机时的用户接收机时钟的读数，几何距离 $r = c(T_u - T_s) = c\Delta t$。伪距 p 为

$$p = c[(T_u + t_u) - (T_s + \delta t)] = c(T_u - T_s) + c(t_u - \delta t) = r + c(t_u - \delta t)$$

因此，用户矢量 $r = s - u$ 公式可改写为 $p - c(t_u - \delta t) = \|s - u\|$。另外，卫星时钟与系统时的偏差 δt 由偏差和漂移两部分组成，地面监测网络确定这些偏移分量的校正量，并将校正量发射卫星，再由卫星在导航电文中广播至用户，在接收机中用这些校正量使每次测距信号的发射与系统时相同步，也就是说可假定这种偏差已被补偿掉了，不再认为 δt 是未知数。那么，用户的矢量位置公式可简化为 $p - ct_u = \|s - u\|$。

为了确定用户的三维位置 (x_u, y_u, z_u) 和偏移量 t_u，需对 4 颗卫星进行伪距测量，产生联立方程为

$$p_1 = \sqrt{(x_1 - x_u)^2 + (y_1 - y_u)^2 + (z_1 - z_u)^2} + ct_u$$
$$p_2 = \sqrt{(x_2 - x_u)^2 + (y_2 - y_u)^2 + (z_2 - z_u)^2} + ct_u$$
$$p_3 = \sqrt{(x_3 - x_u)^2 + (y_3 - y_u)^2 + (z_3 - z_u)^2} + ct_u$$
$$p_4 = \sqrt{(x_4 - x_u)^2 + (y_4 - y_u)^2 + (z_4 - z_u)^2} + ct_u$$

这里 x_j、y_j 和 z_j 指第 j 颗卫星的三维位置。此非线性方程可用闭合形式解、基于线性化的迭代技术、卡尔曼滤波等方法求解未知数。

GPS 提供确定用户三维速度的能力。在一些接收机中，速度可以通过对用户位置近似导数来估计；而在许多现代 GPS 接收机中，对载波相位测量值进行处理以精确估计所接收卫星信号的多普勒频率，从而对速度进行测量。

2. GPS 的构成

GPS 由 3 个段组成，即卫星星座、地面控制/监测网络、用户接收设备。GPS 联合计划办公室对这些组成部分的正式计划性术语分别是空间、控制段和用户段。卫星星座包括在

轨卫星，它们向用户设备提供测距信号和数据电文；控制段对空间的卫星进行跟踪和维护，监测卫星的健康状况和信号的完好性，并维持卫星的轨道布局；用户段完成导航、授时和其他有关的功能。GPS 系统结构如图 4.38 所示。

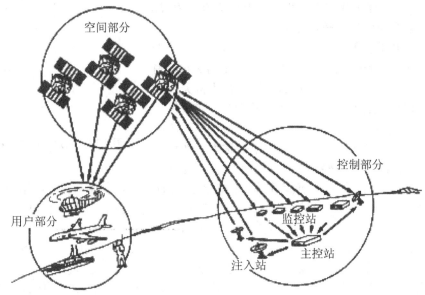

图 4.38　GPS 的组成

1) 空间卫星星座

美国政府对卫星星座的基本配置由 24 颗卫星构成。这 24 颗卫星均匀分布在 6 个轨道平面内，每个轨道平面交点的经度相隔 60°，轨道倾角为 55°（如图 4.39 所示），每个轨道平面内各卫星之间的夹角为 90°，每个轨道上有 4 颗卫星，在地球上任何一点，任何时刻都可以同时接收到来自 4 颗卫星的信号，即 GPS 的卫星发射的信息可以覆盖整个地球表面。

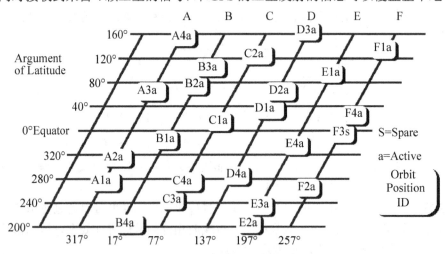

图 4.39　空间卫星星座

每天每颗卫星约有 5h 在地平线以上，随时间不同和地点的不同，同时位于地平线以上的卫星数目也不同，最少 4 颗，最多时达 11 颗。在利用 GPS 信号导航定位时，必须观测 4 颗卫星，才能计算观测站的三维坐标，因此这 4 颗卫星称为定位星座。这 4 颗卫星得到的数据对定位精度有影响。这样，对于某时某地计算不到精确的点位坐标的时间段，就称为"间隙段"。间隙段是很短暂的，不影响全球绝大多数地方的高精度、全天候、连续实时的导航定位测量。

2) 控制段

控制段负责监测、指挥、控制 GPS 卫星星座。目前的控制段由 3 部分组成：1 个主控站、3 个注入站、5 个监测站(见图 4.40)。

图 4.40　地面控制系统

主控站的任务主要为采集本站和 5 个监控站所有的观测数据，如监测站与卫星的距离、积分多普勒观测值、气象参数、卫星时钟、卫星工作状态数据、各监测站和注入站自身的工作状态数据，然后根据得到的数据及时编算成导航电文，传送给注入站。在 GPS 中，主控站的原子钟是时间基准，测出各颗卫星和监测站的时间，求出钟差，将这些信息也编入导航电文中。主控站还控制和管理监测站和注入站的运行状态，并向用户指示。当卫星发生故障时，启动备用卫星。注入站的任务是将主控站发来的导航电文注入相应卫星的存储器中，并自动反射信号给主控站，每分钟报告一次自己的运行状态。监测站的任务是为主控站提供各颗卫星的观测数据。

3) 用户段

GPS 接收设备主要由 5 部分组成：天线、接收机、处理器、输入/输出装置和电源，如图 4.41 所示。卫星信号是通过天线接收到的，天线为右旋圆极化(Right-hand Circularly Polarized，RHCP)的并提供近于半球形的覆盖。传统的接收机分为同时跟踪 L1 和 L2 上的 C/A 码和 P 码的、仅跟踪 C/A 码的两种类型，但鉴于 GPS 的现代化工作，出现了能同时跟踪 L1 C/A 码、L1 和 L2 P 码、L1 和 L2 M 码的军用接收机 YMCA，以及可跟踪 L1 C、L2 C 和 L4 的民用接收机。

通常需要一个处理器，通过其操作顺序对接收机进行控制与指挥，从通道信号捕获开始，然后是信号跟踪和数据收集。此外，处理器也可以由接收机测量值形成 PVT(Position, Velocity, and Time)解，或者使用单独的处理器同时完成 PVT 计算和相关的导航功能。I/O 装置是 GPS 设备和用户之间的接口，对于许多应用来说 I/O 装置是一个控制显示单元

(Control Display Unit，CDU)。CDU 允许操作员输入数据、并显示状态和导航参数，通常还可访问许多导航功能，比如输入航路、待航时间等。电源可能是集成的、外置的，或是两者的结合。

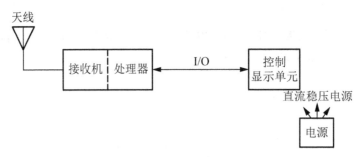

图 4.41 用户接收机的主要部件

目前接收机型号越来越多，体积越来越小，重量越来越轻，质量越来越好，携带越来越方便，常见的 GPS 接收设备有手持 GPS 和车载 GPS。GPS 可以用天线随时接收 4 颗以上卫星传过来的信号，提供经度、纬度和海拔高度，用户能够精确地获知自己的方位、时间和行进速度，定位精度达 10 米。

3. 常用的接收设备

GPS 卫星发送的导航定位信号是一种可供无数用户共享的信息资源。对于陆地、海洋和空间的广大用户，只要拥有能够接收、跟踪、变换和测量 GPS 信号的接收设备，就可以在任何时候用 GPS 信号进行导航定位测量。根据使用目的的不同，用户要求的 GPS 信号接收机也各有差异。目前世界上已有几十家工厂生产 GPS 接收机，产品也有几百种。这些产品可以按照用途、原理、功能等来分类。

1) 用途

按接收机的用途不同可分为导航型接收机、测地型接收机、授时型接收机。图 4.42 列出了几种常见的接收机。导航型接收机主要用于运动载体的导航，它可以实时给出载体的位置和速度，一般采用 C/A 码伪距测量。依据应用领域的不同，导航型接收机可进一步分为车载型、航海型、航空型和星载型。

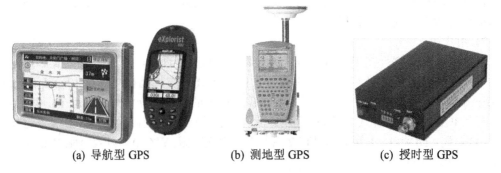

(a) 导航型 GPS   (b) 测地型 GPS   (c) 授时型 GPS

图 4.42 不同类型的接收机

测地型接收机主要用于精密大地测量和精密工程测量，这类仪器主要采用载波相位观测值进行相对定位。授时型接收机主要利用 GPS 卫星提供的高精度时间标准进行授时，常用于天文台及无线电通信中与时间同步。

2) 载波频率

按接收机的载波频率不同可分为单频接收机和双频接收机。单频接收机只能接收 L1 载波信号，通过测量载波相位观测值进行定位。由于不能有效消除电离层延迟影响，单频接收机只适用于短基线(≤15公里)的精密定位。双频接收机可以同时接收 L1、L2 载波信号，利用双频对电离层延迟的不一样，可以消除电离层对电磁波信号延迟的影响，因此双频接收机可用于长达几千千米的精密定位。

3) 工作原理

按接收机的工作原理不同可分为 4 类：①码相关型接收机，利用码相关技术得到伪距观测值；②平方型接收机，利用载波信号的平方技术去掉调制信号来恢复完整的载波信号，通过相位计测定接收机内产生的载波信号与接收到的载波信号之间的相位差，测定伪距观测值；③混合型接收机，这种仪器综合了上述两种接收机的优点，既可以得到码相位伪距，也可以得到载波相位观测值；④干涉型接收机，它是将 GPS 卫星作为射电源，采用干涉测量方法，测定两个测站的距离。

GPS 接收机能同时接收多颗 GPS 卫星的信号，为了分离接收到的不同卫星的信号，以实现对卫星信号的跟踪、处理和测量，具有这样功能的器件称为天线信号通道。根据接收机所具有的通道种类还可分为多通道接收机、序贯通道接收机、多路多用通道接收机等。

 知识拓展

车载导航仪

车载导航是利用车载 GPS 配合电子地图来进行的，它能方便且准确地告诉驾驶者去往目的地的最短或者最快路径，是驾驶员的好帮手。车载导航仪(Car Navigation)是一种能够帮助用户准确定位当前位置，并且根据既定的目的地计算行程，通过地图显示和语音提示两种方式引导用户行至目的地的仪器的行车辅助设备。一部完整的 GPS 汽车导航仪是由芯片、天线、处理器、内存、显示屏、扬声器、按键、扩展功能插槽、地图导航软件 9 个主要部分组成。

全球第一台车载导航装置最早出现于 1987 年的丰田皇冠轿车上，限于当时的技术水平，这个尝试性的车载导航装置只能使用安装在车上的行驶转向和车速传感信号，即为完全的自主导航。1990 年出现了有实用价值的车载导航装置，首次使用了 GPS 卫星定位信号，并与地图匹配能计算出车辆的行驶路径。1994 年又问世了具有道路交叉路口语音提示功能的导航装置。车载导航仪的应用极大地改变人们的出行和生活方式，使行驶中的汽车不再是道路上的孤立物体，因而很快在各个国家得到了应用普及。

4.4.3 GPS 导航原理

GPS 的基本原理是测量已知位置的卫星到用户接收机之间的距离，然后通过综合多颗卫星的数据，计算出接收机的具体位置。卫星的位置可以根据星载时钟所记录的时间在卫星星历中查出，而用户到卫星的距离则通过记录卫星信号传播到用户所经历的时间，再将其乘以光速得到。

当 GPS 卫星正常工作时，会不断地用二进制码元组成的 PRN 码(伪随机噪声码)发射导航电文，导航电文包括卫星星历、工作状况、时钟改正、电离层时延修正、大气折射修正等信息。当用户接收到导航电文时,通过提取卫星时间并将其与自己的时钟做对比便可得知卫星与用户的距离,再利用导航电文中的卫星星历数据即可推算出卫星发射电文时所处位置,这样用户在 WGS84 中的位置和速度等信息便可通过计算得到。由于用户接收机的时钟与卫星星载时钟的不同步,想知道接收机所处的位置,至少需接收到 4 颗卫星的信号,如图 4.43 所示。

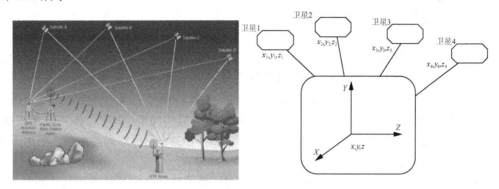

图 4.43　GPS 定位原理

1. GPS 信号捕获

传统的 GPS 卫星在所谓的主频率 L1 和次频率 L2 两直载波发射导航信号。这些载波频率由扩频码(每个颗卫星有其独特的 PRN)和一个共同的导航数据电文进行 DSSS(直接序列扩频)调制,所有卫星以 CDMA 的形式在相同的载波频率上发射信号。现代化的 GPS 信号还包括一个 L2 民用(L2C)信号、一个位于 1 176.45MHz 的 L5 民用信号,以及一个被叠加到 L1 和 L2 的用于军事信号的 M 码。图 4.44 给出了信号的演时过程。

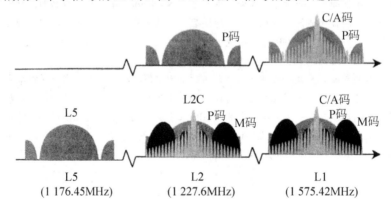

图 4.44　传统的(上部)和现代化的(下部)GPS 信号

GPS 接收机必须首先复现那颗将由接收机捕获的卫星所发射的 PRN 码,然后移动这个复现码的相位,直到与卫星的 PRN 码发生相关为止。也就是说,接收机应首先搜索所希望卫星的相位,然后调节其复现码发生器的标称扩频码码片速率,以补偿由于在接收机与卫星天线相位中心之间视线方向的相对动态在卫星 PRN 码上所引起的多普勒效应,从而实现对卫星码状态的跟踪。

GPS 信号捕获是一个搜索过程,其可以是基于传统的时域搜索过程,也可以使用现代的频域搜索技术以进行快速捕获。典型的情况下码相位以 1/2 码片的增量被搜索,每个码相位搜索增量是一个码的分格,每个频率分格大概是 2/(3T)Hz,其中的 T 是搜索逗留时间(逗留时间越长频率分格越小)。一个码分格和一个多普勒方格合并起来成为一个方格。图 4.45 描述了正在进行的 C/A 码的二维搜索过程,如果多普勒不确定性是未知的,且卫星的多普勒不能从对用户位置和对时间的知识以及卫星轨道数据计算出来,那么必须从零多普勒开始的两个方向上对最大的用户速度加上对于不动的用户来说最大的卫星多普勒——稍低于 800m/s,进行搜索。

GPS 接收机的目标是使其复现码发生器的瞬时相位与所希望卫星的码相位保持最大的相关。典型情况下,为了进行跟踪需要 3 个相关器,其中一个位于即时或准时的相关位置上,用于载波跟踪;其他两个相关器对称位于即时相位两侧的超前和滞后处,用于码跟踪。现代的接收机使用多个(甚至是大量的)相关器来加速搜索过程,有些接收机使用多个相关器进行稳健的码跟踪。

为了确定哪些卫星在视界之内,以及视界内卫星的哪个星座最合适,需要最新的历书、对用户位置和速度的粗略估计、用户对 GPS 时估计。若这 3 项有缺少或过时了,则接收机初始工作时除了进行所谓的"满天搜索"之外别无选择。

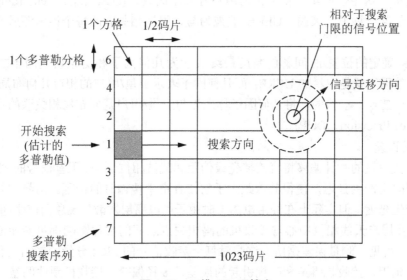

图 4.45 二维 C/A 码搜索

知识拓展

干扰、多径和闪烁

导致 GNSS 性能降低的射频信道劣化主要有 3 类,即干扰、多径和电离层闪烁。

接收机从任何不希望的源所接收到的射频信号均被认为是干扰,干扰通常是无意的(如来自其他的得到许可射频系统的带外辐射),也可能是故意的。射频干扰会导致导航精度降低或是接收机完全失锁。减轻干扰的 3 种主要方法:①接收机跟踪门限的增强,尤其是通过来自外部速度辅助;②通过硬件方法(横向滤波器)或信号处理方法消除窄带能量的频率剔除技术,通常在数字中频级进行;③天线零点指向干扰源或增益指向卫星,或更好的是两者兼顾。

在每个 GNSS 卫星和用户接收机之间总是会有反射面,使得 RF 回波信号在所期望的(视线方向)信号之后也到达接收机,这些回波被视为多径,显然每被发送的信号将通过多条路径——一条直达的路径和多条非直达(反射)路径被传送到接收机。随着 GNSS 的增强和现代化程度的提高，许多误差源正在减少，剩下多径和遮挡成为重要的，有时甚至是支配性的误差。由于反射信号经过的路径总是比直达信号更长，因而相对于直达信号而言多径的到达是有延迟的，当多径延迟较大时接收机易于解决。然而在多径比直达信号延迟很短到达时，多径会使接收到的合成(直达加上多径)信号与接收机本地产生的参考信号之间的相关函数产生畸变，进而造成位置、速度和时间解的误差。更小的多径误差可通过使用更宽的信号带宽、更宽的预相关带宽、更窄的超前减滞后间距来得到，现在已经有多种多径减轻技术已经集成到产品接收机中。

电离层闪烁是一种由地球大气层中电离层的不规则性引起的信号衰落现象，它会导致接收机在短时间内无法跟踪一颗或更多的可见卫星。

2. 独立式 GPS 性能

用户接收机能确定其位置，速度或者能与 GPS 系统时间同步的精度，取决于各种因素错综复杂的相互作用。一般来说，GPS 的精度性能取决于伪距和载波相位测量值及广播导航数据的质量。伪距值的实际精度称为用户等效距离误差(User Equivalent Range Error，UERE)，对于某一颗卫星来说，UERE 被视为与该卫星相关联的每个误差源所产生的影响的(统计)和。

由 GPS 确定的位置/时间解的精度最终表示为几何因子和伪距误差因子之积。一般情况下，误差因子就是卫星的 UERE；而几何因子表示卫星/用户的相对几何布局对 GPS 解的误差的复合影响。一般的，将几何因子称之为与卫星/用户几何布局相关联的几何精度因子(Dilution of Precision，DOP)。

1) 测量误差

卫星和接收机的时钟偏移将直接转变成伪距和载波相位误差。卫星信号的 PRN 码分量穿过大气层时会产生延迟，使得其伪距大于它在真空中传输时的伪距。信号的载波分量经由对流层产生延迟，但实际上在经由电离层时由于"电离层发散"现象而产生超前。而且，反射(多径)及用户天线相位中心与接收机的码相关点之间的硬件影响都可能使信号分量延迟(或超前)。可见，测量误差是所有这些对每个接收信号的 PRN 分量的影响之和，包括大气层引起的延迟、接收机噪声和干扰引起的误差、多径偏差、接收机硬件偏差。

2) 几何布局

这里再次引入雾号角的例子，假定用户根据来自两个雾号角的距离测量值确定其位置。在存在测量误差的情况下，用以计算用户位置的距离圆环会有误差，并会导致计算出的位置出现误差。精度因子概念的意思是，由测量误差引起的位置误差取决于用户/雾号角之间的相对几何布局。

图 4.46 显示了两种几何布局，(a)中雾号角相对于用户位置来说大约位于直角的角度上；而在(b)中从用户方面来看，雾号角之间的夹角小得多。在两种情况下都示出了无误差距离环，这些距离环在用户位置上交叉；图中还示出了附加圆环段，描述的是由于到雾号角的测距误差引起的距离环位置的变化。两幅图中示的误差范围是相同的，而阴影区表示的是利用图上指出的误差范围内测距值所能够获得的位置的集合。显然，在测量误差变化相同的情况下，几何布局图 4.46(b)的计算用户位置误差要比几何布局图 4.46(a)的大得多，也就是说几何布局(b)精度因子比几何布局(a)的大。

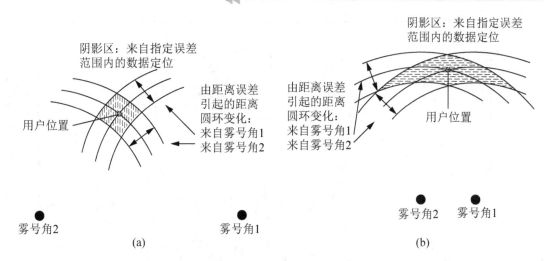

图 4.46 相对布局和精度因子

在 GPS 中,精度因子参数是用位置和时间偏差的协方差矩阵各分量之和并与卫星伪距测量误差的标准差之比来定义的。

3) GPS 性能

GPS 的性能参数主要 3 个,即可用性、完好性和连续性。

(1) 可用性。一种导航的可用性是该系统的服务可以使用的时间的百分比,可用性是系统在某一指定覆盖区域内提供可以使用的导航服务的能力标志。可用导航服务在一定程度上等效于满足某一门限要求的 GPS 精度,可用性与环境的物理特征和发射机设备的技术能力都有关。

(2) 完好性。GPS 系统除了要提供定位、导航和授时功能之外,还必须具有在该系统不能使用时及时向用户发出警告的能力,这种能力称为系统的完好性。异常情况可能发生,这是由卫星或控制段引起的,它会导致不可预测的超过工作容差距离的误差。完好性异常是稀少的,但它可能是关键性的,特别是对航空导航来说。

(3) 连续性。假定系统在该运行阶段开始的时候是可用的,则连续性是指系统在运行阶段持续期间维持规定性能的概率。GPS 提供的连续性级别随着针对任何给定应用所规定的性能要求的不同而不同。

案例 4-12

GPS 测得的性能

长期的精度测量了 GPS 的重稳定性和一致性,从 1999 年到 2004 年在美国国内观测到的 GPS SPS 性能如图 4.47 所示。数据收集自美国联邦航空管理局(Federal Aviation Administration,FAA)国家卫星试验设施(NSTB),每个 NSTB 站点分别在 95%和 99.99%的级别计算水平位置误差(HPE)和垂直向位置误差(VPE),然后求平均值。

可以看出,在 2000 年 5 月 SA 被取消前,观测到的 95%HPE 和 VPE 分别在 50 米和 75 米左右;自 SA 被取消后,95%HPE 和 VPE 的平均值分别为 7.1 米和 11.4 米。SA 取消后,除了异常值外,99.99%HPE 和 VPE 值一般在 50 米以下。例如,在 2001 年 7 月,一颗 GPS 卫星(PRN22 号)出现故障,结果导致西半球大部分地区瞬时 GPS 位置误差远远超过 100 公里。

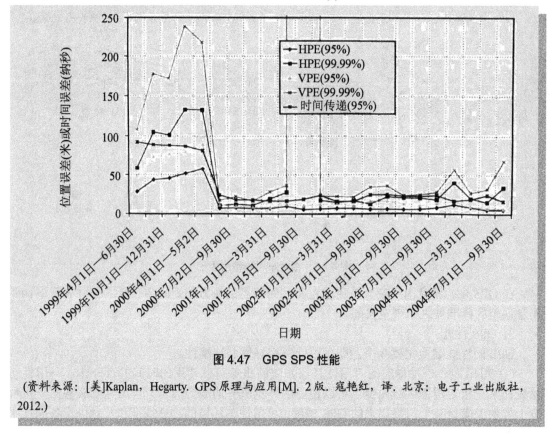

图 4.47 GPS SPS 性能

(资料来源：[美]Kaplan, Hegarty. GPS 原理与应用[M]. 2 版. 寇艳红，译. 北京：电子工业出版社，2012.)

3. 差分 GPS

虽然一个单频 SPS GPS 用户在全球范围内通常可以获得优于 10M 的定位精度和 20ns 的授时精度，然而有很多应用所要求的精度、完好性、可用性的连续性甚至超过了 GPS PPS 接收机所能提供的水平，而这就需要采用增强。增强一般分为两类：差分 GPS(Differential GPS，DGPS)和外部传感器/系统。

DGPS 是改善 GPS 定位或授时性能的一种方法，它利用一个或多个位置已知的基准站，每个站至少装备一台 GPS 接收机。基准站通过一条数据链路为终端用户提供信息，包括终端用户原始伪距测量值的校正值、GPS 卫星提供的时钟和星历数据的校正值，或用来取代广播时钟和星历的信息的数据，以及基准站测量值、完好性数据、辅助数据等。DGPS 技术可以按不同的方式进行分类，如绝对差分定位和相对差分定位；局部、区域或广域；基于码和基于载波的差分。

绝对差分定位是确定用户相对于 ECEF 坐标系的位置，这也是 DGPS 系统最常见的目标。对于绝对差分定位来说，每个基站在所期望用户位置的同一个 ECEF 坐标系中的位置必须是已知的，例如飞机利用这种定位来帮助其自身保持在所期望的航迹内。相对差分定位是确定用户相对于基准站所关联坐标系中的位置，而基准站的绝对 ECEF 位置可能并非完全已知。譬如若将 DGPS 用于航空母舰上以供飞机着陆之用，那么基准站的 ECEF 位置就可能会随时间而变，此时只需获得飞机相对于航母的位置即可。

从服务的地理范围来说，最简单的 DGPS 系统设计为只工作于一个很小的地理区域内，即用户距一个单独的基准站的距离小于 10～100km。为了有效地覆盖更大的地理区域，通常需要采用多基准站及不同的算法。基于码的 GPS 系统主要依赖于 GPS 码(即伪码)测量，而基于载波的 DGPS 系统则最终主要依赖于载波相位测量值。载波相位测量值要比伪距测量值精密得多，但是它们包含未知的整数波长分量，这是必须要解出来的。基于码的差分系统能提供分类级的定位精度，而先进的基于载波相位的系统能提供毫米级的性能。

4. 与外部传感器的组合

在 GPS 接收机各次更新周期之间，在 GPS 天线受遮蔽期间，以及在整个受到干扰的过程中，提供连续导航的需求促使 GPS 与各种附加传感器的组合。最普遍的是惯性传感器，也包括多普勒测量仪(多普勒测速仪/测高仪)、高度表、测速仪和里程仪等。

使用 GPS 与惯性传感器来导航构成了一种增效关系。这两种类型的传感器(GPS 接收机可以被看作是一个离散时间的位置/速度传感器，其采样间隔大约为 1s)的组合，不仅克服了使用单一传感器出现的性能问题，还形成了一种性能超过了任何一种传感器的新系统。当惯性系统的精度随时间而下降时，GPS 可提供有界的精度；GPS 传感器不仅限制了导航误差，而且能够校准惯性传感器。惯性传感器一般可分为两类，即平台惯导系统和捷联惯导系统。两者的根本区别在于导航所用坐标系的选取方法不同，前者的传感器与载体维持在某一选定的方法，而且一般与载体的姿态变化相隔离；后者的传感器与载体固联，导航坐标系是通过计算载体的机体坐标系与导航坐标系之间的转换矩阵来维持的。

自从在 GPS 最初被构想出来之时，人们便想到了将接收机用于机动车辆定位。普通车辆导航系统的结构如图 4.48 所示，主要的组件包括一个可以输入目的地的用户界面、一个确定车辆绝对位置的 GPS 接收机、可能的增强定位解的辅助传感器、用于路径规划和确定机动动作的对数字地图数据库的访问，以及通过用户界面以语音、图形或两者的共同形式为司机提供方向的手段。

访问数字地图数据对于路径规划和引导是不可或缺的，当其在车辆可用时，也可用来改善定位。车辆的跟踪也大多使用 GPS 进行定位，车辆的位置被测定后通过无线数据连接发送到中央监控设施或车队调度员，车辆位置和其他属性会得以在中央监控器处显示或加载在相应的数字地图上。在紧急情况下使用 GPS 及无线通信技术可以定位单个车辆，这些设备也可用于撞车通知、路边援助、盗窃跟踪和方向辅助等。

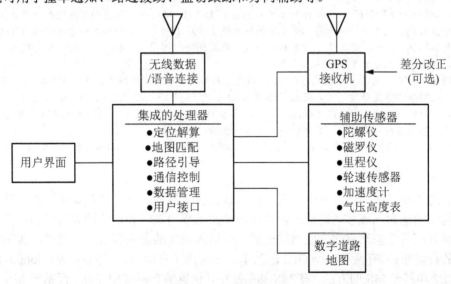

图 4.48 普通车辆导航系统的结构

4.4.4 网络辅助与应用

网络辅助 GPS 方法来自于同时减少产生定位解的时间并提高 GPS 接收机灵敏度的需求。"标准" GPS 的一个缺点是,直接从卫星信号解调卫星轨道参数(星历)和星钟改正的时间太长,即便是接收机能够立即捕获卫星信号,还得需要额外的 18~30s 实行连续跟踪以解调每颗星的 50b/s 的导航电文数据并得到轨道参数和星钟改正数。如此,消除直接解调卫星导航电文数据之需,并减少在弱信号环境下信号捕获时间的方法,成为所有辅助 GPS 的工作基础。

随着社会的发展和科技的进步,人们对基于位置服务的需求急速飙升,这也迫切需要将卫星导航、移动通信和互联网融合和交汇起来。基于位置的服务(Location Base Services, LBS)也称为移动位置服务,是指通过移动终端和移动网络的配合,确定移动用户的实际地理位置,从而提供用户所需要的与位置相关的服务信息。

手机定位与 GPSONE

手机定位是指通过无线终端(手机)和无线网络的配合,确定移动用户的实际位置信息,通过短信、多媒体消息、语音发给用户或以此为基础提供某种增值服务。手机定位服务又称为 LBS,它是通过移动运营商的网络获取移动终端用户的位置信息,在电子地图平台的支持下,为用户提供相应服务的一种增值业务。

根据定位方法和定位过程的不同,手机定位主要有以下几种类型。

(1) 起源蜂窝定位(Cell of Origin, COO):根据移动电话所处的小区 ID 号来确定用户位置,把用户定位到其所在的蜂窝小区。该方法简单实用,定位响应快,但定位精度较低。

(2) TOA 定位:通过测量信号从手机到达基站的传输时间获得二者之间的距离。手机的位置处于以基站为圆心,这一距离为半径的圆周上。通过测量手机信号到达两个或多个基站的时间,作出多个这种位置圆,手机就处在这些圆的交点处,从而获得手机位置。

(3) 到达角度定位(Angle of Arrival, AOA):移动电话总是以一定的角度传送到基站,手机位置在从移动电话到基站的径向连线,即测位线上。通过测量信号从移动电话到达两个基站的角度,作出两条测位线的交点,获得移动电话的二维位置坐标。

(4) 到达时间差定位(Time Difference of Arrival, TDOA):通过测量信号到达两个基站的时间差,将移动电话的位置定在以这两个基站为焦点的双曲线上。建立两个以上的双曲线方程,双曲线的交点即为发射机的位置坐标。该方法不要求移动终端和基站保持时间同步,因此定位精度相对较高,较容易实现,是最常用的手机定位方法。

值得注意的是,高通公司的 GPSONE 技术是目前移动定位技术中精度最高的主流技术。在 GPS 可用时,采用 AGPS 定位方案,以无线网络辅助 GPS 进行定位,精度为 5~10m;在 GPS 不可用时,采用高级前向链路三角定位 AFLT 技术,定准精度为 40~50m;在 GPS 与 AFLT 都不可用时 Cell ID 定位技术,根据基站密度不同,其定位精度为 50~500m。

1. 通信导航的融合

由于通信和网络的迅速发展,现在已有数目巨大的地面移动通信基站,地面移动广播基站等构成的地面广域移动通信网,以及由地面无线局域网和传感网等构成的地面局域移动网。有效利用这些已有的地面网络资源,并加入适当的增强和改进,就可以实施对位置和时间的良好服务。有两种辅助 GPS 的基本方法可用于移动电话,即移动站(Mobile Station, MS)辅助法和基于 MS 的方法。在 MS 辅助法中,位置解在网络中计算;而基于 MS 的方法中,位置解是在手机中计算的。

MS 辅助的手机把一些传统 GPS 接收机的功能转移到基于网络的处理器或服务上。这种方法需要由一个独立 GPS 接收机的大部分硬件组织(天线、射频部分和进行伪距测量的数字处理器)，但是一般而言可以减少内嵌的 RAM 和只读存储器，因为进行定位解计算所要求的固件存在于网络中的其他地方。网络将一条很短的辅助消息传给 MS，包括时间、可见卫星表、预测的卫星多普勒和码相位，混合于其他信息中。由于接收机不再需要采用实质上是一种反复试验的方法来确定可见星，因而这一可见星列表可以帮助嵌入的 GPS 传感器相当有效地减少捕获时间。另外，其他参数也会使可见星的搜索区域大大减小。移动站辅助的手机只是捕获信号并把所有检测到的卫星的伪距观测量数据反馈给网络，在网络中的一个定位单元(PDE，如服务器)，完成定位解的计算工作。因为 PDE 能够从一个本地接收机或是通过互联网访问差分 GPS 改正数，因而移动站辅助的解实际上自然也是差分的。

基于 MS 的手机方案需在手机中保持一个全功能的 GPS 接收机。除了要求与所描述的 MS 辅助的手机中同样的功能之外，还应具备额外的计算移动站位置的手段。在手机中本地计算位置，一般会增加对手机总内存(RAM/ROM)的需求，另外也增加了主处理器的负担。基于 MS 的手机也可以工作在自主模式下，不需要蜂窝网提供的辅助数据即可为用户提供定位解或嵌入式应用。对于要求手机有定位解的应用，基于 MS 的方法更好，例如在个人导航中，可以为用户提供实时方向引导。由于要求在每次位置更新之间与网络交互，MS 辅助技术难以提供实时导航。在基于 MS 的情况下，需要将多得多的数据以精密卫星轨道参数的形式传到手机中。但是一旦数据传送到手机中，只要在星历有效期内(几个小时)，不再或很少需要额外的数据就可完成周期性的定位。如果把 DGPS 改正数传送给手机，基于 MS 的解就可以进行差分改正。

关于从蜂窝网络能获取的辅助信息的规定，取决于因移动电话技术类型(如 CDMA、TDMA、GSM 或 WCDM)而异的实用标准。一般来说，在 MA 之间各个标准的消息协议都是类似的，包括额外的辅助数据类型及定位方法。

案例 4-13

北斗时空服务平台

当前全球卫星导航产业正面临三大转变，即从单一 GPS 系统转变为多星座并存兼容的 GNSS；从以车辆应用为主的市场转变为与通信融合的个人消费应用为主；从经销应用产品为主转变为运营服务为主。这些趋势中可以看到卫星导航产业应用的发展方向将会是以个人消费为主，以运营服务为主。这完全颠覆了以往卫星导航产业的应用偏于狭窄，只可在特定领域使用的局面。

北斗时空服务体系是一种基于 3S 技术(GNSS、GIS、RS)、IT 技术、网络与通信技术的综合体系，包含基础设施、服务与开发平台、产品解决方案等部分，吸纳所有与位置相关的资讯，能够为全社会各领域提供基于位置的多需求解决方案。如图 4.49 所示，描述了一个满足全球和区域时空服务的体系结构。

平台搭建成功，将为区域内(深圳市)开展车辆船舶管理，公共事务管理及个人位置服务等广泛应用提供服务支撑。在车辆船舶管理中可提供高精度的车辆定位、状态监控、导航及停车诱导、轨迹与驾驶行为分析等可定制海量数据挖掘服务，是构建车联网的基础内容；在公共事务管理中可提供统一的位置服务和数据共享平台，为智能交通、智慧物流、应急救援、公共安全等服务提供有力保障；在个人位置服务中可提供三维导航、移动位置搜索等个性化、大规模服务支撑。

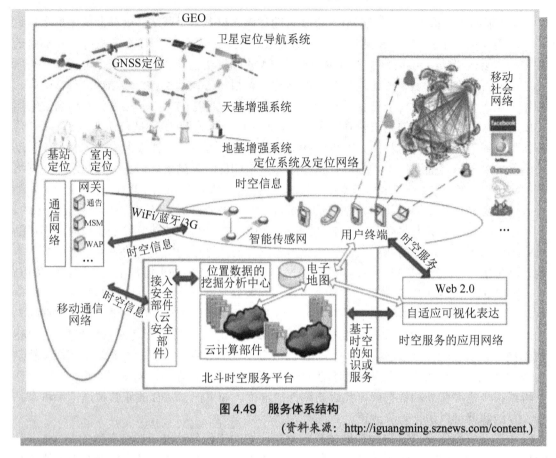

图 4.49 服务体系结构

(资料来源：http://iguangming.sznews.com/content.)

2. 物流领域的应用

GPS 物流监控系统主要由监控中心、无线通信链路、GPS 车载设备三大部分组成，以车辆的 GPS 定位信息为依据，通过现代数字通信及 GPS 分析手段的综合信息技术应用系统，实现了对各种物流车辆的科学的、系统的、综合的监管，对货运车辆及场地等资源的合理配置、调度，提高管理效率，降低运营成本，并为反劫防盗提供了有效的手段。

(1) 物流配送。GPS 对车辆的状态信息(包括位置、速度、车厢内温度等)及客户的位置信息快速、准确地反映给物流系统，由特定区域的配送中心统一合理地对该区域内所有车辆作出快速地调度。这样，大幅度提高了物流车辆的利用率，并有效地增强物流配送的适应能力和应变能力。

(2) 动态调度。操作人员通过在途信息的反馈，车辆未返回车队前即做好待命计划，提前下达运输任务，减少等待时间，加快车辆周转。充分利用运输工具的运能，提前预设车辆信息及精确的抵达时间，用户根据情况合理安排回程配货，为运输车辆排解后顾之忧。

(3) 货物跟踪。通过 GPS 和电子地图系统，可以实时了解车辆位置和货物状况，真正实现在线监控，避免以往在货物发出后难以知情的被动局面，提高货物的安全性。货主可以主动、随时了解到货物的运动状态信息及货物运达目的地的整个过程，增强物流企业和货主之间的相互信任。

(4) 车辆优选。查出在锁定范围内可供调用的车辆，根据系统预先设定的条件判断车辆中哪些是可调用的。在系统提供可调用的车辆的同时，将根据最优化原则，在可能被调用的车辆中选择一辆最合适的车辆。

(5) 路线优选。地理分析功能可以快速地为驾驶人员选择合理的物流路线，以及这条路线的一些信息，所有可供调度的车辆不用区分本地或是异地都可以统一调度。配送货物目的地的位置和配送中心的地理数据结合后，产生的路线将是整体的最优路线。

(6) 报警援救。当发生故障和一些意外的情况时，GPS 系统可以及时地反映发生事故的地点，调度中心会尽快采取相应措施来挽回或降低损失。

(7) 军事物流。GPS 首先是因为军事目的而建立的，在军事物流中，如后勤装备的保障等方面应用相当普遍。

京东的订单轨迹

电子商务网站京东商城上订单查询服务，名为"订单轨迹"。通过这项服务我们可以在购物之后追踪到购得物品的准确位置，什么时候发货，距离我们有多远，什么时候可以抵达都可以通过这一系统来进行追踪。通过点击订单详情，在"订单轨迹"一栏就可以看到和我们平时看到的 Google 电子地图无异的地图界面，但是上面会多出来一条轨迹，如图 4.50 所示。这条轨迹就记录了您所购买的物品从库房一直到派送员手中的过程，有了定位的数据，不会再模糊地判断送货员现在到哪里了。

图 4.50　订单轨迹

(资料来源：http://www.jd.com.)

本 章 小 结

　　物流信息平台为物流信息的交换提供了一个网络平台，按服务区域可分为地方信息平台和全国信息平台。目前应用最为广泛的则是物流公共信息平台与数据交换平台，后者也是 EDI 的具体应用。EDI 技术实现了货主、运输企业、物流相关单位之间的单证传递。构成 EDI 技术的 3 个基本要素为通信、标准、软件与硬件。UN/EDIFACT 作为数据交换技术的标准体系，规定了数据元、数据段和标准报文格式。面对传统 EDI 高昂的运营成本，ebXML 实现了利用互联网技术传输单据的需求，而 GS1 也制定了一系列应用于商业领域的标准。

　　地理信息系统由硬件、软件、地理空间数据、人员、应用模型等组成，其功能包括数据采集与输入、数据编辑与更新、数据存储与管理、空间数据查询与分析、数据输出与表达。地理空间数据主要使用矢量模型和栅格模型来表示，而属性数据描述了空间要素的特征。人们可以利用 GIS 进行数据探查、矢量和栅格分析、地形和流域分析，而网络分析则广泛应用于物流领域，如路径分析、设施定位、网络应用等。

　　卫星导航系统是利用卫星星座、地面控制部分和信号接收机对对象进行动态定位的系统，目前应用最为广泛的是 GPS，在中国区域内北斗系统的应用也日渐成熟。卫星定位就是卫星不间断地发送自身的星历参数和时间信息，用户接收后经过计算求出接收机的三维位置、方向及运动速度和时间信息。虽然独立式 GPS 应用比较简单，但考虑到高精度的需求，差分 GPS 和网络辅助应用更为普及。

 关键术语

企业信息门户 Enterprise Information Portal
电子数据交换 Electronic Data Interchange
增值网 Value-added Network
ebXML (Electronic Business using eXtensible
　　　Markup Language)
数字地图 Digital Map
差分 GPS Differential GPS

物流信息平台 Logistics Information Platform
EDI/FACT (EDI for Administration,
　　　Commerce and Transport)
地理信息系统 Geographic Information System
全球定位系统 Global Positioning System
北斗卫星导航 BeiDou Navigation Satellite
　　　System

习　　题

一、判断题

1. 物流公共信息平台就是由政府职能部门建设的用于发布公共物流信息的平台。
（　　）
2. EDI 系统由数据标准化、EDI 的软件及数据通信网络构成。（　　）
3. 随着电子商务的发展与普及，ebXML 已渐渐取代了传统的 EDI。（　　）

4. 为了保证 EDI 通信的安全可靠性，EDI 并不采用成本较低的互联网，而是采用成本较高的增值网，即 VAN。（　　）

5. GIS 是以地理空间数据为基础的计算机系统。（　　）

6. 矢量数据模型使用点及其 x、y 坐标来构建点、线、面空间要素；栅格数据模型使用格网和格网像元来表示要素的空间变异。（　　）

7. 地理关系数据模型为矢量数据模型之一，也是 GIS 中的主流模型。（　　）

8. GPS 利用 TOA 测距原理来确定用户的位置。（　　）

9. GPS 系统与其他导航系统相比，具有全球、全天候工作的特点。（　　）

10. 全球定位系统利用雷达进行测时和测距，使得在地球上任何地方的用户都能计算出他们所处的方位。（　　）

11. GIS 所采用的数据库是 DBMS。（　　）

12. 手机定位与 GPS 定位没有本质的区别，只不过精度略低些而已。（　　）

二、选择题

1. (　　)是构成 EDI 技术的基本要素。
   A. 通信网络　　　　　　　　B. UN/EDIFACT
   C. EDI 软件　　　　　　　　D. 计算机

2. 传统的 EDI 通信基础是(　　)。
   A. 电话线　　B. VAN　　C. 互联网　　D. 企业局域网

3. 商业流通领域电子数据交换标准是(　　)。
   A. EANCOM　　　　　　　　B. UN/EDIFACT
   C. ebXML　　　　　　　　　D. EOS

4. GIS 作为一个空间信息系统具有基本功能包括(　　)。
   A. 数据采集与输入　　　　　B. 数据编辑与更新
   C. 数据存储与管理　　　　　D. 空间数据查询与分析

5. 空间数据的特性有 3 个，分别是(　　)。
   A. 空间特征　　B. 时间特征　　C. 动态特征　　D. 属性特征

6. 矢量数据分析是基于点、线和多边形的几何对象，其典型的分析有(　　)。
   A. 建立缓冲区　　B. 地图叠置　　C. 距离量测　　D. 模式分析

7. (　　)为应用地理信息系统进行的网络分析应用。
   A. 配送线路　　B. 最短路径　　C. 街道分段　　D. 车辆跟踪

8. GPS 的卫星数目是(　　)颗。
   A. 30　　B. 28　　C. 24　　D. 21

9. 为了确定某一用户的位置，需至少观测(　　)颗 GPS 卫星。
   A. 1　　B. 2　　C. 3　　D. 4

10. (　　)是用于衡量 GPS 性能的主要参数。
    A. 可用性　　B. 连续性　　C. 稳定性　　D. 精确性

三、思考题

1. 什么是物流信息平台？典型的网站与物流公共信息平台有哪些区别和联系？

2. 简述 EDI 系统的构成。
3. 简述 EDI 的发展过程。
4. 了解 EDI 在商业信息系统的应用。
5. ebXML EDI 是如何工作的？试举例说明。
6. 简述 EDI 在商业流通领域的应用，并探讨 GS1 对此所做的努力。
7. 简述地理信息系统的基本功能。
8. 举例说明什么是栅格、矢量数据表示。
9. 简述目前 EDI 技术在物流领域中的应用。
10. 写出 GIS 的应用领域及其作用(至少 5 个)。
11. 举例说明缓冲区的设置、地图叠置、距离测量分别在矢量分析和栅格分析中的过程。
12. GPS 由哪几部分组成？说明各组成部分的主要内容。
13. 现有的卫星导航系统有哪些？它们各具有什么特点？
14. 简述 GPS 定位原理。
15. 差分 GPS 与独立式 GPS 相比有哪些优点？其又是如何实现这些功能的？
16. 论述 GIS/GPS 在交通运输领域的应用，举例说明。

四、讨论题

1. 查阅资料，比较国内外货运空载率情况，并从技术角度说明产生的原因。
2. 利用百度等搜索引擎查找物流信息平台。它们分为几类？每一类的代表是哪几家？这几个网站的特点和优势是什么？根据某个特定的物流企业运营情况，分析信息平台的基本功能。
3. 登录宁波港口 EDI 中心(www.npedi.com)，了解其 EDI 的基本业务、代码规则及流程，并通过下载用户手册、客户端系统等，熟悉 EDI 的具体应用。
4. 下载谷歌地球，熟悉其基本应用。借此探讨电子地图的特点，并与纸制地图相比说明其优势和劣势。如果存在不足，说出几条改进的措施。
5. 在网上搜索 5 款或以上的导航设备，并说明它们的特性及市场定位。有关说明做成 PPT 格式，以便于课堂演示和说明。
6. 通过阅读相关资料了解"北斗"导航系统的特点。

五、作业训练

1. 地图软件及线路分析。下面的要求是按照 ArcGIS 进行要求，若安装的是其他 GIS 软件，也可依照下面的步骤具体操作。

(1) 认识 ArcGIS。浏览 ArcCatalog 和 ArcMap，用 ArcCatalog 查找某一具体数据，并在 ArcMAP 中编制这一地图；操作地图、添加图层、要素、标注，并试着对进图进行排版。

(2) 浏览 GIS 数据。在 ArcCatalog 和 ArcMap 中浏览数据，创建文件夹存储数据，并创建图层来显示远程数据。通过存储的空间数据和属性信息了解不同的 GIS 数据类型和数据库模型。

(3) 设计 GIS 项目。假设项目内容是为城市(或虚构城市)建设物流配送站选取最佳位置。为给新配送站寻找合适的位置，需要了解配站选址的标准，然后确定符合这些标准的数据，再运行这些数据为配送站找到最佳位置。

(4) 数据分析。适合做配送站的地块必须符合一定的位置标准，如交通便利、生活聚集区附近等。要找到沿着一条交通要道两边200m内的区域，然后找到聚集区500~1 000m范围内的区域。最后找到面积不少于100m²空置房屋(租)或不少于20 000 m²的空地建设仓库。

(5) 展示分析成果。创建一幅海报大小的地图来展示分析成果。这张地图将包括三幅地图，一幅地图将显示适宜地块与城市苦命部分之间的地理关系；第二幅将显示所有的适宜地块；最后一幅将显示最适宜地块，以及这些最适宜地块与主要道路和生活聚集区的接近程度。之后将这些地块进行标注。

2. 导航仪的选购与使用。一部完整的GPS汽车导航仪是由芯片、天线、处理器、内存、显示屏、扬声器、按键、扩展功能插槽、地图导航软件9个主要部分组成。判断车载导航仪优劣主要可从卫星信号接收模块的芯片、地图更新的速度及提供免费更新的时间等方面入手。

(1) 启动、浏览功能。启动导航仪后浏览地图界面，了解各种图标的含义；接收卫星信号，在地图界面上查找到目的地(如西单商场)，选择选路方式(如系统推荐)，这样就完成了导航路径设置，进入导航状态。

(2) 查找兴趣点。查找方式包括一般查找、分类查找、交叉路口、历史记录、城市查找、常用地点、地址簿查找、景点查找、智能周边、浏览地图直接查找等。

(3) 行程规划与管理。在地图主界面上查找出发地、目的地后，并在选路方式界面指定合适方式进行导航状态。将规划好的行程保存起来，在下次使用时直接将行程调用出来，并对已经保存过的行程进行载入地图、删除、改名、导入、导出等操作。

(4) 基本功能操作。对导航仪中的模拟导航、查看行程说明、取消导航路径、记录行驶轨迹、常用地点设置、返航。通过设置功能对显示画面、提示语音、选路方式、提示方言、地图主题等进行设置。

(5) 地址簿与轨迹管理。将常用的或者感兴趣的地址添加到地址簿中，并进行管理，如地址添加、查看地址、地址编辑、地址组组名编辑、组别添加与删除、地址导入与导出等。管理实际行驶轨迹包括记录轨迹、保存轨迹、浏览轨迹、轨迹导航、删除轨迹、轨迹改名、轨迹的导出与导入等。

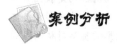
案例分析

聚焦中国物流顽症

我国物流效率很低，国内商品90%以上的时间都用在仓储运输包装配送等环节上，加工制造时间不到10%。过高的物流成本是商品价格畸高的重要因素，一件商品从离开工厂，最后到消费者手中，要经过哪些环节？它的成本是如何层层递加的？针对这些问题，中央视台财经频道《经济半小时》、《今日观察》等节目从2011年5月9日开始连续聚焦"中国物流顽症"。

(1) 聚焦中国物流顽症之一：物流堵在最后一公里(2011年5月9日)。一件商品从离开工厂，最后到消费者手中，要经过哪些环节？它的成本是如何层层递加的？从河南的天价过路费，到广东高速路超长年限收费，运输成本高昂被广为诟病。最近产地蔬菜价格暴跌，一些品种的蔬菜在田间地头的收购价才五六分钱，但城镇菜市场和超市的价格依然维持在两块多钱的高价。一系列的问题让我们思考,问题究竟出在哪里?

(2) 聚焦物流顽症之二:顽强的买路钱(2011年5月10日)。半年前发生在河南的"天价过路费"案件相信很多人都还记忆犹新,为了逃掉高速通行费,河南省禹州市的一位农民购买两辆大货车后,拿着两套假军车牌照疯狂营运,8个月的时间里免费通行高速公路2 361次,偷逃过路费368万余元,获利20多万。这一事件被媒体报道后引发了热烈讨论,大家争议我们的过路过桥费究竟合不合理?能不能降下来呢?

(3) 聚焦物流顽症之三:17年难治公路乱罚款(2011年5月11日)。20世纪90年代,公路上乱设站卡、乱罚款、乱收费现象十分严重,不仅极大地增加了物流成本,还造成民怨沸腾。因此,从1994年起,国家开始对公路"三乱"不断进行治理,但治理17年之后,河南一个维权司机却告诉我们,现在公路"三乱"仍然非常严重,全国每年的公路罚款可能高达4 000亿元,那么这个数字是怎么来的呢?

(4) 聚焦物流顽症之四:进场费——一个中国式的"商业怪胎"(2011年5月12日)。无论是高额的过路过桥费、公路上肆无忌惮的乱罚款,还是巨额的进场费,这些物流中所发生的各种费用最终都变成了物价的一部分,像是一块块砖头,压得消费者直不起腰。那么这种超市收取进场费的现象,真的是合理的吗?专家告诉记者,从目前全球主要的消费市场来看,收取进场费几乎是中国独有的商业零售模式,可以说这是一个不折不扣的中国式"商业怪胎"。

(5) 聚焦物流顽症五:公路乱罚款追踪(2011年5月13日)。很多司机告诉记者,河南公路罚款非常乱,而邓县是属于乱罚款特别严重的地区,当记者来到河南邓县,这里的交警竟然毫无理由地向司机手里塞罚单,虽然司机一次次挡回,但最终还是拗不过交警,甚至交警连罚款的理由都懒得说。那么这次处罚的原因到底是什么呢?

(6) 聚焦物流顽症之六:重复征税——一个合法不合理的难题(2011年5月14日)。蔬菜等货物进城的难题、高额的过路费、肆无忌惮的乱罚款,以及压得生产厂家喘不过气的进场费。这些费用就像是一块块的砖头,垒高了物价成本,压得消费者直不起腰。今天来关注物流过程中一个很特殊的成本,那就是税收。做生意按章纳税是天经地义,但是一些物流企业的负责人却告诉我们的记者,他们觉得有些税缴得冤。为什么会这样?一起来看记者的调查。

(7) 聚焦物流顽症之七:物流联运短路之谜(2011年5月15日)。所谓联运,通俗来说就是多种运输方式连贯运行:一次托运、一次计算、一票到底,最终实现"门到门"服务,实现全程供应链服务。然而目前国内80%以上的货物运输仍然仅仅依赖公路,而公路、铁路、水运、航空之间的联网运输能力很差,这也导致物流成本居高不下。那么现在的物流联运是一个什么样的现状呢?一起来看记者在上海的调查。

(8) 聚焦物流顽症之八:跑不起的公路(2011年5月16日)。国家规定经营性公路的收费期限,按照收回投资并有合理回报的原则确定,最长不得超过25年。中西部省、自治区、直辖市的经营性公路收费期限,最长不得超过30年。那么,三水大桥的收费期限为什么会远远超出国家的规定呢?

(9) 聚焦物流顽症之九:公路货运为何屡罚屡违?(2011年5月17日)。目前,公路运输仍是我国货运主要方式,根据2010年11月的统计数据,公路运输占到全国货运总量76.81%,把公路称为我国经济发展命脉毫不为过。但是央视经济半小时记者在采访中,却听到不少在这条命脉上跑生意的货车司机两难的抱怨,这到底是怎么回事呢?

(10) 聚焦物流顽症之十:物流遭遇仓库难题(2011年5月18日)。商品价格是如何被一步步推高的。除了燃油费、过路过桥费、各种名目的罚款、进场费,其实还有一种费用也要计算其中,那就是仓储的费用。土地是导致仓储难的根源所在。在商业地产的巨大的利益驱动下,我们看到土地资源成为一些部门收益最大化的工具,相对产出较少的仓储业就逐渐萎缩,成为物流业中处境艰难的一个环节。

(资料来源:http://jingji.cntv.cn/special/wuliu/shouye.)

思考:

(1) 如何看待这些大规模报道,对报道的内容了解多少?

(2) 从信息技术角度,谈谈破解物流顽症的思路。

(3) 物联网距我们到底有多远?如何利用RFID、GIS、GPS等技术解决目前存在的这些问题。

第 5 章　信息系统建设与管理

【教学要点】
- 了解信息战略对企业战略的影响及方式；
- 了解 ERP、SCM、CRM 等典型企业系统，熟悉电子商务流程，了解物流管理系统的类型与功能结构；
- 理解常用的系统开发方法，掌握结构化开发方法的具体步骤，熟悉各种方法的适用环境及开发策略；
- 了解系统开发过程中存在的风险，熟悉 IT 项目管理的主要内容及常用工具，了解系统的商业价值并能够进行合理的评价。

【知识架构】

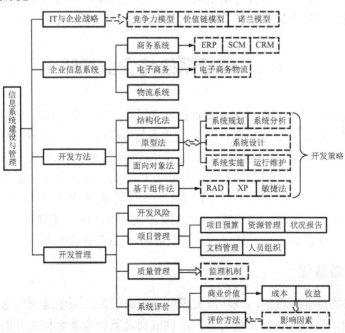

> **大型项目：信息技术的成功与失败**
>
> 对于某些 IT 项目，公司下了很大的赌注，选择 SAP 开发的 ERP 系统就是如此。因为这个复杂的项目比其他企业软件项目更具机会，但风险也更大。如果做得好，SAP 可以帮助一个组织精简业务、削减成本、开拓商机；如果做得不好，这个选择将是个多年的噩梦。
>
> 对于管理能源 Y-12 的美国国家安全部门 BWXT 来说，将旧系统转换成 SAP 是一个长达 10 年之久的项目。这个项目作为解决千年虫问题的描述开始于 1996 年，前进的道路上的每一步都带来了实实在在的利益。然而正如大家均知的是，SAP 很难得以实施的，Hershey 公司在 1997 年资 1.15 亿美元开发 SAP、Siebel 系统和 Manugistic 软件，两年后公司遭遇了巨大的分配问题，使利益受损；2004 年 8 月，惠普公司报告说，由于企业 SAP 的应用造成的积压和损失达 1.6 亿美元；惠而浦公司和耐克公司也有类似的经历。
>
> 尽管这些项目最终失败了，但是公司在开发过程中还是做了大量的工作。他们发现，与其他解决方案相比，SAP 在客户化定制化服务及培训方面似乎需要更大的投资、更多的时间和成本。根据对问题的分析，失败的关键在于过度购买，很多公司会同时购买 3 种解决方案，并尝试执行；而一次购买一种解决方案才是更好的战略。
>
> 就此而言，SAP 或其他 ERP 系统的最重要部分不是软件本身，而是数据和流程。特别是，数据转换能成就也能毁灭任何一个项目。在 BWXT 工作的布雷恩·巴顿(Blaine Patton)说：“数据转换是最大的技术挑战。”它需要及时清理系统以免坏的数据进入新系统，而大部分这种工作需要人工完成。"系统尤其是本土系统中很容易积累一些损坏的数据，数据结构松散并且有效性检查不太严格"。
>
> 一旦系统达到最初的目标，就会继续增加一些功能或者以新的方式应用。关键在于，ERP 系统是一个不断完善的投资战略，而不是一次性安装启用那样简单。
>
> (资料来源：[美]奥布赖恩. 管理信息系统[M]. 15 版. 叶强，等译. 北京：中国人民大学出版社，2013.)

建设一个新信息系统是一种计划的组织变革。引进信息系统所包含的内容远远超过硬件和软件，它同时包括职业岗位、技能、管理和组织的变化。开发新系统前应彻底了解需求、制定详细实施方案，并认真考察效益成本、过程风险、实施方法与策略，以避免由于管理不当甚至滥用而导致信息系统在技术上和企业战略上的失败。

5.1 信息系统与企业战略

信息技术在商务战略及运营中的重要性已毋庸置疑。进入 21 世纪以来，全球许多企业都致力于全球电子化企业、电子商务及其他 IT 建设方面的投资，使自己转型为全球商业的"发电站"。技术已不再是形成企业战略的补充手段，而成为形成战略优势的实实在在的诱因和动力。

物流信息化是现代物流发展的关键，是物流系统的灵魂，更是主要的发展趋势，从世界上来看，物流业的发展是离不开两个轮子的，一个是现代物流设备，另一个就是物流信息系统，而由于现代信息技术的发展，两者可以说是相辅相成，支撑了整个物流科技体系。为物流业者向客户提供高效率、低成本的增值服务提供了技术保障。

5.1.1 竞争战略基础

在如今动态的商业环境里，成功很大程度上取决于最大限度地利用基于互联网技术与 Web 的信息系统，以满足全球市场的客户、供应商及其他商业合作伙伴的竞争要求。信息系统和信息技术必须支持企业战略、业务流程、组织结构和企业文化,这是因为基于计算机的信息系统尽管非常依赖信息技术,但在不同的组织背景和经营环境中,它依然是由人来设计、操作和利用的。如今很多公司的目标都是通过利用信息技术协助员工与客户、供应商及其他合作伙伴开发业务合作,在合作中实现客户和企业价值的最大化。

1. 竞争力模型

信息系统的战略作用包括利用信息技术开发企业的产品、服务、为企业在面对全球市场竞争压力时带来主要竞争优势。面对形成企业所在行业竞争优势的5种分力,企业只有成功开发出相应的战略才能在长期的竞争中生存并获胜。在迈克尔·E. 波特(Michael E. Porter)的竞争力战略的经典模型中,任何想要生存并取得成功的企业都必须开发并执行战略,以有效地对抗同行业内的竞争、新进入行者的威胁、可以摄取市场份额的替代品的威胁、客户的议价能力、供应商的议价能力。

竞争是商业的一个积极特征,竞争者之间往往是一种良性的对抗关系。这种竞争起到激励作用,很多时候需要不断地努力,以便在市场中获得竞争优势。要具有竞争力,需要企业拥有一些重要资源。当一家企业面对所有这些竞争力时,它该怎么做呢?如何使用信息系统来应对这些竞争力?表5-1总结了一些应用IT支持竞争战略的方法,表5-2举例说明了企业如何应用战略信息系统来实施各种竞争战略以提升竞争力。

表5-1 5种基本竞争战略

项 目	企业应用IT的基本战略
低成本战略	利用IT最大限度地降低业务流程成本
	利用IT降低客户或供应商成本
差异化战略	开发新的IT服务,实现产品和服务差异化
	利用IT特色减少竞争者的差异化优势
	利用IT特色将产品和服务集中在已选择的市场上
创新战略	生产包含IT元素的新产品和服务
	在IT的帮助下开发独特的市场或利基市场
	利用IT对业务流程进行彻底改变,从而显著地降低成本,改善质量、效率或客户服务及缩短到达市场的时间
成长战略	利用IT管理区域的或全球的企业扩张过程
	利用IT实现产品的多样化并与其他产品和服务整合
开发联盟战略	利用IT与业务伙伴建立虚拟组织
	开发企业内部信息系统,通过内联网和外联网以支持企业与客户、供应商等建立战略关系

表5-2 企业利用IT实现5种竞争战略的实例

战 略	企 业	对信息技术的战略应用	企业收益
成本领先战略	戴尔	在线面向订单生产	最低成本的生产商
	Priceline.com	在线销售上竞价	给予买方的定价
	eBay.com	在线拍卖	基于拍卖的价格
差异化战略	AVENT Marshall	客户/供应商电子商务	市场份额的增加
	摩恩	在线客户设计	市场份额的增加
	统一运输	客户在线装运跟踪	市场份额的增加

续表

战　　略	企　　业	对信息技术的战略应用	企业收益
创新战略	嘉信理财	在线折扣证券交易	市场领军者
	联邦快递	在线包裹跟踪及航程管理	市场领军者
	亚马逊	在线全方位服务客户系统	市场领军者
成长战略	花旗银行	全球内联网	全球市场的增长
	沃尔玛	通过全球卫星网络进行商品订货	市场领军者
	玩具反斗城	零售点终端存货系统	市场领军者
联盟战略	沃尔玛/宝洁	供应商自动补货系统	库存成本降低/销售增长
	思科系统	虚拟的制造联盟	敏捷的市场领军者
	史泰博与业务伙伴	与业务伙伴实现在线一站式购物	市场份额的增加

与信息技术相关的其他主要战略还有锁定客户和供应商，形成转换成本，提高进入壁垒，以及发挥对信息技术投资的杠杆作用等。

2．企业价值链模型

对于许多企业来说，要实现以客户为中心的企业价值，关键在于保持客户忠诚度、预测客户未来需求、回应客户关注的问题，以及提供高质量的服务。这种注重客户价值的观点认为，客户对价值的感知和认可取决于产品和服务的质量而非价格。从客户的角度来说，那些持续提供最大价值的企业能够紧随市场变化趋势、跟踪客户个人偏好、随时随地提供产品和服务，并能根据客户需求定制个性化服务。互联网技术已经为大大小小的企业创造了战略机遇，针对客户的个偏好提供快速、实时、高质量的产品和服务。

价值链模型强调了企业中的特定活动，在这里竞争战略能运用得最好，信息系统也最有可能发挥战略影响。该模型明确界定了企业能最有效地利用信息系统增加竞争优势的竞争杠杆点。价值链模型将企业看作由基础性的活动组成的链条，这些活动能为企业的产品和服务增加边际价值，被划分为基本活动或支持活动，如图 5.1 所示。

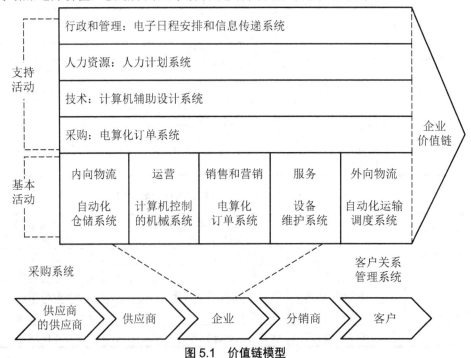

图 5.1　价值链模型

价值链模型的概念能帮助分析如何以及在何处发挥信息技术的战略能力，它也展示了怎样将不同类型的信息技术应用于特定的企业过程，从而帮助企业在市场中获取竞争优势。

5.1.2 获取竞争优势

企业可以在许多方面应用信息技术，如要以选择从战略的角度使用信息系统，也可以只满足于应用信息技术支持日常运作。但是，如果一个公司强调信息技术的战略应用，其管理层会把信息技术看作主要的竞争区分点。他们将设计出应用信息技术提升制造、服务和业绩水平的商业战略，从而为企业参与竞争带来很大优势。

1. 信息系统发展模型

信息系统采纳过程通常是一个演进的过程，很难一次成型，需要循序渐进，历经不同的阶段。每个层次所需求的企业转变以及带来的潜在收益也不尽相同。很难讲清哪个层次对企业是最好的，因为每个企业的内部因素和外部竞争者因素都不同，而不同的层次适合于不同类型的企业。

1974 年，美国哈佛大学教授理查德·诺兰(Richard Nolan)首次提出了信息系统发展的阶段理论，被称为诺兰模型阶段模型。到 1980 年，诺兰进一步完善该模型，把信息系统的成长过程划分为 6 个不同阶段，如图 5.2 所示。

根据该模型，任何企业信息系统的发展都经过 6 个阶段，呈现出种波浪式的历程。其前 3 个阶段具有面向计算机应用时代的特征，后 3 个阶段则显示出面向信息资源管理时代的特点，这是由计算机的普及、终端用户计算环境的进展而导致的发展的非连续性。

1988 年，威廉·R.西诺特(William R. Synnott)参照诺兰模型提出了一个新的模型。他用 4 个阶段的推移来描述计算机所处理的信息，从计算机处理原始数据的"数据"阶段开始；过渡到用计算机加工数据并存储到数据库的"信息"阶段；然后，到达把信息当作经营资源的"信息资源"阶段；最后将信息作为带来组织竞争优势的武器，即"信息武器"阶段。目前发达国家都接受了西诺特对诺兰模型的改善，将信息资源作为企业的头等大事来抓。

迈克尔·A.米切(Michael A. Mische)于 20 世纪 90 年代初对此做了进一步修正。其研究成果可以概括为，具有四阶段、五特征的企业信息系统连续发展的米切模型，如图 5.3 所示。

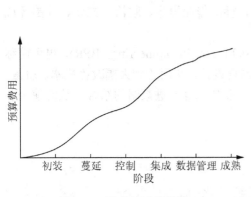

图 5.2 诺兰的阶段模型

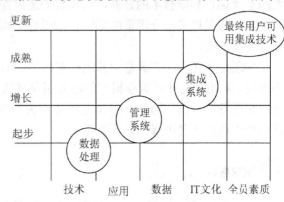

图 5.3 米切模型

米切将管理信息系统的连续发展划分为 4 个阶段，即起步阶段、增长阶段、成熟阶段和更新阶段。其特征不只在数据处理工作的增长和管理标准化建设方面，还要涉及知识、理念、信息技术的综合水平及其在企业的经营管理中的作用及地位，以及信息服务机构提供成本效益和及时性都令人满足的解决方案的能力。决定这些阶段的特征有 5 个方面，包括技术(技术状况)、应用(挖掘性应用和集成程度)、数据(数据整体规划和存取能力)、IT 文化(信息技术组织和文化)、全员素质(全员文化素质、态度和信息技术视野)。

案例 5-1

物流企业信息化的需求层次

分析近年来现代物流信息化在我国得以迅速发展的原因，主要来自于 3 个层面的因素。3 个层次的需求是由浅入深的，后一阶段往往以前一阶段的基础为起点，即流程改造和过程的优化控制是要有信息化基础为起点，而供应链的形成和供应链管理又要以各企业流程设计和运行优化为基础。

(1) 基础信息化需求。解决信息的采集、传输、加工、共享等问题，为决策提供及时、准确的信息，提高管理者的决策水平，进而带来效益。在这个层面上可以不涉及或少涉及流程改造和优化的问题。

(2) 流程优化的信息化需求。信息系统作用在于固化新的流程或新的管理制度，使其得以规范地贯彻执行；并在规定的流程中提供优化的操作方案，如仓储存取的优化方案、运输路径的优化方案等。此类信息化建设涉及流程，因此带有明显的行业特点。

(3) 供应链管理的信息化需求。主要是通过对上下游企业的信息反馈服务来提高供应链的协调性和整体效益，如生产企业与销售企业的协同、供应商与采购商的协同等。

循序渐进的信息化之路。从总体上来看，我国大部分物流企业，特别是中小物流企业仍处于第一个阶段，即要用少量的投资，解决业务各流程的信息化问题，目标是建立决策依赖信息、数据的机制，其中特别是将财务核算深入到各业务环节去。少部分基础较好的物流企业已经进入了第二层需求，即优化流程设计和运行操作，这样的企业有较好的经营管理机制，可以为流程再造提供制度保证和数据基础，此类需求在近几年增长很快。进入第三层的我国物流企业目前还是凤毛麟角。

(资料来源：http://www.chinawuliu.com.cn/zhxw.)

2. 业务流程重组

信息系统和组织相互影响。信息系统是管理者负责建造的，服务于企业的利益。同时，组织必须认识到新技术的好处，以积极的态度面对信息的影响。信息技术和组织的交互是复杂的，还受许多中介因素的影响，如组织结构、标准作业程序、政治、文化、周围环境和管理决策等。

实现竞争优势的关键是业务流程重组(Business Process Reengineering，BPR)，也可简称为重组。重组是对业务流程根本的再考虑及彻底的再设计，从而达到大幅改善成本、质量、进度和服务的目的。因此，BPR 是业务创新策略与业务流程改进策略的结合，从而使企业在市场中成为一名更强劲的竞争者。

系统开发与组织变化

信息技术可以促进组织不同程度的变化，从小的增量变化到长远的变化。图 5.4 给出了 4 种信息技术带来的组织结构变化：自动化、合理化、流程再造、范式转移。每一种都有不同的回报和风险。

自动化是 IT 引起的组织变化的最普遍的形式。信息技术的第一种应用涉及辅助雇员更有效率和效益地完成他们的任务。计算支票和工资登记、向银行职员提供即时地提取顾客存款记录和为航空服务代理开发一个全国范围的航空订票网络均是早期自动化方面的例子。

组织变化的一个较深的形式(紧跟早期的自动化)就是过程合理化。自动化经常引发生产的新瓶颈，使现存的过程安排和结构产生混乱或不协调。过程合理化就是理顺标准运作程序，例如消防部门(Country Fire Authority，CFA)新的紧急管理系统非常有效，不只是用了计算机技术，而且还因为设计使组织运行更有效率。CFA 或其他组织的过程必须是能达到预期效果的合理结构。CFA 应当有紧急设备、消防队、指引队伍和设备到达紧急地点的地点和标准规则的识别码。CFA 组织没有一定的合理化，它的计算机技术将会毫无用处。

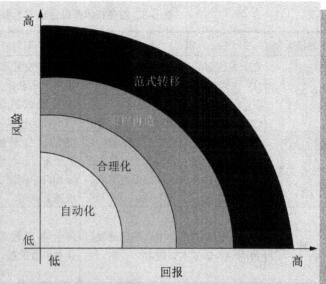

图5.4 组织变化带来的风险和回报

企业流程重组是一个较大的组织变化，其中企业流程(过程)被分析、简化和重新设计。通过使用信息技术，组织可以再思考和理顺它们的企业流程，以改善速度、服务和质量。企业流程重组识别工作流，综合企业过程以避免浪费而摒弃重复的、费纸的任务，有时还会废除一些职位。它比过程合理化更具挑战性，并提出企业流程如何组织的新的愿景。

过程合理化和企业流程重组均限于企业的一个特殊部分。新的信息系统能从根本上影响整个组织的设计，转变企业如何经营的方式甚至企业的性质。例如，长途卡车和运输公司利用新信息系统改变了它的企业模式，创建了一个新的企业，管理其他企业的物流服务；利用采购物料的准时性，以及工作伙伴良好的关系，实施供应商管理库存形式(Vendor Managed Inventory，VMI)，实现零库存管理。这种彻底的企业转变形式，叫范式转移。范式转移涉及企业业务和组织性质的再思考。

范式转移和流程再造往往失败，是因为过于广泛的组织变化难以协调。为什么许多公司认真考虑这些彻底的变化？这是因为回报也相应很高。在许多情况下，追求范式转移和流程再造策略的公司实现了投资回报率的大幅度增加，但也存在着许多失败的案例。

3. 互联网的影响

互联网几乎摧毁了某些行业，并严重威胁到更多的行业，但也创造了全新的市场。电子商务的第一波浪潮使书籍、音乐和航空的商业世界发生了转换，第二波浪潮又使电话服务、电影、电视、珠宝、地产、旅馆、账单支付和软件等面临着相似的变化，而紧随其后的旅游、票据交换、家用电器和家具等行业。

互联网和网络的适用性使一种战略成为可能，这个战略便是公司通过互联网或创建网络来获得优势。商业中的敏捷性是指企业成功地在迅速变化、不断细分且需要提供高质量、高性能、客户定制的产品和服务的全球市场中发展壮大的能力。敏捷企业可以通过提供宽广的产品范围和快速的产品更新在市场中获利，还能提供个性化的及任意批量的产品订单。敏捷企业通过大规模生产但个性化的产品支持大规模定制，它对互联网十分依赖，通过技术整合来管理业务流程，同时提供像对个体一样对待大量客户的信息处理能力。表 5-3 总结了在经营中成为敏捷竞争者的有用方式。

表 5-3　信息技术帮助企业成为敏捷的竞争者

敏捷类型	描　述	IT 角色	实　例
客户	在开发创新机会中利用客户的能力： (1) 作为创新的来源； (2) 作为创新的共同创造者； (3) 测试想法或帮助用户了解想法	可以开发和改进面向产品设计、反馈及测试的虚拟客户社区技术	eBay 的客户实际上是它的产品开发团队，因为他们平均每周张贴 10 000 条信息来分享技巧、指出小毛病，以及为了作出改变而说服他人
伙伴关系	在探索与利用创新机会的过程中，能利用供应商、分销商、承包生产商，以及物流服务供应商的资产、知识和能力	促进企业间合作的技术，如合作平台和门户网站、供应链系统等	雅虎已经完成了一个重要的服务转型，即由搜索引擎转变为门户网站，这个转变是通过提供内容以及其他与媒体相关的服务实现的
运营方面	在开发创新的机会中，确保速度、精确性及低成本的能力	将业务流程模块化并整合的技术	Ingram Micro，一家全球批发商，部署了一种整合的交易系统，允许其客户和供应商直接连接到它的采购及 ERP 系统

另一方面，在现今不断变化的全球化环境中，虚拟企业成为信息技术应用最重要的战略之一。例如，一个企业也许没有时间和资源发展必要的生产分销网络、人力资源和信息技术以充分利用新兴市场机会，但是它可以通过建立虚拟企业联合所有业务伙伴来提供一个世界级的解决方案。毋庸置疑，网络尤其是互联网技术是成功的解决方案中至关重要的部分。

案例 5-2

海尔的人单合一管理

在 2012 年全国企业管理创新大会上，海尔集团的《以自主经营体为基础的人单合一管理》荣获第 18 届国家级企业管理现代化创新成果一等奖，海尔的管理创新实践受到关注。

海尔集团根据新时代的特征，构建了以自主经营体的人单合一双赢模式。"人"即员工，"单"不是狭义的订单，而是用户需求。"人单合一"即让员工与用户融为一体。而"双赢"则体现为员工在为用户创造价值的过程中实现自身价值。"人单合一"双赢模式适应了互联网时代的要求，它与传统管理模式最本质的区别是：传统管理模式是以企业为中心制定的，"人单合一"双赢模式是以用户为中心制定的。互联网时代，信息不对称的主动权转移到用户手中，用户可以决定企业的生存。"人单合一"双赢模式就是让员工成为自主创新的主体，由此形成了企业与员工之间关系的一个新格局，即由原来员工听企业的，现在变成员工听用户的、企业听员工的为用户创新的方案。

"人单合一"双赢的本质是：我的用户我创造，我的增值我分享。也就是说，员工有权根据市场的变化自主决策，员工有权根据为用户创造的价值自己决定收入。

(资料来源：http://www.haier.net/cn.)

5.2　企业信息系统

为了运营，企业必须涉及一些信息，它们与供应商、顾客、雇员、发票、工资相关，当然还有企业的产品和服务等信息。企业必须利用这些信息组织工作开展，以使运营高效，并使公司的总体绩效得到提高。信息系统有利于企业管理其所有的信息,作出较好的决策,改善其企业过程。企业过程是指组织工作、协调工作,以及产生一个有价值的产品或服务的方法,它也是具体的材料、信息和知识工作流,它是相关活动和决策的集合。

一个企业可以看作是一个企业过程的集合,其中的某些可能是更大的企业过程的一部分。许多企业过程和特殊的职能领域相连,例如销售和市场部门负责识别顾客、人力资源部门负责招聘雇员。还有一些过程跨越不同的职能部门,要求跨部门的协调,例如实现一个顾客订单(如图 5.5 所示),其要求公司中各主要职能部门紧密协调,若为了订单高效化还必须使其在公司内部、企业伙伴间及顾客间的快速流动。

信息系统能使企业过程的许多步骤自动化,这些步骤原先是靠手工来实现的,如校核顾客的信用,或生成发票和运单,但今天信息技术能做得更多。新技术能改变信息流,使更多的人可以存取和共享信息,使任务并行,以免决策延迟。信息技术甚至能转换企业工作的方式,导出新的企业模式。

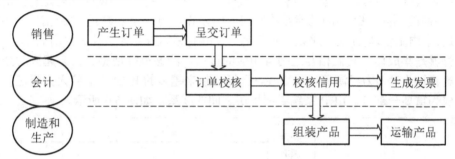

图 5.5 订单实现过程

计算机集成制造系统

计算机集成制造系统(Computer Integrate Manufacturing System,CIMS),一般可划分为 4 个功能子系统和 2 个支撑子系统:工程设计自动化子系统、管理信息子系统、制造自动化子系统、质量保证子系统,以及计算机网络子系统和数据库子系统。

5.2.1 企业商务系统

电子化业务一词最初是由 IBM 的首席执行官路易斯·格斯特纳(Louis Gerstner)提出的,指的是利用互联网或其他网络及信息技术,支持电子商务、企业交流合作,以及企业与客户和合作伙伴间的网络化的业务流程。现今,许多企业利用信息技术发展整合的跨职能的企业系统,它是指打破传统的职能边界,重组和改进整个企业的核心业务流程。

值得注意的是,企业并非只关注传统职能或支持企业内部业务流程,他们更强调在与企业客户、供应商、合作伙伴共赢中完成基本业务流程。例如,ERP 关注企业生产、销售和财务过程的效率;CRM 关注通过营销、销售和服务过程获得和留住能带来利润的客户;伙伴关系管理(Partner Relationship Management,PRM)关注发展和维系对企业产品和服务的推广有益的合作伙伴；供应链管理(Supply Chain Management，SCM)与企业产品和服务所需的供应商一起，发展最有效果和效率的资源和采购过程。

1. ERP

ERP 也常被称为企业系统，它是电子化业务的技术中枢，是企业中与销售订单处理、库存管理和控制、生产和分销计划以及财务相关的事务处理框架。20 世纪 90 年代初，美国著名 IT 分析公司 Gartner Group Inc.提出了 ERP 的概念，其管理思想的核心是实现整个供应链和企业内部业务流程的有效管理。

ERP 是跨职能的企业系统，由支持企业内部基本业务流程的软件模块的整合套件所驱动。例如，制造企业的 ERP 软件主要从销售、库存、运输、发货等环节获取数据并跟踪其状态，同时预测原材料和人力资源需求为。

虽然从理论上讲，ERP 的功能可以覆盖企业管理决策的方方面面，从发展战略决策、经营管理到指导日常营运管理，但实际上目前的 ERP 软件能够实现的功能是有限的。尽管因 ERP 厂商的不同，ERP 的功能结构有很大的差异，但一般来说其主要包括生产控制(计划、制造)、物流管理(分销、采购、库存管理)和财务管理(会计核算、财务管理)。这三大系统本身就是集成体，它们相互之间有相应的接口，能够很好地整合在一起来对企业进行管理。随着企业对人力资源管理的重视，已经有越来越多的 ERP 厂商将人力资源管理纳入其中，成为重要一部分。ERP 系统主要模块之间的联系，如图 5.6 所示。

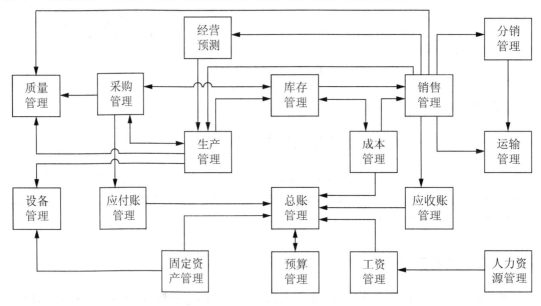

图 5.6 ERP 系统的结构

(1) 财务管理模块。在 ERP 系统中，财务管理是不可缺少的一部分，可以与系统中的其他模块相互集成，如它将生产活动、采购活动输入的信息自动计入财务模块生成总账和会计报表，取消了输入凭证烦琐的过程，几乎替代了以往传统的手工操作。一般 ERP 系统的财务管理部分又分为会计核算和财务管理。

(2) 生产控制模块。它是 ERP 的核心所在，它将企业的整个生产过程有机地结合在一起，使得企业能够有效地降低库存，提高效率。生产控制管理模块主要包括主生产计划、物料需求计划、能力需求计划、车间控制、制造标准等。

(3) 物流管理模块。包括分销管理、采购管理和库存控制等功能，其中分销管理主要有 3 个方面的功能，即客户信息的管理和服务、销售订单管理贯穿了产品生产的整个流程、销售统计与分析等。

(4) 人力资源模块。人力资源管理作为一个独立的模块，是今年来随着人力资源的重视，被加入到 ERP 系统中的。其主要功能包括人力资源规划的辅助决策、招聘管理、工资核算、工时管理、差旅核算等。

> **知识拓展**

SAP R/3 系统的功能

每个企业都需要动态的策略来迎接当今快速发展的商务世界的挑战。对于一个企业来说，关键的是要灵活地响应新客户的需求，当市场机会出现时，能够抓住它。为了给业务提供理想的支持，并对变化作出快速的响应，就需要强大、灵活和开放的 IT 基础设施。SAP 是 C/S 业务应用解决方案的提供商，并且是全球领导者。SAP 基于客户服务器的 R/3 标准业务软件为所有业务流程提供了理想的支持。R/3 的系统组件特点是高度的职能化，通过对独立的应用程序进行高水平集成，确保了贯穿整个系统和企业数据的一致性。SAP R/3 采取了灵活的单个组件的模块化结构方式，如图 5.7 所示。

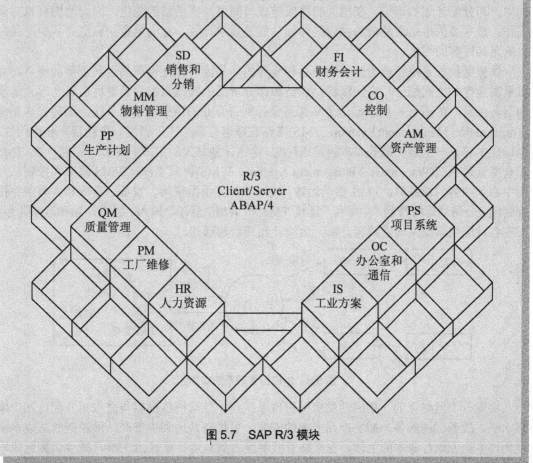

图 5.7 SAP R/3 模块

2. 供应链管理系统

供应链管理系统有助于企业管理企业和供应商的关系。这些系统帮助供应商、采购公司、分销商、物流公司或部门分享订货、生产、库存，以及产品和服务递送信息，这样它们就可以更好地组织和调度资源、生产与分配。其最终目的是以最小的成本和最短的时间生产合适数量的产品，并从源头到消费终点。

SCM 是跨职能的企业间的系统，通过应用信息技术，支持和管理企业核心业务流程与供应商、客户、合作伙伴之间的联系。例如，开展电子商务需要创意、资金和技术方面的知识，而进行实际运营则需要供应链管理技巧。成功的 SCM 策略基于准确的订单处理、实时的库存管理及按时的订单实现。

供应链软件可分为帮助企业制定供应计划的软件和帮助企业执行供应链步骤的软件。供应链计划系统使公司能产生一个产品的需求预测，并对该产品开发最佳材料来源的制造计划。这个系统帮助公司作出较好的运行决策，如在给定的时间生产多少产品，建立原材料、半成品、成品的库存水平，确定何处存放成品，识别用于该产品的运输模式等。

例如，如果一个大客户投放了一个比往常大一点的订单，或者简单通知修改订货，它可能对整个供应链造成广泛的影响。可能需要补订原材料或需要不同的原材料组织。制造部门可能要修改生产调度，运输部门需要修订运送调度。供应链计划软件可以做这些必需的生产和分配计划的调整。在相关的供应链成员间可共享信息的变化，因而他们可以协调工作。最重要的也是最复杂的供应链计划功能是需求计划，它确定企业应生产多少产品，以满足其顾客的需求。

供应链执行系统管理通过分配中心和仓库的产品流，保证将产品送到正确的地点，并以最高效率的方式配送。它们跟踪供应链和部分货品的物理状态，管理材料、仓库、运输和财务信息。如图 5.8 所示显示了某家具设计制造企业的供应链管理系统。运输管理系统(Transprtation Management System，TMS)考察在顾客订单、工厂调度、车辆费率和可用性、船运成本等以产生最优最低成本的配送计划。这些计划每天制定，每 15 分钟更新一次。TMS 和仓库管理系统(Warehouse Management System，WMS)协同工作，WMS 跟踪和控制从分销中心到顾客的成品流。TMS 启动运输计划，WMS 根据空间、设备、仓库和人员条件指挥物流。公司利用特殊的"中间件"连接 TMS 和 WMS 至订单输入、制造计划和运输计划，并在各种应用系统间传递顾客订单、运输计划和运输通知。

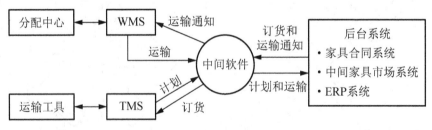

图 5.8 供应链管理系统实例

实现一个网络化的、集成的供应链管理系统，企业就能将供应与需求相匹配，减少库存水平，改善运送服务，加快产品上市的时间，更加有效地利用资产。供应链的总成本呈现为许多企业运行成本的主体，在某些行业甚至占到总运行预算的 75%，减少供应链成本对企业利润将产生巨大影响。而如果一个产品缺货，需要的顾客就会尝试到别处购买，更精确的控制供应链还会提高企业让顾客在合适时间买到合适产品的能力。

3. 客户关系管理系统

全面的管理客户关系涉及两个相关的目标,其一是为组织和面向客户的员工提供一个统一、全面的视角,来看待通过各种渠道、各种联系方式接触的每一个客户;其二是为客户提供一个统一、全面的视角来了解企业及其各种渠道。客户关系管理(Customer Relationship Management,CRM)是由 Gartner Group 于 20 世纪 90 年代提出来的,它是一种旨在健全和改善客户关系的新型管理理念,集成了最新的信息技术,应用与客户相关的各个领域对业务流程进行整合,实现最大化客户资源价值。

CRM 利用信息技术创建一个跨职能的企业系统,从而整合并自动执行企业销售、市场营销以及与用户相互影响的其他客户服务的许多流程。客户关系管理系统也搭建了一个网络的软件和数据库的信息化平台,将这些流程和企业其他的业务运营整合起来。CRM 系统包括一系列软件模块,它们为企业和员工提供工具,使他们能为客户提供快速、方便、可靠和持续的服务。

商业客户关系管理软件包范围由狭窄的工具到执行一些有限的功能,如对特殊顾客的个性化网站,到大企业的应用系统可捕捉大量和顾客的交互,用复杂的报告工具进行分析,并连到其他企业应用系统,如供应链系统和企业系统。较复杂的 CRM 软件包还包含有伙伴关系管理(Partner Relationship Management,PRM)模块和雇员关系管理(Employee Relationship Management,ERM)等。

伙伴管理软件使用许多客户关系管理相同数据、工具和系统来提高公司和销售伙伴间的协调。如果公司不直接销售给顾客,而是通过分销商或零售商,PRM 利用这些通道向顾客销售。PRM 给公司和销售伙伴提供交换信息和分发与顾客有关的线索和数据、集成线索的产生、定价、促销、订单结构和可用性。雇员关系管理软件涉及和 CRM 关系密切的雇员问题,如设置目标、雇员绩效管理、基于绩效的报酬和雇员培训等。

客户关系管理系统通常为销售、顾客服务和促销提供软件及在线工具,图 5.9 表示了销售、服务和营销过程的最重要的能力。这些软件也是企业过程驱动的,为达到最大的收益,公司需要对其企业过程进行修改和建模,以便和 CRM 软件中的最佳实践企业过程一致。

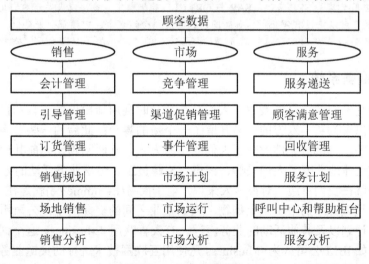

图 5.9 CRM 软件能力

(1) 销售力量自动化。提供销售前景和联络信息、产品信息、产品结构能力和销售定额产生能力等。软件可以汇总一个特殊的顾客过去的采购信息，帮助销售人员作出个性化的推荐。CRM 软件使顾客和前景信息容易在销售、市场和配送部门间共享，增加了每个销售人员的生产率、减少每一笔销售，以及寻找新顾客、留住老顾客的成本。CRM 软件还有预测、领域管理和团队推销的能力。

(2) 顾客服务。提供信息和工具，使呼叫中心、帮助柜台和客服人员提高效率。CRM 帮助客服经理创建、分配和管理客户的服务要求。呼叫中心软件根据客户代理处理特定类型的服务请求的技能和权限，为他们分配不同的中呼叫。客户服务代表通常要帮助客户解决产品或服务中的各种问题，帮助热线软件可以为他们提供解决问题所需的相关数据和建议。基于 Web 的自助服务可以使客户在公司网站得到个性化支持信息，同时为他们提供了一个新选择——通过网络和电话得到客户服务人员的帮助。

(3) 市场营销。捕捉市场前景和顾客数据，提供产品和服务信息，提高到目标市场的线索质量，调度和跟踪直接促销邮件等。营销模块也包括分析市场和顾客数据的工具——识别获利和非获利顾客，设计满足特殊顾客需求和兴趣的产品和服务，以及识别销售机会等。

这些应用系统都支持运行方面或分析方面的客户关系管理。运行型 CRM 包括面对顾客的应用，如销售力量自动化、销售中心和顾客服务支持，以及市场自动化等；分析型 CRM 包括对运行型 CRM 系统产生的顾客数据的分析，以提供信息去改善企业绩效管理。

知识拓展

Oracle 电子商务套件

> Oracle 电子商务套件(E-Business Suit, EBS)，是甲骨文公司在原来 Application (ERP)基础上的扩展，包括 ERP、SCM、CRM 等多种管理软件的集合，是无缝集成的一个管理套件。Oracle EBS 已经发布的 R12 是完全基于 web 的企业级软件。
>
> 作为企业管理软件，EBS 的管理范围涵盖企业管理的方方面面，包括资产生命周期管理、CRM、ERP、财务管理、人力资本管理、项目管理(Project Management，PM)、采购、产品生命周期管理、SCM、供应链计划、物流与运输管理、订单管理、价格管理、制造、教育管理系统、IMEETING、网上购物系统等。
>
> 对于企业应用尤其是 ERP 来说，SAP 与 ORACLE 孰优孰劣？多年以来关于 SAP/ORACLE 高低对比的"口水仗"就从来没有停止过。如同国内的有友与金蝶之争，可谓是仁者见仁、智者见智。

5.2.2 电子商务系统

在过去的几千年的贸易实践中，人们总是会及时利用新出现的工具和技术。例如，在古代，帆船的出现为买卖双方的交易开辟了一个新的舞台；此后的一些发明，如印刷术、蒸汽机和电话等，也都显著地改变了人们的交易方式。互联网则比之前其他任何工具在更大范围内、更迅速地改变了人们采购、销售、招聘员工、组织业务活动的方式。

电子商务就在我们身边。对很多人来说，电子商务(E-commerce)就是在互联网上购物，但电子商务的领域并不局限于网上购物，例如企业之间的交易活动，公司用以支持销售、采购、招聘、计划以及其他活动的业务流程。有人喜欢用 E-business 这个词来描述广义的电子商务，例如 IBM 公司认为 E-business 是使用互联网技术进行的关键业务流程转型。然而，大部分人在使用这两个词时根本不加区别。

Amazon.com

1994年,一位名叫杰夫•贝索斯(Jeff Bezos)的年轻人迷上了迅速发展的互联网,当时他还只是个财务分析兼基金管理员。为了利用这种崭新的热门营销工具牟利,他列出了20种可能在互联网上畅销产品的清单。通过认真的分析,他选择了排在清单首位的图书。贝索斯比较喜欢Abracadabra(咒语)这个名字,但最终还是为自己的网上书店起名为Amazon.com(亚马逊)。

电子商务从20世纪90年代中期默默无闻地起步,突然开始迅猛发展,2000年陡然进入低迷期。还在人们津津乐道于".com泡沫破灭"时,从2003年开始电子商务已出现新生的征兆。现今电子商务的第二次浪潮早已卷土重来,图5.10描述了电子商务应用的一些趋势。伴随着无线技术的发展,移动商务也逐渐成为流行商务活动。

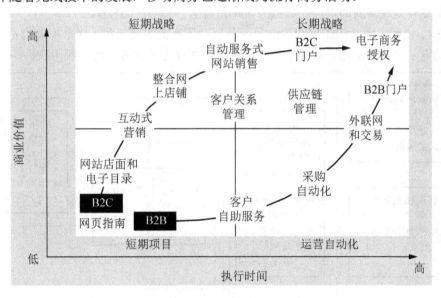

图5.10　B2C和B2B的发展趋势

案例 5-3

弗兰•邓尼森(Fran Dennison)提早一天到了巴黎参加一系列商务会议。她希望能适应时差,在投入工作前享受一下法国菜。她找到了一家小餐馆,用有限的法语成功点了菜。弗兰正浏览当地一家报纸Le Monde的商业版,上面有一篇文章谈到了她明早要见的一个业务伙伴,但她的法语水平有限,看不懂这篇文章。弗兰打开了笔记本电脑,输入了立即翻译500字文章的需要,并愿意为每字支付20美分,要翻译的材料是今天Le Monde报上的一篇文章;她把文章的题目也输了进去。她的电脑配有能上网的移动电话,可立即搜寻提供这种服务的网上社区和电子集市。两分钟后,计算机显示出菲利普•戴斯蒙瑞斯德(Philippe Desmarest)发的一条信息,这是一名在美国的法国研究生。他说他愿意按照弗兰的价格立即提供翻译服务,他已在Le Monde的网站上找到了这篇文章。两分钟后,译成英文的文章出现在弗兰的信箱中,而94.20美元也从弗兰的账户划给了菲利普。弗兰在她要的色拉上来前仔细看了这篇文章,并在想该如何调整在明天会议上的讲话。

让这类事情成为现实,需要3个关键的条件:蜂窝/卫星(手机)、通信技术、电子市场和软件代理,而这些技术在今天都已经具备。

(资料来源:[美]Gary D. Schneider, James T. Perry. 电子商务[M]. 7版. 成栋,译. 北京:机械工业出版社,2010.)

1. 基本电子商务流程

电子商务的优势使得几乎世界上任何地方、任何规模的企业都可以在任何地方和任何人进行交易。不管作为买家还是卖家,电子商务公司都依靠于互联网的技术,以及电子商务应用软件和服务,完成营销、调研、交易处理以及产品售后服务。电子商务可以包括交互式营销、订货、支付,以及在电子商务目录与万维网竞拍网站上的客户支持过程;还包括一系列的电子化业务过程,如客户和供应商通过企业外联网访问存货数据库(交易处理)、销售人员和客户服务代表在企业内联网访问客户关系管理系统(服务和支持),以及通过电子邮件交换和互联网新闻组,在产品开发中进行客户协作(营销)等。

图5.11说明了成功运作和管理电子商务活动所需的主要流程,这个框架也是如今许多公司启动电子商务的基础,其中的部分组件也用作非电子商务活动的应用软件。

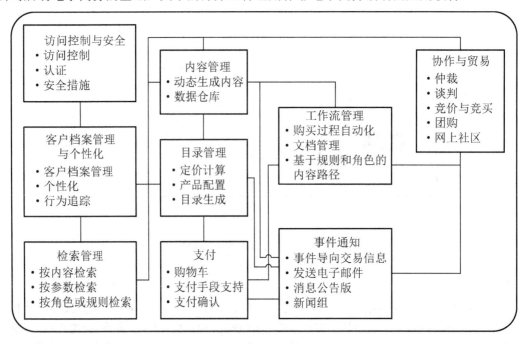

图 5.11 电子商务流程

(1) 访问控制与安全。在电子商务流程中,必须凭借用户识别、授权访问和强制的安全性,在参与者之间建立一个彼此信任和放心的通道。例如,通过用户名和口令、密钥、数字证书和签名等措施建立消费者与电子商务网站间证明身份的机制,电子商务站点必须授权用户访问网站中为完成特定交易所需的网页。通常情况下,你可以访问除他人账户、受限制的公司数据及站点管理员管理范围之外的网站所有资源。安全流程保护电子商务网站资源免受黑客、盗用密码或信用卡号及系统故障的威胁。

(2) 客户档案管理与个性化。一旦你访问了一个电子商务网站，客户档案管理过程就开始收集有关你访问网站的行为及所选产品和服务的数据，并对你的特点和偏好进行分析。客户档案管理利用用户注册信息、Cookie 文件、站点行为跟踪软件和用户反馈等分析工具。这些分析用于识别每个用户，为用户提供个性化的网站浏览内容，向用户推荐产品和提供个性化广告等，这些都是一对一的营销策略。客户档案管理还被用于账户管理和支付中的用户身份识别，并为客户关系管理、市场营销规划和网站管理收集数据。

(3) 检索管理。有效的检索能够使顶级电子商务网站帮助客户寻找所想评估或购买的指定产品和服务。电子商务软件包可以包含网站搜索引擎，或从谷歌和百度等提供检索技术服务的公司购买的电子商务搜索引擎。搜索引擎可以融合几种检索技术，包括按内容检索，或按参数(如对一个产品的多个属性高于、低于某个值或介于某个范围)检索。

(4) 内容管理。内容管理软件帮助电子商务公司开发、生成、传输、更新，以及存储电子商务网站上的文本数据和多媒体信息。许多电子商务软件都提供用模版创建页面的自动工具，但是也有很多企业希望用公司与产品的图片和文字来定制网页。公司有人需要对网站进行维护(如在产品目录里增加新产品)，因此需要借助软件对维护内容进行测试，这样就使新增品类或者现有品类里新增商品的任务非常容易。随着智能手机、笔记本电脑和PDA 等无线设备的出现，内容管理变得越来越重要。

(5) 目录管理。商品目录是所销售的商品/服务的有效组织，如果商品品种更多，还可按商品部来组织。在线商店的优点是可以将一件商品放在多个商品部里，如运动鞋可以放在鞋帽部又可放在运动服务部。静态商品目录是在网页上以 HTML 编写的表，增加商品、删除商品或更改商品需要编辑 HTML 页面。动态商品目录则是将商品信息存储在数据库里，放在商务服务器可以访问的另一台计算机上。动态商品目录可以有商品的照片和简单描述，并提供搜索功能以便于商品查找和查看现货情况。

(6) 电子支付。为购买产品和服务进行支付是电子商务交易的重要处理流程之一。然而，由于在联网的计算机系统间，购买者和销售者几乎是匿名交易，涉及许多安全问题，因此支付流程并不简单。多种多样的借贷卡及金融机构和中介参与，是支付流程复杂的另一个原因。大多数 B2C 的电子商务系统利用信息卡完成网上支付，而大部分 B2B 的电子商务系统建立了更为复杂的支付流程，如电子资金转账系统等。

(7) 工作流管理。利用工作流管理软件，可以管理电子商务软件中的许多业务流程，并可以实现部分自动化。工作流系统可以确保正确的交易、决策和活动，并且把正确的数据和文档传递给正确的员工、客户、供应商及其他利益相关者。例如，微软公司的 MS Market 系统的电子商务采购流程如图 5.12 所示。微软的员工利用建立在 MS Market 上的企业全球内联网、目录和内容管理及工作流管理软件引擎，通过公司的外联网连接到被确认的供应商，每年要采购超过 30 亿美元的供应品和物料。

(8) 事件通知。大多数电子商务应用软件都是事件驱动型系统，从一个新客户首次访问网站到支付和交货，以及从客户关系管理到供应链管理活动，系统对大量事件进行响应。事件通知流程之所以在电子商务系统中能起到重要的作用，是因为客户、供应商、员工和其他利益相关者必须知道哪些事件在交易中会对自己造成影响。事件通知软件和工作流程管理软件一起对所有的电子商务流程进行监控，记录相关事件，以及无法预料的变化和产生的问题。例如，当你在一个零售电子商务网站上采购产品时，会自动收到有关订单的电子邮件,接下来你可能收到产品或运输情况的通知,最后会有一封电子邮件通知你订购的产品已装运,订单完成。

(9) 协作与贸易。电子商务流程的这部分功能支持客户、供应商和其他利益相关者,完成电子商务交易所需的重要协作和贸易服务。例如,针对目标客户的利用电子邮件、聊天室和讨论组等工具,在员工和客户中培育网上社团,可以提高电子商务的服务质量并建立客户忠诚度;而 B2B 电子商务门户网站在企业购销方之间提供协调、谈判及仲裁服务。

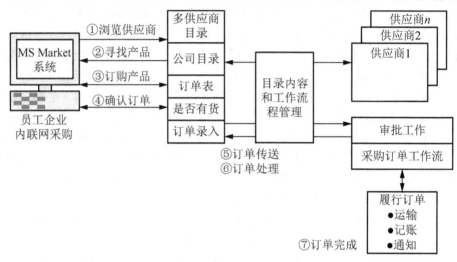

图 5.12　工作流程管理

电子商务网站的规模与目标千差万别,因此建立这些网站可以采用多种电子商务的软硬件解决方案。最廉价的方案是在主机租用网站上建一个网上商店,成本最高的方案则是采用复杂的电子商务软件套件,能够应付很高的访问流量,还提供各种各样的工具。影响电子商务软件选择的因素有多种,其中最重要的是企业规模、预计的访问量和销售量。销售数千种商品并且访问量很高的网站比只销售数十种商品的小商铺功能强大得多。另一个因素是预算,建立网上商店比建立连锁商店便宜得多。

电子商务软件的功能可以少到只有几个基本功能,也可复杂到能够提供完整的解决方案(从多种商品展示到订单履行提示等面面俱到)。简而言之,所有的电子商务软件必须具备的功能包括商品目录显示、购物车功能、交易处理等;而大型的复杂电子商务网站所采用的软件还包括中间件(主要用于将电子商务系统与存货控制、订单处理和财务等现有系统进行集)、应用集成、Web 服务、与 ERP 集成、SCM 软件、CRM 软件、内容管理软件、知识管理软件等功能。

 案例 5-4

前车之鉴:PDG 软件公司

佐治亚州塔克市的 PDG 软件公司主要向中小电子商务网站销售电子商务软件,包括购物车软件、拍卖软件、购物中心软件和其他软件包。公司有直销业务,但大部分销售是通过经销商销售的,这些公司在为客户设计和建立网站时会使用 PDG 软件,并将其作为网站的一部分交付给客户。

2001年4月一个黑客发现了PDG软件的安全弱点,可以让入侵者进行购物车看到客户姓名、联系地址和信用卡号码。PDG公司立即开发了一个补丁并在网站上发布,以便客户下载并安装。PDG公司和联邦调查局马上发布公告,向使用此购物车软件的用户发出警告,要求他们下载补丁。不幸的是,这些电子商务网站没有意识到自己的网站里有PDG的购物车软件。

由于需要很长时间(有时是几个月)才能联系到使用该软件的所有电子商务公司,入侵者就有机会利用这个安全弱点收集到成千上万的信用卡号码。有很多案例中,找不到安装易受攻击的软件网站有助于延缓攻击。但在这个案例中,发现漏洞的入侵者同时也发现在搜索引擎上输入某个特定词就能查找到成千上万使用PDG软件的网站。

(资料来源: [美]Gary D. Schneider, James T. Perry. 电子商务[M]. 7版. 成栋, 译. 北京: 机械工业出版社, 2010.)

2. 电子商务与物流

电子商务是物流、信息流、资金流和商流的集合。在电子商务中,消费者通过网上购物,完成商品所有权的交割过程,即商流过程。相应的物流运动没有同时发生,只有当商品和服务真正转移到消费者手中时,电子商务活动才算结束。物流是商流的后续,只有依靠现代化的物流支持,才能顺利地实现电子商务活动。

电子商务物流管理系统则是指利用互联网技术、信息自动识别与采集技术、空间数据跟踪定位技术等,来实现空间数据和非空间数据动态信息的交互管理的物流管理。其功能包括互联网上企业(行业)信息发布、网上物流信息咨询、网上业务交易(下单)、在线货物信息跟踪等功能。

案例5-5

电子商务物流

因电子商务发展引起的物流问题,是著名的网上72小时的生存实验,在这一实验中,人们发现了影响电子商务发展的一个重要因素——物流问题,同时,引发了针对物流的以下问题。

首先,在网上交易的情况下,物流如何保证网上交易的商品尽快地送到客户手中,即如何有效地实现网上的交易商品的交割问题。

其次,物流运作的问题,在网上交换的情况下,交易的双方如何选择物流的运作模式。

最后,在确定了物流运作模式之后,如何以较低的成本并在较短的时间内完成实现物流的运作。

在此背景下,物流中的一个新概念——"电子商务物流"产生了。之后,人们在物流实践活动中,不断地将计算机技术、互联网技术等信息技术引入到物流活动之中,促进了电子商务物流的发展。

(资料来源: 庞大连, 张冰新. 电子商务概论. 北京: 北京大学出版社, 2008.)

物流作为商务活动的重要一环,电子商务的出现对物流产生了极大的影响,从物流的地位到物流的组织模式,再到物流各作业、功能环节,都在电子商务的影响下发生了巨大变化。另一方面,对于电子商务企业来说,与消费者与商家面对面的机会就是货物上门的时候。电子商务企业选择的配送方式可以是时间宽裕时邮局寄送、时间紧迫时快递公司配送、自己的配送网络。不论选择哪种配送方式,服务的质量关系到电子商务企业在客户消费者心中的形象,进而影响企业的效益。

通过互联网来获取订单可能是 B2C 中较容易的部分,而订单履行和送货上门则是棘手的部分。订单履行不仅是指按时给消费者提供他们已经购买的产品,还包括向他们提供相关的客户服务。例如,顾客在收到一个新设备时还需要收到配件和操作说明书,这个可以通过将一份纸质文档和产品一起包装或在网上提供说明书下载来实现。此外,顾客如对产品不满意,还必须为顾客调换或退货。

知识拓展

中国智能物流骨干网

阿里巴巴集团于 2013 年 5 月 28 日启动中国智能物流骨干网(ChinasmartLogisticNetwork, CSN)项目——携手银泰百货集团、复星集团、富春集团、顺丰速运(集团)有限公司、上海申通物流有限公司、圆通、中通、韵达快递成立新公司,并公布新公司的产业定位和发展战略。

"中国智能骨干网"在阿里集团内部被称为"地网"。阿里巴巴集团希望通过 8~10 年的努力,将 CSN 项目建成一张能支撑日均 300 亿元(年度约 10 万亿元)网络零售额的智能物流骨干网络,让全中国任何一个地区做到 24 小时内送货必达。

一个典型的电子商务订单履行过程如图 5.13 所示。这个过程由左边刚收到订单时开始,核实之后它就是真正的订单了。接下来的几个活动,其中一些还可以同时进行,其他的则必须依次进行。

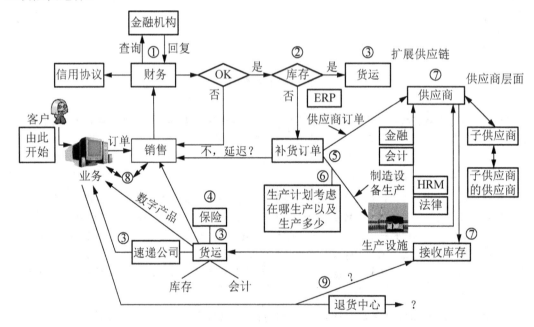

图 5.13 订单履行和物流系统

(1) 确认客户并支付。根据支付手段和事先的安排,每一笔支付的有效性都必须得到确认。在 B2B 模式下,该活动一般由公司的财务部门或是金融机构进行。任何中止都会造成交货的延迟,最后导致声誉的损害或顾客的流失。在 B2C 模式下,客户一般需要用信用卡预先支付，也有些网站提供货到付款服务。

(2) 检查是否有库存。不论代理商是制造商还是零售商，只要一接到订单，就需要检查库存情况。这时可能会涉及原材料管理和生产部门，以及外部供应商和仓库设施。在这一步，订单信息需要与关于库存情况的信息相联系。

(3) 安排发货。如果产品有库存，就可以发送给客户了，否则转到(5)。产品可能是数字产品，也可能是实物产品。如果是实物产品，而且可以获得，接下来还需要安排包装和发货，以及选择内部运输者或外部承运者。数字产品通常都可以获得，因为它们的库存不会被耗尽。但是一件数字产品(如软件)，可能还在修改，所以在某些时间内可能还不可能发货。不管哪种情况，都需要几个合作者之间进行信息沟通。

(4) 保险。有时发送的货物需要被保险，涉及的部门可能有财务部门及保险公司。当然，信息可能不仅在公司内部，还需要在客户和保险代理之间进行沟通。

(5) 补货。个性化的订单往往会引发一些特别的生产和组装要求。同样，如果标准产品没有库存，也需要生产或采购。当然，这些产品可以自己生产，也可以外包出去。供应商也可能有自己的供应商。

(6) 内部生产。内部生产需制订生产计划，包括人、原材料、组件、机器、财务资源，以及可能的供应商和分包商。如果是组装或生产，可能需要多个工厂参与，甚至包括与商业伙伴合作。服务包括人和设备的调度、变更其他产品计划、修改工程、设备获取和准备。

(7) 利用供应商。制造商可能选择从供应商那里购买产品或者进行再装配。同样，如果销售方是零售商，零售商须从它的制造商那里购买。一旦生产或从供应商那里购买完成了，就要安排给客户发货。

(8) 与客户联系。从接收订单的通知开始到发货通知或交货日期变更通知为止，销售代表需要同客户保持不断的联系，在 B2B 模式中尤为如此。

(9) 退货。在某些情况下，客户希望退换产品。退货可能是个很大的问题，尤其是在 B2C 模式中。网站购买物品的退货不仅可能花费大量的财务或精力，同时还可能涉及一些法律监管方面的盲区。

订单履行的过程可能会有变化，这取决于产品和销售商。订单履行的过程也随着电子商务活动 B2B 或 B2C 模式的不同而不同，或者随着产品性质是商品或服务而变化。此外，特殊的情况下，如对待容易腐烂的原材料或食物，则需要额外的步骤。

案例 5-6

WMS 是如何帮助 Schurman 改善订单履行系统的？

Schurman Fine Paper(现在的 Papyrusonline.com)是一家贺卡及相关产品的生产商和零售商。它通过 170 个专营店(Papyrus)以及 30 000 家独立的零售店来销售其产品。

通过使用 RedPrairie (redprairie.com)，Schurman 改善了其需求预测，并最小化了库存短缺和存货积压的情况。该系统还能在不关闭两个中心仓库的情况下清点库存，以往清点时一年要关闭中心仓库 3 次，每次历时一个星期。中心仓库从全球 200 家供应商处接收货物(每天 500～1 000 单)。直到 2003 年，所有的库存和物流管理都是人工进行的。该软件解决了一个问题，可以从多个库存持有单位(SKU)中拣选产品。提货速度大大提高，而且很少出错。

订单直接由 EDI 系统到发货,而后者激活了订单履行和运输过程。该系统自动生成一个高级的发货通知(替代了冗长的人工扫描过程)。在每件产品装箱之前,该新系统还能自动完成对商品长度、宽度以及重量的检查。该系统还改进了补货流程,过去提货单往往会出现不应该出现在某地点的商品,提货人要浪费很多时间来找出这些商品,没有找到的商品不得不从储备库中心提出来,这样就会导致送货延误。WMS 能自动创建两个清单,从而加速了履行。提货人每天的订单履行数增加了两倍,当任何仓库中某个商品库存低于安全库存水平时,该系统还能自动补货。

另外,Schurman 的客户服务部门还能利用其提供的特殊软件实时访问库存和分销流程,允许该部门追踪所有合同的状态,在订单出现问题时(如下载延误时)还能发出警报。系统会向公司的所有相关方发送一封邮件,以便于他们解决问题。最后,相关人员会分析问题信息,并很快制定补救措施。所有这些都有助于减少库存积压和库存短缺的情况。

(资料来源:[美]特伯恩. 电子商务导论[M]. 2版. 王健,等译. 北京:中国人民大学出版社,2011.)

5.2.3　物流管理系统

物流管理系统是企业信息系统中的一类,是计算机管理信息系统在企业物流管理领域中的应用。具体地讲,物流管理信息系统可以理解为通过对物流活动相关的信息的加工处理来达到对物流、资金流的有效控制和管理,同时为企业提供信息分析和决策支持的人机交互系统。从广义上来说,物流管理信息系统应包括物流过程的各个领域的信息系统,如运输、仓储、配送及其他物流活动,是一个由计算机、应用软件及其他高科技的设备通过网络连接起来动态互动的系统。从狭义上说,物流管理信息系统只是管理信息系统在某一个涉及物流的企业中的应用,即某一企业(物流企业、生产企业、流通企业)用于管理物流的系统。

1. 物流系统目标

企业物流主要解决4个方面的问题:客户服务目标、设施选址战略、库存决策战略和运输战略,如图5.14所示。除了设定所需的客户服务目标以外(它取决于其他 3 方面的战略设计),物流规划可以用物流决策三角形表示。这些领域是相联系的,应该作为整体进行规划,虽然如此,分别进行规划的例子也并不少见。每一领域都会对系统设计有重要影响。

不论是物流企业还是企业物流,其物流运营的基本目标都是以快速有效的方式支持组织的客户服务目标。物流战略的目标主要体现在 3 个方面,即降低成本、提高利润水平、改进服务。

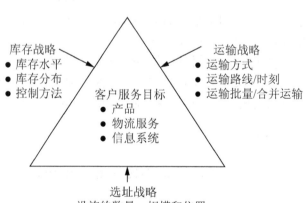

图 5.14　物流决策三角形

(1) 降低成本。战略实施的目标是将与运输和储存相关的可变成本降到最低。通常要评价各个备选方案,如在不同的仓库选址中作出选择,或者在不同的运输方式、运输线路上作出选择,以形成最佳方案。但应该注意的是,在选择的过程中,要保持客户服务水平不变。

(2) 提高利润水平。提高利润水平体现在物流系统的投资最小化和利润最大化两个方面。物流系统的投资最小化需要考虑的是将物流业务外包还是自营;是自建仓库还是租用仓库;是大力提高客户服务水平扩大销售还是保持现有服务水平不变,降低物流活动成本,等等。利润最大化则是该战略的首要目标。

(3) 改进服务。企业收入取决于所提供的物流服务水平。尽管提高物流服务水平将大幅度提高成本,但收入的增长可能会超过成本的上升。要使战略有效果,应该制定与竞争对手截然不同的服务战略。

案例 5-7

> 某办公设备公司为节约设备维修服务的宝贵时间迈出了大胆的一步。按照以往的做法,服务中心派技术人员到客户的维修地点。这样,受过高级培训且薪水很高的技术人员要在往返途中花费大量时间。该企业重新设计了物流系统,在全国各地设置供租借和替换的机器存货。如果机器出现故障,企业就会将替换用的机器送往客户所在地,有故障的机器则被送往服务中心进行维修。新的系统不仅节约了维修成本,而且提高了客户服务水平。
>
> 美国医院供应公司开发设计出一套有效的采购系统,该系统在每个客户的办公室设置终端。系统简化并加快了客户的订货过程,保证企业可以赢得更多的订单。
>
> (资料来源:[美]巴罗. 企业物流管理:供应链的规划、组织和控制[M]. 2版. 王晓东,译. 北京:机械工业出版社,2012.)

2. 物流系统类型

物流管理信息是企业物流信息系统的基础,也是企业信息化的基础。它利用各种信息进行实时、集中、统一的管理,实现信息流对物流、资金流的控制与协调。按照管理思想或理念的不同,物流管理信息系统可以分为多种。

(1) 以第三方物流为核心的物流管理信息系统。第三方物流企业(3PL)是物流的供应方与需求方以外的第三方物流企业,根据经营重点不同,3PL 可以进一步细分为综合型、仓储型、配送型、运输型、流通加工型等。对综合型第三方物流来说,物流管理信息系统功能围绕订单展开,即通过订单确立物流服务委托,根据订单提供仓储、运输、流通加工等物流服务,对照订单跟踪、反馈服务的进展情况,同时主要以订单为单位进行费用的结算。

(2) 以 ERP 为核心的物流管理系统。以制造企业为应用背景的企业资源计划实现对企业的人员、资金、房屋、设备、物料资源的综合管理和优化。以资源管理为核心的物流管理信息系统,其功能围绕资源计划展开,包括计划的制定、执行、跟踪和控制。

(3) 以 CRM 为核心的物流管理系统。客户关系管理关注销售、营销、客户服务和支持等方面的业务,强调与客户需求的互动和提高客户价值、客户忠诚度等。以客户关系维持为核心的物流管理信息系统,其功能围绕客户生命周期展开,满足客户售前、售中、售后各阶段的物流服务需求和信息需求,并对客户价值、客户忠诚度等进行评价。

(4) 以 SCM 为核心的物流管理系统。供应链管理强调将供应商、制造商、分销商、零售商等结为供应链伙伴进行一体化运作，以供应链的竞争优势弥补单个企业的竞争劣势。供应链管理的物流管理信息系统，其功能围绕供应链上的业务协同展开，包括供需信息传递、业务单据交换等。

3. 系统功能结构

物流信息系统所涉及的各职能部门都有着自己特殊的信息需求，需要专门设计相应的功能子系统，以支持其管理决策活动，同时各职能部门之间存在着各种信息联系，从而使各个功能子系统构成一个有机结合的整体。按照物流系统的功能，可分为订单管理信息子系统、运输管理信息子系统、仓储管理信息子系统、配送管理信息子系统，以及采购、报关、货代、结算、设备、客户服务等管理信息子系统。

企业信息系统集成实际上以整体性和最优化为基本原则，集成企业内外各子系统使得整个系统功能最优。由信息系统发展的阶段论可知，系统集成和数据管理是信息系统建设的必由之路和关键性环节，当信息系统发展到一定阶段时必然产生集成化需要而建立集成化信息系统。图 5.15 描述了从全局角度看集成化物流信息系统的信息流程模型。

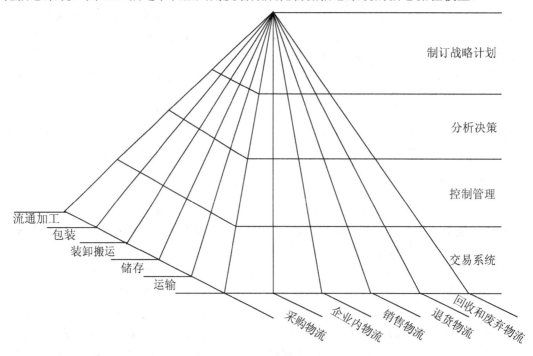

图 5.15 物流信息系统的结构

物流系统中的各个部分都是相互关联、相互作用的，在运用之中进行信息沟通和交互。在水平方向，把所有的功能根据业务联系链接起来，形成水平信息流；在纵向上，实现了从作业层、战术层到战略层的信息流贯通，形成纵向信息流；在供应链上，和其上游、下游、各种商务中介机构、政府机关、银行、海关等实现网络信息共享，形成外向信息流。通过全面集成物流管理信息系统，可以实现物流系统功能的信息管理、物流系统状态控制的信息管理、物流系统决策支持的信息管理、对外服务的信息管理、组织间物流共享信息管理等。

5.3 系统开发方法

新的信息系统的建立是一个企业意识到要面对的某种问题或问题集合的解答,这个问题可能是经理和雇员认为组织表现得不像他们想象得那么好的问题,问题也可能来自组织想要抓住更好的优势和机会。对应一个组织的问题或机会,产生一个信息系统的活动,称为系统开发,也称为信息系统分析与设计。

系统开发需要涉及信息系统的硬件、软件、数据、程序和人,它需要的不仅是编程或技术专长。建立该系统的目标、设立项目及明确需求需要商业知识和管理技巧;像建设计算机网络和书面的电脑程序这样的任务需要技术技能,但开发其他部分需要的是非技术人际关系技巧;建立数据模块,需要采访用户并了解他们对企业活动看法的能力;设计程序,特别是那些涉及企业行为的,则需要商业知识和了解企业的动态;开发工作说明、人员配备和培训都需要人力资源和相关的专业知识。

5.3.1 系统开发生命周期

系统开发生命周期(System Development Life Cycle,SDLC)是指开发信息系统的一种结构化的按部就班的方法。它是在系统生命周期概念的基础上,应用结构化的思想方法把整个系统开发过程分为若干活动,每个活动应用一系列标准规范和方法完成一个或多个任务,并形成符合规范的阶段性成果,直至最后系统的物流实施、运行和维护。第一个步骤和最后一个步骤首尾相连,形成一个系统的有生、有死、有再生的生命循环。按照生命周期法的理论,物流信息系统的开发过程应永远是置于这样一个循环过程中的。

美国司法部把系统生命周期定义为一个软件开发过程,即结构化系统开发过程(也称为结构化法或生命周期法)。它由几个阶段组织组成:一是软件概念,即确定和定义一个新系统的需要;二是需求分析,也就是分析终端用户的信息需要;三是建造设计,即采用硬件、软件、人和数据资源等设计创建一个蓝图;四是译码和调试,即创建和规划最终系统;最后是系统测试,就是对于期望或预期的功能评估系统的最终功能。

结构化系统开发方法的基本思想是用系统工程的思想和工程化的方法,按用户至上的原则,结构化、模块化、自顶向下地对系统进行分析和设计。一个信息系统的生命周期可以划分为系统规划、系统分析、系统设计、系统实施、系统运行与维护5个阶段。物流信息系统是信息系统的一类,遵循系统的生命周期思想和开发过程的5个阶段,如图5.16所示。

1. 系统规划

在系统开发生命周期的规划阶段过程中,首先要制订一个切实可行的信息系统开发计划,计划需完成以下3项主要活动。

1) 定义所要开发的系统

首先必须识别和选择所要开发的系统,或确定支持组织战略目标所需的系统。组织通常要跟随所有的目标系统,并且根据业务影响力或关键成功因素对目标系统进行优先排序。

2) 确定系统范围

项目范围应能清晰地定义高层需求，范围经常被看作系统基本的定义。为此还必须有了一份对项目范围进行阐述的书面文档，即项目范围说明书。对项目范围的研究之所以重要，源于很多原因，其中最重要的就是避免项目无限期地拖延和功能范围无限制的蔓延。范围期限拖延往往在当项目范围远远超出原始意图时就会发生；功能蔓延则往往发生于开发者(最终用户)增加最初需求中没有包含的额外功能时。

3) 开发项目计划

项目计划定义了所要完成的所有活动中所包含的有关"干什么？何时干？谁来干？"等系统开发相关的问题，也就是人员或资源谁将完成活动，以及完成每项活动所需要的时间。项目计划是确保按时提交完整的、成功的信息系统的有力指南。项目经理负责定义和开发项目计划，跟踪项目计划执行，以保证所有关键项目里程碑按时完成。

系统规划阶段的任务就是在对企业的环境、目标、现行系统的状况进行初步调查的基础上，根据企业目标和发展战略，确定物流信息系统的发展战略，对建设新系统的需求作出分析和预测，同时考虑建设新系统所受的各种约束，研究新系统的必要性和可行性。

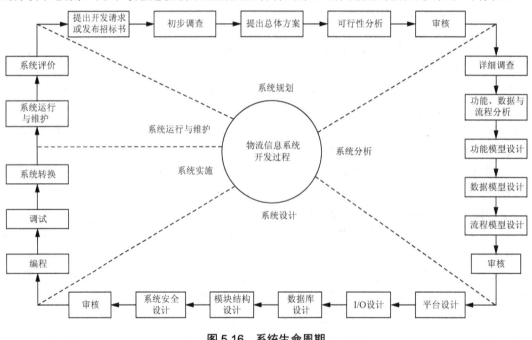

图 5.16 系统生命周期

2. 系统分析

一旦企业确定了开发哪些系统，就可以进入分析阶段了。系统开发生命周期法的分析阶段是指最终用户和信息技术专家共同工作为目标系统收集、整理和表达业务需求。收集业务需求、对需求进行排序可以说是本阶段的两项主要活动。

1) 收集业务需求

业务需求是指一份详细的员工需求，为保证成功，系统必须满足这些需求。业务需求引导和驱动着整个系统，例如，客户关系管理系统必须通过产品、地区和销售描述跟踪所有客户的销售情况。业务需求描述的是从企业角度来说系统应该做到什么。收集业务需求时必须做到与每一个有权使用新系统的人进行交谈，以找到需求是什么。

2) 对需求进行排序

在定义了全部的业务需求后，就要将它们按业务的重要性进行优先排列，并且以正式的可充分理解的文档形式确定下来，并且系统用户要对需求定义文档签字。如果业务需求掌握的不清楚或不正确，那么在评价业务需求时要考虑的关键事情之一就是确定误差的代价。在分析阶段，发现一个错误并进行修正的代价相对较小，必须做的只是修改一些文字或图表；然而如果在后续的阶段发展一个错误，修改起来的代价就会变的难以置信，因为这时不得不修改实际系统。

系统分析阶段的任务是对现行系统进行详细调查，描述现行系统的业务流程，确定新系统的基本目标和逻辑功能要求。不论是需求文档的定义，还是新系统逻辑模型的构建，都需要一系列的图表或工具支持，如业务流程图、数据流程图、数据字典、实体联系图、U/C 矩阵、层次分析图等。

3. 系统设计

系统生命周期开发法的设计阶段的主要目标是建立一个如何运行所规划的系统的技术性蓝图。在分析阶段，最终用户和信息技术专家一起从逻辑观点出发形成开发系统的业务需求；当进入设计阶段时，项目小组要从物理或技术的观点考虑系统。也就是接受分析阶段产生的业务需求，并且定义设计阶段中的支持技术框架。

1) 设计技术框架

技术框架定义了系统运行所需的硬件、软件和通信设备。大部分系统运行在由雇员使用的工作站和运行应用软件的服务器所组成的计算机网络上。通信上要求可以访问互联网和允许最终用户通过一定方式连接远程服务器。

2) 设计系统模型

建模是一种通过绘图的方式描述设计的活动。模型中包括对屏幕、报告、软件和数据库等每件事的描述。在设计阶段有许多不同类型需要完成的建模活动，其中包括图形用户界面、输入/输出屏幕设计，数据库逻辑模型、物理模型的设计及所使用数据代码的设计等。

在临近系统开发生命周期中的设计阶段时，最终用户将开始在完成各种活动中处于重要地位，并会将注意力转向"质量控制"。也就是说，信息技术专家会在维护阶段完成绝大多数开发功能，而检查它们工作的则是最终用户的责任，例如验证封装了所有业务需求的屏幕模式、报表、软件和数据库。

4. 系统实施

系统实施阶段是将设计的系统付诸实施的阶段，此阶段又可分为 3 个小阶段，即开发、测试、实施。这也是有人将系统开发生命周期分成 7 个阶段的原因所在。

1) 开发

在开发阶段中，需要做的是利用设计阶段产生的详细设计资料，并将它们转化为实际系统。此阶段的标志就是从逻辑设计转换到物理实现，其包括主要活动有建立技术框架、建立数据库与编程。

为了建立系统，首先必须建立运行系统的平台。在此，需要购买和装备所必需的设备，以支持在设计阶段所设计的技术框架。一旦建立了技术蓝图，就应该立即着手建立支持系统的数据库和编写系统所要求的软件代码。这些任务多是由信息技术专业人员承担的，此过程需花费几个月甚至几年的时间。

2) 测试

测试阶段是验证系统运行和满足所有的在系统分析阶段定义的业务需求。测试是关键的，在测试阶段要做的主要活动是编写测试条件、实施系统测试。

为了完成一个彻底的测试就必须对测试条件进行细化。测试条件是对系统必须完成的步骤连同每一步的设想结果所进行的详细描述。测试者将执行每项测试条件，并且为验证系统功能的正确，将设想的结果与实际结果进行比较。一个典型系统的开发具有几百个或上千个测试条件。必须执行和验证所有这些测试条件，只有这样才能保证整合系统功能的正确性。当开始测试信息时，必须进行多种不同类型的测试，如单元测试、系统测试、集成测试、用户测试等。

3) 实施

狭义的实施阶段是指将系统分配给所有的系统用户，然后他们开始使用系统完成每天的工作，其两个主要的活动是编写详细的用户说明书、为系统用户提供培训。

当系统安装时，必须向系统用户提供一套突出如何使用系统的用户说明书，没有说明书的新系统是很难使用的。为了让用户能够操作系统，还必须对准备使用新系统的系统用户提供培训。培训可以是联机培训，也可以是集中培训，或其他类型的培训。联机培训是在互联网上或利用光盘进行，用户可以在任何时间以自己的进度进行学习；集中培训则是在一教室环境中由一位教师指导进行，这可以实现教师对学生进行一对一的辅导。

另外，为了确保成功的实施，还需要选择最适合企业、项目和员工的实施方法。一般来说，实施一个新的系统时，可以选择并行实施、直接实施、分阶段实施等。

5. 系统维护

维护系统是系统开发工作的最后阶段。在系统生命周期开发法的维护阶段，需要监测并支持新系统以保证其继续满足业务目标。一旦系统处于适当的位置，就会随业务的变化而改变。维护阶段也有两个主要的活动，即设立为系统用户服务的帮助处、提供支持系统变化的环境。

支持系统用户的一个好办法就建立一个帮助处。帮助处是一组对系统用户的问题作出反应的人员，并提供咨询服务电话或网上解答场所，以便于实施 7×24 小时的服务。而当业务环境出现变化时，通过评估对系统的影响，必须对这些变化作出反应。一般来说，系统必须去适应或升级以满足业务环境不断变化的需要，如果这样，为了支持业务环境就必须对系统进行修改。

结构化生命周期法的思想是目前普遍接受的一种传统的主流思想方法，主要优点包括：①强调系统开发过程的整体性和全局性，强调在整体优化的前提下来考虑具体系统分析设计问题，即所谓的自顶而下、逐步求精的观点；②强调开发过程各个阶段的完整性和顺序性，强调应严格地区分开发阶段，一步一步严格地进行系统分析与设计，这样使每一步的工作都能及时地得到总结，发现问题可及时反馈和修正，从而避免了开发过程的混乱状态。但是，随着时间的推移，结构化生命周期法也逐步暴露出了不少缺点，如过于耗费资源、缺乏灵活性、无法适应需求的变化等。

5.3.2 原型法

结构化生命周期法要求系统开发者在早期调查中就要充分掌握用户需求、管理状况及预见可能发生的变化,这不太符合人们循序渐进地认识事物的客观规律性。开发周期过长、务虚阶段太长,用户长期看不到实际运行的系统,无法确切表达其需求,也难以真正参与。为此,开发者在系统分析中就努力尽早建造能表达用户的关键需求的粗略的简单模型,称为原型,便于用户面对运行情况来更清楚地表达需求。

20世纪80年代,随着计算机软件技术的发展,特别是在关系数据库系统(Relational Database System,RDBS)、第四代程序语言(4GL)和各种开发生成环境问世并日渐成熟的基础上,提出了一种从设计思想、过程、工具、手段都全新的系统开发方法——原型法。

1. 建立原型的过程

在建筑学和机械设计学中,"原型"指的是结构、大小和功能都与某个物体相类似的模拟物体的原始模型。在信息系统开发中,"原型"是指该系统早期可运行的一个版本,反映系统的部分重要功能和特征,其主要内容包括系统的程序模块、数据文件、用户界面、主要输出信息及与其他系统的接口。

原型法是利用原型辅助开发系统的方法,其核心是用交互的快速建立起来的原型取代形式的、僵硬的规格说明,用户通过在计算机上实际运行和试用原型系统而向开发者提供真实的、具体的反馈意见。原型法是随着用户和开发人员对系统认识和理解的逐步加深,而不断对系统进行修改和完善的过程,整个开发过程如图 5.17 所示。

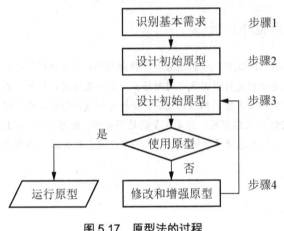

图 5.17 原型法的过程

(1) 识别用户的基本需求。根据用户基本需求,对系统给出初步定义。用户的基本需求是指对系统各种功能的要求,对数据结构、菜单和屏幕界面、报表内容和格式等的要求。这些要求虽然是概略的,却是最基本的、易于描述和定义的。

(2) 设计初始原型。根据用户初步需求,开发出一个可以应用的系统,它应满足上述的由用户提出的基本要求。

(3) 试用和评价原型。在试用中用户能亲自参加和面对一个实在的模型,能较为直观和明确地进一步提出需求,提出修改意见。

(4) 修改和完善原型。根据修改意见进行修改,以得到新的系统原型,然后再进行试用和评价。这样,经过几次循环往复,逐步提高和完善,直到形成一个用户满意的系统。

2. 原型法的开发环境

原型法有很多长处,有很大的推广价值。但必须指出,它的推广要有一个强有力的软件支持环境作为背景,没有这个背景它将变得毫无价值。直到最近,较大系统的原型化开发方法才成为可能,因为必要的软件技术产品越来越多地进入市场,从而使应用系统得以快速模型化,而且快速地进行修改。支持原型开发的软件工具大致可分为以下几类。

(1) 可视化技术。可视化程序是指用图表、随手画的素描、图标或图像等可视化表达方式来编制程序。运用这类可视化表达方式时所用的技术手段包括指点与咔哒(点击)、删剪与粘贴(剪贴)、拖拉与扔下(拖放)等。

(2) 计算机辅助软件工程技术。计算机辅助软件工程技术(Computer Aided Software Engineering,CASE)是从计算机辅助编程工具、4GL 及绘图工具发展而来的一种软件开发技术,目前仍是一个发展中的概念。采用 CASE 工具进行系统开发,必须结合一种具体的开发方法。它只是为具体的开发方法提供了支持每一过程的专门工具,常用的 CASE 工具包括图稿绘制、原码浏览工具、配置管理工具、数据库建模工具等。

(3) 软件复用及组件技术。为了提高信息系统的开发效率和质量,采用"搭积木"的方式开发设计系统一直是系统开发人员追求的梦想,因此软件复用和组件技术得到了快速发展。为了实现分布式计算,目前世界上有三大主流中间件技术平台:OMG 的 CORBA、Sun 的 J2EE 和 Microsoft DNA 2000。

与结构化生命周期法相比,原型法具有许多优点,如有利于对问题的分析和认识,方便与用户的沟通以及提高开发效率、降低风险等。原型法也存在着许多不足之处,如不如结构化生命周期法成熟,不便于控制和管理,需要有自动化软件开发工具的支持等。

联合应用程序设计

联合应用程序设计(Joint Application Development,JAD)替代了传统分析和设计循环,过去分析员进行问题解决,然后用户对分析员的工作进行回应,接着分析员再根据需求进行修改,周而复始直到整个产品让人满意为止。使用 JAD,通过所有参与者都想得到解决方案的热烈讨论会,分析员和用户都可以参与到问题解决过程中。JAD 生成的分析和设计文档与传统的文档相同,但是花费的时间更少、费用更低。JAD 过程也使用户以主人的身份进入到 SDLC,即把自己的智慧倾注于解决方案中的用户更会感觉到自己有责任使产品获得成功。

5.3.3　面向对象方法

面向对象方法(Object Oriented,OO)是从各种面向对象的程序设计方法逐步发展起来的。最初用于程序设计,后来扩展到系统开发的全过程,出现了面向对象的分析与设计。

面向对象方法的出发点和基本原则是尽可能模拟人类习惯的思维方式,使开发信息系统的方法和过程尽可能接近人类认识世界与解决问题的方法与思路,使描述问题的问题空间与实现解法的求解空间在结构上尽可能一致。而在开发的过程中始终是对同一组模型,用同一套表示方法进行工作,这样消除了分析和设计的鸿沟。

1. 3 个基本概念

一个面向对象系统是由对象组成的。一个对象可以是任何一个程序员想要管理或操纵的事物,如汽车、人、动物、储蓄、事物、业务部门、组织、客户,几乎任何事物都可以。一旦程序员定义了一个对象,它的属性就可以让它与其他对象互动,或者将信息传递给其他对象。面向对象系统的行为包括所有这些对象间的互动,系统的状态就是所有系统中对象的状态总和。

对象间的互动需求在它们之间传递信息。对象间传递的信息含义可能不同,取决于建模的系统类型。在一些系统中,传递一条消息就是指使用一种方法;而在另一些系统中,传递一条消息可能涉及利用一个预先指定的媒介来传送数据。在面向对象系统需要关注 3 个概念,即面向对象编程、面向对象分析和面向对象设计。

1) 面向对象编程

面向对象编程(Object-Oriented Programming,OOP)是利用"对象"来设计应用和计算机程序的编程范例。它采用已有范例中的技术主要包括以下几个。

(1) 遗传性。一个对象继承一级别对象属性的能力。例如,所有汽车都有轮子,因此被定义为跑车的对象和其他类型轿车的对象必须都有轮子。

(2) 模块化。一个程序作为一系列有内部联系的独立模块的程序。

(3) 多态性。一个对象根据它产生行为动作的条件不同而有不同行为动作的能力。例如,一只猫、一条狗作为对象都继承了对象类"动物"的行为"说话"。它们都被定义为"说话"的行为,当狗对象被要求"说话"时,它会吠叫,而猫对象则会喵喵叫。

(4) 封装性。将与某一对象相关的所有属性都封装在对象里。这样,只通过定义一个对象就可以继承对象的属性。例如,对象"飞机"包含了所有飞机的属性——机翼、机尾、舵、飞行员、速度、高度等。

面向对象编程起源于 20 世纪 60 年代,但直到 90 年代才在主流的软件系统开发中被普遍使用。如今,很多流行的编程语言(如 C#、C++、Delphi、Java、JavaScript、VB .Net、Visual FoxPro 等)都支持面向对象编程。

2) 面向对象分析

面向对象分析(Object-Oriented Analysis,OOA)的目的是问题域建模,也就是为我们需要解决的问题建立一个面向对象系统。分析的是已成文的需求陈述和说明需求的图表材料。

与系统开发生命周期模型相似,面向对象分析模型也不考虑执行约束(如并行、分布、连续或遗传),也不考虑系统如何构建。因为面向对象系统是模块化的,系统的模型可被分为很多域,每个域可以被分别分析,并代表不同的业务、技术或概念。面向对象分析的结果是一个描述,用概念和概念间的关系来说明构建的系统,这被称为概念模型。

3) 面向对象设计

面向对象设计(Object-Oriented Design,OOD)是设计者在利用对象化的思想寻找解决问题的逻辑方案过程中所涉及的活动,利用了面向对象分析得到的概念模型、环境产生的执行约束、编程语言和工具选择,以及作为系统基础的架构假设。

概念模型中的概念被映射到具体的类、抽象的接口,以及对象在不同情形下的各类角色。接口和它们在具体概念中的作用都是可以反复利用的。在面向对象分析中,不具体的概念会形成类的基础,构成执行环境,并形成根据具体情形而变化的逻辑和算法。面向对象设计的结果是关系系统如何构建的具体说明。

2. 几种经典方法

随着面向对象方法日趋成熟,形成了多种开发方法,比较典型的有 OMT 方法、Booch 方法、Coad/Yourdon 方法、Jacobson 方法。现有使用较为广泛和成熟的是统一建模语言

(UML)，从不同但相互关联的角度去建立系统模型。

1) 典型方法简介

Rumbaugh 的 OMT 方法提供 3 种模型，从 3 个视角描述系统：对象模型、动态模型和功能模型。对象模型描述对象的静态结构及其间的关系，主要涉及的概念有类、属性、操作、关系(继承、组合、关联)。动态模型描述系统那些随时间变化的方面，其涉及的主要概念有状态、事件、行为、活动。功能模型描述系统内部数据值的转换，其主概念有加工、数据存储、数据流、控制流、角度。该方法将开发过程分为分析、系统设计、对象设计、实现 4 个阶段。

Booch 方法的过程包括 4 个活动，即在给定的抽象层次上识别类和对象；识别这些对象的类的语义；识别这些类和对象之间的关系；实现类和对象。这 4 种活动并不是一个简单的步骤序列，而是对系统逻辑和物理视图不断细化的迭代和渐增的开发过程。Booch 方法的贡献在于其丰富的符号体系，包括类图、对象图、状态转移图、时态图、模块图、进程图。

Coad/Yourdon 方法严格区分了面向对象分析和面向对象设计。该方法利用 5 个层次活动定义和记录系统行为、输入和输出。这 5 个层次的活动分别为发现类及对象、识别结构、定义主题、定义属性、定义服务。在面向对象分析阶段，经过 5 个层次的活动后的结果是一个问题域模型；面向对象设计模型需进一步区分问题域部件、人机接口部件、任务管理部件、数据管理部件。

Jacobson 方法涉及整个系统的生命周期，包括需求分析、设计、实现和测试 4 个阶段。需求分析和设计密切相关，需求分析阶段的活动包括定义潜在的角色(角色指使用系统的人和与系统互相作用的软硬件环境)，识别问题域中对象和关系，基于需求规范说明的角色的需要发现，详细描述用例；设计阶段包括两个主要活动，从需求分析模型中发现设计对象，以及针对实现环境调整设计模型。在该方法中的一个关键概念就是用例(use case)，指行为相关的事务序列，该序列将由用户在与系统对话中执行。

2) RUP 思路与过程

RUP (Rational Unified Process，理性统一过程)是一个灵活的系统开发流程平台。借助它可配置的架构，就使开发能够只选择和部署项目的每个阶段需要的流程构件。RUP 平台以业界公认的软件工程最佳经验为核心,它包含配置 RUP 以满足项目特定需求的工具。RUP 是一个二维的软件开发模型，如图 5.18 所示。

纵轴是内容组织，为自然的逻辑活动，体现开发过程的静态结构，描述的它的术语主要包括活动、产物、工作者和工作流；横轴为时间组织，是过程展开的生命周期特征，体现开发过程的动态结构，这使用的术语主要包括周期、阶段、迭代和里程碑。在时间上划分为 4 个阶段，即初始阶段、细化阶段、构造阶段和交付阶段，每个阶段结束于一个主要的里程碑，本质上是两个里程碑的时间跨度。每个阶段的结尾执行一次评估以确定其目标是否已经满足。评估结果令人满意，才可以进入下一个阶段。

(1) 初始阶段。目标是为系统建立业务案例并确定项目的边界。为此必须识别所有与系统交互的外部实体，在较高层次上定义交互的特性。

(2) 细化阶段。目标是分析问题领域，建立健全的体系结构基础，编制项目计划，淘汰项目中最高风险的元素。必须在理解整个系统的基础上，设计体系结构，包括其范围、主要功能和诸如性能等非功能需求等。同时为项目建立支持环境，包括创建开发案例，创建模板、准则并准备工具。

(3) 构建阶段。在此阶段,所有剩余的构件和应用程序功能被开发并集成为产品,所有的功能被详细测试。构建阶段是一个制造过程,其重点放在管理资源及控制运作以优化成本、进度和质量。

(4) 交付阶段。其重点是确保软件对最终用户是可用的。交付阶段可以继续几次迭代,包括为发布做准备的产品测试,基于用户反馈的少量的调整等。

3. 面向对象开法的生命周期

面向对象开发一般被认为有 OOA、OOD 和 OOI(Object-Oriented Implementation,面向对象实现)3 个阶段。面向对象方法在整个开发过程中使用的是同一套工具,整个开发过程实际上都是对各种对象模型的建立、补充完善和表达验证,可见 OOA、OOD、OOI 这 3 个阶段的界限并非那样明确。

目前被广泛接受的 OOA 和 OOD 的分工是,OOA 是通过用户需求调查分析,用面向对象方法建立起问题域的模型,即只分析问题所涉及的对象,包括其属性和服务的细节,如属性的数据结构和服务流程图;而 OOD 则重点考虑与实现有关的因素和用面向对象的观点建立一个求解域模型的过程,这些是与实现有关的因素,包括人机接口、数据存储、任务管理等方面。

面向对象方法的一个更突出的特色就是 OOA 和 OOD 之间的界限不再严格划分。在 OOA 阶段要考虑到"如何做",但在 OOA 阶段不能最终确定的具体方法与步骤总是允许留到 OOD 中解决。因此,OOA 阶段对"如何做"的问题总是关注得少一些。而在 OOD 阶段往往会加深和补充对系统需求的理解,从而进一步完善分析结果。分析和设计活动是一个多次反复迭代的过程。在实现阶段同样可以对分析和设计结果加以补充和完善,可以用喷泉模型来形象地表示面向对象方法的开发过程,如图 5.19 所示。

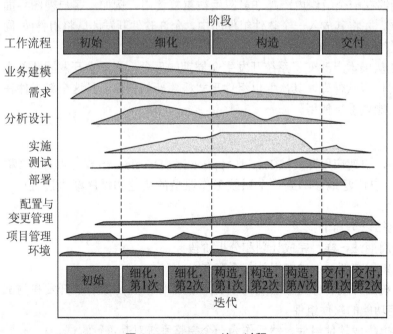

图 5.18 Rational 统一过程

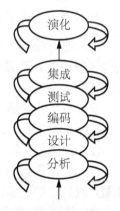

图 5.19 喷泉模型

知识拓展

抽象与信息系统

在计算机信息系统的环境中,抽象被定义为真实世界的简化替代品。大学成绩单就是这样一种替代品,它可以反映一个人在班级中的成功程度。当然,人们都承认只有成绩单是不足以真正评判一个人的大学生活的,但是我们通常会使用抽象作为一种方法来介绍一个人在大学期间"做了什么,在哪里,在什么时间"等这些话题的细节。

在本章中所描述的模型也是一个抽象,它们删除了在完整描述信息系统时所包含的一些细节。这种简化使得人们更容易关注系统的不同要素。换言之,人们被迫使组件概念化,这对于确定关键要素及其与整个系统的关系十分有利。

为了说明抽象的价值,试想一下当询问技师为何汽车会有噪声时,通常的回答可能是"噪声是由于刹车垫磨损至必须更换的程度时,刹车系统上的金属片与轮圈保护层相互摩擦造成的"。对于大多人而言,这一信息详细得让人难以理解。人们需要的是对它的简单描述,这时把技师的回答改为"刹车片"就抽象出了数据操作活动的精华,从而也就改进了人们对产生噪声原因的理解。

计算机信息系统中许多方面都是一个抽象。因此用户会经常抱怨接口、处理功能或报告格式的抽象性,人们需要用户友好的产品。弥合用户的现实世界与信息系统的抽象世界之间的差别对任何分析员而言都是一个挑战,本书的抽象建模过程中所获得的经验会对这一点的明白有所帮助。

5.3.4 基于组件的开发方法

基于组件的开发是一种通用的系统开发方法,其关键是集中建立小型完备的代码模块(组件),这种代码模块能够在一个组织内跨越许多应用被重复使用。例如,客户视图界面和修改软件只被编写一次,并将其放入一个软件组件库中,允许软件开发团队将组件(如同即插即用的概念)加入到任何需要开发的系统中。

基于组件的开发方法从根本上改变了系统开发生命周期的理念。它要求开发团队首先要遵循已经存在的可重用代码软件库,其次要以组件形式构建新的软件,且这个新组件在后续的软件开发项目中也能被重复使用。

1. 快速应用开发法

为加速系统开发过程,快速应用开发法(Rapid Application Development,RAD)也被称为快速原型法,其强调用户广泛地参与到一个系统工作原型的快速和循序渐进过程中,如图 5.20 所示。

快速应用开发基本包括以下几个步骤。
(1) 同系统开发生命周期法一样,完成计划和分析阶段。
(2) 评审软件库,确定用在新系统中的组件是否存在。
(3) 建立符合期望系统的外观和行为原型(即软件组件的工作模型)。设计、开发和测试原型,直到它们变成完整功能的软件组件。
(4) 在前两步的基础上集成软件组件,然后作为一个完整系统对其进行测试。
(5) 遵循在系统生命周期法中建立的许多准则安装新系统。

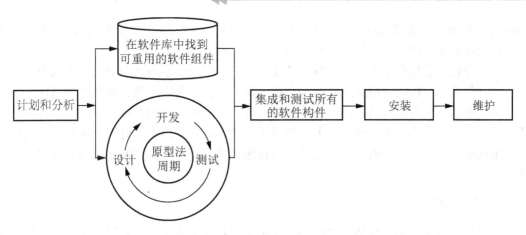

图 5.20　快速应用开发法

(6) 提供持续的支持维护。

在采用快速应用开发法时，应积极地使最终用户参与到分析阶段和设计、开发，以及对新系统组件的迭代过程中。这种最终用户参与和原型的使用往往能极大地加速业务需求的收集和软件开发的速度。此外，如果能在软件库在找到可重用的软件组件，那么整个过程的速度会更快。

2. 极端编程法

极端编程法(Extreme Programming，XP)是把一个项目分解成许多小的阶段，开发者在所进行的某阶段完成之前，不能继续到下一个阶段。XP 很像一个拼图游戏，有很多小块(即软件组件)。独立地看，每个小块毫无意义，但当它们被组合在一起时，一个组织就能获得整个系统的可用性。系统开发生命周期法和极端编程法之间的主要区别就是，极端编程法将其阶段划分成反复的过程。例如，系统开发生命周期法用来开发整个系统，然而极端编程法则以反复的方式开发系统，如图 5.21 所示。

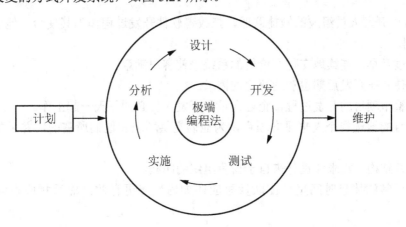

图 5.21　极端编程法

微软公司开发 IE 浏览器和 Netscape 公司开发 Communicator 使用的就是极端编程法。两家公司当时每晚都进行整个项目的汇编，把现有的各个部分都集合起来。它们设计完成日期并付出了巨大努力来让客户参与到每个版本中来。极端编程法能让微软公司和

Netscape 公司在系统规格随着时间变化时，对数以百万条代码进行管理。最重要的是，两家公司经常运用用户设计评论和战略对话来获得和吸取用户反馈。

极端编程法显然是违背传统的软件开发方法的，但很多不同行业的组织都运用它开发出了成功的软件。极端编程法成功的一个原因就是它强调客户满意。即使是在系统开发生命周期的晚期，极端编程法也能够使开发人员适应变化的客户和业务需求，而且它很强调团队合作。管理人员、客户和开发人员组成了开发团队来致力于交付一个高质量的软件。极端编程法实施一种简单而有效的方法来进行团队开发，它能够快速地适应需求和技术的变化。

3. 敏捷开发法

敏捷开发法是极端编程法的一种形式，是指通过及早的连续的交付有用的软件组件来达到客户满意。敏捷开发法与极端编程法相似，但它较少地关注于团队编程而较多地关注于限定项目范围。敏捷开发项目设置最小数量的需求，然后将它们变成可交付的产品。敏捷开发法就像它听起来的那样——快速而有效、小巧而敏捷、较低的成本、较少的功能，以及时间较短的开发项目。

 资料卡

敏捷 IT 系统开发

企业敏捷意味着为企业每一时刻的变化做好准备。组织需要敏捷 IT 系统的原因很简单，变化的发生比 IT 和企业能预料的要更多。为了应付无穷无尽(常常是无法预测的)变化和竞争性的需求，企业必须拥有一套适应性强的敏捷 IT 系统。

当你准备开发一套 IT 系统的时候，有一些和敏捷性相关的因素和特性需要考虑。涉及的这些因素和特性普遍被称做"ilities"，如有效性、可访问性、可靠性、适应性、灵活性、可执行性和容量计划等。

一群软件开发人员组成的敏捷联盟，把改善软件开发过程作为其使命。他们的宣言包括以下原则。

(1) 通过及早、连续地交付有价值的系统来使客户满意。

(2) 即使是在开发后期也欢迎变化的需求。

(3) 在整个项目的开发过程，企业人员和开发人员必须每天一起工作。

(4) 有目的地选择个人来设立项目，为他们提供环境和他们所需的，并且相信他们能完成任务。

(5) 最好结构、需求和设计来自于自我组织的团队。

(6) 在正常的休息时间里，团队反思应该如何变得更有效，然后相应地调整团队的行为。

5.3.5 开发策略

一般来说，企业实施物流信息系统的目的在于提高物流系统的可控性、提高物流系统的效率、构筑全球化物流管理能力、实现信息透明、促进供应链的应用等。由于物流信息系统的开发是一项复杂的系统工程，因此在开发之前，必须对系统的开发所遵循的原则、开发的过程、开发的模式或策略，以及由此而引发的组织结构、业务流程等问题，都要有全面的分析和清楚的认识。

 知识拓展

系统开发应遵循的原则

为了使开发工作顺利进行，使开发出来的系统易于改变、安全可靠、高效先进，物流信息系统开发一般应该遵循以下几项原则。

(1) 适应性原则。适应性是系统开发必须遵循的基本原则。主要包括两个方面，一是系统要适应各种管理需求，不仅须要满足使用者现在提出的要求，而且将来环境变化而带来新的要求时，也要便于修改系统而使系统与之适应；二是要主动适应信息技术环境，采用现代管理科学的原理与方法，再造业务流程，提高企业经营管理水平，加强管理基础工作，从而创造需求，使用户满意。

(2) 效益原则。效益是衡量系统值不值得开发的重要依据。企业的任何行为都是为了创造直接或间接的、目前或长远的经济效益或社会效益。在开发过程中，要尽可能节省开支和缩短开发周期。新系统投入运行后，应尽快回收投资，以提高系统的经济效益和社会效益。

(3) 系统原则。物流信息系统是一个集成的，使企业各项活动与职能相互联系、彼此协调的整体系统。它是由各个子系统组成的，系统开发必须以系统观点、采用系统工程的思路来进行。

(4) 规范化原则。系统开发是复杂的系统工程，应该按照系统工程的理论、方法和规范去组织。无论用哪一种开发方法，都必须注重开发工具、文档资料、项目管理的规范化，实现共享与重用。

(5) 递进原则。系统的建立不可能一开始就十分完善和先进，总是要经历一个逐步完善，逐步发展的过程。贪大图全，企图一步到位，会违反发展的客观规律，使系统研制周期过于漫长，增大了风险。只能先做一个总体规划，然后分步实施，递进发展。

另外，还有可靠性、相关性、创新性等原则，但上述 5 项原则是最基本的。

建立信息系统有三种主要的选择方案：一是选择资源内包，这将意味着由组织内部自身的信息技术专家来完成系统开发；其二是选择资源自包(也称为最终用户开发)；其三则是选择资源外包。由于开发方法基本上是针对资源内包的，故这里仅讨论后两种方案。

1. 最终用户开发

资源自包是指最终用户在极少或根本不借助信息技术专家帮助下开发系统。最终用户(知识工作者)是使用系统的人员，尽管在他们的专业领域中是专家，非常清楚自己希望从系统中获得什么，但他们并不是信息技术专家，只是具备开发这种系统的能力。资源自包的方法之所以能迅速被许多企业接纳，是因为它能有效地减轻企业压力。信息技术人员不仅不会抵制最终用户应用开发的趋势，而且更应该努力促使最终用户获得解决问题的实现工具。

资源自包的过程如图 5.22 所示。可以看出，资源自包过程与系统开发生命周期中的阶段很相似，但资源自包过程是围绕建立原型进行的。当用户为自己开发一个系统时，将非常频繁地经历建立原型的过程，不断地建立和精练模型或原型，直到系统完成。

资源自包的成功战略依赖于两个关键点：一是懂得哪些应用是好的选择，二是为最终用户提供正确的工具，如表 5-4 所示。对于资源自包的开发工具来说，易于使用是最主要的，毕竟最终用户不是熟练的程序员。另外，如企业关键的 ERP、客户关系管理、供应链管理、商务智能和电子商务，以及支持大量并发用户的系统并不适合于资源自包。

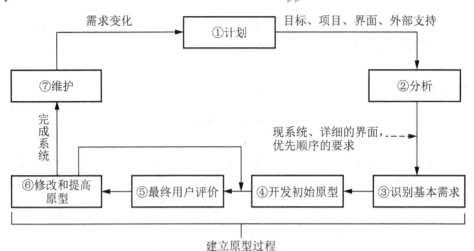

图 5.22 资源自包过程

表 5-4 资源自包中的关键任务

计　划	分　析
● 按照组织目标定义系统目标； ● 建立一个项目计划； ● 识别所有要求一个界面的系统； ● 确定所要求的外部支持的类型	● 研究和建立现有系统的模型； ● 详细地理解系统界面； ● 定义需求的优先顺序支持； ● 完整地建立系统文件； ● 提供连续不断的支持

 案例 5-8

隐蔽 IT 在流行

隐蔽 IT(Shadow IT)是指没有经过企业 IT 部门正式批准使用的 IT 解决方案，往往是终端用户为弥补 IT 部门的不足而自行使用的受控制的技术，企业界现在逐渐接受了隐蔽 IT 这种文化的存在。根据 Blue Prism 公司的调查，这种 IT 技术包括用户擅自安装的软件，对已有软件进行篡改或不经 IT 部门同意而私自使用的宏命令。67% 的受访者表示预算和资源的限制是导致这一现象的原因，24% 的人相信隐蔽 IT 在自己的公司并不存在，而 10% 的人表示他们甚至不知道这个概念。

这些隐蔽使用的系统并不一定是 Excel 电子表格的简单变化版本。相反，它们可能很复杂且很有竞争力，甚至超越了 IT 部门提供的任何解决方案。这些系统可能是谷歌的小应用，也可能是特别的定制系统。终端用户了解到 IT 部门不可能保证总是按要求提供最佳可行方案，这就导致了组织内隐蔽 IT 技术的产生，员工总是在日常工作中试图自行安装应用或尝试自己的解决方案。

隐蔽系统能够成功的一个主要原因是在一线工作的人们有需要。当他们遇到问题并能自行找到一个良好的解决方案时，这种要求就得到了满足。而 IT 部门在解决问题时过分强调技术层面，而非问题本身，这会导致终端用户不用官方提供的解决方案。IT 部门往往对用户自建系统进行搜查和禁止，它们忽视了终端用户不使用它提供的解决方案的原因，毁掉了一个组织拥有的 IT 策略和竞争优势的来源。

(资料来源：[美]奥布赖恩. 管理信息系统[M]. 15 版. 叶强，等译. 北京：中国人民大学出版社，2012.)

2. 资源外包

资源外包是在指定的期限、明确的成本和具体服务水平要求下将特定的工作委托给第三方完成的开发方式。如今，信息技术外包代表了一种重要的机会，使你的企业通过让其他企业接管和履行某些企业职能来利用其他企业的智力资源，在这些企业职能上，其他企业可能比你公司拥有更多的专业知识。

资源外包的过程与系统开发生命周期既有相似之处又有很大不同，不同之处在于把设计、开发、测试、实施和维护步骤的大部分工作都移交给另一家企业；相似之处在于所有企业的开发工作都是以计划和定义项目范围开始的，如图 5.23 所示。不管资源内包或外包，都需要完成分析阶段——特别是要提取目标系统业务需求的主要活动。对业务需求的识别将驱动整个系统开发工作，如果业务需求不准确或不完整，那么系统无论怎样也不可能成功。

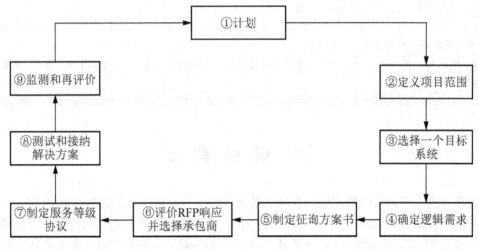

图 5.23 资源外包过程

资源外包涉及告诉另一家企业想要什么。征询方案书(Request For Proposal，RFP)是一种详细描述目标系统逻辑需求，并邀请资源外包组织(承包商)对开发系统进行投标的正式文档。征询方案书是资源外包过程中的重要该文档，其至少应包括一些关键信息，如组织概况、目标系统将要支持的基本业务过程、一个详尽的开发时间框架要求，以及详细的资源外包成本描述要求等。

在评估征询方案书并选择承包商后，还必须签订一个非常明确地描述目标系统功能的法律上的契约合同，即服务等级协议(Service Level Agreement，SLA)。SLA 是一种两个组织之间正式的负有法律责任的契约，该协议中应包括精确的系统成本、开发时间框架、验收标准、对违背合同约定行为的处罚准则等。如果承包商进一步同意提供开发后期的维护与支持，则 SLA 还应当详尽描绘维护和支持活动期间的内容和成本，以及衡量这些活动成功的关键测量标准。

案例 5-9

资源外包的优缺点的权衡

以宾夕法尼亚州费城为基地的 Neat 公司是一家先进的光字符识别技术制造商，2007 年，公司经历了世界经济增长，一个总是伴随着问题的好增长。Neat 公司用真正的人才填充关键的空缺位置却困难重重。产品开发周期是缩短了，成功聚集人才成为其发展的关键。

因此，Neat 公司的管理者考虑聚集在中国的资源外包的计划。许多人认为通过关注成本，资源外包的问题是很容易解决的，但 Neat 公司却不然。众所周知制定正确的决策有几个因素必须考虑。几经周折，Neat 公司决定将资源外包给基于中国的公司 Symphony Services，下面是 Neat 公司考虑的几个因素。

(1) 劳动力市场。肯定在中国更便宜(和美国比较)，但和其他组织一起工作的开发团队会出现语言和文化障碍的挑战。

(2) 项目开发。在中国比较快，但 12 小时的时差总是打乱了通信。

(3) 大市场(中国)。非常好的事情是 Neat 公司可能在潜在的巨大市场开拓业务，但在中国知识产权的侵犯或客户数据的丢失有可能会发生。

(资料来源：[美]哈格，卡明斯. 信息时代的管理信息系统[M]. 8 版. 严建援，等译. 北京：机械工业出版社，2011.)

5.4 项目管理

长期以来，信息系统的建设一直是信息领域内十分具有挑战的课题。1995 年，一项题为"混沌"(Chaos)的著名的研究证实，能够在计划的时间和预算内实现目标的信息系统建设项目只有 16.2%。在美国，仅 1995 年一年，有 31%的信息系统项目在完工之前就被取消了，耗费了美国公司和政府关部门 810 亿美元的投入。此后，信息系统项目的管理问题日益得到人们的重视。然而，到 2000 年，信息系统建设项目的成功率也仅仅上升到 28%，仍然有 49%的信息技术项目超出预算和最后期限，另有 23%的项目最终失败[①]。

案例 5-10

猴子与芒果园的故事

一群猴子从结满成熟果实的芒果园经过，看见满园的芒果，就进入果园。它们摘下芒果，咬过几口便不耐烦地丢下，又去摘下一个。突然一只猴子尖叫起来，原来它被一块大石头打中了。猴子们回过头，发现园丁正向它们扔石头。它们慌忙逃进附近的森林中，等园丁们离开，又立刻返回。但是它们刚刚开始吃芒果，石头便再次雨点般向它们打来，猴子们只得逃走。

这样的情景一次又一次地再现，最后大多数猴子都受了伤。这时，猴王说："我们应当拥有自己的芒果树，那样就能太太平平地吃果子。"于是猴王召集众猴开会，以寻求解决办法。最聪明的一只

---

① 陈国青，李一军. 管理信息系统[M]. 北京：高等教育出版社，2006.

猴子说:"我听说芒果树来自芒果中的种子,人类把种子埋到地里,芒果树就会长出来。我们可以偷一只芒果,把种子埋到地里,种出我们自己的树。"

猴子们一致认为这是个好主意,于是它们派出最灵活的一只猴子回到果园。它躲开园丁的几块石头,摘下一颗硕大的芒果,带着它奔回森林。众猴子挖了一个坑,放进一颗种子,盖上土。然后它们围坐在坑的周围,目不转睛地盯着树坑,期待着树长出来。10分钟过去了,芒果树并没长出来,一些小猴子们坐不住了,偷偷地溜走。又10分钟过去了,芒果树仍然没有长出来,一些大猴子也溜走了。最后猴王喝道:

"都回来!你们要去哪儿?"

"我们不想等下去了。果园里有那么多芒果可吃。"

"你们不明白吗?吃别人的果子是没有前途的,我们必须有自己的树。我确信它很快会长出来。"

众猴们在猴王的号召下又等了整整一天,但是芒果树还是没有长出来。第二天又过去了,芒果树还是没有长出来。"等这么长时间是不正常的!"一只猴子说,"把它挖出来,看看出了什么问题。""耐心点。"猴王说。第三天过去了,芒果树依旧没有长出来。全体猴子一齐求猴王让它们把种子挖出来、看看发生了什么。最后猴王同意了,几个猴子挖下去,种子露了出来,但是它们把刚刚萌发的细芽弄断了。

"你们看见了,孩子们!"猴王说,"愿望不会一夜成真。你们有拥有一棵树的梦想,也有了种子,却没有实现梦想的耐心。"

(资料来源: http://www.51edu.com/it.)

5.4.1 项目管理概述

通俗地讲,项目就是在一定的资源约束下完成既定目标的一次任务。这里的资源包括时间资源、经费资源、人力资源和物质资源。如果把时间从资源中单列出来,并将它称为"进度",而将其他资源都看作可以通过采购获得并表现为费用或成本,那么就可以将项目描述为:在一定的进度和约束条件下,为实现既定的目标并达到一定的质量所进行的一次工作任务。而项目管理是指对项目的计划、指挥和对资源的控制(人、设备、资本、物料等),它的目的是在项目的技术、成本、时间和资源约束之内达到项目的目标。项目经理不仅要努力实现项目的范围、时间、成功和质量指标,还必须协调整个项目过程,以满足项目参与者及其他利益相关者的需要和期望。

信息系统建设作为一类项目,具有3个鲜明的特点:①信息系统项目的目标是不精确的,任务的边界是模糊的,质量要求更多是由项目团队来定义的;②信息系统项目进行过程中,客户的需求会不断被激发,被不断地进一步明确,导致项目的进度、费用等计划不断更改;③信息系统项目是智力密集、劳动密集型的项目,受人力资源影响最大,项目成员的结构、责任心、能力和稳定性对信息系统项目的质量,以及是否成功有决定性的影响。

一般来说,信息系统项目管理必须处理5个主要变量:规模、时间、成本、质量和风险。规模定义了项目包括哪些工作,不包括哪些工作;时间是指完成项目所需的时间,以及为完成每项任务时间表;成本基于完成项目所需的时间乘以完成项目的人力成本得出;质量用以说明项目的最终结果满足管理层设定目标的程度;风险是指影响项目成功的潜在因素。

1. 项目预算

有几种成本是可以观察和估量的,如硬件和软件采购或每小时劳动成本。然而,其他的成本因素较不明显。在正常操作中企业可能会有一些停顿；作为分析员，可与一些职员交互；将项目资金花费在选取活动上可能会失去其他一些机会等，所有这些成本因素都需要考虑，但应将注意力集中在预算进程方面。

1) 硬件和软件成本

可以从几个来源控制硬件和软件成本。制造商、广告、互联网、杂志浏览、邮件订购目录和零售商渠道提供了充足的产品价格。但仍有几个原因解释为什么可能为最优惠的软硬件而集中购买。在早期的结构化开发方法中，可以用一种非常概括的方法预计这些成本，当添加每一个设计元素时，详细的软硬件说明允许进行更精确的成本预计，当设计阶段将近结束时，有关具体产品的成本会取代这个数目。

2) 劳动成本

作为时间和劳动费用函数的劳动成本提出了一个不同的问题。如果问技术工人要用多长时间更换汽车水泵，答案可能来自一本书或一个电子数据库。许多年后，技术工人更换不同汽车水泵的经验提供了充分数据去创建平均劳动成本。然而，不可能在系统分析和设计中建立相似的值，因为计算程序更换如此显著和频繁。简单地说，没有现在的标准能够知道要用多长时间定制软件或建立一套数据流程图。进一步讲，即使能制定这样一个时间标准，工资标准的考虑也相当不同，它取决于地理位置和系统复杂性。

无论使用什么方法预计原始项目成本，都必须跟踪实际成本，并把两者进行比较。这不但为作业成本会计清算提供基础，也为将来项目成本预计建立一个可供参考的经验文本。

知识拓展

成本估计的一般过程

成本测算就是根据待开发的系统的成本特征及当前能够获得的有关数据和情况，运用定量和定性分析方法对物流信息系统生命周期各阶段的成本水平和变动趋势作出尽可能科学的估计。信息系统开发成本测算的一般过程如图 5.24 所示。

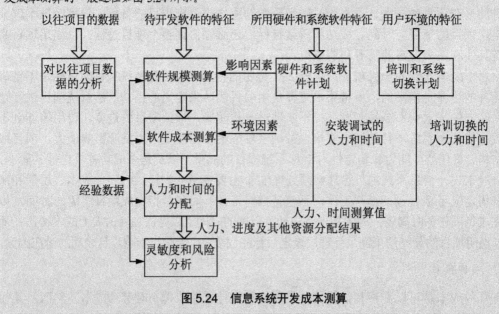

图 5.24　信息系统开发成本测算

(1) 建立对过去项目成本情况进行数据分析的基础上，历史的经验和教训对于成本测算的各个阶段均有参考价值。

(2) 进行硬件成本及用户方面成本的测算。这是因为它们对软件成本的分析有着一定的影响，如开发人员对所采用的硬件或数据库系统的使用经验将明显影响软件生产率，从而影响软件成本，对此先做测算可以减少软件测算中的不确定因素。

(3) 软件成本测算。通常分两步走：第一步，测算软件的规模或程序量；第二步，利用有关的经验参数模型测出该种规模的软件成本。当然也可运用专家判定等方法将上述两步合并直接测算成本。

2. 项目状况报告

项目状况报告服务于目的。项目经理必须跟踪项目到项目目标完成，以判断是否需要进行调整来维持原安排。为防止最后时刻出现意外，特别是假如有直接涉及他们或影响预算的改变时，用户应被告知项目状态。最后，可以把状况报告当作一个将来提高预算成本估计技巧的方法。

项目的进度计划意味着明确定义项目活动的开始和结束日期，这是一个反复确认的过程。进度表的确定应根据项目网络图、估算的活动工期、资源需求、资源共享情况、项目执行的工作日历、进度限制、最早和最晚时间、风险管理计划、活动特征等统一考虑。在制定项目进度表时，先以数学分析的方法计算每个活动最早开始和结束日期与最迟开始和结束日期，得出时间进度网络图，再利用资源因素、活动时间和冗余因素调整活动的时间，最终形成优化的活动进度表。项目进度计划和管理是一个复杂的工作，但是管理者也可以利用一些直观的工具来辅助决策。

甘特图(Gantt Chart)用水平线段表示任务的工作阶段；线段的起点和终点分别对应任务的开工时间和完成时间；线段的长度表示完成任务所需的时间。图 5.25 给出了一个具有 5 个任务的甘特图，任务名称分别为 A、B、C、D、E，5 条线段分别代表完成任务的计划时间，在横坐标方向附加一条可向右移动的纵线。它可随着项目的进展，表明已完成的任务和有待完成的任务。关于甘特图的编制可采用微软的 Project 或 Excel 软件来实现。

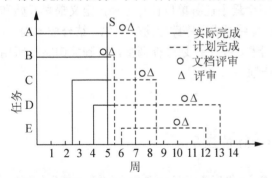
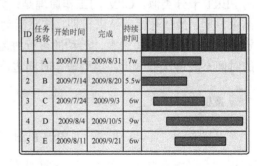

图 5.25 甘特图

按现状来看，甘特图只表现了给定活动的起止日期，没有提到每次活动所需的劳动时数，或这些劳动时数在什么情况下可能超过时限。然而，项目经理需要所有此类信息管理分析资源的分配，这些都可以在简单的电子表格中进行标记。

> **知识拓展**
>
> ### 创建项目预算和项目状况报告
>
> 创建项目预算和项目状况报告具体包括以下几个步骤。
> (1) 根据经验和项目合同中的成本限制作出硬件和软件成本总预计。
> (2) 用自上而下法或自下而上法预计项目劳动成本。
> (3) 如在步骤(2)中用自下而上法,可以从任务单中直接计算出单位时间劳动成本,至少必须将这些成本分配在 SDLC 的主要阶段。
> (4) 将成本分散到项目合同中指定的项目时间段,要记得留有交付、安装和测试时间。
> (5) 开发项目预算。
> (6) 制定项目状况单,虽然要求注重活动而不是成本组成,但要认真比较任务单预算和状况单之间的预计劳动时间。
> (7) 定期收集付费小时数表,在状况单上提交适当活动或任务的实际小时数。
> (8) 为预算提交状况单实际时数,注意要在两个文档上区分时间段方面做一些调整。

3. 项目资源管理

当同时进行其他任务时,很多项目任务呈现线性关系。PERT(Program Evaluation and Review Technique,项目评审法)图显示了这种依存关系。PERT 图不仅适用于涉及许多任务和很多人员的大型系统项目,也可以帮助小型企业分析员分配和协调维持项目安排计划所需的资源。实际上 Gantt 图、PERT 图都是进行项目进度安排的有效工具。

PERT 图是美国海军在 1958—1959 年研制 "北极星" 武器系统时制定的一种项目进度计划方法。PERT 的方法差不多在所有的工业领域中都有应用,而且该方法成了后来许多方法的基础,如最低成本法和估算规划法、产品分析控制法、人员分配法、物资分配法。

关键路径法(Critical Path Method,CPM)是由杜邦公司推出的用于时间管理的方法,其与 PERT 十分类似。CPM 的工作原理是:为每个最小任务单位计算工期,定义最早开始和结束日期、最迟开始和结束日期,按照活动的关系形成顺序路径进行优化,结合成本因素、资源因素、工作时间因素、活动的可行进度因素对整个计划进行调整,直到关键路径所用的时间不能再压缩为止,得到最佳时间进度计划。

 案例 5-11

PERT 图与 CPM 的应用

> 图 5.26 是一个 CIS Lab 项目的 PERT 图。它解释了一个有关 CIS Lab 项目任务的附加信息。已经知道要去执行哪个任务,它们需要多长时间。在 PERT 图的帮助下,注意到 DFD 对项目的其他部分是至关重要的,这并不令人惊奇。然而,也注意到可同时进行任务 3~任务 5,这允许项目经理向其他分析员分配这些活动安排中的两个。

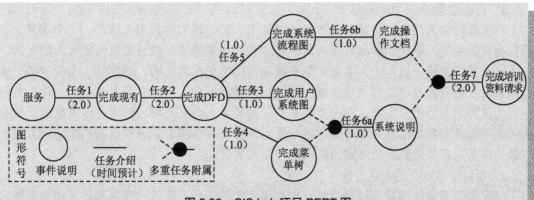

图 5.26　CIS Lab 项目 PERT 图

图 5.27 解释了 CIS Lab 项目的关键路径。任务 4 和任务 5 所需时间减少到 5 个小时，使此说明更具有说服力。为每一个可行路径从开始到结束计算所需的总时间，然后明确需要最长总时间的路径。在这种情况下，任务 1、任务 2、任务 3、任务 6a 和任务 7 总计 8 小时。假如这些任务中的任何一个没有按时完成，就必须推迟项目完成日期。当真实的方法不像此案例一样简单时，可以利用系统程序计算关键路径。

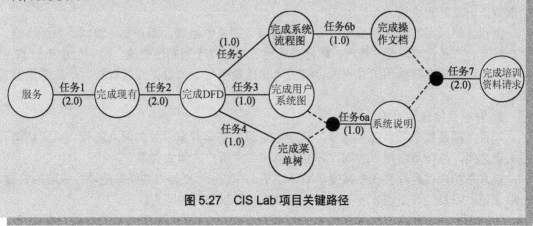

图 5.27　CIS Lab 项目关键路径

4. 人员管理

信息系统项目是智力密集、劳动密集型项目，受人力资源影响最大，项目成员的结构、责任心、能力和稳定性对信息系统项目的质量以及是否成功有决定性的影响。此外，由于信息系统开发的核心成果——应用软件是不可见的逻辑实体，如果人员发生流动，对于没有深入掌握软件知识或缺乏信息系统开发实践经验的人来说，很难在短时间里做到无缝承接信息系统的后续开发工作。

要保证物流信息系统开发工作的顺利启动，首先要建立项目的组织机构——项目组。项目组可以由负责管理和开发的不同方面的人员组成，项目组由项目组长或项目经理来领导。一般来说可以根据项目经费的多少和系统的大小来确定相应的项目组。项目组根据工作需要可设若干个小组，小组的数目和每个小组的任务可以根据项目规模、复杂程度和周期长短来确定。一个好的项目组不一定能保证项目的成功，但一个差的项目组将肯定会导致项目的失败。

1) 人员数量

合理地配备人员应包括按不同阶段适时任用人员，恰当掌握用人标准。一个信息系统项目完成的快慢，取决于参与开发人员的多少和人员的素质。项目是以恒定人力配备的。过去，在开发的整个过程中，多数信息系统项目恒定地配备人力，需要的人力在编码与单元测试阶段达到顶峰，以后又逐渐减少。如果恒定地配备人力，在开发的初期，将会有部分人力资源用不上而浪费掉；在开发的中期，需要的人力又不够，造成进度的延迟。现在由于采用面向对象的信息系统开发，很难采用软件工程中用公式计算出人员配备的方式，多数情况是项目经理凭经验确定信息系统开发人员数。

2) 项目小组成员的角色分配

开发大型复杂的信息系统项目是一项充满风险的工作，失败比例相当高。信息系统项目中如何组建项目组、分配合适的角色是一个非常重要的问题。一个高效的项目组能够赋予项目组成员权力，并明确他们的责任。因为，明确责任与权力会消除获得成功过程中的障碍，并使项目组成员专注于自己的工作目标。高效的项目组能够保证项目的目标和进度可以达到，每个项目组中的成员根据他所负责的任务进行时间、进度的估计和安排。项目组中的每个成员都需要理解客户的最终使用者的需求，这样他们就能够基于使用者和客户的期望作出良好的决策。

微软公司采用的组队模型是由6个明确定义的角色组成，即开发、测试、系统实施、用户教育、产品管理、程序管理，项目组成员之间可以无限制地交流。对大型企业的IT机构来说，可能还有其他用于补充项目组的"支持角色"，如数据库管理员、产品质量监督员等。

3) 对项目经理的要求

项目经理是整个项目的领导者，其任务是保证整个开发项目的顺利进行，负责协调开发人员之间、各级最终用户之间、开发人员和广大用户之间的关系。

信息系统项目经理要在非常变动的环境下工作，他管理能力的强弱是项目成败的关键。一般来说，项目经理是通才而不是专才，他应具有以下几种能力。

(1) 把用户提出的非技术性要求加以整理提炼，以技术说明书形式转告分析员和测试员。

(2) 能说服用户放弃一些不切实际的要求，以便保证其合理要求可以得到满足。

(3) 能够把表现上似乎无关的要求集中在一起，归结为"需要什么"，"要解决什么问题"。这是一种综合问题的能力。

(4) 要懂得心理学，能说服上级领导和用户，让他们理解什么是不合理的要求，但又要使他们乐于接受，并受到启发。

案例 5-12

做一名善于沟通的经理

作为一个第一层的经理，Dave是个失败者，他甚至不会写"沟通"两个字。而另一个经理Gabby，却做得过火了。他滔滔不绝地谈话，而大家都不知道他到底说了些什么。经理不一定非得是一个最好的主管、最好的技术员或最高水平的演讲者，但是他必须会沟通。

当然沟通的方式有很多种。在中学里，白发苍苍的老师 Smitty 会低沉地说："好吧！Metzger，你这该死的家伙，给我们说一说 Ipswich 公司。"她满怀恶意地笑着，等待你的回答，你会觉得不寒而栗。然而，在代数课上，Bailey 先生会说："好吧，Philip，请把这个问题的答案写在黑板上。"他如此地友善，如果你没有做好准备的话，你会觉得自己像一个叛徒，不自觉地就把你所知道的都说出来了。

（资料来源：[美]Philip Metzger, Lohn Boddie. 软件项目管理[M]. 3 版. 陈勇强，贾琳，等译. 北京：电子工业出版社，2002.）

5.4.2 风险管理

风险是活动或事件中存在的消极的、人们不希望的后果发生的潜在可能性。物流信息系统项目风险管理指的是对在物流信息系统项目过程中可能发生的潜在问题，以及对影响物流信息系统项目成功的因素进行识别、评估、量化、制定对象及监控的过程。项目风险管理的目标可以是使潜在机会或回报最大化，使潜在风险最小化。

知识拓展

需求曲解给项目带来的灾难

在系统的开发过程中，由于信息专家与企业知识员工的沟通不畅，常常会发生一些误解或曲解，有时这种曲解会给项目带来严重的后果。风险水平受项目的大小、结构和信息系统人员及项目团队技术知识水平的影响，如图 5.28 所示从某种程度上说明了项目潜在风险。

 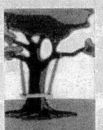   

顾客需求如此描述　项目经理如此理解　设计者如此设计　开发者如此开发　商业顾问如此诠释

项目文档如此编写　项目安装如此简单　项目投资如此巨大　项目支持如此肤浅　原来，这才是客户真正需要的

图 5.28　需求的曲解

1．影响因素

如果不考虑与新系统相关的组织变化的成本，或者是这些变化有效，信息技术投资的

收效就会减少。引入或改变一个信息系统通常会有一个强烈的行为和组织的影响。它改变了个人与群体的执行和互动。改变了信息的定义、存取和用于管理组织资源的方式，常会导致权限与权力的重新分配。这个内部的组织变化滋生了阻力和反抗，并可能导致原本为好的系统的崩溃。

1) 信息系统的问题领域

从信息系统本身角度来看，引起系统失败的因素多种多样，其主要体现在设计、数据、成本和运行等领域。

(1) 设计。系统的实际设计可能没有捕捉到企业的本质要求或者改善组织的业绩。信息可能没能很快提供有用的帮助；可能是因为其格式不能被理解和使用；或者它表达了错误的数据段。如果信息系统的设计不能从总体上与企业结构、文化及组织目标相协调，那么它就可以被认为是失败的。

(2) 数据。系统中的数据可能存在高度的不准确或不一致。某些信息的数据项可能是错误或二义性的，或者不能按企业要求正确地组织。一个特殊企业功能要求的信息，可能因为数据不完全而无可取性。

(3) 成本。某些系统运行得十分平稳，但它实现和运行生产基础上的成本超出了预算。另一些系统项目可能花费很多才能完成。在这两种情况下，超出的花费不能由它们所提供的信息价值所抵偿。

(4) 运行。由于计算机运行和信息处理的中断，信息就不能及时提供而影响经理的工作效率。任务经常的中止导致过多的重启或延迟，或者递送信息的失去调度。由于响应的时间太长，一个在线系统可能会产生运行问题。

某些这类问题可能属于信息系统的技术性能，但大多数源于组织因素。系统建造者需要懂得这些组织问题并学习如何管理与建造新信息系统相关的变化。

2) 行为和组织问题领域

系统成功与失败的因素主要有实现过程中用户的角色、管理层支持的程度和对实现努力的许诺、实现项目的复杂性和风险程度、实现过程的管理质量等。

(1) 用户介入和影响。对信息系统实现的努力中，顾问和客户之间的关系传统上都是问题。用户和信息专家有不同的背景、兴趣和工作重点，这种不同导致了不同的组成忠诚、解决问题的方法。信息系统专家时常有很强的技术解决问题的导向，他们寻求大的复杂的技术解决方案，以使硬件和软件效率最佳，从而牺牲了易用性和组织效果。用户希望系统能解决企业问题或易化组织任务。当用户和技术人员之间有一个明显的鸿沟以及这些群组继续追求不同的目标时，系统开发项目将会存在一个很高的失败风险。

(2) 管理层的支持和许诺。如果一个信息系统项目具有各层管理的支持和许诺，它就较可能被用户和技术信息服务人员视为正面的。这两个群组均相信他们参与开发过程将得到高度注意和高度重视。他们用于实现的时间和努力将能得到承认和奖励。管理的支持同样保证一个系统项目能获得足够的资金和资源。更进一步，为了有效地增强效果，所有与新系统相关的变化，包括工作习惯、工作程序和任何的组织重组，都取决于管理的支持。

3) 复杂性和风险程度

系统在规模、范围、复杂性、组织和技术部件方面很不相同。某些系统开发项目更容易失败或遭受延迟，是因为它们比其他系统带有更高的风险。项目的风险水平受项目的规模、项目的结构、信息系统人员和项目团队的技术知识水平的影响。

(1) 项目的规模。项目的规模由消耗的费用、实施人员的规模、实施的时间和受影响的组织单位的数据等指标确定。非常大的系统失败率高达 50%～70%，这是由于其复杂和难以控制。系统的组织复杂性，即多少单位用它和它影响企业过程的情况如何，大规模系统项目的复杂性和技术复杂性一样，如程序码的数量、项目的时间和预算。

(2) 项目的结构。结构化较高的项目要求清楚直观，因而输出和处理容易定义。用户精确地知道他们需要什么和系统应做什么；用户几乎不可能改变他们的想法。这类项目运行的风险较低，当然适于对那些相对无定义的、流动的和常变要求的项目；相对于那些输出容易固定，常受约于用户的思想而变的项目；或者用户自己都不同意他们自己的需要的项目。

(3) 技术经验。如果项目的团队和信息系统人员缺乏所要求的技术经验，项目的风险就会增加。如果这个团队不熟悉这个项目建议用的硬件、系统软件、应用软件、数据库管理系统，项目可能要遇到技术问题，或需要更多的时间来完成，这是由于需要时间去掌握新技术。

任何实现努力的内在矛盾和不确定性在管理与组织不善时就会放大。一个系统开发项目如果没有妥善的管理就有可能造成成本严重地超出预算、时间的拖延、技术缺陷导致性能严重低于估计的水平、未能获得预期的收益等后果。

2. 风险控制

人们针对具体实现问题的种类，设计了多种项目管理、需求收集和计划的方法。为了保证用户始终在实施过程中扮演合适的角色和管理组织变革过程，也设计了很多策略。不是所有的实现过程都容易控制或计划，然而预测潜在的实现问题和应用合适的矫正策略可以使系统变化的成功率增加。

1) 风险识别

物流信息系统项目实施的风险类型大致可分为实施风险、管理风险和组织转变风险。

(1) 实施风险。实施风险是识别风险的第一步，即识别整个项目过程中可能存在的风险。一般是根据项目的性质，从潜在的事件及其产生的后果和产生该后果的原因来检查风险，包括需求评估风险、选型风险、沟通风险和技术风险。

(2) 组织转变风险。物流信息系统的实施不仅仅是用电子化代替手工操作，更多地是需要人们去转变观念，优化流程及组织结构，这就必然会与现有管理理念、组织框架、考评办法、业务职能等发生冲突，只有将这些影响因素合理地解决，才能发挥企业实施信息系统应用效用。管理观念转变、组织架构调整、业绩考评体系变化、用户角度和职能改变等带来的风险都属于组织转变风险的范畴。

(3) 管理风险。在项目管理过程中，可能遇到的主要风险来自于管理的各个方面，包括项目时间和进度的控制、成本控制、人员组织、质量控制等。

2) 风险分析

风险分析的目的是确定每个风险对项目的影响大小，包括定性风险分析与定量风险分析。定性分析是根据各个风险因素对物流信息系统项目目标可能造成的影响程度，对风险因素进行排序的过程。定性分析的依据包括风险管理规划；风险识别的成果；项目进展状况；项目类型；数据的准确性可靠性；风险发生的概率和影响的程度。

定量分析则是利用一些分析工具或技术，对风险发生的概率及产生影响的具体值进行评估，以评价物流信息系统项目可能结果的范围。常使用的方法有蒙特卡罗模拟技术、决策树分析、访谈等。

3) 风险应对

在确定了项目存在的风险及其发生的可能性，并排出风险的优先级后，就可以根据风险性质和项目对风险的承受能力制订相应的防范计划，即风险应对。风险应对计划编制包括采取措施增大机会和制定应对威胁的措施。应对风险的 4 项基本措施为规避、接受、转移和减轻，而风险应对计划编制过程的主要输出包括风险管理计划、应急计划和应急储备。

4) 风险监控

风险控制是指在整个物流信息系统项目生命周期内跟踪已经识别的风险，减少风险，并评估这些措施对降低风险的有效性。该过程的主要输出包括应对风险的纠正措施及风险应对计划的更新。通过风险监控过程，物流信息系统项目人员可以持续更新项目风险列表，并通过重复上述各步骤保证项目风险始终处于受控状态。

5.4.3 软件质量控制

信息系统的质量是比较难管理的，其原因在于信息系统质量指标的难以定义，即使能够定义，也较难度量。由于信息系统的核心是其中的应用软件，而软件质量的指标及其度量有比较多的研究成果，这里仅从管理角度给出一种对软件质量的度量指标，如图 5.29 所示。图中把影响软件质量的因素分成 3 组，即产品运行、产品修改和产品转移，分别反映用户在使用软件产品时的 3 种不同倾向或观点。

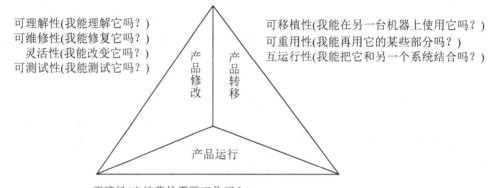

图 5.29　软件质量因素与产品活动的关系

物流信息系统项目质量管理就是围绕着如何使信息系统软件能满足不断更新的质量要求，而开展的策划、组织、计划、实施、检查和监督、审核等所有管理活动的总和。进行项目质量管理的目的是确保物流信息系统项目按规定的要求满意地实现。

1. 开发过程中的质量控制方法

物流信息系统项目不同于普通工程项目。工程项目的某些部分完成后，其质量状况就基本确定，往往难以改正或完善；但物流信息系统项目的质量在其生命周期内可以不断完善和改进。如果一个项目的利益相关者对项目如何被管理或项目的产品质量不满意，项目团队就需要对范围、时间和成本作出调整，以满足利益相关者的需要和期望。物流信息系统项目质量管理的主要过程，如图 5.30 所示。

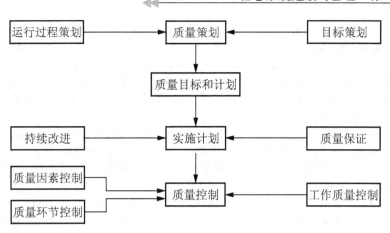

图 5.30　质量管理过程

1) 进行项目质量规划

项目质量规划的最主要工作就是建立物流信息系统项目的表现衡量标准。项目表现衡量标准的控制依据是项目计划，通过项目目标和实施策略的具体内容建立项目的期望。作为项目表现衡量标准的基础和核心。

具体的物流信息系统项目表现衡量标准包括工作范围和项目具体步骤；基本时间估计和成本预算；财务预测和资金计划；详细工作安排；质量要求；项目组满意程度；最终用户满意程度；企业管理层和出资人满意程度。

2) 监控物流信息系统项目实施情况

通过物流信息项目执行过程中正式或非正式的渠道，收集物流信息系统项目实施的有关信息，观察项目的实际表现情况。

3) 衡量物流信息系统项目的实现表现

比较物流信息系统项目实施的实际表现和预先制定的衡量，发现其中的偏差并进行分析。表现衡量标准为客观评价项目状况提供了依据，使物流信息系统项目管理人员能够迅速、有效地对物流信息系统项目的实际进展情况做出客观、公正的判断，从而及时采取必要的措施。

4) 采取纠正措施

在比较项目实际表现和衡量标准后，如果出现偏差，就需要采取纠正措施，及时将实施项目拉回到正轨。纠正措施可以采取的形式有重新制订项目计划；重新安排项目步骤；重新分配项目资源；调整项目组织形式和项目管理方法。

值得注意的是，由于物流信息系统项目实施的不同阶段对其质量起着不同的作用，有着不同的影响，所以其质量控制的重点也各不相同。例如，在项目方案设计阶段，应提出对项目质量的总体要求，使项目的质量要求和标准符合项目所有者的意图，并与项目的其他目标相协调；在项目开发阶段，应按质量要求和标准进行相关工作，并不断加以改进。

 知识拓展

信息系统项目的监理

由于信息系统用户自身在技术、能力、人员等方面的不足，信息系统项目建设如果缺乏有效的监督管理机制，项目在质量、进度、投资等方面就无法得到很好的保证和控制。

国内外成功的经验表明，应建立信息系统项目监理制度，由用户委托专业的第三方监理机构，对工程的全过程进行有效的监督管理，使工程建设整个过程处于严格的监控之下，以降低工程建设风险，控制建设经费，保证工程进度和质量。信息系统项目监理的目的是从技术和管理的角度，对项目开发过程进行控制管理，确保项目按照用户方的要求，保质、经济地按时完成，并实现预期的建设目标。

信息系统工程监理包括对项目质量控制、投资控制、进度控制、信息管理、合同管理及协调多方关系等，即"三控制二管理一协调"。

(1) 质量控制，主要是对项目开发商资质的核查、软硬件设备质量的控制、项目设计阶段的质量控制、施工阶段的质量控制、工程质量事故的处理、工程质量的评定和测试。

(2) 投资控制，主要是对决策阶段投资概算审核、工程设计阶段投资预算审核、招标阶段投资控制、施工阶段工程计量与付款控制、验收阶段决算审核。

(3) 进度控制，主要是对项目设计阶段进度计划审核、施工阶段的工程进度监测与纠偏。

(4) 合同管理，目的是协助为主招标和拟定工程合同，在施工阶段监督开发商执行合同的情况，督促合同双方履行合同规定的义务，调解合同纠纷以及管理合同违约索赔。

(5) 信息管理，目的是管理监理过程中发生的合同、文档以及工程资料。

(6) 协调多方关系，主要是协调业主、开发商、招标公司以及外部供应商等多方面的工作关系。

通过对信息系统项目监理，可以解决工程建设过程中，从需求分析、方案优选、设备选型到工程监督、质量控制、组织管理、纠纷调解等方面的问题，有效地保障信息系统项目建设签约双方的利益，并最终保障工程项目按预期目标完成。

2. 软件能力成熟度模型

软件能力成熟度模型(Capability Maturity Model Integration，CMM)的思想内核及其结构是基于几个推行产品质量管理的科学家的理论：沃尔特·休华特(Walter Shewart)、爱德华·戴明(Ewards Deming)、约瑟夫·朱兰(Joseph Juran)和菲利普·克罗斯比(Philip Crosby)。1986年11月，SEI应美国政府的要求，在Mitre公司的协助下，于1987年9月开发了一套软件能力成熟度框架和一套成熟度问卷，用来评估软件供应商的能力。1991年，SEI在总结实践经验的基础上，推出了CMM 1.0版，1993年发布1.1版本，也就是目前世界上比较流行通用的CMM版本。

CMM主要用于软件过程评估(SPA)、软件过程改进(SPI)、软件能力评价(SCE)。按其体系可将企业开发与管理能力从低到高分为5级，即初始级、可重复级、已定义级、已管理级和优化级。

1) 初始级

初始级的软件过程是未加定义的随意过程，项目的执行是无序的甚至是混乱的，没有为软件开发、维护工作提供一个稳定的环境。在初始级的企业开发产品要想获得成功，完全要依靠一个有才能的管理者和他所领导的项目小组的能力。从而，初始级的能力是指个人能力，而不是企业的能力。

2) 可重复级

第二级的焦点集中在软件管理过程上，一个可管理的过程则是一个可重复的过程，一个可重复的过程则能逐渐进化和成熟。在这一级的企业里，软件能力可总结为规则化的。因为计划软件过程、跟踪软件过程的活动都是平稳的，而且过去的成功可以再次出现。由于遵循一个基于先前项目性能所制订的切实可行的计划，项目过程得到了项目管理系统的有效控制。

资料卡

ISO 9000 与 CMM

ISO 9000 侧重评价软件产品是否已达到了标准的各项指标；CMM 基于软件的特点，基于软件改进必然性和长期性，强调软件开发的过程控制和预见性。

3) 已定义级

在已定义级上，整个组织的开发和维护软件的标准过程已文档化，包括软件工程和软件管理过程，而且这些过程被集成为一个有机整体。在第三级的企业里，软件过程能力可总结为标准的、一致的。因为不论是软件工程，还是管理行为都是平稳的、可重复的。在所建立的生产线内，成本、进度和功能都是受控制的，软件质量也是可跟踪的。这种过程能力是建立在整个组织范围内，对已定义的软件过程中的活动、角色和职责的共同理解之上的。

4) 已管理级

在已管理级，企业为软件产品和软件过程指定了量化的质量目标。在这一级的企业里，软件过程能力可总结为可预测的。因为过程是可评价的，而且执行过程的活动也是在可评价限度之内的，这一级别使得企业可以在定量限度范围内，预测过程和产品质量的发展趋势。

5) 优化级

第五级的目标是达到一个持续改善的境界。在这一级的企业里，软件过程能力可总结为不断改进。因为第五级的企业会不断地努力提高其过程能力，从而改善其项目的过程性能。提高工作不仅要对现有过程不断地改进，还要改革，引进新技术、新方法。

5.4.4 系统评价

借鉴美国著名学者雷蒙德·弗龙(Raymond Vernon)和路易斯·威尔斯(Louis Wells)等人的产品生命周期理论，可以把企业信息管理技术和扩散分为 3 个阶段：①示范，政府部门、研究部门或企业，研究开发出一种企业信息管理技术，并率先使用，起到一种示范效应；②模仿，当率先采用企业信息管理技术的企业或部门，取得一定的经济效益之后，其他企业为了避免在竞争中被淘汰，争先模仿示范企业的信息化工作，形成模仿效应；③创新，在示范企业的信息化技术得到一定程度扩散之后，一些拥有资金、技术和管理优势的企业，为追求超额利润而进行创新，形成创新效应。如此不断反复，企业信息管理不断在更高层次上得到发展。

1. 商业价值

在考虑系统的商业价值以前，了解企业对信息系统的两种投资形式是十分重要的。企业投资于信息系统项目有很明确的目标，并在 12～24 个月内实现。企业还要投资于信息技术基础设施，这个投资时常持续一段很长时间。基础设施的投资可能包括更新台式客户机的操作系统为最新版本的 Windows 操作系统，增加企业的服务器数量，将电话转换为 IP 电话，提升企业的国际带宽以加速信息的沟通。

信息技术悖论

从20世纪70年代开始，信息技术投资规模越来越大，人们对IT的期望与日俱增，普遍认为IT会促进组织效率、降低企业交易成本、提高产品质量和客户满意程度，并最终提升企业的赢利水平。然而，罗伯特·索罗(Robert Solow)根据自己的研究成果[1]，在1987年发表的一篇文章中指出"我们到处都看得见计算机，就是在生产力统计方面看不见计算机"，即虽然企业在IT方面投入了大量的资源，然而从生产力增长的角度看却收效甚微，这就是著名的"信息技术生产力悖论"。

埃里克·布吕诺尔夫松(Erik Brynjolfsson)为此提出了4种解释：①投入和产出的测量失真；②学习和调整引起时滞；③利润的再分配和散失；④IT的管理不善[2]。也就是说，IT生产率的不足主要是由于测度方法和工具的缺乏，以及信息技术开发者和应用者的管理不当所造成的。

所有信息系统项目投资——无论是项目还是基础设施——均以两种形式为企业带来价值。最明显的价值贡献在于改善现有的企业流程或创造全新的企业流程，其结果是提高企业运作的效率。信息系统还可以用于改进决策、增加决策的速度和提高决策的正确性。

物流信息系统的成本是指系统在规划、开发设计、运行与维护、管理等过程中投入的各种成本。系统的成本构成有多种分类方法，如有的将总成本划分为开发成本和运行维护成本，有的则将总成本分成硬件成本、软件成本和组织运行成本等。自20世纪70年代以来，信息系统开发成本不断下降，运行维护成本则相对上升。根据美国Anderson公司统计，1970年以前，信息系统硬件成本、软件成本和组织运行成本占总成本的比重分别为70%、14%和16%，而1992年以后则分别变为16%、28%和56%[3]。

在物流信息系统成本中，有两类无形成本需要加以重视：一是由于组织变动而引起的组织成本，二是由于技术变化而引起的技术成本。此外，由于员工不熟悉新系统而产生的对抗情绪导致整体工作效率下降等亦属于无形成本范畴。这些无形成本可以被看作是负的无形收益，纳入到无形效益总的评估框架里。

物流信息系统的收益通常由财务收益、工作质量收益和内部管理收益构成。其中，财务收益是占主导地位的确定性收益，包括通过劳动生产率和工作效率的改进及资金运用条件的改善取得收入的提高，以及通过人、财、物资源的节约取得消耗的降低两个方面。工作质量收益主要是指由于信息加工及传递速度加快、客户服务质量提高、各种资源配置更加合理所产生的收益。内部管理收益主要来源于决策的改善、管理水平的提高、劳动纪律的加强、人员士气的提高等带来的收益。工作质量收益和内部管理收益包含有较大的不确定性因素。

物流信息系统的收益也可划分为直接收益与间接收益。直接收益是指系统被应用后直接带来的货币价值，一般可以通过比较系统应用前后的生产率、资金周转率、库存等指标，根据统计数据就可以直接测算出来。系统的间接收益包括：①为企业决策者提供及时准确的管理、财务、计划、人事等信息，以便为决策提供依据，从而提高企业的竞争力，通过

---

[1] 梁樑，周垂日．企业中的信息技术生产率悖论[J]．中国工业经济，2004(3)．

[2] Brynjolfsson．*The productivity paradox of information technology: review and assessment*[J]．*Communications of the* ACM，1993，36(12)．

[3] 查先进，严亚兰．物流信息系统[M]．大连：东北财经大学出版社，2005．

完善和加强管理，改善企业形象；②增强组织对环境变化的反应和适应能力，提高竞争能力，减少决策的失误和事故；③提高管理人员的办公效率和管理水平，使他们有更多的时间从事研究和分析工作；④促使企业管理标准化、规范化。

知识拓展

信息系统的无形收益

　　IT 投资的无形利益主要体现在 4 个方面(见图 5.31)，即内部改进、客户服务、市场定位与适应能力。前两种为实施过程中完成的，后两种则是关于企业未来导向的无形利益。无形利益首先体现于企业业务和执行层上的内部改进，包括产品过程、业务管理方法、产品价值与利益链的变化等；其次体现于客户服务，客户服务是本身就是无形且难以测量的，因为它更多地受到外部因素的影响，增强客户服务就在于保持客户并提高其满意率；再次是市场定位，如果能准确把握市场信息，就能够将技术转化成产品，通过服务过程获得销售利益并在市场上占领有利位置；最后是企业对市场变化的适应能力，与市场定位类似，其利益体现于产品与服务适应市场变化及对产品进行改善，而这也是企业实施信息系统的根本所在。

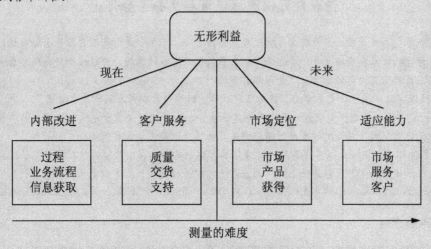

图 5.31　无形利益体现

　　传统的资金预算模型，即折旧法、投资回报率会计法、净现值法、成本收益法、获利指数法、内部收益率法，在测量无形收益时往往存在着较大的限制。

　　系统的间接收益一般无法用客观的货币价值尺度来衡量，在具体实践中通常采用主观评价的方法，即依据系统对企业经营活动效率、企业资源获取和管理能力、企业对付竞争威胁能力、企业"先动"优势、企业协同运作的影响，先设计一套系统价值和风险评价指标及其评分标准，然后由专家打分，最后采用加权综合的方法作出总体评价。

2. 效率和效益指标

　　效率是指以最低的成本做事，而效益是指做正确的事。虽然两者的差异看似细微，甚至只是纯粹语义上的差别，但两者的确是截然不同的概念。例如拿一个商务网站开发项目来讲，有效的标准之一应该是这个网站的访问量，但如果这些访客不买任何东西，那么有多少顾客来访又有什么意义呢？此时在吸引顾客来访方面网站很有效率，在与这些访问者做生意角度网站效益低下。

信息系统的效率指标一般包括：①业务吞吐量，在规定时间内通过系统的信息数量，它通常与通信能力有关；②处理速度，系统处理事件的时间；③系统可用性，通常以停机时间或者以系统停机加上不能给用户提供信息的平均时间来度量，而系统维护时间通常并不计算在内；④准确率，通常以系统错误率来衡量；⑤系统响应时间，指用户请求事件的平均响应时间，如用户请求报告、点击响应等；⑥可维护性，系统对不断增长的需求的适应性。

而效益指标则是度量某些条件下的技术或应用的效果，如有形价值与无形价值的计算等。在客户关系管理和供应链管理系统中，通常包括的指标有交叉销售成功的数量、广告的单位成本所带来的销售额、新客户产生量、客户活跃的平均时间、脱销的数量、库存剩余、配送和存储成本等。

知识拓展

伦敦桥可以倒塌但证券交易不会停止

伦敦证券交易所是世界上最有名气的股票交易所之一，不仅仅是因为其在世界金融市场的传统地位，也因为它的技术和基础设备。在选择驾驭未来的技术基础设施时，伦敦证券交易所尽最大努力要求服务供应商满足其设定的标准。下面列举其中的一些。

(1) 性能保证。在金融交易方面，信息只有在第一时间内被交易人获取才有价值。

(2) 开发成本。降低开发成本和开发周期意味着会加大产出。兰霍曼是伦敦证券交易所的技术负责人，他估计新技术基础设施的生效时间将会是其他基础设施系统所花时间的 1/5～1/3。

(3) 可伸缩性。据伦敦证券交易所的首席信息官戴维称："我们希望能够扩展它，使之更加丰富完善，这样的投资决定不是轻易做出的，而且系统可扩展性是满足未来需求的关键因素。"

3. 评价方法

从管理角度而言没有评价就没有管理，评价是辅助领导者决策的重要手段，也是一种重要的反馈与学习的工具，可以帮助发现系统实施过程中成功与不成功的潜在因素，进而改善实施方法或实施管理过程，促进项目向期望的方向发展。从查阅的文献资料看，对于信息系统评价的研究主要集中在 3 个方面：一是对信息系统经济效益的评价和预测；二是对信息系统本身的质量的评价；三是对信息系统进行多指标综合评价。

判断物流信息系统实施是否成功是一个比较模糊、主观的问题，有人认为系统运行起来就算成功，有人则认为达到预期目标才算成功。实施信息系统是为了提高企业在全球市场的竞争力，成功与否完全取决于企业自身检查，即只要符合企业战略，并达到了事先制定的目标和评价指标，就可以说项目实施是成功的。

西方学者从 20 世纪 70 年代就开始关注信息系统成功评价的研究，其最基本的成果就是确定 IS 成功的指标体系，或者说确定信息系统成功的因变量。20 世纪 90 年代以前，很多西方学者从不同的角度、运用不同的指标来评价信息系统是否成功，形成了百家争鸣的局面。为了统一对信息系统成功的理解和认识，形成统一的评价指标体系，美国学者威廉·德隆(William Delone)和伊弗列姆·麦克林(Ephraim Mclean)总结前人研究成果，提出关于信息系统成功的 6 种主要的指标,即系统质量、信息质量、系统使用、用户满意、个人影响和组织影响。在此基础上,两人提出了自己的信息系统成功模型,如图 5.32 所示。

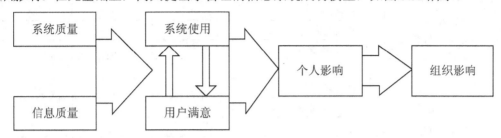

图 5.32 D&M 模型

也有学者对此模型进行了质疑和改进,如有关信息技术的商业价值、质量、组织适合程度等的评估,其中澳大利亚学者彼得·B.塞登(Peter B. Seddon)对 D&M 模型的改进为理论界所广泛接受。塞登认为 D&M 模型太过笼统,而且混淆了一些过程和结果概念,系统使用是系统成功的结果,而非系统成功的内在特性,从而用感知的有用性来代替系统使用。系统和信息质量直接影响感知的有用性和用户满意度,感知的有用性是用户满意的决定因素。

由于企业信息系统的应用,既可以产生有形的效益,也可以为企业带来诸如提高柔性、缩短前置时间和生产周期、提高企业对信息系统技术学习能力、提高对用户服务水平等无形效益。不少信息系统具有影响企业整个生产经营活动的能力,其应用的效益既有直接效益也有协同效益,发挥的作用不仅时间较长,同时还具有较长的滞后性。因此,针对企业信息系统的评价,可以从追求经济效益、获得竞争优势、保持竞争地位、实现战略目标、实现有效整合等多个方面进行。

值得注意的是,尽管有关信息系统的评价方法多达几十种,但如何更加有效地对一个信息系统进行合适的定量与定性评价,仍然是众多学者研究的热点。

案例 5-13

一种典型的系统评价方法

扎希尔·伊拉尼(Zahir Irani)和彼得·E.D.拉乌(Peter E. D. Love)认为信息系统的投资价值不仅体现在操作层上,也同时体现在企业的战术和战略层上,越是高层的利益越是难以计算的无形价值,企业投资 ERP 战略价值要远胜于操作层面的改善。从而在研究企业信息系统投资价值上,不仅要考虑降低成本、提高用户满意度,同时还应分析系统对组织影响、战略的适合性等。其中,莎丽·尚(Shari Shang)和塞登通过对 233 个 ERP 应用案例的分析研究,提出了一个比较全面的企业信息系统利益模型框架,见表 5-5,并指出哪些是有形的可以计量的,哪些则是难以计量的无形利益。

表 5-5 尚和塞登的利益框架

维　数	子　项	是否有形	是否可计量
运作利益 (Operational)	降低成本	F	F
	缩短周转周期	M	F
	提高生产力	M	F
	提高产品质量	S	M
	提高服务质量	S	M

续表

维　数	子　项	是否有形	是否可计量
管理利益 (Managerial)	优化资源管理	S	M
	提高决策和计划能力	S	S
	提高监督能力	M	M
战略利益 (Strategic)	促进业务增长	S	F
	支持业务联盟	L	F
	促进企业创新	S	S
	带来成本优势	S	S
	形成差异化	S	L
	带动与供应商和消费者的联系	L	S
IT利益 (IT Infrastructure)	提高IT基础设施的能力	L	L
	降低IT成本	F	F
	提高IT适应业务变化和企业创新的能力	S	S
组织利益 (Organization)	支持组织变革	L	L
	促进组织学习	L	L
	促进授权	L	L
	有利于形成共同愿景	L	L

注：从低到高的顺序为 L(low)→S(some)→M(most)→F(full)

（资料来源：王汉新，高俊山. 企业投资ERP项目的价值分析[J]. 统计与决策，2005(7).）

本 章 小 结

企业竞争战略及诺兰发展过程在一定程度上描述了企业利用IT获取竞争优势的途径，而以ERP、SCM、SCM为代表的企业系统也正日益融合，且都与互联网、电子商务存在较大的关联。物流管理系统作为企业系统的一类，其功能结构更多地是适应物流业务的需要。

典型的系统开发方法有结构化法、原型法和面向对象法。结构化法也称生命周期法，它将系统的开发过程分为系统规划、系统分析、系统设计、系统实施、系统运行与维护几个阶段。原型法的核心是用交互的快速建立起来的原型取代形式的规格说明，面向对象法则是针对4GL更能模拟人类习惯的开发思维方式。近年来一些基于组件的开发方法也逐渐得到了人们的认可，如快速应用法、极端编程法、敏捷开发法等。开发策略是针对企业的实际需求与系统特点选择适当的开发方式，包括自行开发、外包或最终用户开发等。

信息系统的实施历来是一个挑战性项目，其存在的风险可分为实施风险、管理风险和组织转变风险。信息系统项目管理的核心是人员、成本、进度计划的管理，使用的工具包括甘特图、PERT图和关键路径法。评价系统成功与否的标准不同、方法各异，典型的方法是D&M法、成本收益法。

关键术语

企业资源计划 Enterprise Resource Planning
客户关系管理 Customer Relationship Management
系统开发生命周期 Systems Development Life Cycle
面向对象开发 Object-oriented Development
RUP (Rational Unified Process)
快速应用开发法 Rapid Application Development
极端编程法 Extreme Programming Methodology
最终用户开发 End-user Development
关键路径法 Critical Path Method
项目评审法 Program Evaluation and Review Technique

CMM (Capability Maturity Model Integration)
业务流程重组 Business Process Reengineering
伙伴关系管理 Partner Relationship Management
电子商务 Electronic Commerce
企业应用集成 Enterprise Application Integration
原型法 Prototyping
敏捷开发法 Agile Methodology
业务流程外包 Business Process Outsourcing
成本收益分析 Cost/Benefit Analysis
系统分析与设计 Systems Analysis and Design
项目管理 Project Management
无形利益 Intangible Benefits

习 题

一、决断题

1. 著名的 ERP 软件都支持 SCM、CRM 等功能，是物流企业实现综合管理的理想工具。（ ）
2. 结构化系统开发方法的基本思想是，用系统工程的思想和工程化的方法，按用户至上的原则，自顶向下地对系统进行分析和设计。（ ）
3. 原型法是辅助结构化法的一种有效工具，它本身并不能作为一种独立的开发方式。（ ）
4. 直线式开发策略就是瀑布模式，也就是结构化生命周期法的开发形式。（ ）
5. 一般来说，项目经理是通才而不是专才。（ ）
6. 软件开发过程中引入监理机构的目的在于监督开发商，企业只需最后接受软件即可。（ ）
7. 物流信息系统实施带来的收益，更多地体现于无形价值上，这些价值只能通过专家打分的形式来估计，无法体现在企业的财务核算上。（ ）

二、选择题

1. 物流信息管理系统最终目标是提高对客户的服务水平和降低物流的总成本，即 3S1L 原则，其中 3S 表示(   )。
   　　A. Speed　　　　B. Safety　　　　C. Service　　　　D. Surely
2. 对于结构化生命周期法而言，下面的哪种顺序是合理的？(   )
   　　A. 系统分析 → 系统设计 → 系统规划→系统实施

B. 系统规划 → 系统分析 → 系统设计 → 系统实施
C. 系统设计 → 系统分析 → 系统实施 → 实施运行与维护
D. 系统实施 → 系统分析 → 系统设计 → 系统运行与维护

3. 在物流信息系统的开发策略中，试验式开发策略主要是针对(　　)。
 A. 结构化　　　B. 原型法　　　C. 面向对象法　　　D. 外购法

4. 项目经理跟踪项目进度以便以判断是否需要进行调整安排，其最常用的工具是(　　)。
 A. 甘特图　　　B. PERT　　　C. 关键路径法　　　D. Excel 表格

5. 物流信息系统的运行管理工作是系统研制工作的继续，系统投入使用后的运行管理工作是相当繁重的，主要包括(　　)。
 A. 数据搜索　　　B. 数据处理　　　C. 系统硬件　　　D. 运行维护

6. 软件能力成熟度模型主要用于软件的过程评估、过程改进与能力评价，按其体系可将企业开发与管理能力分为(　　)级。
 A. 1　　　B. 3　　　C. 5　　　D. 7

7. 用于信息系统评价的经典方法是(　　)，它也是后来各种方法研究的基础。
 A. D&M 模型　　　B. Nolan 模型　　　C. Marks 模型　　　D. Shang & Seddon 模型

8. 流程软件(　　)是由物料需求计划(MRP)延伸而来的。
 A. ERP　　　B. SCM　　　C. DRP　　　D. CRM

三、思考题

1. 分析企业信息系统战略的意义，以及与企业经营战略之间的关系。
2. 信息技术如何支持一个公司的业务运作和决策制定并带来竞争优势？试举例阐述。
3. 通过诺兰模型的几个阶段分析所得到的启示。试举例说明。
4. 管理信息系统顾客彼得说："我们已经知道并不是技术创造了竞争优势，而是管理流程开发了技术。"他的话有什么含义？你同意他的看法吗？为什么？
5. 什么是企业资源计划系统？
6. 在 B2C 电子商务商业模式中便利商品和专业商品都有什么区别？
7. "大多数企业应该致力于互联网上的电子商务。"你是否同意这个观点？
8. 什么是系统开发生命周期？什么是基于组件的开发？
9. 为什么在开发业务软件时，原型法成为一种流行的方法？其优缺点分别是什么？
10. 在过去 30 年里，企业资源计划系统是如何发展演变的？
11. 系统开发的风险有哪些？
12. 信息系统项目管理的目的、任务和主要内容是什么？
13. 给出项目的定义并说明项目管理的三要素之间的关系。
14. 信息系统引入监理的目的是什么？
15. 详细说明信息系统文档的作用。
16. 什么是用户与设计者沟通的鸿沟？这引起什么样的实现问题？
17. 什么是一个好的系统运行？如何达到好的运行？
18. 什么是风险评估？怎样对信息系统进行风险评估？

四、问题讨论

1. 通过考察附近的一个超市，结合上一章有关 POS 系统的知识，说明它们是如何通过 POS 机来管理超市的进销存系统的；并说明服装、食品两大类商品在处理上是否有区别？为什么？

2. 有人说，当设计一个信息系统时，正在重新设计组织。这句话的后果是什么？

3. 设想你是公司的管理者，要在一个重要的市场开发基于计算机的应用来提升公司的竞争优势，你会选择保留什么？为什么？

3. 学生分组，每组 3~4 人。在中外运、中远、中集或在杂志上选择一个我国传统的物流公司，访问该公司的网站，找到更多关于该公司的信息，看该公司如何应用网站。在信息的基础上分析企业。描述组织的特点，如重要的企业过程、文化、结构和环境及企业战略。建议适合于该企业的战略信息系统，如果合适，可采用基于互联网的技术。如有可能，用电子演示软件在班上演示自己的发现。

4. 对消费者来说，在哪些方面通过互联网采购更方便？哪些不太方便？至少列出 5 种我们会毫不犹豫地在互联网上购买的产品，5 种我们会经过考虑再购买的产品，5 种我们永远也不会考虑通过互联网购买的产品。对每种情况加以说明。

5. 系统开发生命周期中有 5 个阶段。你认为哪个阶段困难最大？哪个阶段最容易？哪个阶段最重要？哪个阶段不重要？如果必须跨越其中一个阶段，你认为应该是哪一个阶段？为什么？

6. 你正在与一位学生交谈，他对学习系统开发生命周期有些抱怨，因为他不打算在信息技术部门工作，你同意这个学生的做法吗？你该如何作出解释使他确信学习系统开发生命周期对任务工作都很重要？

7. 许多人认为效率指标和效益指标是相互关联的，两者缺一不可，或者说任何组织缺少其中之一就不会获得成功。效率指标和效益指标是怎样相互关联的？一个方面取得成功之后，才能处理另一方面吗？如果是这样的话，那么哪个应该放在首位？为什么？

五、作业训练

1. 沃尔玛的供应链管理系统。众所周知，沃尔玛的商品有着低廉的价格。你可能曾经体验过这种低价。至少，你可能看到过它的标语"天天低价"。沃尔玛的价格能够低于几乎任何一个商家的最大原因是它的供应链十分高效。它的基于 IT 的供应链管理系统令同行嫉妒，因为此系统能将额外的时间和不必要的成本剔除出供应链。因此，沃尔玛能够低价卖出是因为它能够低价买进。实际上，如果你的公司希望为沃尔玛提供产品，并使这些产品在沃尔玛的店中销售，你必须通过网络和它开展业务。如果你的公司做不到，沃尔玛不会从你哪里购买任何东西。登录沃尔玛的网站(www.walmart.com)，查找供应商信息，同时查找沃尔玛的需求信息，即沃尔玛希望和供应商通过网络开展业务的信息。对其需要做一个简单的总结并准备在课堂上汇报。

2. 寻找最流行的 B2C 电子商务网站。上网以每月点击浏览次数的形式找到最流行的 B2C 电子商务网站。这些网站是什么？哪些网站从某些方面支持了最终用户所聚集的电子市场的概念？

3. 系统开发生命周期的每个阶段中你的职责。在资源自包期间，之所以你承担了许多责任,是因为你是业务过程专家、客户联络员、质量控制分析员和其他工作人员的经理。根据你所处的系统开发生命周期的阶段,你的责任可能提高或降低。在下面的表中,根据你的5种责任,确定你在系统开发生命周期每个阶段中参与的程度。对于每一行,你可以给系统开发生命周期第1阶段到第5阶段编号,用1说明你在此阶段责任最大,用5代表你在此阶段责任最小。

项目	系统开发生命周期的阶段				
	规划	分析	设计	实施	运行与维护
业务过程专家					
客户联络员					
质量控制分析员					
经理					

4. 建筑和系统开发生命周期。系统开发生命周期经常用建筑行业做比喻。填写下面的图表,列出建造一座房子所要完成的一些活动的清单,它们与不同系统开发生命周期的阶段有怎样的联系?

系统开发生命周期	建一所房子的活动
规划	
分析	
设计	
实施	
运行与维护	

一个没信息系统的物流企业可能会没有业务可做

"由于历史和环境的原因,中远的客户和合作伙伴在信息化建设领域都已取得了非凡的成就。如今,数据交换、网上信息查询、7×24小时不间断服务及信息化合作解决方案已经成为企业选择物流或代理服务提供商的前提条件。在这种条件下,没有良好的信息化系统支持,物流企业很难获得订单。"中远网络物流信息科技公司总经理张宇此时非常明白,要实现高效的物流管理,必须建立有效的信息化机制。

1. 随客户而动

中远物流公司业务涉及国际船舶代理和货运代理的传统物流以及现代物流等。其中,国际船舶代理业务的规模目前在国内排名第一,货运代理业务也名列前茅,而现代物流业务涵盖了汽车物流、家电物流、工程项目物流和展运物流等领域。面对如此广泛的经营区域和如此巨大的业务规模,对中远物流而言,无疑是个不小的挑战。

"更何况,船代与货代的业务界限越来越模糊,现代物流要求各个领域应用系统间都要有极高的数据关联程度。因此,对信息系统内部的运行管理而言,系统间的集成化压力空前紧迫。"讲到这里,张宇举了海信公司的例子:以前,海信公司采用的是Oracle的ERP,随着业务的发展,他们又上了SAP的ERP,这就需要我们进行不断跟进。信息系统必须和企业业务保持同步或稍微超前才能更好地匹配,这要求我们的IT人员要具备自主开发能力。

2. 主宰自己

由于客户信息化系统的复杂性，中远物流公司的信息系统建设选择了走自主开发的道路。当国内的物流市场被规范之后，购买的现成系统才能发挥作用；另一方面，客户的信息化系统变得越来越先进，为了适应这些系统，物流企业的信息管理系统也必须进行某些改进。"而要做到这些，没有自主开发能力显然是不行的。"对此，张宇有着清楚的认识。

然而，对于物流企业的IT人员来说，具备自主开发能力实际上是个不小的挑战。在许多企业中，IT人员的工作性质往往被人误解。"我们公司中绝大多数IT人员所做的核心工作是研究业务流程，然后制定出相应的解决方案，并向业务人员讲解相关方案的使用方法；另一方面，厂商提供的往往只是设备，而其给出的解决方案也往往只是一些行业用户的经验或者是设备的'最优组合'。因此，这种解决方案只能在技术架构方面满足企业的要求，但对企业来说，最重要的却是应用。"张宇对中远物流公司IT部门的定位很清楚，企业中的IT人员往往并不只是从事技术工作，而是需要从事很多的技术管理工作。

开发能力和系统集成能力是搞好系统的基础。对于中远物流公司来说，传统业务领域对其应用系统提出了很高的可靠性、稳定性和高效性要求。这使他们在选择系统时异常谨慎。经过一番权衡，张宇他们将船代系统和货代系统架构在了IBM eServer i系列平台上。"从我出任中国远洋物流公司信息技术部总经理到现在，中远物流系统内部从未出现过因为i系列自身性能问题而致使业务应用停掉的状况。其稳定和安全的特性被我们的IT队伍和公司领导层所认可。"

3. "1"不能代替"N"

既然中远物流公司的现代物流业务也涵盖了汽车物流、家电物流、工程项目物流和展运物流等业务范畴，那么是不是这些物流业务共用一套系统就可以呢？"绝对不是！不同种类的物流业务必须要采用不同形式的信息系统。"张宇以家电物流和汽车物流为例，说明了其中的不同。

一个家电集团可能在西安、辽宁、天津设有制造工厂，分别生产空调、彩电和小家电。因此，这个家电集团需要专业的物流公司帮助他们将从生产线上下来的产品送到最终用户手中。这时，与之合作的物流企业不但需要考虑如何使自己的库存周转量最大、货物积压最小，还要想尽办法减少库存空间。如果某个城市同时需要空调、彩电和小家电时，还存在一个资源配置问题。这样，物流公司很可能需要在全国建立几个大型仓库，而且这些大型仓库的布局问题也将成为他们不得不考虑的问题之一。所有这些因素综合在一起，就要求物流企业要最大限度地降低物流成本。而汽车物流的情况则与此完全不同。汽车的某些配件需要进口，在进口途中还存在储运问题，在进厂时还要实现JIT，物流公司必须随时清楚哪些配件目前缺货，如何保证这些配件进库以及使它们在指定的时间到达工位；当新车从生产线上下来之后，如何将它们最经济地运到专卖店也是一个重要问题。由以上显然可见，家电物流和汽车物流不可能共用一套系统。而工程物流还可能会涉及面向多个国家的采购问题，这与家电物流和汽车物流更是有很大的不同。

"现在和未来都不太可能存在一套能满足所有类型物流需要的系统。"张宇这样认为。目前货主对物流的及时性要求越来越高，特别是随着企业客户大力引入信息技术、建立信息系统的进程加快，市场要求物流业者的信息技术应用水平也要不断提高，且与客户同步成长。

(资料来源：www.gpsbao.com/html/GPSziliao/20090419/4469.html.)

思考：

(1) 通过中远物流公司的做法，说明"一个没信息系统的物流企业可能会没有业务可做"的含义。

(2) 客户是上帝，提高服务水平是实现物流良性运营的根本保障，中远物流公司是如何来做到一点的呢？

(3) 不同服务领域的信息系统功能有着较大的差异，能否设想一个综合的、涵盖整个物流企业的各个方面的信息管理系统？如果不能，为什么？如果可以，那么该如何去构建呢？

第6章 系统分析与设计

【教学要点】
➤ 理解系统分析基本内容,掌握业务流程图、数据流程图、数据字典的构建;
➤ 理解系统设计基本内容,掌握结构图、系统平台、界面及 I/O 的设计要求;
➤ 掌握数据库设计的具体步骤,并能够结合实际分析与设计简单的物流软件系统;
➤ 了解 UML 中的关键术语及相关思想;
➤ 理解物流系统实施的内容及相关注意问题,熟悉系统运行与维护的相关要求。

【知识架构】

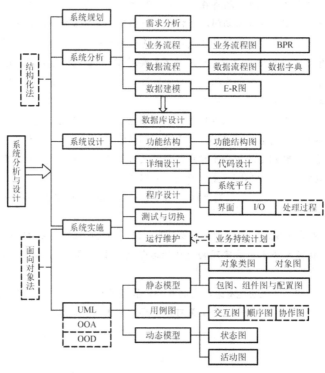

信息流领先实物流——永不停息的奔跑

快递业务有两个基本的特点,即快件运转速度快、全程跟踪的用户服务。业务之所以能快速运转,能在最短的时间内为用户提点对点的服务,一个很重要的因素就是有强大的信息系统做支撑,而且信息流必须领先于实物流。除了速度与价格上的因素外,客户选择快递公司的另一重要因素便是其所提供的服务,强大的客户管理系统是快递公司提升服务质量的唯一选择。另外,信息系统也是快递公司运行效率的保证,如果不能提供及时有效的实物流信息,就有可能造成公司资源的浪费或者是造成快递物品的投递时效性的降低。

顺丰(S.F. Express)先后与国际知名企业合作,共同研发和建立了 Asura 快递业务综合管理系统、CRM 客户关系管理系统等 35 个具备行业领先水平的信息系统,其信息流程示意图如图 6.1 所示。

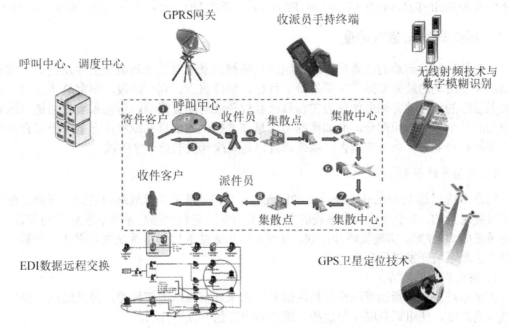

图 6.1 顺丰公司信息流程示意图

在顺丰,支撑着快递业务正常运作的信息系统多达 40 余个,相关 IT 规章制度达数百项,IT 应用流程超过 100 个,全职 IT 人员近 300 人的资讯科技本部承担着为顺丰掌管 IT 系统的重任。其涉及的业务管理系统种类包括营运类业务管理系统、客服类业务管理系统、管理报表类管理系统、综合类管理系统等四大类,开发方式有外包、合作研发和自主研发,但以自主研发为主。

(资料来源:http://www.docin.com/p-510170572.html。)

根据不同部门的业务需求、针对不同的对象,顺丰搭建了多个业务管理系统。这些业务系统形成了 SF 公司的 IT 信息循环网络,支撑了高效率、信息化的 SF 服务。对于今天的企业管理者和专业人员来说,成功开发出针对问题的信息系统解决方案是一个主要的挑战。作为一名专业人员,你有责任为企业建议开发新的或改进信息技术应用;作为一名企业管理者,你需要时常管理信息系统专家和企业其他终端用户的开发工作。

6.1 系统分析

系统分析是物流信息系统的关键环节,主要任务是进行系统综合业务初步调查和详细调查,然后根据调查中获得的原始资料,对组织内部整体管理状况和信息处理过程进行分析,确定用户的需求,并建立新系统的逻辑模型。换句话说,系统分析目的就是根据用户需求和资源条件,以现状为基础,确定系统应对哪些信息做存储、变换与传递,具备哪些功能,从而明确系统应该做些什么。

系统分析工作从详细调查开始到设计出新系统逻辑模型为止,整个过程可以分为3个阶段:详细调查,功能、数据与流程分析,新系统逻辑模型设计。成果是建立标准化文档——系统分析说明书,其核心是组成物流信息系统逻辑模型的业务流程图(Business Process Diagram,BPD)、数据流图(Data Flow Diagram,DFD)及其数据字典(Data Dictionary,DD)、实体联系图(Entity Relationship Diagram,ERD)、功能层次图(Function Hierarchy Diagram,FHD)。

6.1.1 系统规划与需求调查

规划是对相关活动的统筹安排。组织的战略规划就是对关系到组织生存发展的长远和全局的关键活动的统筹安排,主要是确定目标,明确重点,划分阶段,制定总体方案,找出实现目标的途径,并构思如何为实现目标获取资源与配置资源。信息系统规划是组织战略规划的一个重要组织部分,而如何利用信息技术提供的信息系统解决方案来增强企业的优势还需对企业进行系统的调查,系统调查也是系统开发的第一个阶段。

1. 信息系统规划

信息系统规划(Information System Planning,ISP)是基于经营战略制定的,面向企业信息化发展远景的,关于企业信息系统的整个建设计划,它包含信息系统的发展方向和目标、信息系统的 IT 方案、实施策略和计划、预算。信息系统的规划是系统生命周期中的第一个阶段,也是系统开发过程的第一步。

1) 系统规划的内容

信息系统规划可帮助组织充分利用信息技术来规范组织内部管理,提高组织工作效率和顾客满意度,使组织获取竞争优势。规划的内容包括以下几项。

(1) 信息系统的目标、约束及总体结构。系统的目标确定了信息系统应该实现的功能;系统的约束包括信息系统实现的环境、条件(如规章制度、人力、物力等);系统的总体结构指明了信息的主要类型和主要的子系统。

(2) 单位(企业、部门)的现状。包括计算机软件及硬件情况、从业人员的配备情况及开发费用的投入情况等。

(3) 业务流程的现状、存在问题及在新技术条件下的流程重组。业务流程重组实际上是根据信息技术的特点,对手工方式下形成的业务流程进行根本性的再思考、再设计。

(4) 对影响规划的信息技术发展的预测。信息技术主要包括计算机硬件技术、网络技术及数据处理技术等,这些技术的推陈出新将给信息系统的开发带来影响(如处理效率、响应时间等),并决定将来信息系统性能的优劣。因此,规划及时吸取相关新技术,有可能使开发出的信息系统更具生命力。

2) 制定战略规划的方法

自 20 世纪 60 年代起,信息系统规划开始受到管理信息系统业界的重视,许多专家在实践的基础上提出了不同的方法。但是,由于组织的特点、类型和对规划的具体需求的多样性,在信息系统规划过程中经常会遇到各种各样的问题。因此,如何正确应用信息系统规划方法,针对组织的具体特点和需求来进行规划,成为企业信息系统建设中的重要问题。

(1) 面向低层数据的规划方法。也就是传统的以数据为中心的规划方法,关注的是数据的准确性和一致性,偏重于技术分析方面。数据是分析的核心点,涉及数据实体或数据类的定义、识别、抽取及数据库逻辑分析甚至设计。这种规划方法在企业过程建模以及企业数据库逻辑分析和设计方面有独到之处,但在企业战略分析方面的功能相对比较薄弱。典型的方法有企业系统规划法(Business System Planning,BSP)和战略系统规划法(Strategic System Planning,SSP)。

(2) 面向决策信息的规划方法。这是以支持企业战略决策信息为核心,来考虑企业的信息系统战略规划的。这类方法在处理企业战略与信息系统战略相互关系方面的功能比较强,但在企业过程建模等方面的功能较弱。典型的方法有战略目标转移法(Strategic Set Transformation,SST)和关键成功因素法(Critical Success Factors,CSF)。

(3) 面向内部流程管理的规划方法。通过分析业务流程链及其价值创造情况,对流程进行优化,增强流程链上活动间的匹配,寻求业务流程最大价值创造,达到增强企业竞争力目的。典型的方法有业务流程再造(Business Process Reengineering,BPR)、价值链分析法(Value Chain Analysis,VCA)等。

(4) 面向供应链管理的规划方法。实质是面向企业内部流程管理规划方法进一步向企业的上下游方向的拓展,借助与合作伙伴的联盟,依托供应链的整体优势提升企业竞争力。这类规划方法以价值链成分或项目为研究对象,通过分析成分或项目的风险和收益,制定相应的决策,以帮助企业获得竞争优势。典型的方法有战略网络模型法(Strategic Grid Model,SGM)。

 知识拓展

信息系统规划书

信息系统规划书是帮助企业制定信息系统规划的模板工具,如表6-1所示给出了一个内容示例。信息系统规划书有比较具体的结构和格式,对保证规划内容的完整性和逻辑性,规划文字和内容组织等都有所帮助。但是,模板只提供了规划的框架结构,企业需根据自身情况对规划中的内容进行深入分析,才能作出有助于企业的信息系统规划。

表6-1 信息系统规划书的框架

☆ 公司远景与战略	☆ 打算建立的新系统
——公司向何处发展	——选择了哪些系统
——组织目标	——这些系统支持哪些业务过程
——业务战略	——如何对这些系统进行评价
☆ 信息技术对企业战略的支持	——系统如何获取和管理
——技术如何支持企业目标	☆ 信息系统应急计划
——业务与技术的协调	——系统可能的风险
——信息技术规划如何推进	——保护系统的计划
☆ 现有信息系统	☆ 信息系统预算
——现有的或待开发的系统	——系统成本
——系统和资源的适用性	——系统效益
——业务和组织需要作出哪些改变	☆ 系统项目的开发计划

2. 需求与现状调查

企业需求与现状调查为新系统开发准备原始资料，使系统开发人员对现行系统取得从感性到理性的认识，并且进一步明确对原有系统的意见和对新系统的各种需求，为新系统开发提供依据。主要的调查方法包括查阅现有资料、书面调查(发调查表)、访问、开座谈会、抽样统计分析、现场跟踪观察等。

1) 初步调查

初步调查也称为立项调查，它是根据系统开发可行性的要求，从企业内部对信息系统开发的实际需求，调查和研究企业基础数据管理工作对支持将要开发的物流信息系统的可能性，企业管理现状和现代化物流管理的发展趋势，现有的物力、财力对新系统开发的承受能力，现有的技术条件及开发新系统在技术上的可行性，管理人员对新系统的期望值及对新系统运行模型的适应能力等。初步调查的范围大致包括以下环节。

(1) 用户需求分析。
(2) 组织的概况。
(3) 组织的对外关系。
(4) 现行系统的概况及存在的问题。
(5) 各类人员对新系统持有的态度。
(6) 物流信息系统开发所需的资源情况。
(7) 各方面对系统目标的看法。

2) 详细调查

详细调查也可以称为系统的功能与数据调查，其内容主要由两个方面组织，一个是现行系统管理业务的功能调查，另一个是现行系统的信息及信息流程调查。这两方面的问题是紧密联系的，调查时必须注意它们之间的关系。详细调查包括以下内容。

(1) 组织机构及业务功能。
(2) 各部门的工作目标和发展战略。
(3) 业务信息处理流程。
(4) 数据调查。
(5) 代码化调查。
(6) 处理逻辑调查。
(7) 查询与决策要求调查。
(8) 存在问题调查。

工 作 流

1993 年，国际工作流管理联盟(Workflow Management Coalition)的成立标志着工作流技术开始进入相对成熟的阶段。工作流是一类能够完全或者部分自动执行的经营过程，它根据一系列过程规则、文档、信息或任务能够在不同的执行者之间进行传递与执行。

3. 可行性分析

系统开发的过程可能耗资巨大，从而在系统调查阶段特别需要进行可行性研究。可行性研究初步决定预期用户的信息需求、资源条件、成本、收益及提交项目的可行性。接着，业务专家和信息系统专家小组会对研究结果形成正式的书面报告，报告内容包括初步说明和开发计划。如果公司的管理层认可可行性报告的意见，系统开发就可以继续进行。

在开始阶段，项目的初步可行性研究只是一个非常粗略的分析，必须不断地进行修改。然而在一些情况下，初步可行性分析并不必要，如对于必须予以解决的问题，评估可行性的做法意义不大，这时可行性评估更像是对于待解决问题的一些代替方法进行的分析，而并不是对问题本身的分析。初步可行性研究的目的是评估几种供选择的系统解决方案，并选择最可行、最满足需求的应用系统来开发。一般来说，系统的可行性可以从操作、技术、法律政策、经济及人力因素可行性等角度来评估，如表6-2所示。

表6-2 操作、经济、技术、人力和法律政策因素

项 目	说 明	项 目	说 明
操作 可行性	◇ 提议的系统在多大程度上能够支持组织的业务优势 ◇ 提议的系统在多大程度上能够解决组织面临的问题 ◇ 提议的系统在多大程度上能够适应现有的组织结构	经济 可行性	◇ 成本节约 ◇ 收益增加 ◇ 减少投资需求 ◇ 利润增加 ◇ 成本/收益分析
技术 可行性	◇ 软硬件和网络性能、稳定性、可用性	人力因素 可行性	◇ 员工、客户、供应商的接受度 ◇ 管理层的支持 ◇ 决定正确的人来担当不同的新角色或修改后的角色
法律政策 可行性	◇ 专利、版权和许可 ◇ 政府限制 ◇ 受到影响的利益相关者及管理机构		

1) 操作可行性

操作可行性关注的是在综合考虑了开发进度、交付日期、企业文化和现有的业务流程后，项目与现有的业务环境和企业目标的协调程度，也评估了项目能够在何种程度上帮助实现提议阶段制定的具体业务目标。早期关注的问题是被识别的是否值得解决，或者所提出的解决方案是否解决了企业所面临的问题，同时还要关注能否在合理的期限内找出问题并加以解决(即进度可行性)；项目后期的注意力将转移到其个的适应性和组织影响上，如所提出的系统在何种程度上需要对企业组织结构加以调整，或在现有职权范围内需要做什么改变来适应新系统。

2) 经济可行性

经济可行性关注的是所提出的系统能为组织贡献积极的经济效益的程度，包括系统期望的全部效益的识别和量化，以及项目的预期成本的分析。在项目的早期想要精确得出新系统带的所有收益和成本是不可能的，因此经济可行性评估需要同时关注短期成本和长期收益。经济可行性分析涉及成本收益分析，成本和收益可能是有形的，也可能是无形的。

3) 技术可行性

技术可行性关注的是组织现有的技术资源及其对提议的新系统的适用性。分析人员要评估现有的技术资源，包括软硬件和操作系统等，要考察它们为满足新系统需求而需要升级或增加的程度。如果现有技术设备不足，还需确认满足系统需求的技术是否存在，以及项目所需的技术成熟情况。

4) 人力因素可行性

评估所提出的系统发挥作用的程度是一件事，评估系统是否会有效则是另一件事。人力因素可行性的评估着眼于确保一个系统成功执行的最关键部分：管理者和终端用户。不管技术有多么先进，如果管理者和终端用户不支持，系统就不会取得成功。从而需要评估

所提出的系统面对的抵制、终端用户在开发过程中扮演的角色、新系统给终端用户的工作环境带来的变化程度,以及现阶段能够参与项目并管理和使用系统的人力资源。

5) 法律政策可行性

法律政策可行性包括对任何由新系统的安装和实施而导致的潜在法律风险进行全面分析,如侵犯版权或专利、对外贸易限制或任何组织契约债务等。对于政策的评估集中于探讨组织的主要利益相关者是谁,以及所提出的系统将会对权利的分配有哪些正面作用或负面影响。

6.1.2 业务流程分析

一个系统的流程分析主要分为业务流程分析和数据流程分析,其中业务流程分析过程包括原有流程分析、业务流程优化、确定新的业务流程、新系统的人机界面等内容。企业的各种活动都可以用不同的流程来表述,企业流程中包含企业信息系统建设所要涉及的基本内容,如人及组织、信息流、资金流和物流等;同时,企业信息系统的建设过程也是对企业流程的变革、优化和固化的过程,特别是在信息系统规划、分析和设计中,大量的工作都是针对企业流程展开的。

案例 6-1

也许难以置信,仅仅通过对行驶路线进行优化,就可以让物流公司节省数百万美元的燃油费。美国佛罗里达州奥兰多当地电视台在今年早些时候曾报道,美国联合包裹服务公司(UPS)的运输路线设计者称,他们正在想方设法减少运输途中的车辆左转,因为在等待左转过程中会造成燃油消耗。一位名叫曼西尼的司机告诉电视台记者,重新设计运输路线后,他们在途中不用频繁更换车道,而只需沿着右车道行驶即可。通过重新设计运输路线,该公司去年节省了300万美元燃油开支。

(资料来源:http://news.service.hc360.com.)

1. 企业流程

企业流程是指企业为了完成某一项目标或任务而进行的跨越时间和空间的逻辑上相关的一系列活动的有序集合,流程具有组织结构、人、管理原则、管理技术、管理信息和管理方法等要素。简单地说,企业流程就是企业完成其经营活动、为顾客创造有效的价值和服务并获得利润的各种有序的活动过程,图 6.2 所示是一个企业的采购流程。不同的企业有不同的流程,企业的采购流程与企业文化等息息相关。任何一家企业均有其固有的特点,从而导致不同的企业流程不完全相同。

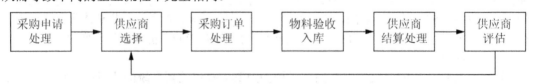

图 6.2 采购流程

企业流程的表示方法简单地可以分为文字表示法和图示法。文字表示法的结构化程度低、直观性不强,不易于系统开发时的直接利用和转化,通常只有在流程图表述不清楚时,用文字对其进行补充。图示法是企业流程最常用的表示方法,它利用工程绘图方法用标准化的图表对企业流程进行结构化的描述,通过流程图可以清楚地看出流程中包含哪些活动,各个活动之间有什么关系,流程与流程之间又存在着什么样的关系以及相互之间的影响。

常用的企业流程图表示方法可以分为 3 种：工艺视图、信息视图和系统视图。工艺视图是按时间的先后顺序或依次安排的活动步骤，用标准化的图形形式表达流程模型，图 6.3 列出了采购计划工作流程；信息视图从信息的角度表示企业流程，这也是物流信息系统建设中的主要图表——业务流程图。

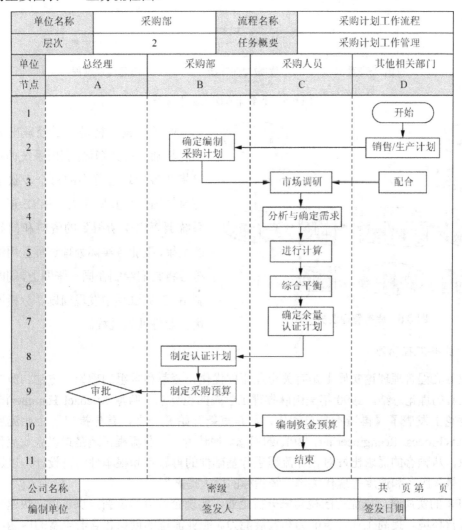

图 6.3　采购计划工作流程

2. 业务流程图

业务流程图(Business Process Diagram, BPD)着重刻画了企业业务流程中信息流的变化过程。有关业务流程图的画法，目前尚不太统一，但各种方法大同小异，只是在一些具体的规定和所用的图形符号方面有些不同，而在准确明了地反映业务流程方面是非常一致的。业务流程图的基本符号只有 6 个(如图 6.4 所示)，有关 6 个符号的内部解释则可直接将文字标示于图内。

例如，某企业库存管理的业务描述：成品库保管员按车间送来的入库登记单登记库存台账；发货时，发货员根据销售科送来的发货通知单将成品出库，并发货，同时填写 3 份出库单，其中一份交给成品库保管员，由他按此出库单登记库存台账，出库单另外两联分别送销售科和财务科。根据业务描述绘制出的业务流程图如图 6.5 所示。

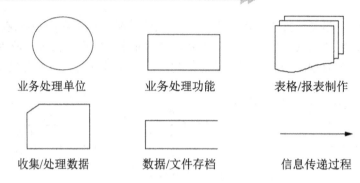

图 6.4　业务流程图的基本符号

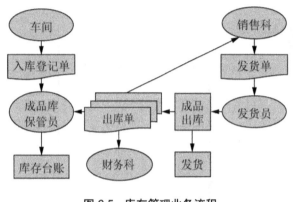

图 6.5　库存管理业务流程

业务流程分析是在已经理出的业务功能基础上将其细化,利用系统调查的资料将业务处理过程中的每个步骤用一个完整的图形将其串起来。BPD 正是根据系统调查表中所得到的资料和问卷调查的结果,按业务实际处理过程且用给定的符号将它们绘制在同一张图上,同时在绘制 BPD 的过程中发现问题、分析不足、优化业务处理过程。

3. 业务流程管理

业务流程管理理论实质上是有关企业流程优化、变革和重组的理论、方法、策略、技术和工具的理论总结。1990 年美国麻省理工学院的迈克尔·哈默(Michael Hammer)在哈佛商业评论上发表了《再造不是自动化,而是重新开始》一文,首先提出了企业流程再造(Business Process Reengineering,BPR)的概念。他认为"企业流程再造是指以企业流程为改造对象,从顾客的需求出发对企业流程进行基础性的再思考和根本性的再设计,以达到成本、质量、服务和速度等现代关键业绩指标的巨大提高"。

BPR 的实质是,以流程的视角来分析企业,实现企业流程创新,谋求适应快速变化的企业经营环境,提高企业竞争能力和发展能力。企业流程的创新包含着丰富的内涵,特别是在不同发展水平、不同条件和不同目标的情况下,有针对性地实施企业流程的变革。实施企业流程变革的方法一般分为全新设计法和系统改革法两类,前者从根本上抛弃旧流程,零起点设计新流程;后者继承逐步改善的思想,辨析理解现有流程,在现有流程的基础上,进行规范流程、优化流程和再造流程。

随着信息技术的飞速发展和企业流程变革手段的日益成熟,人们又提出了企业流程管理(Business Process Management,BPM)的观点。BPM 的概念发源于 IT 业,原意是指通过图形化的流程模型描绘和控制信息的交换及交换的发生,对商业伙伴、内部应用、员工作业等活动进行协同与优化,使信息的流程无障碍并自动化。进行业务流程管理的企业一般要经历以下几个步骤。

(1) 识别需要改进的流程。在制定流程重组战略时,最重要的不是如何通过计算机改进业务流程，而是知道哪些流程需要改进。如果系统加强了错误的流程，那么公司只会提高做错误事情的效率。

(2) 分析现有的流程。对于现有的流程，应该画出它们的模型，记录投入、产出、资源和活动顺序。只有这样，流程设计团队才能识别出多余的步骤、文件密集型任务、瓶颈和其他的无效活动。

(3) 设计新流程。画出现有流程并估计时间和成本后，流程设计团队就可以在此基础上设计新的流程以提高绩效。可以将新的流程和旧的流程进行比较。

(4) 实施新流程。画出并分析新的流程后，就可以制定新的程序和工作条例。要设计新的信息系统或改进原有的信息系统来支持新的流程。实施新流程和系统后，员工可以对这些改进进行评价。

(5) 持续测量。实施和优化流程之后，仍然需要持续改进。因为随着时间的推移，流程会出现新的问题，员工会退回到以前的工作方法或者因其他变化而降低工作效率。

案例 6-2

两种买书流程的对比

图 6.6 描述了在实体书店买书的流程，显示了顾客到达书店找到书的过程。如果顾客找到了书，就会到柜台付钱。如果顾客找不到书，店员就会通过库存记录查看是否有这本书，如果有就卖给顾客，如果没有，店员就会找其他仓库或者从分销商、出版商处订货。一旦到货，店员就会通知顾客。如果书店订不到这本书，顾客只能到其他书店去。这个流程有多个步骤，顾客买书也可能出现多种情况。

使用网络后优化的买书流程如图 6.7 所示。顾客访问网上书店，从书店清单中寻找需要的书，如果找到了，就在网上下订单，并提供信用卡账号和地址，书店就会把书寄到顾客手中。如果没有找到这本书，顾客就会去其他网站继续寻找。这个流程比在实体书店买书少一些步骤，顾客少了一些活动，书店也少了一些客户服务活动，可见新流程更高效、更节约时间。

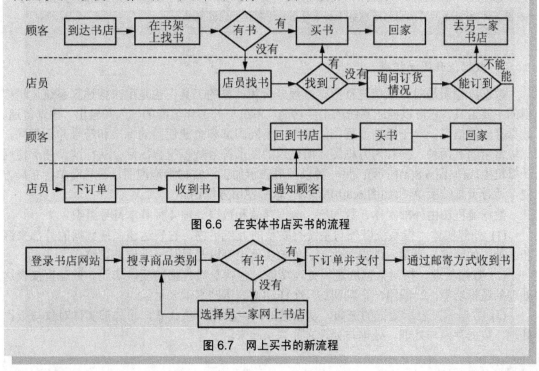

图 6.6 在实体书店买书的流程

图 6.7 网上买书的新流程

新的买书流程只需要几分钟，尽管顾客要花几天等待书寄到手中，还有可能需要支付运费，但节约了去书店和因其他情况所花的时间和成本。书店则减少了实体店铺和本地库存的成本。值得说明的是，网上书店一般都提供一定的折扣，这样顾客就能得到更多的实惠。

6.1.3 数据流程分析

数据流程分析是把数据在组织内部的流动情况抽象地独立出来，舍去具体组织机构的信息载体、处理工具、物资、材料等，单从数据流动过程来考查实际业务的数据处理模式。数据流程分析主要包括对信息的流动传递、处理、存储等分析，而现有的数据流程分析一般都是通过分层的数据流程图(Data Flow Diagram，DFD)来实现的。

逻辑 DFD 和物理 DFD

数据流程图可以通过确定其系统实现方法的程度加以区别。逻辑 DFD 删除了系统的具体实现细节，物理 DFD 对用于使用系统的工作的实际对象进行分类。

在结构化生命周期的分析和设计阶段中分析使用这两种图表时，推荐下面的顺序。

(1) 通过引用实际系统中使用的真实对象开发已有系统的物理 DFD，如用计算器添加数字。
(2) 从第一步删除实现细节，抽象出已有系统的逻辑 DFD，如计算总数。
(3) 开发新系统的逻辑 DFD，不考虑实现细节，如计算总数。
(4) 从第三步开始，通过赋给真实的对象以执行任务处理，包含数据流数据或信息项，以及保持数据存储项开发新系统的物理 DFD，如用条码扫描器输入数字。

总之，分析员使用两种方法，使用物理方法是因为用它来开发基于实际对象的进程模型很简单，而用逻辑 DFD 是因为用它来处理基于抽象对象的过程模型比较简单。

1. 数据流程图的组成

数据流程图是对原系统进行数据流程分析和抽象的工具，也是用来描述新系统逻辑模型的主要工具，它可以描述系统的主要功能、系统与外部环境间的输入和输出、数据传递、数据存储等信息。对于数据流程图的符号，不同国家和企业使用的标准和符号并不相同，比较常用的有两种。一种为方框图，所使用的图形符号规范符合国际公认标准，便于使用计算机生成(如图 6.8(a)所示)；另一种以圆形表示加工，常称为泡泡图，符号简单，布局方便，适合于画徒手草图(如图 6.8(b)所示)。本书使用方框图。

数据流程图由外部实体、数据流、数据存储和数据处理 4 种基本符号组织。

(1) 外部实体，指系统以外与系统有联系的人或事物，它表达该系统数据的外部来源和去处，如顾客、职工、供货单位等。外部实体也可以是另外一个信息系统。

(2) 数据处理，指对数据的逻辑处理功能，也就是对数据的变换功能。处理直接表达处理的逻辑功能，一般用一个动词加一个作动词宾语的名词表示。

(3) 数据流，表示数据的流向，从数据的产生者指向接收者，将外部实体对象与数据处理、数据存储与处理、处理与处理之间联系起来。

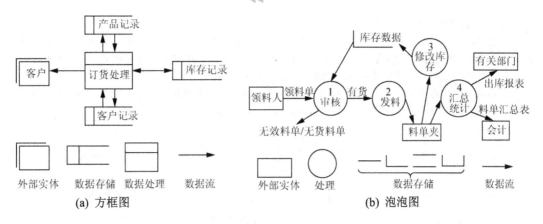

图 6.8 数据流程图基本符号

(4) 数据存储，表示数据保存的地方。这里的"地方"并不是指保存数据的物理地点或物理介质，而是指数据存储的逻辑描述。

自顶向下创建 DFD 方法

自顶向下创建 DFD 的方法为：①描述系统；②强调动作单词；③编制动作单词的顺序任务列表；④消除不转换数据的任务；⑤确认关联任务；⑥将全部剩余任务组织成关联任务；⑦为每一项关联任务编制 IPO 图。

2. 绘制数据流程图

数据流程图绘制的基本思想是自顶向下，逐步求精。即把一个系统看成一个整体功能，明确信息的输入与输出，系统为了实现这个功能，内部必然有信息的处理、传递、存储过程。这些处理又可以分别看作整体功能，其内部又有信息的处理、传递、存储过程。如此一层一层地剖析，直到所有处理步骤都很具体为止。

补充订货系统

背景：某厂的补充定货系统稍微复杂些，该厂采购部门为了保证一定库存水平，设置了以下补充定货系统。库房工作人员通过库房终端设备将库房的收发数据生成现行系统报告，如果某项零件的库存量低于临界水平，系统就必须提出补充定货要求，以使库存量达到额定水平。

1. 顶层数据流程图

此系统的数据来源是库房工作人员，数据去处的外部实体是采购部门，由此得到顶层数据流图(也称为关联图)如图 6.9 所示。

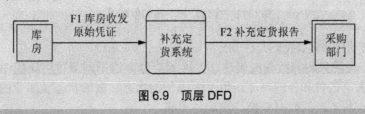

图 6.9 顶层 DFD

2. 一层数据流程图

顶层数据流程图给出了系统的一个总概念，明确了系统的外部项，划清了整个系统的界面。实际上，这个系统必须具备两种最基本的功能：①处理库房收发数据以确定补充定货的需要，收发数据包括每一种零件的代号和每种零件的收发数量；②产生补充定货报告。

因而系统需要两种数据存储：库存数据和补充定货数据。库存数据包括每一种零件的代号、在库数量及临界库存水平(即需要补充定货时的最大库存量)。这样，就得到第一层数据流图，如图6.10所示。

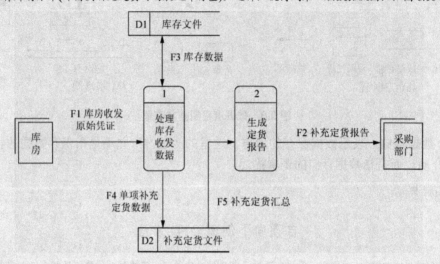

图6.10　第一层DFD

3. 二层数据流程图

一层数据流图中处理库存收发数据加工还可进一步分解成3个部分：接受收发数据、修改库存数据和处理补充定货数据。由于补充定货报告每天只需处理一次，而库房收发工作是随时可能出现的，因此可以增加一个收发数据存储部分，然后每天处理一次库房数据并生成补充定货报告，第一层数据流图可进一步扩展，如图6.11所示。

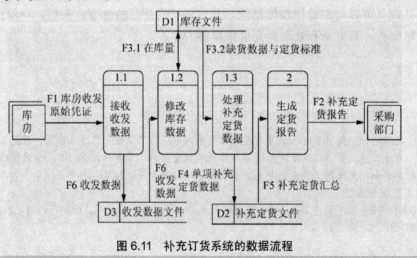

图6.11　补充订货系统的数据流程

构思数据流程图时应注意以下几点。

(1) 数据流程图只表示数据的流动、变换和存储。这不同于程序流程图，一般不考虑处理的步骤、激活条件和处理顺序。也不考虑初始状态、激活状态及相应的过程等，只考虑系统进入稳定状态后的数据变换、流动与存储。

(2) 尽可能按入流、加工、出流的顺序从左到右画。

(3) 先考虑系统的正常状态。出错与例外等异常情况仅用出错小箭头标明，留待稍后出错处理功能分析中考虑。

(4) 原则上自顶向下，但工作中常在画完子图后回头补充完善父图，这样反复几次才能画好。

(5) 保证数据守恒，即在逐层分解的过程中，组成数据流与数据存储的数据项既不会凭空产生，也不会消失。

3. 数据字典

数据流程图用形象直观、容易理解的简单符号来概括系统中信息的流动、存储与变换，以系统的逻辑观点来表明系统"做什么"。但许多具体细节无法在图上表示清楚，必须通过数据字典(Data Dictionary, DD)来说明。数据字典是数据流程图的全部组成元素的描述清单，包括对动态数据(数据流)、静态数据(存储数据)的数据结构和加工(数据处理)的处理逻辑及其相互关系等的说明。

数据字典有 6 类条目：数据元素、数据结构、数据流、数据存储、数据处理、外部实体。不同类型的条目由不同的属性描述。

1) 数据元素

数据元素是最小的数据组成单位，也就是不可再分的数据单位，如订单号、货物名称等。对每个数据元素，需要描述的属性包括名称、别名、类型、取值范围和取值含义。

2) 数据结构

数据结构的描述重点是数据之间的组合关系，即说明这个数据结构包括哪些成分。一个数据结构可以包含若干个数据元素或(和)数据结构。

3) 数据流

在数据字典中数据流由以下属性描述：数据流的来源、数据流的去处、数据流的组成、数据流的流通量、峰值流量等。

案例 6-4

数据字典：订货单数据流

数据字典可以用手工方式编写，也可以由计算机自动编制。手工数据字典由条目卡片组成，其编写步骤包括制条目卡片、复制、编分类字典、编字典顺序、编导卡等；而计算机编制的数据字典是由其配置的自动化数据字典软件包生成的，其本身就是一个特殊的数据库，它可以通过联机存取的方式得到，或在建立数据库的同时自动生成。图 6.12 所示为描述订货单数据流的手工条目卡。

```
总编号：3-001            编号：001

名称：订货单
数据流来源：外部实体"顾客"
数据流去向：处理"审核"
包含的数据结构：
    订货单
    日期
    货号
    ……
从属说明：
```

图 6.12 数据流的条目卡片

在实际操作中，更多的人喜欢使用数据字典的简化形式——数据字典表的形式来描述，即不使用详细的条目卡片，而使用表格描述，每个条目占据表的一行，见表6-3。

表6-3 数据流表

编 号	数据流名	来 源	结 构	去 向	从属说明
001	订货单	外部实体"顾客"	订单号、日期、货号……	处理"审核"	

4) 数据存储

数据存储的条目主要描写该数据存储的结构，以及有关的数据流和查询要求。同一个数据存储可能在不同层次的图中出现，描述这样的数据存储，应列出底层图中的数据流。

5) 数据处理

对于数据流程图中的处理框，需要在数据字典中描述处理框的编号、名称、功能，有关的输入、输出等。

6) 外部实体

外部实体是数据的来源和去向，因此数据字典中关于外部实体的条目主要说明进出外部实体的数据流，以及该外部实体的数量。

数据字典实际上是"关于系统数据的数据库"，在整个系统开发过程及系统运行后的维护阶段，数据字典都是必不可少的工具。数据字典是所有人员工作的依据和统一的标准，它可以确保数据在系统中的完整性和一致性。

由于数据字典中对数据处理的描述多为高度概括的，从而在需要时还可以通过结构化英语、判定树、判定表来对数据处理的逻辑功能进行详细的描述。

6.1.4 数据建模

数据模型为流入/流出信息系统的数据提供了极为重要的组织计划视图，它着眼于数据及其组成部分如何被组织、存储，各部分之间如何建立关系。实体联系模型由彼得·陈(Peter Chen)于1976年提出，其通过辨别数据实体和它们之间的关系来记录企业的数据。

1. 基本元素

新系统数据存储分析就是依据数据流程图绘制实体联系图(Entity Relationship Diagram, ERD)，它的基本元素是实体、联系和属性。

1) 实体

一个实体可能是一个环境元素、一种资源或对企业而言十分重要而需要用数据记录下来的一项事物，如顾客、员工、时间卡等。在实体联系图中，实体用长方形表示，每个长方形上标有实体的名称。

2) 联系

联系是两个实体间存在的一种关联，由菱形表示。联系有3种，即一对一、一对多、多对多。如图6.13所示，一个时间卡产生一张工资单，一张发票包含多个库存项目，多个顾客购买多种产品。

3) 属性

实体的某一特性称为属性，如一个顾客的属性包括顾客号、顾客姓名、销售区域等。在一个实体中，能够唯一标识实体的属性称为实体标识符，例如没有任何两位顾客有相同的顾客号。实体标识符也称为实体的主键。属性用椭圆形表示，加下划线的属性为标识符。联系也会有属性，用于描述联系的特征，如入库数量等。

2. 实体联系图

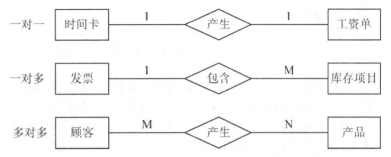

图 6.13 联系的类型

进行数据存储分析时，要自底向上，逐层归并，构造各子实体联系草图，到顶层得到系统的实体联系草图，再进行化简与优化，最后得到实体联系图。具体来说，可以采取以下几个步骤。

(1) 识别实体。确定哪些环境元素、资源和事务需要用数据描述。

(2) 识别联系。每个实体通过某种行为与另一个实体发生联系。

(3) 完成实体联系草图。画出一些符号，如图 6.14 所示，是一张在从供应商处采购原材料的过程中涉及的有关数据的实体联系图。

(4) 将属性归到实体。确认和描述每个实体的属性，并列出可能具有属性的联系属性，如图 6.15 所示。

(5) 进行数据分析。进行数据分析的过程称为范式化，其任务是调整数据使其符合一系列范式，此过程也是实体联系图的优化过程。例如，一个采购订单的记录中不应该有多个订购的项目(出现 n 次)，这个问题可通过增加一个新实体"采购订单行"来消除。

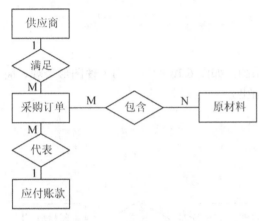

图 6.14 实体联系草图

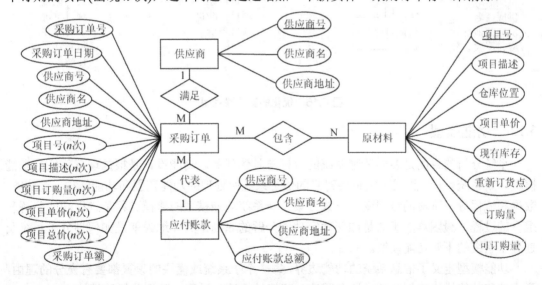

图 6.15 实体联系图

知识拓展

数据库理论：3 种范式

> 普通数据库设计理论规划出一个 3 步设计过程，以确保文件关键域、属性、关系、类型及链接的有效性，这一过程被称为关系规范化，3 个步骤被称为范式。因此，在这一过程中，在用户重写数据设计时要从第一范式开始一直到第三范式。实际上，此外还有两个范式，但是它们技术性很高，而且有很多情况下没有必要使用它们。
>
> 　　第一范式：如果数据库不包含重复组，那么它满足第一范式(1NF)。
>
> 　　第二范式：如果数据库满足第一范式，且每个文件中属性只依赖于文件的关键域，那么该数据库就满足第二范式(2NF)，也就是说文件中的每个非关键属性依赖于或决定于关键域。
>
> 　　第三范式：如果数据库满足第二范式，并且文件中的所有关系都包含在该文件中，那么称其满足第三范式(3NF)。

6) 完成修正的实体联系图

数据分析的结果被综合成一个新的实体联系图，如图 6.16 所示。为了使图形美观、简捷，图中将属性列在实体旁边，而没有用椭圆画出。

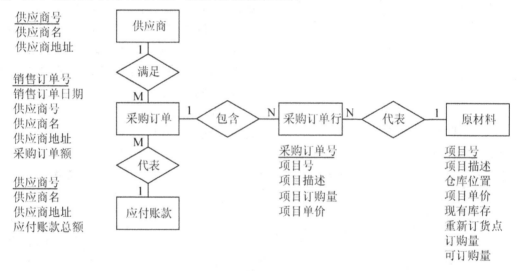

图 6.16　优化的实体联系图

6.1.5　功能模型

系统分析的目的是要弄清楚系统的目标与具体任务。功能设计是根据现行系统的功能模型和新系统目标，正式确定将要建立的信息系统所处理的功能范围和功能结构，把功能、数据和流程分析阶段的设想变为正式方案。新系统功能模型的建模过程是进行功能分解和组合的过程，最困难的事情是如何确定功能分解的原则，具体地说就是如何划分子系统及划分子系统的下属功能模块。

功能模型定义了信息系统的功能边界，每一个子系统或模块的设置都要有充分的理由，子系统和功能模块的划分可借鉴参照法、职能结构法、过程—数据分析法等。

1. 过程—数据分析

过程—数据分析法是 IBM 于 20 世纪 70 年代在企业系统规划法(Business System Planning，BSP)中提出的一种聚类分析方法，主要用于划分子系统。在描述系统逻辑结构中，用过程数据类的概念而不用组织机构的概念，是因为过程和数据类来源于组织目标的分解，而组织的目标相对于组织机构更具有稳定性。BSP 方法的基本思想：首先，自上而下识别企业目标，识别业务流程，识别数据；然后，自下而上设计系统目标；最后，把企业目标转化为信息系统规划的全过程，如图 6.17 所示。

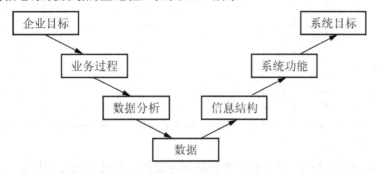

图 6.17　BSP 法的基本思想

业务过程也称为管理过程、管理流程、业务流程，它用来描述逻辑功能，定义一组逻辑上相关的、为支持组织的目标所必需的管理和决策活动。功能分解与业务过程的联系：功能是静态的、流程是动态的，功能通过流程的执行而完成，功能回答了做什么、有什么效果，流程回答怎么做。

数据分析主要是定义数据类，数据类是组织中实现其目标的管理中需要处理的一组逻辑上相关的信息，如客户、物资、合同、人员等。归纳数据类的方法是根据现行系统的数据流程图，把每个处理的输入和输出的数据按主题归类，然后不断地调整和修正。

过程—数据分析法是通过 U/C 矩阵的建立和分析来实现的。首先确定过程与数据类之间的 3 种关系：①使用关系，该过程使用相应的数据类，用 U 表示；②生成关系，该过程生成该数据类，用 C 表示；③没有关系，过程与数据类之间无关，用空格表示。

1) 构造 U/C 矩阵

U/C 矩阵用过程标识行，数据类标识列，字母 U、C 与空格为元素组成的矩阵来揭示过程与数据类之间的使用、生成和没有关系，见表 6-4。

表 6-4　初始 U/C 矩阵

业务过程＼数据类	物资需求	合同	进货	销售	库存	财务	进销存费用	计划	价格	客户	供应商	物资	职工	薪酬
市场预测	C			U						U				
需求分析	V									U				
采购计划	U			U				C			U			
合同登记		C									U			
合同执行		U	U								U			
合同统计		U									U	U		
开入库单			C		U		U				U			
核价		U	U						U					

续表

业务过程\数据类	物资需求	合同	进货	销售	库存	财务	进销存费用	计划	价格	客户	供应商	物资	职工	薪酬
进货验收		U	U											
开发货单				C					U	C				
客户服务				U						U				
销售分析				U					U	U				
可供资源					U							C		
库存管理				C	U						U	U		
库存控制					U							U		
会计记账		U	U	C	U					U	U			
账务结算		U	U	C	C					U	U			
应收付款分析					U									
人员计划													C	U
人员招聘													C	C
员工考评													U	U

2) U/C 矩阵的求解

U/C 矩阵的求解过程是通过表上作业法来完成的。具体的操作方法是：①先调整表中的行使之从上到下反映处理功能的先后顺序，再调整列使"C"元素尽量朝对角线靠近；②沿对角线，用相邻接而又不相交的多个矩形框一个接一个地围住所有的 C，见表 6-5。

表 6-5 U/C 矩阵聚合

业务过程\数据类	物资需求	计划	合同	供应商	进货	价格	销售	客户	物资	库存	财务	进销存费用	职工	薪酬
市场预测	C						U	U						
需求分析	C				← 采购管理			U						
采购计划	U	C							U	U				
合同登记			C	U	← 合同管理									
合同执行			U	U	U									
合同统计			U	U						U				
开入库单				U	C	U					U			
核价				U	U	U	← 进货管理							
进货验收				U	U									
开发货单						U	C	C						
客户服务							U	U	← 销售管理					
销售分析						U	U	U						
可供资源									C	U	← 库存管理			
库存管理				U					U	C	U			
库存控制									U	U				
会计记账					U	U	U	U			C	U		
账务结算					U	U	U	U			C	C		
应收付款分析							财务管理 →				U			
人员计划													C	U
人员招聘								人力资源管理 →					C	C
员工考评													U	U

划分后的每一个小方框即为一个子系统。通过过程—数据类方法划分所得的子系统内部数据联系紧密、独立度高，便于维护、设计和分工调试。当然，子系统的划分不是唯一的，可以有多种选择。

2. 功能层次图

任务分解实质上是与数据流程图中的处理分解是相联系的，一般伴随着数据流程图的设计来进行。系统的最小功能组成部分就是最低一层的数据流程图中的每一个基本数据处理，通常称之为功能单元。功能层次图表示上层任务由哪些下层任务来协同实现，是完全按层次绘制的严格树形图，它不考虑具体的功能结构与调用(如图 6.18 所示)。

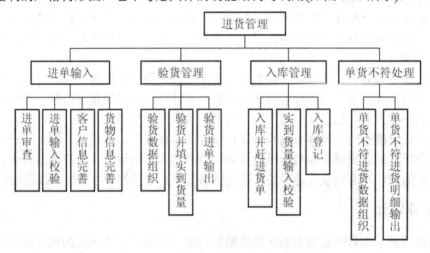

图 6.18　进货管理的功能层次图

值得注意的是，功能层次图只展示任务的分解，不涉及数据的流动；只表示上层任务可同哪些子任务协同完成，不管顺序与调用；严格按层次画出，不同任务的相同子任务也分别重画。可以说，功能层次图实际上就是数据流程图去掉数据处理外的所有其他元素，再按层次集成为一张完整的图。

知识拓展

系统分析报告

系统分析报告是系统分析的最终成果，是说明用户需求、系统目标、提出系统逻辑模型的规范化文档。它主要包括以下内容。

(1) 概述。摘要说明新系统的名称、新系统的主要目标及主要功能，新系统开发的有关背景，以及新系统与现行系统之间的主要差别。

(2) 现行系统的调研报告。

(3) 新系统的概念模型。包括业务流程再造及新系统的业务流程图，新系统的数据流程图及数据字典，新系统的实体联系图及其实际存储组织的初步考虑，新系统的功能层次图及功能概述。

(4) 对新系统概念模型的分析评价。内容包括新系统带来的主要变化，以及实现这些变化而引进的现代管理方法与技术、对企业管理的可能影响、对组织机构与人员配备的可能影响，需要投入的资源估算、带来的社会效益与经济效益的估计，新系统存在的问题与不足，备选模型选择的倾向性意见等。

(5) 系统分析小结。做法、过程与问题，系统分析人员及其成果评价。
(6) 系统设计的初步计划。包括系统设计的基本任务、人员组织、费用估算、进度的初步安排。
(7) 系统分析说明书(任务书)的评审意见。

6.2 系统设计

系统分析阶段所建立的逻辑模型解决系统"干什么"的问题，而系统设计阶段产生的物理模型解决系统"如何干"的问题。在这一阶段中，将在已经获得批准的系统分析报告的基础上，根据系统分析产生的逻辑模型，选择一个具体的信息平台，设计能在该平台上运行的物理模型。

系统设计可划分为总体设计和详细设计两个阶段，每个阶段都包括动态的处理流程、静态的数据结构和系统设施平台的设计。在总体设计中，得到的是不依赖于任何具体系统物理平台的系统方案，包括系统流程图、功能结构图及系统平台总体设计等；在详细设计中，完成系统设施平台的具体布局和软硬件设计的具体选型，并在此基础上完成代码系统的设计、数据库的逻辑模型和物理模型设计，以及输入输出设计、用户界面设计、处理过程等细节化的设计。系统设计遵循的原则包括系统性、灵活性、可靠性和经济性。

6.2.1 总体设计

总体设计的基本思路是依据系统的数据流程图，借助于一套标准的设计准则与图表工具，通过自顶向下的逐层分解和自底向上的反复推敲，把系统划分为多个层次分明、大小适当、任务单一、相对独立、容易理解和实现的处理单元——模块，并组成模块结构图(也称功能结构图)，展现出上层模块对下层模块的调用、模块间的数据交换、数据的输入输出、模块对数据存储的读写。

1. 模块结构图

模块结构图(Modular Structure Diagram)是用来描述系统的模块划分与层次，表示模块的调用关系、模块间数据流与控制流的传递关系，以及模块与外界或数据存储的信息接口的规范化图形，是结构化系统设计的一种重要的图表描述工具。

1) 模块

模块是组成目标系统逻辑模型和物理模型的基本单位，它可以被组合、分解和更换。一个模块具有输入和输出、功能、内部数据、处理过程4个特性。模块用矩形表示，矩形内部标上能反映模块处理功能的模块名字。

2) 调用

用连接两个模块的箭头表示调用，箭头总是由调用模块指向被调用模块。一个模块是否调用一个从属模块，决定于调用模块内部的决断条件，称为模块间的选择调用，用菱形表示；如果一个模块通过其内部的循环功能来调用一个或多个从属模块，则称为循环调用，用弧形箭头表示。图 6.19 描述了一般调用、选择调用、循环调用的图示。

3) 模块间通信

模块间的通信用调用箭头旁边的小箭头表示，说明调用时从一个模块传递给另一个模块的信息。作为被处理对象的数据和能改变模块内部流程的控制信息则分别用小箭头尾端的空心圆和实心圆来区分。一般情况下也不必特别区分，可保持箭尾为空白，如图 6.20 所示。

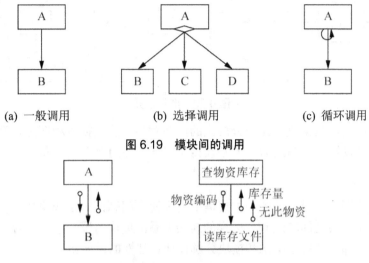

图 6.19　模块间的调用

图 6.20　模块间的通信

2. 从数据流程图导出结构图

模块结构图与数据流程图的区别在于：前者表现的是上下级模块之间层次化的调用和控制关系；后者表现的是逻辑处理功能顺序和数据在系统内的流向，而不表示各级控制关系和调用关系。从数据流程图导出结构图的策略有两种，即变换分析和事务分析方法。

1) 变换分析

当数据流程图描述的业务是对数据按用户的要求进行一系列的转换时，各个数据处理在同一个线型链上，即呈现线状结构，这时它可以明显地分成输入、变换和输出 3 个部分。以变换为中心的策略首先在数据流程图中找出它的主要功能，还要找出实现这项功能所需要的主要输入数据流和经变换后产生的主要输出数据流，然后以其中心变换部分作为上层模块，以数据传送部分作为下层模块，逐层扩展而产生一个完善的系统结构，如图 6.21 所示。

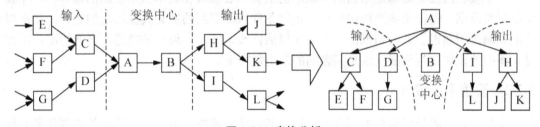

图 6.21　变换分析

2) 事务分析

事务就是能由一组处理动作完成的作业或事件，不同的事务有不同的处理方法及过程。束状数据流程图存在多个并列可选事务所形成不同的逻辑路径，组成事务中心。以事务为中心的基本思想是首先把一个复杂的数据流程图分割成若干个较小的数据流程图，每一个小的数据流程图只反映对同一种类型事务处理模块的功能，这些小的数据流程图比较简单，可采用分析的策略生成若干较小的结构图，如图 6.22 所示。

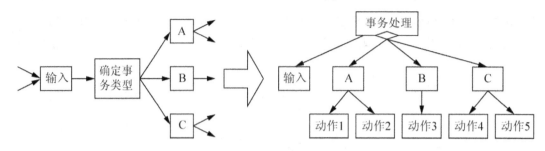

图 6.22　事务分析

值得说明的是，数据流程图是分层次的，在对某一层数据流程图进行变化分析或事务分析得出相应的模块结构图之后，还必须转换它下一层的数据流程图。

3. 设计原则

在模块结构图中，模块分解和扩展需要研究两个问题：一是模块按照什么原则进行分解和扩展，二是模块之间应达到什么样的连接关系。模块内聚、模块耦合、模块的控制范围与影响范围，都是评价结构图和模块分解设计合理性的重要指示。

1) 块内联系——模块内聚

模块内聚是衡量一个模块内部各组成部分间整体统一的指标，描述一个模块功能专一性的程度。根据模块的内部构成情况，从低到高可将内聚划分为偶然内聚、逻辑内聚、时间内聚、过程内聚、通信内聚、顺序内聚、功能内聚等。设计基本结构时应力求做到功能内聚。

2) 块间联系——模块耦合

模块之间的调用联系和信息交换联系，是衡量模块之间连接程度的指标，称作模块耦合。影响模块耦合的因素一般有调用方式和传递信息的类型、方式、数量等。常见的模块耦合从高到低有内容耦合、控制耦合、公共环境耦合、数据耦合等。设计时尽可能实现数据耦合。

3) 模块的控制范围和影响范围

一个模块的控制范围是指它的可调用的所有下层模块和其本身所组织的集合；一个模块的影响范围，是指由该模块中包含的控制条件所影响到的所有其他模块的集合。如果模块的影响范围超出了其控制范围，就会在以后修改系统时出现一些意想不到的情况，因此结构图中的模块控制范围应该是其影响的最小包容集。

6.2.2　系统平台设计

系统平台一般是指信息系统开发和运行的硬件、软件环境。系统设计的首要任务是根据新系统功能与性能要求，构建能够支持新系统运行的软硬件环境，也就是进行系统平台设计。系统平台的设计必须根据物流信息系统的目标规模、功能需求、应用环境等多方面因素进行综合考虑来确定。

1. 网络基础设施

任何信息技术环境潜在的基础设施都是一个网络，即由两个或更多的计算机共享信息、软件、外部设施和处理能力。IT 体系结构是将企业战略转化为具体计划的蓝图，一个蓝图显示了一个系统、房屋、交通工具或产品将以什么样子呈现和各部分怎么相互联系。项目越复杂，它的体系结构就越重要，这样各组成部分的相互关系才会被很好地定义。

现代化的物流信息系统是复杂的大系统，各子系统之间需要进行信息交换和资源共享。数据通信网络系统的设计就是解决不同机种、不同设备、不同地理位置之间的计算机系统互连通信的网络拓扑结构和通信设备的布点及其逻辑功能与性能要求。常用的网络拓扑结构有总线型、星型、环型等。

信息技术架构有非集中式架构、集中式架构、分布式架构、客户机/服务器架构4种类型，其各自的特征如表6-6所示。需要指出的是体系结构和架构这两个词条虽然有着不同的含义，但很多时候两者是可以相互交换使用的。非集中式架构产生于用户或部门开发的独立系统或应用软件，它们没有任何的中央控制；一个集中式架构在一个中心区域或者中心主机中共享信息系统；分布式架构是指通过网络分配IT系统的信息和处理能力；客户机/服务架构有一台或多台计算机做服务器，为其他计算机即客户提供服务。

表6-6 不同IT架构的特征

架构 特征	非集中式	集中式	分布式	客户机/服务器
成本效率	适中	非常好	适中	很合适
数据存放地	分散	集中	分散	分散
管理难易	简单	容易	难	适中
网络表现	非常好	勉强	不同	勉强
处理地点	分散	集中	分散	共享
用户控制	全权	很有限	不同	不同

大部分的企业应用程序现在都发展到了使用阶梯式架构。在一个阶梯式架构中(或称分层架构)，IT系统被分割在不同的层，每层执行一类具体的功能。

2. 面向服务的体系架构

不同种类的操作系统、应用软件、系统软件和应用基础结构相互交织，这便是IT企业的现状。一些现存的应用程序被用来处理当前的业务流程，因此从头建立一个新的基础环境是不可能的。企业应该能对业务的变化作出快速的反应，利用对现有的应用程序和应用基础结构的投资来解决新的业务需求，为客户，商业伙伴以及供应商提供新的互动渠道，并呈现一个可以支持有机业务的构架。

面向服务的体系架构(Service-Oriented Architecture，SOA)是一种软件体系结构透视图，它聚集于开发、应用和重复调用小的独立代码块(被称为服务)，以满足一个组织全部应用软件的需求。本质上，可以说所有软件都可以利用一系列的服务(编码块)进行开发和管理。为了完成特定系统的开发，可以从面向服务的体系架构透视图内部，也可在各种不同的基于组件的开发法之间进行选择，这些方法都能支持可重用服务(如组件)的概念。

SOA是一种高层次的整体的组织方式，使一个组织能够关注和解决它所有的软件需求。SOA凭借其松耦合的特性，使得企业可以按照模块化的方式来添加新服务或更新现有服务，以解决新的业务需要，提供选择从而可以通过不同的渠道提供服务，并可以把企业现有的或已有的应用作为服务，从而保护了现有的IT基础建设投资。SOA可以看作是B/S模型、

XML/Web Service 技术之后的自然延伸。

云计算：完全没有基础架构

云计算是一种技术模式，也可以说是一种完全没有基础架构的结构体系。在这种模式中，任何一种资源——应用软件、处理能力、数据存储、备份设备、开发工具，都是作为一组服务通过互联网来传递的。只需要一台精简电脑、网络访问和信用卡就可以实施云。

3. 软硬件配置

硬件的选择取决于数据的处理方式和运行软件。管理业务对计算机的基本要求是速度快、容量大、通信能力强、操作灵活方便，但计算机的性能越高，其价格也就越昂贵。一般来说，如果数据处理是集中式的，系统应用的目的是利用计算机的强大计算能力，则可以采用主机—终端系统，以大型机或中小型机作为主机，可以使系统具有较好的性能；若对企业管理等应用，其应用本身就是分布式的，使用大型主机主要是为了利用其多用户能力，则不如微机网络更为灵活、经济。

确定了数据的处理方式以后，在计算机的选择上则主要考虑应用软件对计算机处理能力的需求，包括计算机内存；CPU 速度和性能；输入、输出和通信的通道数目；显示方式；外接存储设备及其类型。

计算机软件总体上划分为系统软件和应用软件两类。前者是用于管理与支持计算机系统资源及操作的程序，后者是处理特定应用的程序。

(1) 操作系统。目前企业中应用最为广泛的是 Windows 的 PC 与服务器系统、UNIX、苹果的 Mac OS 等。

(2) 数据管理系统。市场上常见的 DBMS 有 Oracle、Sybase、SQL Server、Informix、FoxPro、Access 等。

(3) 编程设计语言。

(4) 辅助工具。

(5) 商业化软件。

北京西南物流中心综合物流信息化解决方案

北京西南物流中心是北京市规划局批准成立的专业性物流企业，同时也是北京市重点发展项目。北京西南物流中心是一个以专业从事图书仓储、分拣、配送服务为特色的物流企业，仓储面积 25 万 m^2，目前已经承揽蒙牛、太子奶等大型企业的物流业务，并已发展成为拥有 110 辆运输车辆的专业化第三方物流企业。面对激烈的市场竞争和复杂的物流网络，北京西南物流中心认识到只有通过各种高科技手段加快物流速度、降低物流成本、提高管理水平和服务质量，才能在竞争中取胜。

For-LMS 综合物流管理信息平台契合了第三方物流公司的业务现状及发展需要，集仓储管理、运输管理、物流业务综合管理等功能于一体。系统基于先进的 J2EE 和 Oracle 技术平台，采用了面向对象、组件式开发等先进技术，以标准化的业务流程规范为基础进行开发，结合先进的物流技术手段，充分利用高效的计算机网络实现仓储和配送的无缝衔接，综合发挥各组成子系统的功能。系统的应用将会提升每一个物流节点的管理能力，提高物流作业的效率，从流通全过程来降低物流成本，实现总体优化，形成物流网络整体优势。For-LMS 综合物流管理信息平台支持现代第四方物流业务，既可为大型企业提供物流信息化管理，也可作为政府公共物流信息平台为社会提供服务，如图 6.23(a)所示。

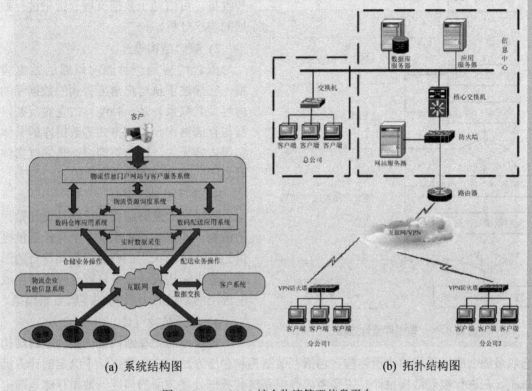

(a) 系统结构图　　　　　　　　　　(b) 拓扑结构图

图 6.23　For-LMS 综合物流管理信息平台

北京西南物流面向社会全方位开展出版社的收货、储存、包装、发运、配送业务，图书物流管理系统整合了全国 200 多家出版社、60 多家物流合作伙伴，对图书物流业务的仓储、运输等全过程实现信息化管理以及对出版社、经销商、书店的数据交换。其网络拓扑结构如图 6.23(b)所示。

(资料来源：http://www.without-line.com/Project.)

6.2.3　数据库设计

在系统分析阶段，建立了独立于任何物理设备的面向企业整体的概念模型，而系统设计阶段就需要根据所选择的计算机硬件和软件，在一个特定的 DBMS 支持下，进一步完成数据模型的详细设计，为最后在存储介质上建立数据库做准备。

1. 数据库设计步骤

数据库设计是指对给定的应用环境，创建性能良好的、能满足不同用户的使用需求，又能够被选定的关系数据库接受的数据库模式，建立数据库及其应用环境，使之能够有效地存储数据，满足用户的信息要求和处理。数据库的设计主要包括需求分析、概念结构设计、逻辑结构设计、物理结构设计等步骤，如图 6.24 所示。图中同时描述了数据库实施阶

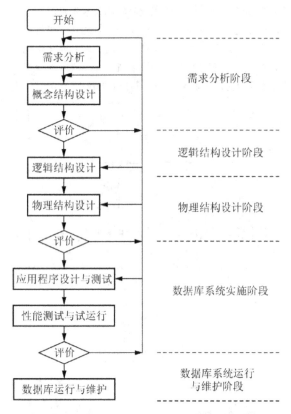

图 6.24 数据库设计过程

段与使用阶段的主要内容。

1) 需求分析

数据需求是根据企业中的用户需求、企业所面临的环境，进行数据需求的分析和收集。可借助于数据流程分析来进行数据的需求分析。

2) 概念结构设计

概念结构是一种面向问题的数据模型，它描述了从用户角度看到的数据库的内容及其联系，是一种纯粹的现实反映，而与存储结构、存取方式等数据库的具体实现内容无关。概念结构设计是通过实体联系图的建立与优化来实现的。

3) 逻辑结构设计

数据库的逻辑结构设计就是设计数据的结构，即将数据组织成一个与计算机提供的 DBMS 所采用的数据模型相符合的形式。逻辑结构设计就是将概念模型转换成所选用的 DBMS 所支持的逻辑数据模型。

4) 物理结构设计

数据库的物理结构设计是为逻辑结构选取最适合应用环境的物理结构，包括存储结构和存储方法。它主要依赖于给定的计算机系统。在进行物理结构设计时主要考虑数据存储和数据处理方面的问题。数据存储是确定数据库所需存储空间的大小，以尽量减少占用为原则。数据处理是决定操作次数的多少，应尽量减少操作次数，使响应时间越短越好。

2. 逻辑设计

如果所选用的 DBMS 支持关系模型或对象模型，那么这一步的工作就是用 ERD 构造的概念模型向关系模型或对象模型转换的过程。数据库逻辑设计的步骤主要包括两步：第一步，把概念数据模型转换为关系模式，按一定规则向一般的数据模型转换；第二步，则按照给定的 DBMS 的要求，将上一步得到的数据模型进行修改完善。

其方法是：ERD 中每个实体，都相应地转换为一个关系。该关系应包括对应实体的全部属性，并根据该关系表达的语义确定出关键字。对于 ERD 中的联系，要根据联系的不同，采取不同手段以使被它联系的实体所对应的关系彼此实现某种联系。具体包括以下转换方法。

(1) 如果两个实体间是 1∶N 联系，就将"1"方的关键字纳入"N"方实体对应的关系中作为外部关键字，同时把联系的属性也一并纳入"N"方的关系中。图 6.25(a)对应的关系数据模型为(其中下划线表示该属性是关键字，双下划线表示该属性是外键)

仓库(库号，库名，地点)
产品(产品码，名称，规格，库号，数量)

(2) 如果两实体间是 M∶N 联系，则需对联系单独建立一个关系用来联系双方实体，该关系的属性中至少要包括被它所联系的双方实体的关系字，若联系有属性，也要归入该关系中。图 6.25(b)对应的关系数据模型为

  采购单(订单号，日期，金额)
  原材料(材料号，材料名，型号)
  包含(订单号，材料号，订购量)

(3) 如果两个实体间是 1∶1 联系，转换时只需在任何实体对应的关系中纳入另一实体的关键字即可，如果联系有属性同时纳入此方的关系中。图 6.25(c)对应的关系数据模型为

  库长(员工号，姓名，年龄，库号)
  仓库(库号，库名，地点)

或者

  库长(员工号，姓名，年龄)
  仓库(库号，库名，地点，员工号)

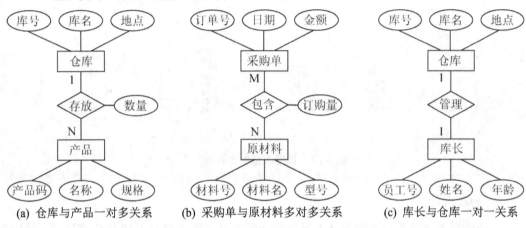

图 6.25　ERD 的转换

案例 6-6

数据库设计示例

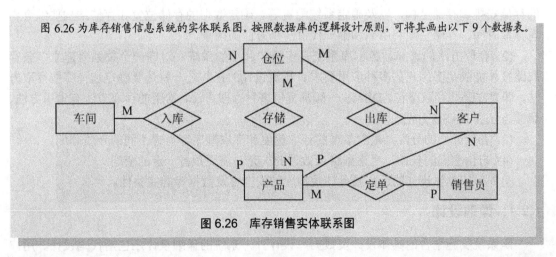

图 6.26　库存销售实体联系图

(1) 车间(车间号, 车间名, 主任名)。
(2) 产品(产品号, 产品名, 单价)。
(3) 仓位(仓位号, 地址, 管理员名)。
(4) 客户(客户号, 客户名, 联系人, 电话, 地址, 税号, 账号)。
(5) 销售员(销售员号, 姓名, 性别, 学历, 业绩)。
(6) 入库(入库单号, 入库量, 入库日期, 经手人, 车间号, 仓位号, 产品号)。
(7) 存储(仓位号, 产品号, 核对日期, 核对员, 存储量)。
(8) 出库(出库单号, 出库量, 出库日期, 经手人, 客户号, 产品号, 仓位号)。
(9) 定单(定单号, 数量, 折扣, 总价, 定单日期, 产品号, 客户号, 销售员号)。

选择适当的 DBMS，创建库存销售数据库。数据库中各数据表之间的关系如图 6.27 所示。

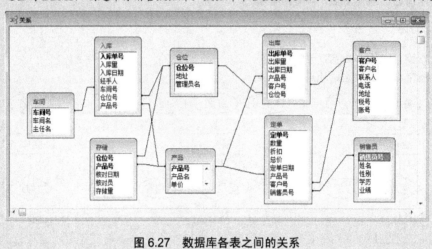

图 6.27　数据库各表之间的关系

3. 物理设计

设计数据库物理模型要求设计人员首先必须充分了解所用 DBMS 的内部特征，特别是存储结构和存取方法。还要充分了解应用环境，特别是应用的处理频率和响应时间要求，以及充分了解外存设备的特性。设计人员进行设计时主要考虑以下几个方面。

(1) 确定数据库的存储结构。主要指确定数据的存放位置和存储结构，包括确定关系、索引、聚簇(属性上具有相同值的元组集中存放在连续的物理块即为聚簇)、日志、备份等的存储安排和存储结构，以及确定系统配置等。确定数据的存储位置和存储结构要综合考虑存取时间、存储空间利用率和维护代价 3 个方面的因素。

(2) 存取方法的选择。数据库系统是多用户共享的系统，对同一个关系要建立多条存取路径才能满足多用户的多种应用要求。物流设计的任务之一就是要确定选择哪些存取方法，即建立哪些存取路径。DBMS 一般都提供多种存取方法，常用的存取方法有索引方法、聚簇方法和 HASH 方法。

(3) 存储介质的分配。根据数据的存取速度和存取顺序等考虑不同的介质分配。

(4) 自由空间的安排。考虑到将来数据的扩充，需要预备一定的空间。

另外，在具体设计的还需要设计数据库的安全性及数据库的完整性。

6.2.4　详细设计

除系统实施平台的具体设计及数据库设计外，系统的详细设计还包括代码设计、用户界面设计、输入设计、输出设计、处理过程设计等内容。对纯计算机处理模块和人机结合模块中的处理流程设计就是依据模块结构图中的模块说明设计其算法及其处理逻辑的。

1. 代码设计

物流管理系统中常见的代码有部门代码、人员代码、货物代码、设备设施代码、会计科目代码等。货物代码可以使用 EAN-13 商品条码，也可采用 ITF-14 等物流条码，还可根据需求依据规则自行设计。

根据企业的实际情况，部门代码一般采用层次码。例如，在使用的 4 位数字编码中，前 2 位作为一企业各部门的编码，后 2 位作为部门内各科室、班组的编码。人员代码涉及人力资源部门，既可采用简单的顺序码，也可使用层次码。顺序码位数可以根据企业员工人数确定，而层次码便于分类、汇总。会计科目代码一般采用层次码，其需根据财政部及本行业、本地区的规定进行编制。

设备设施代码的使用涉及设备管理部门和会计核算部门的需要。应尽可能在代码中反映设备的经济用途、使用情况、使用部门及设备类别等信息，因此一般采用层次码。另外，物流运输设备有自己的独特编号，如车辆牌照编号；而仓储管理中还涉及仓位代码的编制，典型的四号定位法就是一种层次码。

2. 用户界面设计

用户界面是人和计算机交互的重要途径，操作者可以通过屏幕与计算机对话、向计算机输入有关数据、控制计算机的处理过程并将计算机的处理结果反映给用户。例如，系统的工具栏、下拉或弹出菜单、对话框等都是我们使用软件中必不可少的，如图 6.28 所示。

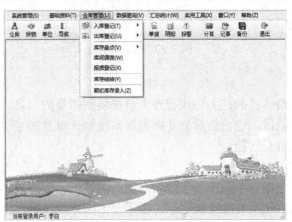

图 6.28　仓储管理主界面

常用的用户界面分为图形界面和非图形界面，其中图形界面伴随着计算机可视化的发展得到了迅速的应用。常用的图形界面有：①图形用户界面(Graphics User Interface，GUI)，其基本组件有窗口、图标、菜单、指针、应用程序客户区、直观操作；②网页用户界面，采用 B/S 结构基于 Web 的用户界面越来越受到用户的欢迎；③手持设备用户界面，指 PDA、智能手机等设备的界面设计。

为了保证用户界面的高效和有用，设计时应注意：尽量保持一致性；为熟练用户提供快捷键；提供有效反馈；设计完整的对话过程；提供简单的错误处理机制；允许撤销动作；

提供控制的内部轨迹；减少短期记忆负担等。

3. 输入设计

在信息系统业界有这样一句话："对一个信息系统来说，进去的是垃圾，出来的还是垃圾！"这就是说，如果输入数据有误，即使计算十分正确，也无法获得可靠的输出信息。输入设计同时还是系统与用户交互的纽带，决定着人机交互的效率。因而一般要求所设计的输入界面可靠性高、容错性好；操作简单、易学易用；风格一致，布局合理。

在系统分析阶段，输入设计的任务是确定输入的内容。而在系统设计阶段，输入设计的工作内容是：①选择数据输入设备，目前常用的设备有键盘、磁性数据输入设备、光扫描设备、射频识别等；②输入数据格式的设计，包括原始凭证格式设计和输入介质的记录格式设计；③输入数据正确性校验，有人工直接检查、计算机程序校验等多种方法；④联机系统的输入屏幕设计。图 6.29 显示了出库订单的输入界面。

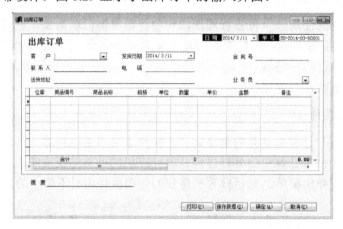

图 6.29 输入界面

4. 输出设计

物流信息系统的最终目的是为各级管理人员提供所需要的信息，输出信息的内容和格式是他们最为关心的问题，输出的质量是衡量新系统设计质量的主要标志之一，也是改善系统与用户间关系的重要途径。

系统分析阶段已经对输出内容(输出项目、位数、数据形式等)进行了设计，系统设计阶段的设计内容主要包括有关输出信息使用方面的内容、输出方式、输出设备、输出介质等。目前常用的输出方法主要有报表信息、图形及多媒体信息等。例如，各类查询统计的屏幕显示形成，就需要依据用户需求及美观性进行设计，图 6.30 显示了订单查询界面。

5. 处理过程设计

处理过程设计是对结构图中每一个模块内部的处理过程进行具体的描述，这种描述将成为以后编写处理程序的基础。每一个模块都可以看成是一个独立的子系统，每一个子系统都分为输入、加工处理、输出几个部分。要详细描述这个处理逻辑可以使用"输入—加工—处理"(Input Process Output，IPO)图。IPO 图将为编制程序提供指导，所以也称为程序设计任务书，其基本格式和内容如表 6-7 所示。IPO 图的主体是处理过程描述，描述处理过程的工具可以是图形、表格和伪码(结构化语言)。

图 6.30 查询显示

表 6-7 程序设计任务书

新系统名称：用户身份管理		模块编号：C1.0		IPO 图编号：P002	
库文件号：C012		程序文件号：C20		编程要求文件号：C11	
模块名：验证用户身份		设计者：张三	使用单位：财务	程序名：KL	软件：VFP
上层调用模块：前台管理			调用下层模块：结算收银		
输入部分 (I)		处理过程描述 (P)		输出部分 (O)	
用户姓名 用户口令 读取库存用户记录 读取系统权限码		1. 接收用户名及口令 2. 打开库文件比对用户 3. 打开密码库比对用户口令 4. 判定合法用户 5. 为合法用户打开系统 6. 要求不合格用户重新登录 7. 警告非法用户		将合格标志送回 调用下级模块 不合格信息反馈和提示 非法用户警告	

系统设计报告

系统设计报告是系统设计阶段的主要成果，它主要提供各种文档资料，是面向系统管理人员的技术手册，也是系统实施的重要依据，其包括以下内容。

(1) 系统设计概述。
(2) 系统功能结构图及详细说明书。
(3) 计算机、网络平台的硬件和软件配置。
(4) 代码设计说明书。
(5) 数据库的具体设计。
(6) 输入/输出、用户界面、处理流程说明书。
(7) 系统实现的初步建议。

6.3 UML 分析与设计

自 20 世纪 70 年代面向对象技术出现以后，面向对象技术在软件业界得到了广泛的应用。为了解决复杂软件系统的开发，纷纷推出了各种面向对象的软件工程方法，比较流行的有 Booch、Rumbaugh(OMT)、Jacobson(OOSE)、Coad-Yourdon、Fusion、Shlaer-Mellor、Berard 等。1994—1996 年软件工程学家格雷迪·布奇(Grady Booch)、詹姆斯·朗博(James Rumbaugh)和伊万·雅各布森(Ivar Jacobson)先后齐集于 Rational 公司，携手合作，以各自原有的方法为基础，并吸收其他方法的长处，共同提出了新的面向对象的分析与设计方法——统一建模语言(Unified Modeling Language，UML)。1997 年 11 月，美国工业标准化组织 OMG 宣布接受 UML，从此 UML 已逐渐成为被广泛接受的面向对象方法和技术建模标准。

UML 是一种用来对系统开发的产出进行可视化、规范定义、构造和文档化的面向对象的建模语言。UML 是用来描述模型的，用模型来描述系统的结构或静态特征，以及行为或动态特征。从不同的视角为系统构架建模，形成系统的不同视图。UML 由视图、图、模型元素和通用机制等几部分组成，其中 UML 定义的图分为 3 类，即用例图、静态结构图和动态行为图。

(1) 用例图，即 Use Case 图，也称功能模型图。
(2) 静态结构图，包括对象类图、对象图、组件图和配置图。
(3) 动态行为图，包括交互顺序图、交互协作图、状态图和活动图。

上述 UML 图加上支持说明文档组成系统模型。但是，一个复杂的系统需要从不同的角度去观察和表示。在建立系统的对象模型时可以根据需要选择使用不同的图，把它们组织成不同的视图分别描述系统的某一个方面的特征。

Rational Rose 与 Rational Software Architect

Rational Rose 是 Rational 公司出品的一种面向对象的统一建模语言的可视化建模工具，用于可视化建模和公司级水平软件应用的组件构造。就像一个戏剧导演设计一个剧本一样，一个软件设计师使用 Rational Rose，以演员(数字)、使用拖放式符号的程序表中的有用的案例元素(椭圆)、目标(矩形)和消息/关系(箭头)设计各种类，来创造(模型)一个应用的框架。当程序表被创建时，Rational Rose 记录下这个程序表然后以设计师选择的 C++、Visual Basic、Java 或者数据定义语言(Data Definition Language)等来产生代码。

目前，IBM 推出的 Rational Software Architect (IBM RSA)已经替代了 Rational Rose，它是 IBM 在 2003 年并购 Rational 后所发布的 Rational 产品。IBM RSA 允许架构师设计和维护应用程序的架构，它是 IBM 提供一个集成开发平台，包括 Rational Application Developer、Rational Web Developer 和 Rational Software Modeler 等工具，不仅可以让开发人员进行基于 Eclipse 3.0 架构的各种应用程序的开发及基于 Web 的程序开发，还可以对待构建的软件结构进行建模。

6.3.1 用例图

在计算机软件系统的分析与设计中，首先需要准确地描述用户需求中的功能需求，以便进一步确定系统中应该建立哪些对象。在很长一段时间里，无论是传统的软件开发还是面向对象的开发方法，都是用自然语言来描述对系统的需求的，即把预期的人与系统之间的交互编写成"剧本"来描述这种功能需求。但是这样的做法没有统一的格式，缺乏描述的形式化，随意性较大，容易产生理解上的不一致性。

1992年，雅各布森在他的著作中提出了 Use Case 的概念和可视化表示方法——用例图。所谓用例，是指系统的外部事物(活动者)与系统的交互，它表达了系统的功能，即系统所提供的服务。用例图则用简单的图形元素表示出系统的活动者、用例，以及它们之间的联系，准确描述了活动者与系统的交互情况和系统所提供的服务，如图 6.31 所示。

1. 活动者

活动者是用户作用于系统的一个角色，它是对系统边界之外的对象的描述。活动者对系统的交互包括信息交换(数据信息和控制信息)和与系统的协同，包括人活动者和外部系统活动者。

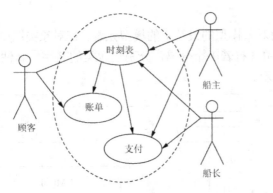

图 6.31 Use Case 示例

活动者可以用带有构造型"<<actor>>"的对象图标表示，也可以用简易的人形图标表示。一般用对象图标表示外部系统活动者，用人形图标表示人活动者。

2. 用例

雅各布森给用例下的定义有两个：①Use Case 是对一个系统或一个应用的一种单一的使用方式所做的描述；②Use Case 是关于单个活动者在系统对话中所执行的处理行为的陈述序列。可见，用例是对系统的用户需求(主要是功能需求)的描述，它表达了系统的功能和所提供的服务。

3. 用例的联系

用例除了与活动者有联系以外，用例之间也存在着一定的联系，包括泛化关联、使用关联、包含关联、扩展关联。系统分析员还可以利用 UML 的扩充机制自定义用例的联系。

泛化代表一般与特殊的关系，泛化关联用泛化箭头表示，从基本用例发出指向一般用例；使用关联指一个用例使用另一个用例的功能行为，它是一种泛化关联，在用例图上用泛化箭头表示，并在线上标注"<<Use>>"；包含关联是一个基本用例的行为包含了另一个用例的行为,它是一种依赖关联,在用例图上用一条从基本用例指向被包含的用例的虚箭头表示,并在线上标注"<<include>>";扩展关联的基本含义与泛化关联类似,但是对于扩展用例有更多的规则限制,它在用例图上用一条从基本用例指向扩展用例的虚箭头表示,并在线上标注"<<extend>>",如图 6.32 所示。

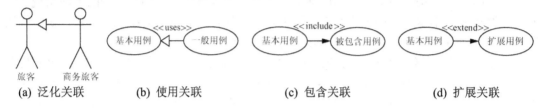

图 6.32 用例关联

6.3.2 静态模型

建立对象模型是面向对象的开发方法的基本任务,也是一个最需要倾注精力和时间的技术活动。对象模型分为静态模型和动态模型,而对象类图则是表达静态结构的核心。

1. 对象类图

对象类(class)简称类,是面向对象模型的最基本的模型元素。在对象类图中,对象类的图标用实线矩形框表示,矩形框中含有若干个分隔,分别包含类的名字、属性、操作、约束以及其他成分等,如图 6.33 所示。

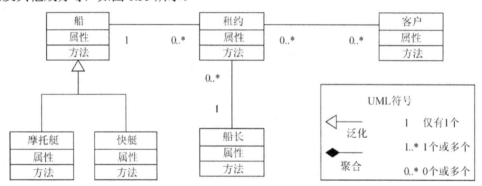

图 6.33 对象类图示例

类的属性是类的命名的性质,属性是在类图标的属性分隔框中的文字说明;操作是对象类的行为特征或动态特征,在面向对象的程序设计语言中常称为方法。属性和方法之前可附加可见性修饰符,其中加号(+)表示公共,减号(-)表示私有,#号表示保护,若有下划线则说明它是静态的。

在 UML 中,对象类之间的语义连接被定义为关系,并有以下几种关系。

1) 泛化关系

泛化是现实世界中一般性实体与特殊性实体之间的关系,表示一般性实体的对象类称为超类(或父类),表示特殊性实体的对象类称为子类,子类继承超类的特性(属性、操作、关联等),同时可以有自己的特性。泛化关系用一个空心箭头加实线表示,箭头指向父类。

2) 聚合关系

聚合表示事物的部分/整体关系的较弱的情况，也称为"has-a"联系。在关联线端加一个小空心菱形表示聚合，菱形连接代表整体事物的对象类，另一个关联连接代表部分事物的对象类。

3) 实现关系

实现关系是表示不继承结构、只继承行为的一种特殊的泛化关系，多数是用来表达接口类的实现(接口的)之间的关系。在 UML 中，用空心箭头加虚线表示实现关系，空心箭头指向父类接口。

4) 关联关系

关联关系描述对象类之间的相互作用与相互依存的对应关系，它在对象类图中用细实线表示，中间可以标注关联名，两端可以标注对象在关联中的角色和多重性。这里的多重性类似于实体联系图中的一对一、一对多、多对多关系。

5) 依赖关系

依赖是两个模型元素间的语义联系，依赖是指一个模型元素的变化必定影响到另一个模型元素，如职工家属信息的存在依赖于职工的存在。对象类之间的依赖用一条虚线箭头表示，尾端的对象类依赖于箭头所指向的对象类。

2. 对象图

对象图显示了一组对象和它们之间的关系。对象图和对象类图一样反映系统的静态结构，使用与对象类图几乎一样的标识，但它是从实际的或原型化的情景来表达的。一个对象图是对象类图的一个实例，如图 6.34 所示。

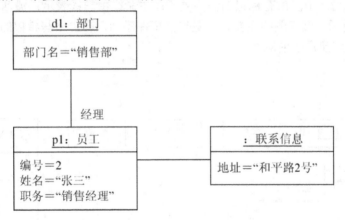

图 6.34 对象图示例

对象图显示某时刻对象和对象之间的关系。一个对象图可看成一个对象类图的特殊用例，实例和对象类可在其中显示。与对象类图不同点在于对象图显示类的多个对象实例，而不是实际的类。由于对象存在生命周期，因此对象图只能在系统的某一时间段存在。

3. 包图、组件图与配置图

包图是在 UML 中用类似于文件夹的符号表示的模型元素的组合，它不是 UML 的正式图。系统中的每个元素都只能为一个包所有，一个包可嵌套在另一个包中。使用包图可以将相关元素归入一个子系统，一个包中可包含附属包、图表或单个元素。

UML 提供了两种物理表示图形：组件图和配置图。组件图表示系统中的不同物理组件及其联系，它表达的是系统代码本身的结构；配置图(也称部署图)由节点构成，节点代表系统的硬件，组件在节点上驻留并执行，配置图表示系统的软件与硬件之间的关系，它表达的是运行系统的结构。

图 6.35 列出了包图、组件图和配置图的基本符号表示。

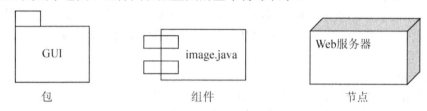

图 6.35　三种图的基本符号

6.3.3　动态模型

面向对象的动态模型可由交互图、状态图和活动图来描述，而交互图又可分为顺序图和协作图。

1. 顺序图

顺序图按时间顺序描述对象间的交互模式，它利用对象的"生命线"和它们之间传递的消息来显示对象如何按时序参与交互。

顺序图由活动者、对象、消息、生命线和激活组成。在 UML 中，对象表示为一个矩形，其中有对象名；消息由有标记的箭头表示；生命线由虚线表示；激活由薄薄的矩形表示，如图 6.36 所示。顺序图的主要目的是定义事件序列，产生一些希望的输出。重点不是消息本身，而是消息产生的顺序。

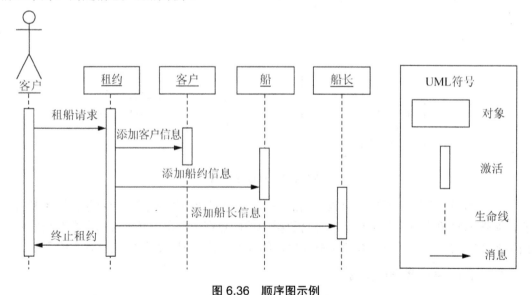

图 6.36　顺序图示例

顺序图简要描述了参与业务的角色的工作，从激活的角度描述了如何动作，以及它们如何通过发送消息实现通信。如果某个类实例向另一个类实例发送一条消息，则绘制一条具有指向接收类实例的箭头连线,并把事件/消息的名称放在连线上。对于某些特别重要的消息,可以绘制一条具有指向发起类实例的虚线箭头,并将返回值标注在虚线上。

2. 协作图

协作图也是一种交互图,它强调的是发送和接收消息的对象之间的链接结构。一个协作图显示了一组对象及其之间的关系,以及对象间收发的消息。协作图的基本组成元素有活动者、对象、链接和消息,一般使用实线标记两个对象之间的链接,由标记在链接上方的带有标记的箭头表示消息。

图 6.37 描述了运输过程中系统收到货运需求后,发送单货物、配车计划单、发送单车辆、费用单以及结算单间产生的交互行为模型。

顺序图和协作图都可以表示各对象间的交互关系,但它们的侧重点不同。顺序图能够清晰地表示消息的顺序和时间排列,各角色之间的关系是隐含的。协作图用各个角色的几何排列和关联线上的消息来表示角色之间的关系,但时间顺序则不明显,因为这是通过消息序号表示的。在实际中可以根据需要选用。

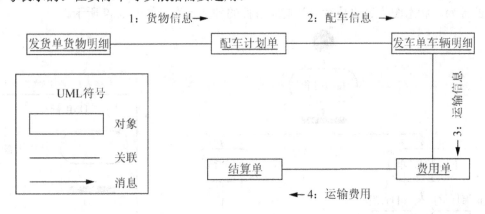

图 6.37 协作图示例

3. 状态图

状态图是描述一个对象基于事件反应的动态行为,显示了该对象如何根据当前所处的状态对不同的事件作出反应。状态是对象执行某项活动或等待某个事件时的条件。转换是两个状态之间的关系,它由某个事件触发,然后执行特定的操作或评估并导致特定的结束状态。

状态图中包括了 5 种符号元素(见图 6.38):①初始状态,它使用实心圆来绘制;②状态之间的转换,它使用具有箭头的线段来绘制;③状态,它使用圆角长形来绘制;④判定,它使用空心圆或菱形来绘制;⑤一个或者多个终结状态,它们使用内部包含实心圆的圆来绘制。

状态图用于显示状态机(它指定对象所在的状态序列)、使对象达到这些状态的事件和条件及达到这些状态时所发生的操作。状态机用于对模型元素的动态行为进行建模,更具体地说,就是对系统行为中受事件驱动的方面进行建模。

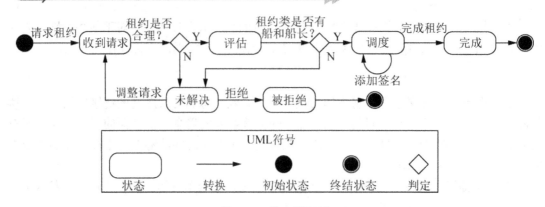

图 6.38 状态图示例

4. 活动图

活动图是系统的一种行为视图，它描述参与行为的对象类的活动的顺序，包括依赖于条件的行为和并发行为。它与状态图的实质性区别在于活动图描述的是响应内部处理的对象类的行为，状态图描述的是对象类响应事件的外部行为，如图 6.39 所示。

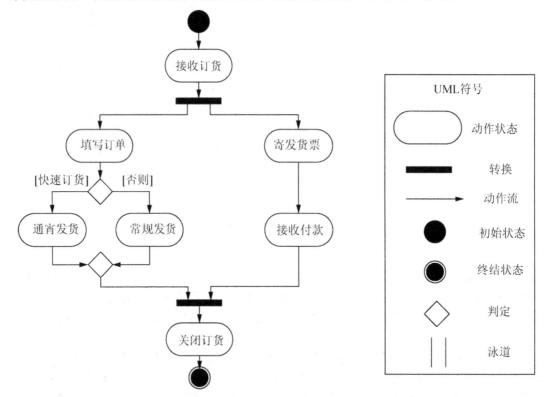

图 6.39 顾客订单处理的活动图

活动图的符号集与状态图中使用的符号集类似。像状态图一样，活动图也从一个连接到初始活动的实心圆开始，结束过程的活动连接到一个终止状态。不同的是增加了转换分叉与转换连接、泳道等符号。其中泳道代表对象活动的责任，它把活动图中的活动划分为若干组，并把这些组指定给对象，这些对象必须履行该组所包括的活动。在活动图中，泳道用垂直实线画出，垂直线分隔的区域就是泳道。

6.3.4 面向对象分析

面向对象分析(OOA)是面向对象方法开发系统的首要阶段。OOA 的关键是识别出问题域内的对象，分析它们之间的相互关系与作用，建立起问题域的简洁、明确和可理解模型，包括静态模型、动态模型和功能模型。

尽管面向对象方法开发中自始至终采用同一组模型，而且要不断地反复和迭代，各阶段之间的界限不像结构化方法中那样明显，但 OOA 中还是主要着眼于问题域的业务本身的分析，集中精力明确用户最终希望开发的系统到底做什么，而把与怎样实现这些目标有关的具体问题尽可能留到面对对象设计中去解决。

1. 现状调查与分析

无论用哪种方法来开发信息系统，都要通过对现状业务流程的调查与分析来发现问题，并针对目标构思模型与方案，从而使其完成的业务流程能够很好地实现其业务目标。所以业务流程是信息系统开发的出发点和归宿。

1) 业务流程调查

为了描述方便，这里以汽车修理管理系统为例进行分析。例如，HM 汽车修理公司根据业务需要，确定开发一个"汽车修理管理系统"，以取代现有的完全人工管理。开发的基本项目包括管理修车业务；管理修车零件的订货入库与领用出库；完成修理工的月工资计算。用户要求完成的修车管理、零件管理、修车工工资核算等业务，具体描述如下。

(1) 修车管理流程。车主提出修车要求，填写报修单，业务员与汽车核对，有错误则退回用户修改，正确则下达修车单交给修理工修理汽车。修理完工后，修理工填好修车单，业务员根据修车单收费并开发票交给车主。

(2) 零件管理业务流程。采购员按计划从供应商处购回修车零件后，填写零件入库单，库管员与实物核对，有错误退回采购员再交供应商修改，正确则入库并修改库存台账。修理工修车需要零件时填写零件领用单，库管员与修车单核对，有错误退回修改，正确则发给零件并修改库存台账。库管员定期检查库存台账，对库存量小于最小库存量的零件，制订零件订货计划，交给采购员去购买。

(3) 修理工月工资核算业务。每月统计每个修理工的修理工时，按其小时工资，计算其工时工资，再加上其月底薪，就得到其月工资，交给财务发给修理工工资并附给其工资单。

2) 现状功能分析

在面向对象的分析方法中，通常采用用例说明系统工作的功能性或行为性需求。用例可以从用户的角度以业务为中心来描述系统的功能需求。首先，在分析业务流程的同时确定主要参与者，本系统的主要参与者包括车主、业务员、库管员、修理工、采购员、供应商等；然后，结合参与者与业务功能联系定义用例。本系统主要包括以下用例。

(1) 车主：报修车辆、缴费取车。
(2) 业务员：审核报修单、审核修车单、填写发票、修理工工资计算、发工资。
(3) 修理工：修车并填写修车单、填写零件领用单、领用零件、发工资。
(4) 采购员：查看采购计划、填写采购订单、填写零件入库单。
(5) 库管员：查看库存台账、制订采购计划、审核零件入库单、入库并修改台账、审核零件领用单、出库并修改台账。
(6) 供应商：供应零件、收费、提供供货发票。

用 UML 用例图描述用例和参与者及其之间的关系，为系统提供简洁可视的语境图。图 6.40 所示为该系统中业务员的用例图。

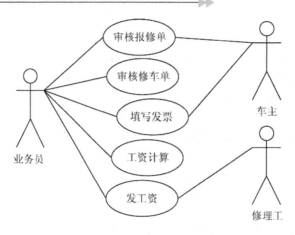

图 6.40 业务员的用例图

案例 6-7

汽车修理的数据模型

管理信息系统处理的"原材料"是数据,其"产品"也是各种形式的数据。收集业务流程中用到的各种单、据、票、证、卡、表、账簿、报表等资料,分析资料中的标题、表头等中的各栏名,列出所有事项,作为数据项。分析这些数据项,找出组合项、导出项、非结构项,得出所有基本项。

在汽车修理管理系统中,各资料的数据项有报修单、修车单、入库单、领用单、修理发票、工资单、员工登记表、零件库存台账等。参考业务流程分析,得到实体联系图的基本结构如图 6.41 所示。

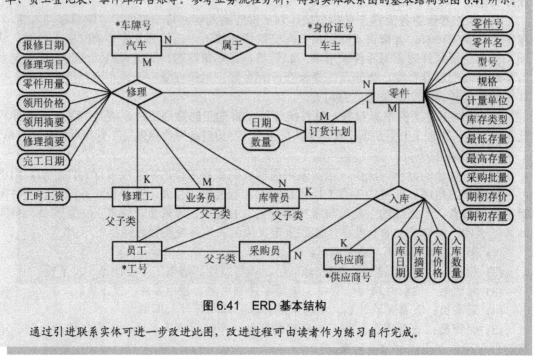

图 6.41 ERD 基本结构

通过引进联系实体可进一步改进此图,改进过程可由读者作为练习自行完成。

2. 构思问题域的静态模型

处理复杂问题的思想就是使用结构化的层次化原则,对象模型可以分为 5 个层次,即主题层、对象类层、结构层、属性层和服务层。最常用的静态建模是使用 UML 的对象类图。在实际操作中,可以基于实体联系图和用例图来发现对象。把实体联系图中的实体、联系体、用例图中的主体作为概念类,参与业务流程分析中的外部对象和处理过程的主体、客体做适当补充,消除重复。

从实体联系图导出对象类及其间的关系,从而绘制类图,是构思问题域对象模型的有效途径。一般来说,可以依照下面几条原则进行。

(1) 一个独立实体(含联系体)转换为一个永久对象类,其属性转换为该对象类的属性,其主标识转换为对象的主标识。

(2) 一个子实体转换为一个对象类,子实体的自有属性(如果有)就转换为该对象类的特有属性,父子联系转换为泛化关系。

(3) 从一个实体转换为一个对象类,从实体的属性转换为该对象类的属性,主从联系转换为主从对象之间的主从组合关系。

(4) 实体间的一对一联系转换为对象类间的一对一关联关系或组合关系;实体间的一对多联系转换为对象类间的一对多联系或组合关系,其联系的属性添加到"多"方对象中。

此外,还需参考用例图中的使用者、业务流程图的外部对象、主体、客体,补充完善对象类。如图 6.42 所示,描述了汽车修理管理系统的概念类图。

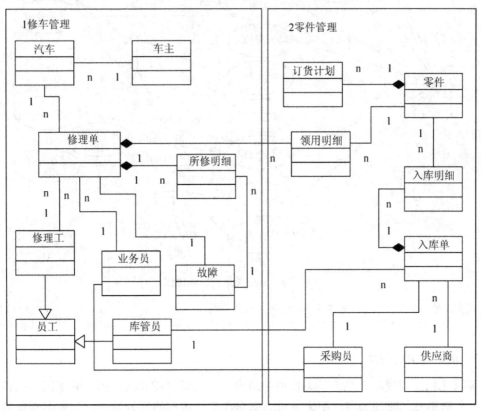

图 6.42 汽车修理管理系统概念类图

对于大型、复杂的系统,通常要划分出主题来。划分主题是为了把一个复杂的业务系统分为几个较为简单的组织部分,通常主题可以参考业务流程图中的子业务来划分。例如,为简化只考虑修车管理业务、零件管理业务、修车工工资核算业务,而忽略其他相关方面及业务，将它划分为"汽车""零件管理""工资核算"3个主题。

开发和运行一个新系统，并不是简单地模拟手工的操作，需要利用计算机网络环境中的信息处理的特点，考虑用户要求做的改变，进行业务流程再造，其与结构化生命周期方法没有本质区别。通过业务流程的再造，可以重新构思用例图和对象类图。

案例 6-8

用例图的重构

在 OOA 中与 SSA 中的本质没有什么不同，依然是要从用户需求的改变、计算机处理特点、数据存储要求、IT 管理模式等方面进行业务流程优化。图 6.43 描述了优化后的用例图。

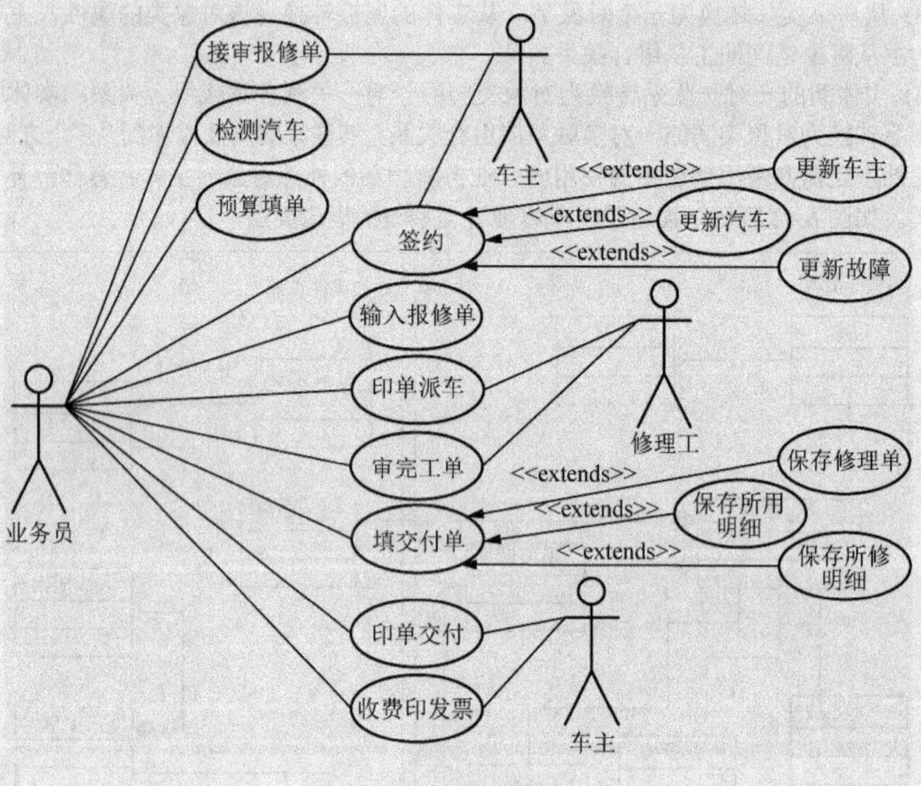

图 6.43 业务员用例图的优化

而有关对象类图的优化，留作思考，请学生自行完成。

3. 动态模型的构建

采用 UML 建模型，系统动态模型中最常用的为顺序图和状态图。顺序图可以描述对象之间传送消息的时间顺序，用来表示这些对象实用用例的行为顺序；状态图则是通过为对象生命周期建立对象状态及其转换的模型来描述对象状态变化的动态行为。

1) 构思顺序图

用例图描述外部参考者与系统进行哪些交互来完成业务。在交互中，参考与者对系统发出相关事件，通常需要一些对象响应这些事件的行为操作来加以处理。UML 提供的顺序图可以描述对象之间传送消息的时间顺序，用来表示这些对象实现用例的行为顺序。在表达功能的用例基础上，使用顺序图建模可采取以下思路。

(1) 识别对象角色，在修车业务中有车主、业务员、报修单对象、修车工、发票等。

(2) 描述交互的事件消息，如车主提交待检报修单给业务员；业务员审核正确后检测汽车并填写故障、需要零件与预算；并把待签字报修单交车主等。

(3) 设置对象激活活动期，据此可画出修车管理业务顺序图的初稿，如图 6.44 所示。

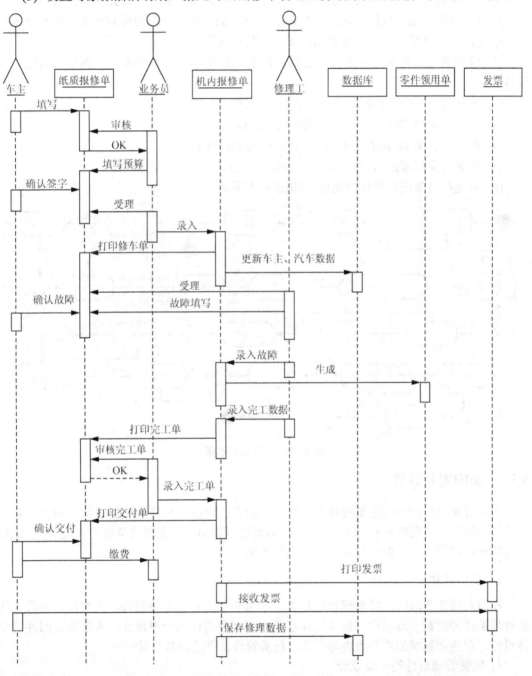

图 6.44　修车管理业务顺序图

(4) 编写事件消息的说明，包括约束条件、发送次数、输入参数、返回参数等。

(5) 编写激活活动说明，主要是其执行的动作和过程。

2) 构思状态图

构思表达业务流程的活动图，一般是先找出所有活动状态和参与者，按参与者及其相互交往划分并布局泳道，按业务流程顺序从上到下把活动状态布局到需要的泳道中，补充选择、并行分支等控制，用实线箭头来组成控制流。再从上到下，确定并画出活动状态使用和作用的对象，用虚线箭头表达对象与活动状态的依赖关系，组成对象流。在构思中要注意相互影响，反复修改。构思对象的状态图可以采取以下步骤。

(1) 确定要对其生命周期进行状态描述的类，如修车业务中的车主、汽车、故障、修理单等。

(2) 确定对象可能存在的状态，画出状态框图。

(3) 确定状态的转换，画出对象状态图的初稿。

(4) 确定转换活动/事件与其瞬时动作，标注到转换线上。

(5) 确定对象状态的入口/出口/内部转换等动作，标注在状态框内。

(6) 对建模结果进行细化与精化，如图 6.45 所示。

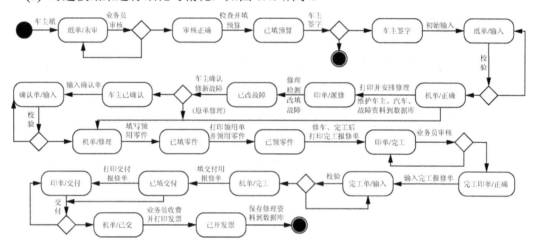

图 6.45 报修单状态图

6.3.5 面向对象设计

面向对象设计(OOD)是面向对象开发方法的第二阶段，其任务主要是建立与实现有关的模型，调整、补充和完善 OOA 中所建立的问题域模型，从实现的角度对类/对象、关联、服务操作等进行设计，做好可以实现的系统方案。

1. 总体设计

在面向对象方法中，将系统看成是由 4 个部件组成：问题域部件、人机接口部件、任务管理部件和数据管理部件。总体设计包括数据管理部件的一般设计、人机接口部件的总体设计、业务问题域部件的改进与完善、任务管理部件的总体设计。

1) 数据管理部件的一般设计

数据管理部件要实现问题域永久对象的存储组织、对象封装建立查找和存储机制，以及为人机结合完成业务流程而引入的临时对象的存储组织等。面向对象方法中的数据管理是通过对象的行为方法来实现的,通常有两种思路:一是在每个对象类中设计其数据存取完整的行为方法;二是设计完成一个数据管理服务的接口对象类,所有对象对数据存储的访问存取都实现这个对象类来完成。

2) 人机接口部件的总体设计

人机接口的形式主要有 Form、Menu 和 Report。对这些对象考虑其属性、服务和关系,建立起人机接口部件的对象模型。依据活动图,并参考用例图、交互模型、行为模型与静态模型,列出输入、输出、对话等接口对象,再参考主题或业务逻辑包,向上逐级构造菜单对象,画出人机接口类图。图 6.46 给出了汽车修理系统的部分人机接口对象类。

图 6.46 汽车修理系统的人机接口对象类

3) 业务问题域部件的改进与完善

问题域部件就是在 OOA 中建立的着眼于业务本身的模型,在 OOD 中要对它进行调整和补充,主要是考虑实现的具体需要。

4) 任务管理部件的总体设计

由于对象间往往存在相互依赖关系,设计工作的一个重要方面就是确定哪些是必须同时动作的任务、哪些是相互排斥的任务,以及这些任务的先后关系,从得到的系统控制流来设计这些控制的任务管理部件。

2. 详细设计

OOD 的详细设计包括系统设施平台的设计、数据管理部件的详细设计、人机接口部件的具体设计、问题域对象类的详细设计、任务管理部件的具体设计,最后落实到组件及其配置的具体设计,从而形成可以直接实现的系统方案。

系统设计平台的设计主要给出案例系统设施平台的拓扑结构图和具体布局图及其设备选型的简要说明。在面向对象中,拓扑结构图通常用部署简图来表示。图 6.47 描述了汽车修理系统的总体平台设计部署简图。

数据管理部件的具体设计的主要工作是,对总体设计中得到的数据库一般关系模型,以及数据视图、临时数据表一般结构,依据系统设施平台,设计其具体结构。而对总体设计得到的人机接口类图补充、完善、细化后,就需要设计具体的用户界面,包括设计登录界面、设计主窗体及其主菜单体系、设计输入界面、设计查询界面、设计输出界面、报表格式,以及其他相关类的设计。

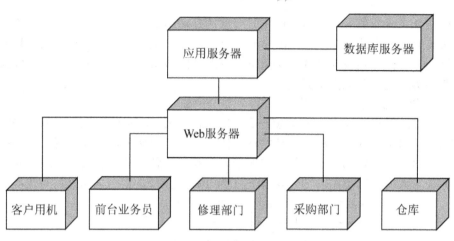

图 6.47 汽车修理管理系统的部署简图

6.4 系统实施与维护

系统实施就是要将设计的结果转换为可以在计算机上具体执行的软件系统，其过程就是将"设计图纸"上的新系统方案变成用户看得见、可运行、能够帮助用户完成所需功能的实在系统。系统实施的主要任务是按照设计说明书的要求，熟悉和安装新硬件、软件、编制程序，调试新系统，对管理人员进行培训，还要完成数据准备工作，然后投入试运行。

物流信息系统平台的建立就是系统设计方案购置和安装计算机网络系统，没有多少实质性的难点，但繁杂得很。平台建立的一般做法：先建立开发平台，后建立运行平台；先改造现有设备，充分利用现有的软、硬件资源，后购置新设备。按设计要求和可行性报告对人、财、物资源进行分析，选择好适当的软、硬件，通知供货商按要求供货，安装调试，要把好质量关。如果总费用达到一定的额度则要依据详细设计的成果，编写并发出招标通知，通过竞争性招标，确定供应商。

有时根据设计要求需要购买一些相关的功能软件或程序模块，以便于缩短开发时间、减少投入费用。这时就必须解决供应商的服务(包括信誉、升级服务、软件修改等)、系统运行的效率，以及不同软件之间的衔接问题。

6.4.1 编程与系统测试

程序设计就是将处理逻辑转变为可被计算机执行的指令。如果程序设计人员已经具有详细的程序设计说明书，那么编程工作就变得比较简单，即只需将逻辑处理功能的说明转换成程序代码就完成了编程工作。程序编制完成以后，还要对程序进行调试，排除其中的各种错误，如语法错误、逻辑错误等。

1. 程序设计

进入程序设计之前，程序设计人员应该明确编程的目的，并要了解物流信息的总体结构，明确数据库设计等。程序设计的方法有多种，主要包括结构化方法、快速原型法、面向对象的方法等。

1) 衡量编程工作的指标

所有的信息系统功能及设计意图都要通过编程工作来实现，编程的工作质量将会影响到整个信息系统的质量、运行与维护。为了保证完成信息的编程工作，就需要对编程工作的质量进行衡量。虽然衡量的指标是多方面的，但都会随着系统开发技术和计算机技术的发展而不断变化和完善。衡量编程工作主要包括以下几个指标。

(1) 可靠性。系统及其程序的可靠性是衡量系统的重要指标，包括其检错、纠错、容错和从故障中恢复的性能。可靠性指标又分为安全可靠性和运行可靠性，安全可靠性反映在操作人员、数据存取、数据通信传递等多方面安全可靠问题，这些都要通过系统分析与设计过程来严格定义；运行可靠性只能通过高质量的程序设计、仔细周到的程序调试、详尽严格的系统测试等工作过程来把关。

(2) 可维护性。系统及其程序的可维护性是指其改正错误、改进性能、扩充功能的容易程度及其可移植性。一个信息系统一般要使用3～10年，程序的维护工作量是相当大的，可维护性也是衡量程序质量的重要指标。

(3) 可理解性(可读性)。一个程序，特别是大型程序，要求它不仅逻辑上正确、计算机能够执行，而且应当层次清楚、简洁明了，便于人们阅读与理解，即可读性强。可读性是可维护性的基础。

(4) 效率。程序的效率是指计算机能否被有效地使用。由于计算机速度越来越快，存储容量越来越大，价格越来越便宜，从而使原来编程时主要担心和考虑的问题不复存在了。效率与可维护性、可理解性通常是矛盾的，在实际编写程序的过程中，人们往往宁可牺牲一定的时间和空间，也要尽量换取程序的可维护性和可理解性的提高。

2) 编程工具的选择

目前市场上能够提供系统实现的工具琳琅满目，为了满足信息系统开发的要求，选用适当的编程工具成为系统开发的质量和效率的保证。常用的编程工具大致可分为以下几类：①常用编程语言类，如C语言、C++、Java、各种Basic语言等；②数据库类，如X Base系列、Access、SQL Server、Oracle、SysBase等；③程序生成工具类，主要指第四代程序生成语言(4GL)；④系统开发工具类，如Visual FoxPro、VB、VC++、SQL Server、CASE等；⑤客户/服务器工具类，如FoxPro、VC++、Delphi、Power Builder等；⑥面向对象编程工具类，C++、VB、Delphi等都支持面向对象方法。

2. 程序测试

测试是系统软件质量保证的关键因素，代表了分析、设计和编码的最终检验。根据格伦福德·梅耶斯(Glenford Myers)的定义，测试的目的在于：①测试是指"用意在发现错误而执行一个程序的过程"；②一个好的测试用例是指这个测试用例有很高的概率可以发现一个尚未发现的错误；③一个成功的测试是指它成功发现了一个尚未发现的错误。

测试的目的是为了发现程序的错误。因此，测试的关键问题是如何设计测试用例，即设计一批测试数据，通过有限的测试用例，在有限的研制时间、研制经费的约束下，尽可能多地发现程序中的错误。

原则上说，程序测试的方法有两种，即理论法和实验法。理论法属于程序正确性的证明问题，是利用数学方法证明程序的正确性，目前还没有完全达到实用的程度。实验法是目前普遍使用的程序测试方法，其常用的方法如图6.48所示。

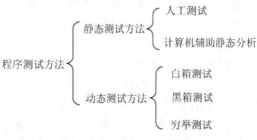

图6.48　程序测试方法

(1) 静态测试。静态测试指不在机器上实际执行程序，而通过其他方式静态地检查程序或代码中存在的错误，一般借助于人工实现，也可以借助于软件工具自动实现。

(2) 白箱测试。白箱测试法的前提是可以把程序看成装在透明的白箱里，也就是完全了解程序的结构和处理过程。这种方法按照程序内部的逻辑测试程序，检验程序中的每条通路是否按预定要求正确工作。白箱测试法也称结构测试法，包括语句覆盖、判定覆盖、条件覆盖、判定/条件覆盖、条件组合覆盖、路径覆盖等多种方法。

(3) 黑箱测试。黑箱测试把程序看成一个黑箱，完全不考虑程序的内部结构和处理过程。黑箱测试是在程序接口进行的测试，它只检查程序功能是否按照规格说明书的规定正常使用，程序是否能适当地接收输入数据，产生正确的输出信息，并且保持外部信息的完整性。黑箱测试又称功能测试，它并不关心程序内部的逻辑，而只是根据程序的功能来设计调试用例，进行测试。

(4) 穷举测试。也称为完全测试，即程序运行的各个分支都必须测试到。

资料卡

Beta 测试

一些商业软件机构将软件的早期版本交付给用户，在正式发布以前对其进行正常条件下的测试，这叫作 Beta 测试。

3. 系统测试

在完成了对程序的测试以后，需要对整个系统进行测试。当然，系统测试过程可能依然需要对所编制的程序进行调试。系统测试分为模块测试与系统联调两个步骤。

1) 模块测试

模块测试也称单元测试、分调。整个物流信息系统划分为若干个功能子系统，每个功能子系统包括若干功能模块，一个功能模块的功能通常由若干个独立的程序完成。因此，在单个程序检查的基础上，还要进行模块测试，测试的内容主要是对模块的几个方面进行测试：接口、局部数据结构、边界条件、出错处理、控制逻辑等。模块测试经常采用黑箱测试法，其目的是保证模块内部控制关系和数据处理内容的正确，同时测试其运行效率。模块测试一般要从输入模块开始，逐步向输出模块推进。

设计合理适量的测试数据是保证测试质量的一个关键因素，主要是设计输入数据，如与输入模块的输入界面格式符合的多份单证等。测试数据要包括各种典型情况，不仅要有正确的，还要有意给出那些典型的错误，以此来测试模块的检错、纠错能力。测试数据不要太复杂，其运行结果最好容易预期，这样才便于发现错误。

2) 系统联调

联调包括分系统调试和系统总调试。当各个功能模块调试通过之后，即可转入各个分系统设计，只有全部分系统都调试通过后，方可再转入系统总调试。联调的目的是发现系统中属于相互关系方面的错误的缺陷，其测试的方法也大都采用黑箱法。

(1) 分调。在进行分调时，首先应确定分控程序，并在分控程序与各个功能模块相连的接口处，都用短路程序(树桩)代替原来的功能模块与分控程序间的连接关系，用这样的办法来验证控制往来通路和参数是否正确。所谓短路程序，就是直接送出预先安排计算结果的联络程序。一旦分控程序调试通过,就可以将分控调试程序直接与全部相关模块连接起来,对分系统内各种可能的使用形态及其组合情况进行考察。

(2) 总调。这一步调试工作是将业已调试通过的各个子系统,由总控制程序将它们统率起来,检查整个系统是否能够协调一致地进行工作。

实践证明,这种分步骤的调试方法是非常奏效的,它得益于结构化系统设计和程序设计的基本思想。调试中所发现的错误根源可能在编程阶段,也可能在系统设计阶段或系统分析阶段,为了纠正程序中的错误,必须相应地回到编程、设计和分析阶段,分别在这些阶段上查找程序出错的原因。

6.4.2 系统转换

当系统实施阶段的准备工作完成,即计算机系统的安装与调试、应用程序的编写与调试、人员培训工作都已顺利结束,并且得到系统开发领导小组批准后,新系统交付使用工作就可以开始。系统转换是指用新系统代替原有系统的一系列过程,其最终目的是将物流信息系统完全移交给用户使用。

1. 人员培训

一个成功的物流信息系统需要对用户进行培训,这是因为整个系统开发的成功依赖于人们是否理解它,是否知道如何有效地使用它。实际上,在系统开发过程的早期,就应该开始考虑制订一份培训计划,包括确定什么样的人应该接受培训,以及接受怎样的培训。一般来说,人员培训包括管理人员培训、系统操作人员培训、系统维护人员培训 3 种。

(1) 管理人员。对用户有关管理人员的培训,得到他们的理解和支持是新系统成功运行的重要条件。对用户的事务管理人员或主管人员的培训内容主要有新系统的目标与功能;系统的结构及运行过程;对企业组织机构、工作方式等产生的影响;采用新系统后,对职工必须学会新技术的要求;今后如何衡量任务完成情况等。

(2) 系统操作人员。系统操作人员是物流信息系统的直接使用者,相关资料表明,系统在运行期间发生的故障,大多数是由于使用方法错误而造成的。对用户系统操作人员的培训内容主要有必要的计算机硬、软件知识;键盘指法、汉字输入等训练;新系统的工作原理;新系统输入方式和操作方式的培训;简单出错的及时处理知识;运行操作注意事项。

(3) 系统维护人员。对用户的系统维护人员来说,除了要求具有较好的计算机硬、软件知识外,必须对新系统的原理和维护知识有深刻的理解。对系统维护人员培训的最好途径是让他们直接参与系统的开发工作,这样有助于他们了解整个系统,并为后期的维护工作打下良好基础。

案例 6-9

要正确使用技术,就必须理解它

一家以美国为基地的烟草制造商曾经设计了一个系统,根据需运输产品的数量订购波纹运输集装箱。然而,由于某些不可解释的原因,其箱子的库存却不断增加。这个系统的问题到底在哪里呢?

美国联邦法律要求烟草产品必须每 24 小时进行结账,以进行正确的核算和税收。为了不打断生产就照办这项法律,一名操作者会登录库存管理系统并"接收"烟草产成品托盘货载进入假想的"99 号位置"。当真的进行移动时,这些托盘就"移仓"到正确的库存位置。

> 公司雇用了一个系统专家，他发现订货系统是问题的来源。有一个班的操作者不知道如何"移仓"，他只能装运。所以，他将产品装运了两次——首先进入99号位置，然后进入实际仓库。这就在系统中造成了两次"运输"，造成了多余的订货。当问这个操作者为什么这么做时，他回答说这是系统中移动产品的唯一方法。当告诉他可以而且应该"移仓"时，这个雇员抱怨说根本没有人为他演示过这一点。
>
> 所以，只拥有一个好的库存系统是远远不够的，必须保证雇员懂得如何使用它。当新人上岗时，他们往往没有从现有雇员那里接受什么培训。这是对于正确使用技术的一个重要教训。
>
> （资料来源：[美]道格拉斯·兰伯特，詹姆士·斯托克，莉萨·埃拉姆. 物流管理[M]. 张文龙，叶龙，刘秉镰，译. 北京：电子工业出版社，2006.）

2. 系统试运行

系统试运行的过程是系统联调的延续。在系统联调时已经使用了相关的测试数据，但这些数据不一定能测试出系统今后在实际运行中可能出现的一些事先预料不到的问题，所以让新开发的系统实际地试运行一段时间是对系统最好的检验和测试方式。

1) 数据准备

当系统要投入运行前，其准备工作会涉及许多方面，但归纳起来主要是场所准备和数据准备。场所准备就是要准备新系统的实际工作场所，数据准备则是将原手工处理的文件转换成系统文件的过程。如果是对原系统进行重新开发，则要将原系统中的数据整理出来，并转换成新系统文件。在要用新系统代替手工处理的情况下，需要用户和系统开发人员共同参与数据的准备过程，因为这些数据的准备不仅要归类整理，还要对数据进行编码，才能把数据装入到新系统中。

数据准备的内容及要求包括：①各种数据的归类整理要严格科学化，特别是对基础数据的统计工作，具体方法应程序化、规范化；②计量工具、计量方法、数据采集渠道和程序都应该固定，以确保新系统运行有稳定可靠的数据来源；③各类统计、数据采集、报表应标准化、规范化；④将各种准备好的数据装入新系统。

2) 试运行

系统试运行是与物流信息系统的最后测试一起开始的。试运行的工作主要包括：①对系统进行初始化处理，并输入各原始数据记录；②在试运行过程中，详细记录系统运行的数据和状况；③对实际系统的输入方式进行全面考查，可从输入的方便性、效率性、安全可靠性、误操作的保护等多个方面进行；④将新系统的输出结果与原系统的处理结果进行仔细核对；⑤对系统的实际运行指标进行测试，如测试其运算速度、传输速度、查询速度、输出速度等，还要测试系统的安全可靠性指标，特别是通过网络传输数据信息的系统，更应注意这个问题。

3. 系统转换方式

在试运行结束后，就可以着手系统的转换工作了。为了保证原有系统有条不紊地顺利过渡到新系统，在系统转换前应仔细拟订方案和措施，确定具体的步骤。系统的转换方式通常有3种，如图6.49所示。

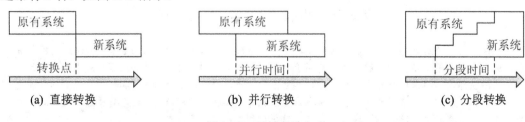

图 6.49　系统转换方式

（1）直接转换，指在确认新系统准确无误后，确定一个时刻，停止原系统的运行，并将新系统取代它投入正常运行。这种方式转换过程简单快捷，费用低，但风险很大。一旦新系统发生严重错误而不能正常运行，将导致业务工作的混乱，造成巨大的损失。因此，必须采取一定的预防性措施，充分做好各种准备，制订严密的转换计划。这种转换方式多适用于小型物流系统的转换。

（2）并行转换，指完成系统测试后，一方面原系统继续运行，另一方面新系统同时投入运行，通过新老系统并行运行一段时间后，再停止原系统的工作，让新系统单独运行。这种方式安全保险，但费用高。转换过程中需要投入两倍的工作量，不过用户可以通过新老系统平行运行的过程，熟悉新系统，确保业务工作平稳有序。这种转换方式多适用于一些核心系统的转换。

（3）分段转换，指新系统投入正常运行前，将新系统分阶段分批逐步代替原系统的各部分，最后完全取代原系统。这种方式实际上是前两种方式的折中方案，既可以保证转换过程的平稳和安全、减少风险，又可以避免较高的费用，但也存在新老系统对应部分的衔接不平滑的问题。采用分段转换时，可选择是按功能还是按部门进行分阶段逐步转换。

案例 6-10

切换时机必须恰当

位于佛罗里达奥兰多的 Harcourt Brace 公司曾试验过一个大型计算机项目——COPS。COPS 即客户订单处理系统，它能处理订单录入、库存及记账。1988 年，Harcourt Brace 公司决定实施 COPS，它聘请了一个咨询公司拟定项目计划，整个计划工作需要 1 年时间。那时 Harcourt Brace 公司没有 MIS 指导委员会，但成立了一个专门的 COPS 审核委员会来监督整个项目。项目负责人从用户部门转到信息系统，项目组其他成员也是临时组合的。公司安排于 1991 年 4 月进行系统切换。

预定的切换时间到了，但新系统显然没有完工。用户指出了新系统设计中必须纠正的大量缺陷，COPS 审查委员会告诉信息系统人员，必须等到所有缺陷都纠正过来才能进行切换。因此，系统切换被推迟到 1991 年 11 月，然后又再度推迟到 1992 年 2 月——此时距决定开始这一项目已将近 4 年。

最后，委员会觉得是时候实施新系统了。系统终于投入使用，并按设计运转。

这段历史的重要意义在于两个方面。首先，它表明了有时实施一个系统可能需要很长一段时间，即使其中的问题已经被很好地理解了，如财务信息系统；其次，它表明高层管理者必须等到系统已经彻底完成，而公司也为该系统做好准备时才能授权切换。

为什么高层管理者从用户部门选择项目负责人？
为减少用户检测到新系统设计中的缺陷的机会，要做些什么？
为每一大型项目设立一个特别管理指导委员会，与设立一个指导委员会指导所有项目相比，有哪些优势？又有哪些缺点？

（资料来源：Raymond McLeod, George Schell. 管理信息系统[M]. 8 版. 张成洪，等译. 北京：电子工业出版社，2002.）

6.4.3 系统运行与维护

当系统开发生命周期中的系统实施结束时，就意味着"实验室"中的物流信息系统产品宣告完成。此时该系统产品需要投入到现场进行安装运行，这样系统开发也就进入系统支持阶段。信息系统支持阶段的主要任务是对信息系统运行的管理和维护。这是一项长期性的工作，目标是对信息系统运行进行实时控制，记录其运行状态，并做必要的修改与扩充，以使信息系统能真正满足用户需求，并最终为企业管理者的决策服务。

1. 系统运行

物流信息系统的运行管理，不能简单地理解为只是对系统中的软件与硬件正常运行的管理。它真正目标还是要向企业提供有用的信息，以满足管理人员的需求，即信息系统运行管理最终目标是要提供高质量信息。系统运行管理包括系统的日常运行管理、系统维护和建立运行体制等。

物流信息系统运行的日常管理不仅仅是机房环境和设施的管理，更主要的是对系统每天运行状况、数据输入和输出情况，以及系统的安全性与完备性及时如实地记录和处置。

(1) 系统运行情况的日常维护。包括数据收集、数据整理、数据录入及处理结果的整理与分发。此外，还包括简单的硬件管理和设施管理。

(2) 系统运行情况的记录。整个系统运行情况的记录能够反映出系统在大多数情况下的状态和工作效率，对于系统的评价与改进具有重要的参考价值。除了记录正常情况外，还要记录意外情况发生的时间、原因与处理结果。

2. 系统维护

系统刚建成时所编制的程序和数据很少能一字不改地沿用下去。系统人员应根据物流信息系统运行的外部环境的变更和业务量的改变，及时对系统进行维护。系统维护一般包括硬件的维护与维修、应用程序的维护、数据库维护、代码维护等内容。

1) 硬件的维护与维修

随着系统的运行，系统内的硬件设备也会出现一些故障，需要及时进行维修或替换。当系统功能扩大后，原有的设备不能满足要求时，就需要增置或更新设备。

2) 应用程序的维护

在系统维护的全部工作中，应用程序的维护工作量最大，也经常发生。程序维护工作主要有：①程序纠错，程序在执行过程中常会出现某些错误，如溢出现象时有发生，需要及时对程序进行纠错处理；②功能的改进和扩充，用户常会提出对系统的局部功能的改进、扩充某些新的功能；③适应性维护，信息系统运行环境一旦发生变化，就要进行适应性维护工作，如计算机系统配置发生变化，就很可能需要对应用软件进行移植性维护。

3) 数据库维护

数据库维护又可分为数据库的转储和数据库的重组织。前者是为了使数据库遭到破坏时能够进行恢复，通常是把整个数据库复制为两个副本，副本即可存储在磁盘上，也可脱机保存在更安全、可靠的地方。后者则是在系统长时间对数据库进行各种操作所带来的存储和存取效率下降时，应对数据库实施的再组织工作。

4) 代码维护

代码的维护应由代码管理小组进行。变更代码应经过详细讨论，确定之后应用书面写清。代码维护的困难往往不在于代码本身的变更，而在于新代码的贯彻。

3. 人员组织

在信息系统要投入运行前，首先要解决的是系统运行组织问题，它是系统运行的重要保证。现代企业的组织中，信息系统运行管理多由企业的信息管理职能部门来负责。根据信息系统在企业中的地位不同，企业的信息系统运行组织机构主要包括企业职能部门下设置电脑部；企业设置信息中心；矩阵式的信息中心；CIO 式的信息管理组织形式。

信息系统是信息技术与管理结合的人机系统，其管理工作中必须要涉及多方面、具有不同知识水平及技术背景的人员。这些人员在系统中各负其责，互相配合，共同实现系统的功能。作为信息系统管理部门，其内部人员一般可分为信息主管、系统维护人员、管理人员和系统操作人员。

1) 信息主管

由于信息系统在现代企业中的作用增大，越来越多的企业设立了信息主管(CIO)一职，其级别相当于企业副总经理甚至更高。CIO 和他所领导的信息部门的主要职责是负责企业信息化的规划；管理正在开发或实施的项目；负责信息系统的正常运行和维护；建立和实施企业内信息系统的使用指南和制度；向企业各业务部门提供信息技术服务；研究和开发。

2) 系统维护人员或系统管理员

系统维护人员或系统管理员主要包括硬件维护员、软件维护员、数据库维护员和网络维护员等。

3) 管理人员

管理人员包括耗材管理员、资料管理员、机房值班员和培训规划员等，其中培训规划员负责安排系统维护人员的操作员的培训工作。有时培训工作还需要采取请进专家和派出骨干的办法。

4) 系统操作人员

系统操作人员大多数都在各具体业务部门工作，他们负责各业务部门的信息系统操作和日常管理工作。严格地说，信息系统管理部门的主要成员由系统维护人员和管理人员这两类人员组成。

系统运行人员管理的内容主要包括：①信息系统的人员管理应明确地规定各类人员的任务及职权范围和在各项业务活动中应负的责任，即要明确地授权；②每个岗位的工作要有定期的检查及评价，每种工作要有一定的评价指标，这些指标应该尽可能有定量的尺度，以便检查与比较；③对工作人员进行培训，以便使他们的工作能力不断提高，工作质量不断改善，从而提高整个系统的效率。

4. 文档管理

文档是指某种数据媒体和其中所记录的数据。它具有永久性，并可以由人或机构阅读，通常仅用于描述人工可读的东西。物流信息系统的文档是描述系统从无到有的整个发展过程和演变过程状态的文字资料。在系统开发中，文档常常用来表示对活动、需求、过程或结果进行描述、定义、规定、报告或认证的任何书面或图示信息。它们描述和规定了信息系统设计和实现的细节，说明信息系统操作命令。文档是信息系统产品的一部分，没有文档的信息系统就不能称其为成功的系统。信息系统实际是由物理的信息系统与对应的文档两大部分组成。系统的开发应以文档的描述为依据，而系统的运行与维护更需要文档来支持。

系统文档不是事先一次形成的，而是在多次开发、运行与维护过程中不断地按阶段依次编写、修改来完善的。因此，必须对文档进行规范管理，包括开发、运行阶段要提供文档，各种文档要编写规范，要建立文档的收、存、保管制度与借用制度等。

一个典型物流信息系统开发阶段所需的文档有可行性论证；初步设计；详细设计及项目验收；可行性论证的工作规范；初步设计与详细设计的设计规范；验收规范。

文档都对应信息系统开发的各个阶段，后一阶段的文档必须在前一阶段的文档基础上进行编写，这样才能保证整个文档的连续性与一致性，才能使系统的开发逐步、有序地进行。在运行维护阶段，应该还有系统的技术手册、使用说明书、维护手册，以及原来的调试、测试的有关记录等。

6.4.4 业务持续计划

由于全球自然灾害和恐怖袭击次数的增加，再加上企业对其业务流程和资源依赖性的增强，业务持续计划逐渐成为一种趋势。业务持续计划(Business Continuity Planning，BCP)的开发，可以指导企业如何从灾难中恢复，或者分析在过去的几年里停滞的业务流程，就IT系统和信息而言，BCP又称为灾难恢复和应急计划。

乌 龙 指

乌龙指是指股票、期货、外汇交易员、操盘手、投资者等在交易的时候，不小心敲错了价格、数量、买卖方向等事件的统称。

2013年8月16日，A股市场出现惊奇一幕。上证指数诡异暴涨，11点后突然拉升，短短8分钟内，从跌近1%拉升到涨近2.5%，大盘一度冲击2 200点，创出2 191.65的反弹高点。然后快速回落，依然维持红盘。石油股、银行股、券商股等集体异动，中国石油、中国石化等多只个股瞬间拉升盘中触及涨停，之后集体回落。此次沪指异动经证实为光大证券乌龙所致。

业务持续计划方法与系统开发生命周期相似，始于组织的战略计划，包括分析、设计、实施、测试及维护等步骤，如图6.50所示。组织战略计划阐明了资源、流程、系统及组织资产的相对重要性，了解这些资产的重要性并对其排序是很重要的，因为任何业务持续计划都不能也不应该在很短的时间内把所有资产从灾害中都恢复过程。对于大多数企业来说，数据中心通常被确定为重要的资源。

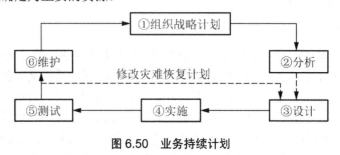

图6.50 业务持续计划

1. 分析

在业务持续计划分析阶段，先要做影响分析、灾难分析和情景影响分析，然后建立需求恢复文件。在影响分析中，首先要区分关键的与非关键的、核心的与非核心的IT应用和信息。支持分析的关键因素包括过时的IT应用和信息对组织造成的财务损失，对利益相关者的影响和修复的成本估算。影响分析也通常被称为风险评估，包括IT资产评估，以及IT资产对组织重要性的评估和威胁敏感性的评估。

灾害可能经常发生，包括自然灾害、网络攻击、恐怖主义和公用设施中断等。灾难分析有助于认识威胁的严重程度及如何快速恢复。近几年的"双11"都会给电子商务带来大规模的购物拥堵，不仅是网站还有快递业都会提前对其进行布局。情景影响分析要考虑每个可能的威胁，并对每个威胁设想一个最坏的结果。情景影响分析提供了每个可能发生的灾难的定义及其详细情况，详细情况主要涉及灾害的范围和重要性方面。

通过前面几个分析，最终建立一个需求恢复文件，此文件将成本下一阶段的设计依据。需求恢复文件详细地描述：①关键和非关键的IT系统、信息系统之间的区别；②每一个可能发生的灾害；③每个灾害可能导致的最坏情况。

2. 设计

在设计阶段，利用需求恢复文件可以设计一个正规的、技术性的详细规划，即灾难恢复计划。一个良好的灾难恢复计划应该考虑备份信息的位置，很多组织选择非现场的存储设施或场所来存储备份信息。这些非现场的存储设施或场所通常都是与该公司分离的，并且从属于另一家公司。一个好的灾难恢复计划会考虑员工的实际工作环境，热站点是一个独立的功能齐全的设施，灾难过后，可以在那里立即采取措施恢复公司的正常营业；冷站点也是一个独立的设备，没有任何电脑设备，但员工在灾难过后可以马上转移。

灾害恢复计划应该以灾难恢复成本曲线为基础。如果考虑到成本和时间两个因素，两条曲线的交点恰好是最佳恢复方案。遇到灾难时能够迅速恢复信息和IT系统，显然是IT基础设施的关键要素。

3. 运行

按照系统开发生命周期的要求，解决方案要在实施之前研发并测试。而对于业务持续计划，必须在测试之前实施灾难恢复计划。也就是说，需要做好配套设施、热站点、冷站点等业务工作，实施灾难恢复的必要程序；需要培训员工，教给他们发生灾难时如何处理；还需要评估每个IT系统并确保其具有灾难恢复的最佳配置等；这些完成后就可以进行测试了。

测试业务持续计划包括模拟灾难情况，让员工执行灾难恢复计划，确保解决方案能满足组织的恢复要求。组织运作的环境几乎每天都在变化，这就要求每年应该测试一次计划，有时甚至一年测试多次。

最后，要不断评估新的威胁，重新评估IT系统和相关资产，以确定其变化对组织的重要性。正如系统开发生命周期所示，没有系统是永远完善的，它需要不断监测、支持和维护。

本 章 小 结

系统分析工作从详细调查开始到设计出新系统逻辑模型为止。在需求调查、可行性分析基础上，分析现有业务流程并进行优化处理，使用的工具有业务流程图、BPR等；数据流程分析目的是构建新系统的逻辑模型，逻辑模型主要体现在所绘制的数据流程图、数据字典上，DFD由外部实体、数据流、数据处理和数据存储组成；数据模型着眼于数据及其组成部分如何被组织、存储，各部分之间如何建立关系，分析阶段的任务是绘制实体联系图；功能模型定义了信息系统的功能边界，使用的工具是U/C矩阵、层次结构图等。

系统设计可划分为总体设计和详细设计两个阶段。模块结构图给出了系统由哪些模块组成，以及这些模块之间的调用关系，其设计方法主要有事务分析法和变化分析法；系统平台设计则是根据系统需求，设计新系统硬件平台、网络平台和软件平台。数据库的设计主要包括需求分析、概念结构设计、逻辑结构设计、物理结构设计，设计阶段的任务是将 ERD 转换为所选择的 DBMS 的模型。

UML 由视图、图、模型元素和通用机制等几部分组成。用例图指系统的外部事物与系统的交互，它表达了系统的功能，其由活动者、用例、用例的联系组成。对象类是面向对象模型的最基本的模型元素，对象类图是主要的静态模型，它表示了对象类之间的泛化、聚合、实现、关联、依赖关系；静态模型中的对象图、组件图和配置图，则从不同角度反映了系统结构。动态模型可由交互图、状态图和活动图来描述，而交互图又可分为顺序图和协作图。面向对象分析的关键是识别出问题域内的对象，并分析它们之间的相互关系与作用；面向对象设计的主要任务是调整、补充和完善 OOA 中所建立的问题域模型。

系统实施是按照设计说明书的要求，熟悉和安装新硬件、软件、编制程序，调试与测试新系统，对管理人员进行培训、完成数据准备、系统切换并运行。业务持续计划是为了应对意外事件，它又称为灾难恢复和应急计划。

关键术语

信息系统规划 Information System Planning　　业务流程图 Business Process Diagram
系统分析 System Analysis　　实体联系图 Entity Relation Diagram
系统设计 System Design　　数据流程图 Data Flow Diagram
系统测试 System Testing　　数据字典 Data Dictionary
企业流程再造 Business Process Reengineering　　功能层次图 Function Hierarchy Diagram
企业系统规划 Business System Planning　　模块结构图 Modular Structure Diagram
面向服务体系架构 Service-oriented Architecture　　切换 Conversion
统一建模语言 Unified Modeling Language　　业务持续计划 Business Continuity Planning

习　题

一、判断题

1. 系统的初步调查是为了进行可行性分析，而详细调查则是为了构建新系统的逻辑模型。　　　　　　　　　　　　　　　　　　　　　　　　　　　　（　　）

2. BPR 的实质是，以流程的视角来分析企业，实现企业流程创新，谋求适应快速变化的企业经营环境，提高企业竞争能力和发展能力。　　　　　　　　　（　　）

3. DFD 中的数据流表示了数据的流向，说明了系统之间各职能部门之间的联系与功能。　　　　　　　　　　　　　　　　　　　　　　　　　　　　　（　　）

4. 过程数据分析中的业务过程，实际上就是业务流程，用来描述企业管理的逻辑功能。　　　　　　　　　　　　　　　　　　　　　　　　　　　　　　（　　）

5．在模块结构图中，用带箭头的连接表连接两个模块，其中箭头指向调用模块。
(　　)
6．低内聚、高耦合是模块结构图优化的基本策略。(　　)
7．在 E-R 图向关系模型的转换过程中，如果两个实体间是 1∶n 联系，就将"n"方的关键字纳入"1"方实体对应的关系中作为外部关键字，同时把联系的属性也一并纳入"1"方的关系中。(　　)
8．系统测试的目的就是找错，好的测试用例是找到别人未曾发现的错误。(　　)
9．泛化代表一般与特殊的关系，聚合关系表示事物的部分或整体关系。(　　)
10．业务持续计划又称为灾难恢复和应急计划。(　　)

二、选择题

1．在结构化的系统分析过程中，数据流程图主要的依据是(　　)。
   A．工艺视图　　B．信息视图　　C．系统视图　　D．职能视图
2．数据字典是数据流程图的全部组成元素的描述清单，其描述的条目有(　　)类。
   A．2　　B．4　　C．6　　D．8
3．在实体联系图中，表示实体或联系的属性符号是(　　)。
   A．长方形　　B．圆形　　C．椭圆　　D．菱形
4．系统设计可划分为总体设计和详细设计，(　　)属于详细设计项目。
   A．结构图设计　　B．代码设计　　C．I/O 设计　　D．系统平台设计
5．(　　)可以同时进行。
   A．编程　　B．数据库准备　　C．物质设施建设　　D．培训
6．表示模块之间的调用联系和信息交换联系，衡量模块联系程度的指标是(　　)。
   A．模块内聚　　B．模块耦合　　C．模块扇入　　D．模块扇出
7．商品条形码属于(　　)。
   A．顺序码　　B．块码　　C．层次码　　D．特征码
8．在 E-R 图向关系模型的转换过程中，如果两个实体间是 1∶1 联系，则可转换为(　　)个数据表。
   A．1　　B．2　　C．3　　D．4
9．描述对象之间传送消息的时间顺序 UML 图是(　　)。
   A．对象类图　　B．用例图　　C．顺序图　　D．状态图
10．在几种典型的系统转换方式中，(　　)是中小系统最常用的。
    A．直接转换　　B．并行转换　　C．分段转换　　D．综合转换

三、思考题

1．在系统分析阶段，数据模型逻辑设计的任务是什么？
2．什么是信息系统需求？为什么它们很难正确地确定？
3．什么是业务流程图？
4．在数据库应用环境下，如何用实体联系方法和基于 3NF 的方法进行概念模型的设计？
5．结构化分析得到新的逻辑模型由哪几部分组成？简述目标分析中，依据用户需求与现状，通过目标分析，构思新系统逻辑模型的全过程。

6. 如何进行系统硬件与软件的配置？应考虑的因素有哪些？
7. 系统设计的主要任务是什么？这能为实施工作提供什么作用？
8. 从数据流程图转换到模块结构图有哪几种方法？各自的特点是什么？
9. 说明模块结构图设计与功能层次图设计之间的联系与区别。
10. 简述 UML，列出其主要图形，并讨论它们的主要用途。
11. 什么是状态图和活动图？作用分别是什么？
12. 简述顺序图和协同图的区别与联系。
13. 试述代码的功能及代码设计的主要原则。
14. 物流系统实施的主要任务有哪些？
15. 什么是系统测试？测试的目的是什么？哪些人员需要参与系统测试？
16. 哪种系统转换方法风险最大？为什么？
17. 在信息系统转换中，并行转换、直接转换、阶段性转换之间的区别是什么？哪种转换策略最好？为什么？
18. 假设在走上新岗位的第一周，你需要使用一种从未接触过的业务软件。在你开始使用该软件之前，公司会为你提供哪种类型的用户培训？
19. 分析员常在系统测试时使用真实数据，有无可能在一些环境中模拟数据比真实数据更可取？如可能，这样的环境有哪些？
20. 简述系统目标和性能指标之间的联系。
21. 试述系统测试的对象和目的。

四、讨论题

1. 仔细观察学校图书馆的借阅系统或教学管理的成绩查询系统，再通过操作体会，详细描述它们的工作流程，尽可能地画出它们的业务流程图，并探讨改进的可行性，以及改进的目标或待完善的功能。

2. 根据下述业务绘制出管理业务流程图。某公司产品、成品销售及库存子系统的管理业务流程如下：推销员与用户订立销售合同，销售部计划员将合同登记入合同台账；计划员对合同台账和库存台账进行查询后决定发货对象和数量，填写发货通知交成品库；对于确定无法执行的合同要向用户发出取消合同通知；每隔一段时间，计划员要对合同执行情况作出统计表，交本业务部门负责人审查后，送销售经理办公室；发货员按发货通知单出库，并发货，填写出库单交成品库保管员；保管员按出库单和车间来的入库单登记库存台账；出库单的另两联分别送销售部和财务部；销售计划员按出库单将合同执行情况登记入合同台账；销售部负责人定期将合同、合同执行情况及库存情况汇总后向生产部提交有关需求预测报告，作为制定生产计划和作业计划的参考。

3. 访问一些知名的信息系统咨询公司的网站，能找到他们用于开发系统的方法信息吗？他们的系统开发生命周期描述了吗？提供任何辅助工具了吗？

4. 到当地某企业，选择一个部门，完成从详细调查到局部新系统逻辑模型方案的设计。

5. 假如你的上司让你准备一份微机打印机供应商的名单。他将寄给每一位供应商一份 RFP(建议书邀请函)。去图书馆查阅常见的微机出版物，记下看起来不错的打印机生产公司的名称和地址。通常这类出版物刊登有关于某种硬件和软件的专门话题或文章。用备忘录的形式向你的上司汇报自己的发现，并注意文件格式。

6. Dirt 公司的管理层认为公司的计算机系统容易受到断电、故意破坏、计算机病毒、自然灾害、通信中断等事故的影响。Dirt 公司让你进行分析，提出一份灾难恢复计划。你的报告应当包括以下内容。

(1) 对于 Dirt 公司系统的连续运作来说，最可能受到的威胁是什么？

(2) 你认为 Dirt 公司最关键的系统是什么？如果这些最关键的系统无法运行，会给公司带来什么影响？如果这些系统宕机，公司需要多长时间才能恢复？如果发生灾难事故，哪些系统最需要及时备份和恢复？

(3) 通过互联网，搜索两种适用于小型企业的灾难恢复服务并进行比较。哪一种是 Dirt 公司应该采用的？这些服务是如何帮助 Dirt 公司实现灾难恢复的？

五、作业训练

1. 仓储管理软件的分析与设计。实验旨在结合原型法的基本思想、结构化的工具方法，以数据库为中心模拟实现一个企业的仓库库存管理系统的主要部分。借助 VFP 数据库管理系统及其语言(或使用 VB、SQL、Access 等)，通过具体实现库存管理数据库建立、进货入库业务模块、提货出库业务模块(选做)和主控模块及其菜单系统，使学生能理解如何运用所学原理、方法与工具，开发物流信息系统来分析解决管理中的实际问题。

1) 案例背景

库存管理(供应进货、销售提货、存储管理等)是批发企业经营管理中的核心环节之一，也是企业能否取得效益的关键。建立库存管理信息系统的目的是使企业能够做到合理进货、及时销售、库存量最小、周转灵活、没有积压，从而使企业取得最好的经济效益。

(1) 组织机构概况。通过调查研究，得出该批发企业的组织结构如图 6.51 所示。由于本系统是开发给仓库管理员完成进货入库、提货出库、仓库盘存等具体库存管理业务时使用的，而包括仓储部在内的相关部门业务还是由人工处理的，通过人工单证与本系统交换信息。这样，仓库是其内部机构，库管员是其内部业务人员；而供应部、销售部、仓储部是其直接往来的外部机构，它们的工作人员是外部人员。如果进一步增加相关的费用及其核算业务，则必然要增加财务部、人事部及其工作人员。

(2) 业务流程概况。业务流程现状简述如下。

① 进货管理。接受供应部门交来的进货单，审查，有错退回，无错则验货(与已到货物核对)。订单与货物不符则退回，相符则把货物入库，在库存台账的各相关账页中登入进货栏并修改库栏。

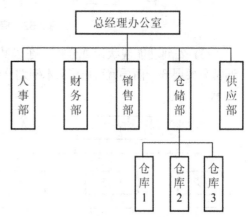

图 6.51　企业库存管理组织机构

② 盘存管理。接受仓储部门交来的盘存通知，审查，有错退回，无错则依库存台账盘点货物。填写盘存明细表，按处理意见登记库存台账的相应货物页。定期检查库存台账，对现存量少于最小存量者，登记进货要求单，交送供应部门。

③ 提货管理。接受销售部门交来的订货单，审查，有错退回，无错则与库存台账核对。缺货项填写缺货单交销售部门，并登记进货要求单交供应部门。有货项则填提货单，交经办人提货，并登记库存台账的相应货物页的提货栏，修改其库存一栏。当现存量少于最小

存量时，登记进货要求单交供应部门。

从系统业务流程分析可行性，系统的业务流程图如图 6.52 所示。

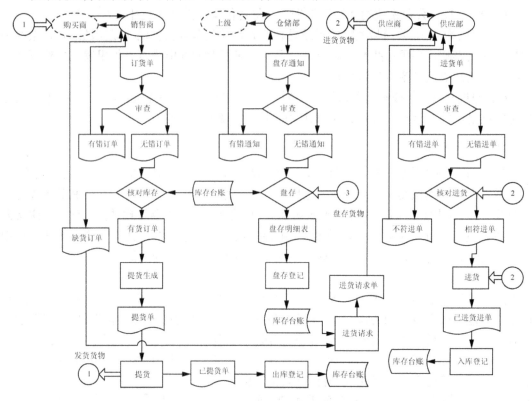

图 6.52　库存管理的现状业务流程

(3) 处理功能现状调查分析。在以数据库为中心的原型法中，按业务流程图划分功能，通常只要展开一两层就可以了。本例划分为进货、提货、盘存 3 个子系统，功能层次如图 6.53 所示。

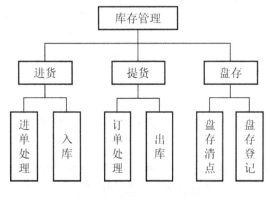

图 6.53　库存管理的现状功能层次

2) 实验内容

根据上述描述，结合自身对批发企业库存业务的认识或调查，按照数据库设计分析与设计的基本思路，结合结构化生命周期、原型法，画出提货、进货和盘存的 ERD，并进一步优化改进以完成全局 ERD。然后，以数据库为中心进行库存业务流程再造，得出进货管理、提货管理、盘存管理的业务流程图。最后对系统的功能进行分析与设计，绘制各子系统的模块结构图，以及主控模块图或菜单结构。在此基础上完成下面的 3 个实验。

试验 A：库存管理数据库建立

(1) 设计数据表框架。

(2) 建立数据库：建立"库存数据库"。

(3) 建立数据库表结构：用 SQL 命令建立各个数据库表结构，并建立它们之间的永久关系及完整性约束。

(4) 建立临时表结构：编写进货、提货、盘存、缺货处理等临时数据表的结构源代码，准备在后面的应用程序中使用。

(5) 初始数据输入：自行编写并输入部门表、员工表的测试表格及其数据。

试验 B：仓库库存业务模块设计实现

(1) 设计人工进货单。

(2) 设计测试数据：填写进货单，每张至少有进货明细 3 项；采购员、库管员与部门要在第一次实验的员工表和部门表中有相应的记录。

(3) 设计进货业务子系统：改进进货业务流程图，给出进货功能层次图或模块结构图。

(4) 设计并实现进货入库业务子系统子菜单：包括进单输入、验货管理、入库管理、单货不符进货处理、返回等菜单项的进货业务子系统菜单，然后用可视化操作与编码实现。

(5) 设计并实现进单输入模块：设计有统计校验和人工确认校验的进单输入 FORM，并确定要修改的属性值，设计必要的命令按钮、设计必要的事件方法程序。

(6) 设计并实现验货管理模块：设计输出验货用进单的 REPROT，并对所有未完成入库的进单，循环执行它的程序代码。

(7) 设计并实现入库管理模块：设计有统计校验和人工确认校验的人工确认校验的进货入库 FORM，完成对全部进货明细已入库的进货单的入库登记。

(8) 设计并实现单货不符进货处理模块：设计单货不符进货统计表 REPORT。

(9) 运行该业务模块，输入进货单，完成进货管理子系统测试。类似地，可完成提货出库业务子系统的设计、实现与测试运行。(选做)

试验 C：仓库库存系统主控模块设计实现与系统联调

(1) 设计主控模块程序框图和主菜单。

(2) 设计欢迎与登录 FORM。

(3) 设计菜单：设计有初始化、系统管理、进货业务、提货业务、盘存业务、统计分析、信息查询、退出等菜单项的主菜单，直到二级菜单。

(4) 设计联调的测试数据：编写用于系统联调的进货单、订货单等测试数据。

(5) 系统联调：完成系统联调，并联编打包，最好编写安装程序，转换成可安装系统，编写系统安装运行操作说明。

3) 问题

(1) 为什么部门表、员工需要输入初始数据，而其他的数据库表不需要？

(2) 数据库管理与应用有哪些区别和联系？

(3) 回顾设计实现并人机结合由执行 FORM、REPORT 及其事件程序的全过程。其中主要应注意哪些问题？

(4) 如何实现 FORM 与菜单之间的转换及合成？

2. 信息系统项目实施报告。结合仓储软件分析与设计过程，撰写系统项目实施报告书。实施报告内容应含有以下几点。

(1) 系统可行性分析。

(2) 系统业务及功能分析。应有一定的业务流程图、功能结构图、UML 模型等支持，并适当结合友好图形界面、输入输出格式的显示。

(3) 数据库的设计与应用。包含数据分析、实体联系图、数据表等内容。

(4) 系统实施过程及维护说明。可能涉及项目实施过程控制、人员安排、进度计划，以及编程方法、测试、运行、文档、培训等相关说明。

(5) 其他事项。如效益分析、客户支持等。

第三方物流信息系统分析与设计

信息系统是发展第三方物流的重要基础，物流企业可以利用信息系统规范各物流中心和仓库的业务标准，优化配置运力和仓储资源，完善订货单证、存货信息、仓库作业命令、货运单证、各种发票等内容，向客户对象及时反馈物流信息，提供实时的统计汇总和辅助决策。第三方物流的业务流程：第三方物流企业接受客户的配送请求后，进行有关订单审核、分类等处理，并根据订单安排货物的进出库，拟定配送计划，力求按照客户需求将货物准确、及时地从市场供应方运送到市场需求方手中。

1. 数据流程分析

数据流程图是结构化系统分析的主要工具，也是编写系统分析资料、设计系统总体逻辑模型的有力工具，它不仅可以表达数据在系统内部的逻辑流向，而且可以表达系统的逻辑功能和数据逻辑。通过对第三方物流企业的业务活动分析，其功能包括客户管理、作业管理和决策管理3部分，其顶层(或一层)数据流程图如图 6.54 所示。

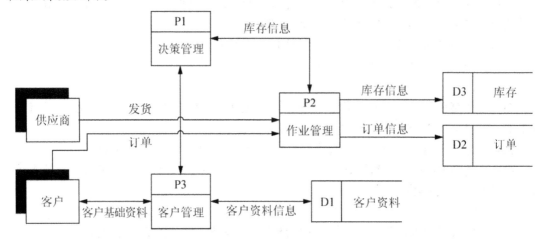

图 6.54 顶层数据流程图

而作业管理部分需要处理订单、仓储、配送、结算业务，因此可将作业管理进一步扩展，以便让订单处理、仓储管理、配送管理、结算管理的处理逻辑更加具体，并在此基础上继续对处理逻辑进行分解。

(1) 订单处理。订单处理贯穿于物流的每个环节，无论是仓储管理还是配送处理，都要按照订单的要求操作。

(2) 仓储管理。仓储管理的主要任务是对整个库存商品的现状进行跟踪和全面管理，包括入库管理、出库管理、库存控制等。

(3) 配送处理。配送处理根据订单的要求，结合库存情况，制定经济、可靠的配送计划，对货物进行相关的补货、拣货、分货、送货等作业。

(4) 结算管理。结算管理对企业所有的物流服务项目进行结算。

2. 系统逻辑模型

在分析了系统的数据流程图后，可以得到系统的逻辑模型，即得到总体功能结构图，如图 6.55 所示。系统涵盖了客户管理、订单管理、仓储管理、配送管理、结算管理、决策支持等子系统。

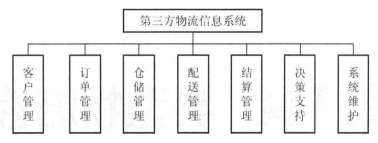

图 6.55 第三方物流信息系统总体结构

3. 数据库的分析与设计

(1) 客户登录与订单处理。该模块中存在的实体包括客户、订单、订单类别、订单配送物资、物资代码，以及相应的登录记录、订单接收记录联系。其 E-R 图如图 6.56 所示。

(2) 仓储管理。包括货物、库位、入库单、出库单等实体。

(3) 与配送管理。包括配送单、派车单、车辆、驾驶员等实体。

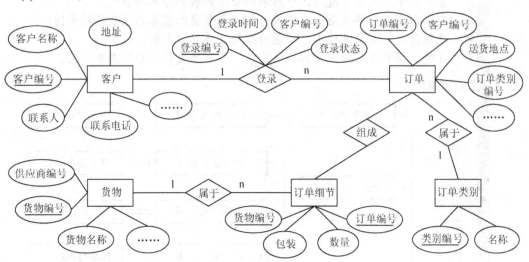

图 6.56 客户登录和订单处理 E-R 图

4. 系统架构设计

系统可采用 Internet/Extranet/Intranet 网络结构，以满足物流网络化管理的需要。

(资料来源：琚春华，蒋长兵. 现代物流信息系统[M]. 北京：科学出版社，2005.)

思考：

(1) 选择一种编程工具和一种数据库管理软件，将上面的过程在计算机上实现。

(2) 在该案例的数据库设计中，所采用的 ERD 比较简化，试适当地进行完善。

(3) 从本案例的分析过程来看，它是否符合多数第三方物流公司的业务？它主要是针对哪种第三方物流进行分析和设计的？

第7章 典型物流管理系统

【教学要点】
- 熟悉订单处理基本流程,了解采购管理系统的基本功能;
- 在熟悉仓储业务基础上,掌握仓储管理系统的基本功能及应用范围;
- 在熟悉运输活动基础上,掌握典型的运输管理系统;
- 了解支持物流决策优化的决策系统,了解物流仿真系统基本内涵。

【知识架构】

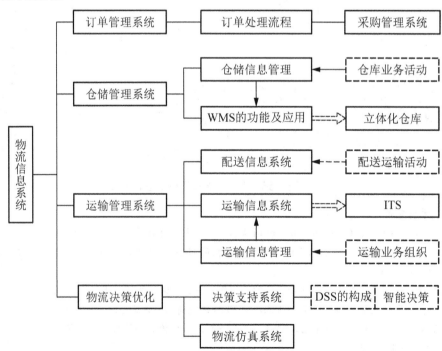

塔塔纳诺开创数据制造历史

2008年1月，印度塔塔纳诺轿车亮相。这是一个历史时刻，因为纳诺是当时最便宜的汽车，其价格大约为2 500美元。塔塔汽车在2003年开始它的纳诺项目，当团队设计轿车时，该轿车要求在不影响安全、美感和顾客价值的情况下，其成本不能高于2 500美元。塔塔用数字制造系统应对这个挑战，该系统大大缩短了设计新产品并将其投入市场所要求的时间。在非常短的时间内开发和生产多品种新产品的能力，是汽车工业的关键竞争优势。

直至几年前，纳诺不可能设计和生产这样价格的汽车。塔塔汽车曾有落后的制造过程，创建和维护过程、厂房、产品设计全是手工开展，同时还需手工为装配线机器人编程。这些造成了大量的延时并产生了许多负面后果：一辆车的计划数据过时作废，公司不能很容易地改变其生产组合，不能在现有的生产线上生产新产品，不能在相同的生产线上调度两个不同产品的组装等。

所有这些在2005年7月发生了变化，塔塔汽车使用了数字制造系统(Dassault Systems' Digital Enterprise Lean Manufacturing Interactive Application, DELMIA)。数字制造使产品设计和生产工程计划的过程自动化，使塔塔能计划制造过程、设计厂房平面，然后模拟这些计划的执行，包括新的制造技术的影响和现有生产线上的产品变更。它提供数据给塔塔SAP的ERP系统，该系统计算出产品或装配的成本。数字制造系统也能模拟车间工作人员的运动，因而计划员可以设计互动的工作过程。公司使用数字制造系统能使产品和运行模型化，可在计算机上对它们进行修改。这就省去了应用昂贵的物理模型，后者每次设计变更后都要重建。

作为采用数字制造的成果，塔塔汽车缩短了新轿车的上市时间至少6个月。这个公司可以快速地识别"工作超过负荷的领域"和约束，从而快速地调整装配线以适应多种汽车型号。模拟设备和过程能力减少了物力上的再运作成本。制造和设备计划时间减少了30%，制造计划过程的成本减少了20%，对某些功能设计全过程的时间缩短了50%。

(资料来源：[美]劳顿. 管理信息系统[M]. 11版. 薛华成，译. 北京：机械工业出版社，2011.)

塔塔汽车的经验说明今天的企业业务多么依赖信息系统来运营企业，以及创新、增长和获利。它同时也显示出信息系统会使公司能力之间差异显著，包括创新、执行和改善整体企业绩效等能力。仓储信息系统、运输信息系统是物流信息系统的两大核心功能，也是企业应用最为广泛的物流管理系统。不论是物流企业，还是企业的物流运作，不仅需要相应的基础物流操作系统，还需要使用运行管理和决策的综合信息系统，并掌握物流系统与ERP等相关系统的集成运用。

7.1 订单管理系统

订单管理系统(Order Management System，OMS)的主要功能是通过统一订单提供用户整合的一站式供应链服务，订单管理以及订单跟踪管理能够使用户的物流服务得到全程的满足。订单管理系统是物流管理链条中不可或缺的部分，通过对订单的管理和分配，使仓储管理和运输管理有机结合，稳定有效地实现物流管理各环节充分发挥作用，使仓储、运输、订单成为一个有机整体，满足物流系统信息化的需求。

7.1.1 订单管理

订单管理是对商户下达的各种指令进行管理、查询、修改、打印等功能，同时将业务部门处理信息反馈至商户。订单管理系统一般包括订单处理、订单确认、订单状态管理等。订单是信息流和物流作业的开端，对于企业而言如何处理好订单是关键性的第一步。

1. 订单管理流程

订单管理是对与订货周期相关的各项活动进行管理。订货周期(也称补货周期或提前期)指的是顾客下订单到收到订货这一过程所花费的时间。订货周期被分为4个阶段，即订单传递、订单处理、拣货与组合、订货交付。

1) 订单传递

订单传递指从顾客订货或发送订单到销售方获得订单这一时段内进行的业务活动。常见的传递方式有由人直接传递，或通过邮件、电话、传真机和电子信息方式传递。每种订单传递方式都有利有弊，每种方式的成本、递送时间、潜在错误和订货过程的方便程度都有所不同。

2) 订单处理

订单处理是指卖方收到订单到指定合适的地点(如仓库)来履行订单的这段时间。许多公司利用技术进步实现了订单处理系统多方面的计算机化，如顾客和商家设计订单表，包括打印表或计算机格式表，以使计算机得到更广泛的应用；同样，顾客通过计算机与电子网络进行付账也越来越普遍。

图 7.1 显示了订单的处理流程，其凸现出许多具有差异的订单处理活动。典型的订单处理活动包括检查订单完整性和准确性，检查买方的购买能力，将订单输入系统，给销售员加分，记录交易，确定库存位置及安排外向运输。有些活动是可以同时进行的，识别出能够同时进行的活动是减少订货周期时间的一个途径。

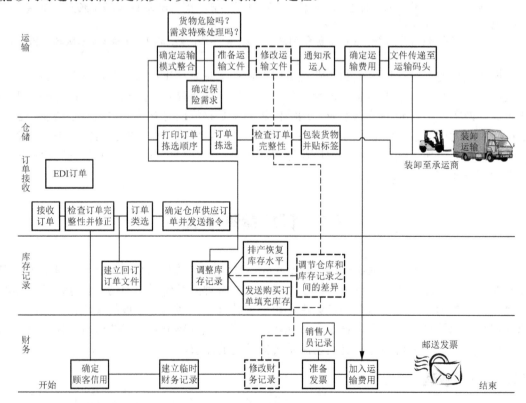

图 7.1 订单处理流程图

不同的公司在采用管理订单和相关活动的方式上会有所不同,这对订单周期的有效性和高效性及顾客满足度有很大的影响。订单接收可分为 EDI 订单和其他订单两类,不论何种方式传递,不完整和不准确的订单会降低顾客的满意度,由于要处理订单出现的无规则事件,成本会相应增加;而检查所有订单的完整性和准确性又会增加订货周期成本和时间。订单类选是根据预定的规则对订单进行划分以使公司可以决定订单履行次序,但并不是所有的公司都会对订单进行类选。

另一个订单处理的关键问题包括确定订单履行的地点,如同订单类选一样,公司应该具有明确的、一致的运用规则来辅助这种决策。但是,许多公司确定采用什么设施履行订单是基于订单到达的先后顺序,因此导致了不一致的订货周期和成本。常识性的方法是利用距离顾客最近的设施来履行订单,因为这样能保证在较小的运输成本的同时有较短的订货周期。另外,可以选择当前产品库存最大的设施来满足订单,这有可能增加运输成本和加长订货周期,但却能减少特定位置的过量库存。

3) 拣货与组合

拣货与组合包括了从指定履行订单的地点到承运人完成货物装载这一过程的所有活动。拣货与组合可占到所有设施运作成本和时间的 2/3,且其受技术进步的极大影响,例如手持扫描仪、RFID 等可大大提升订货周期的效率和效果。

拣货完毕,要核实组合订单以确保货物被准确拣选。如果一个特殊零件缺货,这一信息将传回到订单处理部,根据原始订单加以调整。所有出库订单中都要包括一张包装清单,上面标明拣选货物和装运货物的人名首字母。收货人按照订单收据核对包装清单,核实货物是否齐全。

4) 订货交付

订货周期的最后阶段是订货交付,指承运人提取货物到货物送至顾客的阶段。与订货交付相关的一个重要标准是运送时间,即拣货后到顾客收到订货这一过程花费的时间。近年来,订货交付过程发生了许多变化,如越来越多的托运人既重视运送时间,也重视运送的可靠性(变化性)。由于订货周期的变化性增加将导致库存水平的提高,许多买家因此利用交付协定来限定交付的时间范围,即订货必须在一个时间段内到达。

2. 订单系统

订单管理系统的主要功能就是接受客户订单信息,以及仓储管理系统发来的库存信息,然后按客户和紧要程度给订单归类,对不同仓储地点的库存进行配置,并确定交付日期。为了提供订单管理的效率和协同工作,许多企业管理软件(如 ERP、CRM)都会涉及订单管理,需要管理的订单既有销售订单,也有采购订单、样品单等。

 知识拓展

电子订货系统

电子订货系统(Electronic Ordering System, EOS)是零售业将各种订货信息,使用计算机并通过网络系统传递给批发商或供应商,完成从订货、接单、处理、供货、结算等全过程在计算机上进行处理的系统。

EOS 不是指单一的零售商与批发商组织的系统,而是许多零售商和批发、制造商组成的大系统的整体运作方式,它含有多个流程。例如,按订货业务过程可将 EOS 分为销售订货业务和采购订货业务流程,如图 7.2 所示。

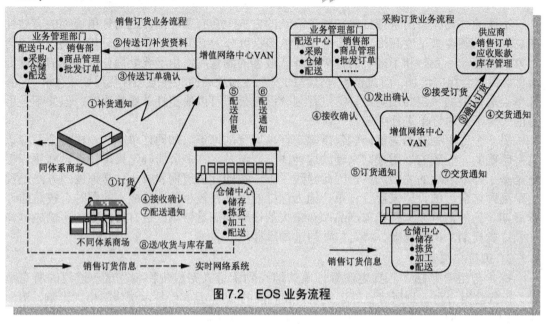

图 7.2 EOS 业务流程

(1) 订单管理。系统可实现单次及批量订单，订单管理与库存管理相连接，并且在下订单时有库存预警及提示功能，订单管理同时与客户管理相连接，可查询历史订单情况及订单的执行情况。

(2) 经销商管理。系统以企业的销售渠道建设为重点，对供应链中的信息流、物流和资金流进行系统规划，全面实施和过程监控，加强企业与销售商之间业务的紧密合作，通过规范经销商内部的业务流程提高其资源管理方面的能力，同时向客户提供了全方位的销售体验和服务。

(3) 仓管管理。仓库管理以条码为数据源，使用数据采集终端扫描条码标识，进行数据采集。系统从级别、类别、货位、批次、单件等不同角度来管理库存物品的数量，以便企业可以及时了解和控制库存业务各方面的情况，有效地进行产品物流监控。

(4) 销售费用管理。销售费用都花到哪里去了？不少企业的市场负责人都在为这个问题而苦恼，投入了大量经费用于渠道和终端建设，但是在市场上似乎感觉不到一点力度。销售费用管理将建立一套完善的销售费用管理体系，帮助企业把费用控制到合理范围内。

(5) 费用预算及考核。企业财务预算的监控就是在财务预算执行过程中对预算执行情况所进行的日常监督和控制。通过预算监控发现预算执行的偏差，对企业各责任中心预算执行结果的考核，是保证财务预算管理体制发挥作用的重要手段和环节。

(6) 直供客户结算。统计报表和直供客户的对账单都可以自动生成 Excel 电子表格文件，避免了大量烦琐的计算和文件格式转换。对账单能够明确地反映每个直供客户的款项明细。

淘宝第三方订单系统

当前和淘宝开放平台对接最成熟的应该是订单管理系统，当然数量也是最多的，如聚宝盆、订货宝、PHP 等。淘宝物流订单管理系统一般涉及订单查询、订单管理、投诉等环节，其中订单查询功能主要有交易订单、发货单、退货单的查询；订单管理则依据工作属性的不同分为发货新增发货单、导入发货单、管理发货单等。而订单管理也常按客户端和管理端两方面进行功能划分，例如订货宝具有以下功能。

(1) 客户端。客户端订货管理的功能包括商品新品上架、特价促销，以及推荐商品的图文展示；系统公告滚动发布，商品的快速搜索，以及在线客服实时沟通、联系方式发布等；多收货地址管理，灵活选择配送方式，以及货款支付方式；提交订单前可随时调整订单商品，以及提交特殊需求留言等功能；订单状态查询，实时订单处理进度跟踪、查询原始订单数据，以及订单追溯；客户订单积分管理等。

(2) 管理端。管理端订货管理支持实时查询订单状态，进行订单审核、反审核、修改、备货、发货等；根据经销商名称、订单号或者时间范围检索订单；订单商品调整、订单打印、订单明细批量导出等；支持新订单短信自动通知功能；订单处理全流程操作日志记录；电话订单管理，如果客户以电话方式订购，工作人员可以通过管理端进行订录入以及客户收货信息、配送方式、收款方式选择等操作；新订单弹框及时提醒功能；客户原始订单查询；赠品管理等。

(资料来源：http://www.dhb.hk/f/content/ID/82.html。)

7.1.2 采购管理系统

采购作为企业生产经营活动的首要环节，对企业的生存和发展起着至关重要的作用。目前，越来越多的企业已将采购管理作为企业的一项重要战略任务。对企业来说，合理地进行采购，可以降低采购成本，节约采购费用，为企业提供符合品质要求的原材料，保证企业的正常生产和销售，既满足了市场需求，又促进了企业的良性循环，让企业获得更多的利润。

采购管理就是对整个企业采购活动进行计划、组织、指挥、协调和控制等，它包括管理供应商关系所必需的活动。采购的目的就是保证物资的正常供给，即在确保适当质量的前提下，能够以适当的价格、在适当的时间、从适当的供应商那里采购到适当数量和服务所采取的一系列管理活动。

1. 采购业务活动

由于采购品的来源、采购方式以及采购对象的差异，采购流程也有所不同，但基本都包括以下几个过程(见图 7.3)。

(1) 确认需求。确认需求的过程就是收到采购请求、制定采购计划的过程。采购部门根据收到的各个部门的不同需求单据，制定统一的需求计划，经部门负责人审批后确认采购任务。

(2) 选择、确认供应商。在确认了采购计划后，就需要根据对供应商的评价确定供应商的数量和名单，并通知其报价，或以登报形式公开征求供应商。

(3) 洽谈、签订订货合同。在确定了采购供应商之后，需要与供应商反复谈判和磋商，确定采购价格及其他采购条件、质量、运输条件、服务、风险赔付等，最后以书面形式确定下来。

(4) 订单跟踪，进行进货控制。采购部门有责任督促供应商按时送货。为了确保供应商能及时履行货物质量、发送的承诺，采购人员需要经常询问供应商的进度，并尽可能地走访供应商，确保供应商按质、按量、按时到货。

(5) 到货验收、入库。到货后，根据产品的检验体系，对产品进行严格检验，以确保收到货物的数量、质量与订单要求相符。

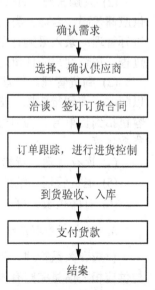

图 7.3 采购的基本流程

（6）支付货款。结算部门核对采购订单、收货报告、发票，支付货款。

（7）结案。不管是合格付款还是不合格退货，均应办理结案手续。各项书面资料、绩效评估及对供应商评价都应很好地清查、整理，以便下次使用。

2. 采购管理系统

采购管理系统是通过采购申请、采购订货、进料检验、仓库收料、采购退货、购货发票处理、供应商管理、价格及供货信息管理、订单管理，以及质量检验管理等功能综合运用的管理系统，对采购物流和资金流的全部过程进行有效的双向控制和跟踪，实现完善的企业物资供应信息管理。典型的采购管理系统的功能如图7.4所示。

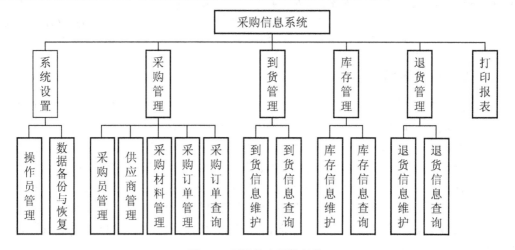

图7.4 采购信息系统结构

（1）系统设置。系统设置有操作员管理，包括增加和删除操作员、修改操作员密码、设置操作员权限和设置数据备份与恢复。

（2）采购管理。对采购员信息(采购员姓名、部门名称、采购员代码等)、供应商信息(如供应商代码、名称、类型、地址、电话号码、传真、联系人、银行账号等)和采购材料信息进行管理；录入采购订单和查询采购订单信息，完成从供应商处购进货物并且签订订单的过程。在查询采购订单时，可以根据各种信息查询。

（3）到货管理。管理签订采购订单后的到货信息。对同一张订单可以分批次到货，可以随时查询到货信息。货物到货后，按照到货通知单的输入完成到货登记。到货登记的内容包括到货单号、物料号、物料名称、采购单号、到货日期、到货品名、供应商代码、到货数量等。

（4）库存管理。货物到后，对其进行验收、盘点入库。每一张到货单对应一张入库单。

（5）退货管理。维护退货信息和查询退货信息。

（6）打印报表。可以打印各种报表，到货、退货、库存信息报表等。

3. 供应商管理系统

供应商关系管理，是企业供应链管理的一个基本内容，它建立在对企业的供方，以及与供应相关信息完整有效的管理与运用的基础上，对供应商的现状、历史、提供的产品或服务、沟通、信息交流、合同、资金、合作关系、合作项目及相关的业务决策等进行全面的管理与支持。

例如，某企业对供应商的管理主要业务是接到生产部门(其他下游需求部门)的物料需求清单后，根据要求筛选出一些合适的供应商，从供应商管理信息系统数据库中提取相应的供应商信息资料，根据需求特点建立供应商评价指标系统和评估方案，对供应商进行对应的评估，得出评估结果，由领导确定目标供应商，并进行进一步的交易。

案例 7-2

易桥企业电子采购系统

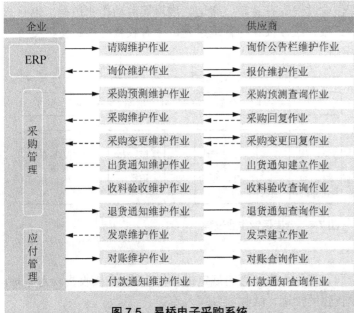

神州数码易桥电子商务应用系统帮助企业建立电子采购供应链体系，将企业采购的各个环节纳入到整个系统中，保证采购过程中各个环节之间的信息畅通，提高工作效率。同时，通过信息共享，合理地利用和分配资源，为企业带来最大的效益。

易桥电子采购系统结构如图7.5所示，其主要功能有以下几项。

(1) 供应商关系管理：供应商注册；供应商认证；供应商长名单/短名单管理；供应商绩效评估。

(2) 基础资料管理：原材料/零部件维护；供货厂商设定；设定每种原材料/零部件从哪些供应商进行采购；原材料/零部件采购员群组设定，设定每种原材料/零部件由哪个采购员群组进行采购。

图 7.5 易桥电子采购系统

(3) 灵活的询价报价管理：询价单维护/询价公告查询管理；接收询价单，产生报价单；报价单维护，比价。

(4) 强大的采购管理：请购单；采购订单；采购变更单；采购订单查询；采购订单确认回复。

(5) 准确的生产计划发布：向供应商发布生产计划；预计单。

(6) 严谨的收货、质检管理：发货通知；收货验收；退货操作。

(7) 方便的数据导入导出功能：导入 ERP，报价单及订单回复；导入 Easy Bridge，原材料信息及相关财务报表数据。

(资料来源：http://www.dcms.com.cn)

7.2 仓储管理系统

仓储在物流供应链中的角色定位就是 4 个中心：仓储是物流与供应链的库存控制中心、调度中心、增加值中心，也是现代物流技术的主要应用中心，而所有的角色定位都是以信息系统为前提的，没有信息化就没有现代仓储。仓储管理系统(Warehouse Management

System，WMS)是仓储管理信息化的具体形式，是现代仓储企业进行货物管理和处理的业务操作系统。Garner Group 将仓储管理信息系统看作是一个实时的计算机软件系统，它能够按照运作的业务规则和运算法则，对信息、资源、行为、库存和分销运作进行管理，使其最大限度满足有效产出和精确性的要求。

7.2.1 仓储作业过程

仓库是保管、存储物品的建筑物和场所的总称。仓库保管作业过程是从仓库接受仓储任务开始，在仓库准备、接收货物、堆放、保管、交付的整个过程，仓库所有处理的事务，承办的工作和承担的责任。仓库作业过程既有装卸、搬运、堆垛等劳动作业过程，也有货位安排、理货检验、保管、货物记账、统计报表等管理过程，还有收货交接、交货交接、残损处理等商务作业，如图 7.6 所示。

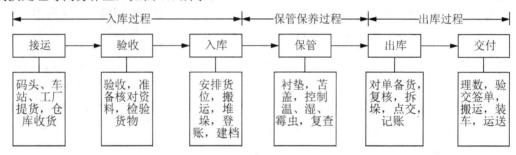

图 7.6　仓库保管作业过程

1. 入库业务

货物入库阶段是根据采购合同和货物入库计划的规定进行作业的。在接收货物入库时，需要进行一系列的作业活动，如货物的接运、验收、办理入库等。

1) 货物入库准备

仓库应根据仓储合同或者入库单、入库计划，及时地进行库场准备，以便货物能按时入库，保证入库过程顺利进行。仓库的入库准备需要由仓库的业务部门、仓库管理部门、设备作业部门分工合作。

2) 确定货位的原则

根据仓库的结构、功能，按照一定的要求将仓库存货位置进行分块分位，形成货位。每一个货位都用一个编号表示，以便于区别。货位分为场地货位、货架货位。选择货位一般应遵循的原则有根据货物的尺寸、数量、特性、保管要求选择货位；保证先进先出、缓不围急；出入库频率高的货物使用方便作业的货位；小票集中，大不围小，重近轻远；方便操作；作业分布均匀等。

3) 存货量的确定

包括货位存货量的计算、仓库储存能力的计算、散货堆的计算。

4) 货物入库检验

包括质量检验和数量检验。货物数量检验包括毛重、净重的确定，件数理算，体积丈量等。质量检验则是对货物外表、内容的质量进行判定。在一般情况下，或者合同没有约定检验事项时，仓库仅对货物的品种、规格、数量、外包装状况，以及无须开箱、拆捆可以直观可见可辨的质量情况进行检验；对于内容的检验则根据合同约定、作业特性确定。

5) 货物入库交接和登记

入库货物经过点数、查验之后，可以安排卸货、入库堆码，并与交货人办理交接手续、建立库存台账。交接内容包括接收货物、接收文件、签署单证、登账、立卡、建档。

2. 理货

仓库理货是指仓库在接收入库货物时，根据入仓单、运输单据、仓储合同和仓储规章制度，对货物进行清点数量、检查外表质量、分类分拣、数量接收的交接工作。

理货可以在运输工具现场进行，也可以与送货人共同理货，即理货交接，或者按送货单或仓储合同理货、在现场进行记录和及时签署单证。理货过程中用到的单据有计数单、入库单、送货单、交接清单、现场记录等。

3. 堆放

根据货物的特性、包装方式和形式、保管的需要，确保货物质量、方便作业、充分利用仓容，以及仓库的具体条件等确定货物存放的方式。仓库货物存放的方式有地面平放、托盘平放、直接码垛、托盘码垛、货架存放等；货物的码垛包括散堆法、货架存放法、堆垛法存货等。必要时还需要进行垫垛、苫盖。

为了在保管中及时掌握货物的资料，需要在货垛上张挂有关该垛货物的资料标签，即货垛牌，或称货物标签、料卡等。货垛牌的主要内容有：货位号、货物名称、规格、批号、来源、进货日期、存货人、货垛数量、接货人等。

4. 保管

货物在整个储存期间，为保持货物的原有价值，仓库需要采取一系列保管、保养措施，如货物的堆码、检查、盘点等。货物保管的目的在于保持库存货物的使用价值，最大限度地减少货物自然耗损，杜绝保管不善而造成的货物损害，防止货物损失。

仓库货物保管的手段主要有经常对货物进行检查测试，及时发现异常情况；合理对货物通风；控制阳光照射；防止雨雪水浸湿货物，及时排水除湿；消除虫鼠害；妥善进行湿度控制、温度控制；防止货垛倒塌；防霉除霉，剔出变质货物；对特殊货物采取有针对性的保管措施等。

5. 出库作业

货物的出库是根据货主开具的出库凭证，为使货物准确、及时、安全地发放出去所进行的一系列作业活动，如备料、复核、装车等。

1) 催提

催提是指在货物存储到期时直接向已知的提货人发出提货通知，可以用信件、传真、电话等方式。当不知道确切提货人时，可以向存货人催提。另外，对于在仓储期间发生损害、变质的货物，保质期即将到期的货物也应进行催提。

2) 备货

仓库接到提货通知时，应及时进行备货工作，以保证提货人可以按时完整提取货物。备货的主要工作有包装整理，标志重刷；零星货物组装；根据要求将托盘或成组转到备货区备运等。

3) 出库交接

在提货时，仓库业务部门根据提货人的提货凭证办理提货手续，并签发出库单，指示仓库保管部门交货。若提货人到库提货，仓库应会同提货人共同查验货物，逐件清点，或查重验斤，检验货物状态。若仓库负责装车送货，在装车完毕后还应会同提货人签署出库单证、运输单证，收存留存单证，交付随货单证和资料，办理货物交接。

4) 销账、存档

货物全部出库完毕，仓库应及时将货物从仓储保管账上核销。将留存的提货凭证、货物单证、记录、文件等归入货物档案。

7.2.2 仓储信息系统

仓库管理系统是通过入库业务、出库业务、仓库调拨、库存调拨和虚仓管理等功能，综合批次管理、物料对应、库存盘点、质检管理、虚仓管理和即时库存管理等功能综合运用的管理系统，有效控制并跟踪仓库业务的物流和成本管理全过程，实现完善的企业仓储信息管理。该系统可以独立执行库存操作，与其他系统的单据和凭证等结合使用，可提供更为完整全面的企业业务流程和财务管理信息。

1. 仓储信息

仓储信息是物流信息的重要组成部分。准确及时地掌握仓储信息是物流活动有效开展的关键。仓储信息主要是伴随着库存管理活动，即根据外界对库存的需求，企业认购的特点，预测、计划和执行一种补充库存的行为，并对这种行为进行控制时而产生的信息。这种信息通常伴随着顾客的订货、订货商品的出库和商品采购的发生而产生的。仓储信息与物流活动其他部分信息是相联的。

(1) 库存物品信息，包括品名、型号规格、计量单位、数量、价格、入库时间、有效期、生产厂家、储存的仓库货架层位、养护说明等信息。

(2) 设施设备信息，包括库区分布、各库区货位划分、状态，各库区容器具数量、状态，各库区分拣及取送货、理货设备的配置、数量、状态等。

(3) 出入库动态信息，包括品名、型号规格、计量单位、数量、价格、出入库时间、仓库货架层位、来料单位、用(领)料单位、用途等。

(4) 在途、在制及计划用料、销售信息。

(5) 库存控制信息，包括安全库存量，最高、最低库存量，订货点及订货批量。

第三方物流企业，其仓储信息除了上述内容之外，还包括仓储资源的利用率、客户的货物信息、对仓储资源的租用情况、客户的出入仓信息等。

2. 仓储信息的作用

在仓储信息中，仓储信息起到纽带作用。各部门都需要仓储信息来决定其运作，如采购需要以它为基础决定订货数量和时间；销售需要以它为基础决定是否能够进行销售，指导销售价格和交货时间；财务需要从中计算库存资金占有和资金周转时间。总之，不同的业务需要从仓储中获取不同的信息使其业务更有序地开展，同时各业务部门也会对仓储信息进行加以修正，改变其数据，用以指导和制约其他业务的进行。

(1) 补货与订货对仓储信息的利用。无论采用哪一种备货模型，都需要准确地知道当前的库存数量。

(2) 销售业务对仓储信息的利用。对销售业务来讲，它需要使用仓储信息中的将要入库量、实际库存量、已分配数量、库存价格来决定销售数量、销售价格和交货日期，同时销售作业又改变了库存中已分配数量和实际库存量。

(3) 仓库保管对仓储信息的利用。对于仓库保管来说，需要知道仓库的库存情况，即实际库存数量。当仓库足够大时，通常被划分成货位，这就需要掌握货位容量和商品存量

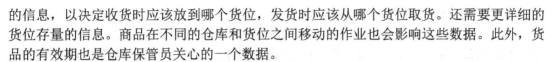

的信息,以决定收货时应该放到哪个货位,发货时应该从哪个货位取货。还需要更详细的货位存量的信息。商品在不同的仓库和货位之间移动的作业也会影响这些数据。此外,货品的有效期也是仓库保管员关心的一个数据。

(4) 第三方物流企业对仓储信息的利用。第三方物流企业需要知道仓储资源(仓库货位、货架)的信息及其利用率,以及各个客户对仓储资源的租用情况,以便调整自己的经营决策。

3. 仓储信息管理

仓储信息管理主要是对仓库信息、货品信息、设备信息、客户信息、入库信息、出库信息、加工信息等的管理。

1) 仓库货位的设定

对仓库货位的容量、性质、编号等基本信息的设定。

2) 库位的安全库存和物品的最低存量

对仓库的最低存量进行设置,以确保仓库最大化满足客户的要求。同时,对客户的库存物的最低存量进行设置,以满足客户的生产需要,减少资金的积压。

3) 入库管理

根据入库申请单对入库信息进行预录入,经过审核确认后进行仓库货位的分配,从而完成实际入库操作。可以通过条码技术和 RFID 技术完成对入库的操作,并根据客户、物品进行自动库位的安排。应用条码技术和 RFID 技术快速完成入库信息录入,并根据客户、物品的型号规格进行同类物品的自动归类,增加入库操作的审核,确保数据的准确。随时可以统计任意时段、任何客户的入库情况。

4) 出库管理

根据客户的实际需要和客户的实际库存情况,提前做好出库准备。一旦确定出库后,以最快的速度完成出库,并对出库申请进行审核,以保证出库物品的正确。同时对客户的库存物品的最低库存进行动态评估。根据出库申请单位、物品等属性,快速定位,并对出库进行登记、审核,对待出库和实际出库等过程进行控制,动态管理库存量。

5) 库存移动

对库存物品的存放合理地进行人工调整,使仓库利用率最大化,节约库存成本,降低客户资金压力,有利于满足客户实际需要,同时通过快速实现库位调整,对物品移动的轨迹进行跟踪,提高物流企业的竞争力。

6) 费用结算管理

对发生的实际费用如仓租费、加工处理费等进行管理,并将有关费用数据自动转到具体费用处理部门,与客户进行费用结算。实地登记各种费用,一旦费用经过客户确认后,不可以现修改和删除,确保整个资金流的安全。

7) 查询统计

实现对入库和出库数据进行统计,并随时可以掌握目前的库存动态,同时它可以实现对客户的评测,并对操作人员的工作成绩进行考评。根据入库和出库的数量和频繁程度,实现对重点客户的追踪,以及对业务增长型的客户进行挖掘。

通过以上 7 个管理模块可以实现对库存信息的有效管理。不同的企业可以根据企业自身的情况在此基础上进行调整,设计出适合本企业库存管理的模块。仓储信息管理系统的基本功能是要完成库存物品的自动存储与检索,如图 7.7 所示。

一个 WMS 的基本软件应支持仓储作业中的全部功能,从进货站台直到发货站台(收货、储存、订单处理、拣选、发货、站台直调等),以及库存补充、循环盘存、班组工作实时监管等。更先进的 WMS 还能连接 AGV(Automated Guided Vehicle，自动导到运输车)、输送带、AS/RS(Automatic Storage/Retrieval System)等，而最近的新趋势则是与企业的其他管理系统相结合，如运输管理系统、订单管理系统、企业资源计划等，使之融入企业的整体管理系统之内。

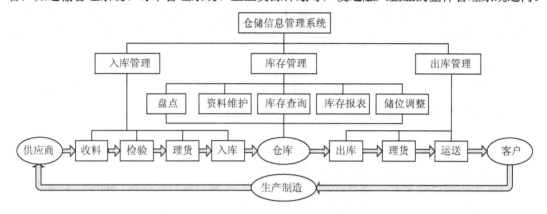

图 7.7　仓储管理系统的主要功能

案例 7-3

中海 2000 物流教学软件

中海 2000 物流实训管理软件包括了一系列软件，其核心模块包括客户管理系统、电子商务(网上订单)系统、仓储配送系统、运输管理系统、财务结算系统、查询统计系统、客户分析系统等。同时，系统实现了与条码数据采集系统、RFID 数据采集系统、电子标签拣货系统、报关系统等辅助系统的无缝集成，形成一个统一的实训平台，如图 7.8 所示。

图 7.8　系统架构

其实验教学系统主要具有以下功能。
(1) 系统设计：对操作流程、用户、权限和数据的初始维护，方便教师为教学试验做准备，确保试验内容与教学进度同步。
(2) 客户管理系统：包括客户维护、客户管理和合同管理三部分，主要是对预备客户、正式客户和历史客户的基本资料、合同条款、业务状态、支付情况等方面进行信息管理。
(3) 仓储管理系统：实现仓库内部活动信息管理，包括库位的设置修改、入库、出库和在库物品的管理，以及物品盘点、仓储计算等，并可实现远程库存查询、账单查询和作业统计分析等。
(4) 运输管理系统：实现货物运输过程的信息管理，包括对运输路线的管理、车辆调度管理以及运输各种费用的管理。
(5) 结算管理系统：系统根据客户信息、合同条款、作业类型和作业量自动生成结算报表，包括仓租费用、装卸费用、运输费用等。
注：有关中海 2000 物流教学系统操作流程说明及相关实训内容，可参见本章末的案例分析。尽管不少学校采用了中海 2000 物流教学软件，但考虑到不同学校所使用软件系统的多样性，本书将其放入案例以供相关教师选择性参考。

(资料来源：http://zhwlszsz.cn.china.cn)

7.2.3 自动化仓库

自动化仓库系统又称自动化高架仓库和自动存储系统(Automatic Storage/Retrieval System，AS/RS 系统)，其产生和发展是第二次世界大战之后生产和技术发展的结果。20 世纪 50 年代初美国出现了采用桥式堆垛起重机的立体仓库；50 年代末 60 年代初，出现了司机操作的巷道式堆垛起重机立体仓库；1963 年，美国率先在高架仓库中采用计算机控制技术，建立了第一座计算机控制的立体仓库。此后自动化仓库在欧美迅速发展，并形成专门的学科。

自动化仓库系统是借助现代化的机械和电气控制设施自动存储和取出货物，人工不直接进行处理的仓库系统，其主要特点是：①计算机控制，自动对信息进行准确的存储和管理，自动打印各种报表；②自动存取，收发准确迅速，提高入出库效率，机械自动化作业解放人力，减小劳动强度；③高层货架存储，节约用地，充分利用库房空间，增大存储量。

1. 自动化仓库的设施

现代自动化仓库由高层货架、堆垛机、输送系统、信息系统识别系统、计算机控制系统、通信系统、监控系统、管理系统等组成。

1) 高层货架

货架是构成自动化立体仓库的最基本单元，是立体仓库设计的一项重要内容，直接影响立体仓库面积和空间的利用率。

2) 堆垛机

有轨巷道堆垛起重机通常简称为堆垛机，它是一种完成单元货物入库到货格和从货格中取出的操作设备，是自动仓库的核心设备。它是由机架、水平行走机构、起升结构、载货台、货叉及电气控制系统等组成。

3) 输送系统

输送系统主要负责自动化仓库外围的自动输送，包括辊子式输送机、链式输送机、螺旋式输送机、自动导引小车(Automated Guided Vehicle，AGV)，以及叉车、台车、托盘等。

其作用是配合堆垛机完成货物输送、搬运、分拣等作用。

4) 计算机控制和管理系统

计算机控制和管理系统包括各种可编程控制器、监控计算机、管理计算机、信息采集系统(如条码、称重、尺寸检测装置)等。

2. 进出货作业流程

自动化仓库的工作流程一般是入库、库内搬运、存放和出库，整个工作在计算机管理系统控制下进行。计算机系统一般为三级管理控制系统，上位机与局域网相连，下位机与控制器 PLC 相连，通过无线和有线方式传送资料。

1) 拼盘并箱

小尺寸的货物或零件入库前，一般需进行拼盘并箱作业，以适应仓储要求和充分利用货位容积，大尺寸的货物可根据情况直接入库或放入托盘后再入库。一般采用固定拼盘并箱方式，即多个同种货物或零件放于一个托盘或货箱中。某些情况下，为了进一步增加仓储容量，可采用散件拼盘并箱模式，即随意品种随意数量拼装入箱，此种模式中，需在管理系统的数据库中设定拼盘批次码、拼盘码、货物零件到场批次码等信息，将每个拼盘中货物数量、种类和其存放货位联系起来，以利于出库时倒盘拼箱。

2) 进货

当自动化仓库组织进货作业时，首先将装载商品的托盘运进仓库，作业人员按有关进货验收单据将托盘或货箱编号，或者贴仓库条码或由条码扫描直接输入货物信息。已编号的托盘及货箱由叉车或其他输送装备送至相应的巷道停货平台上。

入库货物信息经过入库计算机的仓储管理系统确认和分配存放货位，然后库内运送系统将货物搬运到指定巷道的入货台前，堆垛机地面控制器发出指令，启动堆垛机，将平台上的托盘货物送入指定货位。

3) 出货

中央控制计算机响应出库请求，向出库计算机发送出库操作任务单，并打印出库单据，出库计算机确定货位并向堆垛机发出出库指令，堆垛机从货架出货，由输送设备送至出库平台，出库计算机控制识别系统采集信息，由计算机判断实际出库的货物和出库单上的货物是否相符，如不符，则报警。

3. 自动仓储控制系统

按系统中的信息流及信息处理过程，可以将自动仓库管理与控制系统分为出入库任务动态调度模块、设备通信模块、实时动态监控模块和设备控制模块。用数据库作为各模块之间资料交换的媒介。

1) 计算机管理系统(主机系统)

它是自动化仓库的指挥控制中心，指挥着仓库中各设备的运行。计算机管理系统的功能主要由仓库作业管理系统和库内设备控制系统构成。可以完成整个仓库的账目管理和作业管理，并承担与上级系统的通信和企业信息管理系统的部分任务，如图 7.9 所示。

2) 检测装置

对货物的外观检测及称重，对机械设备及货物运行位置和方向的检测，对运行设备状态的检测，对系统参数的检测和对设备故障情况的检测。通过对这些检测资料的判断、处理，为管理决策提供科学依据，使系统处于理想的工作状态。

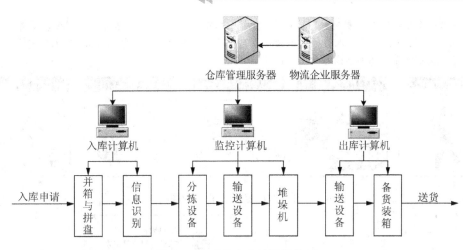

图 7.9　自动化仓库计算机控制

3) 监控与调度

监控调度系统根据主机系统的作业命令，按运行时间最短、作业间的合理配合等原则对作业的先后顺序进行优化组合排队，并将优化后的作业命令送给各控制系统，对作业进程、作业信息及运行设备进行实时监控。

4) 数据通信

为了完成规定的任务，各系统之间、各设备之间要进行大量的信息交换。例如，主机系统与监控系统、监控系统与控制系统之间的通信，以及仓库管理系统通过厂级计算机网络与其他信息系统的通信。

5) 大屏幕显示

自动化仓库中的各种显示设备是为了使人们操作方便易于观察设备情况而设置的。在操作现场，操作人员可以通过显示设备的指示进行各种搬运、拣选；在中控室或机房，人们可以通过屏幕或模拟屏的显示，观察现场的操作及设备情况。

6) 图像监视系统

通过高分辨率、低照度变焦摄像装置对人身及设备安全进行观察，对主要操作点进行集中监控，便于现场管理。此外，还有一些特殊要求的自动化仓库，如储存冷冻食品的仓库，需要对仓库中的环境温度进行检测和控制。

知识拓展

电子标签拣货系统

> 电子标签拣货系统(Computer Aided Picking System, CAPS)又称无纸拣货系统，是一种物流辅助作业系统。其采用先进的电子技术和通信技术，应用于物流中心货物的分拣环节，可以防止错拣或漏拣现象的产生，提高拣货效率，降低工人的劳动强度，减少企业成本。
>
> CAPS 是在拣货操作区中的所有货架上，为每一种货物安装一个电子标签，根据订单清单数据，发出出货指示并使货架上的电子标签亮灯(闪亮)，操作员按照电子标签所显示的数量及时、准确、轻松地完成以"件"或"箱"为单位的商品拣货作业，其操作顺序如图 7.10 所示。
>
> 电子标签系统由主机系统、中继器、电子标签、供电系统等组成。主机系统安装电子标签系统驱动软件，负责与上位系统对接，接收指令并反馈系统执行结果。中继器是主机系统与电子标签的联系

桥梁，一般一个中继器可以接 255 个电子标签。电子标签安装在货位上，接收主机拣货数量等指令信息，并显示在 LED 上，作业人员按显示数量拣选，完成后按"确认"键，把执行结果反馈给主机系统。电子标签拣货系统的网络设备如图 7.11 所示。

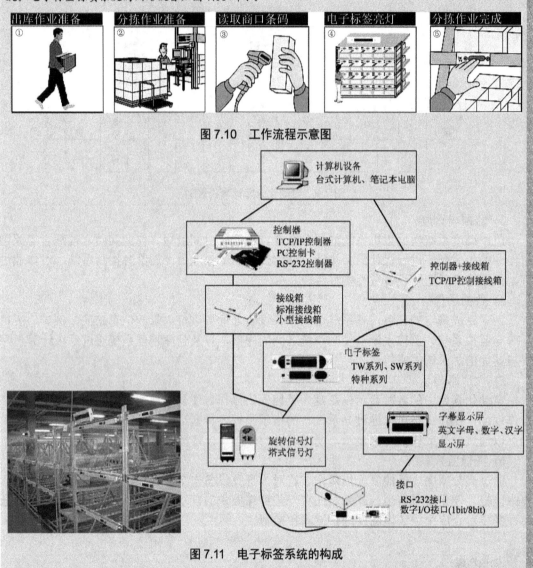

图 7.10 工作流程示意图

图 7.11 电子标签系统的构成

CAPS 广泛应用于烟草、药品、日用百货、电子元件、汽车零配件等行业的配送。根据其作业方式的不同，又可分为摘果式拣货系统(Digital Picking System，DPS)和播种式拣货系统(Digital Assorting System，DAS)。

7.3 运输管理系统

现代运输管理是对运输网络和运输作业的管理，在这个网络中传递着不同区域的运输任务、资源控制、状态跟踪、信息反馈等信息。实践证明，通过人力控制运输网络信息和运输作业，效率低、准确性差、成本高、反应迟缓，无法满足客户需求。随着市场竞争的加剧,对于物流服务的质量要求越来越高,尤其是运输环节。

运输管理系统(Transportation Management System,TMS)是一套基于运输作业流程的管理系统,该系统以系统管理、信息管理、运输作业、财务管理四大线索设计开发。系统管理是 TMS 的技术后台,起到支持系统高效运转的作用;信息管理是通过对企业的客户信息、车辆信息、人员信息、货物信息的管理,建立运输决策的知识库,也起到促进企业整体运营更加优化的作用;运输作业是该管理系统的核心,系统通过对运输任务的订单处理、调度配载、运输状态跟踪,确定任务的执行状况;财务管理是伴随着运输任务发生的应收应付费用,通过对应收应付费用的管理及运输任务对应收支的核算,生成实时全面的统计报表,能够有效地帮助运输决策。

7.3.1 运输活动分析

运输是物流活动,活动的主体就是参与者,活动作用的对象为物品(客体)。物品可能属于参与者,也可能不属于参与者,但不管属于谁,都称其为货主。运输必须由货主和参与者共同参与才能进行。

运输部门的基本职责是对每天的运输活动进行监督,包括设备安排与堆场管理、装货安排、路线安排与预先发货通知、承运人管理等。现代物流运输业务的主要流程可以分为货物发运和货物接收两大环节。

1. 货物发运

货物发运是指企业作为发货单位,与运输企业协商,根据双方认可的计划和合同,通过一定的运输方式,将商品从发货地运达目的地的具体业务工作。由于这项工作是整个运输工作的第一道业务环节,因此,对整个运输过程中的时间、运量、质量、费用及安全性等运输经济指标起着决定作用。发运形式的好坏,通常用运输的安全性、及时性的成本来衡量。发运环节按照工作流程又可分为货物的组配、制单、托运、送单、通知和费用计算等步骤。

1) 货物的组配

货物的组配就是根据货源、运力的情况,将待运的各种货物按照性质、重量、体积、包装、形状、运价等因素合理地配装在一定容器的运输工具里。组配是一项技术性很高的工作,直接关系到运输工具的利用程度、运费的高低和货物的安全。为此,组配货物时要遵循以下几条原则。

(1) 安全性原则。各种货物性质各异,组配时要注意不能将性质相抵触的货物并装在一起。重质货物和轻泡货物要合理配载,在确保货物安全的前提下提高运输工具的技术运载量。

(2) 合理运输原则。在可能的情况下,能直达则不中转,能整车则不发零担,能水运则不陆运。

(3) 节约费用原则。精心测算轻重商品货物的重量和体积,提高运输工具的重量和容积利用率;在合装整车过程中,还要注意到不同运价的货物的装配比例,合理组装,减少运费支出。

(4) 先急后缓原则。一般情况下,按货物调拨供应单的先后顺序组配,对客户要求紧急运送的货物应优先组配。

2) 制单

单据主要有货物运单和运输交接单。货物运单按照选择的运输方式不同有铁路货物运单、市内公路货物运单、水路运输船票和代运商品委托书等。这些单据是托运单位和实际承运人之间办理托运和手续的依据，也是承运人安排运力、办理货物交接和计费的原始凭证，一经签订便具有契约性质，所以双方都应对所填内容负责。运输交接单是物流企业内部或与接运方或中转方之间货物交接的凭证，也是收货方掌握在途商品情况及承付货款的依据。

3) 办理托运手续

交由其他运输企业运输的货物，要根据制好的单据办理托运手续，待其受理后，即可根据指定的时间和货位送货，办理交接手续。送货时，必须保证货物包装完整、标志清楚。水路发运的必须按船期托运，对泊位装船的，一般将货物送到港口仓库或是船上办理交接手续；对锚地装船的，因无固定泊位，故须经常将货物送到船上。

4) 送单

领货凭证、付费收据、运输交接单、货物调拨供应单、补运单、货物供应凭证等随货同行的单据，应在办完托运手续后及时发给接收方，以便其收货时清点验收。铁路整车发运一般采取单货同行的方式，铁路零担运输与航空运输多采用承运方代递方式；公路发运由驾驶员随车代交；而水运由于其速度较慢，所以多采用邮寄的方式。

5) 通知

货物发运后，就立即向收货方通报发站、到站、发运车号、运单号、件数、重量、发运日期等情况，以便收货方及时做好接收货物准备工作，中转方充分做好接转货物的衔接工作。

6) 结算

在货物发运后，发货方根据不同的发运方式，向收货方或承运方核算和收付代垫运杂费和其他费用。

2. 货物接运

货物接运是指货物从发运地到收货地后，收货单位根据货物到达站(港)通知，同物流企业办理的货物点验接收工作。货物接运的主要程序有以下几个方面。

1) 接运准备

根据发货预报或到货通知，联系有关业务部门，根据车次、船号、到达日期，以及品名、数量，组织人力、物力和仓库货位，能直拨的尽量直拨，减少运转环节；不能直拨的接运单位，应及时取回提货凭证和其他随货同行单据，提前做好接货准备工作。

2) 办理接运手续

首先，向到达站(港)递交有关接运手续，交付费用。其次，根据提货凭证，到站(港)的站台或仓库接收、点验货物。点验主要是检查包装是否完好，数量、质量是否单货相符。如有不正常情况，应立即会同有关承运单位作出货运记录和普通记录，分清发、转、收三方的责任。由于货物发运方式不同，所以具体的接运手续和方法也有所差异。如铁路接运大致有以下 4 种情况。

(1) 发站装车到站收货。由于接、发都由车站负责，所以，接运时接运单位只与车站发生付费、点验及事故处理、责任划分的关系。

(2) 专用线装车到站收货。这种方式涉及货物运输单位、收货方和承运单位三方，所以，收货单位在领货时，必须会同到站理货员共同检查车牌、车号及车体状况，如有异状，提货人员在与车站理货员取得一致意见后，方可拆封、卸货。卸货过程中发现有不正常的情况，如短缺、破损等，不管原因如何，都应取得到站的有关货物短缺、破损等的普通记录，以便划清三方各自的责任。

(3) 发站装车专用线收货。与专用线装车到站收货的接运手续大体一致。

(4) 专用线装车专用线收货。这种情况虽然与车站无直接关系，但也应要求到站派人共同拆封、卸货。此外，收货单位应在办完商品交接的规定天数以内，将运输交接单注明收货情况、加盖公章后寄回，或者由押运员带回发货单位或中转单位。对于收货时接收的发货单位的自备装车器物，应填写回送运输证明书，以便及时办理回运。

3) 安排接运货物

就站、就港直拨和商品入库接收来的商品有两种安排方法。

(1) 就站、就港直拨。商品接收单位在收到发货预报后，要立即通知商品调拨或部分直拨，则必须在商品运达前开出商品调拨供应单交接单位，以便接运单位组织运力。接收单位在办理直拨时，要认真检查商品的数量和包装，对破、散的商品应当场加固、维修，同时涂去旧标记，换上新标记。

(2) 办理商品入库。未能直拨的商品，则应根据业务部门开具的商品入库单和承货同行单据，送往仓库点交、验收。

3. 运输决策

运输决策在整体物流决策中占有十分重要的地位，根据物流发展过程中的相关统计资料来看，物流运输成本要占到物流总成本的 35%～50%，对于许多商品来说，运输成本要占商品价格的 4%～10%[1]。现代运输管理主要包括 5 个方面的决策与管理，即运输网络设计、送货规划和管理、运载工具装载容器及场站管理、承运人管理及运费管理。

1) 运输网络设计

运输网络设计，主要是为了存货持有成本、仓储成本和运输成本最小化的同时满足客户反应时间要求。为了设计最优运输网络，需要了解的信息有每个运输节点的地理位置编码；在每个拣货、配送和分销点间的理论行驶速度；仓库、存货持有和运输的固定成本和变动成本；每个产品来源地产品可得性和每个配送点的产品需求；每个配送点的反应时间要求。

目前，国外有很多运输网络优化软件，可以实现自动计算、快速评估多个方案、图表陈述方案评估，以及为网络建模提供用户友好界面。物流企业在选择这些工具时，必须考虑它们的建模能力、结果演示能力和可用性。

2) 送货规划和管理

送货规划是选择送货频率和决定每次送货包含哪些订单、运输方式、合适的承运人、线路和送货计划的过程。送货方式和承运人选择的目标是最小化送货成本，同时满足送货的时间要求，运输管理信息系统可以帮助用户自动进行选择。有效地安排线路可以节约燃料和劳动力成本，并提高客户满意度。优秀的路线方案同时包括回程运输。

3) 运载工具、装载容器及场站管理

运载工具、装载容器及场站管理的主要内容有运输工具(如车辆、机车、船舶和飞机)和装载容器的规模和配置；每个运载工具和容器的购买和置换；运输工具和容器的维护；运输工具和容器的识别与跟踪；场站(包括月台、车场和港口)的计划和管理。

4) 承运人管理

承运人管理的主要活动有承运人的选择、谈判，承运人的业绩监督，以及核心承运人项目等。

---

[1] 张理，李雪松. 现代物流运输管理[M]. 北京：中国水利水电出版社，2005.

5) 运费管理

运费管理以及与之相关的运输文档管理是运输管理中最有利可图(在妥善管理的情况下)或支出最高(在管理欠佳的情况下)的活动。与过去相比，如今的运费谈判需要更多的调研和预先规划。

7.3.2 运输信息系统

每种运输方式的作业流程和信息系统有较大区别，但总的看来运输作业可以分为集货承运、运送、送达交付3个环节。运输信息是指在运输业务3个环节中所发生的信息，主要的基础信息是产生并证明运输活动发生、完成的各种单据，包括订货通知单、提单、运费清单和货运清单等。

提单是用户购买运输服务所使用的基本单证，起着货物收据、运输合同证明和提货凭证的三重作用，也是在货物发生灭失、损坏或延误的情况下，请求损害赔偿最基本的证明。提单上需列明货物唯一真实的受领人、交接方式、运费、货物情况(名称、包装、数量等)信息、具体运输条款、有关承运人与托运人的责任、索赔与诉讼等内容。除统一提单外，其他常用的提单类型还有订货通知提单、出口提单和政府提单。

运费清单是承运人收取其所提供的运输服务的费用的一种单据，列明运费的款项及费用金额，目前可以使用提单上所载明的信息。运费既可以预付，也可以到付。

货运清单是当单独一辆运输工具上装载多票货物时，用于明确总货载的具体内容的单独文件，列明每一个停靠站点或收货人地址、提单、重量及每票货的清点数等，目的是提供一份单独的文件，用于明确总货载中的具体内容，而无须检查个别的提单。对于一站到底的托运货物来说，货运清单的性质与提单基本相同。

1. 运输信息

运输信息可分为宏观运输信息和微观运输信息。宏观运输信息是指运输活动中所发生的地理空间和人文环境中的特征、规定等，包括各国、各地的交通法律和规则、路况信息、地理状况等。

微观运输信息分为户外信息和仓库内运输信息。其中，户外运输信息又可分为以下几种。

(1) 运输品信息。通常包括货源地、目的地、厂地、可加工信息、特殊要求等。

(2) 货源信息。包括货物名称、重量、运费价格、装卸地点等。

(3) 运输载体信息。包括运输工具的专用性信息、空车信息、可用运输工具情况(如额定能力、容积、载重等)。

(4) 替代性信息。包括社会可替代的运力、替代物品信息。

(5) 其他信息。如同一条路线可混装运输的物品信息、在途物品信息、额外费用需求信息等。

仓库内运输信息是指货物入库出库时的自动配车和人工配车，出库分拣，在库内的运输路线设计，按照库位优化等物流管理原则自动分配货物储位，自动进行运输线路的优化。

2. 运输信息系统

运输的有效运作将为客户节约大量的成本，同时也为物流企业带来丰厚的利润。现代物流的发展方向是综合、一体化的，无论是运输企业本身，还是主管部门，甚至国家，对运输信息实时、有效的管理越来越重视。运输信息管理的内容涉及运输工具、运送人员、货物，以及运输过程各业务环节的信息管理。

1) 物流运输信息系统

将各种运输方式、设施货物运输、保管等通过信息进行有效地衔接是实现高质量运输服务的基础。主要包括：①航运(行)管理，以更有效地组织各种运输工具的航运(行)为目的；②设施、资料管理，管理为运输服务提供的车辆、集装箱、终端等设施、设备；③营业、销售管理，如集装箱的预约和货物的跟踪管理等信息服务。

2) 货物跟踪管理

货物跟踪管理是指物流运输企业利用条码和 EDI 技术及时获取有关货物运输状态的信息，提高物流运输服务质量的方法。具体做法是先将货物运输状态的基本信息制成物流条码，印制或贴在货物包装或发票上，然后在取货、配送和收货时利用扫描器读出物流条码中的货物信息，通过通信线路或互联网，把货物的信息传送到总部的中心计算机进行汇总整理并储存。终端顾客可实现对货物状态的实时查询，查询时只需输入货物的发票号，便可及时准确地知道货物运输状态。同时，通过货物信息可以确认货物是否将在规定的时间内及时交付，或及时发现在规定时间内未完成交付的情况，便于马上查明原因并及时改正，提高送货的准确性和及时性，提高物流服务水平。

现代物流实时跟踪管理的功能包括以下几项。

(1) 顾客使用物流企业提供的用户查询口令和密码，可方便及时地查询货物信息，大大提高了企业的服务水平。

(2) 通过货物信息可确认货物是否在规定时间内交付，对未能及时交付的情况(未及时送到顾客手中或未送达指定地点)可及时查明原因并纠正，提高了货物运送的及时性和准确性。

(3) 可使物流企业的作用过程透明化、可视化，通过实时监控货物状态、作业状况，制定合理运输路线，调配运输车辆，制定装卸车作业计划，提高了运输效率。物流企业获得了以高效运输提供差别化服务为竞争优势的核心竞争力，使企业能够在竞争中处于优势。

3) 运输信息交流网络

物流运输企业中的绝大多数是中小企业，而这些中小企业大多数是以当地运输业务为主的。当运送范围超过了它通常的营业区域，在运送货物到达目的地之后回程时，往往找不到发往本地区的货物而空车返回。在运输的业务集中出现时，又常常会超出企业的运输能力，这时它需要其他企业的支援，否则会由于难以及时送达造成机会损失。因此，需要把零散的中小型物流运输企业组织起来，建立一个能向社会或企业提供求车、求货的信息交流系统。

4) 通关信息管理系统

综合通关信息管理系统是通过在线连接，将运输企业、物流服务企业、货物装卸企业、保税仓库、通关代理企业、银行保险、关税收缴部门等连接在一起构成的网络。货主可以在系统网络终端完成关税申报手续，同时也能询问和检查关税申报进度和货物保管情况，并交纳关税和支付运输装卸保管费用等。税务部门利用系统受理报关，自动计算申报商品价格、适用税率、外汇汇率，确定纳税税款，通知纳税时间，同时进行报关审查。

3. 公路运输系统

公路运输系统是提高运输企业的运输能力、降低物流成本、提高服务质量而采取现代信息技术手段建立的信息管理系统。系统实现了运行方式(或承运人)的选择、路径设计、货物的整合与优化，以及运输车辆线路与时间的选择。采用先进的软件技术实现计算机优化辅助作业，特别是对于网络机构庞大的运输体系，运输信息系统能够协助管理人员进行资源分配、作业匹配、路线优化等操作，可以与自动识别技术、GPS/GIS 系统实现无缝连接，在充分利用条码的系统内实现全自动接单、配载、装运、跟踪等，其基本流程如图 7.12 所示。

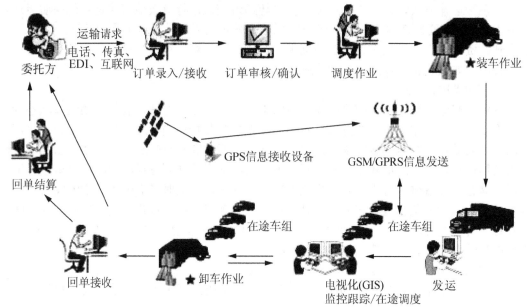

图 7.12 运输业务流程

一般来说，公路运输系统主要完成对运输工具和运送过程的信息管理，应具备配载调度、运输过程控制管理、运输资源管理、跟踪调度等功能。典型的公路运输系统的功能结构，如图 7.13 所示。其中，车辆资料管理主要包括车辆的一些基本属性，如载重大小、运行车限、随车人员的要求，以及是否是监管车辆等。对驾驶员的基本信息进行管理，以随时跟踪驾驶员的情况，并对驾驶员的学习情况、违章记录、事故情况、准驾证件及其他证件进行管理。运输任务管理涵盖了 3 项基本内容，即业务登记、计划安排和任务表的制作。

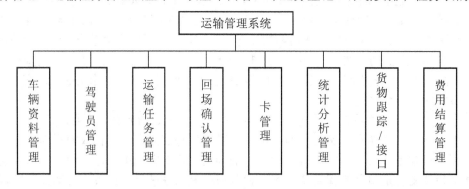

图 7.13 运输信息系统的功能结构

L-TMS 运输管理系统

针对国内快速运输市场的快速发展，北京络捷斯特科技发展有限公司经过两年的研发和广泛应用，2003年年底全面推出快运管理系统L-TMS 2.20。随着经济节奏的加快，快速运输强调运输"网络"的建设和运输"单据、资金、信息"的快速传递。系统支持零担和整车运输方式，特别是具有快运特点的班线运输和聚焦运输模式。系统实现了与客户互动功能，满足客户定制报表、投诉等需求，并为客户提供多种信息交流方式，如网上下单、系统互联、E-mail发送、XML支持等。

(1) 接单：通过L-TMS与客户系统的接口，可以实现自动接单，并直接转化为任务进行处理；也可以通过网站在网上下单，客服人员可以通过传统方式接单然后录入系统。

(2) 任务生成：通过不同渠道接收到的运单由系统自动生成待处理任务。

(3) 调度：调度作业是运输的中心作业。

(4) 执行：将作业分配给不同操作人员，并生成各种执行单据。

(5) 跟踪与反馈：对货品状态的跟踪与及时反馈是体现服务水平获得竞争优势的基本功能。

(6) 成本核算：对于成本的控制采用国际先进的管理方法——基于活动的成本管理方法，L-TMS按照此原理能够分析核算每一笔业务的实际活动成本及实际收益，以便管理人员分析利润来源及进一步的业务方向。

(7) 台账/报表：系统提供每单的详细账单，也能提供针对不同客户及分包方的台账，并设有到期未付账预警功能。为了方便管理及绩效考核，还设计了标准的作业统计表、单车成本核算报表、利润ABC分类报表等几十种报表。

(8) 电子商务：为用户提供了网上下单、网上查询、网上跟踪、客户投诉等功能。

(9) 作业优化：如充分利用返程车资源、主要干线沿途运输作业整合等，有效地利用资源降低成本。

(10) 班线管理：支持班线管理，包括班线路线、班线车辆、班线运单、班线时间、班线分析等功能。

(资料来源：http://www.logis.cn/software.)

7.3.3 配送管理系统

实物配送负责以最低的成本将所需要的货物准时送到客户手中。配送管理的目的是设计和运作实物配送系统，并以最低的成本达到所期望的客户服务水平。在配送系统中，有6个相互关联的活动影响客户服务及其运营成本，即运输、配送库存、仓库(配送中心)、物料搬运、保护性包装、订单处理与沟通。

知识拓展

K8系统

K8系统(又称K8呼叫中心系统、K8销售管理系统)是目前市场上根据电购网购等直销行业量身定做的集呼叫中心(Call Center)、客户关系管理(CRM)、订单管理、物流配送、进销存管理、财务管理于一体的最专业的销售管理系统，能够高效管理客户资源，提高进线客户下单率，流程化管理订单，从下单、审核、发货、收退货及快递公司结算，结合仓库的进销存管理，有效地将公司销售部门及各后勤部门统一在同一平台上高效地开展协同工作。

1. 配送活动

配送是指在经济合埋区域范围内，根据客户要求，对物品进行拣选、加工、包装、分割、组配等作业，并按时送达指定地点的物流活动。物流配送的功能要素主要有集货、分拣、配货、配装、运输、送达服务、加工等。配送的一般流程比较规范，其中配送运输基本作业流程如图7.14所示。

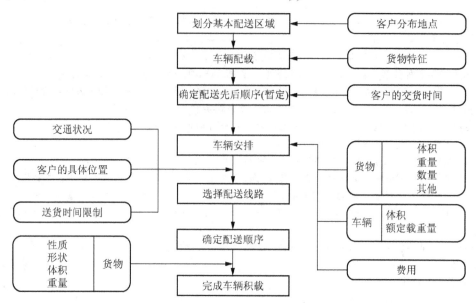

图 7.14 配送运输基本作业流程

(1) 划分基本配送区域。根据客户所在地的具体位置或交通条件等，将所有的客户划分为几个配送区域，将每个客户包含在不同的配送区域内，为下一步决策提供参考。

(2) 车辆配载。在接到订单后，将货物按特性进行分类，以便选择配送方式和运输工具，如按冷冻食品、速冻食品、散装货物、箱装货物等分类配载。必须初步确定哪些货物可配于同一辆车，或不能配于同一辆车，以做好车辆初步配装工作。

(3) 预定配送顺序。先按客户订单要求的送货时间，将配送的先后作业次序做一概括预计，为车辆积载做好准备工作，以便有效地保证送货时间。

(4) 安排车辆。车辆安排要解决的问题是安排什么类型、吨位的配送车辆进行最后的送货。当公司自有车辆无法满足要求时，可使用外雇车辆。安排车辆前，必须分析订单上货物的信息，如体积、质量、数量等，对于装卸的特别要求等，综合考虑各个方面因素的影响，作出最合适的车辆安排。

(5) 选择配送线路。根据客户的具体位置、沿途的交通情况、客户要求的送货时间等要求来选择配送距离短、配送时间短、配送成本低的线路。

(6) 确定最终的配送顺序。依据各车负责配送的具体客户的先后次序，确定客户的最终配送顺序。

(7) 完成车辆积载。根据客户的配送顺序，将货物按"后送先装"的次序进行装车作业。装车时，还要考虑货物的性质(怕震、怕压、怕湿)、形状、体积及质量等，将货物装车的位置进行弹性调整，同时兼顾货物的装卸方法。

2. 配送信息系统

配送信息系统主要目的是向各配送点提供配送信息，根据订货查询库存及配送能力，发出配送指令，发出结算指令及发货通知，汇总及反馈配送信息。随着电子商务的迅猛发展及我国城镇化步伐的加快，电子商务配送和速递业务得到了快速的发展，使得配送系统功能在关注库存、路径的基础上，更加注重网络查询、信息共享平台等方面的设置。

系统功能的设置一般根据配送各项作业活动及活动间的相关性划分功能模块。例如，配送中心信息系统一般有采购入库管理系统、销售出库管理系统、财务会计系统、运营业绩管理系统。

1) 采购入库管理系统

采购入库管理系统处理与生产厂商的相关作业，包括商品实际入库、商品库存管理、根据商品需求订单和预测向供货厂商下订单。该子系统又包括入库作业处理、采购管理、库存控制和应付账款管理等模块。

(1) 入库作业处理。包括处理预定入库信息和实际入库信息。预定入库信息主要来源于采购单上的预定入库日期、入库商品项目、入库数量和来自供货商的进货日期、商品和入库数。它主要是为入库月台调度、入库人力安排和机器设备的分配提供参考。实际入库作业一般发生在厂商交货的时候，输入的数据有采购单号、厂商名称、商品名称和数量。

(2) 采购管理。它由采购预报系统、供应商管理系统、采购单打印系统和采购跟踪系统组成。这个系统可以快速、准确、适时、适量地确定采购单，保证无库存积压，并按时入库。

(3) 库存控制。库存控制系统包括商品分类分级、确定订购批量和订购时点、存货追踪管理及库存盘点。其中，商品分类分级就是按照商品类别统计库存数量，并按照库存量进行排序和分类，以为仓库区域规划、商品采购、人力资源、工具设备的选用提供参考。经济订货批量及时间点确定就是根据商品的实际库存量、采购提前期、安全库存量和运输仓储成本等数据确定经济采购批量和订购时间。

(4) 应付账款管理。当采购商品入库后可把采购信息转入应付账款信息中，财务人员依票据支付相应款项。

2) 销售出库管理系统

销售出库管理系统处理与下游客户的相关作业，包括订单接收、商品出库作业、商品运输管理等作业。该子系统包括订单处理、销售分析与预测、拣货规划、包装流通加工规划、仓库管理、派车管理、出货配送和应收账款管理等模块。

(1) 订单处理。订单处理模块主要包括客户询价、报价和订单接收确认输入两种作业。

(2) 销售分析与预测。包括销售分析、销售预测和商品管理。销售预测的方法有最小二乘法、移动平均法、指数平滑法、多元回归法和时间序列分析等。商品管理系统用来协助销售主管了解消费者对商品的偏好趋势，如销售排行、畅销品和滞销品分析、商品周转率分析和商品获利率分析等。

(3) 仓库管理。主要包括月台使用计划、仓库规划、拣货区规划、包装区规划、仓储区规划、仓储管理、托盘管理系统、车辆维护管理系统和燃料耗材管理系统等。

3) 财务会计系统

财务管理系统包括人事薪资和一般会计两项功能。人事薪资模块具有人事数据的管理、工资统计和报表编制、打印工资单、与银行联机的工资转账等功能。一般会计模块可以将销售出库管理子系统、采购入库管理子系统的数据转入财务系统，并制作会计总账、分类账和各种财务报表。

4) 运营绩效管理系统

包括配送资源计划、绩效管理系统和营运管理模块。

(1) 配送资源计划。包含仓库选址及数量规划、多仓库存控制、多仓设备规划控制、多仓人力资源计划、多仓商品规划、多仓商品分配计划、多仓商品配送计划等。

(2) 绩效管理。管理者在各种反馈信息分析的基础上，判断配送中心的经营状况，并提出各种经营策略和实施方法的意见。主要包括业务人员管理系统、客户管理系统、订单处理业绩报表、存货周转率评估、缺货金额损失管理报表、拣货业绩管理报表、包装绩效管理报表、入库作业绩效管理报表、装车作业绩效管理报表、车辆使用率评估报表、月台使用率评估报表、人力使用绩效报表、机器设备使用率评估报表、仓库使用率评估报表、商品保管率评估报表等。

(3) 营运管理。主要包括车辆与设备的租用、采购计划、销售策略、运费制定、配送成本分析和外车管理等。

案例 7-5

EMS 业务管理系统

中国邮政速递物流作为中国经营历史最悠久、规模最大、网络覆盖范围最广、业务品种最丰富的快递物流综合服务提供商，主要经营国内速递、国际速递、合同物流等业务，国内、国际速递服务涵盖卓越、标准和经济不同时限水平和代收货款等增值服务，合同物流涵盖仓储、运输等供应链全过程。拥有享誉全球的 EMS 特快专递品牌和国内知名的 CNPL 物流品牌。

1. 查询方式

(1) 官网查询：在中国邮政速递物流官网的查询页面输入单号后就可以查询到邮件状态了。

(2) 短信查询：编辑字母"cd+邮件号码"，发送至"11183"，即可获取该邮件的最新信息。

(3) 11183 查询：拨打号码"11183"，按 2 进入"邮件查询"，输入你所要查询的邮件号，按"#"键结束。

2. 下单方式

(1) 11183 电话下单：使用固定电话或手机拨打 11183，接通后，按 1 进入"上门揽收"，告诉客服人员您的取件地址、联系人和电话就可以上门取件。

(2) 网上下单：进入邮政速递官网"客户下单"栏目的"网上下单"，填写收寄件人信息，提交后完成下单。

(3) 微信下单：中国邮政速递物流官方公众号 EMS-CNPL。

(4) 短信下单：编辑字母"xd"，发送至"11183"。

(5) 手机客户端下单：目前适用于现在流行的两种手机——苹果手机和安卓系统手机。

3. 电脑客户端

使用 EMS 自助服务客户端以更轻松便捷的方式有效管理 EMS 快递业务，EMS 自助服务客户端提供派揽订单管理、详情单打印、投诉/建议、自助信息管理、用邮管理、业务分析等应用功能，为客户提供高效、及时、专业的全方位周到服务。

(资料来源：http://www.ems.com.cn)

7.3.4 智能运输系统

智能运输系统(Intelligent Transportation System，ITS)，是将先进的信息技术、计算机技术、数据通信技术、传感器技术、电子控制技术、自动控制技术、运筹学、人工智能等学科成果综合运用于交通运输、服务控制和车辆制造，加强了车辆、道路和使用者之间的联系，从而形成一种定时、准确高效的综合运输系统。智能运输系统的研究已走过 30 多年的历程，美国、欧洲和日本已成为世界智能运输系统三大基地。

1. ITS 的特点

ITS 的特点体现在信息技术的"智能"方面，如智能感测技术、智能通信网、智能信息处理、智能控制等。每个方面的智能则集中表现为整个系统的智能化,此处的智能不仅是指具有学习、推理的能力,而且指在特定环境和适当的条件下,快速有效地获取信息、准确地传输信息、高效地处理信息,并成功利用信息以达到目的的能力。在系统组成意义下,"智能"的特点体现在每一组成部分中,即车内系统、路边系统、信息管理中心、需求管理系统、交通管理控制系统都是智能化的系统,而且它们之间可以自动进行信息交换。智能运输的作用包括以下几点。

(1) 车辆在道路上可以安全自由地行驶,在陌生的地方不致迷失方向。

(2) 道路的交通运输流可以调整至最佳状态,从而缩短行车时间,减少堵塞,提高其通行能力,提高整个社会的运输效率。

(3) 交通管理控制中心可以对道路和车辆状况进行实时监控,及时处理事故,保障道路畅通。

(4) 智能运输系统为用户提供的服务质量和服务水平得到提高,能源得以节省,环保得以改善。

2. ITS 的构成

ITS 主要由 5 个子系统构成,即先进的交通信息系统、先进的交通管理系统、先进的车辆系统、先进的公共运输系统、商用车辆运营系统。

1) 先进的交通信息系统

其核心是信息中心,该中心为出行者提供强大的信息支持。譬如,为出行者提供所需的有关公交线路图及发车时刻表、某一时刻某一路段的车速状况、道路施工情况、绕行路线和气候条件等实时信息;提供与目的地相关的信息,如沿途加油站、汽车修理厂、餐馆、医院等设施的地理位置分布、地址、电话、营业时间等;提供沿途交通及道路状况信息,如道路线形、路宽、交叉口、坡度、交通堵塞情况等信息;提供最佳行驶路线及实时导航信息等。

2) 先进的交通管理系统

该系统由一系列的监视公路状况、支持交通管理与出行建议系统所组成。交通管理控制中心通过交通探测车、车辆探测器、雷达探测器、气象检测器、能见度检测器、视频监测系统、不停车电子收费系统和紧急电话等手段采集有关信息并加工这些信息,然后通过电子地图、大屏幕显示器、可变标志、可变情报板、电话、电视、路侧通信广播、交通广播、微机信息灯系统、匝道仪控制系统、视频监测系统和不停车电子收费系统等手段将有关信息传递给司机和相关人员,并不断优化交通信号灯的绿信比,随时采取相关措施保障良好的交通秩序,此外还对一些突发事件(如交通事故、道路维修、特殊的政治活动等)迅速确定解决方案,并作出准确的反应。

3) 先进的车辆系统

该系统是指借助车载设备及路侧、路表的电子设备来检测周围行驶环境的变化情况,进行部分或完全的自动驾驶控制以达到行车安全和增加道路通行能力的目的。其本质就是在车辆与道路系统中将现代通信技术、控制技术和交通流理论加以集成,提供一个良好的辅助驾驶环境,在特定条件下,车辆将在自动控制下安全行驶。

4) 先进的公共运输系统

作为 ITS 的子系统,其部分原因是保证对各种可选交通方式有足够的考虑。该系统采用先进的公共汽车、车辆全球定位系统和先进的电子技术等来达到不需要新建另外的公路却运送更多的出行者的目的。该系统利用计算机技术对公交车辆及公共设施的技术状况和服务水平进行实时分析,实现公交系统计划、运营和管理功能的自动化;为乘客提供实时的换乘信息;具有完备的安全监测、预警和防范设施等。

5) 商用车辆运营系统

商用车辆包括货运汽车、公共汽车、出租车和紧急车辆。该系统可为商用车辆运营业户提供电子通关(车辆因装有脉冲应答器,可在不减速停车的情况下,迅速通过诸如安全、载重、注册情况等关卡);对高速行驶中的车辆、货物状态和司机的安全情况进行监测、危险时预警并在必要时进行自动控制;对运送危险品的车辆,在发生事故时,能立刻确定事故的严重程度、事故地点、危险品种类,并推荐最佳应急方案;还可帮助司机确定车辆位置,避开交通堵塞路段,大大提高运输效率。

 案例 7-6

安吉汽车物流的智能运输系统

安吉汽车物流有限公司(以下简称"安吉公司")是目前国内最大的第三方汽车物流企业,所服务的主要客户包括上海大众、通用集团、华晨金杯、神龙汽车等,现在已经形成集运输、仓库分拨、物流策划、管理、执行于一体的物流系统。安吉公司目前拥有船务、铁路等专业化轿车运输公司6家,服务网络覆盖国内23个省份,在全国拥有20多家轿车仓储配送中心,仓储总面积超过81万 m^2,年运输能力超过50万辆,可以说是目前国内运输手段最齐全、运输网络最完善的专业储运公司。

安吉公司在运输、仓储管理方面已经全部实现了信息系统化和条码化管理,特别是其ITS系统的投入运营,进一步提高了企业的服务水平,降低了经营成本。安吉天地GPS车辆监控系统工作流程如图7.15所示。车辆监控系统主要包括七大功能,即车辆实时跟踪、车辆历史行程跟踪、通信中心、报警中心、车管中心、地理信息管理、系统管理。

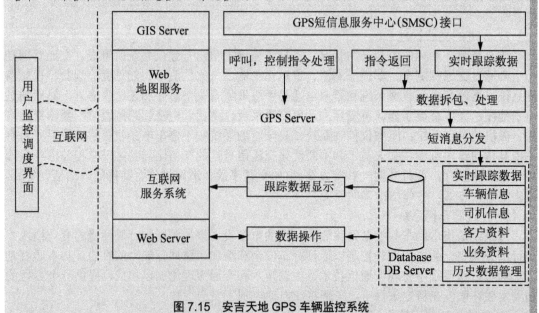

图7.15 安吉天地GPS车辆监控系统

(资料来源:李严峰. 物流运作管理[M]. 北京:机械工业出版社,2008.)

7.4 决策优化系统

信息系统的好处之一在于提高个人和群体的决策水平。制定决策是一个多步骤的过程。赫伯特·西蒙(Herbert Simon)描述了决策制定过程的 4 个阶段——识别、设计、选择、实施，如图 7.16 所示。识别阶段要发现、确定并理解组织中出现的问题，即为什么会出现问题，问题出在哪里，以及问题对企业有什么影响；设计阶段需要确定和探寻解决问题的各种方案；选择阶段是在各种解决方案中作出选择；实施阶段执行所选择的方案并持续追踪该方案的效果。

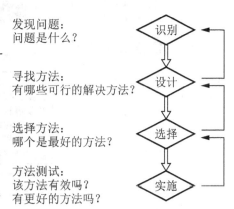

图 7.16 决策制定的阶段

如何判断一个决策变得更好，或者决策制定过程得以改进？准确性是决策质量的一个重要维度，一般而言，如果决策准确地反映了现实世界中的信息，我们就认为它们更好。速度是另一个重要维度，我们往往希望决策制定快速且准确。但是决策和决策制定过程的质量还需要考虑其他维度，这取决于其所在的企业、决策涉及的各方及个人价值取向。

7.4.1 决策支持系统

有 4 种系统能够支持不同层次和类型的决策。管理信息系统向中层和运营管理者提供日常报告，汇总交易数据，辅助解决结构化和半结构化的决策问题。决策支持系统为中层管理者提供分析大量数据的模型或工具，提供交互查询，支持半结构化决策。主管支持系统(Executive Suport System，ESS)为主要制定非结构化决策的高层管理者提供外部信息及关于企业业绩的高度概括的信息。群体决策支持系统(Group Decision Support Systems，GDSS)是专门为群体提供电子环境的系统，管理者和团队可借助它共同设计解决方案，制定非结构化和半结构化的决策。

1. 决策支持系统的组成

不同的决策支持系统在应用和复杂性方面有很大差异，但它们有某些共同的特征。典型的决策支持系统由 3 个部件组成：模型管理、数据管理、用户界面管理(如图 7.17 所示)。当用户开始分析时，用户通过用户界面管理部件告诉决策支持系统采用哪个模型、用于哪些信息；模型需要利用来自数据管理部件的信息，并对这些信息加以分析，然后将分析结果返回到用户界面管理部件，即在用户面前显示出来。

1) 模型管理部件

模型管理部件由决策支持系统的模型和模型管理系统组成。模型是对某个事件、事实或状况的描述。企业利用模型描述变量与变量之间的关系，如利用方差分析统计模型确定报纸、电视和广告牌广告的促销效果是否一样。决策支持系统利用模型为决策者提供了各种不同的信息分析方式，对各种各样的决策问题提供帮助。决策支持系统中运用的模型取决于决策类型的决策所需的分析类型，譬如运用"what…if…"模型观察一个或多个变量发生变化时对其他变量的影响，或者利用最优化方法，在经营业务的限制范围和有限资源的条件下找出盈利最多的解决方案。

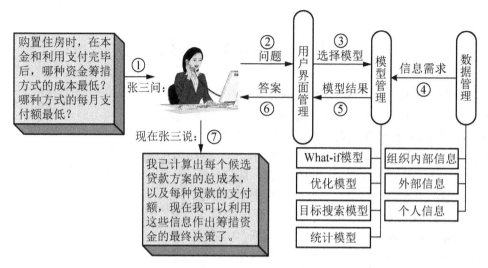

图 7.17　决策支持系统的组成

模型管理系统负责存储和维护决策支持系统的模型。它的功能与数据库管理系统的功能类似，模型管理部件并不能为决策者解决特定问题而选择最佳模型，选择模型还需靠决策者的专业知识。但是，模型管理部件可以帮助决策者快速方便地建立和运行模型。

2）数据管理部件

数据管理部件的功能是存储并维护用户希望决策支持系统使用的信息。因此，数据管理部件由决策支持系统的信息及其数据库管理系统两部分组织。决策支持系统中供用户使用的信息有以下 3 个主要来源。

(1) 组织内部信息。人们可能期望组织中的所有可用信息都能提供给决策支持系统。可以将决策支持系统设计成能直接访问公司内部的数据库和数据仓库。

(2) 外部信息。有些决策需要输入来自组织外外部的信息，如中央和地方各级政府部门的信息、来自股票市场或期货市场上的信息等。这些数据来源都能为决策支持系统提供所需的附加信息。

(3) 个人信息。将决策者的经验和洞察力等个人信息结合到决策支持系统中。

3）用户界面管理部件

用户界面管理部件负责决策者与决策支持系统之间的沟通。它包括用户界面和用户界面管理系统。这一部件使决策者将个人的技能知识与计算机的存储和处理能力结合在一起。用户界面是决策支持系统中用户可见的部分，用户通过用户界面输入信息、命令和模型。如果一个决策支持系统的界面设计得不好，那么无论系统的功能有多么强大，也没人愿意使用它。最佳的用户界面应当是采用用户习惯的术语和方法，且灵活、简便，具有良好的一致性和适应性。

2. 智能决策系统

许多提高决策制定水平的智能工具都是基于人工智能(Artificial Intelligence, AI)技术的，人工智能由试图模拟人的行为和思维方式的计算机系统(包括硬件和软件)组成。这些工具包括专家系统、模糊逻辑、神经网络、遗传算法和智能代理等。

1）专家系统

专家系统(Expert System)也称为基于知识的系统，是一种运用推理能力得出结论的人工智能系统。它非常适用于诊断性问题和指令性问题。诊断性问题是指那些需要回答"发生了什么?"的问题,相当于决策的情报分析阶段;而指令性问题是指那些需要回答"该做什么?"的问题,相当于决策的选择阶段。专家系统利用信息技术来获取和利用人类的专业知识,它能够很好地解决具有清晰规则和程序的问题且具有很高的效率。

处理红绿灯问题是专家系统最适用的问题类型之一,例如一个非常简单的专家系统可告知司机在接近红绿灯时应该做什么。这是一个反复发生的问题,人们应当遵循一系列的步骤去解决它。在没有意识的情况下,人们或许已经经历了多次内心的问答过程。如果在接近十字路口时绿灯亮了,你可以直接通过;如果红灯亮了,就应该停车;如果不停车并且某一侧有车经过,可能就会有遇到麻烦。同样,若黄灯亮了,你可以在交通灯快要变成红灯之前通过路口(在有些地区,闯黄灯也是违反交通规章的);否则,就有可能发生交通事故。

2) 神经网络与模糊逻辑

神经网络经常称为人工神经网络(Artificial Neural Network),是可以发现和辨别模式的人工智能系统。神经网络模拟人类分辨事物的能力,它不需要预先规定得出结论的步骤。为了辨别和分辨不同的事物,人类需要联合考虑许多因素,这也是神经网络的工作方式。神经网络可以从例子中学习,并且可以用于新的概念和知识。神经网络广泛地用于图像模式和语言的分辨系统中。

模糊逻辑(Fuzzy Logic)是一种处理不精确的或主观的信息的数学方法。基本方法是将 0~1 的数字分配给不精确的或主观的信息。程度越高,就越接近 1。如可将数值 0.8 分配给温度"热",然后就可以创建被称为算法的规则和过程来描述变量之间的互相依赖性了。一个模糊逻辑算法是一组步骤,将代表着不精确的信息或个性感知的各个变量联系起来。

模糊逻辑与神经网络经常结合在一起,以一种可能简化问题和应用规则的形式表达复杂的和主观的概念。规则是在某种确定程度下执行的。这有点类似于但却不等同于统计学中的置信度概念。在统计学中,概率是用来估计某种结果的可能性,而模糊逻辑所描述的是用来具体化主观感知的数据点本身。

3) 遗传算法

今天,由于对人工智能研究的不断深入,已经创造出通过反复试验而进化得到较好结果的软件,这种软件被称为遗传算法(Genetic Algorithm)。遗传算法是一种人工智能系统,它通过模仿进化过程中适者生存规律从而产生一个问题的逐步改进的解决方案。换句话说,遗传算法是一种优化系统,它能发现产出最优输出的输入组合。

遗传算法运用了选择、交叉和变异 3 种进化概念。选择(Selection)或称适者生存,选择的关键在于优先考虑较好的结果;交叉(Crossover),因希望产生一个更好的结果而将几个好的结果搭配在一起;变异(Mutation),试着随机组合并评估其结果的成功与失败。

遗传算法最适合于可能存在几千或几百万种解决方案的决策环境。遗传算法可以发现并评价方案,与人类相比,它可以更快更彻底地检查更多的可能方案。

4) 智能代理

智能代理(Intelligent Agent)是一种软件,它可以通过辅助人或充当人的代表来执行重复的与计算机相关的任务。这个代理用一个有限内置的或学习知识库去代表用户完成任务或作出决策,如删除垃圾邮件、日程安排或浏览互联网寻找到某地的最便宜的机票。智能代理可以分为信息代理(包括采购者代理和购物机器人)、检测和影视代理、数据挖掘代理、用户代理或个人代理等基本类型。

近几年来,人工智能研究领域借助多代理系统在将复杂系统作为整体建模方面取得了很大进展。在一个多代理系统(Multi-agent System)中,智能代理组成的群体能独立地工作,并且相互之间可以交互作用。这种使用多代理系统对人类组织的模拟称为基于代理建模，其中每个智能代理遵循一套简单的规则并能适应变化的环境。

蚂蚁群体与群体智能

通过观察蚂蚁群、蜜蜂群等一些生态系统，人工智能专家使用硬件与结合了昆虫特性和行为的软件模型能够做到以下几点：学习基于人类的系统是如何运行的；预测在给定的一系列环境上，它们将如何行动；改进人类系统，使其更富效率和效果。学习生态系统并将它们的特性用于人和组织，这一概念称为仿生。

在模拟研究商业问题时最广泛采用的模拟类型之一是蚂蚁的生态系统。如果你曾经尝试过从家中赶走蚂蚁，你就会知道蚂蚁群是多么坚定和高效。每一个个体蚂蚁都是独立自主的，它独立地行动和作出反应。不过蚂蚁是不寻常的昆虫，它具有社会性。社会性一词意味着一个群体中的所有成员共同工作来创建和维持一个有效、稳定的全局系统。因此，尽管蚂蚁们是独立自主的，但每一只蚂蚁都为系统作出贡献。

群体或累积智能(Swarm/Collective Intelligence)是由简单代理组成的群体的集体性行为，这些简单代理在问题产生时能够想出办法解决问题，并最终产生条理分明的全局模式。更确切地说，复杂的集体性行为可以产生于在系统中始终遵循少量简单规则的个体。群体智能使得具有柔性化、强壮、分权化和自组织化特性的系统得以创建和维持。

7.4.2 物流系统仿真

仿真技术是按照客观的实际情况，把所要研究的问题或对象建立数学模型，利用计算机在数据模型上进行试验，以分析各变量间的变化关系，从而得出数量指标，为决策者提供定量的分析结果，作为决策的依据。仿真技术是一种描述性技术，是系统整体能力的一种评价方法，也是一种定量分析方法。

1. 物流系统仿真的核心技术

物流系统的仿真是典型的离散事件系统仿真，其核心是时钟推进和事件调度的机制。离散事件系统是指系统状态在某些随机时间点上发生离散变化的系统。这种引起状态变化的行为称为"事件"，因而这类系统是由事件驱动的。事件往往发生在随机时间点上，亦称随机事件，离散事件系统一般都具有随机特性。

1）仿真时钟

仿真时钟用于表示仿真时间的变化。在离散事件系统仿真中，由于系统状态变化是不连续的，在相邻两个事件发生之前，系统状态不发生变化，仿真钟可跨越这些"不活动"周期。从一个事件发生时刻，推进到下一个事件发生时刻。仿真实质上是对系统状态在一定时间序列的动态描述，仿真钟是仿真的主要自变量。仿真钟推进方法有三大类，即事件调度法、固定增量推进法和主导时钟推进法。

应该指出，仿真时钟所显示的是系统仿真所花费的时间，而不是计算机运行仿真模型的时间。因此，仿真时间与真实时间成比例关系。对物流系统的仿真所需时间比真实时间要短得多，真实系统实际运行若干天，用计算机仿真也只需要几分钟。

2）事件调度法

事件调度法是面向事件的方法，是通过定义事件，并按时间顺序处理所发生的一系列事件。记录每一事件发生时引起的系统状态的变化来完成系统的整个动态过程的仿真。由于事件都是预定的，状态变化发生在明确的预定的时刻，所以这种方法适合于活动持续时间比较确定的系统。

事件调度法中仿真钟是按下一时间步长法来推进的。通过建立事件表，将预定的事件按时间顺序放入事件表中。仿真钟始终推进到最早发生的时刻。然后处理该事件发生时系统状态的变化，进行用户所需要的统计计算。这样，仿真钟不断从一个事件发生时间推进到下一个最早发生的事件时间，直到仿真结束。

3) 随机数和随机变量的产生

物流系统中工件的到达、运输车辆的到达和运输时间等一般都是随机的。对于有随机因素影响的系统进行仿真时，首先要建立随机变量模型，即确定系统的随机变量并确定这些随机变量的分布类型和参数。对于分布类型是已知的或者是可以根据经验确定的随机变量，只要确定它们的参数就可以了。

建立了随机变量模型后还必须能够在计算机中产生一系列不同分布的随机变量的抽样值来模拟系统中的各种随机现象。随机变量的抽样值产生的实际做法通常是，首先产生一个[0，1]区间的、连续的、均匀分布的随机数，然后通过某种变换和运算产生其所需要的随机变量。得到[0，1]区间均匀分布的、有良好的独立性、周期长的随机数后，下面的问题是如何产生与实际系统相适应的随机变量。产生随机变量的前提是根据实际系统随机变量的观测值确定随机变量的分布及其参数。

2. 物流系统三维虚拟仿真的计算机实现

三维虚拟仿真就是利用三维建模技术，构建现实世界的三维场景并通过一定的软件环境驱动整个三维场景，响应用户的输入，根据用户的不同动作作出相应的反应，并在三维环境中显示出来。三维仿真的关键技术主要有动态环境建模技术、实时三维图形生成技术、立体显示和传感器技术、应用系统开发工具、系统集成技术等。

1) 仿真平台的组成

仿真平台通常构建在基于 Windows 系统的 PC 或图形工作站上。仿真平台主要由以下 3 个模块组成：特征造型数据类库、三维场景管理模块和交互接口模块。其中，特征造型数据类库由各类设备的抽象类组成，设备类中封装了各类设备的造型特征，以及设备的行为；三维场景管理模块负责三维场景的构造、变换及显示；交互接口模块处理人机交互输入。

2) 面向对象的仿真建模方法

计算机仿真主要包括仿真建模、程序实现、仿真结果的统计分析三大部分。建模阶段，主要根据研究目的、系统的先验知识及实验观察的数据，对系统进行分析，确定各组成要素，以及表征这些要素的状态变量和参数之间的数学逻辑关系，建立被研究系统的数学逻辑模型。

3) 三维图形仿真工具 OpenGL

OpenGL 最初是 SGI 公司为其图形工作站开发的可以独立于操作系统和硬件环境的图形开发系统。OpenGL 实际是一个 3D 的 API，它独立于硬件设备和操作系统，以它为基础开发的应用程序可以十分方便地在各种平台间移植。OpenGL 不仅能够绘制整个三维模型，而且可以进行三维交互、动作模拟等。具体功能主要有模型绘制、模型观察、颜色模式的指定、光照应用、图像效果增强、位图和图像处理、纹理映射、实时动画。

4) 三维仿真建模场景的构造和管理

运用 OpenGL 进行绘图并且最终在计算机屏幕上显示二维景物的基本步骤：①建立物体模型，并对模型进行数学描述，通过用几何图元(点、线、多边形、位图)构造物体表面而实现；②在三维空间中布置物体，并且设置视点以观察场景；③计算模型中物体的颜色，在应用程序中可以直接定义，也可以由光照条件或纹理间接给出；④光栅化(rasterization)，把物体的数学描述和颜色信息转换成可在屏幕上显示的像素信息。

仿真模型所描述的现实世界中的物体都是三维的,而计算机输出设备 CRT 只能显示二维图像。OpenGL 通过一系列的变换实现以平面的形式来表示三维的形体。每当接收到用户漫游场景的输入,系统都要进行检测,判断根据用户的输入而得到的新的视点是否会与场景中的物体发生碰撞或进入物体内部。由于仿真场景中的设备大多以较为规则的形体叠加而成,所以根据具体设备的形状将设备简化为尽可能贴近设备的长方体包围盒或长方体包围盒的集合,并且将视点转化为一个点。这样,碰撞检测转化为判断一个点是否与长方体相交的问题,从而加快系统的实时响应速度,取得较好的漫游效果。

案例 7-7

RaLC 系列物流仿真软件

RaLC 系列仿真软件是由日本人工智能软件公司(简称日本 AIS)开发的物流仿真软件,是专业面向物流的 3D 动画仿真软件系统。利用 RaLC 可以把现有的或正在规划中的物流配送中心在计算机系统中建成虚拟的 3D 动画模型,为物流中心的规划建设和改善提供有效的可视化手段。

RaLC 软件中既包含了普通仓库用到的货架、叉车、手推车等常用设备,也有先进的自动智能设备,如自动码垛机、AGV、自动轨道车、升降机、自动立体仓库、移动货架、旋转货架等百余种与现实物流环境相对应的物流设备模块(如图 7.18 所示),只需单击按钮就可以添加设备。模型模块面向对象开发、各有与自身结构和功能特点相对应的参数属性表。使用时只需按要求对其属性做相应调整即可,无须进行复杂编程。

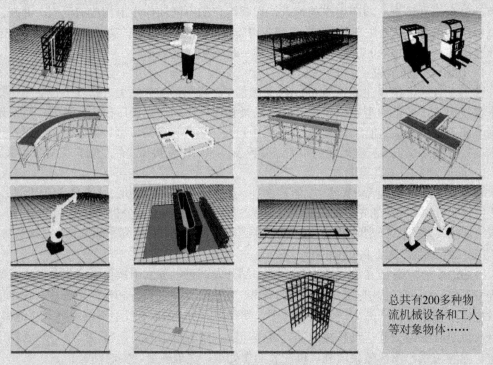

图 7.18 物流设备模块化

总共有200多种物流机械设备和工人等对象物体……

RaLC 物流仿真软件主要用于各行业的物流中心、工业制造行业的生产流水线等广义物流系统的仿真,既能针对现实情况也可以针对规划设计方案进行仿真。自 2003 年,RaLC 软件进入中国后,其在各个行业都有非常典型的应用,譬如零售行业的物流配送中心、制造型企业的物流仓储中心、航空领域的货运物流仓库、汽车工业生产流水线、第三方物流企业等。

(资料来源: http://www.ais-shanghai.com.)

本章小结

订单是信息流和物流作业的开端，其活动涉及物流业务的各个阶段，每种物流管理系统都包含订单的处理与传递功能。物流活动一般也是从采购阶段开始的，除订单管理外，采购系统还包括了供应商关系、供应链管理等方面的内容。

仓储的基本业务包括入库作业、在库保管、出库作业及相关活动。任何 WMS 核心都涉及库存物流信息、设施设备信息、出入库动态信息、在途在制和销售信息、库存控制信息等。不同的运输方式的业务存在很大的差异，运输信息既有宏观方面也有微观方面，运输管理系统的功能包括货物查询、车辆监控、实时跟踪等多个方面。

配送作为物流业务的综合体，不仅包含了 WMS 与 TMS 功能，也是各个快递公司的核心业务功能。决策作为业务活动的一个基本职能，支持企业决策的系统有管理信息系统、决策支持系统、主管支持系统、智能决策系统和物流仿真系统等。

关键术语

订单管理系统 Order Management System
采购管理系统 Procurement Management System
仓储管理系统 Warehouse Management System
自动化仓库 Automatic Warehouse
神经网络 Neural Network (Artificial Neural Network)
智能代理 Intelligent Agent
物流仿真 Logistics Simulation
物流单证 Logistics Documents
供应商管理库存 Vendor Managed Inventory
运输管理系统 Transportation Management System
群体决策支持系统 Group Decision Support System
人工智能 Artifical Intelligence
专家系统 Expert System
模糊逻辑 Fuzzy Logic

习 题

一、判断题

1. 订单传递指从顾客订货或发送订单到销售方获得订单这一时段内进行的业务活动。（   ）

2. 自动化仓库的工作流程一般是入库、库内搬运、存放和出库，整个工作在计算机管理系统控制下进行。（   ）

3. 作为应用最为普遍的 WMS，其已经成为各个物流企业不可缺少的货物管理工具。（   ）

4. 在公路运输活动中，所关注的信息不仅包括车辆、货物、道路、交通法规等微观信息，还需要注意一些气候、风土人情等外部环境的资料。（   ）

5. 订单处理是配送中心信息系统的基本功能，其主要任务是货物订购信息及资料的处理。（   ）

6. 仿真技术是一种描述性技术，是系统整体能力的一种评价方法。（   ）

二、选择题

1. 仓库的日常保管作业包括( )。
   A. 并垛　　　　B. 移垛　　　　C. 盘点　　　　D. 验货
2. 零担运输指托运人一次托运量在( )吨以下或不满一整车的少量货物的运输。
   A. 3　　　　　B. 6　　　　　C. 10　　　　　D. 20
3. 采购的目标就是保证物资的正常供给，( )是采购的目标。
   A. 适当的价格　B. 适当的地点　C. 适当的时间　D. 适当的供应商
4. WMS 的核心功能包括( )。
   A. 入库管理　　B. 销售管理　　C. 采购管理　　D. 财务管理
5. 订货周期指的是顾客下订单到收到订货这一过程所花费的时间，其主要包括( )。
   A. 订单传递　　B. 订单处理　　C. 订货交付　　D. 退单处理
6. 典型的决策支持系统由三个部件组成，( )是其基本部件。
   A. 模型管理　　B. 数据管理　　C. 推理机　　　D. 用户界面管理
7. ( )属于宏观运输信息的范畴。
   A. 交通法规　　B. 货源信息　　C. 运输车辆　　D. 天气条件

三、思考题

1. 仓储信息的作用有哪些？
2. 仓储信息管理包括哪些内容？
3. 简述仓储作业信息系统的功能结构。
4. 运输信息管理的内容有哪些？
5. 公路运输信息系统的功能结构包括哪几个模块？
6. 简述配送作业信息系统的功能结构。
7. 采购的基本流程是什么？
8. 决策过程分为哪几个阶段？
9. 什么是人工智能？哪些人工智能系统在商业中得到了广泛应用？

四、讨论题

1. 通过查询中海、北京络捷斯特、智邦国际、博科等公司的网站，了解这些公司出品的典型物流软件在仓储、运输、配送、供应链等方面的功能与应用范围。

2. 近年来，企业系统软件提供商在集成物流功能的同时，还开始提供单独的物流功能软件，如 SAP、Oracle、微软、用友、金蝶等。探讨其物流软件业务功能的优缺点，并通过某个典型物流业务实例来说明如何选择物流软件。此项任务可以分组去完成。

3. 到华军软件网站，通过搜索仓储、运输等免费软件产品，下载后了解这些软件的功能，并结合第 5 章的相关内容，然后构思相关软件功能的优化方案。

4. 参观当地物流园区内各中小物流企业，观察他们使用运输软件、网上发布信息、调度与监控货物的相关技术等，探讨中小物流企业使用的物流软件的具体功能。

5. 在网上搜索物流仿真软件，并分析哪种软件可能更适合你(需先假定自己的工作形式及岗位)？同时比较 Flexsim 与 RaLC 的特性，如果是课堂学习哪种软件更适宜？

五、作业训练

1. 仓储作业信息系统操作。要求能够正确对库位进行规划并按系统要求设定编号，正确、快速地录入库位信息；能够熟练操作相关资源信息的设置、新增、删除、提交；能熟练操作入库处理、出库处理、加工处理、统计查询等仓储作业流程;完成实验报告。

步骤:下面的步骤仅为一般情况,可根据软件功能特性进行适当变动。

(1) 库位设置:按照一定的规则将仓库和库位进行编号,包括仓库编号、库位编号、数量等。

(2) 资源管理:仓库保管操作中可用资源的录入,如客户资料、供应商信息、设备信息等。

(3) 货架库位的设置:将仓库的货架和货位进行编码,包括仓库编号、层数、排序、数量等。

(4) 入库处理操作:打印单据、选择资源、卸货作业、分配库位等。

(5) 出库处理操作:出库选货、出库装卸等。

(6) 加工处理操作:修改库位、盘点处理、费用处理等。

(7) 统计查询:资源查询、库位查询等。

2. 运输作业信息系统操作。要求能够正确、快速地录入车型管理、线路管理、承运公司、承运合同、报价等基本信息资料;能熟练操作订车处理、调度管理、运输成本核算、统计查询和统计分析等运输作业信息流程;完成实验报告。

步骤:下面的步骤仅为一般情况,可根据软件功能特性进行适当变动。

(1) 基本信息录入:包括车型、线路、承运公司的相关信息及报价等。

(2) 订车处理操作:订车明细修改、订车货物录入与修改、订车单确认等。

(3) 调度管理操作:订车单查询、调度配载、托运处理等。

(4) 费用处理:运输费用、附加费用处理等。

(5) 统计查询:运输明细、收支明细、托运对账和承运对账等。

案例分析

中海 2000 物流教学软件

中海 2000 物流是集基础数据维护、入仓、出仓、仓储管理、运输、费用产生、统计查询、客户分析等系统模块集于一身的物流信息系统软件,现代物流管理的基本思想和核心业务流程就包含在其中。

1. 基础数据

1) 仓位设置

在实际的仓储业务操作中,是把仓库分成若干个单位(仓位),类似于绘制一张仓库的内部分布图,这样就可以知道货物放置的具体位置,方便仓管员的操作。仓位也有散租和包租两种不同的性质,系统默认所有新增的仓位为散租仓位,一直到该仓位被分配给包租客户,性质才变为包租。操作包括仓库编号、仓位编号、总数量、备注等的录入。如果已经生成的仓位资料有误,可通过选中该记录然后在相应的信息窗口修改资料。

2) 客户管理

客户管理系统包括客户资料、合同管理、工厂资料及运输资料 4 个模块,其中最为关键的是客户资料部分。系统将客户资料分为两个等级,即客户本身的资料、客户下的工厂资料。在客户清单界面,对已有客户资料进行修改或通过新增添加新客户资料。客户资料维护完毕,客户转为"正式"状态之后,合同的内容已经产生。在合同管理模块里可以修改合同表头、修改报价时间、修改仓位。

2. 仓储管理

1) 入仓

系统将入仓分为入仓资料、入仓配车、入仓报关、入仓卸车、入仓验货、分配仓位、报关确认和入仓确认 8 个步骤。其中,入仓资料主要是将本次入仓的部件资料录入系统,打印出部件清单,以供仓管员验货核对;入仓配车是将客户的订车单传给运输部门,以便安排车辆(也可以由客户自己安排车辆运输);入仓报关是为有报关要求的货物准备报关资料；入仓卸车过程中，系统会自动计算出本批货物的总体积和总重量，然后计算出卸车的工作量，从而产生卸车费用；入仓验货是用于记录货物入仓时的情况，操作员可以根据实际情况选择货物正常或者有损坏等；由于分配仓位需要和实际的操作经验相结合，因此仓管员将货物分配到具体的仓位之后，操作员再负责将该仓位进行录入；报关确认是产生报关费用的地方，根据实际操作录入报关工作量，系统即计算出本次入仓的报关费用；入仓确认之后才可以在系统里面查询或者操作本次入仓的货物。

2) 出仓

出仓与入仓的操作过程基本一致，唯一不同之处在于出仓过程中多了出仓选货这个步骤。出仓处理分为出仓选货、出仓资料、出仓配车、出仓报关、出仓装卸、报关确认和出仓确认7个步骤。除出仓选货的操作外，其他6个步骤都与入仓操作的相关步骤操作相似。

3) 仓储查询

(1) 费用处理。入仓和出仓两个操作过程中产生的费用包括处理费、加班费和其他费用。这些费用都属于无单费用，即不与入仓单有直接联系的费用，它们的产生需要操作员输入工作量。

(2) 盘点处理。为了保证库存数据的准确，仓库每隔一段时间都会进行一次盘点。操作员可以在本模块对库存情况进行查询，查询条件包括客户名称、部件名称、供应商名称、入仓单号以及仓位；还可以按照仓位、入仓日期或者入仓单号的顺序打印出盘点表。

(3) 查询处理。尽管在配送模块中提供了入仓、选货、出仓查询，系统在仓储管理模块中提供了更加完善的查询功能，使有关人员可以根据查询条件对入仓部件、出仓部件、部件编号、部件名称、呆滞部件、进出部件、当前库存、历史库存、出租率、中转率、历史仓位等进行查询操作。

3. 运输管理

运输管理功能主要是通过调度管理模块实现的。调度管理模块包括客户订车单的确认，车辆的调度配载、运输费用的计算，以及运输方面的简单查询统计(运输明细查询、运输收支明细查询、托运对账查询及承运对账查询)。

1) 订车处理

订车单的来源有两种：一种是从配送或者货代部门传过来的订车单；另一种是运输部门自己输入系统的订车单。订车单处理界面分为两个列表区和编辑区两个部分，列表区列举出所有的订车单，编辑区则是对订车单表头进行维护的区域。每一张订车单都需要有订车车型、路线及起运地和目的地的资料等；每一份订车单都一定有货物的明细清单，否则无法知道如何配载。

2) 调度配载

在调度配载时需要知道目前有哪些车辆可以进行调度，哪些订车单需要进行处理，还要知道各车辆所处的位置状态。调度配载初始界面分为两个区，车辆状态区显示出所有车辆的当前状态，包括"-"(空闲)、"托运"；货运处理区列出所有的订车单，订车单分为未调度、已调度和托运完毕3种状态。

3) 费用及明细

调度配载完毕，需要对运输费用进行处理，包括本公司应该收取的费用和应该付给承运公司的费用。进入"费用处理"界面，所有已经完成调度配载的订车单都已经列举在界面上；在费用清单界面中，系统会按照已经生效的报价计算费用，也可以在这里进行费用的输入、修改操作。利用"运输明细"模块可以对一段时间内的运输明细进行查询。

4. 其他

(1) 费用产生。费用结算，属于财务部分操作的范畴。本模块主要是对仓租进行计算，然后对所有已经产生的费用进行审核，包括费用核查、取消核查、取消计算、应收账单、修改应收、应付账单、修改应付及收付利润，只有通过审核的费用才可以进行后续的结算操作。

(2) 统计查询。统计查询模块可以对本年度的库存情况、配送情况及运输情况进行统计和查询。

(3) 客户分析。根据业务的需要，系统还设置了一些数据分析的功能，可以帮助本公司统计出各个客户的业务发展情况，为公司以后的战略制定提供参考资料。

(资料来源：http://www.docin.com/p-636546922.html.)

思考：

(1) 通过阅读案例资料，熟练地掌握该教学软件的基础操作，并书写相应的实验报告。

(2) 登录中海物流的网站(www.csl.cn)，了解中海集团物流信息系统的特点与主要功能，尤其是WMS和TMS系统。分析教学软件与企业实用软件之间的区别与共性。

参 考 文 献

[1] 王汉新，王道平. 管理信息系统教程[M]. 北京：中国劳动社会保障出版社，2000.
[2] 林自葵. 物流信息管理[M]. 北京：清华大学出版社，2006.
[3] 陆光耀. 物流信息管理[M]. 北京：中国铁道出版社，2008.
[4] 王淑荣. 物流信息化培训考试教程：实战训练篇[M]. 北京：机械工业出版社，2008.
[5] 彭麟. 物流信息化培训考试教程：基础理论篇[M]. 北京：机械工业出版社，2008.
[7] 金海卫. 信息管理的理论与实践[M]. 北京：高等教育出版社，2006.
[8] 司有和. 企业信息管理学[M]. 2版. 北京：科学出版社，2007.
[9] 史益芳，王志平. 管理信息系统[M]. 北京：人民邮电出版社，2013.
[10] [美]Kenneth C. Laudon, Jane P. Laudon. 管理信息系统[M]. 11版. 薛华成，译. 北京：机械工业出版社，2011.
[11] [美]Raymond McLeod, Jr.; George Schell. 管理信息系统：管理导向的理论与实践[M]. 8版. 张成洪，等译. 北京：电子工业出版社，2002.
[12] [美]Stephen Haag, Maeve Cummings. 信息时代的管理信息系统[M]. 8版. 严建援，译. 北京：机械工业出版社，2011.
[13] [美]James A. O'Brien, George M. Marakas. 管理信息系统[M]. 15版. 叶强，译. 北京：中国人民大学出版社，2013.
[14] [美]Efraim Turban, David King, Judy Lang. 电子商务导论[M]. 2版. 王健，等译. 北京：中国人民大学出版社，2011.
[15] [美]Efraim Turban, David King, Judy Mckay, Peter Marshall, Jae Kyu Lee, Dennis Viehland. 电子商务：管理视角[M]. 5版. 严建援，等译. 北京：机械工业出版社，2010.
[16] [美]罗伯特·斯库塞斯，玛丽·萨姆纳. 管理信息系统[M]. 4版. 李一军，卢涛，祁巍，丁伟，译. 大连：东北财经大学出版社，2000.
[17] 王汉新. 计算机通信网络实用技术[M]. 2版. 北京：科学出版社，2001.
[18] 陈恭和，王汉新，刘瑞林. 数据库基础与Access应用教程[M]. 北京：高等教育出版社，2003.
[19] 张谦. 现代物流与自动识别技术[M]. 北京：中国铁道出版社，2008.
[20] 张铎. 自动识别技术产品与应用[M]. 武汉：武汉大学出版社，2009.
[21] 张成海，张铎，赵守香. 条码技术与应用(本科分册)[M]. 北京：清华大学出版社，2010.
[22] 张铎. 生物识别技术基础[M]. 武汉：武汉大学出版社，2009.
[23] 徐勇军，刘禹，王峰. 物联网关键技术[M]. 北京：电子工业出版社，2012.
[24] 周洪波. 物联网：技术、应用、标准和商业模式[M]. 北京：电子工业出版社，2012.
[25] 宁焕生. RFID重大工程与国家物联网[M]. 北京：机械工业出版社，2012.
[26] 黄玉兰. 射频识别核心技术详解[M]. 北京：人民邮电出版社，2010.
[27] 李颖. 电子数据交换技术与应用[M]. 武汉：武汉大学出版社，2007.
[28] 汤国安. 地理信息系统教程[M]. 北京：高等教育出版社，2009.
[29] 胡友健，罗昀，曾云. 全球定位系统原理与应用[M]. 北京：中国地质大学出版社，2003.
[30] 李天文. GPS原理及应用[M]. 2版. 北京：科学出版社，2010.
[31] 李清泉，萧世伦，方志祥，杨必胜. 交通地理信息系统技术与前沿发展[M]. 北京：科学出版社，2012.
[32] [美]Kang-tsung Chang. 地理信息系统导论[M]. 陈健飞，译. 北京：科学出版社，2011.
[33] [美]Elliott D. Kaplan, Christopher J. Hegarty. GPS原理与应用[M]. 2版. 寇艳红，译. 北京：电子工业出版社，2007.
[34] 施浒立，景贵飞，崔君霞. 后GPS和GPS后时代的卫星导航系统[M]. 北京：科学出版社，2012.

[35] [美]David Harris. 中小企业级系统分析与设计[M]. 3版. 张瑞萍,孙岩,吴华,等译. 北京:清华大学出版社,2004.
[36] 张龙祥. UML与系统分析设计[M]. 北京:人民邮电出版社,2001.
[37] 朱志军,余丛国,闫蕾. 大数据:大价值、大机遇、大变革[M]. 北京:电子工业出版社,2012.
[38] 赵守香,李骐. 企业信息管理[M]. 北京:人民邮电出版社,2012.
[39] 张海涛. 信息检索[M]. 北京:机械工业出版社,2006.
[40] 陈庄,刘加伶,成卫. 信息资源组织与管理[M]. 2版. 北京:清华大学出版社,2011.
[41] 程控,革扬. MRP Ⅱ/ERP原理与应用[M]. 北京:清华大学出版社,2002.
[42] [美]Philip Metzger,John Boddie. 软件项目管理:过程控制与人员管理[M]. 3版. 陈勇强,费琳,等译. 北京:电子工业出版社,2002.
[43] [美]Douglas Lambert,James Stock,Lisa Ellram. 物流管理[M]. 张文杰,叶龙,译. 北京:电子工业出版社,2006.
[44] [美]Ronald H. Ballou. 企业物流管理:供应链的规划、组织和控制[M]. 2版. 王晓东,胡瑞娟,译. 北京:机械工业出版社,2006.
[45] [加]J. R. Tony Arnold,[美]Stephen N. Chpman,[加]Lloyd M. Clive. 物料管理入门[M]. 6版. 李秉光,霍艳芳,徐刚,译. 北京:清华大学出版社,2008.
[46] [美]Pau R. Murphy,Donald F. Wood. 当代物流学[M]. 9版. 陈荣秋,译. 北京:中国人民大学出版社,2009.

21世纪全国高等院校物流专业创新型应用人才培养规划教材

序号	书名	书号	编著者	定价	序号	书名	书号	编著者	定价
1	物流工程	7-301-15045-0	林丽华	30.00	37	供应链管理	7-301-20094-0	高举红	38.00
2	现代物流决策技术	7-301-15868-5	王道平	30.00	38	企业物流管理	7-301-20818-2	孔继利	45.00
3	物流管理信息系统	7-301-16564-5	杜彦华	33.00	39	物流项目管理	7-301-20851-9	王道平	30.00
4	物流信息管理(第2版)	7-301-25632-9	王汉新	48.00	40	供应链管理	7-301-20901-1	王道平	35.00
5	现代物流学	7-301-16662-8	吴 健	42.00	41	现代仓储管理与实务	7-301-21043-7	周兴建	45.00
6	物流英语	7-301-16807-3	阚功俭	28.00	42	物流学概论	7-301-21098-7	李 创	44.00
7	第三方物流	7-301-16663-5	张旭辉	35.00	43	航空物流管理	7-301-21118-2	刘元洪	32.00
8	物流运作管理	7-301-16913-1	董千里	28.00	44	物流管理实验教程	7-301-21094-9	李晓龙	25.00
9	采购管理与库存控制	7-301-16921-6	张 浩	30.00	45	物流系统仿真案例	7-301-21072-7	赵 宁	25.00
10	物流管理基础	7-301-16906-3	李蔚田	36.00	46	物流与供应链金融	7-301-21135-9	李向文	30.00
11	供应链管理	7-301-16714-4	曹翠珍	40.00	47	物流信息系统	7-301-20989-9	王道平	28.00
12	物流技术装备	7-301-16808-0	于 英	38.00	48	物料学	7-301-17476-0	肖生苓	44.00
13	现代物流信息技术(第2版)	7-301-23848-6	王道平	35.00	49	智能物流	7-301-22036-8	李蔚田	45.00
14	现代物流仿真技术	7-301-17571-2	王道平	34.00	50	物流项目管理	7-301-21676-7	张旭辉	38.00
15	物流信息系统应用实例教程	7-301-17581-1	徐 琪	32.00	51	新物流概论	7-301-22114-3	李向文	34.00
16	物流项目招投标管理	7-301-17615-3	孟祥茹	30.00	52	物流决策技术	7-301-21965-2	王道平	38.00
17	物流运筹学实用教程	7-301-17610-8	赵丽君	33.00	53	物流系统优化建模与求解	7-301-22115-0	李向文	32.00
18	现代物流基础	7-301-17611-5	王 侃	37.00	54	集装箱运输实务	7-301-16644-4	孙家庆	34.00
19	现代企业物流管理实用教程	7-301-17612-2	乔志强	40.00	55	库存管理	7-301-22389-5	张旭凤	25.00
20	现代物流管理学	7-301-17672-6	丁小龙	42.00	56	运输组织学	7-301-22744-2	王小霞	30.00
21	物流运筹学	7-301-17674-0	郝 海	36.00	57	物流金融	7-301-22699-5	李蔚田	39.00
22	供应链库存管理与控制	7-301-17929-1	王道平	28.00	58	物流系统集成技术	7-301-22800-5	杜彦华	40.00
23	物流信息系统	7-301-18500-1	修桂华	32.00	59	商品学	7-301-23067-1	王海刚	30.00
24	城市物流	7-301-18523-0	张 潜	24.00	60	项目采购管理	7-301-23100-5	杨 丽	38.00
25	营销物流管理	7-301-18658-9	李学工	45.00	61	电子商务与现代物流	7-301-23356-6	吴 健	48.00
26	物流信息技术概论	7-301-18670-1	张 磊	28.00	62	国际海上运输	7-301-23486-0	张良卫	45.00
27	物流配送中心运作管理	7-301-18671-8	陈 虎	40.00	63	物流配送中心规划与设计	7-301-23847-9	孔继利	49.00
28	物流项目管理	7-301-18801-9	周晓晔	35.00	64	运输组织学	7-301-23885-1	孟祥茹	48.00
29	物流工程与管理	7-301-18960-3	高举红	39.00	65	物流管理	7-301-22161-7	张伭举	49.00
30	交通运输工程学	7-301-19405-8	于 英	43.00	66	物流案例分析	7-301-24757-0	吴 群	29.00
31	国际物流管理	7-301-19431-7	柴庆春	40.00	67	现代物流管理	7-301-24627-6	王道平	36.00
32	商品检验与质量认证	7-301-10563-4	陈红丽	32.00	68	配送管理	7-301-24848-5	傅莉萍	48.00
33	供应链管理	7-301-19734-9	刘永胜	49.00	69	物流管理信息系统	7-301-24940-6	傅莉萍	40.00
34	逆向物流	7-301-19809-4	甘卫华	33.00	70	采购管理	7-301-25207-9	傅莉萍	46.00
35	供应链设计理论与方法	7-301-20018-6	王道平	32.00	71	现代物流管理概论	7-301-25364-9	赵跃华	43.00
36	物流管理概论	7-301-20095-7	李传荣	44.00	72	物联网基础与应用	7-301-25395-3	杨 扬	36.00

如您需要更多教学资源如电子课件、电子样章、习题答案等，请登录北京大学出版社第六事业部官网 www.pup6.cn 搜索下载。

如您需要浏览更多专业教材，请扫下面的二维码，关注北京大学出版社第六事业部官方微信(微信号：pup6book)，随时查询专业教材、浏览教材目录、内容简介等信息，并可在线申请纸质样书用于教学。

感谢您使用我们的教材，欢迎您随时与我们联系，我们将及时做好全方位的服务。联系方式：010-62750667，dreamliu3742@163.com，pup_6@163.com，lihu80@163.com，欢迎来电来信。客户服务QQ号：1292552107，欢迎随时咨询。